新曲綫 New Curves | 用心雕刻每一本......
http://site.douban.com/110283/
http://weibo.com/nccpub

用心字里行间 雕刻名著经典

积极心理学

探索人类优势的科学与实践

［美］C. R. 斯奈德　沙恩·洛佩斯　著

王彦　席居哲　王艳梅　译

人民邮电出版社

北　京

图书在版编目（CIP）数据

积极心理学 /（美）斯奈德（Snyder, C. R.），洛佩斯（Lopez, S. J.）著；王彦 等译 .
—北京：人民邮电出版社，2013.10（2021.8 重印）

ISBN 978-7-115-32338-5

I. ①积… II. ①斯… ②洛… ③王… III. ①普通心理学 IV. ① B84

中国版本图书馆 CIP 数据核字（2013）第 144698 号

C. R. Snyder, Shane J. Lopez

Positive Psychology: The Scientific and Practical Explorations of Human Strengths

ISBN 978-0-7619-2633-7

English language edition Published by SAGE Publications of London, Thousand Oaks, New Delhi and Singapore, © C. R. Snyder, Shane J. Lopez.

积极心理学：探索人类优势的科学与实践

◆ 著　　　[美] C. R. 斯奈德　沙恩・洛佩斯

译　　　王　彦　席居哲　王艳梅

策　划　刘　力　陆　瑜

责任编辑　刘冰云

装帧设计　陶建胜

◆ 人民邮电出版社出版发行　北京市丰台区成寿寺路 11 号

邮编　100164　电子邮件　315@ptpress.com.cn

网址　http://www.ptpress.com.cn

电话（编辑部）010-84931398　（市场部）010-84937152

北京京宇印刷有限公司印刷

新华书店经销

◆ 开本：710×1000　1/16

印张：34.5

字数：700 千字　2013 年 10 月第 1 版　2021 年 8 月第 7 次印刷

ISBN 978-7-115-32338-5/F

定价：128.00 元

本书如有印装质量问题，请与本社联系　电话：(010) 84937152

内容提要

作为心理学的一个新兴领域，积极心理学是揭示人类的优势和促进其积极机能的应用科学，致力于识别和理解人类优势和美德，帮助人们提升幸福感和生活得更有意义。本书由积极心理学的两位开创者撰写，是积极心理学领域第一部综合性的教科书，也是目前最具权威性的积极心理学专著之一。作者不仅全面地总结文献，而且精心设计了练习和专栏，鼓励读者将积极心理学原理应用于实践，由此将积极心理科学带入生活。书中所阐述的主题包括如何应用积极心理学来改进学校教育和工作，以及如何提升人们相互协作的生活方式。本书既适合于心理学专业学生学习积极心理学，也是积极心理学领域的研究者和学者的必备手册，同时还可以帮助普通读者发展个人优势、增进幸福感和建立丰盛的人际关系。

推荐序

心的境界与幸福的梦

清华大学心理学系主任
彭凯平教授

我幸福吗？什么是真实的幸福？如何实现幸福？有没有脱离红尘的幸福？

在每天看似简单重复的日子里，总有那么几个须臾之间，我们每个人都会产生这几个自己无法回答的问题。往往在答案还没有明了之前，我们已不得不被时间的双手推入到另一个开始。2012年10月，中国中央电视台播出了一个叫《你幸福吗？》的节目，采访街头普通的中国人，记录下一些生动有趣、朴实无华，但有时又令人意外的回答。它表明，我们中国人关心幸福，向往幸福，可并不总是知道什么是幸福。

但这并没有妨碍幸福在中国成为一个网络流行词。从积极心理学的历史来看，当一个国家的人均GDP低于3000美元时，人们主要关注衣、食、住、行等物质需求。但是，当人均GDP超过3000美元之后，人们就开始更多地关注心理需求，比如精神、文化和幸福的追求。中国已在2008年越过了这个门槛。在过去几十年里，人们相互的问候往往是："你吃了吗？"，如今，中国人可以说开始问："你幸福吗？"这次中国最权威的电视台没有再像以前那样，只是聚焦在国家大事上，而是关注普通老百姓心中的幸福，这是一个观念的变化，也是时代进步的一个缩影。

中国社会已经进入到了现代化时代，现代化的时代会产生现代化的问题。幸福与我们渐行渐远，可以说是现代化的一个重要悖论。比如说，中国的学校已经成为幸福的一大"误区"，因为在竞争异常激烈的应试教育系统下，孩子们的心理状态实在是令人堪忧。甚至有些孩子希望有灾害发生，那样自己可以不用去学校上学了。中国的企业深受富士康事件的触动，开始开展"幸福企业"运动，以提升员工的工作满意度。"幸福女性""幸福人生""幸福社区""幸福力"之类的课程开始流行，任何名字里带着"幸福"两个字的书都在热卖。但这场幸福热潮也有消极的一面。这就是这个领域基本上已经成为成功励志学和心灵鸡汤的天下。还有一个更讽刺的现象叫"被幸福"，意思是某些地方政府按自己的意愿去定义幸福，并修改统计数据，假造老百姓幸福的表象。

这些问题都可以由“积极心理学”来纠正。积极心理学是由一群杰出的心理学家在 1998 年创立的，他们的代表人物是宾夕法尼亚大学心理学教授马丁·塞利格曼，他把日常生活中的“幸福”概念，转变成一门结论可靠、方法严谨的科学概念。塞利格曼在担任美国心理学会主席后，更是全力推动积极心理学运动。积极心理学比“幸福学”的含义更广泛。它研究人的所有积极心态，比如积极情绪、优秀品格、道德美德、幸福组织、创新卓越等人类美好的心理活动。它教人如何愉快生活，如何做一个善良、有道德、有理性的人。积极心理学倡导人首先要正心，这是做任何事最重要的核心。塞利格曼在他的新书《持续的幸福》里提出“全面幸福”，来替代通常所说的“感觉幸福”。他把幸福定义为五个因素：正面情绪、身心投入、良好关系、人生意义和生活成就，而品格优势则是它们的共同基础。他认为，这五个因素（和整个积极心理学）代表了人在不受外界诱惑或强迫时会选择追求的目标。

积极心理学还有利于社会的稳定与和谐，以及中国梦的实现。积极幸福带来的不仅是个人、情绪上的益处，还有道德和社会上的益处。例如，幸福的人有更多的利他倾向，更可能去帮助别人。幸福的人更少种族歧视、更少攀比，并且更容易宽恕别人。总之，幸福能让人成为更好的公民。一个更幸福的中国，也将是一个更有创造力的中国。当你害怕、有压力或郁闷时，你脑中运行的是分析和批判；当你的情绪更正面时，你就能更好地完成创造性任务。

因此，积极心理学已经变成中国的一个时尚概念。从百度的点击率分析来看，2009 年前没有多少人关注积极心理学，2009 年开始出现很多有关积极心理学的点击。2010 年点击率达到了一个高峰，正好与清华大学举办的第一届中国国际积极心理学大会同步；第二次高峰是去年第二届中国国际积极心理学大会召开，现在积极心理学在中国百度每年的点击率已经上万。

积极心理学的未来在中国一定很美好，它能让我们认识到人性的积极，知晓幸福的含义，领悟幸福的感受，最重要的是学习到如何追求幸福的方法。希望每个中国人都能做一个幸福的人，共同建设我们幸福的大家，实现我们中华民族的梦想。中国梦，是中国人的蓬勃发展之梦。积极心理学是研究人类蓬勃发展的科学，它可以提升幸福，让中国人更坚韧、更充实，让中国社会更和谐、更繁荣。梦是心理的现象，梦也是心的寄托。中国梦，一定是一个积极心理的梦。

本书第一作者 C.R. 斯奈德是积极心理学领域的领军人物之一，由他和沙恩·洛佩斯撰写的《积极心理学手册》（2002）以及这部《积极心理学：探索人类优势的科学与实践》，是近年来该领域里程碑式成就。这部权威教科书中译本的出版，对推动我国积极心理学的发展也必将有着积极的意义。

前　言

我们曾经听说，10 个读者中只有 1 个会阅读教科书的前言。因此，如果你是那个少见的人，很高兴你加入了我们之中。

这是我们合作撰写的第三本积极心理学著作。前两本是积极心理学手册，一本介绍理论观点，另一本介绍评估问题。我们认为，积极心理学将会继续发展，会有更多课程致力于讲授人们的心理优势。如果这些预测准确，那么对积极心理学方面的教科书将有极大的需求。而这正是我们发起这个项目的初衷。

我们的经纪人尼尔·萨尔金德（Neil Salkind）与我们有同样的热情来编写一本积极心理学教科书。我们不可能再找到比尼尔更好的朋友和经纪人了。如果不是尼尔努力找到一家杰出的出版社认为有必要出版这本书，这个项目将无法开始。

我们感谢 Sage 出版公司的优秀编辑吉姆·布雷斯－汤姆森（Jim Brace-Thompson），他与我们一样，认为有必要出版一本积极心理学的教科书。在我们屡屡遇到障碍时，包括我们自己的健康问题和我们年迈的父母（他们不幸遭遇水灾，以及最近的丽塔飓风），吉姆一直支持着我们。吉姆默默地践行积极心理学的最佳宗旨，支持这个项目直至其完成。这本书的成功在很大程度上归功于他非凡的编辑技能。因此，我们对吉姆·布雷斯－汤姆森和他的继任者雪丽·德莱洛（Cheri Dellelo）致以最诚挚的感谢。

在这个项目开展期间，我们吸纳了两名新成员。当我们描写人类优势时，特顿·理查德·斯奈德（Trenton Richard Snyder）和帕里什·约瑟夫·洛佩斯（Parrish Joseph Lopez）加入我们的团队，恰逢其时。从他们目前的行动来看，这些年轻的绅士为自己能“胜任”这一项目深感荣幸。

正如在撰写积极心理学的漫长征程中不断有新的参与者加入一样，在此期间，我们也经历了一个巨大的损失。我们很难过，积极心理学运动的创始人之一唐纳德·克利夫顿（Donald Clifton）去世了。他也许是我们有幸认识的最友善、最和蔼的人，并且他有着绝对的影响力，提出人类优势必须处于心理学学科的前沿。这里我们想到了电影《尽善尽美》中的演员杰克·尼科尔森所扮演角色的一句台词，他转向爱人说：“你让我变成了一个更好的人。”唐纳德·克利夫顿也是如此。别了，唐纳德，感谢您留给我们的馈赠——你让我们变成了更好的人。

还要感谢我们的伴侣，这个项目让我们无暇顾及很多家务事。实际上，如果说我们在写这本书的过程中学到了什么，那便是家庭对创建美好生活非常关键。

在这本书里，我们会介绍积极心理学这一发展中的领域。我们借用了许多杰出心理学家在治疗和研究工作中所形成的观点，我们感谢他们做出的开创性贡献。我们也要感谢我们的来访者、学生（特别是 Matt Gallagher、Lindsey Hammond、Kim Monden、Kristin Rasmussen 和 Melinda Roberts）和同事（Lisa Edwards、Jeana Magyar-Moe、Phil McKnight 和 Jennifer Teramoto Pedrotti），他们给这个项目提供了很多帮助。多年来，在我们向他们传授知识的同时，他们也教给我们很多东西。希望研究团队（Hope Research Group）中的本科生和研究生成员为这个项目提供了不少大大小小的帮助，并见证这个项目最终完成。

我们介绍了积极心理学的不同领域，并提供练习来帮助你领会这些新概念。

第一编，“从积极视角审视心理学”包括 4 章。第 1 章（“欢迎学习积极心理学”）向你介绍该领域。第 2 章和第 3 章探索了该领域的东西方文化背景。接下来，我们在第 4 章（“人类优势和积极结果的分类与测量”）解释了对该领域内各主题进行归类的尝试。

第二编，“不同背景下的积极心理学”，我们讨论了情绪在积极生活中的作用。第 5 章（“在文化背景下发展优势和幸福生活”），我们考察文化因素在决定何为积极中所起的作用。第 6 章（“在人生的每个阶段都幸福生活”），我们追踪人类优势的发展。

第三编，“积极情绪状态和过程”，共 2 章。第 7 章（“快乐的原理：理解积极情感、积极情绪、幸福和幸福感”），我们展示来自情绪和幸福研究的发现。第 8 章（“有效利用情绪体验：情绪应对、情绪智力、社会情绪选择和情绪故事讲述”），揭示了关于情绪如何对生活中的有效应对做出积极贡献的最新发现。

第四编，“积极认知状态和过程”，包含 3 章。第 9 章（“通过自我效能、乐观和希望看待我们的未来”），涵盖最强大的积极认知和动机状态。在第 10 章（“智慧和勇气：两种普遍的美德”）中，我们介绍了人们如何在困难的环境中发挥出最佳水平。在第 11 章（“专念、流畅感和精神感悟：寻求最佳体验”）中，我们详细介绍了最新的研究发现，这些研究涉及与自我和高级力量有关的心理过程的作用。

第五编，“亲社会行为”。在这一部分，我们主要探讨人际问题。在第 12 章（“同理心和利己：利他、感恩和宽恕之门”）和第 13 章（“依恋、爱和丰盛的关系”）中，我们展示人际关系如何提高生活质量。

第六编，“理解和改变人类行为”，将提供如何改善生活的深刻见解，主要包括第 14 章（“心理健康和行为的均衡概念建构”）和第 15 章（“干预以预防坏事和提升好事”）。

第七编，“积极环境”，我们描述了学校（第 16 章“积极的学校教育”）、工作（第 17 章“好的工作：收益性受雇的心理学”）和社区（第 18 章“平衡‘我’与‘我们’：建设更好的社区”）如何促进更有成效的、更幸福的生活。

最后，第八编，“从积极视角展望心理学的未来”，我们提供了关于积极心理学未来发展方向的概览（第 19 章“走向积极”）。

对你们中的许多人而言，这是你们第一次接触积极心理学这一新领域。我们很高兴向你们介绍这一领域。如果你们的生活在阅读了接下来的内容之后得到了小小的改善，那么我们几百个小时的努力工作就是值得的。

C. R. 斯奈德

沙恩・洛佩斯

堪萨斯州劳伦斯市

斯奈德在 2005 年 12 月 1 日把这本书最终的手稿寄给了出版商。他很希望这本教科书能够帮助人们在心理学和生活中找到新的激情。事实上，通过教授本科生积极心理学课程，以及鼓励世界各地的同行在他们所有的课程中加入积极心理学内容，他努力将这本书应用于实践。不幸的是，他再不能实现传播积极心理学的目标了，我们必须代替他完成这份事业。我的导师和朋友里克・斯奈德于 2006 年 1 月 17 日因癌症去世，我非常想念他。

沙恩・洛佩斯

堪萨斯州劳伦斯市

简要目录

目 录

第一编 从积极视角审视心理学

第二编 不同背景下的积极心理学

第三编 积极情绪状态和过程

第四编 积极认知状态和过程

第五编 亲社会行为

第六编 理解和改变人类行为

第七编 积极环境

第八编 从积极视角展望心理学的未来

第一编

从积极视角审视心理学

1 欢迎学习积极心理学

国民生产总值并不能反映我们孩子的健康……他们接受教育的质量或者玩耍的乐趣。它既没有包含诗歌的美感或婚姻的美满；也没有包含公开辩论的智慧或公职人员的正直。它既没有测量才艺也没有测量勇气；既没有测量我们的智慧和教学，也没有测量我们的良知和我们对祖国的热爱。简而言之，它测量了许多方面，唯独没有测量有意义的人生经历。

——罗伯特·肯尼迪（Robert F. Kennedy），1968

肯尼迪于 1968 年在堪萨斯州大学演讲时的最后一段话指出了本书的要旨：关注有意义的人生经历。在这点上，假设某个人要帮助你理解人类，但是他却只告诉你人类的弱点和病症。这看上去不可思议，但指引 20 世纪大多数应用心理学家（临床、咨询、学校等）思考的问题很类似："人类有什么毛病"。正因人类会犯各种错误，这个问题引发了对人类"阴暗面"的大量探索。进入 21 世纪，我们开始问另一个问题："人类有什么优势？"这个问题成为积极心理学蓬勃发展的根基。**积极心理学**（positive psychology）是揭示人类优势和促进其积极机能的应用科学。[见《构建人类优势》一文，积极心理学先驱马丁·塞利格曼（Martin Seligman）解释了开创这一新领域的必要性。]

尽管心理学的其他分支并不侧重人类的弱点，但是 20 世纪的应用心理学和精神病学却专注于弱点。例如，西格蒙德·弗洛伊德提出心理学的目标应该是"用日常的苦恼代替神经官能症的痛苦"（引自 Simonton & Baumeister, 2005, p. 99）。因此，过去应用心理学主要关注的是**心理疾病**（mental illness），致力于理解和帮助那些生活悲惨的人们。相反，积极心理学是对过去人类弱点取向的平衡，它指出我们在探索人类弱点的同时还必须探索人类的优势。不过，在倡导关注优势

构建人类优势：心理学遗忘的使命

马丁·塞利格曼

美国心理学会前主席

在第二次世界大战以前，心理学有三个使命：治疗心理疾病，让所有人的生活更有意义，鉴别和培养天才。战后，两个事件改变了心理学的面貌。1946 年，美国退役军人管理局成立，应用心理学家发现，他们能够通过治疗心理疾病来谋生。1947 年，美国国立心理健康研究所成立，从事学术研究的心理学家发现，他们能够获得心理疾病方面的研究资助。

因此，我们在理解和治疗心理疾病方面取得了巨大进步。心理学家至少揭示了 10 种之前难以治疗的疾病奥秘，现在这些疾病能够治愈或大大缓解。更为成功的是，心理学家减轻了数百万人的烦恼。

我们忽略的使命

但是，心理学的另外两个基本使命（让所有人的生活更有意义和培养“天才”）在走下坡路，几乎被遗忘。

心理学变成了研究受害者的科学。人类被看做被动的受体：刺激出现并诱发“反应”，或者外部“强化”减弱或增强“反应”，或者受制于童年期的冲突。心理学家认为人类本质上是被动的，致力于修复受损的习惯、驱力、童年和大脑，在这一理论框架内治疗心理疾病。

50 年之后，我想提醒大家，我们已经偏离了主题。心理学不仅要研究弱点和损伤，还应研究优势和美德。治疗不仅要修复受损的部分，还要滋养我们内心最好的部分。

由苏珊娜·贝内特·约翰逊（Suzanne Bennett Johnson）和罗杰·韦斯伯格（Roger Weissberg）负责的专门防治工作组（Presidential Task Force on Prevention），将把这一点摆在了显著位置。这个特别工作组将会从事一系列工作：它将努力确立“最好的预防实践”，由卡罗尔·孔普弗（Karol Kumpfer）、利泽特·彼得森（Lizette Peterson）和彼得·米勒（Peter Muehrer）领导；它将召开会议讨论训练下一代预防心理学家，探讨“创造一种新的职业：进行预防和健康促进训练”，由欧文·桑德勒（Irwin Sandler）、沙纳·米尔斯坦（Shana

Millstein）、马克 · 格林伯格（Mark Greenberg）和诺曼 · 安德森（Norman Anderson）领导；它将与美国心理学会公共利益理事会的亨利 · 托姆斯（Henry Tomes）一起工作，通过广告宣传预防儿童暴力；它将在《美国心理学家》杂志上办一期特刊，专门讨论 21 世纪的预防问题，由米哈伊·奇克森特米哈伊（Mihaly Csikszentmihalyi）任主编；它将探讨心理学家如何培养天才儿童，由卡米拉 · 本博（Camilla Benbow）领导。

构建年轻人的优势、韧性和健康

但是还有一个根本问题：一些年轻人由于遗传因素很容易出现问题，或者他们生活在容易引发问题的环境里，我们如何防止这些年轻人出现抑郁、药物滥用、精神分裂症、艾滋病或受伤害等问题呢？我们已经知道，病理学不能帮助我们预防严重的心理疾病。预防上的重大进步主要来自于构建一门致力于系统地促进个体能力的科学。

我们已经发现，人类拥有的某些优势最有可能抵御心理疾病：勇气、乐观、人际技能、职业道德、希望、诚实和毅力。预防的主要任务是创建一门研究人类优势的科学，旨在培育年轻人的这些美德。

50 年间，心理健康职业的工作重心是建立个人弱点和受损大脑的医学模型，但无法做到有效的预防。我们还没有充分开展人类优势和美德的研究。我们必须让从业者认识到，他们最应该做的是增大优势而不是补救病人的弱点。我们必须向服务于家庭、学校、宗教团体和企业的心理学家强调培育优势的根本使命。

心理学的主要理论已经发生了变化，转变为强调优势和韧性的新科学。现在，任何个体甚至儿童都被视为决策者，拥有选择权和偏好，在恶劣环境中，既有可能变成具有优势和效能的人，也可能变成无助和无望的人。这样的科学和实践将有助于预防许多严重的情绪障碍。它还会有两种积极的结果。由于积极行为和心理健康对身体有影响，它会让来访者的身体变得更健康。它还会改变心理学的导向，重新关注两个被忽略的使命；让正常人更强大和更富有创造力，让人类的巨大潜能得以发挥。

资料来源：摘自 Seligman, M., Building human strength: Psychology's forgotten mission, in *APA Monitor*, January 1998, p. 2. Copyright © 1998 by the American Psychological Association. Reprinted with permission.

的时候，绝不是说我们可以忽视人类苦难的重要性及其带来的痛苦。

积极心理学及其实践致力于识别和理解人类优势和美德，帮助人们生活得更快乐和更有意义。进入 21 世纪，我们要均衡地研究完整的人，既包括心理资产也包括心理负债。我们将本书作为向导，欢迎加入研究这一领域的每一位新人。

在这一章，我们首先介绍在日常生活和心理学研究中关注积极方面的潜在益处。第一部分我们要讲述一个报载积极故事，以阐明世界之美好，以及这类故事给读者带来的积极影响。第二部分我们要讨论兼顾人类的优势和弱点这一均衡视角的重要性。我们提醒读者不要卷入优势和弱点孰优孰劣的争论，不要纠结于哪一方更好地反映了“事实”。第三部分我们要探讨迄今为止心理学关注的人类优势。第四部分我们要让读者感受自己典型的情绪反应，并讨论情绪对认知世界的影响。我们还将分享我们的一个星期六，作为积极心理学特有的思维和情感例子。在接下来的第五部分，我们带你浏览本书的八个主要部分，提供每章内容的简要预览。最后我们提出，积极心理学代表 21 世纪美国潜在的“黄金时代”。

最后，我们还想强调写作这本书的另外两个要点。第一，我们相信，基于最新和最严格实验方法的积极心理学是客观严谨的科学。简而言之，积极心理学的持续发展必须建立在科学原则之上。因此，在每一章里，对于不同的主题，都要呈现我们认为最好的研究。但是，我们在书中只介绍不同研究者的理论和发现，而不会深入详尽地阐述他们的方法。我们之所以采用这一“广度大于深度”的取向，原因是这是一本导论性的著作；不过，积极心理学取得各种发现的方法，代表了心理学领域中最精细、最复杂的设计和统计。

第二，尽管我们没用单独的章节来介绍作为积极心理学基础的生理学和神经生物学（偶尔会提到演化），但我们依然认为这些视角非常重要。因此，在每一章的特定主题背景下，我们会讨论生理学、神经生物学和演化因素。例如，在自我效能、乐观和希望一章，我们讨论了神经生物学基础。类似地，在感恩一章，我们探讨了基本的心电和脑电模式。并且，在讨论宽恕时，我们会谈及这一反应的进化优势。

从消极转向积极

假设你是位报社记者，你的任务是描述一群人的思想和行动，他们在星期五的晚上因天气恶劣被困在一个大型机场里。这种情境的典型报道很可能非常消极，从非常不利的角度描述人们的行动。20 世纪的许多心理学家对人类也持有同样的消极态度。但是，我们将会看到，并非所有人的故事都是负面的。

一篇积极的报道

试着将这类消极报道与本书第一作者在一家当地报纸上报道的故事（Snyder, 2004d, p. D4）作对比。该场景描述的是一个星期五晚上的费城国际机场，一些航班延误或被取消了。

> ……人们试图尽力应对困境。例如，当一名刚从伊拉克回来的年轻军人发觉丢了女朋友的戒指时，机场工作人员和我们这些在候机区的人立即开始帮他寻找。很快，戒指找到了，人群爆发出欢呼声。
>
> 大约晚上7点40分，广播通知我们有几架航班还要继续延误很长时间。让我惊讶和高兴的是，我发现我的旅伴（和我）都在想办法应对面临的问题。一些人打开包里的食物，分给其他人。一些人开始聚在一起打牌，另一些人开始玩各种游戏。机场工作人员分发快餐。不时有笑声发出。
>
> 我们如同战场间隙在战壕里等待的士兵，远处有人开始吹口琴。小男孩们把这里当成棒球场，随着游戏进行，似乎没有人在乎他们的本垒打何时出现。并非所有人都有座位，人们把行李当椅子和沙发坐。有些人把电脑拿出来，和周围的人一起玩游戏。甚至有一个人把他的电脑屏幕设成露天电影模式，让几个人一起看《骇客帝国》。我则用我的电脑写下了这篇专栏文章。
>
> 我曾经听说，当每个人都快发疯的时候，优雅之人只是在做平常之事。当有人抱怨和叫喊、愤怒和心烦，似乎很快就要“失控”时，能看到人们温暖和优雅的举止，这是很棒的感觉，就如冬日里的缕缕阳光。

对这篇积极报道的反应

在这篇报道登出之后，我（斯奈德）没有预料到读者的反应。我从来没有写出过能得到这么多由衷赞扬和感恩的文章。在文章刊出后的仅仅一周内，我收到了大量赞许的电子邮件。一些人说文章让他们想起也曾经目睹过人们做出类似绝佳表现的时光。另一些人写道，这个故事让他们在当天甚至之后的几天都感觉很好。许多人希望报纸更多登载这类新闻故事。我收到的回应中，没有一个人对这个专栏做出负面反应。

为什么人们对星期五晚上费城机场的短篇报道做出如此一致的热烈反应？部分原因是人们可能想要看到和听到更多的好事。不管是这类新闻故事，还是我们在本书呈现的科学研究和应用，都表明人们存在着对积极美好事物的渴望。这似乎是一种集体情感："够了！不要再有那么多人类的消极内容了！"在写这本《积极心理学》时，我们总结了人类优势和积极情绪的许多研究和临床应用，感觉非常振奋。在你读到人类优点和提升人们最大潜能的诸多资源时，你可以看看自己是否也会感觉很好。我们可以因很多事情称赞人们，我们将会分享许多例子。

积极心理学寻求均衡的、更全面的人类机能观

只看到自己行动中好的一面，只看到他人行动中坏的一面，这是人类的通病。只证明人类体验的积极或消极一面没有太大价值。只关注世界好的（或坏的）方面很有诱惑力，但这不是真正的科学，我们在倡导积极心理学时一定不能犯这样的错误。尽管我们不同意过去病理学模型的研究取向，但是把它们的支持者描述为糟糕的学者、科学家、从业者或坏人并不公平。相反，先前的范式是那些善意的、聪明的人对他们所处时代特定环境的反应。类似地，这些人对人类的描述也并不是错误的。他们发现了精神分裂症、抑郁和酒精依赖的诊断和测量方法，并证实了特定问题的许多有效治疗技术，例如惊恐障碍与血液和外伤恐惧症［见塞利格曼 1994 年的《认识自己，接纳自己》（*What You Can Change and What You Can't*）一书］。

因此，遵循病理学模型的心理学家对一些人在特定生活时段的描述相当准确。并且，他们能够帮助出现特定问题的心理病人。但是，病理学取向的倡导者对人类的描绘是不完整的。不可否认，消极是人性的一部分，但仅仅是一部分。积极心理学要呈现另外一面，也就是人性和我们环境中美好和强大的一面，还提供了培育和维持这些优点和资源的方法。

尽管我们探讨的是积极方面，但我们强调，它如同消极面一样，并不是故事的全部。未来的心理学家必须发展综合性取向，同时考察人们的弱点和优势，以及环境中的应激源和应对资源。这种取向将是最全面和最有效的。但是，我们还没有做到这一点，因为我们还需要全面发展和探索积极心理学和实践。只有当我们理解了人类的优势和积极环境中的诸多资源之后，我们才能真正全面地理解人性。因此，我们写这本书的目的是，与你分享积极心理学发展早期我们所获得的知识。

我们期盼未来的心理学能同时从积极与消极视角评估人们，帮助他们更满意地生活。本书读者在有生之年很可能会看到这幅图景：你们中的一些人可能从事心理学职业，习惯性地兼顾人们的优势和弱点。事实上，我们强烈地感觉到，你们这一代心理学的宗旨将会平衡积极取向和先前的病理取向。我们也希望，今天的父母能运用积极心理学技术支持家庭，让孩子展现最好的一面。同样，我们预想在未来，

学龄儿童和年轻人的主要优势，将会如同他们州考或大学入学考试分数一样受到重视。

我们把这本书献给你们。因为你们可能是最终达到均衡取向的积极—消极心理学的从业者，但是要警惕一种取向是否优于另一种取向的争论。在下一部分，我们试着帮你对抗这种“非此即彼”的思维方式。

既包括积极面又包括消极面的现实观点

现实存在于人们对周围世界发生事件的认识之中（Gergen, 1985），因此科学视角取决于谁来定义它们。因此，对于如何构建有意义的系统来理解世界，积极心理学和病理学“阵营”可能存在争议。在这一**现实协商**（reality negotiation）的过程（也就是取得一致意见的过程）中，马达克斯、斯奈德和洛佩斯（Maddux, Snyder, & Lopez, 2004, p. 326）曾经写道：

> 各种概念的含义并不是由科学方法所**揭示**，而是由社会上对它们的定义感兴趣的人和机构**协商**而定。人们经常称呼的“事实”其实并不是真相，而是反映了对使用“这些事实”感兴趣的人所做出的现实协商。

因此，不管个体相信积极心理学观点还是病理学观点，我们必须清楚，这一争论涉及对这些事实的**社会建构**（social constructions）。最终，占优势的观点必然与社会上最强大的个体、群体和机构的社会价值观有关（Becker, 1963）。类似地，由于胜出的观点源于社会建构，而这种社会建构有利于社会文化目标和价值观的延续，因此，积极心理学和病理学视角都能指导人们的生活，让人们理解人生的意义和价值。

我们相信，积极心理学观点和更传统的病理学观点都是有用的。因此，在这两个阵营之间继续进行“非此即彼”的争论是极其错误的。两个阵营的专业人士都希望理解和帮助人。为了达成这些目标，最好的科学和实践方法必须包含这两种视角。因此，尽管我们在书中介绍了积极心理学的原则、研究和应用，但我们这样做的目的是，尽力使之成为对先前的弱点模型的补充。因此，我们提醒本书读者（你们中的一些人最终将会成为这一领域的领导者）避免陷入旨在证明积极心理学或病理学模型孰优孰劣的争论。

我们的现状和探索的问题

积极心理学当前正处于快速发展期，这并不是说积极心理学在整个心理学的比重增加，而是指积极心理学的观点正在赢得心理学界和整个社会的关注。积极心理学运动头十年的突出成就是，成功地吸引了人们对其理论和研究结果的关注。

马丁·塞利格曼

资料来源：Courtesy of Martin Seligman.

近年来宾夕法尼亚大学的心理学家马丁·塞利格曼激发了人们对积极心理学的兴趣，并且提出了积极心理学这一概念。[亚伯拉罕·马斯洛在 1954 年的《动机与人格》一书中，有一章的标题即为积极心理学。] 塞利格曼厌倦了心理学未能产生足够的“让生活有意义的知识”（Seligman & Csikszentmihalyi, 2000, p. 5; 注意这一感受与本章开篇引用的罗伯特·肯尼迪对国民生产总值的感叹非常相似），他在 1998 年成为美国心理学会主席时，开始探索这一引发争论的主题。在他任主席期间，塞利格曼利用这一职务的资源优势，唤起了人们对积极心理学的关注。从那时起，塞利格曼不知疲倦地为积极心理学的研究和应用组织会议和资助项目。在他引领积极心理学发展期间，塞利格曼提醒心理学家，开创积极心理学的关键是让人们的生活更有意义。因此，毫无疑问，我们应该感谢马丁·塞利格曼为推动积极心理学繁荣而做出的不懈努力。

有时候，我们在搜寻人类优势时会犯错误。但辨证地看，我们坚信，搜寻优势的努力会让我们更加深入地理解人类。在判断积极心理学成功与否时，我们认为必须对它进行高标准的逻辑和科学检验。同样，积极心理学必须经受质疑性分析，保持开放精神。我们把这个重要任务留给你们。

你的脸是什么样子？一张积极心理学的通行证照片

在我们开始积极心理学之旅时，请你带上你的“通行证照片”。在你涉猎不同的积极心理学领域时，它都会作为你的身份凭证。闭上眼睛，放松几秒钟。然后，想一下在你的日常活动中，大多数人看到的你的面孔模样。一旦你头脑中有了这张脸，请睁开眼睛，看一下图 1.1 中那一行简化的脸。从这些选项中圈出最符合你的那张脸。记住，这不是你希望别人看到的脸，而是他们实际上看到的脸。

本书多处都会谈到人们对他人的反应。人类**面孔**（face）通常是他人在形成

图 1.1　选择你的面孔

杰克·尼科尔森

资料来源：© Corbis.

兰斯·阿姆斯特朗

资料来源：© Corbis.

印象时经常会注意到的部分。事实上，面孔与心理学人格（personality）一词有关。在早期悲剧和喜剧中，演员（他们都是男性）戴着面具，以表明他们扮演的角色。指代这种面具的单词是“*persona*”。因此，我们的“面具”是他人看到的形象。演员杰克·尼科尔森因他的微笑而闻名，面对生活，他一直表现出随遇而安、机智幽默。

在确定了哪张脸最符合你之后，我们马上要再问你一个问题，本月、本周、今天甚至五分钟之前身边发生的事件对你的感受有何影响？当我们成功达成一个重要目标时，通常会大笑。2004 年，当自行车手兰斯·阿姆斯特朗最终认识到他将赢得他的第六个环法自行车赛冠军时，他露出会心的笑。（当然，一年之后，在他退役之前的最后一次比赛中，阿姆斯特朗赢得了他的第七个环法自行车赛冠军）。

在《你微笑，我微笑》（2002）一文中，作家罗杰·马丁分享了他的一次个人经历，一位路人的微笑深深地影响了他。当突然遇到一个对你微笑的人时，你是否会立即回以同样的微笑？本书将在第 7 章讨论，我们是社会性动物，积极的情绪也是美满幸福的人生不可或缺的部分。在第 7 章的个人小实验部分，我们介绍了各种调控情绪的活动，你可以尝试用它们来改善你的情绪状态。

一个全新的星期六：积极心理学的一个例子

让我（斯奈德）以今天为例，告诉你从哪里可以找到积极心理学，哪里找不到。今天是星期六，我打开了收音机。近来，我听收音机的偏好发生了变化。过去我喜欢听乡村音乐，里面讲到的很多故事是某个人失去了他的爱人、工作、宠物或者轻

你微笑，我微笑

罗杰·马丁

我在图书馆的楼梯上遇到了一个陌生人。她的微笑很灿烂，她的问候很温暖。她坚定地看着我的眼睛，她的勇气让人无法抗拒。我不由自主地回以微笑并跟她打招呼。

我转过身去看着她走开。

那是什么？我想。

三天之后，发生了同样的事情。

我想象着人们坐在起居室里，其中一个人说："这一周，让我们对陌生人微笑，看看会发生什么。向他们展示，爱不是获取，而是给予。然后，我们聚在一起，讨论发生了什么事情。"

像你一样，不管我去哪里，我看到的是障碍之后呆滞的眼睛和面孔。事实上，我经常是他们中的一员。当我向周围看时，我感觉到愤怒、悲伤、无聊和成见。它们已经深深渗透到我们的骨子里，我们几乎不知道它们就在那里。

但是，这两个陌生人让我变得大胆起来，我有意识地花几分钟时间在不认识的人身上。我开始与商店里站在我旁边的人聊天，希望我的行动（或许）能够得到回应。我重写了《心烦的顾客遇到讨厌的售货员》这一商店短剧……陌生人赠予礼物而不期望回报——在那一瞬间，它不再显得奇怪。

资料来源：*Lawrence Journal-World*, May 19, 2002, p. D3. Reprinted with permission of the author.

型货车。它们的旋律非常相似，就像悲伤的歌词。可能正是因为这些雷同的负面歌词，我调到了一个播放古典音乐的电台，听到的不是 20 世纪 60 年代和 70 年代的经典摇滚音乐，而是贝多芬、亨德尔、肖邦等人的音乐。这些旋律强劲且振奋。

在午饭时，我挥霍了一下，去 Baskin-Robbins 吃了一份巧克力杏仁，接着又吃了一份巧克力薄饼。然后，我开始修剪草坪，有那么一瞬间想要帮帮别人，所以决定也修剪一下邻居的草坪。在我干到一半的时候，邻居对我说"你不必这样做！"我当然知道这一点，这也正是为什么它令人如此满足的原因。我发现，帮助别人也

个人小实验

你想要体验什么

在这一章，我们会提供大量例子，阐述关注积极方面会为你的日常生活带来更多美好的感受和友善的人们。重新定位思维焦点有助于确定，我们是把时间花在追求有意义的体验上，还是继续害怕可能发生的坏事。通常，人们的行动似乎不受思维控制，但实际上，我们才是决定自己日常行动脚本的作者。为了把你的思维集中在积极方面，请执行以下每个步骤并遵从指导语。从容不迫很重要。

- 确定你希望明天发生的三件好事情。
- 思考在接下来的日子你不希望发生的一件事情。
- 把你不希望发生的事情想象为一个圆，它正在变得越来越小。
- 在你希望明天发生的三件好事中，想象最不重要的那一件变得越来越小。
- 想象你不想发生的小圆变得如此之小，以至于几乎看不到它。
- 放开你不想发生的事情。跟它说再见。
- 在你希望明天发生的两件好事中，想象最不重要的一件变得越来越小。
- 把你的思想集中在明天那件最重要的好事上。
- 在你脑海中看到这件好事正在发生。
- 练习让这件好事发生在你头脑中。
- 当你明天醒来时，关注正在发生的好事。
- 在白天对自己重复，“我让这件好事成为可能。”
- 重复这个句子，“我选择如何集中我的思想。”

这个练习的要点是告诉人们，他们通常认识不到控制自己心理历程的程度。并且，通过关注希望发生的事情，人们更有可能掌控自己的日常活动，而不是被动回应。在做这个练习时，你可以自由修改具体用词，但尽量保留句子中为你鼓劲的字词。根据我们与他人一起工作的经验，如果把心理能量花在避免一些不想要的结果上，会造成人们对他人和事物的过度反应。另一方面，思考我们希望发生的事情会帮助我们远离消极事件。

许是我的生活中最令人愉快的活动。（我们在后面还会讲到这一点。）

现在是下午 3 点钟，我回到屋子里，继续写这一章。我听到门铃响了。我打开门，外面是我 9 个月大的孙子特顿。他父亲问我能否照顾他一天（包括在我家过夜），我立即答应下来。过去我对小孩子不太热心，但是五十几岁时我发生了很大的变化。婴儿和幼儿让我着迷，我很喜欢和他们一起玩、照看他们、喂养他们。那个下午，特顿和我坐在门前的草地上，观察小鸟、松鼠、兔子和所有能动的东西，特别是那些面带微笑、匆忙经过前面人行道的人们。我很疑惑他们匆忙地赶往哪里。

对我来说，看着孙子第一次接触这些景象是非常愉快的，一切对他来说都很新鲜，这感染了我。我喂他吃东西，他吃到嘴里的和弄到我身上及周围的一样多，我并没有心烦。然后我把他放进婴儿车里，我们出去散步。他很喜欢出门，我也喜欢和他在一起。

当我们回来的时候，我的妻子已经下班，她想和特顿玩一会儿，这多少让我有点沮丧。于是，我就去搭一个别人送的旧婴儿秋千。妻子对我大声叫喊，因为我没有用梯子，而是摇晃着站在一个小木桌上。现在，秋千被固定在了一株紫荆树的树枝上。晚饭之后，我们决定把特顿放在婴儿座椅上，但他立刻掉到了地上，因为他太重了。瑞贝卡和我因为这个不怎么完美的计划而大笑。

很快，到了睡觉的时间。对于任何有孩子的读者，这可能是一个非常熟悉的过程。它包括考验你的意志力，最后筋疲力尽的祖父母和孙子都会睡着。（当我们睡着的时候，妻子和我看起来完全不像是好莱坞的剧目里浪漫和性感的画面。我们的睡衣通常是古老的长运动裤，上面有来自晚餐或当天留下的污迹、已经干了的婴儿口水甚至更糟……我们的衣服都成了“乞丐服”。）

这段简短的星期六记录体现了积极心理学的几个方面。我这一天中最积极的方面就是帮助他人或与他人在一起。修剪邻居的草坪和照顾孙子是非常令人满足的。这些活动可以让你感觉一下积极心理学“发挥作用”的过程和途径。这个星期六带来了许多快乐，它们来自我集中从事能给我带来快乐的活动的能力。实际上，积极就在我们多数人的周围。还要注意，这些活动并非全部来自积极的享乐活动；相反，最让人满足的活动与帮助他人有关。给予就是获取。这仅仅是本书要阐述的积极心理学令人吃惊的诸多悖论之一。

本书学习指南

在写这本书时，我们的心里一直想着你们。在我们精心构思期间，我们询问彼此，“这一章是否会让积极心理学在学生眼里鲜活起来？”这些讨论帮助我们认识到，这本书必须全面地总结积极心理科学和实践，并且必须促使你在日常生活中应用积极心理学原理。我们牢记这个目标，试图选取最严谨的积极心理学研究和最有效的实践策略，并且设计了许多小实验和个人策略，它们可以促使你接触他人和世界的积极方面。我们的目标是，当你读完这本书时，你会更了解心理学，并且你已经变得很擅长利用自己的优势和产生积极情绪。

我们把本书分为八个部分。第一编，“从积极视角审视心理学”，共 4 章。第 1 章你即将读完，属引言部分。我们的目的是让你体验我们对积极心理学的热情，分享驱动这一新领域发展的一些核心问题。第 2 章和第 3 章的标题分别是“积极心理学的西方视角”和“积极心理学的东方视角”。在这两章，你将会看到，尽管积极心理学明显与西方文化有关，但是也有一些重要的主题来自东方文化。第 4 章，“人类优势和积极结果的分类与测量”，你将会了解心理学家如何将标签赋予不同类型的人类优点。对于熟悉传统病理学模型的读者而言，它们为你们提供了基于人类优势的相反的分类。

第二编，“不同背景下的积极心理学”，我们用两章来讨论与幸福生活有关的因素。第 5 章，“在文化背景下发展优势和幸福生活”，我们考察周围的社会和环境力量对幸福感的影响。第 6 章，“在人生的每个阶段都幸福生活”，我们展示儿童期的活动如何塑造一个人，让他成为适应良好的人。

第三编，“积极情绪状态和过程”，包括两章，它们覆盖的主题与情绪过程有关。第 7 章，“快乐的原理：理解积极情感、积极情绪、幸福和幸福感”，回答人们经常提出的问题，“什么让一个人快乐？”第 8 章，“有效利用情绪体验：情绪焦点应对、情绪智力、社会情绪选择和情绪故事讲述”，我们介绍情绪研究的新发现，情绪是实现目标极为重要的资产。

第四编，“积极认知状态和过程”，包含 3 章。第 9 章，“通过自我效能、乐观和希望看待我们的未来”，包含研究得最多的三种面对未来的动力：自我效能、乐观和希望。第 10 章，“智慧和勇气：两种普遍的美德”，我们探讨的积极心理学主题是艰难环境下人们用以提升技能和能力的美德。类似地，第 11 章，“专念、流畅感和精神感悟：寻求最佳体验”，我们讨论人们如何觉察思维和情感的实时过程，以及人们有必要信仰比自身更强大和有力的力量。

第五编，“亲社会行为”，我们描述人们与其他人之间的积极联系。第 12 章，“同理心和利己：利他、感恩和宽恕之门”，我们展示与善意有关的过程如何给人们带来益处。第 13 章，“依恋、爱和丰盛的关系”，我们总结亲密的人际关系对于多种积极结果的重要性。

第六编，“理解和改变人类行为”，描述如何阻止消极事情发生，以及如何促使积极事情发生。第 14 章，“心理健康和行为的均衡概念建构”，第 15 章，“干预以预防坏事和提升好事”，将帮助你理解如何能够改善生活环境。

第七编，“积极环境”，探讨特定的环境。第 16 章，“积极的学校教育”，我们描述与学生的积极学习结果有关的最新发现。第 17 章，“好的工作：收益工作的心理学”，我们讨论既高效又满意的工作组成部分。在第 18 章，“平衡‘我’与‘我们’：建设更好的社区”，我们提出，最高效和满意的环境是，居住者相对于他人能够表现出一定程度的特殊感和相似感。

最后，第八编，“从积极视角展望心理学的未来”。这一编由第 19 章构成，“走向积极”，我们预测了接下来十年中积极心理学领域的进步。并且，我们邀请该领域的专家，就 21 世纪积极心理学领域的关键问题给出他们的推测。

个人小实验

在多数章节（包括本章），我们鼓励你检验前沿积极心理学家的想法。在“个人小实验”专栏里，我们请你实施一些实验，积极心理学研究者可能在实验室或现场实施它们，积极心理学从业者可能把它们作为功课分派给来访者，你可以通过练习把积极心理学带入生活。一些实验只需要不到 30 分钟就可以完成，另一些可能需要一周以上。

提升生活的策略

在日常生活中，发现积极方面不一定需要一个全方位的实验。实际上，我们相信，留心日常生活将会发现积极情绪和人类优势的力量。因此，对于关注积极情绪、人类优势和健康过程的章节，我们设计了“提升生活的策略”专栏，完成它们只需几分钟。我们决定开发这些策略来帮助你获得三种最重要的生活结果：与他人联系，追求意义，体验某种程度的快乐或满足。具体而言，爱、工作和游戏被称为三个最重要的生活领域（Seligman, 1998e）。弗洛伊德把常态（normalcy）定义为爱、工作和游戏的能力，心理学研究者把这种能力叫做“心理健康”（Cederblad, Dahlin,

Hagnell & Hansson, 1995)。发展研究者把爱、工作和游戏描述为与人类成长有关的标准任务（Icard, 1996），并作为成功老化的关键（Vaillant, 1994）。对心理治疗感兴趣的专业人士把爱、工作和游戏的能力看做变化过程的一个方面（Prigatano, 1992），而其他人把它看做咨询的首要目标（Christensen & Rosenberg, 1991）。尽管全力追求爱、工作和游戏不一定会保证有意义的生活，但我们相信它对美好生活是必要的。带着这一信念，我们鼓励你多多尝试提升生活的策略，它们将会增强你爱、工作和游戏的能力。

以上总结了我们将要讨论的内容和我们对你的希望。如果你充分投入研读本书中的材料和练习，你将获得知识和技能，帮你过上更美好的生活。

作为学生很少有机会见证一个新领域从无到有的创建过程。如果我们很好地完成了我们的工作，你将会感受到从新领域伊始就存在的兴奋。

宏伟蓝图

尽管对恐怖主义和自然灾害的恐惧和不确定性还依然存在，但 21 世纪的美国终究是繁荣、稳定、和平的。在这个积极的时代，文化可以集中于诸如美德、创造性和希望这样的主题。三种早期的文化面临过类似的积极时代。公元前 5 世纪，雅典利用它的资源探索人类美德——美好的品格和行为，民主在这个时期形成。15 世纪的佛罗伦萨，财富和才能用于提升美。维多利亚时代的英国利用它的资产追求责任、荣誉和纪律这些人类美德。

与源自这三个时代的遗产类似，也许 21 世纪美国的贡献就在于采纳和探索积极心理学的原则——研究和运用积极心理学以造福人类（Seligman & Csikszentmihalyi, 2000）。当然，在我们的职业生涯中，从来没有目睹过心理学领域中出现这样一种可能非常重要的新发展。但是我们正在超越自己，因为随着新的学生被吸引到这一领域，真正的考验将会到来。现在，我们欢迎你学习积极心理学。

附 录*

1. **智慧和知识**（wisdom and knowledge）——涉及知识的获得和使用的认知优势。

   创造力：能想出崭新而有效的做事方法。

   《闪亮的风采》（*Shine*，1996）

   《莫扎特传》（*Amadeus*，1984）

   好奇心：对所有不同的经验和体验感兴趣。

   《十月的天空》（*October Sky*，1999）

   《天使爱美丽》（*Amelie*，2001，法语）

   开放的心智：多角度地思考和考证事物。

   《无主之地》（*No Man's Land*，2001，波斯尼亚语）

   热爱学习：掌握新的技能、主题和知识体系。

   《跳出我天地》（*Billy Elliot*，2000）

   《美丽心灵》（*A Beautiful Mind*，2001）

   洞察力（智慧）：能够为他人提供明智的忠告。

   《魔鬼代言人》（*The Devil's Advocate*，1997）

   《美国丽人》（*American Beauty*，1999）

2. **勇气**——情绪优势，涉及在面临外部或内部反对力量时坚持实现目标的意志。

   勇敢：不因威胁、挑战、困难或痛楚而退缩。

   《辛德勒名单》（*Schindler's List*，1993）

   《爱在屋檐下》（*Life as a House*，2001）

   坚持（毅力）：完成自己负责的工作，即使工作过程中遇到困难，也会坚持下去。

   《钢琴课》（*The Piano*，1993）

   《重返荣耀》（*The Legend of Bagger Vance*，2000）

   正直（真挚、诚实）：说实话和真实地展现自己。

   《好人寥寥》（*A Few Good Men*，1992）

   《永不妥协》（*Erin Brockovich*，2000）

---

* 注：这些电影和分类来自 Rashid, 2006。只有一处改动："生命力"被移到"超越"这一类别。Reprinted with permission of Tayyab Rashid.

3. **人道**——人际优势，涉及关心和帮助他人。

爱：重视与他人的亲密关系，特别是那些互相分享与关怀的关系；与他人亲近。

《日瓦戈医生》（*Doctor Zhivago*，1965）

《英国病人》（*The English Patient*，1996）

《苏菲的选择》（*Sophie's Choice*，1982）

《麦迪逊小镇》（*The Bridges of Madison County*，1995）

《长路将尽》（*Iris*，2001）

《窈窕淑女》（*My Fair Lady*，1964）

仁慈（宽容、关怀、照料、怜悯、无私的爱）：愿意为别人带来恩惠和做好事；帮助他人；照顾他人。

《尽善尽美》（*As Good as It Gets*，1997）

《总有骄阳》（*Cider House Rules*，1999）

《承诺》（*Promise*，1986）

社交智慧（情绪智力、个人智慧）：明白他人和自己的动机和感受；明白在不同社交场合下的得体行为；明白他人做事的动机。

《为黛西小姐开车》（*Driving Miss Daisy*，1989）

《失宠于上帝的孩子》（*Children of a Lesser God*，1986）

《K 星异客》（*K-Pax*，2001）

《爱你的五种方法》（*The Five Senses*，1999）

4. **公正**——构成健康社区生活基础的公民优势。

公民意识（社会责任、忠诚、团队精神）：在团队中表现好；对团队忠诚；并能做好自己的分内事。

《洛城机密》（*L.A. Confidential*，1997）

《心灵访客》（*Finding Forrester*，2001）

《无语问苍天》（*Awakenings*，1990）

正直：依据公平和公正的观念，对所有人一视同仁；不会因个人感情而对别人做出有偏差的判断；给予每个人平等的机会。

《皇家俱乐部》（*The Emperor's Club*，2002）

《费城故事》（*Philadelphia*，1993）

领导力：身为团队成员并鼓励组员完成工作的同时，维护组员之间的良好关系；筹划集体活动并予以实施。

《阿拉伯的劳伦斯》（*Lawrence of Arabia*，1962）

《与狼共舞》(*Dances With Wolves*，1990)

5. **节制**——避免过度放纵的优势。

宽恕和慈悲：宽恕做错事的人；接纳他人的缺点；给别人第二次机会；不报复。

《让爱传出去》(*Pay It Forward*，2000)

《母女情深》(*Terms of Endearment*，1983)

《死囚漫步》(*Dead Man Walking*，1995)

《普通人》(*Ordinary People*，1980)

谦恭/谦虚：不张扬自己的成就；不寻求别人的关注；不认为自己比别人特殊。

《甘地传》(*Gandi*，1982)

《小活佛》(*Little Buddha*，1994)

审慎：对自己的选择小心谨慎；不会过分冒险；不会说些自己将来会后悔的话或者做会后悔的事。

《理智与情感》(*Sense and Sensibility*，1995)

自我管理(自我控制)：管理自己的感受与行为；自律；控制自己的食量和情绪。

《阿甘正传》(*Forrest Gump*，1994)

6. **超越**——建立与广阔宇宙的联系和提供意义。

对美丽和卓越的欣赏(赞叹、惊奇、提升)：对于生命中的一切——大自然、艺术、数学、科学乃至日常生活体验，都留意和欣赏其美丽、优秀和技巧之处。

《走出非洲》(*Out of Africa*，1985)

《天堂的颜色》(*Colors of Paradise*，2000)

感恩：留意身边发生的好事并为此感恩，常常表达谢意。

《阳光情人》(*Sunshine*，2000)

《油炸绿番茄》(*Fried Green Tomatoes*，1991)

希望(乐观、未来意识、未来导向)：对未来抱有最好的期许并努力达成愿望；相信美好未来是能够创造的。

《乱世佳人》(*Gone With the Wind*，1939)

《美丽人生》(*Life is Beautiful*，1998)

《心灵捕手》(*Good Will Hunting*，1997)

幽默感(逗乐)：喜欢大笑和逗别人笑；为别人带来欢笑，看到事物的轻松面；喜欢开玩笑(但不一定是说笑话)。

《心灵点滴》(*Patch Adams*，1999)

精神感悟(信奉宗教、信念、目的)：明白一个人怎样适应大环境；对崇高的人生目的和意义持有一贯的信念，这些目的和意义可以塑造行为和带来慰藉。

《超时空接触》（*Contact*，1997）

《来自天上的声音》（*Apostle*，1997）

《神父同志》（*Priest*，1994）

生命力（兴致、热情、干劲）：以兴奋和充满干劲的心情面对生命；做事不半途而废或失去干劲，把生活当成一场历险，感到充满活力和生机。

《天堂电影院》（*Cinema Paradiso*，1988）

《我的左脚》（*My Left Foot*，1989）

《飞越疯人院》（*One Flew Over the Cuckoo's Nest*，1975）

关键术语

面孔（face）：从最具体的意义来看，是指人类头部前方的特征。更一般地，借用社会学家欧文·戈夫曼（Irving Goffman）的概念，它是一个人在公众面前展示的形象。

心理疾病（mental illness）：在病理心理学体系内，是指人们可能具有的各种问题。对某些具有严重心理问题的人的笼统说法，例如"他患有心理疾病"。

积极心理学（positive psychology）：与研究心理优势和积极情绪有关的科学和应用。

现实协商（reality negotiation）：人们达成一致的世界观或定义的持续过程。

社会建构（social construction）：许多人公认的构成现实的观点或定义（而不是存在于客体、情境和人们中的客观"事实"）。

2 积极心理学的西方视角

由菲尔·麦克奈特与作者一起完成

希望在西方文明中是一种强大的潜在力量。事实上，回望西方文明史，**希望**（hope）是一种让你由此及彼的动因性的、聚焦于目标的思维，它已经交织在我们文明的时代和事件之中，很难觉察到，如同面包中的酵母一般。在这点上，对美好未来的信念反映在我们的日常观点和言辞之中。例如，计划和信任这样的词语带有一定的假想成分，它指向未来的事件，以及我们的行动产生积极影响的可能性。

本章要回顾一些基本观点和事件范例，它们影响了现代人的希望和21世纪的发展。我们将按时间顺序讲述历史事件，从希腊神话潘多拉盒子开始，以现代的成功故事结束。不过，我们首先探讨，诸如希望这样的强大力量，为何在很多西方文明故事中不见了踪影。

希望：无所不在而又难以觉察

尽管希望具有显著和普遍的力量，但我们经常觉察不到它的存在。也许这是由于希望深嵌在很多相关的想法中。鉴于此，在本质上完全与希望有关的资料中，往往不会提到希望［厄恩斯特·布洛克（Ernst Bloch）在《希望的原理》一书中，全面总结了为何哲学很少讨论希望］。事实上，如果我们检查西方名著的目录或索引，很难找到希望一词。例如，《人类思维的主要理念》（McLeish, 1993）一书中并未包含希望这一索引条目。本应完整总结人类理念的列表却忽略了希望一词，这是多么讽刺！根据布洛克的看法，希望“如同南极一样未经勘察”（引自Schumacher, 2003, p. 2）。

希望是希腊神话的一部分

在整个人类历史中，人们有必要坚信：坏事可以变为好事，丑陋可以变得美丽，问题可以得到解决。但是，不同文明认为这些变化发生的可能性存在差异。例如，“潘多拉盒子”这一经典希腊神话与希望的起源有关，它有两个版本。

在第一个版本中，宙斯创造了潘多拉，她是人类第一位女性，宙斯的目的是报复普罗米修斯（以及人类），因为普罗米修斯从上帝那里盗取了火种。宙斯赋予了潘多拉惊人的美貌和优雅，但是也赋予了她撒谎和欺骗的恶习。宙斯把潘多拉和她的嫁妆盒子一起送给了娶潘多拉为妻的伊皮米修斯。这可能是逆反心理学最早的案例，宙斯告诉潘多拉到达人间后不要打开嫁妆盒子。当然，她不顾宙斯的命令，打开了盒子。所有的灾祸迅速涌向人间，除了希望，它还留在盒子里——留住希望不是为了帮助人类，而是传达希望实际上并不存在这一信息，从而嘲讽人类。因此，在这个版本中，希望只是残酷的骗局。

潘多拉盒子

资料来源：© Corbis.

这个故事的第二个版本是，人类所有的不幸都起源于潘多拉的好奇心，而非她内在的邪恶本性。众神考验她，告诫她不要打开嫁妆盒子。宙斯把她送给伊皮米修斯时，尽管伊皮米修斯的哥哥普罗米修斯警告他，潘多拉是来自宙斯的礼物，但伊皮米修斯仍然收下了她。当潘多拉打开那个盒子时，希望不再是骗局，而是祝福和为不幸提供安慰的源泉（Hamilton, 1969）。在这个积极版本的故事中，希望成为邪恶（例如身体的痛风、风湿、绞痛，心理的嫉妒、怨恨和报复）的克星，当盒子被打开时它逃脱了出来。不管希望是嘲讽人类的骗局还是消灭邪恶的克星，这两个版本的故事揭示了希腊人对希望强烈的矛盾心理。

西方文明中的宗教希望

西方文明史就是犹太教和基督教的历史。这是犹太教—基督教遗产（Judeo-Christian heritage）这一短语经常与西方文明联系的原因。西方文明的时间进程（见图 2.1~2.4）与犹太教—基督教遗产相重叠，包括公元前和公元后时期。这些时间进程突出了宗教历史上的重要事件：开放圣母大教堂、建造沙特尔大教堂西立面、出版托马斯·阿奎那的《神学大全》。在这一点上，早期的西方文明中就存在希望，在圣经经文中可以找到，例如“愿你的国降临，愿你的旨意行在地上”（《马太福音》6:10），以及“……受造之物仍然指望脱离败坏的辖制，得享神之儿女自由的荣耀”（《罗马书》8:18, 20, 21）。这些经文反映了上帝统治人间的美好希望，以及希望上帝在人间行使旨意，如同在天堂一样。或者《哥林多前书》15:19，圣保罗提到为了人世间和世俗之外的生活而对基督的信仰：“我们若靠基督，只在今生有指望，就算比众人更可怜。”并且，基督教的教义认为，上帝统治人间不仅可以等待，还可以预期。因此，希望信念将会影响世俗的思想观念。

如同这些希望的宗教例子所示，人类的巨大努力来自希望这一禀性。在每个例子中，一个主动动词与一个指代结果（成就）的名词相连。请注意，开放、建造、出版这些动词，其后都可紧跟着代表重大文明成就的一些名词，例如沙特尔大教堂和圣母大教堂，等等。

这些例子很重要，还因为它们代表的成就出现在欧洲的“黑暗时代”。我们很难领会祖先的毅力和努力，在缺乏美德的黑暗时期，他们努力建立了重要的里程碑。实际上，尽管“黑暗时代”并不完全是黑暗的，但是，文艺复兴之前的中世纪（500~1450）无疑笼罩在压迫和愚昧的阴影下，惰性和无知是正常现象。如戴维斯（Davies, 1996）所写道的：

> 对中世纪的许多描述都充斥着死气沉沉的气氛。技术进步缓慢、封建社会的封闭性以及一成不变、神权统治的人类生活，造成了这一印象。这一时期的主要象征是笨重战马上的装甲骑士；束缚在领主领地（领土或财产）上的奴隶；修道院的修道士和祈祷的修女。他们代表了物质的停滞、社会的停滞和智慧的停滞。（p. 291）

智慧和社会的停滞反映了好奇心和创造力的丧失。从**中世纪**（Middle Ages, 500~1500）时期开始，这些丧失阻碍了社会的希望和进步，使之缺乏必要的、有目的、持续的计划和行动。在黑暗时代，进步的火光只剩下余烬，只有少数机构仍保持着希望，例如修道院及其学校。

最终，文艺复兴的光明、经济增长与繁荣结束了黑暗时代，希望被认为与现世生活而不是与来世生活的关系更加密切（也就是更好的现世生活变成可能，甚至极有可能）。因此，随着文艺复兴出现，集中于遥远未来或来世的宗教希望变得不再那么重要了。事实上，文艺复兴时期的焦点是对当下美好生活的现代预期。与这一新焦点有关的是，哲学家伊曼努尔·康德确定，希望的宗教性质阻碍了对它进行现世改变的讨论。随着这一转变的发生，宗教的希望概念逐渐淡出，不再是行动的基本动机。加强和促进这一改变的是宗教希望的另一个方面，法利（Farley, 2003）称之为“愿望的被动性”，这种观点仍然影响今天的宗教希望。法利指出，“宗教希望……提供了一种错误的感觉，让人们以为所有的事物真的都是好的和‘所有的事物都将是好的’。根据这种看法，与对近期未来的承诺相比，对最终未来的信念是一条捷径”（p. 25）。换句话说，着眼于来世的宗教希望有可能变成在现世采取行动的无意识障碍。正如法利所描述的，这类宗教希望的问题是，它可能提供了对未来状况延迟的安慰感。不幸的是，个体关注合意的未来，而不是现在必须要做什么才能到达那种状态，致使个体的注意力和努力无法集中于当下所要做的事情。

法利（2003）的评论类似于埃里克·弗洛姆（Eric Fromm）在《希望的革命：人性化取向的技术》（1974）一书中提出的一个重要观点。弗洛姆指出，一些希望的定义经常是一种“误解，将希望与和希望无关甚至实际上正好相反的态度相混淆”（p. 6）。弗洛姆进一步指出，希望与欲望和**愿望**（wish）（也就是想象改变的可能性所带来的结果，但缺乏计划或产生这些改变的必要精力）不同。后两种动机具有被动属性，很少或没有为实现合意目标做出努力。这种被动性的极端水平便是弗洛姆所谓的虚无主义（nihilism, p. 8）。

西方文明中对希望历史的修正

前文艺复兴时期

西方文明的积极信念和希望在文艺复兴之后得以巩固。但是，需要注意，早期时代并非完全缺乏希望。例如，下面这个简短列表给出了发生在文艺复兴之前与希望相关的人类活动：

亚历山大博物馆和图书馆建立（公元前 307 年建立）
坎特伯雷的第一所英语学校开办（公元 598 年）
英语诗歌合集《埃克赛特书》出版（公元 970 年）
系统性音乐符号发展（公元 990 年）
意大利艺术传统复苏（1000 年）
尝试在空中飞翔或漂浮（1000 年）
英格兰约克大教堂破土动工（1070 年）
意大利波隆纳大学建立（1119 年）

托马斯·阿奎那

资料来源：© Corbis.

伦敦圣巴塞洛缪医院建成（1123 年）
法国沙特尔大教堂西立面建成（1150 年）
英格兰国际象棋流行（1151 年）
英格兰牛津大学（1167 年）和剑桥大学（1200 年）建立
巴黎圣母大教堂开放（1235 年）
托马斯·阿奎那的《神学大全》印刷（1273 年）
意大利城市佛罗伦萨发展成为欧洲主要的商业和文化城市（1282 年）

考虑图 2.1 中时间线上的这些事件。它们反映了人们具有达成这些目标所需要的精神，并为之付出了努力。这些历史标志性事件需要目标导向的行动，而不是仅仅等待好时光或好事发生。随着文艺复兴的来临，这些主动和希望的思维开始与目标导向行动相结合。在下一部分，我们转向文艺复兴以及期间的关键事件。

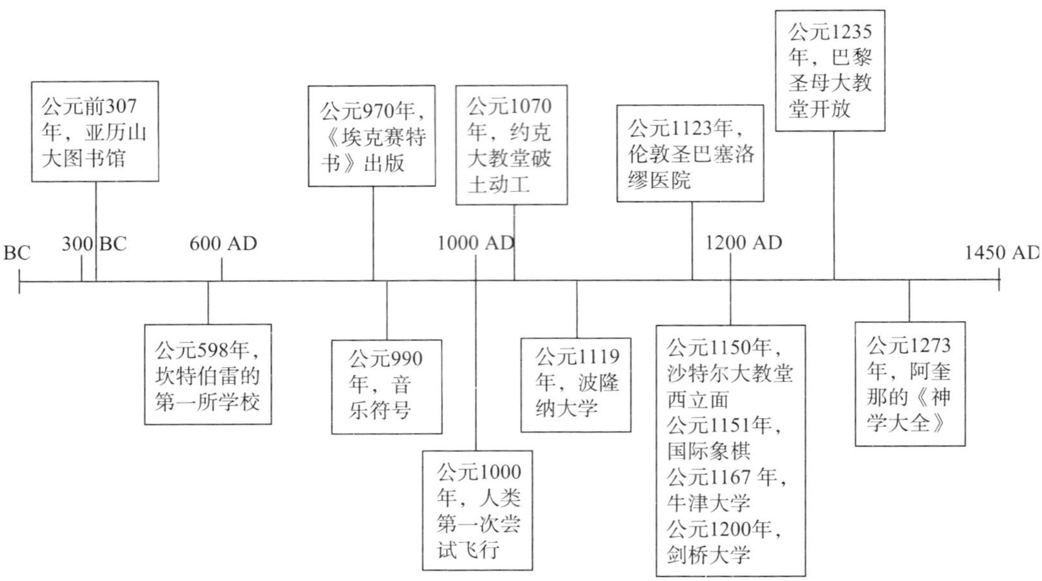

图 2.1 前文艺复兴时期

资料来源：Compiled from Hale (1965).

文艺复兴

文艺复兴（Renaissance）开始于意大利，大约从 1450 年延续到 1600 年，它使统治欧洲一千多年的风俗和制度发生了改变。封建主义、天主教教会的统治以及乡村与世隔绝的生活，都让路给新兴民族主义、贸易和商业、城市的发展以及艺术和学术的进步。在这个复兴时期，希望活跃起来。这一历史时期现在更多被看做一次进化而不是革命，它是一个转折点，促进了主动希望的出现。

考虑到文艺复兴时期的重点是过去，那它怎么能被视为“现代”希望的开端呢？这个问题的答案是，尽管文艺复兴确实分析了古代遗产，但许多分析是为了进步和促进理解。例如，罗马法成为法律研究的一个关键领域，因为文艺复兴时期的律师希望考察罗马法的著名法典《法律汇编》和《法典》。因此，文艺复兴时期的视角是，向过去学习是必要的，以满足从中世纪晚期出现的复杂的、物质主义社会的要求。类似地，其他公众生活和商业领域的进步，皆基于对先前文学、哲学和艺术的准确理解。尽管这些领域的研究本身也变成了目标，但实施这些研究主要是为了完成更世俗的目标，例如促进贸易和商业经济。因此，文艺复兴时期的社会开始把世俗的实现看得比死亡准备或死后的实现更重要。

在这个时期，人们还开始把自己看做个体，而不是一个阶层的代表。并且，这种对个人成就的兴趣导致了人们关注做好与今生有关的事情。尽管中世纪（公元 500~1500 年）的男性和女性探求他们的灵魂，文艺复兴时期的公民则向外和向前看，力图达成基于自身能力和个人兴趣的当下目标。文艺复兴时期的重要事件和成就见图 2.2。

启蒙时代

这个时期紧随文艺复兴而来，从大约 1700 年持续到 18 世纪晚期，被称做**启蒙时代**（Age of Enlightenment，或译作“启蒙运动”）。这个时代标志着从不愿意运用自身知识和才智的不成熟中觉醒。在这一点上，伊曼努尔·康德写道：“*Sapere aude*！‘要有勇气运用你自己的理性！’——这是启蒙运动的口号”（Gay, 1969, p. 11）。实际上，启蒙运动代表了一种独立宣言，摆脱了自圣经时代以来在宗教和政治中长期建立起来的权威统治。

伊曼努尔·康德

资料来源：© Corbis.

在有助于探索和变革的文化气氛中，启蒙运动扎根于文

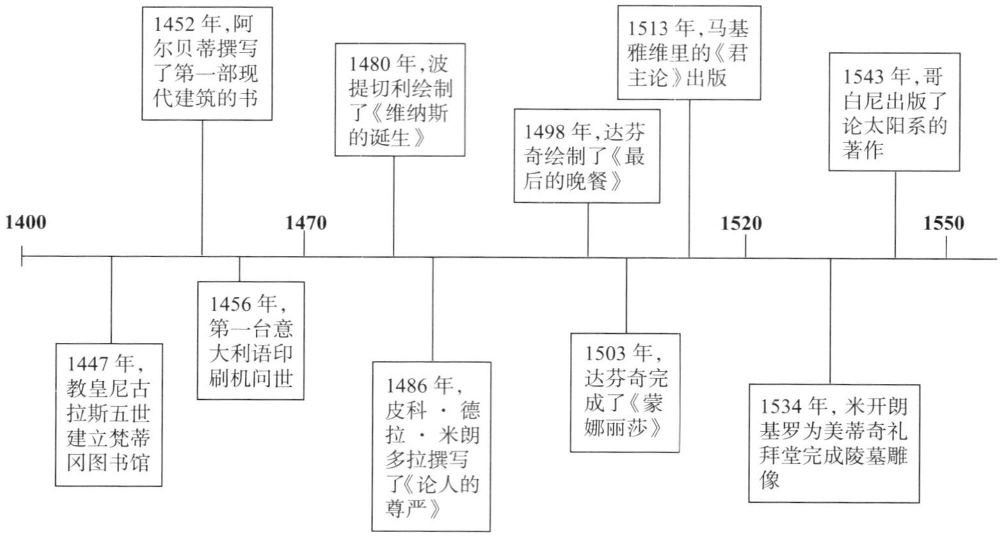

图 2.2 文艺复兴时期

资料来源：Compiled from Grun (1975) and Hale (1965).

艺复兴时期对希腊语和拉丁语书籍、思想的兴趣复苏，以及对今世而不是来世感兴趣。随着教会宗教权威的减弱，商业、政治和科学开始在人们的精神、物质和智力生活中起着越来越强大的作用。

“科学的”是描述启蒙时期特点的一个关键词。一些人将艾萨克 · 牛顿在 1687 年出版的《自然哲学的数学原理》视为启蒙时代开始和科学方法振兴的标志。尽管牛顿著作的根源可追溯到圣经时代，但是除了理解和敬畏上帝，他的观点还有其他目的。

“科学革命”是启蒙时代必不可少的组成部分，当政治气氛变得更有利于发现时，科学革命便开始了，这体现在一些学者如开普勒、伽利略、牛顿和笛卡儿的著作中。盖伊（Gay, 1966）把这群思想家描述为一种科学家和哲学家的“同盟”，他们把研究成就看成累积过程中的一个个“阶梯”，而并非仅仅是偶然或孤立的发现。

启蒙时代反映了希望的本性，因为它强调理性动因和理性能力。这些品质交织在这个时期的主导信念中，该信念认为，科学方法给社会生活带来的理性导致了科学和哲学上的成就。这些观点与中世纪盛行的无知、迷信和接受权威截然相反，采用数学作为发现和进步的手段，这一时期强调理性意志。因此，教育、言论自由和接受新观点能在启蒙时代开始萌芽就不足为奇了。事实上，这些启蒙思维的结果是持久的，反映了希望的力量。在最后一点上，考虑一下教育以及教育对冲动行为的克制；也就是说，教育应该促进缜密的分析和计划以达到合意目标。另外，个体的尊严和价值在启蒙时代已得到认可。总的来说，知识和计划能够让人们感到自主权，这一观点导致弗兰西斯·培根致力于改善人类状况。因此毫不奇怪，孔多塞在他的《人类精神进步史表纲要》（Condorcet, 1795）一书中指出，正是启蒙运动保证了人类现在和未来的进步。

在这些启蒙时代的重要事件的影响中，可以看到希望信念的作用：

飞梭的发明（1773 年），开创了现代纺织业
美国《独立宣言》起草（1776 年）
诗人亚历山大·蒲柏在《夺发记》一诗中对上流社会进行讽刺（1714 年）
大英博物馆开放（1759 年）
康德的《纯粹理性批判》出版（1781 年）
莫扎特的最后三部交响乐问世（1788 年）
爱德蒙·伯克的《对法国大革命的反思》出版（1790 年）

其他事件和里程碑见图 2.3。

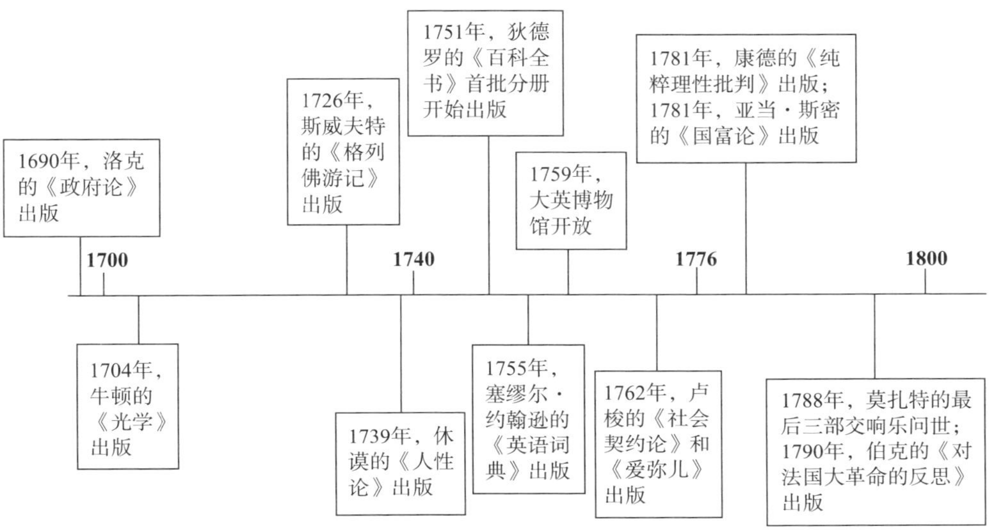

图 2.3　启蒙时代

资料来源：Compiled from Grun (1975) and Gay (1966).

工业革命

从大约 18 世纪末开始，持续到 19 世纪结束，这个时期被称为**工业革命**（Industrial Revolution）（或工业化时代）。从家庭和小作坊向大工厂生产的转变，极大地增加了每个公民的物质利益（见图 2.4）。尽管这个时代的一些结果是机能失调和反生产的，但是也确实做出了非常真实和重要的贡献。布罗根（Brogan, 1960）描述了这些进步：

> 19 世纪和 20 世纪初取得的主要进步是，人们寿命的延长，婴儿期夭折的孩子减少，许多人得到更好的食物、房屋和教育。轮船、火车、汽车和飞机使得世界的自然联合成为可能。巴斯德·路易斯在巴黎进行了细菌研究工作；几年内，约瑟夫·李斯特就结合其研究在苏格兰进行了消毒手术，说明了科学的联合。先前不适宜居住或生存水平非常低的世界区域，变得更适合人们居住。（见 Burchell, 1966, p. 7）

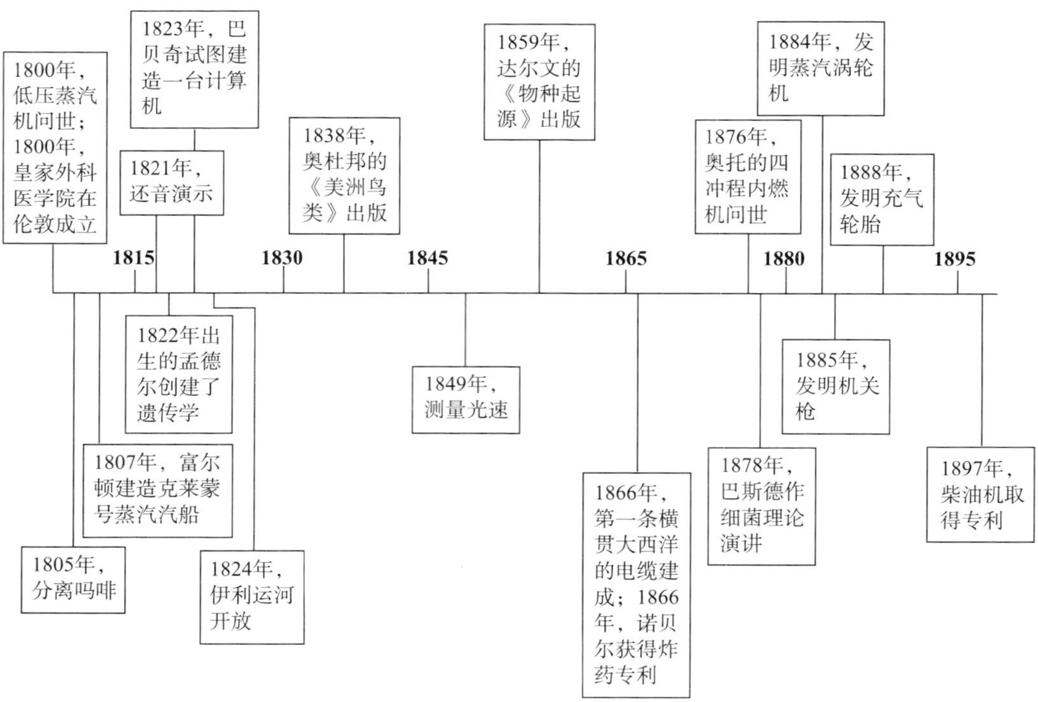

图 2.4 工业革命

资料来源：Compiled from Grun (1975) and Burchell (1966).

布罗诺夫斯基（Bronowski, 1973）在《人类的攀升》一书的“推动力量”一章中雄辩地写道，工业革命让世界变成“我们的”。事实上，工业革命反映了人类进步的转折点，因为它提供了如此多的物质和个人财富。也许更重要的是，工业革命创造了多数公民能够获得和享用的便利设施。如此一来，商品变成多数人而不仅仅是少数人的消费品。这些收益包括蒸汽机及其应用、铁器和炼钢、铁路（所有人都可利用的高效交通和交流工具），而这些只是出现在 20 世纪有限的几个例子。

西方文明主要由大量关键的希望事件和信念决定。在文艺复兴、启蒙时代和工业革命之前，甚至在中世纪期间，希望思维都是人类信念系统的关键部分。即使在一些历史时代没有显示主要的迹象，它们仍然存在隐含的希望迹象。因而，尽管这里没有特别讨论宗教改革和“理性时代”（1600~1700），这些时期仍然见证了对社会作出贡献的重要进步。下面是这些时期重要成就的一些例子：

弗兰西斯·培根的《学术的进展》出版（1604 年）
伽利略的比例规问世（1606 年）
法国广泛开始道路建设（1606 年）
伽利略的天文望远镜问世（1608 年）
哈维发现血液循环（1619 年）
《每周新闻》在伦敦出版（1622 年）
第一家咖啡商店在伦敦开业（1632 年）
英格兰废除酷刑运动（1638 年）
哈佛学院宪章制定（1650 年）
牛顿的重力实验以及微分学创建（1665 年）
格林威治天文台建立（1681 年）
维也纳的第一家咖啡馆开业（1683 年）
伦敦安装街灯（1684 年）
第一次贸易展销会在荷兰的莱顿举行（1689 年）

回顾文艺复兴、启蒙时代和工业革命期间的事件，也许把从文艺复兴开始直至 1900 年的所有时代归为新时期是合理的，可以称之为“进步时代”。进步时代描述了西方文明的特征，反映了希望思维的内在成分。如尼斯比特（Nisbett, 1980）在他的《进步观念史》写道：

> 3 000 年以来，在西方文明中，没有一种观点比“进步观念”更重要或像它一样重要。人们了解它的缺点和堕落，但进步观念在西方历史中是一个极为伟

> 大的观念，其伟大在于它在无数的哲学、宗教、科学和历史著作中所称颂的一切，尤其是它激发了那些西方文明创造者的动机和渴望。（p. 4）

信任我们文明的价值和承诺对于希望观念是必要的，反之亦然。因而，在西方文明的价值和承诺中，希望是信念的本质。

结 论

希望是相信生活可以更好的信念，以及因而让生活变得更好的动机和努力。希望比欲望、愿望或白日梦更能引发有意义行动的思维。愿望只是想改变，但是可能不会引发行动。一个人可能盼望中彩票，但是这不一定会引发实现这一愿望的重要或持续的活动。而且，愿望实现的条件不一定具备，因为愿望几乎没有实现的合理或者现实的手段。

应该注意，希望并非西方欧洲文明独有的观念。在每个文明和历史时期，都存在希望信念和活动。但是，并非所有文化都把希望作为一种如此重要的推动信念。例如，在美洲土著文化中，很少预期进步。相反，如果人们尊重和关爱环境，事情应该会顺利，但是不一定伟大。美洲土著人的信念是，正确的风俗和信仰不一定会带来繁荣，但是有助于避开灾难。因此，两个系统的区别可能更多是程度上而不是类型上的。对于美洲土著人来说，积极行动带来积极结果的可能性，不像西方欧洲文明的信念系统认为的那么肯定。因此，与西方文明中的人们相比，希望在美洲传统中可能并不是那么突出的一种动机力量（Pierotti, 个人交流，2005）。

希望观念一直是西方文明思想的支柱。如布罗诺夫斯基（1973）在提到工业革命时所指出的，希望有助于让世界变成我们的。而希望又将把我们带向何方，也许是正在发展的21世纪最重要的问题。

关键术语

启蒙时代（**Age of Enlightenment**，或译作“启蒙运动”）：从1700年到19世纪晚期的时期。启蒙时代倡导的观念是，人们能够使用自己的理性、知识和才智，而不是依赖于迷信或教会和政府的权威。启蒙时代包括科学革命。希望反映在人们的信念中，即认为自己有能力利用理性来改善自己和世界。

希望（hope）：斯奈德将其定义为指向目标的思维，个体知觉到自己有能力找到达成合意目标的途径（途径思维），以及使用这些途径的必要动机（动因思维）。斯奈德相信，希望并非基于遗传，而完全是一种习得的和审慎的思维方式。（见第 9 章。）

工业革命（Industrial Revolution）：启蒙时代的一部分；从家庭和小作坊转向大工厂生产，使个体的物质财富增加，轮船、火车和飞机的发明使得流动性增加。工业革命让文艺复兴时期的希望（当下的繁荣和幸福）对多数人来说成为可能。

中世纪（Middle Ages）：从公元 500 年到 1500 年的时期，有时候被叫做黑暗时代。社会、物质和智力的停滞以及各种形式的压抑是这个时期的标志。希望寄托于来世的繁荣和幸福。

文艺复兴（Renaissance）：从 1450 年到大约 1600 年，统治欧洲的风俗产生了很多变化。在这个时期，人们分析过去，不断向未来前进。希望寄托于当下的繁荣和幸福。希望思维伴随着在现世采取行动的动机，而不是为来世做准备。

愿望（wish）：想象改变的可能性，但是没有采取行动；一种被动的欲望。

3 积极心理学的东方视角

由珍妮弗·佩德罗蒂与本书作者一起完成

视角问题

“祸兮福所倚，福兮祸所伏。”这句中国谚语揭示了东方人观察问题的视角，他们认为世间万物都处于永久的流动之中。因此，就像好事肯定会发生一样，坏事也一定会降临。反过来，生活的挑战也可能预示着胜利。好和坏的平衡在生活中无处不在。事实上，对平衡的预期和渴望可以区别东方人与西方人，它反映了东方人寻找最佳平衡点的世界观，而西方人在解决问题和监控进展时会采取更线性的方法（见第 2 章）。因此，东方人希望在变动不居中做到泰然自若，在生命的自然起伏中寻求意义。东方人总是感知灵敏，善于适应，随着生命的进程而动，直到成为自然，达到**开悟**（enlightenment，也就是能够清楚看到事物的本质）。西方人在物质层面中寻求奖赏，而东方人寻求超越人类世界，上升到精神境界。

积极心理学的学者致力于确定人类的优势，强调通向更好生活的多种途径（Aspinwall & Staudinger, 2002; Keyes & Haidt, 2003; Lopez & Snyder, 2003; Peterson & Seligman, 2004; Snyder & Lopez, 2002）。由于西方文明、欧洲的历史和价值观塑造了我们今天所知的美国心理学，无怪乎积极心理学的起源更侧重西方人的价值观和体验。但是，在理解人类优势和美好生活实践时，学者们越来越关注更宽泛的历史和文化背景（Leong & Wong, 2003; Schimmel, 2000; Sue & Constantine, 2003）。先前被忽略的东方传统智慧现在得到关注，以便从不同视角考察人类优势。

本章我们要讨论东方视角和学说对积极心理学研究和应用的影响。首先，我们介绍儒家思想、道教、佛教和印度教的主要教义，并阐述它们特有的重要优势和人生成果。接着，我们讨论东西方在价值体系、思维过程与追求的人生成果方面存在的一些内在和基本差异。我们还要详述东方人对“美好生活”的看法，并讨论帮助东方人获得积极人生成果的相关优势（它们更多包含在东方文化而不是西方文化中）。然后，我们在结束时讨论东方人对同情与和谐的看法，他们把二者视为获得美好生活的两个基本和必要的品质。

儒家思想、道教、佛教和印度教

总结几千年的东方意识形态和传统显然超出了本章的范围。因此，我们突出四种重要的东方哲学的基本宗旨，包括**儒家思想**（Confucianism）、**道教**（Taoism，源于中国的传统）、**佛教**（Buddhism）和**印度教**（Hinduism，源于东南亚的传统）。同西方历史背景类似，"美好生活"的概念已在东方传统的内部存在了几百年。与西方文化把最佳功能看做存在于内心的观点相反，东方文化认为，最佳生活体验是一种包含超越和开悟的精神旅行。东方人对精神超越的追寻与西方人对现实美好生活的追求相似。

儒家思想

孔子（有时候称之为圣人）认为领导和教育是道德的核心。孔子出生的年代正是中国本土充满纷争的时期，他强调，道德可能是治疗那个年代罪恶的良药（Soothill, 1968）。学者常常拿儒家的伦理思想与西方哲学家伊曼努尔·康德的著作相比较，前者具有清晰的定义和相对稳定的含义（Ross, 2003; 例如"子为政，焉用杀？",《论语》12:19，这是对诉诸武力的统治者的教导）。儒家学说里充满着关心他人福祉的语句。事实上，孔子最著名的一句格言是最早的金科玉律，即"己所不欲，勿施于人"（Ross, 2003;《论语》6:28）。这些学说收集在几本书里，其中最著名的一本就是《论语》。

孔子

资料来源：© Corbis.

培养美德是儒家学说的核心。儒家道德最重要的五种美德分别是仁（仁慈，孔子最称赞的美德）；义（责任）；礼（礼节）；智（智慧）和信（诚实）。仁排在第一位是因为它概括了其他四种美德。义的概念描述了恰当地对待他人，可以定义为全力对待他人的责任。礼的概念偏重礼节和礼貌，以及对他人的感受敏感（Ross, 2003）。最后，智和信的概念分别定义了智慧和诚实的重要性。基于这五种美德，孔子的追随者必须努力做出明智的决定，而且必须诚心遵守。持续追求这些美德让孔子的追随者迈向开悟或美好生活。

道　教

道

The Way

很难与西方听众讨论古代道教，部分原因是，传统道教中的一些关键概念无法翻译。老子（道教的创始人）在他的著作中指出，他的追随者必须依照“道”（大致可以翻译为英语“the way”）来行事。汉字“道”意指移动的头，“同时具有方向、移动、方法和思想的意思”（Peterson & Seligman, 2004, p. 42; Ross, 2003）；并且，它表明了这种力量无处不在的属性。“道”是围绕每个人的能量，是一种“包围、环绕和流经所有事物”的力量（Western Reform Taoism, 2005, p. 1）。关于这一点，老子（Lao-Tzu, 1994）用下列句子描述了“道”：

> 道可道，
> 非常道。
> 名可名，
> 非常名。
> 无名，天地之始；
> 有名，万物之母。
> 故常无欲，以观其妙；
> 常有欲，以观其徼。
> 此两者同出而异名，
> 同谓之玄。
> 玄之又玄，
> 众妙之门。（p. 47）

老子

资料来源：© Corbis.

尽管老子生动地描述了他对“道”的看法，但是，许多读者并不太明白这些句子的实际含义。根据道教传统，难以理解“道”是因为不能传授“道”。相反，只能在生活中亲自参与才能悟道。在这个过程中，好和坏的体验都有助于对“道”的理解。据说，“道”还概括了对立概念的平衡与和谐（例如，没有黑暗就没有光明，没有女人就没有男人，等等）（Ontario Consultants on Religious Tolerance, 2004）。阴和阳这两个符号

（后文具体描述）反映了对立的力量和欲望不断变化的平衡。

获得生命的自然性和自发性是道教哲学最重要的目标。因此，具有美德的个体不必费力就能做到仁慈、公正、节制和礼貌（Cheng, 2000）。在这一哲学体系内获得超越的个体不必思考最佳功能，自然的行为即合乎道德。

佛　教

行善积德贯穿于“觉者”或“开悟的人”（例如佛陀）的学说之中。在一段经文中，佛陀说：“为了使多数人获益，为了多数人的幸福，出于对世界的同情，布施四方”（Sangharakshita, 1991, p. 17）。同时，佛陀教导人们，苦难是存在的一部分，起源于人们的欲望。这些欲望反映在佛教的四个真理即“四谛”中：

佛像

1. 苦谛：人生就是由各种苦难组成的，从出生到死亡在本质上都是痛苦的。
2. 集谛：所有苦难都来自对现实本质的无知和由此造成的贪、嗔、痴。
3. 灭谛：通过克服无知可以结束苦难。
4. 道谛：从苦难中解脱的方法是“八正道”（正见、正思维、正语、正业、正命、正精进、正念和正定）。

在佛教思想中，只要存在欲望，就无法认识真正的祥和，没有祥和的存在就是苦难（Sangharakshita, 1991）。只有到达**涅槃**（nirvana）的境界，苦难才会减轻，这是佛教哲学的最终归宿。因此，涅槃是脱离任何欲望的境界（Schumann, 1974）。需要注意，对个体来说，死前和死后的涅槃都是有可能的。具体来说，死前的涅槃类似于最终的“美好生活”信念。死后的涅槃可能类似于基督教的天堂概念。

与其他东方哲学类似，佛教也非常重视美德，在几种个人品质中描述了这些美德。佛教徒谈到“*四无量心*”（Brahma Viharas），这些美德是最重要的［Peterson 和 Seligman（2004, p. 44）将其描述为“普世美德”］。这些美德包括*慈*（maitri）、*悲*（karuna）、*喜*（mudita）和*舍*（upeksa）（Sangharakshita, 1991）。在佛教中，获得这些美德需要人类消灭欲望，以终止苦难。

印度教

印度教与前面讨论的三种哲学有所不同，它并没有特定的创立者，在历史上印度教始于何时并不清楚（Stevenson & Haberman, 1998）。并且，印度教没有一本公认的经书，尽管许多人把《奥义书》（*Upanishads*）视为最常用的作品集。印度教的许多追随者并不遵循书面教义，而是“认为他们的宗教基于一套行为方式，而不是一本书面教义”（Stevenson & Haberman, p. 45）。印度教的主要教义是强调所有事物的互相关联。在印度教的教义中，始终把所有个体看做一个和谐的整体，称为“宇宙中唯一的统一原理”（Stevenson & Haberman, p. 46）。

《奥义书》讨论了死亡之后的两种去向：转世（返回世间继续努力获得必要的觉悟）或不转世（意味着在生命中获得了最高的知识）。后一种去向，不转世，是更受称颂的去向，印度教追随者尝试达到不转世。印度教的个人目标是充实而正确地生活，以直接前往来世，而不是以转世的形式重复生命的训诫（Stevenson & Haberman, 1998）。印度教教义对于避免转世必需的品质规定得很清楚：“返回尘世意味着一个人没能获得关于自我的最终知识”（Stevenson & Haberman, p. 53）。因此，个体的生命追求是获得最终的自我知识，以及争取最终的自我改善（明显也是一个西方概念）。对个人改善的强调重复了佛教教义，但是与孔子的信念迥然不同，后者认为他人和群体的利益比自我改善更重要（Dahlsgaard, Peterson & Seligman, 2005; Peterson & Seligman, 2004）。但是，这并不是说印度教的焦点仅仅在于个体。印度教鼓励个体与人为善和改善自己。《奥义书》说“一个人做好事就会变成好人，做坏事就会变成坏人”（Stevenson & Haberman, p. 54）。

鼓励“好事”还有一层意思，即如果一个人在生命中没有获得最终的自我知识，必须在死后通过转世回到尘世，那么前世的善行会与今生世间更好的地位直接关联（Stevenson & Haberman, 1998）。这个过程称为因果报应（karma）。然后，在下一世中，个体必须再次争取自我改善，并持续终生，直至获得最终的自我知识。因此，印度教传统中的美好生活会降临在那些持续获得真知以及持续与人为善的个体上（Dahlsgaard, Peterson & Seligman, 2005; Peterson & Seligman, 2004; Stevenson & Haberman）。

东方哲学小结

这里讨论的各种东方哲学，都涉及在追求美好生活（即超越）时人类表现出的各种美德和人类优势的重要性。这四种哲学可以找到许多相似之处，特别是它们看重的人类品质和体验。在随后的部分我们会详细讨论，但在这里首先要比较东方信念与西方意识形态，以理解东西方视角对积极心理学的不同看法。

当东方遇上西方

东方和西方的意识形态源于截然不同的历史事件和传统。在两种文化的生命价值体系、时间导向和各自的思维过程中，可以明显看到这些差异。如果要理解两种文化所认可的优势，以及追求和达成积极生命成果的方法，这些文化差异可以提供很多信息。

价值体系

文化的价值体系对于优势与弱点的判定有明显影响（Lopez, Edwards, Magyar-Moe, Pedrotti & Ryder, 2003）。尽管多数西方文化是个人主义取向，多数东方文化（日本、中国、越南、印度等）受集体主义引导（见第 18 章）。在**个人主义**（individualist）文化中，主要的焦点是个人，个体的重要性高于群体。这些文化强调竞争和个人成就。但是，在**集体主义**（collectivist）文化中，群体重于个体，强调合作（Craig & Baucum, 2002）。群体与个体孰轻孰重这一文化差异，决定了在每种文化下优势的特征。例如，西方文化高度重视个人自由和自主。因此，在这种世界观下，“独立自主”的个体就拥有优势。另一方面，在东方文化下，这种对自我的过分自信不会被看成优点，因为社会寻求在群体内部培养互相依赖。

在集体主义文化中，与互相依赖密切相关的分享和对群体的责任受到重视。此外，东方思维还看重避免冲突和“随大流”。日本故事“桃太郎”（Sakade, 1958）提供了一个很好的例子，表明了日本文化中互相依赖、避免冲突和对群体的责任等特质的重要性。故事从一对老夫妇开始，他们一直希望有个孩子，但总是无法怀孕。一天，老婆婆在小河边洗衣服时，一个巨大的桃子漂到了她身边，打开这个桃子后出现了一个孩子！老婆婆把桃太郎带回了家，她和老公公把他抚养长大。桃太郎长成了一个优秀的年轻人，在他 15 岁时，他告诉父母，附近村子有一群怪物困扰了人们很长时间。他决定去打败怪物，把宝物带回村子，这让他父母非常骄傲。

一路上，桃太郎结交了许多动物朋友。动物们想要与它们遇到的每个新动物打架，但是在桃太郎的推动下，“小狗、猴子和野鸡，原本彼此憎恨，后来都变成了好朋友，并忠诚地追随桃太郎”（Sakade, 1958, p. 6）。在故事结束时，桃太郎和他的朋友们一起努力打败了怪物，把财宝带回了村子，所有人分享了这些财宝。作为英雄，桃太郎具备了日本和其他亚洲文化重视的优势：(1) 他为群体利益努力，尽管这样做需要冒个人受伤的危险（集体主义）;(2) 在途中，他阻止其他人的小争吵（促进和谐）;(3) 他与其他人一起努力达到目标（互相依赖和合作）;(4) 他把财宝带回来与群体一起分享（互相依赖和分享）。与桃太郎的故事相比，西方英雄的故事可能在几点上有所不同，特别是在英雄需要他人帮助这方面，因为个人成就在西方往往看得比集体成就重要。因此，文化导向决定了哪些优势能得到重视并传达给其成员。

时间导向

东方和西方在时间导向上也存在差异。在西方文化中，例如美国，我们经常展望未来（见第 2 章和第 9 章）。事实上，我们最重视的一些优势（例如希望、乐观、自我效能；见第 9 章）反映了未来导向的思维。但是，在东方文化下，更多关注过去。这种过去导向的焦点反映在中国古代谚语中，“欲知前方事，且问过来人”。因此，可能会根据某些人格特征与特定时间导向的相容性而将它们定义为优势。例如，某些问题解决方案可能被人认为比另一些更有效。在一个著名的中国寓言“老马识途”中，一群士兵在山谷中行军，他们迷路了，试图找到回家的路。一名士兵想到一个办法：“我们可以利用老马的智慧。放开一匹老马并跟着它，就能找到正确的路。”（Pei, 2005, p. 1）东方文化重视“回头看”这一优势，认可老年人的智慧。

思维过程

考虑西方和东方思维的独特性时，我们经常侧重具体观点的性质，而没有反思联结和整合这些观点的过程。事实上，研究者（例如 Nisbett, 2003）注意到，西方人和东方人的思维过程存在很大差异，这造成了世界观和意义建构方法的明显分歧。密歇根大学研究社会心理学和认知的一位教授理查德·尼斯比特（Richard Nisbett），讲述了与一名来自中国的学生交谈时，他觉察到的思维差异。尼斯比特回忆道：

> 几年前，一名来自中国的优秀学生开始与我一起从事社会心理学和推理问题的研究。在我们认识不久之后的一天，他说，“你知道，你和我之间的差异是，我认为世界是一个圆，你认为世界是一条直线……中国人相信不断的变化，但是事物总是会回到先前的状态。他们注意多种多样的事件；他们搜寻事物之间的关系；他们认为不理解整体就不能理解部分。西方人生活在一个较为简单和

确定的世界；他们关注突出的物或人，而不是更大的画面；他们认为他们能够控制事件，因为他们知道支配事物行为的规律。”（p. xiii）

阴阳

如尼斯比特的故事所示，中国学生的思维方式与尼斯比特有很大的不同，而不仅仅是观点本身。循环的思维方式可以由道教的阴阳图形说明。多数人都熟悉阴阳符号。这个图形表现了东方人眼中的世界本质：循环往复，不断变化。符号的黑暗部分表示阴性和消极面，光亮部分表示阳性和积极面。根据道教信念，每个部分都因另一部分而存在，无法单独存在。当体验到一种状态时，另一种也就不远了；如果处于困难时期，美好时期也就不远了。这种循环的思维模式影响了东方思想家的生活规划，因此可能会影响个体在寻找祥和时所做的决定。

比较西方人与东方人的生命追求，可以看到此种不同思维方式的影响。在美国，我们优先考虑“生命、自由和幸福”的权利，而东方人的目标焦点有所不同。以积极心理学中的幸福概念为例（见第 7 章）。研究者假设，幸福（不管是群体还是个体）是东方人和西方人都追求的一种状态（Diener & Diener, 1995）。但是，人生哲学的不同可能让幸福追求看上去差异很大。例如，西方人要追求幸福目标，可能朝他的目标画一条直线，认真查看障碍，并找到绕开障碍的可能方法。他的目标是达成永久的幸福。但是，对于信奉阴和阳的东方人，这种幸福目标可能没有意义。在东方思维模式中，如果一个人追求幸福并获得了幸福，这只是意味着苦恼会紧随而来。东方人的目标可能是平衡或中庸，相信一个事实，即尽管生命中可能存在很多的不幸或苦难，它最终会被极大的幸福所抵消。这两种不同的思维方式，明显会导致达成美好生活目标的方式截然不同。

东方和西方：哪个最好

东方和西方传统中的观点以及这些观点组织在一起的方式有巨大不同。但是，要记住，没有谁比另一方“更好”。讨论优势时这一点格外重要。因此，我们必须透过文化来评估具体特征在特定群体内究竟是优势还是弱点。

达成积极结果的不同方式

目前为止，我们讨论了思维方式对西方人和东方人人生目标发展的不同影响。但是，每个群体达成目标的路径也存在差异。西方导向的思维关注个体的目标，而东方哲学家突出群体。例如，孔子说，“己欲立而立人，己欲达而达人”（Soothill, 1968, Analects, 6:29）。因此，尽管“只顾自己的人”（也就是西方人，见第 2 章）把希望作为达成美好生活的基本工具，但东方人可能优先采用其他工具。例如，帮助建立和维持相互依赖关系的特质对东方人达成他们的目标可能更有价值。这些美德可能是最重要的，可以帮助东方人找到确保完成群体目标的路径，从而帮助他们完成个人目标。

在主要的东方哲学思想中（儒学、道教、佛教、印度教），重复提到两个概念，分别是对他人的同情以及寻求和谐或人生平衡。因此，从东方视角研究积极心理学时，每个概念都有其明确的位置。

同 情

同情（compassion）这个概念在西方和东方哲学中都有根源。在西方传统中，亚里士多德的早期著作中提到了同情。类似地，在儒家思想、道教、佛教、印度教这些东方传统中，也可以找到同情。在孔子的学说中，同情包含在仁（仁慈）的概念中，据说仁包括了所有其他美德。在道教信念系统中，仁慈也反映了必须自然发生、不需预谋的行为。最后，佛院经常被描述为“完全开悟的、无限慈悲的”(Sangharakshita, 1991, p. 3)。准此而论，佛教中交织着同情（karuna）的概念，它是通向超越之路上的美德。最后，在印度教中，同情被称为对他人的善意行动，它会指引追随者走上一条死后不需要返回尘世的道路。

在近来关于积极心理学的著作中，埃里克·卡斯尔（Cassell, 2002）医生提出同情必须满足下述三个条件：（1）被同情者的困难必须是严重的；（2）被同情者的困难不是自我加害的；（3）作为观察者的我们，必须能够认同被同情者的痛苦。同情被描述为一种“单方面的”情绪（Cassell, p. 435），从自己指向外部。在佛教教义中，同情意味着能够“超越自我中心”（Cassell, p. 438），关注他人而不仅仅是我们自己。对与自己的痛苦完全无关的事物持有感情，允许我们超越自我，以此来接近美好人生的成就。实际上，超越的同情据说是四种普遍美德中最重要的一种，它经常被称为大悲（mahakaruna），与更常用的悲（karuna）相区别（Sangharakshita, 1991）。同样，尽管儒家思想、道教、佛教和印度教讨论它的方式有所不同，但体会他人感受和帮助他人的能力，是每种传统下获得美好人生的核心。

怀着同情心帮助个体获得人生的成功，被认为是东方传统下的一种主要优势。体会群体成员的感受也能让个体认同他人，发展群体凝聚力。并且，同情的行动会促进群体幸福，而不是个人幸福。

相比个人主义文化的人，集体主义文化的人同情来得更为自然。在这一点上，研究者认为，集体主义文化可能以亲社会行为的形式来培养其成员的同情感（Batson, 1991; Batson, Ahamd, Lishner & Tsang, 2002）。因此，群体认同形成时，自然的选择就是群体利益高于个人利益。来自这一领域的更多定性和定量研究有助于确定培养同情的机制。

彼得森和塞利格曼（Peterson & Seligman, 2004）在《品格优势和美德：手册和分类》一书中指出，“仁慈”可以看做“普世优势”。他们认为，对于西方和东方传统，体会他人感受的能力是追求美好人生必不可少的部分。同情是仁慈的一个方面，包括看到自己之外的世界、考虑他人、关心和认同他们。根据东方传统，要超越个体的肉身，就必须关注他人而非自我。因此，只有当个体的独立身份以及与之伴随的自我激发的欲望完全根除时，才能达到涅槃。

因此，在向美好人生前进时，我们处理日常任务离不开同情。个体在通向美好人生的道路上前进时，持续的目标是超越人类，通过与他人和世界的联系达到开悟。同情要求人们思考自己之外的世界和与他人进行联系。并且，随着个体开始理解他人，他会变得更接近自我理解。这是获得超越的另一个关键成分。

和　谐

在西方历史上，据说希腊人把幸福看做“在不受约束的生活中，行使权力来追求卓越”的能力（Nisbett, 2003, pp. 2-3）。因此，美好人生被看成没有责任束缚的生活和追求个体目标的自由。这种幸福观点与儒家学说有着明显区别，例如，儒家思想认为责任（义）是一种基本美德。在东方哲学中，幸福被描述为拥有“朴素乡村生活的满足感，并在和谐的社会网络中与人分享”（Nisbett, p.5-6）。在这类传统中，**和谐**（harmony）被视为达到幸福的核心。

在佛教教义中，当人们到达涅槃状态时，就获得了一种祥和状态，包括“完全的和谐、平衡和沉静”（Sangharakshita, 1991, p. 135）。类似地，在儒家思想中，“和谐”被视为幸福的关键部分。孔子高度赞扬能够与人和谐相处的个体；他把这种能力比作“一个优秀厨师把香料混合并创造出和谐而美味的食物”（Nisbett, 2003, p. 7）。

与他人关系的和谐会使个体从个人追求中得到解放，并因此获得“集体动因”，做出对群体有利的事情（Nisbett, p. 6）。因此，和谐原则是东方生活方式的核心宗旨。作为开悟人生的一部分，个体获得的平衡与和谐经常被认为代表了美好人生的最终目标。在印度教教义中也可以看到，所有人类被“大一统原理”联系起来（Stevenson & Haberman, 1998, p. 46），必须追求和谐。如果个体在生活中没有认识到他人与自己有关联，对个体和群体的影响可能很深远（Stevenson & Haberman）。

迄今为止，和谐这个概念在积极心理学中很少得到关注，尽管有的研究者在考虑另一些概念时注意到了生活中的评价平衡的观点（例如智慧；见 Baltes & Staudinger, 2000，以及第 10 章）。并且，克利夫顿及其同事（Buckingham & Clifton, 2001; Lopez, Hodges & Harter, 2005）在“克利夫顿优势识别器”中加入了一个和谐主题（见第 4 章）；他们把这个概念描述为在群体中寻找共识的愿望，而不是提出冲突的观点。在美国心理学文献中，很少有学者注意和谐。考虑到和谐在东方文化中所起的核心作用，未来应该实施更多和谐主题的研究。首先，和谐概念经常被错误地等同于从众。找出这两个概念差异的研究有助于清楚界定每个概念。由于在我们独立导向的文化中，从众一词具有消极含义，这些消极特征有可能扩展到和谐概念中。

第二，可以采用定性研究方法，提出更好的和谐定义。目前，彼得森和塞利格曼（Peterson & Seligman, 2004）的优势分类中把和谐概念放在公正之下。他们指出，“作为群体或团队一员努力工作；对群体忠诚；完成自己份内的工作”（p. 30），这些能力可能是公民优势观的一个子集。尽管这可能是划分这种优势的方法，但是有理由认为，和谐概念比这些具体定义更宽泛，可以与忠诚和“作出贡献”区分开来。并且，和谐现象可能既是人际优势（如前所述），又是个人内在的优势。

最后，在详细分析了这些概念之后，对和谐感兴趣的积极心理学学者，可以开发可靠和有效的测量工具，这对研究工作非常有益。因为这些工具可以帮助研究者发现和谐的基本影响因素和相关变量。

结束语

要认识的重要一点是，本章在讨论东方思想时，违反了东方生活方式的一条核心原则，而采用明显西方的、说教的教导方法把这些信息教给积极心理学的学生。传统的东方人反对纯粹通过言词来学习这些概念，认为只有生活经验才有用。作为东方思想的一部分，自我探索和实际的亲身经历对于真正理解这些概念是必需的，而本章中只是以导论的方式呈现它们。因此，我们鼓励你更多地在日常生活中体验这些观点，并试着发现你生活中与优势有关的因素，例如同情、和谐等优势。尽管这些观点可能来自东方意识形态，但它们对于希望发现思考人类机能新思路的西方人也有用。作为积极心理学的学生，思考来自东方的思想，可以继续拓宽你的视野。要对优势特征保持开放的心态，记住不同的传统有不同的价值观。

关键术语

佛教（Buddhism）：基于佛陀学说的一种哲学和宗教体系：人生由欲望导致的苦难所支配；当我们结束欲望时，苦难也会终止；通过适当的行为、智慧和冥想可以获得开悟，脱离欲望、苦难，获得重生（涅槃）。

集体主义（collectivism）：一种文化价值观，重视分享、合作、互相依赖和对群体的责任。

同情（compassion）：仁慈的一个方面，包括看向自己的外部并考虑他人、关心和认同他人。在积极心理学中，同情需要（1）被同情者的困难是严重的；（2）被同情者的困难不是自我加害的；（3）我们作为观察者能够认同被同情者的痛苦。

儒家思想（Confucianism）：发展自孔子学说的哲学和宗教体系。儒学重视仁慈、责任、礼节和诚实。还重视对家庭（包括祖先）的忠诚。

开悟（enlightenment）：人类超越欲望和苦难并清楚地看到事物本质的能力。

和谐（harmony）：一种共识或平衡状态。东方传统把和谐视为幸福的必要部分。

印度教（Hinduism）：宗教、哲学和文化实践具有多种变式的集合体，源自印度，在印度占主导地位。印度教的主要特点是相信所有事物的相互关联，强调个人提升的目标是超越转世循环。

个人主义（individualism）：一种文化价值观，强调个人成就、竞争、个人自由和自主。

涅槃（nirvana）：自我摆脱欲望的一种状态。这是佛教哲学的最终目标。

道教（Taoism）：一种由老子开创的哲学和宗教体系，提倡朴实的、诚实的生活，以及不干涉自然事件的进程（无为）。

4 人类优势和积极结果的分类与测量

> 让我们想象能够建立一种量表或尺度来测量生活成功——个体和环境在试图使他们自己相互适应时的满意程度。在这种尺度的一端可能出现“平静的”、“建设性的”、“有生产力的”这样的形容词，而另一端是“困惑的”、“破坏性的”、“混乱的”这样的词。这些词描述总体情境。对于个体本身，在尺度的一端可能是“健康的”、“幸福的”、“创造性的”这样的词，而另一端是“悲惨的”、“犯罪的”、“发狂的”。
>
> ——门宁格、马伊曼和普鲁瑟（Menninger, Mayman & Pruyser, 1963, p. 2）

卡尔·门宁格（Karl Menninger）是帮助建立闻名世界的门宁格诊所的兄弟之一，他试图改变卫生保健专业人士看待心理疾病诊断、预防和治疗的方式。其使命的一部分是鼓励临床医生和研究者摆脱旧的、含混不清的疾病标签。然后，他呼吁发展一个简单的诊断系统，这一系统描述生活过程而不是状态或情况。最后，他提醒我们“生命本能的卓越表现”的力量（Menninger et al., 1963, p. 357），例如希望、信仰和爱。在过去 50 年里，心理学和精神病学忙于研究人类本性中混乱和悲惨的方面，由于坚持病理焦点，卫生保健从业者帮助几百万人减轻了痛苦。不幸的是，实践门宁格等人所描述的想象过程的专业人士太少，造成更多人的需求未得到满足。我们继续增加日益发展的诊断系统的复杂性（美国精神病学会，2000）；我们对生活过程了解太少；我们在搞清楚美好生活中难以捉摸的方面（希望、信仰和爱）上花的时间和精力太少。如果门宁格活着，我们认为他会觉得我们的专业才干和知识缺乏效用和不均衡。更重要的是，他可能会问，“个人机能中有生产力和健康的方面怎么样呢？”

尽管许多积极心理学家的使命与门宁格博士的想法相似，在测量人类优势方面还有很长的路要走。[我们采用林利和哈林顿（Linley & Harrington, 2006）对**优**

卡尔·门宁格

资料来源：Reprinted with permission of The Menninger Clinic.

势（strength）的定义，即一种能力，拥有这一能力的人感受、思考和行为的方式有助于他们在追求重视的结果时实现最佳功能。］在这一点上，可以说对疾病分类的工作有两千年的领先优势，而归类优势和积极结果的努力在近年来才开始。因此，很容易理解，为什么我们对人类弱点的理解多于对人类优势的理解。在门宁格等人（1963）对疾病分类历史的综述中提到，早在公元前 2600 年，苏美尔人和埃及人就已经区分歇斯底里和忧郁症。定义美德的最早尝试出现于公元前 500 年孔子的学说中，孔子系统地论述仁（博爱或仁慈）、礼（遵守礼仪和习俗）、信（诚实）、义（责任或公正）和智（智慧）（Cleary, 1992; Haberman, 1998; 见第 3 章对孔子和其他积极心理学的东方视角的讨论）。

21 世纪，两种疾病分类系统获得全世界的认可。第一种是世界卫生组织（1992）的《国际疾病分类系统》（*International Classifications of Diseases, ICD*），现在是第 10 版，仍会继续修订。第二种是美国精神病学会（2000）的《诊断与统计手册》（*Diagnostic and Statistical Manual, DSM*），现在是第 6 次修订，名称是 *DSM-IV-TR*（TR 意为文本修订）。在范围上 *ICD* 比 *DSM* 要广，*ICD* 分类所有疾病，而 *DSM* 只描述心理障碍。当前，还没有一种人类优势或积极结果的分类系统在全世界得到使用或认同。但是，在过去 10 年中，已经创建、改进和广泛传播了一些分类和测量方法。在这一章，我们讨论以下三种分类系统：

1. 盖洛普才干主题（The Gallup Themes of Talent, Buckingham & Clifton, 2001），由“克利夫顿优势识别器”（Clifton Strengths Finder）和“克利夫顿青少年优势探测器”（Clifton Youth Strengths Explorer）测量。
2. 优势的“价值实践”（The Values in Action, VIA）分类（Peterson & Seligman, 2004），由 VIA 优势量表的成年和青少年版测量。
3. 研究中心（The Search Institute）的 40 种发展资产（Benson, Leffert, Scales & Blyth, 1998），由研究中心学生生活概览：态度与行为（the Search Institute Profiles of Student Life: Attitudes and Behaviors）测量。

然后，我们讨论通常用来描述心理健康的幸福感维度。接下去，我们呼吁发展更广泛的描述和更敏感的积极结果测量。最后，我们强调需要一种全面的人类行为分类。

人类优势的分类和测量

不管是积极特质和行为还是消极特质和行为，分类系统和测量的发展都受社会价值观以及创造这些价值观的专业人士的影响。文化会随时间发生变化，这些工具需要定期修订，以适用于目标群体。我们现在讨论当前的三种框架，以及优势测量及其**心理测量属性**（psychometric properties）（工具的测量特征）。具体来说，我们评论这些最近设计的工具的**信度**（reliability）（量表一致或稳定的程度）和**效度**（validity）（量表测量其打算测量的概念的程度）。

盖洛普的“克利夫顿优势识别器”

唐纳德·克利夫顿

资料来源：Reprinted with permission.

在50多年的职业生涯中，唐纳德·克利夫顿（Donald Clifton）先后在内布拉斯加大学、人才测评研究公司和盖洛普咨询公司工作过，他在各种商业和教育领域中研究成功学（Buckingham & Clifton, 2001; Clifton & Anderson, 2002; Clifton & Nelson, 1992）。他对成功的分析基于一个简单的问题："如果我们研究人类品质中好的方面，会发生什么？"并且，他关注直接的概念，这些概念经受住了时间和实证检查的考验。首先，他相信可以在工作和学术环境中对才干进行操作化、研究和强调。具体来说，他把**才干**（talent）定义为“自发地重复出现且可被高效利用的思维、情感或行为模式”（Hodges & Clifton, 2004, p. 257），才干可以表现在生活经历中，特点是渴望、快速学习、满意和不受时间限制。他认为这些类似特质的“原始材料”是正常的健康发展和成功的儿童期和青春期经验的产物。类似地，克利夫顿把优势视为才干的延伸。确切来说，优势这一结构结合了才干与相关的知识和技能，定义为在特定任务中提供一致的、接近完美表现的能力。

第二，克利夫顿认为成功与个人才干、优势和分析智力紧密相连。根据这些观点，他识别了几百种个人才干，它们可以预测工作和学业成功。并且，他构建**基于实证的**（empirically based）（基于理论和研究发现）、半结构化的访谈，以识别这些才干。在编制这些访谈时，克利夫顿和他的同事考察某个人的特定角色（例如学生、销售员、管理者），探访工作地点或学术环境，确定与情境成功相关联的长期存在的思维、情感和行为。这些访谈也用于预测积极结果（Schmidt & Rader, 1999），随后在200万

表 4.1　克利夫顿优势识别器的 34 个主题

成就：成就主题强的人精力充沛、工作努力。他们从忙碌和有效的工作中获得巨大满足。
行动：行动主题强的人把想法转变为行动，从而让事情发生。他们经常缺乏耐心。
适应：适应主题强的人喜欢“随机应变”。他们倾向活在“当下”，接受发生的事情，过好未来的每一天。
分析：分析主题强的人寻找理由和原因。他们有能力思考可能影响某个情境的所有因素。
统筹：统筹主题强的人善于统筹，他们还具有补充这一能力的灵活性。他们喜欢弄清楚，如何把所有的部分和资源统筹起来以达到最高的生产力。
信仰：信仰主题强的人具有某些不变的核心价值观。他们从这些价值观中产生明确的人生目标。
统率：统率主题强的人实施指挥。他们能够控制形势和做出决策。
沟通：沟通主题强的人通常能够轻易把思想转换为语言。他们是好的演讲者和主持人。
竞争：竞争主题强的人把自己与其他人的表现进行比较来衡量进步。他们努力赢得第一和热爱竞争。
关联：关联主题强的人相信所有事情之间都有联系。他们认为很少有巧合，几乎每件事情都有原因。
公平：公平主题强的人敏锐地觉察到，需要以同样的方式对待人们。他们建立清晰的规则并遵守它们，从而试图公平地对待世界上的每个人。
回顾：回顾主题强的人享受思考过去。他们通过探寻历史来理解现在。
审慎：审慎主题强的人最明显的特征是，他们在做决定或选择时非常谨慎小心。他们预料到障碍的出现。
伯乐：伯乐主题强的人识别和培养他人的潜能。他们发觉每个小的进步迹象，并从这些进步中获得满足。
纪律：纪律主题强的人追求井然有序和有章可循。他们的世界可以由他们创造的秩序所描述。
同理心：同理心主题强的人能够想象自己处于他人的生活和他人所处的情境中，从而感觉到他人的感受。
专注：专注主题强的人能够选取一个方向并坚持到底，而且做出必要的修正以保持在既定轨迹上。
前瞻：前瞻主题强的人受未来和可能发生的事情的鼓舞。他们用未来视角激励他人。
和谐：和谐主题强的人寻求共识。他们不喜欢冲突；他们追求意见一致。
创意：创意主题强的人对各种想法感兴趣。他们能够发现貌似无关的现象之间的关联。
包容：包容主题强的人接受他人。他们理解那些感觉被忽视的人，并努力把他们包含在内。
个体化：个体化主题强的人对每个人的独特品质感兴趣。他们有一种才干，能够弄清楚不同的人如何能够有效地一起工作。
搜集：搜集主题强的人热切渴望知道得更多。他们经常喜欢收集和保存各种信息。
智力：智力主题强的人的主要特征是他们的脑力活动。他们是内省的，并且喜欢脑力讨论。
学习：学习主题强的人有强烈的学习愿望，希望持续进步。
完美：完美主题强的人集中于优势，把优势作为激励职业成就和群体卓越表现的方法。他们寻求把优势转化为杰出的事物。
积极：积极主题强的人拥有能够感染他人的热情。他们乐观，而且能够让他人对将要做的事情感到兴奋。
交往：交往主题强的人享受与他人的亲密关系。他们在与朋友一起努力工作以达成目标的过程中获得很大满足。
责任：责任主题强的人在心理上对自己的诺言负全责。他们恪守稳定的价值观，例如诚实和忠诚。

（续）

表 4.1(续)

排难:	排难主题强的人擅长处理问题。他们擅长弄清楚哪里出错并且加以解决。
自信:	自信主题强的人对他们管理自身生活的能力感到自信。他们内心拥有方向，让他们相信自己的决定是正确的。
显要:	显要主题强的人希望自己在他人的眼里非同凡响。他们独立和希望被认可。
战略:	战略主题强的人创造前进的不同方法。面对任何特定的场景，他们都能迅速认出相关的模式和问题。
取悦:	WOO 代表“把他人争取过来”(winning others over)。取悦主题强的人们酷爱的挑战是结识新人并赢得其好感。他们从打破沉默和与他人交往中获得满足。

资料来源：Reprinted with permission. Gallup®, StrengthsFinder®, Clifton StrengthsFinder™, and each of the 34 Clifton StrengthsFinder theme names are trademarks of The Gallup Organization, Princeton, NJ.

以上的人中实施，目的是个人充实和选择雇员。在 20 世纪 90 年代中期，当考虑创造一种客观的才干测量时，克利夫顿及其同事系统地总结了这些访谈数据，识别出三十几种才干主题，涉及持久的、积极的人类品质。(见表 4.1，列出了盖洛普分类系统中的 34 种主题。)

开发“克利夫顿优势识别器”这一在线测量工具(见 www.strengthsfinder.com)的第一步是，构建 5 000 个条目以上的题库。对条目的选择基于传统的**建构**(construct)、**内容**(content)和**效标效度**(criterion validity)，它们分别表明工具测量了基本的属性、内容的深度和广度，以及共同的关系和预测效力。然后，根据条目的作用，生成一个较小的题库。具体来说，用来评估条目配对的证据来自一个数据库，这个数据库包含了 100 个以上的预测效度研究(Schmidt & Rader, 1999)。在多个样本中实施因素分析和信度分析，从而在长度最短的工具上产生最多的主题信息。许多条目集合经过小规模预试，保留具有最强心理测量属性的条目。

1999 年，“克利夫顿优势识别器”的在线版本投入使用。这个版本有 35 个主题。在收集了几个月的数据之后，研究者确定了现在使用的版本，包括 180 对条目(360 个条目，其中 256 个被计分)和 34 个主题。尽管一些主题的名称与 1999 年版相比发生了变化，但主题定义和 180 对条目没有改变。见图 4.1 是对本书作者之一洛佩斯的标志主题总结。

在过去 6 年间，盖洛普的研究者对“克利夫顿优势识别器”进行了大量心理测量研究(总结在一份技术报告中；Lopez, Hodges & Harter, 2005)。在多个样本中，多数量表(如主题)是内在一致的(尽管最短的一份量表只包含四个条目)，并且在 3 周至 17 个月不等的时间内保持稳定。具体而言，α 系数在 0.55~0.81 之间(0.70 或以

你的标志主题

盖洛普公司多年的研究表明，效率最高的人往往是那些非常了解自己的优势和行为的人。这些人最擅长通过制定策略来满足日常生活、职业发展以及家庭的需求，甚至可能达到更高的水平。

回顾你所拥有的知识和技能可以让你对自己的能力有一个基本的认识，但是了解自己的才干将会切切实实地揭示你始终成功的核心原因。

“你的标志主题”报告中包括 5 项你最出众的才干主题，它们按照你在“优势识别器”中的测试结果进行排序。在你所接受测评的 34 个主题当中，这些主题排在前五位。

“你的标志主题”对于最大限度地发挥那些有助于你成功的才干来说至关重要。通过关注你的各个标志主题并加以综合考虑，你可以确定自己的特长，把它们培养成自己的优势，同时在保持连续近乎完美的业绩的过程中享受个人及事业成功的喜悦。

前　瞻

“如果这样，那该多好……”你是个喜欢遥望天际的人。未来使你着迷。未来如同墙壁上的投影，在你眼中惟妙惟肖，这幅细致入微的图景催你奋进，奔向明天。虽然未来图景的具体内容取决于你的其他优势和兴趣——更好的产品，更好的队伍，更好的生活，或更好的世界——它将永远给予你灵感。你是一个幻想家，能看到未来的种种可能，并珍视这样的想象。当现实使你一筹莫展，而你周围的人又过于世俗时，你就会唤起对未来的憧憬，继而精力倍增，同时振奋别人。事实上，人们往往期待你描述对未来的种种遐想。他们希望看到一幅画卷，来提高他们的眼界，继而燃起激情。你能为他们描绘这幅画卷，不断实践。字斟句酌，画卷越生动越好。人们将拥抱你所带来的希望。

完　美

你的标准是优秀，而不是平均水平。把低于平均水平的业绩稍微提高到平均之上需要艰苦努力，而且无法使你满足。把本已不俗的业绩提升得出类拔萃，需要相同的努力，但远比前者激动人心。优势，无论属于你自己还是别人，都使你着迷。如同一名打捞珍珠的潜水员，你四处搜寻优势的蛛丝马迹——无师自通、一学就会、掌握技术浑然天成。所有这些都说明某种优势在起作用。发现优势后，你感到必须培育它，改进它，将它充分发挥，直到炉火纯青。你不停地打磨珍珠，直到它光芒四射。由于你对优势情有独钟，别人会认为你不能一视同仁。你更愿与善于欣赏你优势的人相处。同样，你喜欢结交发现并培养自身优势的人。你避开力图操纵你、使你样样精通的人。你不想终生哀叹自己的欠缺；相反，你想发挥你的天生优势。这样更有趣、更有效，并且，与常人所思相反，要求更高。

统　筹

你是一名乐队指挥。当你面对一个涉及多种因素的复杂环境时，你喜欢设法管理所有的变量，将它们反复排列，直至你确信形成最佳组合。在你看来，此种行为毫无特别之处。你不过是试图琢磨出做事的最佳方案而已。然而，其他人由于缺乏这一主题能力，惊叹于你的本领。“你的脑袋里怎么能同时装这么多事情呢？”他们会问。“你怎么能保持如此的灵活性，如此不假思索地放弃经过深思熟虑的计划，转而采取你突发奇想的全新方案呢？”但是你无法想象其他的行为方式。你是高度灵活性的杰出代表。如果你发现一个更优惠的票价，你就会在最后一刻突然改变旅行计划。同样，你会绞尽脑汁，思考完成一个新项目的最佳人员和资源组合。你事无巨细，总在寻找最佳配置。毋庸置疑，形势越是变化无常，你越能出神入化。有的人面对不测，会一口咬定经过精心策划的计划不容更改，而另一些人则躲进现有的规则和程序里。你却不然。你奋身投入混乱的局面，设计新方案，搜寻新捷径，思考新合作。因为说到底，总有可能找到更好的方案。

图 4.1　沙恩·洛佩斯的“克利夫顿优势识别器”标志主题

图 4.1（续）

创 意

你为想法、创意而痴迷。什么是想法？想法就是概念，就是对大部分事件的最合理的解释。当你透过复杂的表层，发现一个精彩而简明的概念，继而解释事物的本质时，你会喜不自胜。想法是一种关联。你的头脑总在寻找关联；因此，当表面截然不同的现象被某个不起眼的纽带联系在一起时，你会感到新奇。一个创意是对常见挑战的全新见解。你乐于改变我们熟知的世界，让我们从一个陌生但充满新意的角度看待它。你喜爱所有这些创意。因为它们深刻，因为它们新颖，因为它们能正本清源，因为它们引发争论，因为它们怪诞。由于所有这些原因，每当你产生一个新创意时，你都为之一振。别人可能视你为锐意创新、标新立异、富于理性或聪明过人。也许这些都是你。谁能说得准呢？你确信无疑的是创意使你激动不已。而大多数日子里，这就足够了。

战 略

战略主题使你能够透过日常琐事，寻找前进的捷径。它不是一种可以教授的技能。它是一种与众不同的思维方式，一种独特的世界观。有了这种世界观，当别人被复杂的事物迷惑时，你却能识别其中的规律。你将规律牢记在心，尝试各种不同的方案，不断问自己，"如果发生这种情况会怎样？如果发生那种情况会怎样？"这些不断出现的问题帮助你预防不测。如此你便能够精确判断潜在的障碍。你看清各条路径的走向，就能进行筛选。你抛弃死路，抛弃碰壁的路线，抛弃通往混乱和迷茫的路线。你不断筛选，直到你选定一条路线，这就是你的战略。有了战略，你开始出击。这就是你的战略主题的运作模式："倘若……会怎样？"筛选，出击。

资料来源：Reprinted with permission. Gallup®, StrengthsFinder®, Clifton StrengthsFinder™, and each of the 34 Clifton StrengthsFinder theme names are trademarks of The Gallup Organization, Princeton, NJ.

上是令人满意的心理测量标准），"取悦"具有最高的内在一致性（0.81），"关联"和"排难"的内在一致性最低（在 0.60 以下）。至于量表的稳定性，多数重测相关在 0.70 以上（可以认为适用于人格特质测量）。

关于建构效度，主题分数之间的相关系数支持主题的相对独立性，因此显示 34 个主题提供了独特的信息。最后，一项研究考察了"克利夫顿优势识别器主题"与"大五"人格结构（开放性、责任心、外向性、宜人性、神经质；McCrae & Costa, 1987）的相关，它为聚合效度提供了初步证据（也就是说，它们彼此相关，但是又没有高到代表冗余的程度）。迄今为止，还没有已发表的研究是考察 34 个主题分数与其他人格测量之间的关系（除了"大五"测量之外）。

现在，"克利夫顿优势识别器"有 17 种语言版本可用，修正后可以适用于残疾个体。它适用于给阅读水平在 10 年级或以上的青少年和成年人施测。尽管它用来识别个人才干，相关的支持材料（例如 Buckingham & Clifton, 2001; Clifton & Anderson, 2002; Clifton & Nelson, 1992）也可以帮助个体发现，如何根据他们的才干在特定的生活角色内发展优势。但是，需要注意，这一工具并非设计或证实可用于雇员选择或心理健康筛查。还有一个警告：提供“克利夫顿优势识别器”反馈的目的是，鼓励个体内发展，不提倡把它用于个体间比较。（在反馈中包含回答者的前五个主题，按照潜能大小排列。剩下的主题没有进行排序和提供给回答者。随后讨论的“价值实践”测量中得出的优势反馈也是如此。）并且，“克利夫顿优势识别器”对变化不敏感，不适合用于成长前后测量。

盖洛普咨询公司正在开发一种新的才干分类系统和测量工具，适用于青少年（10~14 岁）。它被称为“克利夫顿青少年优势探测器”，于 2006 年发布。优势探测器的开发者相信，关于青少年优势的知识将有助于指引他们，将精力用于最大化地发挥潜能（个人交流，Pio Juszkiewicz, 2005 年 11 月 7 日）。2005 年夏季测试的“优势探测器”版本包含 10 个主题，分别是成就、关怀、竞争、信心、可靠、发现、前瞻、风度、统率、交往。（在正式发布时将会公布心理测量报告。）当回答者完成这份测量后，他们会收到一份《青少年操作手册》，上面总结了他们的前三个主题，并且包含行动条目和练习。如果完成这些练习，将能够帮助青少年利用他们的优势。还提供给父母和教育工作者指南，让他们能够帮助青少年发展自己的积极特征。

“价值实践”（VIA）优势分类

克里斯托弗·彼得森

资料来源：Reprinted with permission.

与 DSM 相反，“价值实践”（VIA）（Peterson & Seligman, 2004）优势分类促进我们对心理优势的理解。彼得森和塞利格曼提出，我们在讨论心理的消极方面有共同的语言，但是却没有描述人类优势的对应术语。VIA 优势分类提供了这样一种通用语言，它鼓励在诊断和治疗中采用基于优势的取向（某一天，《诊断手册》所附的治疗手册可能集中于促进优势）。如这些积极心理学开创者所述，“我们……依赖于认可个体差异的‘新的’特质心理学……这些个体差异是稳定和普遍的，但也受个体的环境影响，因此是能够变化的”（Peterson & Seligman, 2004, p.5）。

VIA 分类系统最初受 Mayerson 基金会委托，目的是解答两个基本问题：“（1）如何定义‘优势’和‘最大潜能’概念，（2）如何确定一个积极的青少年发展项目成功达到了它的目标？”（Peterson & Seligman, 2004, p. v）这些问题引出了关于人类品质的更哲学和实践性的问题。最后，彼得森和塞利格曼及其很多同事确定，品质的成分包括美德（某些道德哲学家、宗教思想家和普通人重视的核心特征）、品格优势（定义美德的心理过程和机制）和情境主题（造成人们在特定情境下表现优势的具体习惯）。

这一分类系统的条目首先由一小组心理学家和精神病学家尝试生成，他们总结了大量美德和优势量表以及品格观点。应用 10 个优势标准（例如优势本身在道德上被重视；个体对优势的展示不会减少其他人展示该优势的机会），对一长串可能的概念进行评估。识别出 24 种优势，然后把它们组织在 6 种总体的美德下（智慧和知识、勇气、人道、正义、节制、超越），它们被认为“在不同文化和不同时期都会出现”（Peterson & Seligman, 2004, p. 29）。表 4.2 列出和描述了 6 种美德和 24 种优势。彼得森和塞利格曼指出，他们的分类方法对于发展过程中显著优势的表现差异敏感。

这个美德和优势系统的测量工具是“VIA 优势量表”（Values in Action Inventory of Strengths, VIA-IS），它被设计用来在一个连续体上描述品格优势的个体差异，而不是把它们描述为不同的类别。这一测量工具的发展受到曾经被称为“源泉”的一种测量工具的影响（Lutz, 2000），它“从盖洛普公司的优势识别器测量工具获得灵感，用极端的形式陈述条目……（‘我总是……’），并给回答者提供他们排名最高而不是最低的品格优势反馈”（Peterson & Seligman, 2004, p. 628）。

迄今为止，VIA-IS 已经经过了几次修订，目前的版本在识别成年人的优势方面具有信度和效度（来自彼得森和塞利格曼在 2004 年提供的总结信息，这些信息在这一段中大量引用）。关于这份工具的信度，所有量表在 4 个月期间都有令人满意的一致性和稳定性。考虑到这份量表用于测量 24 个独特的结构，量表之间的相关比预期要高。女性在仁慈优势上得分高于男性，非裔美国人比其他种族群体成员在精神感悟优势上得分高。测量的效度证据包括如下三组发现：

1. 24 种优势中大多数优势的量表分数与朋友和家人提名的优势之间的相关水平大约为 0.50。
2. 大多数量表与生活满意度测量正相关。
3. 因素分析支持 6 种美德的存在。

但是实际上，对现有数据实施的因素分析结果表明，存在 5 个因素（节制优势、智力优势、人际优势、情绪优势、神学优势），而不是提议的 6 种美德。彼得森和塞利格曼（2004）描述了一些研究，这些研究比较了不同人群的优势，他们推测，VIA-IS 是一种对变化敏感的结果测量。价值实践中心（VIA Institute）的研究者计划进一步考察这一测量工具的心理测量属性。

VIA-IS 的第 6 版现在可以在线使用了（www.positivepsychology.org），并且有英语和其他语言的纸笔测试版本。它总共需要在 5 点的李克特量表上回答 240 个条目（每种优势 10 个条目），大约需要 30 分钟。反馈报告包含排在前 5 位的优势，称为

表 4.2　“价值实践”美德和优势分类

智慧和知识——涉及知识的获得和使用的认知优势

创造力：能想出新颖的和多产的做事方法

好奇心：对不断出现的事物感兴趣

开放的心智：从多角度思考和考证事物

热爱学习：掌握新的技能、主题和知识内容

洞察力：能够为他人提供明智的忠告

勇气——情绪优势，涉及在面临外部或内部反对力量时达成目标的意志

勇敢：不因威胁、挑战、困难或痛楚而退缩

坚持：完成自己的工作，即使工作过程中面对困难，也会坚持下去

正直：说实话和真实地展现自己

生命力：兴奋、充满干劲地面对生命；做事不会半途而废或失去干劲

人道——人际优势，涉及关心和扶助他人

爱：重视与别人的亲密关系，特别是那些互相分享与关怀的关系

仁慈：愿意向他人施以恩惠和为他人做好事；帮助他人；照顾他人

社交智慧：明白他人和自己的动机和感受

正义——构成健康社区生活基础的公民优势

公民意义：作为团队的一分子，表现良好；对团队忠心

公正：依据公平和公正的观念，对所有人一视同仁

领导力：鼓励所在群体完成工作

节制——避免过度

宽恕和宽容：宽恕做错事的人；接受他人的缺点

谦恭 / 谦虚：不张扬自己的成就

审慎：对自己的选择小心谨慎；不会过分冒险

自我控制：规范自己的感觉和行为；自律

超越——建立与广博宇宙的联系和提供意义

对美丽和卓越的欣赏：留意和欣赏生命中所有的美丽、优秀和富于技巧之处

感恩：留意身边发生的好事并为此感谢

希望：对未来抱有最好的期望并努力达成愿望

幽默感：喜欢大笑和逗笑别人；给别人带来欢笑

精神感悟：对崇高的人生目的和宇宙意义持有一致的信念

资料来源：From Peterson, C., & Seligman, M. E. P., *Character Strengths and Virtues: A Handbook and Classification*, Table 1.1: Classification of Character Strengths, copyright © 2004 by Values in Action Institute. Used by permission of Oxford University Press, Inc.

标志优势。图 4.2 总结了本书作者洛佩斯的 VIA-IS 结果。

这个测量工具的青少年版本，即 VIA 青少年优势量表（Values in Action Inventory of Strengths for Youth, VIA-Youth），已经被开发出来，正在进行检验，它可能在 2006 年发布（克里斯托弗·彼得森，个人交流，2004 年 10 月 15 日）。VIA-Youth 包括 198 个条目（24 种优势中的每一种各包含 6~12 个条目，采用 5 点李克特量表），关于它的基本信息表明，在多数情况下，此量表的内部一致性是足够的，这

2004 年 6 月 8 日版

VIA 优势量表

感谢你花时间完成这份问卷。它的目的是测量人们认为自己拥有各种人类优势的程度（细节见 http://www.psych.upenn.edu/seligman/classification.htm）。

请不要全盘接受这些试验结果，你可以对它们持保留意见，但是我们很希望知道你对这一评估的反应。

Christopher Peterson

Chrispet@umich.edu

反　馈

你已经完成了这份问卷的一个初级版本。这里是我们承诺给你提供的反馈。如果你希望保存一份副本，请使用你浏览器菜单上的文件—保存，并把它作为 Feedback.html 保存在你的计算机上。

我们刚刚开始确定这份问卷的信度和效度。不过，如果我们简单依照你回答的这些问题的表面效度，**你的五个最突出的优势是：**

1. 感恩

   你留意身边发生的好事并为此感恩。你常常表达谢意。

2. 洞察力（智慧）

   你能够为他人提供明智的忠告。你对这个世界的看法，对自己和别人来说都很有意义。

3. 好奇心（对事物感兴趣，喜欢寻找新事物，愿意尝试新事物）

   你对不断出现的事物感兴趣。你对于不同的话题和题目感到着迷。你锐意探索和加以发掘。

4. 希望（乐观感、未来心智、未来取向）

   你对未来抱有最好的期望并努力实现它。你相信美好的将来是可以创造的。

5. 生命力（兴致、热情、活力、干劲）

   你以兴奋和充满干劲的心情面对生命。你做事不会半途而废或失去干劲。你把生活当成一场历险。你感到充满活力和生气。

图 4.2　沙恩·洛佩斯的 VIA–IS 标志优势

资料来源：© 2004 Values in Action Institute.

一工具的基本结构最好描述为 4 个因素而不是 6 个因素（Peterson & Park, 2003）。根据 24 种 VIA 优势，已经开发出了儿童和青少年版本的优势卡片分类测验（Quinn, 2004; Lopez, Janowski & Quinn, 2004），经过初步检验，已被从业者广泛使用。

研究中心的 40 种发展资产

研究中心的“发展资产”（Developmental Assets）（Benson et al., 1998）这一构想最初产生于 20 世纪 80 年代，目的是回答“什么保护儿童免于当前问题影响？”关于这个问题，研究者考虑了有助于儿童蓬勃发展的内部和外部变量。以彼得 · 本森（Peter Benson）为首的研究中心的研究者实施了大量研究项目，并进行了非正式的讨论和焦点小组，以保证他们的框架中包含的发展资产适用于美国的所有人、文化和环境。

研究中心的 40 种发展资产被认为是常识、积极经验和品质，为青少年的成长做出了重要贡献。发展资产框架根据外部和内部因素分类资产，每种因素包括 20 种资产。20 种外部资产是儿童和青少年通过与人和机构的交往获得的积极经验；20 种内部资产是刺激青少年积极发展的个人特征和行为（见表 4.3）。

1989 年开发了一套 156 个条目的调查，称为“研究中心学生生活概览：态度与行为”（Search Institute Profiles of Student Life: Attitudes and Behaviors），1996 年进行了修订（综述见 Benson et al., 1998）。这份测量工具（适合儿童和青年）描述回答者的 40 种发展资产，以及 8 种蓬勃发展指标、5 种发展缺陷和 24 种冒险行为。不幸的是，在公共领域，没有多少关于它的心理测量属性的信息。

本森博士和研究中心的研究者创建了另外的发展资产列表（用于婴儿、学步儿和学前儿童等）。他们指导父母和其他照料者观察儿童表现出的内部资产和环境中可用的资产。

区分这些人类优势测量

尽管“克利夫顿优势识别器”、“VIA 优势量表”和“研究中心学生生活概览”因不同的原因而被创制，但它们目前的用途是相似的。也就是说，它们用来识别个体的基本优势。表 4.4 阐述了这些测量之间的相似和区别。这些信息可以有助于选择用于特定目的的正确工具，但是在做最终的选择之前，应该从这些测量工具的开发者那里寻求更多资料。

表 4.3 研究中心的 40 种发展资产

外部资产	
支持	
家庭支持	家庭生活提供高水平的爱和支持。
积极的家庭交流	青少年与父母积极交流，青少年愿意寻求来自父母的建议和忠告。
其他成人关系	青少年受到来自 3 个或以上父母之外成年人的支持。
关怀的邻里	青少年体验到邻居的关怀。
关怀的学校氛围	学校提供关怀、鼓励的环境。
父母参与学校教育	父母主动参与学校教育，帮助青少年在学校取得成功。
授权	
社区重视青少年	青少年感觉社区中的成年人重视青少年。
青少年作为资源	社区给予青少年能适当发挥作用的角色。
服务他人	青少年在社区中每周服务 1 小时或以上。
安全	青少年在家里、学校和邻里感到安全。
界限和期望	
家庭界限	家庭有清楚的规则和后果，监督青少年的所作所为。
学校界限	学校提供清楚的规则和后果。
邻里界限	邻居负起监督青少年行为的责任。
成年角色模范	父母和其他成年人示范积极的、负责任的行为。
积极同伴影响	青少年最好的朋友示范负责任的行为。
高期望	父母和老师都鼓励青少年好好表现。
建设性的时间使用	
创造性活动	青少年每周花 3 小时或以上时间在音乐、戏剧或其他艺术课程或实践上。
青少年项目	在学校和 / 或社区组织，青少年每周花 3 小时或以上时间在运动、俱乐部或团体上。
宗教团体	青少年每周花 1 小时或以上时间在宗教机构的活动中。
在家的时间	青少年每周与与朋友一起外出，“没有什么特别事情可做”的次数是两个晚上或以下。
内部资产	
学习承诺	
成就动机	青少年有在学校好好表现的动机。
学校参与	青少年主动参与学习。
课外作业	青少年报告每天至少做 1 小时的课外作业。
与学校的联结	青少年关心他的学校。
享受阅读乐趣	青少年每周为了乐趣阅读 3 个小时或以上。

表 4.3（续）

积极价值观	
关怀	青少年高度重视帮助他人。
平等和社会公平	青少年高度重视促进平等、减少饥饿和贫穷。
正直	青少年根据信念行动，坚持他的信念。
诚实	青少年说实话，即便在这样做不太容易的时候也是如此。
责任感	青少年接受和承担个人责任。
节制	青少年相信不在性方面滥交、不滥用酒精和其他药物很重要。
社会能力	
计划和决策	青少年知道如何预先计划和做选择。
人际能力	青少年拥有同理心、敏感和交朋友的技能。
文化能力	青少年了解不同文化、种族和民族背景的人，与他们在一起的时候很安心。
抵制的技能	青少年能够抵制消极的同伴压力和危险的情境。
和平的冲突解决	青少年寻求非暴力地解决冲突。
积极同一性	
个人力量	青少年感觉自己能够控制“发生在我身上的事情”。
自尊	青少年报告有高自尊。
目标感	青少年报告“我的人生有目标”。
对个人未来的积极看法	青少年对个人的未来很乐观。

资料来源：The List of 40 Developmental Assets™ is reprinted with permission.

识别你的个人优势

在过去这些年里，我们询问了几百名来访者和学生的弱点和优势。几乎没有例外，人们回答弱点比回答优势要快。（见个人小实验专栏以检验这一问题，完成本章讨论的测量工具，探索你的优势。）我们还发现，人们在描述优势时努力寻找合适的词，而在讲述弱点时完全不缺词或故事。

我们希望，读者好好利用发现自身优势的机会，在接下来的几十年之内，人们对他们的优势将会如同对弱点一样如数家珍。我们对完成优势测量的人的观察表明，关于你个人优势的新信息或有效的信息，将会稍稍和暂时地提高你的积极情绪和自信。并且，你会希望与周围的人分享这些结果。

表 4.4 几种人类优势测量工具的特点

测量工具	收费	在线	在 45 分钟内完成	适用于多个年龄的版本	直接针对环境
盖洛普的克利夫顿优势识别器	是	是	是	是	否
VIA 优势量表	否	是	是	是	否
研究中心学生生活概览	是	否	是	是	是

个人小实验

发现和利用你的优势

在这一章，我们讨论了人类优势的分类和测量。我们鼓励你了解自己的优势，并与朋友、家人、老师和同事分享它们。

认识朋友的弱点和优势：询问一位朋友（或几名朋友），“你的弱点是什么？”留意他们对这个问题的反应有多快，他们识别出多少弱点，以及在陈述有关弱点的故事时他们的描述是否生动。然后，询问这位朋友，“你的优势是什么？”类似地，在心里记下反应时间、优势数量和描述生动性。如果你询问不止一位朋友这些问题，改变弱点问题和优势问题的先后顺序。反过来，分享你对自己的优势的看法（在你完成本章呈现的测量工具之前或之后），请求朋友对你的自我评价作出反馈。

发现你的优势：完成克利夫顿优势识别器（www.strengthsfinder.com）和 VIA 优势量表（www.positivepsychology.org），在大约一小时之后，你就可以识别你的 10 个个人优势。我们鼓励你完成这两份量表，并与亲密的人分享这些结果。

利用你的优势：利用优势的策略有很多种（见 www.strengthsquest.com, www.reflectivehappiness.com）。至于现在，我们希望你利用一个优势。从你的 10 个优势中选择一个，然后试着使用这一优势，每天 5 次，持续 5 天。试着利用这一优势 25 次会强化优势，并形成每天使用这一优势的习惯。

本书作者洛佩斯的例子

作为积极心理学家，我们承诺发展人们的积极方面，当然，我们也试着实践我们所宣传的内容。我们通过正式和非正式的评估识别了我们的优势，每天试着利用我们的优势。这是本书作者之一洛佩斯如何在日常生活中利用自身优势的简单报告。

当我收到克利夫顿优势识别器（见图 4.1）和 VIA-IS（见图 4.2）的结果时，我反思了这些结果，试着弄清楚如何立即使用它们。然后，我认识到，我每天都在使用这些优势……这正是为什么它们是我的优势！不过，我决定更加有意地努力使用我的优势。意向性这一目标解决了我如何利用我的优势，但没有解决为什么要利用它们。但是，其实这非常简单，我想要让我的美好生活变得更加美好。这是我渴望的结果，我认为这些“新的”优势能够提供通往这一目标的途径。

我得承认，我每天有意使用自身优势的努力最初不是那么成功。尽管我认为结果是准确的，并且我在得到优势反馈时很兴奋，但是，同时完善我对 5 或 10 种优势的使用这一想法让我不堪重负。因此，我决定利用在让我的生活变得更美好方面最有用的优势。我从盖洛普反馈中选择了前 2 位主题（前瞻和完美），从 VIA 结果中选择了第 1 位优势（感恩）。果然，集中于 3 种优势似乎切实可行。

有了这“3 种最重要优势”（我开始这样称呼它们），我查找与我的未来和“完美”主题有关的行动条目（一张可打印的表格，作为对图 4.1 中呈现的标志主题的补充）。对于“前瞻”，我选择了可能会激励规划未来倾向的一个日常活动：花时间思考未来。这个行动条目让我直接认识到，我有可能在很长时间里没有思考未来，这让我对现在的生活不满意。将指导付诸行动，需要在每天散步时都思考未来。我经常在晚间散步，与妻子谈论我们的工作和家庭的未来。其他时间，我在中午离开办公室，在校园里漫步，思考我的一些志向。散步变成了我珍爱的时间，它们带来了令人兴奋的想法和相当高的满意度。

对于我的“完美”主题，我相信我具备这一才干，能够让好的想法、项目和关系变得更好，这对我的工作成功大有助益。通过检查我在家中和工作方面的习惯，我认识到，我正在非常好地系统地使用这一优势。这让我不太确定如何继续努力利用这一优势。然后，有一天我遇到了一个人，在每次会议期间人们提出一个想法时，她都要充当“魔鬼代言人”角色，她对此很得意。我回忆了多年以来我遇见的许多“魔鬼代言人”，得出结论，这些人不一定是在提供让一个想法变得更好的建设性反馈。他们也没有提供更好的观点。我认为，他们正在做的只是打击我的（或其他人的）创造力和热情。为了完美，我认识到，我必须让那些知道如何让好的想法变得更好的人在我周围。在我选择朋友、同事和学生时，这一标准变成了关键标准，我相信这提升了我的创造性和工作质量。

我在工作和家庭中都使用了前瞻和完美主题，我认为我在这两个领域的努力都帮助了自己。我相信，利用这些优势会为工作带来更高的创造性和生产力，而且让我的家庭和我自己更有目标感。更加有意地使用“感恩”（我的第三个“最重要优势”）并没有为我的个人使命带来更高的生产力或更高的清晰度，但是它带来了快乐和人际亲密感，这也是有益的。为了尽量利用感恩，我决定在大多数周五下午抽出部分时间，写一些表达感谢的简短信件（手写并用老式的方法邮寄），寄给那些这一周跟我的生活有接触的人，有时候我感谢那些这周帮助了我的人。我偶尔写信给一个多年以前帮助过我的人（我从来没有感谢过那个人，或者我想要再次感谢那个人）。最后，我还写信给那些做好事的人（我可能认识也可能不认识他们），表达我对他们努力的感激。这一练习丰富了我的情感生活，加强了我的许多关系。

通过集中于我的三种优势，我成功地让已经美好的生活变得更美好。随着时间流逝，我变得更善于利用其他优势，特别是创意、希望和智慧。使用我的优势已经变成我的一种生活方式，我期待发现这会如何影响我爱的人和我自己的未来。

所有人的积极结果

幸福感的维度

对幸福的追求一直是宗教作品、哲学书籍和美国祖先宣言的主题。近年来，杂志文章和市场上的书籍，已把幸福定位为积极心理学研究和实践的核心成果。然而，正如本书所述，对幸福的追求只是积极心理学的一个方面。作为积极心理学的研究者和从业者，我们当然希望我们的实验参与者和来访者幸福，但是我们也很有兴趣想了解：他们是否正在实现潜能、追求兴趣、培育他人和过真挚的生活。然而，迄今为止，幸福（happiness）（在个体的即时体验中愉快和不愉快情感的自发反映）和**生活满意度**（life satisfaction）（满足和平静的感觉，源于欲望和需要之间较小的差距）是积极心理学领域感兴趣的主要主题。在本章的这一部分，我们把幸福和生活满意度作为情绪幸福感的成分来讨论，而不是作为积极心理学中唯一或最重要的成果。（这一章把幸福作为一种有意义的生活结果加以简要描述。第 7 章将讨论幸福的基础研究。）

如迪纳等人提出的情绪模型（Diener, 1984; Diener, Suh, Lucas & Smith, 1999），

这类主观幸福感（也称做情绪幸福感或幸福）理论认为，个体对自身生活的评价抓住了幸福感的本质。理解心理幸福感和社会幸福感的客观途径分别由里夫（Ryff, 1989）和凯斯（Keyes, 1998）提出。我们的观点是，心理幸福感和社会幸福感这两个概念，提供了描述人类功能的有用框架。综合在一起，情绪幸福感（也就是幸福感）的主观描述以及心理与社会幸福感的客观描述构成了心理健康的完整框架（Keyes & Lopez, 2002）。表 4.5 呈现了三类幸福的描述，以及测量这些积极功能成分的样例条目。

情绪幸福感（emotional well-being）由感受到幸福和生活满意，以及积极情感和消极情感的均衡所构成。情绪幸福感的三重结构由生活满意度、积极情感、少有消极情感组成，大量研究证实了这一结论（例如 Bryant & Veroff, 1982; Lucas, Diener & Suh, 1996; Shmotkin, 1998）。事实上，满意度与情感的结合构成情绪幸福感的有意义和可测量的概念体系。

里夫（1989）提出，积极心理学家描述的一些结果可以整合到**心理幸福感**（psychological well-being）模型（见表 4.5）。自我接纳、个人成长、生活目标、环境掌控、自主和与他人的积极关系，构成了里夫的积极功能概念体系的六个维度。大量研究考察了这一幸福感模型，研究表明，这六个维度是独立的幸福感结构，尽管它们彼此也存在相关。具体而言，里夫和凯斯（1995）对幸福感模型的六个维度进行了分析，发现多维模型优于单因素的幸福感模型。

卡罗尔・里夫

资料来源：Reprinted with permission of Carol Ryff.

凯斯（1998）提出，临床医师对个体生活中明显的社会挑战进行归类，他们在评估幸福感的社会维度时也应该如此。在这一点上，他提议，一致、整合、实现、贡献和接纳是**社会幸福感**（social well-being）的关键成分。

凯斯（Keyes & Lopez, 2002）还提出，完整的心理健康概念应该整合高水平的情绪幸福感、心理幸福感和社会幸福感。这些方面水平高的个体被描述为**丰盛的**（flourishing）（见表 4.6 的标准）。相应地，没有心理疾病但是幸福感较低的个体被描述为**衰弱的**（languishing）。（我们发现，幸福感水平的非正式评估可以提供有价值的信息，告诉我们在丰盛与衰弱之间的功能范围。）心理健康的这一概念体系描述了多种征兆的综合，有助于旨在增加情绪、社会和心理幸福感水平的干预技术的发展。在这个模型中，概念体系和治疗很好地联系在一起。

一个新的、整合的幸福感理论视角可以提供另外的帮助，在基于研究的对美好生活的理解与促进美好生活的能力之间架起桥梁（Lent, 2004）。这样一个模型解释了我们在正常生活条件下实现积极功能的能力，并且它还为在困难生活环境中重获幸

表 4.5 心理、社会和情绪幸福感的要素

心理幸福感	社会幸福感	情绪幸福感
自我接纳：对自我持有积极态度；承认和接受自我的多面性；感觉过去的生活积极。 • 我喜欢我的大部分人格。 • 当我回顾我的生活时，我对迄今为止发生的事情感到满意。 • 在很多方面，我对我生活中的成就感到失望。(–)	**社会接纳**：拥有对人们的积极态度；承认他人和普遍接受他人，尽管他人有时候会做出复杂和令人困惑的行为。 • 做好事的人不求回报。 • 人们不关心别人的问题。(–) • 我相信人们是友善的。	**积极情感**：体验到一些征兆，表明对生活的热情、喜悦和幸福。 • 在过去 30 天中，你有如下感受的时间有多少：高兴；精神振奋；极度幸福；平静和安宁；满足；充满活力？**
个人成长：感觉到持续的发展和潜能，对新经验开放；感到越来越有知识和有效率。 • 对我而言，生活就是持续学习、改变和成长的过程。 • 我认为拥有新的经验以挑战我对自己和世界的看法很重要。 • 很久以前，我就放弃了试着在我的生活中做出大的改进 / 改变。(–)	**社会实现**：关心和相信社会正在朝积极方向进化；认为社会有积极进步的潜能；认为自己 / 社会正在实现潜能。 • 对每个人而言，世界正在变成一个更好的地方。 • 社会已经停止进步。(–) • 对像我这样的人而言，社会没有得到改善。(–)	**消极情感**：缺乏表明生活不如意和不愉快的征兆。 • 在过去的 30 天里，你有如下感受的时间有多少：感到如此难过以至于没有什么能让你振奋起来；紧张；不安或烦躁；无望；每件事情都很费力；没有价值感？**
人生目标：在生活中有目标和方向感；过去的生活是有意义的；所持的信念给予了我人生目标。 • 一些人漫无目的地生活，我不是其中一员。 • 我过一天算一天，没有真正想过未来。(–) • 有时候，我感觉自己似乎已经做了所有生活中要做的事情。(–)	**社会贡献**：感觉他们可以为当前和社会提供有价值的东西；认为社区重视他们的日常活动。 • 我可以为社会贡献有价值的东西。 • 我的日常活动没有为我的社区创造有价值的东西。(–) • 我没什么重要的东西可贡献于社会。(–)	**生活满意**：欲望与取得成就和成绩的需要之间的差距较小，因而感到满足、平静和满意。 • 在过去 30 天里，你有如下感受的时间有多少：满意；充满活力？** • 总体而言，这些天你对你的生活有多满意？（0~10，0= 极不满意，10= 非常满意） • 测量具体生活领域例如工作、家庭、邻里、健康、亲密关系、财政和抚养子女等方面的满意度，或者测量总体满意度（见 Diener et al., 1985 的“生活满意度量表”）。

表 4.5（续）

环境掌控：感觉能胜任和有能力管理复杂的环境；选择或创建适合个人的社区。 • 日常生活的要求经常让我感到沮丧。(–) • 总体而言，我感觉我可以掌控我生活的环境。 • 我善于管理日常的生活责任。	**社会一致**：把社会世界看做是可理解的、有逻辑的和可预测的；关心社会和环境，对它们感兴趣。 • 世界对我而言太复杂。(–) • 我无法弄清楚世界上正在发生的事情。(–) • 我发现很容易预测社会上将会发生什么。	**幸福**：拥有普遍的快乐、满足和高兴的情感和体验。 • 在这些天里，你感觉你的生活有多幸福？*** • 你在过去一周、一个月或一年里，感到（高兴、快乐、幸福）有多频繁？
自主：自我决定、独立和自律；抗拒要求以特定方式思考和行动的社会压力；根据个人标准评价自己。 • 我易受观点强硬之人的影响。(–) • 我对自己的观点有信心，即使它们不同于多数人的想法。 • 我根据我认为重要的而不是别人认为重要的标准评判自己。	**社会整合**：感觉是社区的一部分；认为他们属于社区、受社区支持和共享共同特性。 • 我感觉我不属于任何一个社区。(–) • 我感觉与社区中的其他人很亲密。 • 我的社区让人舒适。	
与他人的积极关系：拥有温暖、满意和信任的关系；关心他人的福祉；能够体验强烈的同理心、感情和亲密；理解人际关系互惠原则。 • 我对保持亲密关系感到困难和沮丧。(–) • 人们把我描述为乐意付出的人，愿意与他人分享时间。 • 我对与他人在一起温暖和信任的关系没有太多体验。(–)		

注意：括号中的负号表示该条目反向计分。反应选项从强烈不同意（1）、中等不同意（2）、轻微不同意（3）到既不同意也不反对（4）、轻微同意（5）到中等同意（6）、强烈同意（7）。

** 表明反应从总是（1）、多数时候（2）、有时候（3）、很少（4）、从不（5）。

*** 表明反应从最差的可能情境（0）到最好的可能情境（10）。

福感提供了指南。伦特（Lent, 2004）突出强调了多种治疗选择（例如设定目标、提高效能、建立社会支持），它们都可以促进人们珍视这些生活结果。

更好地理解积极结果

如本章和本书其他部分的讨论，我们相信人类优势是积极生活的活跃成分。只有优势的定义和测量抓住人们身上最好方面的真正本质，我们才可以在日常生活和研究中对这一信念进行实证检验。因此，我们在这一章提供了关于三种优势分类及其测量工具的信息，以供你进行批判性评估。

本书余下的章节多数集中于人类优势的科学（其中一些优势没有列在分类系统中），它们由临床、咨询、发展、健康、进化、人格、学校和社会心理学家开发出来。很多章节解决如何度过有意义的生活这一实践主题，并且帮你、你的朋友和家庭解

表 4.6　丰盛的诊断标准

人生丰盛

A. 在过去一年中，个体必须没有出现过重度抑郁。

B. 个体必须有高水平的幸福感，即满足如下所有三个标准：

1. 情绪幸福感高，即在适当的 3 份量表中的 2 份，得分位于前三分之一。
    a. 积极情感
    b. 消极情感（低）
    c. 生活满意
2. 心理幸福感高，即在适当的 6 份量表中的 4 份，得分位于前三分之一。
    a. 自我接纳
    b. 个人成长
    c. 人生目标
    d. 环境掌控
    e. 自主
    f. 与他人的积极关系
3. 社会幸福感高，即在适当的 5 份量表中的 3 份，得分位于前三分之一。
    a. 社会接纳
    b. 社会实现
    c. 社会贡献
    d. 社会一致
    e. 社会整合

决如何利用优势和基于积极情绪来获得积极的生活结果。注意，我们没有提供“美好生活的科学”。积极心理学研究的发起者主要描述和测量与幸福和生活满意度或“快乐生活”相关联的结果，对其他方面的研究较少（Seligman, 2002）。尽管我们鼓励关注幸福感的客观方面，我们还主张，需要一个关于美好生活的更加宽泛的概念框架，以指引我们努力促成变化和积极成长。这里，在本章的剩余部分，我们想象一下积极心理学的未来，在那个时候，浪漫之爱和无私之爱、带来收益的学校和工作及公民贡献、产生资源的娱乐以及幸福，同样受到关注。

与爱有关的积极结果

无私之爱（agape）是一种精神之爱，反映了无私和利他。这种爱包含对另一个人福祉的关心，自己相对不要求什么。尽管这不是最有名的爱的形式，但它可能是最有益的。我们的观点是，我们能够利用我们的优势，付出更多和建立无私的关系。

浪漫之爱特别是激情的浪漫之爱（将在第 13 章进一步描述），被所有年龄的人们渴望和谈论。但是，很少有人称颂有韧性的浪漫之爱或持久的浪漫之爱。人们需要什么优势来让一段关系继续，能经受困难时光的考验，并且其后 10 年、30 年和 50 年都蓬勃发展？一些夫妻在关系建立很多年之后，仍然报告高水平的浪漫爱情，通过系统化地研究他们，我们可以回答这个问题。

与学校、工作和公民贡献有关的积极结果

学校正在变得越来越为学生的教育结果负责，企业则继续密切关注盈利。学习和工作占据了我们的整个生命，学生和雇员的合意结果分别被清晰地描述为学习和生产力，但是一定还有与这些活动相关联的其他积极结果。

当然，我们可以描述学业追求和工作的意义。但是，我们能否测量积极的学校教育（见第 16 章）和有报酬的工作（见第 17 章）激励心理成长的程度？如何测量学校和工作的长期结果？学生和雇员的公民贡献，与他们在学校或工作的重要时期业已取得的发展性收获有关。

与游戏有关的积极结果

游戏给我们提供机会，让我们习得大多数生活所需要的社会、情绪和身体技能。实际上，游戏被看成是“一种练习形式，或者近期的成长，或者技能的掌握”（Lutz, 2000, p. 33）。儿童期游戏的积极结果是无可否认的…… 然而迄今为止，我们不看重

成年期游戏的作用。竞争性和非竞争性成年娱乐的游戏没有得到描述，这一主题有待更多研究。

识别优势和迈向关键的均衡

保守观点认为，心理疾病是进行性的和难以治疗的。著名精神病学家卡尔·门宁格挑战了这一观点（Menninger et al., 1963）。他号召精神病学家把心理疾病看成是有可能改变的。因此，这种心理疾病的新观点是对旧观点的一种平衡。现在积极心理学家呼吁一种不同类型的均衡——看待人类生活时既关注弱点又关注优势。无疑，当前我们对人类弱点的了解比资产要清楚，但是致力于人类优势的强大科学和坚实应用，将会带来对人类的更全面和更准确的理解。

注　释

1. 2003 年 1 月，克利夫顿博士被授予美国心理学会主席奖，以表彰他在基于优势的心理学中所起的开创作用。颁奖辞写道："他认为生活和工作的内容可以是关于如何构建最好和最高的方面，而不仅仅是纠正弱点。鉴于他的远见，克利夫顿成为基于优势的心理学之父以及积极心理学之鼻祖。"

关键术语

无私之爱（agape）：反映了无私和利他的精神之爱。

建构效度（construct validity）：一个量表测量了其打算测量的基本属性的程度。通过比较你的测量与评估类似建构的其他测量，可以得到建构效度。

内容效度（content validity）：量表的实际内容代表了其打算测量的方面的程度。换句话说，内容上有效的测量覆盖了它试图测量的建构的所有方面。

效标效度（criterion validity）：量表上的分数能够预测实际行为或另一种相关测量上的成绩的程度。

情绪幸福感（emotional well-being）：一种类型的幸福，包含对确切幸福和生活满意的感知，同时伴随积极情感和消极情感的均衡。

基于实证的（empirically based）：利用可用的研究知识而开发的。

丰盛的（flourishing）：个体同时具有高水平的社会、情绪和心理幸福感。

衰弱的（languishing）：个体没有心理疾病，但是社会、情绪和心理幸福感水平较低。

生活满意（life satisfaction）：欲望和需要之间差距较小，体验到满足和平静的感觉。

心理幸福感（psychological well-being）：这种幸福由六个成分构成：自我接纳，个人成长，人生目标，环境掌控，自主，与他人的积极关系。

心理测量属性（psychometric properties）：一个量表的测量特征，包括其信度、效度和测量条目的统计指标。

信度（reliability）：在多次施测之间或随着时间流逝，一份量表产生一致和可靠结果的程度。

社会幸福感（social well-being）：这种类型的幸福由一致、整合、实现、贡献和他人接纳组成。

优势（strength）：一种能力，拥有这些能力的人感受、思考和行为的方式有助于在追求重视的结果时发挥最佳功能（Linley & Harrington, 2006）。

才干（talent）：自然重现的思维、情感或行为模式，特征是渴望、快速学习、满意和不受时间限制，可以有效应用和表现在生活经历中。

效度（validity）：一份量表测量其想要测量的概念的程度。

第二编

不同背景下的积极心理学

在文化背景下发展优势和幸福生活 5

文化与心理学

大卫·撒切尔（David Satcher），美国公共卫生部第16届部长（1998~2002），坐在灯光微暗的大会前台，会场里人山人海。他手握一沓厚厚的文稿，报告题目为《心理健康：文化、人种与种族》（美国卫生及公共服务部，DHHS, 2001），该报告在同一天由官方正式发布。心理学家蜂拥而至，洗耳恭听撒切尔博士总结这个经年撰写的报告。演讲一开始，撒切尔便大谈文化对心理健康的重要影响。下面的报告节选概述了这位公共卫生部部长的部分言论：

> **文化**（culture）被宽泛地界定为信念、准则和价值观的共同遗产或体系（美国 DHHS, 1999）。它是指一个群体所共享的属性……文化甚至影响到人们是否首先寻求帮助，寻求什么样的帮助，他们有什么样的应对方式和社会支持，以及他们会多大程度上将污名与心理疾病挂起钩来。所有的文化都特别重视优势，比如韧性和适应性应对方式，这会使一些人免于出现某些障碍。心理健康服务的消费者自然会将这种文化多样性直接带入治疗情境……临床医生的文化及更大的卫生保健系统控制着对心理疾病患者的社会反应。它们影响卫生保健实施的诸多方面，包括诊断、治疗及服务的组织与偿付等。临床医生及服务系统在满足来自不同背景的病人的需求方面是有问题的，在一些情况下，治疗中可能存在着偏见（美国 DHHS, 2001; 见下面完整的报告概要）。

撒切尔博士的报告有两条关键信息。第一，在分析教育和心理问题的**成因**（etiology，某些事物例如疾病的起因）、影响及其治疗时，提到了“文化考量”的重要性。第二，心理学家在对心理问题和治疗进行概念建构时，需要把文化问题包含在内。

重要信号：文化考量

大卫·撒切尔

美国公共卫生部部长

文化与社会风俗对心理健康、心理疾病及心理健康服务有着关键性的影响。认识文化及社会风俗的广泛作用，将使得心理健康领域所设计和提供的服务对少数人种和少数种族的需求更为敏感。

文化被宽泛地界定为信念、准则和价值观的共同遗产或体系（美国 DHHS, 1999）。它是指一个群体所共享的属性。人类学家常将文化描述为一个意义分享系统。文化这一术语不仅适用于白人，亦适用于少数人种和少数种族。美国历史上大部分主流文化集中在欧裔美国人的信念、准则和价值观上。但今日的美国绝对是多元文化国家。而且由于对某个文化群体存在多种界定方式（比如，依据种族、宗教信仰、地理位置、年龄群体、性取向或职业等），许多人认为自己有多重文化认同。

从文化亚群体和个体差异在表面上的广泛性来看，文化是十分重要的，因为它关系到所有人能带入临床情境中的要素。文化能够解释消费者在呈现和报告其症状时为何存在差异。文化的某些方面还可能构成了文化关联症状（某群体较其他群体更为常见的症候群）的基础。常见的情形是，文化甚至影响到人们是否首先寻求帮助，寻求什么样的帮助，他们有什么样的应对方式和社会支持，以及他们会多大程度上将污名与心理疾病挂钩。所有的文化都特别重视优势，比如韧性和适应性应对方式，这会使一些人免于出现某些障碍。心理健康服务消费者自然会将这种文化多样性直接带入治疗情境。

文化这一概念并非仅限于病人。其亦可用于治疗病人的专家身上。每一专业群体在一定意义上会体现出某种“文化”，即为他们所共享的一组信念、规范和价值观。不但在健康领域如此，在其他如工程或教育领域也一样。任何专业群体的文化，均可从其所用行话、教科书的导向与侧重以及其思维方式或看待世界的方式中找到。

美国的健康专家及其接受训练的机构均植根于西方医学，强调人的身体在疾病中的首要性，知识的获得要借助于科学和实证的方法。经由客观方法，西方医学致力于揭示罹患疾病的普遍原理：原因、诊断及治疗。西医所取得的成就成为全球医学的基石。

我说医生或心理健康专家有着自己的文化，并未贬低其所从事领域揭示的普遍原理。相反，这意味着大多数临床学家们共享着机体、心理和环境之间相互关系的世界观，这世界观则得悉于经由科学方法而获得的知识。这还意味着临床学家们看待症状、诊断与治疗的观点，与其来访者的观点有时会不相同，尤其是当需求方与供给方的文化背景不同时，更是如此。这种观点的不一致会导致有效保健的障碍。

临床学家及更大的卫生保健体系的文化主宰着社会对于心理疾病患者的反应。这些会影响到保健实施的许多方面，包括诊断、治疗以及服务的组织和偿付等。临床学家及服务体系，自然浸染于其自身文化中，在对待来自不同文化背景的病人需求方面存在问题，在一些情况下，会在保健实施中表现出偏见。

这段补充材料的主旨在于表明“文化考量”的重要性。病人所处的文化决定了其心理健康状况，也影响着他们所用心理卫生服务的类型。同理，临床学家及服务体系的文化，影响着诊断、治疗和服务的组织与商业运作。文化与社会影响并不是影响心理健康和服务实施的惟一因素，但它们的作用在历史上被低估了，它们的作用的确很大。为确保少数族群能像所有美国人一样，得到适合他们自身需要的心理卫生保健服务，文化差异是一定要考虑的。

资料来源：*A Summary of the Surgeon General's Report on Mental Health: Culture, Race, Ethnicity*, http://www.mentalhealth.samhsa.gov/cre/execsummary-3.asp.

我们要理解教育上的成功、心理优势及美好生活的本质，同样也需要认同文化的广泛影响。然而，根据积极心理学倡议中所提出的批评，这种需要却被忽略了。这些批评发现，大多数优势取向的学者，在我们的研究计划、服务提供及方案评估中未考虑到文化的影响（Ahuvia, 2001; Leong & Wong, 2003; Sue & Constantine, 2003）。而且，这些批评还呼吁，在积极心理学研究和实践活动中要多多探讨“文化考量”的重要性。

我们告诫所有阅读本章的未来的积极心理学家们，重视文化，并将其视为人类优势发展和展现及美好生活的一个重要影响因素。这个目标颇具挑战性，因为作为一个学科领域，心理学在其心理健康及疾病的研究中，对于文化的考虑向来不够。同样，在科学与实践是文化无涉的（即在考察人的“普遍”特质及行为时，持中立和客观的立场）还是文化植入的（即在考察优势和积极功能发挥中，认同文化价值观的影响）这一争论上，积极心理学家的意见也是有分歧的。

本章，我们将阐述：(1) 心理学家有关文化对积极和消极行为作用的历史立场，(2) 积极心理学家如何将文化观点整合到他们的研究之中，以及 (3) 我们将来对优势与积极功能的研究中文化影响的作用。我们先来看看该领域历史上为理解文化力量在决定心理结构中的作用曾经做过的一些尝试，尽管常常都是错误的。其次，我们想考察一下积极心理学是文化无涉的还是文化植入的这一争论。最后，我们要讨论将积极心理学置于文化背景需要采取的步骤。在本章结尾，我们提出的问题可能比我们已经解答的还要多。显然，我们将这些问题视为未来积极心理学的核心，期待读过本章的读者在我们的召唤下，在其职业生涯中解决这些问题。

理解文化：观点问题

20 世纪的心理学跟个体差异问题较上了劲。在这些个体差异的讨论中，许多都与文化有关。例如，在过去的 100 多年时间里，心理学从识别与文化相关的差异，转向对个体独特性的研究。

19 世纪末 20 世纪初，人类学家和心理学家通常将人种和文化视为人的积极和消极特征及其行为的决定因素。研究范式主要受到当时社会政治力量的影响，所得出的结果与当时认为主流人种或文化优于其他美国种族或少数族群的信念相一致。对于文化的多样性，这些强调某些人种或文化群体低级的观点，被称为基因缺陷观和文化缺陷观。然而，文化差异观注意到，每一文化皆有引发独特优势的潜力（Sue & Sue, 2003）。赞同**基因缺陷**（genetically deficient）模型的心理学家假定，生物的差异可以解释人种间智力上可见的差异。更有甚者，基因缺陷模型的支持者们还认为，智力低下者并不能从成长机会中获益，同样，他们也不会对社会进步有什么贡献。

伪科学被当做证明所假定的智力的基因基础，极力强调欧洲人或欧裔美国人智力优等这种“发现”。比如，研究头盖骨特征与智力关系的颅相学（有时通过一个头盖骨能盛多少胡椒籽来测量），即为旨在证明某族群优于其他族群的伪科学方法。

这些基因劣等的观念是**优生学**（eugenics）（研究通过选择性繁殖以减少“劣等基因”的方法）研究的主要焦点，这些研究由斯坦利·霍尔（G. Stanley Hall）和亨利·戈达德（Henry Goddard）等美国心理学家发起。霍尔“坚信人种有‘高级’与‘劣等’之分”（Hothersall, 1995, p. 360）。戈达德对人种与智力持类似观点，在 20 世纪初，他在美国北部埃利斯岛制定了筛查程序（使用与今天所用相似的正式智力测验）以增加对“低能人”的淘汰率（Hothersall, 1995）。就这样，来自世界各地的许多人接受了复杂的智力测验（经常是非母语），就在同一天，他们结束了长期的海外旅程。

毫不奇怪，这些测验结果通常并不能很好地估计移民的智力。

20 世纪中叶，绝大多数心理学家摒弃了人种决定认知能力和一生成就的先天论观念。实际上，研究焦点已从人种转向文化，或更具体地说是“文化缺陷”，这可以从一些人的日常生活中找到证据。通过**文化缺陷**（culturally deficient）来认识人群的差异，心理学家们（如，Kardiner & Ovesey, 1951）确认了可以尝试解释特定群体成员身心成长障碍的一组环境、营养、语言及人际因素。一个假设是，一些人之所以缺乏某些心理资源，是因为他们对今天主流的价值观和习俗，也就是欧裔美国文化，接触不够所致（有关文化剥夺的讨论见 Parham, White & Ajamu, 1999）。许多研究者和从业者尝试通过仔细检视文化并置（juxtaposition of cultures），来解释人们的问题与困境。特别是那些相比于主流文化（中等阶层、城郊、社会保守）而被视为有些边缘的文化，因偏离常态文化而被视为“缺陷”，这也是某种文化引起关注的原因。尽管该模式将更多注意力聚焦于外在变量的作用，不再是早些时候的基因缺陷模式，但其在解释少数族群成员认知能力上所采用的模式仍是带有偏见和消极的（Kaplan & Sue, 1997）。

一些心理学家认为有些人种和文化要优于另外一些（比如欧裔美国人优于少数族群）。几十年之后，一些专家开始提出**文化差异**（culturally different）观点，这种观点认为所有文化均有其独特性和优势。最近，研究者和从业者开始考虑用文化多样性（即认识到彼此不同的文化实体，采纳了一些传统的美国价值观）和文化相对性（即在文化情境中来阐述人的行为）来解释人的积极与消极行为的固有多样性。尽管多样性与相对性解释被广泛接受，但积极心理学研究与实践究竟是文化无涉的还是文化植入的仍存在争论。下一部分将简要介绍并讨论这一争论。

积极心理学：文化无涉还是文化植入的

积极心理学研究者与从业者承担研究和提升人的最佳功能的任务。纵使我们在此目标上是一致的，但追寻此目标之路却有很多。外人可能会说，所有积极心理学研究者问着相似的问题，用着相似的方法。这些人可能还会注意到，所有积极心理学从业者均聚焦于来访者的优势并帮助他们走向积极生活结果。然而，我们的教育专家（比如，社会心理学、健康心理学、人格心理学、发展心理学、咨询心理学和临床心理学等）却可以自行确定所研究的问题和所用的研究工具。同理，心理咨询的理论导向（比如，人本主义的、认知—行为的，焦点解决的）也可能影响着我们帮助来访者发挥最佳功能的努力。同样，我们将积极心理学研究与实践视为文化无涉而非文化植入的程度，决定了我们的研究焦点与方法。

自 1998 年以来，在正规的学术大会上和非正规的电子邮件及课堂中，关于文化如何影响积极心理学研究和实践的争论，一直在持续。大多数专家可能对其方法的客观性抱有相当的自信。他们也可能认识到有必要顾及人类社会的多样性。一些专家采取了更极端的立场（比如，“积极心理学是文化无涉而非文化植入的”或“积极心理学是文化植入而非文化无涉的”），极力为自己的观点辩护。如果见证过这些争论或参与过一些争论，就会发现常常浮现出来的几个主题，包括：（1）专家们的文化价值观对研究和实践的影响，（2）人类优势的普遍性，（3）追求幸福的普遍性。表 5.1 显示了这三个立场的极端代表。接下来，我们将细述每一立场的支持观点。此外，我们还会给出“个人小实验”专栏以激发读者思考这三种观点的应用问题。

个人小实验

文化无涉或文化植入的日常实践

在本章，我们业已讨论了一名积极心理学家在日常工作中，在多大程度上“考量文化”。关于文化在积极心理学中的作用，有两种完全相反的看法（文化无涉对文化植入），当将它们应用于一个真实的专业情境时，就凸显出来了。

想象一下你加入了一名教授的实验室，该实验室致力于研究第一代大学生的积极功能。通过与教职人员的讨论，你获知她将要研究的项目包含为不同文化群体的学生开发和评估一套指导方案，一些学生刚移民美国不久，他们的家庭为地方农场主提供季节性劳动力。在研究小组的第一次会议上，你、同学还有系里的老师，对指导的内容和过程以及主要的结果测量指标，进行头脑风暴。在讨论这些议题时，教授提出以下问题：

- 学生的哪些优势对于其在学校和生活中最有裨益?
- 除了测量学业效能感、学业成绩和留级情况，我们是否还应该将幸福感也当做一个合适的结果进行测量?
- 家庭出身对于学生学习行为有何影响? 我们要重视这个吗?
- 我们自己的价值观对指导过程或研究有何影响?

请与你的同学们分享你的回答，并尝试确定在你的回答中，多大程度上考虑了文化的作用。

表 5.1　积极心理学中的文化无涉观与文化植入观

文化无涉	主题	文化植入
否	研究者与从业者的文化价值观会影响他们的日常工作。	是
是	存在大量被普遍重视的人类优势。	否
是	对幸福的追求存在跨文化的普遍性。	否

文化无涉的积极心理学研究与实践

那些主张文化无涉的学者认为，积极社会科学是描述性的和客观的，其结果能“超越特定文化、政治并探寻普适性”（Seligman & Scikszentmilhalyi, 2000, p. 5）。这些专家指出，研究者与从业者的文化价值观不会影响其专业工作。其潜在的逻辑是，思维缜密的科学家使用成熟的方法和有效的工具；同样，认真而高效的治疗学家也使用有效的评估和干预方法。

考虑到诸多人类优势的普遍性，彼得森和塞利格曼（Peterson & Seligman, 2004）详细介绍了他们对美德与优势的广泛研究，这些在所有文化中均为人们所重视（见第 4 章有关 VIA 优势分类的讨论）。彼得森和塞利格曼确认的 24 种个人特征，被认为存在于所有社会，且在所有文化群体中皆为积极的。的确，那些到地球偏远地区访谈部落人群（如，格陵兰岛的因纽特人和肯尼亚的马赛人）的研究者，报告了支持这些 VIA 优势存在于特定文化中及受期许的轶事与质性证据（Biswas-Diener & Diener, in press）。

在戴维·迈尔斯（David Myers, 1993）的《追求幸福》（*The Pursuit of Happiness*）一书中，有一条引领全书的假设，即每个人都想幸福，许多积极心理学家都持这样的看法。在此方面，主观幸福感研究者（如 Kahneman, Diene & Schwartz, 1999）对世界各地的人做了调查，发现在大多数国家，幸福是人们情绪体验（平均而言）的重要方面。

文化植入的积极心理学研究与实践

积极心理学的文化植入观，与将所有研究和实践情境化的不懈努力紧密关联。具体而言，对于研究、实践和政策制定的文化敏感建议（APA, 2003），促使专家们设定特定领域，以表明文化对心理学的影响。相应地，那些持文化植入立场的人会认同，研究与实践是在专家们的文化和研究对象们或来访者们的文化交叉点上展开的。由此，有人认为，研究者与从业者的文化价值观影响了积极心理学。

即便那些相信所有优势皆是文化植入的专家，亦承认存在一组跨文化的核心的积极特质和过程，不过他们仍然认为，大多数积极特质和过程在不同文化中有不同作用，其展露方式迥然不同。桑德奇、希尔和万（Sandage, Hill & Vang, 2003）提供了一个很好的例证，说明宽恕（24 种 VIA 优势之一）虽为许多文化看重，但却在不同文化中有着不同的运作模式。桑德奇与同事们考察了苗裔美国人的宽恕过程，发现宽恕聚焦于恢复尊重与关系修复，强调精神成分，并通过第三方推进这一进程。尽管其他有关宽恕的观念也强调关系修复，但精神成分及第三方推进则很少见。

幸福是一种人们普遍想达到的状态，心理学家（如 Constantine & Sue, 2006; Leong & Wong, 2003; Sue & Constantine, 2003）指出，对于一些秉承东方积极心理学观点（见第 3 章）的个体来说，苦难与超越是其目标。如此，幸福可能只是生命历程的副产品。胡维亚（Ahuvia, 2001）讲述了他遇到不以幸福这一“普遍”愿望为追求目标的经历：

> 几年前，我的一位印度裔博士生看到迈尔斯（1993）的书的封底，上面写着，“我们所有人都想幸福……”他直言道说：“我不想。”我记起另一场与一位新加坡年轻人的对话，他悄悄告诉我，他要与未婚妻结婚是因为社会希望他这样做，而非因为他认为婚姻可以带来幸福。……同样，我曾与一位韩国学生通过邮件交流，他开诚布公地告诉我，找工作是为了富有而非得到幸福，因为这样他可以给父母买奔驰汽车，这会让自己很有面子。（p. 77）

同样，国家主观幸福感调查结果（Kahneman, Diener & Schwartz, 1999）显示，在过去几十年里不同国家的幸福水平有诸多差异。

文化无涉与文化植入：旷日持久的争论？

就此问题的争论，或许并非是对专业资源的最佳使用。蒙大拿大学的约翰·钱伯斯·克里斯托弗（John Chambers Christopher, 2005）主张，“积极心理学需要一种坚实的社会科学思想体系，足以解决本体论、认识论和种族/伦理的课题，并超越客观主义和相对主义”（pp. 3-4）。克里斯托弗文章的全文如下，该文详述了他提出的用一个更强有力的构念框架增强积极心理学基础的建议。

定位积极心理学

约翰·钱伯斯·克里斯托弗

对于各阵营的后现代思想家而言，投身本体论和伦理学研究日益被视为社会科学中不可逃避的责任。假若将积极心理学当做“描述性”或客观的科学加以研究，认为其能“超越特定文化和政治，探寻普适性”（Seligman & Csikszentmihalyi, 2000, p. 5），这会带来许多问题。早先的心理学开拓者倡导客观性、价值观无涉、文化无涉、历史无关以及普适性，但持批判态度的心理学家却证明他们是以个人主义文化和假设为前提的。初步调查揭示，积极心理学的理论与研究同样受到了西方文化观的影响（Christopher, 1999, 2003; Guignon, 2002; Woolfolk, 2002）。一个推论是，积极心理学需要一种足够坚实的处理本体论、认识论和种族 / 伦理问题并超越客观主义和相对主义的社会科学理念。

我相信，在查尔斯·泰勒和马丁·海德格尔的哲学解释学和马克·比克哈德的交互作用论中，能够找到积极心理学的理念来源。这些元理论提供了：（1）评论文化价值观及其假设如何影响心理学理论、研究和实践的理念工具，（2）涉及自我的性质及自我如何与文化关联的非个人主义和非二元论的替代性元理论，（3）思考解释文化的意义及辨识其具体展现的途径（Campell, Christopher, & Bickhard, 2002; Christopher, 2001; Christopher, 2004）。思考文化的一条有效路径源自对人类为何总是且必须是生活于*道德愿景*（moral vision）之内的考虑。道德愿景涉及一系列有关人或自我属性的本体论预设，以及一系列有关人应如何成为人的道德或伦理假设。我认为，任何积极心理学，无论是处于当前运动之中或处于其他文化的本土心理学，均建于道德愿景之上。

就道德愿景框架而言，积极心理学需要解读跨文化的自我差异问题。在倡导主观幸福感、心理幸福感或品格时，我们需要清醒认识到自我的研究地位岌岌可危。若顾及不到这一点，可能会导致从病理化视角看待个体，其自我感就不是西方心理学的“有界限的、自主的自我”（Cushman, 1990）。此外，积极心理学需要阐释各种自我架构之于积极心理学的作用。例如，积极心理学提倡自我的发展与提升。然而，对于那些诸如佛学和修习瑜伽的非西方本土心理学家来说，此观点则是痛苦之源并对成长构成障碍。或如阿尔弗雷德·阿德勒所指出的，心理健康和幸福感需要个体对其自身居于其中的更大社区的认同感。就这些类型的假设进行交锋与争论，将有助于积极心理学脱离文化的窠臼。

积极心理学需要应对的道德愿景的第二个方面，是关于我们应为何人或应成为何人的假设（或何为健全的人或美好的生活）。心理学倾向于对诸如自主性、关联性、个人成长等品质进行抽象和去情境化的界定，这会掩盖本地的和具体的解释，而这些品质实际上来自于情境之中（Campbell & Christopher, 1996a; Christopher, 1999; Christopher, Nelson & Nelson, 2004）。这一点应用于积极心理学的诸多层面，包括彼得森和塞利格曼（Peterson & Seligman, 2004）的 VIA 项目、品质教育以及幸福感（Christopher, 2004）。我认为，积极心理学需要更加充分地考虑，在理解这些界定健全的人和美好生活的特征和品质时，解释是如何起核心作用的。在某种程度上一些品质可见于大多数文化，但对于拥有这些优秀品质的人来说，其意义很有可能相差很大，而这些意义却未经考量。比如，关怀的美德，在西方文化中通常被解释为对他人的关怀，但一些习俗中认为，对环境或自我的关怀也属于道德的必要构成（Campbell & Christopher, 1996a）。然而，即便能够在关怀的对象或领域上达成共识，关于具体情境中例如对老年人的关怀意味着什么，在不同文化之间甚至同一文化内部也常常相去甚远。那种宣称人们普遍赞许某种品质的草率想法，将会掩盖不同文化中这些共同品质评价方式迥异这一事实。比如，尊重，在大多数文化中被视为十分重要的品质。然而，尽管土耳其和密克罗尼西亚籍大学生将尊重视为健全人的最重要品质，但美国学生则将其排到了第 35 位（Smith, Turk-Smith & Christopher, 1998）。

要把握文化是如何塑造着人们对美德、价值观和幸福感的理解的，这确实会对研究造成不小的困难。对于文化多样性的坚持，不仅仅要求我们在依赖自我报告测量的标准研究中包含其他国家的参与者，还需要我们做更多。道德愿景观点的一个意义在于，每个人都是大众积极心理学家，每个人的生活安排为健全的人及美好生活提供了答案。这些内隐的和植入的见解，需要与幸福感的本土专业理论，以及意识可达的、普通人所支持的健全人与美好生活的观点一起考虑。要充分阐释积极心理学如何居于意识的多个层面，需要有解释方法的介入。这在最初可能会导致混乱状态，一些道德理论发展家现在坦承这是必然的（Campbell & Christopher, 1996b; Walker & Hennig, 2004; Walker & Pitts, 1998），但是这些理论和方法却对理解人类经验的丰富性和多样性大有裨益，可以消弭最初的混乱。

积极心理学对于 21 世纪心理学的良性发展至关重要。我们尚需警惕以确保积极心理学不陷入另一形式的变相个人主义意识形态，它将社会政治现状视为恒久存在的，不能公平对待那些盛行的心理学视角之外的道德愿景。我相信，关注我们根本的道德愿景，了解那些跨文化、跨时间的道德愿景，学会文化性的思考，我们就能避免未充分考虑非西方文化传统智慧而匆匆得出种族中心主义的结论。

资料来源：Christopher (2005). Reprinted with the permission of the author.

注：Christopher 文章的引文出处列在书后的参考文献中。

将积极心理学置于文化背景中

心理学以往的文化观，连同文化无涉与文化植入的争论，向我们讲述着专业人士在试图理解文化对于积极心理学研究和实践的影响时，所遭遇到的陷阱以及取得的进步。这里，我们提供一些建议以帮助理解文化在积极心理学中扮演的角色。

检验“积极”的等价物以确定是什么在起作用

确立积极构念及过程的跨文化适用性，不仅需要确定优势和应对机制是否存在于不同文化群体成员中以及是否被他们重视，还需要理解那些群体的本土心理学（Sandage et al., 2003），以告知我们优势或过程如何及何时在该文化中受到推崇，以及优势或进程在当下是如何积极发挥效用的。对人们在其日常生活中使用某种优势进行质性研究，可以增进我们理解在该优势的发展和展现中文化如何起重要作用；而严格的定量的跨文化研究，则可以提供更多的信息，帮助我们理解为什么某种优势力量在一种文化中导致或关联着一特定结果，而在另一文化中却导致或关联着另一结果。

揭示与某积极构念或过程有关的细微文化差别的另一种方法是，询问人们某一特定优势是如何在其日常生活中发挥效力的。比如，“希望的脑、心、神测试”（Head, Heart, Holy Test of Hope）被证明是启动有关“希望”的讨论（在咨询时段内外）或演讲的有效手段，因为这可以让人们反思希望如何在其生活中变得重要并成为他们文化的一部分。以下是我们（Lopez, 2005）如何引入它的：

> 今天，我们将讨论希望在你生活中的作用。在开始之前，我需要知道你们是如何理解这个被称做“希望”的东西的。这是我们将要做的，举起双手（活动主持者举起双手）。当我数到三时，我希望你们指出你的希望从何而来。基于你的背景和你所有的生活经历，思考你的希望是源于……头脑（活动主持者指向头部）——那是你的一部分，内心（活动主持者指向心）——你对别人的爱和他们对你的爱，还是神（活动主持者指向上方和周围）——你的精神生活？现在，如果你认为你所有的希望来自那里，你可以用双手指向那个地方，或者，你可以用一只手指向一个地方，另一只手指向另一个地方（活动主持者演示）。有问题吗？好，当数到三时，请指向你希望的源头……1，2，3。（p. 1）

不可避免的是，人们在表达有关希望的信念时，手势是千差万别的。当参与者环视房间，他们开始相互提问，有时就进入了故事之中。一些有关希望的故事被更大的群体分享，每一个人希望的文化基础便浮现出来。一如普通民众所理解的，希望明显是植根于信念、价值观和经验的。

张（Chang, 1996a, 1996b）在对亚裔美国人和高加索白人的一系列有关乐观的量化研究中，强调理解跨文化群体构念等价物的重要意义。在一项研究中，张（1996a）检验了乐观主义和悲观主义在预测问题解决行为、抑郁症状、一般心理症状及身体症状方面的效用。总的来说，该研究结果揭示了亚裔美国人比高加索白人更加悲观（根据扩展版生活导向测验；Chang, Maydeu-Lovares, & D’Zurilla, 1997），但与高加索白人在乐观水平上没有显著性差异。当对来自另一独立样本的数据进行检验时，这些发现再一次得到证实（Chang, 1996b）。张指出，他的发现或许提示，亚裔美国人与高加索白种美国人在报告的抑郁症状上没有差异，但前者在情感方面总体上比后者更为消极。其实，在亚裔美国人身上乐观与总体心理症状和身体症状均呈负相关，但在高加索白种美国人身上却未发现这种相关。同样，问题解决与抑郁症状在亚裔美国人身上存在负相关，但在高加索白种美国人身上却未发现这种相关。最后，研究揭示，对于高加索白种美国人，悲观与问题解决行为负相关，而在亚裔美国人身上却存在正相关。

即便在那些不同背景的人们以相似方式使用常见策略的情况下，这些策略的效用也通常并不一致。因此，尽管某特定应对策略在表面上看起来似乎是普遍适用的，我们在建议这一策略时仍需持审慎态度。来看另外一个例子，肖等（Shaw et al., 1997）发现，对于家庭陪护者（参与者来自中国上海、圣地亚哥和加利福尼亚），他们在帮助爱人与阿尔兹海默病进行抗争时的四种应对策略具有跨文化性。这四种策略包括：（1）采取行动，（2）利用社会支持，（3）在认知上对生活情境再评估，（4）

否认健康问题和需求或者避免去想。然而，这四种策略的效用并不具有跨文化群体的一致性。这些结果与其他研究揭示常见应对策略具有跨文化独特效应的结果颇为一致（Liu, 1986）。

与来访者进行讨论，加上对参与者进行精心设计的质性或量化研究，可以为积极构念或过程的跨文化等价物提供丰富数据。有了这些数据，我们就能够更好地评估谁（在何种情境下）受益于何种优势，以及什么样的积极干预可以帮助人们为自己创造更好的生活。当专家们致力于增加不同文化群体的人的优势时［该主题详见第 15 章，还有林利和约瑟夫（Linley & Joseph, 2004）有关积极心理学实践的讨论］，我们必须提出并回答这个问题："什么对谁起作用？"

确定美好生活的基础

正如前面部分所揭示的，人们有关宽恕、希望、乐观、应对、独立、集体主义、精神感悟、宗教信仰以及其他诸多主题的文化信念，影响着特定优势在其生活中如何起作用，他们如何回应提升个体优势的努力，以及他们推崇哪些生活结果，等等。我们常用的故事版本，称为"海湾里的聪明人"（The Wise Man of the Gulf），鲜活地展示了这些主题。

关于美好生活的观点，是在人生历程中个体建构的。在生命之初，我们有持续不断的自然需求，比如吃和睡。随着我们对周边环境有了更清晰的认识，我们会将自己的自然需求与文化相关联，比如，吃某些特定的食品或采用某种睡眠习俗。我们的自然需求与文化影响之间的这一关联，描画出我们日常生活的轮廓（Baumeister & Vohs, 2002）。通过日常生活经验，我们建立关于生活是什么的个人观点，由此，我们确立了自己的世界观（Koltko-Rivera, 2004），或者"描述宇宙和宇宙内生命的方式，既包括它是什么又包括它应该是什么"（p. 4）。理论上，我们对于世界的个人观点决定了什么动机与行为是理想的或不理想的，以及最终应追求何种人生目标（Koltko-Rivera, 2004）。考虑到我们的文化经历与我们所认为的美好生活的基础之间存在着必然的联系，那么，相信（世界上）所有的人都渴望幸福（如美国积极心理学家所界定的；见第 7 章）合乎情理吗？抑或存在仅仅被重视、如幸福一样珍贵的生活结果？有些问题可以在朋友群体中进行辩论（我们鼓励你这样做），但也必须受到实证的检验。通过科学严谨的方式进行全球性的调查，如盖洛普公司正在做的，或许会为揭开人们的重要希望提供一个良好的途径。未来积极心理学的临床工作与研究也必须考虑这样一种可能性，即文化力量影响着个体对于美好生活基础的理解。

海湾里的聪明人

美国商人伍迪站在一个墨西哥小村的渡口，这时来了一艘小船，上面走下来一个渔夫，小船里装了几磅大海虾。

这个美国人对墨西哥渔夫所捕获之物的质量大加赞扬，并问及他的网眼，“你的网眼为何这么大？你不能用更密些的网捕更多的虾吗？”渔夫赫可托回答道：“我只捕我所要的，先生。而且这网是张不错的网。父亲教我如何织网，父亲的父亲教他如何织网。我每天都织补这张网以使其更牢固。”

然后伍迪问他要花多少时间去捕虾。赫可托回答，“只需一小会儿。”美国人问道：“那你其余的时间在干什么呢？”墨西哥渔夫答道：“我起床很晚，我要祈祷，捕一会儿虾，跟孩子们一起玩耍，跟我的妻子玛丽亚一起睡午觉，检查和修补虾网，夜晚会在村里闲逛，喝点葡萄酒，与我的朋友们一起弹吉他。星期天，我会去做弥撒，与信友们一起消磨剩下的时光。我的人生充实而繁忙，先生，我很快乐。”

听完渔夫对其一周生活的描述，伍迪不无嘲讽地说：“我是哈佛大学工商管理硕士，我可以帮你取得更大的成功。你应该用一张更密的网，多花点时间捕虾；然后，购买一艘更大的船，用一张更大的网，可以去更远的地方捕虾。利用这艘大船所创造的利润，可以购置更多的船；最后，你就可以拥有一只船队。不再将你的捕获物卖给中间人，而是直接卖给食品加工商，然后开办你自己的工厂。你可以离开这个小渔村，去墨西哥城，然后是休斯敦，再去洛杉矶。在那里，你可以管理自己日益扩展的事业。”

赫可托被这个复杂的计划弄得有点猝不及防，问道：“可是，先生，实现这些需要多长时间呢？”伍迪回答说，“15~20 年。”“但是然后呢，先生？”美国人大笑道：“那是最辉煌的时候了。若时机合适，你只向公众卖出你公司的股票，就会变得非常富有；你可以挣几百万呢。”“几百万，先生？那然后呢？”赫可托问道。美国人回答道：“然后，你就退休，搬回海边小渔村。在那儿你可以很晚起床，祈祷，钓一会儿鱼，和你的孙辈一起玩儿，跟你妻子一起午休，晚上到村里去散步，可以喝点葡萄酒，并与你的信友们共度时光。”

资料来源：Snyder and Lopez（2002, pp. 700-714）.

对文化影响复杂性的最后思考

心理学和未来的积极心理家，将继续致力于理解文化影响积极个人特征和合意生活结果的发展及展现的复杂性。美国社会文化日益多元化，快速发展的技术进步大大方便了世界各国人们的互动（Friedman, 2005），这将会超越我们对文化在心理学中所扮演角色的发现。考虑到我们不能确定某些问题的答案，例如某种优势的普适性或文化究竟在多大程度上影响某种优势，我们必须竭尽全力确定，在与来访者和研究的参与者的每一次互动中，文化如何起到重要作用。

若你认识到自己关于文化和心理现象交互作用的信念，那么，在把文化作为一种影响人类优势和美好生活的发展和展现的主要力量进行探索时，你的研究和实践将会受益良多。凭借我们个人和专业的经验，我们已经在把积极性置入文化环境上取得了一些进展。我们现在所相信或假定的规律，是基于我们对优势和文化的了解……这当然要随时接受批判性的审视和争论。首先，心理优势是普遍存在的。不同时间、地点和文化中，大多数人都发展出了许多超常的品质，以增进适应和对美好生活的追求。第二，不存在普适性的优势。尽管大多数人会表现出优势，但展现优势的方式在不同时间、地点和文化间存在着微妙或显著的差异。第三，生活环境影响着优势如何发展、界定、展现和增强，我们对这些环境的理解有助于人类能力的多样化呈现。历史、时间流逝、文化、情境和背景、专业观点及人类潜能均在相互影响中确立下来。第四，文化是人生目标的反映也是其决定因素，我们推崇并追寻这些目标。美好生活存在于个体的头脑中，对于什么是有意义的看法，指引着我们的人生追求。

关键术语

文化缺陷观（culturally deficient perspective）：认为一组环境的、营养的、语言的和人际的因素（即那些与欧洲裔美国人价值观不同的因素）有助于对某特定群体成员的身心成长的解释。

文化差异观（culturally different perspective）：一种认识到每一文化都有潜力造就独特优势的人类多样性观点。

文化（culture）：信念、准则和价值观的共同遗产或体系。

成因（etiology）：事物的起因、缘起或原因。

优生学（eugenics）：研究通过选择性繁殖以减少“劣等基因”的方法，尤其应用于人类繁殖。

基因缺陷观（genetically deficient perspective）：一种人类多样性观点，认为生物差异可以解释不同族群智力的可见差距。鼓吹该观点的人相信那些智力低下者不能从成长机会中受益，这些人对社会进步无益。

在人生的每个阶段都幸福生活 6

“心理学家已经放弃甄别和培育天才的使命。”

“心理学是不成熟的！我们对人的最佳功能知之甚少。”

在评论心理学忽略人类机能积极方面的学者当中，保罗·巴尔特斯（Paul Baltes）的呼声似乎是最高的。巴尔特斯博士终于有机会与人分享他有关智慧的研究了（参见第10章）。然而，现在他却心系旁事。他委婉地提醒心理学家们，大部分心理学家所受的训练是在社会、人格和临床领域，然而有一个心理学分支在致力于研究适应性和积极功能方面从未动摇过，这个分支就是发展心理学。的确，发展心理学家所研究的通常是什么在起作用而非什么不起作用的问题。发展心理学家和其他发展学者（即持生命全程观的其他人）倾力去发现的，往往是超越历史、地理、种族和阶层的界限而聚焦于人的自我矫正倾向。

本章，我们将回顾发展研究者关于一生中“什么在起作用”的研究发现。对我们而言，生命历程被描述为从童年期（出生到11岁）、青少年期（12~25岁）、成年期（26~59岁）到老年期（60岁至死亡）。我们认为，关于重要发展理论的基础知识（见表6.1），会为讨论儿童期的韧性、积极的青少年发展、成人期生活幸福和成功老龄化提供背景。

韧性研究者（resilience researchers）和积极青少年发展学者都对年轻人的积极特质和结果感兴趣。正如随后将要讨论的,研究韧性的专业人员确认“自然产生的”个人资产和环境资源有助于儿童和青少年战胜生命中的许多挑战。**积极青少年发展学家**（positive youth developmentalists）把韧性研究者和其他积极心理学家的研究结果应用到实际中，并且通过设计和实施帮助青少年利用个人资产和环境资源的方案来助推成长。

本章的前半部分，我们突出发展研究者关于健康成长的发现。另外，我们提

表 6.1 主要发展理论概览

	成熟论和生物论	精神分析理论	行为理论	认知发展理论
理论的基本假设是什么?	发展的顺序和内容大部分由生物因素和物种进化史决定	人类是有冲突的生物，正常的成长以及个体差异皆为这些冲突解决之结果	发展是学习律的函数，并且环境对成长和发展有很重要的影响	发展是个体积极参与发展过程和与重要环境影响相互作用的结果
理论的哲学原理是什么?	复演论、预成论和先决论	胚胎学的	白板说	先决论
通常研究的重要变量是什么?	生物系统的成长	本能对需要的影响和满足本能的方式	行为频率	和阶段有关的转变及从一阶段到另一阶段的质变
研究发展的主要方法是什么?	镜头记录，人类学的资料，规范性的调查，动物研究	个案研究和无意识过程的间接考察	条件作用和模仿范式	一个阶段到一个阶段转变时的社会问题解决和认知问题解决
理论在什么领域有最重大的影响?	婴儿养育，生物决定因素的重要性，文化和历史发展方面	人格发展及文化和行为之间的关系	行为的系统分析和行为治疗及教育应用	依照文化条件和要求来理解思维和认知是如何发展的

资料来源：Reprinted with permission of Sage Publication, Inc.

出此类研究的一些局限。研究成人发展的学者通常可为渐次展开的人生提供预测信息。他们对过去及现在的深入了解可以帮助他们预测未来。研究成人的发展学家不是用生活快照，而是采用类似延时摄影的方法把无数静止的生活画面（或者对人们的访谈）联系起来，以讲述一个有说服力的个体发展故事。

在本章的后半部分，我们探索与成年期有关的生活任务，以及成功老龄化者的特征。此外，我们还会讨论我们关于成年期知识的诸多鸿沟。贯穿整章，我们都鼓励读者考虑与适应和幸福生活相联系的发展因素。

儿童期的韧性

20 世纪 70 年代，一群重要的发展科学家开始研究那些尽管生活中有严峻挑战但取得成功的儿童。这些面对不幸仍成功的儿童被称为“韧性的”；并且他们的故事让临床医生、研究者和普通民众都很感兴趣。关于韧性的儿童，本部分以呈现一个简短的案例故事开始。随后，我们会对韧性进行界定，并解释研究者们意见相左的相关主题。接下来，我们描述了埃米·沃纳和其他韧性学者（例如，Garmezy & Rutter）的研究。最后,我们讨论保护儿童避免发展性损伤的内在（个人的）和外在（环境的）资源，以及这类韧性研究存在的问题。

杰克逊的案例

作为老师和临床医生，我们在工作中遇见了许多有韧性的儿童。杰克逊的挣扎和成功是非常突出的一个。据周围人所言，杰克逊从出生起就对人有吸引力。他的很多傻事常常引得别人大笑。人们很自然地受其吸引。并且他与所有家人和朋友在一起时似乎都很自在，也充分地信任他们。

上学之后，他的社交和成绩都很好。他似乎会健康地茁壮成长。但遗憾的是，当他 8 岁的时候，杰克逊遭受了某个家人的性虐待。他很快知道了如何保护自己以避免那个加害者的伤害，虐待只发生过一次。然而，虐待的影响是很明显的，杰克逊对人的信任变得不稳定了。虐待后的几周内，他变得退缩而且严重焦虑，持续地胃疼和头疼。他的心理和身体问题导致他缺课，学业成绩变差。他曾经用很自信的眼光看待未来，现在似乎充满惊恐，他眼中的神色表明他迷失在过去。

一些关心杰克逊的成人及时地意识到了他在挣扎。学校的老师意识到他不再是过去的那个孩子。其中有两位老师伸出援手，一个说："我们不知道什么事情困扰着你，但是不管是什么，我们都会帮助你。"尽管直到 20 年后他才说起那次受虐事件，但杰克逊能够从老师那里得到他需要的支持。他开始每天更早上学，并且在老师的课上安静地坐着。虽然他说话不多，但是他们分享交流知识时他会安静地笑。

两名小学老师给杰克逊提供一个安全的可以让他歇息和痊愈的地方。他们默默的支持帮助他摆脱恐惧。久而久之，他和成人的互动开始变得更自在了。一年之内，他的焦虑平息了，并且他的成绩有所提升。他恢复了以前的迷人样子，并且他在整个青少年期间建立了很大的良师益友圈子。今天，他的婚姻很幸福，有一份自己喜爱的工作。就像其他韧性的儿童的案例一样，杰克逊是个幸运者。

什么是韧性

也许最简短的韧性定义是"弹回"。下面马斯顿和里德（Masten & Reed, 2002）对韧性的讨论描述了这一积极过程。具体而言，**韧性**（resilience）是指

> 一类以在明显不幸或危险的背景下积极适应的模式为特征的现象。韧性一定是推测的，因为确认个体属于此类现象需要两个主要的判断。第一，对于一组行为期望，判定个体做得“还可以”或者很好。第二，判定存在威胁良好发展结果的情况。因此，这类现象的研究需要界定一些标准或方法，这些标准或方法用于确定适应良好，以及过去或当前对适应良好有威胁的情境。（p. 75）

这种宽泛的定义被广泛地接受；学者们同意，要被视为有韧性的，一个人必须面对危险或者不幸。尽管在此方面颇为一致，但是在保护因子的普遍性（Harvey & Delfabbro, 2004）以及根据良好适应的标准来判断儿童做得“还可以”的程度上（Luthar, Cicchetti & Becker, 2000; Masten, 1999; Wang & Gordon, 1994），却有很多争论。因此，尽管已经确认了许多保护性因子（见本章后面的讨论），但是这些因子提供“保护”的程度（亦即，在产生积极结果方面这些因子有多大作用）却有显著差异，并且当面对危险和不利时，人们在如何和何时调用特定资源上也有差异（Harvey & Delfabbro, 2004）。的确，考虑到韧性研究的现状，学者们可以提出什么可能是起作用的，但是他们并不能用公式描述韧性运作的规律。

研究者对“弹回到什么状态？”这个问题的回答是见仁见智。当决定一个韧性儿童受威胁后的机能水平时，观察者寻找正常机能的恢复（也就是发展里程碑的获得）和（或）优秀（高于和超过相应年龄儿童的机能）的证据。但是，大多数研究者“把标准设定在正常范围的水平，毫无疑问，因为他们的目标是理解在不幸中个体如何保持或重新获得正常水平的机能和避免产生严重问题，这个目标也是许多父母和社会的目标”（Masten & Reed, 2002, p. 76）。当然，最有名的韧性案例通常是描述个体克服极端不利的情况变得更坚强。[例如，马蒂·拉帕纳克（Mattie Lepanak），一个儿童诗人，当他抗争的神经肌肉疾病变得更严重时，他似乎更多产了。]

在韧性结果的概念界定中，一个应该重点考虑的事情就是文化，而这点却可能常常被忽略（Rigsby, 1994；见第5章的相关讨论）。必须在文化价值观和社区对青少年的期望的背景下，对“弹回到什么状态”作出回答。文化力量决定了研究者是考察积极的教育结果，健康的家庭内功能，还是心理幸福感，抑或三个都考察。尽管学者们可能在测量的内容方面取得某种一致性，但却难以评估社区成员促进特定结果的程度。

关于“良好适应”，韧性研究者同意，为了确定谁是韧性者，**外在适应**（external adaptation）（满足社会的社交期望、教育期望和职业期望）是必要的。但是，对于**内在适应**（internal adaptation）（积极的心理幸福感）是否也是一个必要的判定因素，研究者之间却存在分歧。这种争论造成了一些混乱，因为一些人认为恢复原状与情感和内心适应有着不可动摇的联系。

韧性研究的根源

长期以来，个案研究是用来讲述一些了不起的人和他们的成功故事。关于青少年战胜糟糕生活环境的故事，推动人们对这些韧性的人和韧性过程进行更多探索。一些研究者（例如，Garmezym, 1993; Garmezy, Masten & Tellegen, 1984）通过关注韧性的构成组分来开展他们的研究，然后确定在由于应激源而处于风险之中的一大群人中，这些组分是如何累加起来的。其他研究者（例如，Werner & Smith, 1982）则识别大的人群中的一小部分人，他们最近经历应激源但机能很好或者蓬勃发展。接下来，后一批研究者深入研究韧性者，以确定他们彼此的相似性，以及他们与韧性较小组的成员之间的相似性，并确认他们与没能恢复原状的人之间的区别。

被称为“韧性研究之母”的埃米·沃纳（Emmy Werner）博士是位个人聚焦的韧性研究者。她确认出韧性者，然后花很长时间去了解他们。考虑到她在这一积极心理学领域内的突出成就，我们把她的研究成果作为资料丰富的韧性研究范本来讨论。沃纳和她的同事鲁思·史密斯（Ruth Smith）（Werner & Smith, 1982, 1992）对从1955~1995 年出生在考艾岛（位于夏威夷）的 700 个儿童构成的群体进行了研究。他们从孩子一出生起就收集儿童和成人养育者的心理学资料，他们中许多人的工作与一度是该岛优势产业的甘蔗种植有关。出生时，这些儿童中有 1/3 被认为出现学业和社会问题的风险较高，因为他们的家庭支持和家庭环境存在缺陷（例如，贫穷、父母酗酒和家庭暴力）。

对于风险中的学生，破坏性的风险因子似乎对其中 1/3 的人没有伤害。有两个主要的特征可以解释这些儿童的韧性：（1）他们天生外向，并且（2）他们能够调用若干支持源。（婴儿时得到较好的照料、智力和自我价值的知觉也可促成积极结果的产生。）其他 2/3 的高风险组儿童在儿童期或青少年期确实出现了明显的生活问题。但是，他们到了大约三十五六岁时，考艾岛研究中的大部分参与者报告说（心理测验和社区报告证实他们的报告），他们从生命早期面对的挑战中“恢复原状”了。随时间的推移，超过 80% 的原本高风险的人恢复了原状。在回顾时，那些具有韧性的人中的大多数，把他们的韧性归因于关爱他们的一名成人的支持（例如，家庭成员、邻居、老师或指导者）。

考虑到这些发现，过去 30 年的韧性研究者业已考察了高风险儿童的特质倾向，以及面对这些不利环境的年轻人的物质和社会资源。在这一点上，许多没有保护性因子的儿童最终（到他们生命中的第四个十年时）恢复了原状，针对这些发现，目前尚没有充分可信。

韧性资源

根据马斯顿和里德（2002）的看法，个案研究、质性研究和大规模定量研究项目共同揭示出一个惊人的规律性——“在不同文化环境以及对生命历程产生威胁的多种生存条件下，存在与良好适应和发展相关联的一系列个体和环境属性”（p. 82）。这些发展中的有效保护性因子，在20世纪70年代和80年代中的研究和评论中就曾得到过确认（Garmezy, 1985; Masten, 1999; Masten & Garmezy, 1985; Rutter, 1985; Werner & Smith, 1982），而且随着研究的推进，持续发现了更多的保护性因子。实际上，在不同时期和不同的群体中，这个广泛的保护性因子列表都是成立的（见表6.2）。（本书的其他地方也提出了这些因子。例如，第9章讨论的自我效能和对生活的积极视角。）

尽管我们同意这些韧性资源的大部分在许多情境中对大多数人都是积极的，但是在韧性研究文献中几乎不存在普适真理（一个可能的例外是，一个有爱心的成人可以帮助儿童和年轻人适应）。例如，德英匹雷尔、杜波和伊鲍里托（D'Imperio, Dubow & Ippolito, 2000）发现，许多以前被确认的保护性因子，不能在那些很好地应对不幸和那些没能应对不幸的青少年间做出区分。文化和其他因素（例如，过去不幸的经历）无疑会影响年轻人如何从不幸中恢复原状。

在表6.2中列出的韧性资源已经被转化为培养韧性的有用策略。（注意，其中一些资源和下一部分将讨论的那些与青少年积极发展的资源会有重叠；这些策略中的一些能同时避免“坏的结果”和促进“好的结果”。）通过使用这些策略，发展学家已经制定了许多可以帮助年轻人战胜不幸和培养能力的方案。一些学者（例如，Doll & Lyon, 1998）认为，韧性方案的激增是在没有严密考察这些方案的结构和有效性的情况下产生的，只是想当然地认为这些方案可以增进韧性。而且多尔和莱昂注意到，许多韧性方案教给年轻人的生活技能在其所生活的文化中并不被重视。鉴于对方案规划的这些担心，政策制定者和致力于促进方案的开发者，应该尝试采纳已对类似青少年有效（也就是促进与韧性有关的能力）的现有方案，或者对用于小规模焦点样本而非大规模的社区团体的方案进行有效性评估（见表6.3。）

表 6.2　儿童和青少年心理社会韧性的保护性因子

儿童自身的保护性因子
良好的认知能力，包括问题解决和注意力管理技能
婴儿期是易养型气质；后来发展成适应性人格
积极的自我知觉；自我效能感
有信念和生活中的意义感
对情绪唤醒和冲动有良好的自我调节能力
有被自己和社会重视的才干
良好的幽默感
对他人普遍的吸引力或魅力
家庭中的保护性因子
与负责养育的成人的亲密关系
权威型的家庭教养（高温暖、高结构性 / 监控性及高期望）
父母之间分歧很少的积极家庭氛围
有组织的家庭环境
接受过高等教育的父母
父母具有（上面）列举过的作为儿童保护性因子的品质
父母参与儿童教育
社会经济优势
家庭内关系或其他关系
与有能力的、亲社会的和支持性的成人的亲密关系
与亲社会及遵守规则的同伴的关系
社区内的保护性因子
高效能的学校
与学校、俱乐部、童子军等亲社会组织联系
高“集体效能”的邻居
高水平的公共安全
良好的紧急社会服务（例如，911 或者危机托儿服务）
良好的公共健康和卫生保健的可获得性

资料来源：Masten & Reed（2002）。

积极的青少年发展

在本部分，我们将会详细说明积极的青少年发展，以及为青少年倡导者和研究

表 6.3 促进儿童和青少年韧性的策略

风险聚焦策略：避免 / 减少风险和应激源
通过产前护理避免或减少低体重婴儿和早产儿的可能性。
通过教育父母以避免儿童受到虐待或忽视。
通过社区方案减少青少年酗酒、吸烟或药物滥用。
通过房屋政策或紧急援助避免无家可归。
通过社区警务减少附近的犯罪或暴力。
资产聚焦策略：提高资源或社会资本的数量或质量
提供指导者。
组建女孩或男孩俱乐部。
提供父母教育课程。
建立娱乐中心。
过程聚焦策略：调动人类适应系统的力量
通过逐级的教学成功设计建立自我效能感。
为特定威胁情境教授有效的应对策略，例如教孩子为手术做好准备的方案。
通过培养父母的敏感性或者对初为父母者及其孩子制定家访方案，以培养婴儿和父母之间的安全型依恋。
通过让儿童和潜在的指导者（例如，美国大哥大姐会）相匹配的方案，为儿童培养指导关系。
鼓励儿童在健康的活动中与亲社会的同伴建立友谊，例如课外活动。
支持为儿童提供适应性仪式和与亲社会成人形成联结机会的文化传统，例如，提供宗教教育或者年长者向儿童传授舞蹈、冥想等民族传统课程。

资料来源：Masten & Reed（2002）

者所认同的、社会重视的积极结果。另外，我们还确认了有效的青少年发展方案。

什么是积极的青少年发展

致力于积极青少年发展的教师、心理咨询者和心理学家认识到了青少年的长处，并且关注每个孩子的优势和潜能（Damon, 2004）。在皮特曼和弗莱明的定义（Pittman & Fleming, 1991, p. ii, 我们定义的第一行）基础上，我们（Lopez & McKnight, 2002, p. 3）明确阐述了发展的成分如何随时间发生交互作用，以形成健康的成人：

> **积极的青少年发展**（positive youth development）应被视为一个持续的、必然发生的过程，在此过程中所有青少年都参与其中，并且对所有的青少年都付出时间和精力。青少年与他们的环境及积极施动者（支持健康发展的青少年和

摘自《发现优势：如何战胜一切》

德博拉·布鲁姆

韧性研究通常一点也不光彩夺目。如果你打算研究向上攀登的人，你必须从坚实的基底开始。约翰·德弗雷恩（John DeFrain）博士说，“我决定研究儿童期有创伤经历的成人，因为我知道一些非常了不起的人来自这一背景。”他是内布拉斯加州大学从事家庭研究的一位教授。“我原以为那将是温暖和柔软的感觉。但这些人几乎差点放弃，他们只是在童年时挺过来了而已。”

他发现，人们是在成年期才真正地开始超越儿童期的困境，并且开始重建自我。一个在童年时被父亲用皮带、磨刀布和树枝殴打的人，在他二十五六岁的时候决定要结束生命。他写了遗书，把枪对准了头，然后突然想到“我不能因为其他人对我做的一些事情就去死。”那天，他第一次约见了心理学家并开始接受咨询。

这个故事特别强调韧性研究的某些关键方面：

- 在发现优势、韧性行为和应对技巧方面，不存在时间线和固定时间段。如果儿童时期形成了强有力的应对策略，那么人们将做得最好，一些研究者提出，最初十年是最佳的，但转变的能力始终存在。
- 根据所有的韧性研究，大约 1/3 贫穷、受忽视和受虐待的儿童，到青少年时可以建立更好的生活。他们在学校表现得很好，工作也做得很好，并且通常还帮助支持他们的兄弟姐妹。
- 将来，在处于权力等级底层的世界，或者在有着更高权力的世界，信念都是一个必要的因素。将不幸的时光视为只是暂时的这样一种能力，在塞利格曼（见第 1 章）看来是一个基本优势。
- 大多数有韧性的人不是在单打独斗，事实上他们甚至并不试着去独自面对。韧性研究的杰出发现之一是，那些可以很好地应对不幸的人，如果他们没有强大的家庭支持系统，他们也能够请求帮助或者动员其他人帮助他们，这对儿童和成人都是如此。例如，有韧性的成人更可能把他们生活中的事件告诉朋友甚至同事。
- 为将来设置目标和计划是应对不幸的有利因素。事实上，正如加利福尼亚大学心理学家、哲学博士埃米·沃纳指出的那样，它可以将不幸减到最小。

例如，沃纳发现，当飓风伊尼基在 1993 年袭击了夏威夷后，被研究中先前确认为具有韧性的岛民所报告的财产损失比其他人更少。为什么呢？因为他们做了更多的准备，用木板封住了窗户，投了很好的保险。

- 相信自己和认识自己的优势很重要。阿拉巴马大学心理学家、哲学博士欧内斯廷·布朗（Ernestine Brown）发现，当抑郁的、几乎没有正常功能的母亲的孩子在帮助照顾家庭中感到自豪时，他们不会感觉陷入困境。"振作精神，给予自己价值，"布朗说，"如果你不能改变恶劣处境，至少能照料自己。为自己的智慧和能力挣得一席之地，让有助于你稳定的事情围绕着你，并且记住自己努力做的事情是什么。"
- 事实上，认识自己的优势也同样重要。许多人没有认识到自己的优势。当帮助成年人建立新的韧性生活方式时，教导他们自我认同是沃林斯（韧性研究者和韧性方案的开发者）所尝试方法中的一个主要部分。这些专家认为通过培训心理咨询师和心理学家着眼于帮助来访者构建优势，韧性是可以教授的。

资料来源：Reprinted with permission from *Psychology Today*, copyright © 2006, www.psychologytoday.com.

成人，创造引导成长氛围的机构，促进改变的方案）相互作用，以满足他们基本的需要并培育其资产。通过（他们的）主动性（有时是结合积极施动者的支持），发展势头被确立，那些能够满足基本需要的青少年会为达到其他目标而挑战自己；青少年利用自己的资产创建有利于成长的其他心理资源。理想的情况是，积极的青少年发展产生身体和心理能力，这些能力可以促进向以争取持续成长为特征的成年期转变。

在一个方案背景下（见接下来的描述），青少年的积极品质（以一种有意的方式）与环境资源和积极施动者（关怀的青少年和成人）相结合，促进健康的发展。健康发展的标志是获得下列 9 个积极结果中的一些（Catalano, Berglund, Lonczak & Hawkins, 1998），即积极方案的目标。（本书的其他地方提出了所有这些积极结果。）

1. 带来收益的联结
2. 提升社会、情绪、认知、行为和道德能力

3. 鼓励自我决定
4. 培养精神感悟
5. 培育一个清晰和积极的同一性
6. 建立对将来的信念
7. 认识到积极的行为
8. 为亲社会发展提供机会
9. 建立亲社会的规范

有效的积极青少年发展方案

积极的青少年发展报告（Catalano et al., 1998）为那些认为“没有问题并非意味着准备充分”（Pittman & Fleming, 1991, p. 3）的人提供了宝贵的资源。实际上，一些发展学家把他们的努力集中于这样一些青少年身上：他们没有与主要生活问题抗争，但在进入成人期的过程中并不拥有要达到他们的许多目标所需要的个人资产或环境资源。同样，对于那些可能失败的人而言，其面临的挑战是年轻时建立信心和能力。

积极青少年发展方案有许多形式（Benson & Saito，2000），包括结构化的或半结构化的活动（例如大哥大姐会），提供活动和积极关系的组织（例如男孩俱乐部、基督教青年会、基督教女青年会），促进成长的社会化系统（例如日托中心、学校、图书馆、博物馆），以及促进方案、组织和团体共存的社区。这些方案的效能由其促进当今青少年“良好”适应和避免“不良”适应的程度决定。

有效的方案有助于青少年发展出使生活更多产和更有意义的能力。在批判性总结了已发表和未发表的方案评估之后，可以列出一份由十几个有效方案构成的简短列表，它们至少包括如下方面（Catalano et al., 1998; Jamieson, 2005）：

- 适当的设计和结果测量方法
- 研究方法的适当描述
- 对适合人群的描述
- 对干预和实施精确性的描述
- 根据行为结果论证有效性

谈到有效性，卡特兰诺等（Catalano et al.）写道：“如果方案在任一点上证明了行为结果，即使这些结果随时间推移而衰退，这些方案也被纳入进来。若在所研究的人群中证实了方案的效果，这些方案同样也被纳入进来。”（p. 26）这些有效方案中，有一些是大家熟知的，有一些则知之不多。为求清晰描述这些有效的方案是何以将

一个积极的青少年——罗斯·诺廷的故事：“我经历了两次心脏移植”

罗斯·诺廷（根据帕姆·格劳特的采访整理）

当罗斯还是小孩子的时候，医生告诉她，如果她不接受心脏移植的话，她可能就会死亡。更糟糕的是，去年罗斯的新心脏也开始衰竭，并且不得不进行第二次移植。现在13岁的她恢复得非常好。

当我只有4岁的时候，我就知道我患有一种可以在几年之内让我死亡的疾病。医生的诊断是限制性心肌病，这是一种有可能致命的疾病，人的心肌不能正常地放松，会立即停止工作。我唯一的希望是进行心脏移植。

很幸运的是，我太小还不能真正地理解情况的严重性。我只记得我经常想知道我什么时候才能有一个新的心脏。（每晚睡觉之前我都会问我妈妈。）5周之后，有可移植的心脏了，我们离开我的家乡堪萨斯州劳伦斯，到圣路易斯儿童医院进行8个小时的手术。对于手术或者紧急恢复我真的不太记得了，但令人称奇的是，我记得2周内我就可以骑三轮脚踏车穿过医院的过道了，并且几个月后我又恢复到原来的自己了。除了我的心脏病医生对我进行的定期检查，我过着正常的生活。我上芭蕾和钢琴课，并且我喜欢和弟弟一起玩。除非你看到我胸前的伤疤，医生在那里开过刀，否则你不会知道我发生了什么事情。我感觉我真的很幸运。

后来，在2004年2月的一天，七年级的科学课要求我们到堪萨斯大学的自然历史博物馆进行实地考察。在去校园的路上，我和朋友们说着话，开着玩笑，直到我突然头晕并且昏倒。关于这件事情我并没有想很多，但是我妈妈很焦虑并且确定我应该去看心脏病医生。他为我做了很多检查，然后宣布了一个令人震惊的消息：我有严重的冠心病，我的动脉阻塞到心脏不能得到所需的血液和氧气。我又一次心脏病发作，那时我13岁！医生说如果不再做一次心脏移植我可能会死掉。我害怕极了。

这次我大到足够可以理解手术的危险性。事实上，再一次移植会更危险，因为病人更可能排斥第二个心脏。但是我想，既然我已经经历了那么多，我学会了不对无法控制的事情担心。从根本上说，我对自己的状况感到不开心，但是我无法选择。

所以我签了一个接受新心脏的协议并且等待手术。同时，我离开了学校，因为我的心脏如此虚弱以至于走一点路就会让我疲惫不堪。虽然我对将要发生的事情感到担心，但是我得到的所有支持让我感觉好多了。学校的同学给我寄卡片；我的朋友会来看我在做什么。而且，我的朋友甚至为我保险中未包含的一小部分医疗费用筹钱。一些邻居和同学通过制作和售卖心型别针为我筹钱。我所在地区的食品商店为我设立了救济金。知道这么多人关心我，感觉很好。

在我得知我需要再一次移植的 3 周之后一天的凌晨 2 点，我们接到了一个电话。我有新的心脏啦！我赶快穿衣服，把一些 CD 扔到背包里，并且和父母赶往机场去与将要载我们去医院的救护飞机会合。我准备好了，所以不是那么焦虑。5：30 我们到达医院，手术程序已经准备好了。我吻了父母，打过麻药之后我很快就睡着了。我两天都没有醒来，但是当我醒来的时候，我知道这次移植成功了。

我服用了高剂量的止痛药，所以我真的对开刀的地方没多少感觉。对于能活着我心存感激，但还有很多事情要应付；我疲惫极了。止痛药让我反胃，无论我吃什么都吐，但是慢慢地我开始复原了。8 天特别护理和另外 2 周的恢复之后，我可以回家了。

我开心极了。当我到家的时候，朋友们都拿着食物、花束和贺卡在等我。我的好朋友阿利森把我的房间漆成了蓝色，并且为我贴了几张新的海报，其中一张有雷蒙斯的签名。我真的受宠若惊！

现在离那次移植已经差不多一年了，我感觉像刚移植时那样好。我又回到了学校，现在读八年级，并且我喜欢和我的朋友在一起。我不会忘记那些拯救我生命的人。我对提供给我心脏的那些人知之不多。但是，为了让我活着，他们的心脏需要在正确的位置上。我会尽力使这些心脏工作下去。

资料来源："I Had Two Heart Transplants," as told to Pam Grout/*Teen People*, copyright © 2005, Time, Inc. All rights reserved.

青少年纳入其中并培育其个人资源的，我们详细说明了大哥大姐会和宾夕法尼亚韧性计划的基本操作过程及其作用。我们还将描述与大学中的积极体验相关的发展任务。

大哥大姐会是一个以社区为依托的指导项目（每周有 3~5 小时的接触时间），始于1905年。该项目是免费的，它把低收入家庭的儿童及青少年与提供关怀和支持性关系的成年志愿者配对。通常，谨慎地筛选指导者，然后为他们提供一些从正面影响青少年的培训和指导。指导活动是非结构化的或半结构化的，一般在社区进行。就该项目的效能性而言，蒂尔尼和格罗斯曼（Tierney & Grossman, 2000）发现，这个指导项目并没有促进良好的结果（学业成就、对父母的信任）和避免不良结果（暴力、酗酒和药物滥用、逃学）。

宾夕法尼亚韧性计划（Gillham & Reivich，2004）是一个高结构化的生活技能开发计划，面向学校儿童（或作为研究的一部分）提供收费服务。一个受过高水平培训的促进者在教室里依照步骤实施计划。该方案的12个步骤关注思维模式的察觉和学生解释风格的修正，以改变对事件的归因，让它们更灵活和更准确。对该计划的深入评估证明，它在避免不良结果（抑郁症状的发病和严重性）以及促进乐观及身体健康方面颇为有效。

作为社会化系统的大专院校也可以促进积极青少年发展。奇克林对教育和同一性的研究工作（Chickering, 1969; Chickering & Reisser, 1993）设计了一系列发展任务，这些任务既聚焦大学生又聚焦积极施动者（同龄的学生、教职员工）。在奇可林的模型内，把能力的发展视为大学生教育经历中主要的发展方向或目标。随着他们对自己的才智越来越有信心，学生开始致力于一些发展性的任务，包括情绪管理、由自主走向相互依存、形成成熟的人际关系、建立同一性、发展出目标和完善感。向每个目标的迈进通常都能使学生赢得学校、工作和生活上的成功。致力于将大学发展为积极的社会化系统，将在总体上提升大学教育之于学生和社会的价值。把优势发展方案整合入大学经验，亦可提升高等教育的积极效用（Lopez, Janowski & Wells, 2005）。

既然我们已经知道何种类型的方案可以促进积极青少年发展，那么我们的注意就可以转向这样的问题上，即“为什么这个方案会有效？”尽管目前尚未系统仔细地检查过每个方案的成分，以确定什么成分有效及什么成分无效，但却有一些关于什么使得方案有益的建议，包括：（1）越多越好（对青少年投入越多的时间，结果就会越好）；（2）越早越好（方案参与者年龄越小，他就越有可能发展出能力）；及（3）方案越结构化越好（越具有目的性和系统性的方案越容易得到推广应用）（Jamieson, 2005）。

成人期的生活任务

源于对儿童期经历的兴趣，研究者启动了一些纵向研究（例如，Werner & Smith, 1982），这些纵向研究持续（几十年）揭示成年期的丰富经验。本部分，我们描述两个此类前瞻性研究（特曼对天才儿童生命周期的研究和哈佛大学对“最佳成年人”的研究，即被称为的成人发展研究）。应注意的是，在本部分和主要的发展理论中（见表 6.1），都详细揭示了成人发展的诸多方面，但对于 26 岁至 59 岁之间的人如何成长和变化尚有许多未知之处。

超常儿童的发展轨迹

刘易斯・特曼

资料来源：Courtesy of Stanford University Archives.

刘易斯・特曼（Terman & Oden，1947）一生的大部分时间都在研究智力，他认为智力可以直接导致生活成功。具体而言，智力可以决定是否能担当国家领导者。20 世纪 20 年代，特曼开始了对 1500 个天才儿童（IQ>140）的宏伟研究，这些儿童由加利福尼亚的一些老师提名，他们给自己起了个绰号：“特曼人”。

这些参与者童年时身体强壮，通常比同龄人更健康。他们中大多数大学毕业并谋得了专业性工作。尽管许多“特曼人”在工作中富有成效，但几乎没有人像特曼假设的那样成为国家领导人。因此，应该指出的是，儿童期的高智商并不能保证成人期的成功以及更好的心理健康。

尽管特曼关于聪明儿童成年后会有非凡才能的预言没有被证实，但他的样本揭示了成人发展的一些信息。关于人类功能的消极面，彼得森、塞利格曼、雅库、马丁和弗里德曼（Peterson, Seligman, Yurko, Martin & Friedman, 1998）研究了“特曼人”在儿童期对开放性问题的反应，他们发现，一些儿童的解释风格具有小题大作的灾难化（用泛化的原因来解释不好的事件）倾向，预示着这些健康儿童具有死亡的风险。解释风格和长寿 / 死亡之间的联系可能以生活方式的选择为中介。鉴于这些发现，儿童期天才水平的 IQ 和良好的健康状况，似乎并不能避免个体做出导致健康问题和早死的糟糕选择。

成人期的主要任务是什么

乔治·韦兰特

资料来源：Reprinted with permission of George Vaillant.

哈佛大学研究（下面有更详细的描述）数十年数据的管理者乔治·韦兰特（George Vaillant），重新审视了特曼一个子样本的数据。韦兰特访谈了特曼样本中的 90 个女性，以考察其从纯男性样本中所得的成人发展结果的可推广性。对特曼数据的考虑和对成人发展研究数据的总结，有助于韦兰特以现有发展理论为基础识别与成年期相关的生活任务。

在埃里克·埃里克森（Erik Erikson, 1950）的发展阶段理论的引导下，韦兰特详细提出（1977）和完善（2002）了成人发展的六个任务：同一性、亲密、职业稳固、繁殖、意义坚守者和整合。**同一性**（identity）一般是在青少年或成年早期形成的，此时人的世界观、价值观和兴趣开始成为他们自己的，而非其养育者信念的反映。（若不能形成个人同一性，会妨碍与人和工作进行有意义的互动。）随着同一性的发展，个体会更可能寻求和他人建立相互依存、彼此忠诚的关系，因此达到**亲密**（intimacy）。特曼初始样本中的许多女性把和女性的亲近关系视为其最亲密的关系，然而在哈佛研究中，男性总是把他们和妻子的关系视为他们最亲密的联结。韦兰特（2002, p. 13）得出的相应结论是，“并非是发生我们身上的坏事让我们注定失败；而是在任一年龄出现在我们身边的好人帮助我们走向愉悦的老年时光。”

职业稳定（career consolidation）是需要社会同一性发展的生活任务。个体投入某种以满足、有偿、能力和忠诚为特征的职业。对于许多人来说，职业稳定就像其他任务一样，关键在于“努力的过程”而不是达成目标。也就是说，人们也许几十年中都在稳固职业，即使他们临近或已经退休。在今天的职场中，通常因需要换新工作而损害稳定性。这样一来，职业适应性（Ebberwein, Krieshok, Ulven & Prosser, 2004; Super & Knasel, 1981）已成为职业稳定的先决条件。

再来看与**繁衍感**（generativity）有关的任务，人们会通过“学会付出”而建立一个更广泛的社交圈子。当达到了对前三个任务的掌握时，成人即拥有直接指导下一代成人所需要的能力及利他性。实际上，随着年龄增长，社会目标会变得比成就导向的目标更有意义（Carstensen & Charles, 1998; Carstensen, Pasupathi, Mayer & Nesselrode, 2000）。

在一个更大的社交圈背景中，一些人开始承担**意义坚守者**（keepers of meaning）的任务。意义坚守者对世界和人的运作方式持有一定看法，并且愿意和其他人分享这些智慧。坚守者保护有助于年轻人发展的传统和礼仪。本质上，坚守者是将过去和将来联系起来的人。

最终，完成**整合**（integrity）这一任务会给人的生活带来安宁。在此阶段，不断增长的精神感悟通常与更高的生活满足感相伴而生。

这些任务的掌握是成人期的目标。有意地致力于每一个任务就会依序产生下一任务。掌握所有任务就是成功老龄化的实质。

萨拉的例子

在过去的几年里，我们的许多来访者都表现出预期工作变化的能力，为将来的机会做谋划，发展新的技能，以及创建社交网络。这些有助于当事者的工作转变，而萨拉的故事却颇引人注目，因为她在生命的第六个十年预期到了这种灵活性的需要。在这个年龄段，许多人会说她已经实现了职业稳定。

萨拉在同一公司相同岗位上工作了 33 年。作为国家贺卡公司的一名绘画设计师，她知道自己的职位很值得珍惜，并且她也意识到电脑软件和高质量的打印机正在取代传统的笔墨手绘。她掌握了新的电脑设计技术，但是她没有从新的工作方式中体验到同样的创造满足感。她如何继续体验到创造性以从工作中得到快乐呢？第一，她必须弄明白自己究竟喜欢创造过程的哪些方面。经过几周深思熟虑后，她意识到，不管是在笔记本上还是在电脑屏幕前，她所享受的是对设计的思考过程而非实际设计过程。她可以说服其团队领导为其“设计思想”而非设计产品付工资吗？在某个工作日，她鼓足勇气将把自己的想法告诉了团队领导，请其予以考虑，领导看上去对其想法颇感兴趣，她松了一口气。原来，团队领导正要想办法让萨拉知道，设计工作的某些技术层面可由另一团队（他们的时薪较低）完成，而当前的这几个设计骨干则为操作电脑的年轻艺术家们提供理念。所以，对于她职业生涯的最后十年，萨拉预测公司会为其想法而不是艺术作品支付工资。她可以访问来自世界各地的年轻绘画艺术家，并对此感到很满足。尽管萨拉对自己职业的将来相当自信，但她仍然预期，贺卡产业的变化仍可能影响其工作与生活。

成功老龄化

随着婴儿潮一代步入美国的老年群体，成功老龄化的故事在当今媒体中变得更为引人注目。老人们的故事为我们提供了有价值的素材。这在莫里·施瓦茨的例子（米奇·阿尔博姆2002年的著作《与莫里一起的星期二》的焦点）中是显而易见的，主人公的一生很完满，在身体衰退和死亡之际，他获得了生命的重大意义。

对老龄化的积极层面（也称为积极老龄化、健康老龄化、成功老龄化和良好老龄化）的研究只有几十年的历史。然而，鉴于美国人口的变化趋势需要科学家及大众的关注，该领域的研究将成为心理科学的一个主要焦点。本部分我们的目标是，基于麦克阿瑟基金会的成功老龄化研究以及韦兰特（Vaillant, 2002）的前瞻性研究来详细阐述成功老龄化。

什么是成功老龄化

罗伯特·哈维格斯特（Robert Havighurst, 1961）在《老年病学家》（*The Gerontologist*）杂志的第一期中提及“增加生命年数”（p. 8），使得成功老龄化这个术语为人们所知。哈维格斯特也激起了学术界对老龄化的健康层面的兴趣。罗和卡恩（Rowe & Kahn, 1998）概括了麦克阿瑟基金会的成功老龄化研究的结果，提出了**成功老龄化**（successful aging）的三个成分：（1）避免疾病，（2）投入生活，（3）保持高水平的认知与身体机能。这三个成分是“保持一种正常的、有价值的和有益活动的生活方式”的表现（Williamson, 2002, p. 681）。韦兰特（2002）进一步简化了成功老龄化定义，认为成功老龄化的特征是快乐、爱和学习。尽管这些描述不甚详细，但却贴切恰当。

麦克阿瑟基金会的成功老龄化研究

麦克阿瑟基金会的成功老龄化研究（1988~1996年）由约翰·罗（John Rowe）和一群不同学科的同事共同承担。他们调查了与能力、健康和幸福感有关的身体、社会和心理因素。根据身体和认知标准，从4030个潜在参与者中挑选出了1189个70~79岁的健康成人志愿者。这些高功能成人参与了90分钟的个人访谈，然后对他们进行了平均约7年的追踪研究，在此期间对他们进行了周期性的访谈。

如前所述，麦克阿瑟基金会研究揭示了成功老龄化的三个成分是避免疾病、投入生活、保持身体机能和认知机能（Rowe & Kahn, 1998）。在这里，我们关注“生活投入”这个成分，因为成功老龄化的该成分是积极心理学家在他们的研究和实践中最可能解决的。的确，生活投入的两个成分，即社会支持和生产力（Rowe & Kahn）与本书许多章节所阐述的爱、工作和快乐的生活追求是类似的。

相互的社会支持最为有效，支持性的付出和支持性的接受彼此平衡。两种支持对成功老龄化是很重要的：**社会情绪支持**（socioemotional support）（喜欢和爱）和**工具性支持**（instrumental support）（当某些人需要时提供帮助）。对麦克阿瑟基金会研究数据进行深入考察发现，支持随时间的推移而增加（Gurung, Taylor & Seeman, 2003）。并且，那些有更多社会联结的调查对象随时间推移显示出较少的机能衰退（Unger, McAvay, Bruce, Berkman & Seeman, 1999）。社会联结的积极效应会因个体性别及身体能力基线水平而有所不同（Unger et al.）。性别也会影响已婚参与者（总样本中一个 439 人的子样本）如何接受社会支持："男性主要从配偶那里得到情感支持，而女性更多地从其亲戚朋友及子女那里得到情感支持。"（Gurung et al., p. 487）

就老年期的生产性活动而言，格拉斯等（Glass et al., 1995）对 70~79 岁高机能水平样本的活动变化模式和 162 个 70~79 岁中等到低机能水平样本的活动变化模式进行了为期三年的考察。结果发现，高机能组比对照组有更多的生产性活动。随时间推移而发生的生产力变化与更多的住院及中风有关，然而年龄、婚姻和掌握某些技能的增加可以保护个体抵抗生产力的衰退。这些发现和威廉森（Williamson, 2002）的研究结果一致，威廉森提出，持续不断的身体活动（生产性活动的一个方面）有助于保持健康。相应地，身体活动习惯被打乱通常会导致整体幸福感的急剧下降。

成人发展研究

韦兰特（2002）承认，对机能进行主观评估并非是确认那些成功老龄化者的最严密的方法。他在其成人发展研究中，采用的是一个对参与者机能（例如，身体的、心理的、职业的）进行独立评估的系统。20 世纪 30 年代，哈佛大学的教务长确认了具有社会优势的 256 个高加索白人作为最初的参与者（认为这些学生各方面都健全）。在过去的 80 年中，通过身体检查、个人访谈和调查来研究这些参与者。而今，有超过 80% 的参与者都已经 80 岁以上了，但是他们的对照组只有 30% 活到了这个年纪。他通过对这些老人（和两个其他前瞻性研究中的参与者）的深入研究，确认了以下健康老龄化的生活方式预测因子："不吸烟，或者在年轻时戒烟；用成熟的防御机制适应性地应对；不酗酒；保持健康的体重，稳定的婚姻和一些锻炼；并且接受教育。"这些变量区分出了位于健康连续体两端的人们：快乐 – 健康的人（主观和客观健康、生理和心理健康良好的 62 人），以及忧伤 – 患病的人（40 个人至少在三个维度的一个上被归为不快乐的：心理健康、社会支持或生活满意度）。对是属于快乐 – 健康组还是忧伤 – 患病组的最有力的预测因子是，人们日常生活中使用成熟的心理应对方式（例如，利他、幽默）的程度。

也许对成功老龄化的预测不像麦克阿瑟基金会研究和韦兰特的结论那样复杂。

某位男性的老龄化观点

和所有预期相反，我似乎越老越快乐。我想美国人热衷于那样一种理论，即青少年是奇妙的，而老年是可怕的。相反，我花了60年，不断学习如何理性地生活、如何做好工作，以及如何面对自己的不足。

对我来说，青少年是个不幸的时期——生病的父母、战争、相对贫穷、学习某种职业的艰辛、一次错误的婚姻、自我怀疑、酗酒和到处犯错。在我步入老年时，我知道自己在做什么，我得到了来自他人的尊重，有了相对稳定的经济基础，有爱我的妻子，并且认识到，我虽不能战胜一切，但我可以忍受。

资料来源：Vaillant（2002, p. 14）.

修女

资料来源：© Corbis.

如果把成功老龄化或者至少长寿归结为生命早期的积极情绪经验会怎么样呢？丹纳、斯诺登和弗里森（Danner, Snowdon & Friesen, 2001）对180个天主教修女在20世纪早期所撰写的自传进行了研究，表明自传中的积极情绪内容与60年后的死亡风险呈负相关。如果修女在几十年前所讲述的人生故事充满积极情绪，则她们的生活方式更有助于成功老龄化，更有可能活过70岁和80岁。

成功老龄化研究的数量正在快速增长，研究结果表明，人们在老龄化过程中，对其生活质量的控制比我们曾认为的要多。此外，就所有研究来看，社会支持是促进成功老龄化的心理因素之一。尽管有这种共同性，但随着更多的跨文化研究的实施及发表，有迹象表明，老龄化和成功老龄化可能因特定国家而相异。因此，对于成功老龄化，不应该用统一的标准来测量（Baltes & Carstensen, 1996）。这提示，在寻求老年良好生活的线索时，将来的研究工作应考虑适应性老龄化的文化层面。

积极心理学中更多发展的关注点

我们要面对日常困扰和不幸，在儿童期、青少年期、成人期和老年期都是如此。但愿随着年龄逐增，我们会拥有更多资源和适应能力。而事实似乎也是如此，因为

个人小实验

找到所有年龄中令人惊奇的人

在本章，我们深入讨论了促进毕生健康发展的诸多因素。这里有一些想法，将有助于你发现所有年龄者身上的积极方面。

检验你的指导关系的有效性：根据韧性研究，与一个关怀型成人建立温暖关系，可以促进儿童和青少年的积极发展。你自身指导关系的有效性，可以通过你正在参与的大哥大姐会或另一个基于社区的指导方案来检验。要准确进行检验，需要对每名儿童每周花上 3~4 小时，并且通过表 6.2 上所列资源的增加以追踪儿童随时间的发展。

建立一个更为牢固的社交圈：成人的一些生活任务与形成一个更为牢固的社交网络有关。思考一下你自己目前的社会网络。画出四个同心圆。在中间的圈中写上“我”，然后在剩余的圈中写上你经常花时间和心思交往的那些人的名字；名字离中心圈越近，这些人就和你越亲密。思考一下你如何和那些最接近你的人保持这种关系，以及如何让其他人与你更亲近。当你确认了一些策略，通过实施你的某个想法，把你的时间或心思花在那些与你亲近的人身上，以结束这个练习。

收集良好老龄化的故事：每天你都会碰到 60 岁或以上的长者。这样的人中有一些精力旺盛；他们可能属于韦兰特的快乐—健康组。请接近 5 个这样的人，并问他们是否愿意参加一个简短的访谈。（告诉他们，你刚了解成功老龄化，并且你想进一步了解当他们进入老年时如何过得很好）。这里有一些你可以问的问题（来自韦兰特博士的客观心理健康量表，2002，p. 342）：

- 你对你的职业生涯 / 退休有何感受？
- 你要怎样描述你最后的职业？
- 自从你 50 岁以来，什么样的个人关系对你来说是重要的？请描述最重要的一个。

记录你对这些问题的反应，通过在你所在社区中进行的这 5 个访谈，试着得出关于成功老龄化的结论。

存在许多帮助儿童和成年人恢复原状的积极发展因素。本章所讨论的研究结果也表明，积极心理学正在努力确认和分享如何更好生活的有意义信息。试试这些个人小实验，为你的生活带来一些积极结果。

尽管我们对人生的每个十年如何蓬勃发展已经知之甚多，但是关于积极成人发展和使更多的人成功老龄化等主题，仍是下一代积极心理学家（你和你的同伴）需要解答的问题。此外，尚需要更多的理论和研究帮助我们理解人如何展现优势，以及描述随时间的推移，文化如何塑造某种既定优势及其潜能。假若积极心理学要成长为一个领域，我们认为理解从儿童到老年的发展过程是至关重要的。

关键术语

职业稳定（career consolidation）：一项需要社会同一性发展的生活任务，个体从事某种以满足、有偿、能力和忠诚为特征的职业。

外在适应（external adaptation）：一个人满足社会的社交期望、教育期望和职业期望的能力。

繁衍感（generativity）：需要"学会付出"和扩展社交圈子的生活任务。这可能包括对下一代成人的指导。

同一性（identity）：需要一个人形成自己的世界观、价值观和兴趣，而非简单地反映父母或他人的信念。

工具性支持（instrumental support）：在某些人需要时提供援助或帮助。

整合（integrity）：需要培养生活满足感和安宁感的生活任务。通常伴随不断增强的精神感悟。

内在适应（internal adaptation）：个体获取情绪和心理幸福感的能力。

亲密（intimacy）：需要与另一个人形成相互依存的、忠诚的和亲密的关系。

意义坚守者（keeper of meaning）：这一生活任务包括形成关于世界和人如何运作的观点，其特征是愿意和他人分享这种智慧。意义坚守者保护传统和礼仪并将其传给下一代，因此被视为现在和过去的纽带。

积极的青少年发展（positive youth development）：积极的、健康的青少年发展是指获得 9 个结果：（1）联结；（2）社会、情绪、认知、行为和道德能力；（3）自我决定；

（4）精神感悟；（5）清晰和积极的同一性；（6）对将来的信念；（7）积极行为；（8）亲社会发展；（9）亲社会规范。

积极青少年发展学家（positive youth developmentalists）：这些专业人员把韧性研究者和其他积极心理学家的研究结果应用到实践中，并通过开发和实施帮助青少年利用个人资产和环境资源的方案，来为其成长创造机会。

韧性（resilience）：面对明显的不幸或风险恢复原状或积极适应的能力。

韧性研究者（resilience researchers）：研究韧性和识别帮助儿童和青少年克服生活挑战的天生的个人资源和环境资源的专业人员。

社会情绪支持（socioemotional support）：为他人提供友谊、友善和爱的支持。

成功老龄化（successful aging）：在晚年以避免疾病、积极生活和保持高水平的认知和身体机能为特征的生活方式。

第三编

积极情绪状态和过程

快乐的原理 7

理解积极情感、积极情绪、幸福和幸福感

埃德·迪纳（Ed Diener）是伊利诺伊大学的一位心理学家，同时也是世界著名的积极情绪研究者。他曾经在一次演讲中向听众展示了一个装着大脑的瓶子，瓶内的蓝色液体称为“快乐试剂”，是通过瓶子上方的一个塑料小囊滴入的。他请听众假定，大脑若受到荷尔蒙（即“快乐试剂”）的作用，可以令人处于极度愉悦状态，甚至这种愉悦状态可以始终保持下去。然后，他问了下面一个关键的问题，“有多少人想这样做？”60 名听众中，只有 2 人举手表示他们愿意保持这种永远的快乐。

埃德·迪纳

资料来源：Reprinted with permission of Ed Diener.

由于我（洛佩斯）对哲学知之不多，并且我在本科和硕士期间学习的心理学并未包含幸福领域的科学研究，因此我以前也没想过幸福可以有多种形式。迪纳博士的问题引起了我的极大兴趣，自从在 1999 年听过他的演讲后，我就一直试图对情绪体验的积极方面做深入的探索，下面我就来概述一些研究成果。

在本章中，你将了解到更多关于快乐情绪的知识，我们探讨的快乐不是弗洛伊德（1936）所理解的**快乐原则**（pleasure principle）（不计后果地满足本能的需求），而是与如何生活得更好相关的快乐。在这部分，我们会报告我们目前所知道的如何让生活更快乐的知识。我们也会总结一些区分积极情感和消极情感的研究。同样，我们注重积极情绪，以及由积极情绪所带来的更多益处。我们会探讨幸福和幸福感的多种定义，以及快乐生活的品质。在此之前，我们要界定一些在本章中会频繁使用到的术语和概念。

情绪术语的界定

在学术研究和通俗作品中，情感（affect）和情绪（emotion）这两个术语常常混用。而且，在心理学文献中，幸福感（well-being）和幸福（happiness）也常常是同义的。然而，不幸的是，这种概念混用会让人非常困惑。虽然我们努力要阐明这些密切相关的概念之间的差别，但是，我们也确实意识到它们之间存在着交叉和重叠。我们首先建议把情感理解为情绪的一种成分，而情绪是心境的一种更具体的说法。

情 感

情感（affect）是一个人对刺激的即刻的生理反应，有一定的唤醒度。弗里达（Frijda, 1999）教授认为，情感涉及对事件的评价，它是痛苦的还是快乐的，即它的效价；并伴随着自主唤醒的体验。

情 绪

很难用只言片语对**情绪**（emotion）下定义，但下列语句似乎简洁地描述了这个现象："我认为，情绪涉及对重要事件的判断，判断一个外部客体是否对我们自己的幸福感很重要，在我们不能完全控制的世界面前，承认自己的贫乏与不足"（Nussbaum, 2001, p.19）。当我们意识到痛苦和快乐体验以及与之相伴的自主性唤醒（也就是弗里达所说的情感），并对情境作出评价时，情绪就产生了。一种情绪有其具体的和"鲜明"的品质，它总是指向一个客体（Fredrickson，2002），并且情绪与目标追求的过程有关（Snyder et al., 1991; Snyder, 1994）。与之相比，**心境**（mood）不指向任何客体，持续时间较长，具有弥散性。

幸 福

幸福（happiness）是一种个体主观界定的积极情绪状态。在科学研究中这个术语很少被使用，因为关于它的含义，目前还没有达成共识。在本章中，只有当附加信息足以说明它时，我们才使用这个名词。

主观幸福感

主观幸福感涉及个体对当前状况的主观评价。具体来说，迪纳（Diener, 1984, 2000; Diener, Lucas, & Oishi, 2002）认为，**主观幸福感**（subjective well-being）包括积极情感（没有消极情感）和总体生活满意度（也就是对生活报偿的主观评价）。在心理学文献中，主观幸福感这个术语常常被作为幸福的同义词。毫无疑问，通俗性读物更常使用幸福这个词而不是主观幸福感。

区分积极和消极

汉斯·塞利（Hans Selye, 1936）因其对长期处于恐惧和愤怒状态中的结果研究而著名。他发现，虽然恐惧和愤怒所带来的生理压力会对身体造成伤害，但它们对人来说有生存价值。确实，恐惧和愤怒的进化功能引发许多研究者和普通人的兴趣。鉴于这些历史传统以及与消极情感有关的科学发现，在过去的一个世纪中，消极情感对生活的重要性毋庸置疑。

纵观历史，积极情感在过去的一个世纪里受到的关注不多，因为很少有学者假定，高兴和满足带来的好处能超越基于快乐的享乐价值，并有进化意义。在过去的 20 年里，随着研究开始区分积极情感和消极情感，积极情感的重要性变得越来越明显（Fredrickson, 2002）。

爱荷华大学的戴维·沃森（David Watson, 1988）研究了快乐情感趋向的动机，包括对消极情感和积极情感两方面的严格研究。为了促进他们对情绪体验的两个维度的研究，沃森和他的同事李·安娜·克拉克（Lee Anna Clark, 1994）发展并验证了扩展版的积极和消极情感量表（PANAS-X）。目前这个量表成为该领域研究普遍使用的测量工具。几百项研究采用了这份 20 道题目的量表，用于量化情感的两个维度：**效价**（valence）和**情感内容**（content of affect）。更具体地来说，PANAS-X 测量“消极”（不愉快的）和“积极”（愉快的）效价。消极情感状态的内容最适合被描述为普遍的痛苦，而积极情感涉及愉悦、自信和警觉性。（参见 PANAS-X 的前一版 PANAS，它对大多数临床和研究来说都是简洁而有效的）。

戴维·沃森

资料来源：Reprinted with permission of David Watson.

通过采用 PANAS 和其他的情感测量工具，研究者们系统地考察了一个基本的

积极和消极情感量表

本量表由一些描述不同感受和情绪的形容词构成。请阅读每个单词，然后在适当的位置标出最符合你的答案。**标明你现在感受到这种情绪的程度**。请用下面的量表来记录你的答案。

情感或情绪	极少或根本没有	非常少	中等	相当多	极多
1. 感兴趣	1	2	3	4	5
2. 苦恼	1	2	3	4	5
3. 兴奋	1	2	3	4	5
4. 不快	1	2	3	4	5
5. 坚强	1	2	3	4	5
6. 内疚	1	2	3	4	5
7. 恐惧	1	2	3	4	5
8. 敌意	1	2	3	4	5
9. 热衷	1	2	3	4	5
10. 自豪	1	2	3	4	5
11. 易怒	1	2	3	4	5
12. 警觉	1	2	3	4	5
13. 惭愧	1	2	3	4	5
14. 激动	1	2	3	4	5
15. 紧张	1	2	3	4	5
16. 坚决	1	2	3	4	5
17. 专心	1	2	3	4	5
18. 焦虑	1	2	3	4	5
19. 活跃	1	2	3	4	5
20. 害怕	1	2	3	4	5

问题："我们能同时体验到积极情感和消极情感吗？"（参见 Diener & Emmos, 1984; Green, Salovey & Truax, 1999）。例如，我们在看一部吸引人的电影时，能同时产生快乐和恐惧吗？虽然消极情感和积极情感一度被认为是对立的两极，然而布拉德伯

恩（Bradburn, 1969）指出，不愉快和愉快情感是各自独立的，具有不同的相关物。沃森（Watson, 2002）等心理学家在他们的研究中继续考察了独立性问题。在最近的一项研究中，他发现消极情感与快活、自信和警觉性的相关分别只有 -0.21、-0.14 和 -0.17。这些低相关表明，虽然与假设一致，消极和积极情感呈负相关，但是这种相关相当弱，表明这两类情感是彼此独立的。然而，当人们被日常压力所负累的时候，相关的绝对值可能会增加（Keyes & Ryff, 2000; Zautra, Potter & Reich, 1997）。

积极情绪：不仅仅是快乐

一些心理学家通过基本的研究和测量，区分了情绪体验的积极方面和消极方面，而其他的学者（例如 Isen、Fredrickson）已经开始探索积极情绪的作用和潜能。（这里我们使用情绪这个术语而不是情感，是因为我们考察的是从情感体验而来的具体的反应倾向。）康奈尔大学的心理学家艾丽斯·伊森（Alice Isen）是积极情绪研究的开拓者。伊森博士发现，当体验到适度的积极情绪时，我们更可能：（1）帮助其他人（Isen, 1987）；（2）思维更具有灵活性（Ashby, Isen & Turken, 1999）；（3）想出问题的解决办法（Isen, Daubman & Nowicki, 1987）。在一个经典研究中，伊森（Isen, 1970; Isen & Levin, 1972）进行了实验操纵，让参与者在公用电话的找零处，发现或者没有发现硬币（硬币是由研究者所放置的）。同那些没有发现硬币的参与者相比，那些发现硬币的人更可能帮助他人拿书或者帮助他人捡起掉落的论文。因此，发现硬币和由此产生的积极情绪使人们变得更利他。

艾丽斯·伊森

资料来源：Reprinted with permission of Alice Isen.

感受到积极情绪也能帮助个体找到问题解决的其他方法，找到最佳决策的线索（Estrada, Isen & Young, 1997）。与此观点相关的一项研究中，研究者随机分配医生到某种实验条件下，给他们一个装有 6 块硬糖果和 4 块小巧克力的小袋子（在实验中，不允许医生吃掉糖果），或者不给医生这个装礼物的小袋子。与没有礼物的医生相比，那些有礼物的医生表现出了更好的推理和决策。具体来说，在积极情绪条件下的医生没有草率下结论，即使他们比另一种条件下的医生更快地做出诊断，他们也是很谨慎的（Alice Isen, 个人交流，2005 年 12 月）。因此，下次你去就医的时候，不妨给医生带一些糖果！

下面具体描述了让我们提出这一快乐建议的研究。（虽然伊森使用的是情感这个

个人小实验

追求快乐和持久的幸福

在本章中，我们讨论积极情绪和幸福。我们的回顾表明，能够通过简短的小实验诱发愉快的情绪体验。这里有一些诱发快乐和幸福的实验想法。

卡通片/喜剧前测/后测：根据你此刻的感受填写PANAS量表，然后看一段（5～20分钟，如果可能的话，中间不要有广告）你最喜欢的表现善言幽默的卡通片或情景喜剧（不是冷嘲热讽的喜剧）。看完之后，立即再次填写PANAS。留意你的积极情感和消极情感发生的改变。

"看完电影后，想到什么？"实验：这个实验需要认真选择两部电影：一部是悲剧题材，残忍的结局（"感觉不好"的电影）；另一部电影强调开心和成功（"感觉好"的电影）。邀请同一组朋友在家或在电影院，分别在两个时间段观看这两部片子。看完电影后，问你的朋友："如果你现在能做任何事，你会做什么？还有别的吗？"记录下你的朋友提到了多少活动，以及他讨论这些活动的热情。区别在感觉好的电影和感觉不好的电影这两种条件下，思维倾向和行动倾向的差异。

对幸福的常识性定义：你曾经问过别人如何看待幸福吗？我们鼓励你去问你的朋友，以及你所认识的各种年龄和社会背景的人："在你的生活中，你如何定义幸福？幸福的标准或标志是什么？"你会惊讶于答案的多样性，会感兴趣于人们的各种各样的反应。

词，但我们相信这里用情绪更合适一些。）

44名医生被随机分配到3组中的1组：控制组、情感诱导组（这组参与者收到了一小袋糖果），第三组参与者阅读关于医疗实践中的人道主义的陈述。要求3组中的所有医生处理一例肝脏病患者，处理过程中要出声思维。记录医生的意见并打印出来，交给两名评判者，他们评判医生考虑和诊断为肝病的速度，以及思维扭曲或死板的程度。在实验中，情感诱导组比控制组更早考虑到是肝病，并且思维更灵活。情感诱导组和控制组在实验中做出诊断的时间点相似。因此，积极情感导致了医生更早地整合信息（更快考虑到是肝病），以及诊断中更少的草率结论。

芭芭拉·弗雷德里克森

资料来源：Reprinted with permission of Barbara Fredrickson.

在伊森工作的基础上，弗雷德里克森（Fredrickson, 2000）发展了一个新的理论模型：**拓展和建构模型**（broaden-and-build model），该模型对积极情绪体验显著的社会和认知作用做出了一些解释。在弗雷德里克森对情绪模型（Smith, 1991）的总结中，她发现对积极情绪的反应还缺乏深入的研究，而仅有的研究也比较模糊和不够具体。而且，行动倾向一般与消极情绪的身体反应相联系（想象一下"攻击或逃跑"），而人类对积极情绪的反应更常是认知的而不是生理的。基于这些原因，她提出放弃**具体行动倾向**（specific action tendency）这一概念（它意味着可供选择的行为是有限的），提出一种更新的、更具包含性的术语：**瞬间思维—行动指令库**（momentary thought-action repertories）（指可供选择的行为是多样的；想象"摘下眼罩"，看到更多的机会）。

为了说明积极情绪和消极情绪的差异，我们来看本书作者之一（洛佩斯）童年期的一次经历，注意积极情绪（例如兴奋和快乐）产生认知灵活性和创造性，而消极情绪（例如，恐惧和焦虑）与逃跑反应和活动终止相联系。

> 一个星期六，我去看望奶奶，那天我和哥哥以及 4 个堂兄妹玩躲猫猫游戏。游戏充满了兴奋和欢笑……我们还制定了新的游戏规则和障碍物。那个下午，我们体验到的放纵的快乐让我们感到无拘无束，我们希望那天永远都不要过去。不幸的是，快乐被打断了。突然发生的事件中止了游戏，当堂弟巴比发现我藏在奶奶房后的一块大玻璃背后，我立即冲出藏身之处，逃之夭夭。我绕着房子跑，转到了一块空地上。我一边大笑，一边尽可能地快跑。突然，在我前面有个障碍物，随着鲍勃的惊叫，我跳过了它。回过头来，我才发现，我刚刚从一条水蝮蛇——一种剧毒的蛇上跳过。堂弟的惊叫仍在持续，我开始紧张得发抖。来不及多想，我们仓皇逃命，跑向房间。当我们停下来时，已是上气不接下气。没有人受伤，但恐惧和焦虑已经让我们那天的快乐一扫而光。

弗雷德里克森在检验她的积极情绪模型时，证明了快乐的体验拓宽了个人此刻想要做的事情的范围（2000），这被称为个体瞬间思维—行动指令库的拓展。首先通过电影短片诱发参与者的情绪（短片诱发五种情绪之一：快乐、满足、愤怒、恐惧和中性条件），然后要求他们列出此刻想做的每件事情（参见图 7.1 的结果）。体验到快乐或满足的参与者，比中性和消极情绪条件下的参与者列出了更多想做的事情。而这些经过拓展的未来活动的可能性会让快乐的个体随后发起活动。相反，那些表

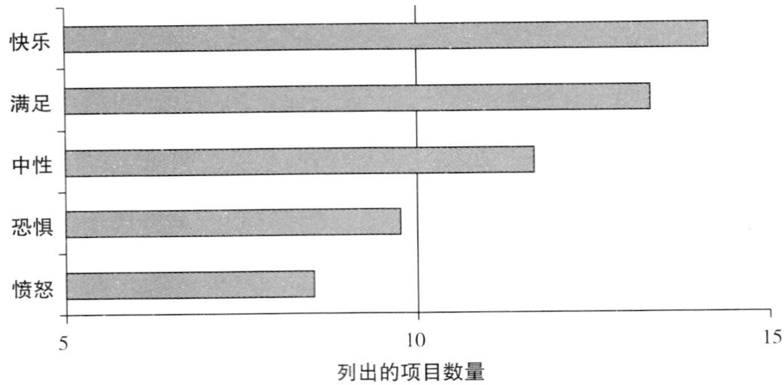

图 7.1 积极情绪的拓展作用

资料来源：Fredrickson（2002）。

达更多消极情绪的个体，倾向于不再去想接下来可能的活动。简言之，快乐让我们有许多新的思想和行动，而消极情绪抑制我们的思想和行动。

快乐也增加了我们对他人做出积极行为的可能性，以及与他人发展更积极的关系的可能性。而且快乐引发了游戏活动（Frijda, 1994），这是相当重要的，因为在进化的过程中，这样的行为对获得必要的资源是适应性的。孩子通过游戏：（1）形成依恋，发展了持久的社会资源和智力资源；（2）培养了高水平的创造性；（3）促进了脑的发展（Fredrickson, 2002）。

现在看来，通过拓展，积极情绪也能帮助建构资源。2002 年，弗雷德里克森和她的同事托马斯·乔伊纳（Thomas Joiner），在相距 5 周的两个时间点，在两个不同场合，通过评估参与者的积极情绪和消极情绪，以及思路开阔的应对（用创造性手段解决问题），证明了这种建构现象。研究者发现，积极情绪的初始水平预测了创造性问题解决能力的总体提高。应对的改变也预测了积极情绪的进一步提高（参见图 7.2）。类似地，在控制初始的积极情绪水平后，最初的应对预测了积极情绪的提高，积极情绪的提高接下来预测了应对的增加。这些结果只适用于积极情绪，而不适用于消极情绪。因此，积极情绪例如快乐可以帮助获取资源，保持一种活力感（即更多的积极情绪），创造更多的资源。弗雷德里克森（2002）将这种正向的序列称为积极情绪的“螺旋式上升”（参见图 7.3）。

弗雷德里克森还扩展了她的积极情绪模型，她和同事考察了积极情绪可能的“抵消”作用（Fredrickson, Mancuso, Branigan & Tugade, 2000），以及与人的丰盛感相联结的积极情绪体验和消极情绪体验的最佳比例（Fredrickson & Losada, 2005）。弗雷

与感冒相联系的积极情绪风格

A. 帕尔默

根据最近发表在《心身医学》（*Psychosomatic Medicine*, Vol. 65, NO. 1）上的一项研究，积极情绪可能会提高对感冒的抵抗力。卡耐基—梅隆大学的谢尔登·科恩（Sheldon Cohen）博士和同事们进行的一组研究表明，情绪风格能影响健康。研究者们在3周中的7个晚上，通过电话访谈了334名健康的志愿者，评估他们的情绪状态。参与者在4点的量表上评估自己的情绪，描述自己在一天中的感受。三个积极情绪维度分别是：有活力的、幸福的、平静的，三个消极情绪维度分别是：抑郁的、焦虑的、充满敌意的。

在评估后，研究者向参与者的鼻子内注射了一点鼻病毒，这种病毒能引起感冒。之后，观察参与者5天，以确定参与者是否生病，以及感冒症状的表现。如果志愿者被感染了且达到了病理标准，才被认为出现了临床上的感冒。

科恩说："那些在积极情绪风格上得分低的参与者，其发病率是高积极情绪风格参与者的3倍。"

研究者又测量了情绪风格如何影响所有参与者对感冒症状的报告。隔离期的每一天，研究者都要求他们在4点量表上报告感冒症状的严重程度，例如流鼻涕、咳嗽和头疼等症状。

虽然消极情绪风格没有影响人们是否得感冒，但科恩声称，研究发现，从客观的健康指标来看，高消极情绪风格的参与者比预期报告了更多的感冒症状。消极情绪水平低的个体比预期报告了更少的疾病症状。

积极情绪风格也与更多的健康锻炼和更低的肾上腺素水平、去甲肾上腺素水平及皮质醇水平（这是三种与压力有关的激素）相关，但研究者发现这并不能解释积极情绪风格与疾病之间的关系。

考虑到成人平均每年要感冒2~5次，儿童平均每年要感冒7~10次，科恩说，建立心理风险档案和想方法提高积极情绪，可能会减少患感冒的风险。

科恩补充说，未来的研究应关注情绪在健康中所起的独特生物学作用。

资料来源：摘自 Palmer, A., Positive emotion styles linked to the common cold, in *Monitor in Psychology*, November 2003, p. 16.

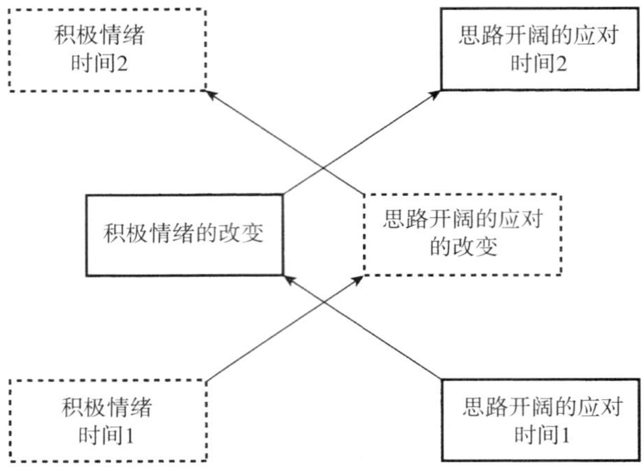

图 7.2 积极情绪的建构作用

资料来源：From Mayne, T. J., & Bonanno, G. A., *Emotions*, copyright © 2001, Reprinted with permission of Guilford Press.

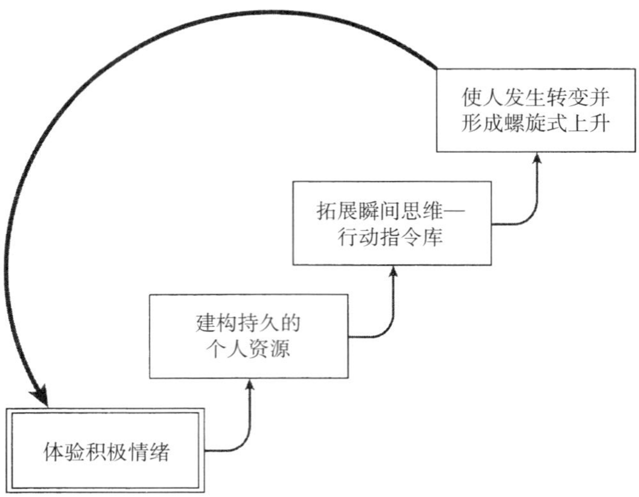

图 7.3 积极情绪的螺旋式上升

资料来源：From Fredrickson, B.L., & Joiner, T., "Positive emotions trigger upward spirals toward emotional well-being," in *Psychological Science*, 13(2), copyright © 2002. Reprinted with permission of Blackwell Publishing.

德里克森等人（2000）假设，鉴于积极情绪的拓展和建构效应，快乐和满足可能是消极情绪的解药。为了检验这一假设，研究者在他们的研究中，先唤起所有参与者的消极情绪，然后迅速将参与者随机分配到不同的情绪条件中（由影片唤起情绪），唤起的情绪从中等程度的快乐到悲伤。心血管恢复代表抵消过程，其操作性定义——从随机分配影片开始直到最初的消极情绪所引起的生理反应回到基线水平的时间。抵消假设得到了支持，与其他条件下的参与者相比，快乐和满足条件下的参与者能更快地抵消消极情绪的作用。这些结果表明积极情绪和消极情绪的不相容性，消极情绪体验产生的副作用能被快乐和满足这样的积极情绪所抵消。

鉴于积极情绪能够帮助人们建构持久资源和从消极情绪体验中恢复，弗雷德里克森和洛萨达（Fredrickson & Losada, 2005）假设，积极情绪可能与最佳心理健康或丰盛感（即积极的心理幸福感和社会幸福感，参见第 127 页的“完全的心理健康模型”）相联系。通过数学方法分析大学生参与者的心理健康（来自一种丰盛测量）和他们的情绪体验（连续 28 天，大学生每天评估体验到 20 种情绪的程度）数据，研究者发现积极情绪与消极情绪的平均比率为 2：9 时，能预测人的丰盛。这一研究结果为我们考察日常情绪体验对心理健康的影响提供了一种诊断依据。

幸福和主观幸福感：快乐生活

幸福的古老定义

佛陀出家是为了追求更有意义的生活，最终获得启迪，达到了内心的宁静，获得了一种幸福感。亚里士多德相信，美好生活的关键是**完善的幸福**（*eudaimonia*）（与高尚的生活相关联的人的丰盛），或者说基于对有意义的、发展性目标的毕生追求（也就是“做值得做的事情”）所带来的幸福（Waterman, 1993）。美国国父认为，对幸福的追求，就像我们对生命和自由的那种不可剥夺的权利追求一样重要。这些关于幸福的古老定义与许多其他有关情绪幸福感的概念一起，对 20 世纪和 21 世纪学者的观点产生了明显的影响，而近来的心理学理论和遗传学研究则帮助我们澄清了幸福及其相关因素。

幸福的理论可以分为以下三种类型：（1）需要 / 目标满足理论；（2）过程 / 活动理论；（3）遗传 / 人格倾向（Diener et al., 2002）。（可通过完成本章第三个“个人小实验”来了解幸福的通俗定义。）

需要 / 目标满足理论（need/goal satisfaction theories）是由心理治疗流派的某些领导者提出的。例如，精神分析和人本主义理论家（弗洛伊德和马斯洛）认为，紧张的减少或需要的满足会带来幸福。简而言之，该理论认为，我们感到幸福是因为我们达到了目标。这种“满足的幸福”使幸福成为我们人生追求的目标。

提出**过程/活动**（process/activity）观点的理论家认为，投入到特定的生命活动产生幸福。例如，麦克·奇克森特米哈伊（Mike Csikszentmihalyi），20世纪最早提出幸福的过程/活动观点的理论家之一，他认为，在日常生活中体验到**流畅感**（flow）（投入到自己感兴趣的活动中，这些活动与任务相关的技能匹配或对技能提出挑战）的人通常非常幸福。确实，奇克森特米哈伊（1975/2000, 1990）的研究表明，投入到活动中会产生幸福。其他的过程/活动理论家（例如 Emmons, 1986; Snyder, 1994）强调追求目标的过程如何产生活力和幸福。这种追求幸福的观点反映了美国创始者的那种“生命、自由和追求幸福”的承诺。

强调幸福的**遗传和人格倾向理论**（genetic and personality predisposition theories of happiness）的理论家（Diener & Larsen, 1984; Waston, 2000），倾向于把幸福看做稳定的，而幸福的满足论和过程/活动论的理论家则认为，幸福是随着生活状况而改变的。科斯塔和麦克雷（Costa & McCrae, 1988）发现，在6年中幸福的变化很小，因而支持了幸福的人格基础或生物决定论。卢卡斯和藤田（Lucas & Fujita, 2000）的研究发现，“大五”人格（开放性、责任心、外倾性、宜人性、神经质）中的两个因素——外倾性和神经质——与幸福高度相关，从而证实了幸福和人格的关系。

幸福的生物或遗传决定论的研究表明，有40%的积极情绪和55%的消极情绪是遗传而来的（Tellegen et al., 1998）。显然，还剩下大约50%的幸福变异不是生物成分所能解释的。因此，总体而言，要对幸福感有更完全的理解，必须考察遗传因素以及需要/目标满足理论家和活动/过程理论家所提出的那些变量。

主观幸福感：幸福的同义词

基于实用主义传统和享乐心理学的宗旨（强调对快乐和生活满意度的研究），迪纳（1984; 2000; Diener et al., 2002）认为，主观幸福感是对自己当前状况的主观评价。具体来说，幸福感涉及我们的快乐体验和我们对生活给予的奖赏的感恩。根据此观点，迪纳把主观幸福感定义为积极情感（没有消极情感）和一般生活满意度的结合。而且，他使用*主观幸福感*这个术语作为*幸福*的同义词。（满意度的成分通常采用“生活满意度量表”来测量；Diener, Emmons, Larsen & Griffin, 1985）。

主观幸福感强调人们对自身生活体验的报告。因此，主观报告起决定作用。这种对幸福的主观报告法假定，来自各种文化的人在对自身的情感和满意度进行个人化的评估时不会有什么不适，人们会在这种个人分析中坦率直言（Diener et al., 2002）。这样的假设引导研究者试图根据个体的客观情况来理解其主观体验。

生活满意度量表

指导语：请使用从 1 到 7 这几个数字来表示你在多大程度上同意或不同意下面的陈述。

1	2	3	4	5	6	7
非常不同意	不同意	有点儿不同意	中立	有点儿同意	同意	非常同意

1. ________ 我的生活大致符合我的理想。
2. ________ 我的生活状况非常好。
3. ________ 我满意自己的生活。
4. ________ 到目前为止，在生活中我都能够得到我希望拥有的重要东西。
5. ________ 如果我能够重新活过，我不想改变任何东西。

注：把所有题目的分数相加计算总分。

主观幸福感的决定因素

考察大学生（来自 31 个国家）在各个生活领域中的满意度的研究发现，与富裕国家相比，在经济不发达的国家，财政状况与满意度有更高的相关（Diener & Diener, 1995）。而且，富裕国家的人一般比贫穷国家的人更幸福。在一个国家内部，考察收入和幸福感关系的研究揭示，一旦家庭收入提升到贫困线以上，收入的额外提高未必与幸福感提高相联系。当根据经济地位（非常贫穷对非常富裕）来分类幸福感数据时发现，在贫穷人群中，收入和幸福感之间有很强的相关；而在富有的人群中，两个变量之间的相关不显著（Diener, Diener & Diener, 1995）。

来自西方样本的数据表明，已婚男人和已婚女人都报告比未婚男女（从来没有结过婚、离婚的或分居的；Lee, Seccombe, & Shehan, 1991）更幸福。不论年龄、收入和教育水平、种族背景，主观幸福感和婚姻之间的这种关系都有很高的一致性（Argyle, 1987）。同样，婚姻质量也与个人的幸福感之间存在正相关（Sternberg & Hojjat, 1997）。

迪纳和塞利格曼（Diener & Seligman, 2003）对 10% 最幸福的美国大学生进行了研究，结果发现，最幸福的大学生都一致地具有较好的心理健康和社会关系。对他们的数据进一步的分析发现，在这群最幸福的学生中，好的社会功能是幸福的必要而非充分条件。

幸福 + 意义 = 幸福感

支持享乐观的心理学家认为，主观幸福感和幸福是同义词。另一些学者的观点则与亚里士多德的幸福观更一致，他们认为幸福和幸福感不是同义词。根据后者的观点，完善的幸福由幸福和意义构成。用一个简单的公式来描述就是：幸福感 = 幸福 + 意义。要理解这种幸福观，一个人必须理解美德和日常行为的社会含义。而且，这种观点需要追求幸福感的人真诚，根据他们真实的需要和所期望的目标来生活（Waterman, 1993）。因此，过一种完善幸福的生活并不仅是要体验“令人快乐的事”，还包括我们所有的行为都要以丰盛为目的。幸福的享乐主义观和完善主义观都对21世纪的幸福定义产生了影响。

21世纪的幸福定义

现代的西方心理学主要关注幸福的后物质主义观（Diener et al., 2002），这种观

摘自《真实的幸福》

马丁·塞利格曼

当幸福感来自运用我们的优势和美德时，我们的生活便充满了“真实性”。感受是一些状态和暂时发生的事情，而不是人格特质的再现。与状态相反，特质是消极或积极的人格特征，它们会带来积极的感受和满足感。特质是持久的倾向，会使暂时的感受更常出现。偏执狂这种消极的特质使暂时的猜忌状态更常出现，就像幽默这种积极的特质会使大笑这种状态经常出现一样。（p.9）

利用你自身的优势产生的幸福更具有真实性。但是就像幸福感需要依靠优势和美德一样，反过来，优势和美德也要依靠更重大的事物。正如美好的生活超越愉悦的生活，而有意义的生活则会超越美好的生活。（p. 14）

资料来源：Seligman（2002）.

海滩男人被提名为全美最幸福的人

贾森·斯科格

弗吉尼亚海滩——谁是美国最幸福的人?

他不富有也没有权力，所以不要提比尔·盖茨和布什总统。他不是影星也不是摇滚巨星，所以忘掉汤姆·克鲁斯和布鲁斯·斯普林斯汀。

根据《美国周末》杂志（*USA Weekend*）3 月 7 日至 9 日的封面报道（这是一份几乎 600 种报纸的周末增刊），全美最幸福的人是一名 45 岁的弗吉尼亚海滩股票经纪人 J.P. 戈德西。

今晨 ABC 电视台的《美国早安》（*Good Morning, America*）节目介绍了戈德西，他非常开心。

“真酷！”戈德西说，“我没有意识到我会变得这么出名。”

自从这种赞赏之辞被传出以来，他已多次接受国家电视台的访谈。他还参加了里吉斯、奥普拉和莱特曼的脱口秀节目。

戈德西的笑容几乎咧到了肩膀。他讲话时脱口而出，漫无边际，语调饱满、激动，语速很快。他几乎不能自制。

“我不会相信天花乱坠的宣传，”戈德西说，“但是我知道，我还没有遇到比我更快乐的人。”

戈德西的经历支持了志愿工作和市民参与公益事业能够提高个人幸福感的研究结果。弗吉尼亚海滩的生活质量也帮助杂志挑选到戈德西。

《美国周末》的文章中写道：“这是一个科学、侦探和调查的结合。”

《美国周末》自从打算在弗吉尼亚海滩寻找最幸福的人以来，戈德西的名字就多次被提及。在几次初步访谈过后，戈德西做了一系列的心理和情绪测验（一共 5 个），以测量其满足度水平。

马丁·塞利格曼博士，《真实的幸福》的作者和宾夕法尼亚大学教授，在弗吉尼亚海滩花了一天的时间来实施这一系列测验。

塞利格曼将幸福分为三种类型：愉悦的生活、美好的生活和有意义的生活。

塞利格曼说：“他在所有三个方面都做得很好，实际上他在第二个方面表现非常棒。他真的很不同寻常。”

戈德西是该市人权委员会成员，当地感恩节及食品和玩具节日的创建者，弗吉尼亚海滩共和党的前主席，慈善音乐会的合伙人。

他和妻子朱迪有一个儿子（杰里米，23 岁）和一个女儿（杰西卡，20 岁）。夫妻俩住在沃尔夫斯耐尔种植园地区沿牡蛎湾的一块 1.25 英亩的土地上。

梅厄·迈耶斯·奥本多夫市长说，“戈德西先生不但是一个非常亲切、愉快的人，他还是年轻人的好榜样。我们希望这些年轻人回到我们城市开始他们的生活、家庭以及职业生涯。”

林达·菲利皮亚克—威尔钦斯基是戈德西在费里斯－贝克－瓦茨有限公司的一名销售助理，这是一家总部设在华盛顿的区域性经纪人商店，她说老板的幽默很有感染力。

她说：“一切都很棒，戈德西能轻松搞定每件事。”

戈德西说幸福的关键是简单。

他说：“我们每天早晨醒来都充满了机遇，你的幸福状态取决于你在每一天能做的某些事情。你打算今天早晨做什么？我们只有今天。上帝从来不会给我们承诺明天。”

整日想着经济波动、恐怖主义威胁以及正在逼近的战争，能会让人感到快乐吗？

他说：“不会，绝对不会。因为我不能控制这些事情……为什么要关注这些我不能控制的事情？或让这些事情把我弄得消沉呢？”

贾森·斯科格的联系方式是 jskog@pilotonline.com 或 222-5113。

资料来源：摘自 Skog, J., “Beach Man Named Nation’s Happiest”, The Virginian-Pilot, March 3, 2003, p. A1. Reprinted with permission of *The Virginian-Pilot*.

点强调快乐、满足和生活的意义。确实，在今天流行的心理学文献中对幸福的界定都强调享乐、意义和真实性。例如，塞利格曼（Seligman, 2002）认为，心理优势可以带来幸福，让人们的生活愉快而有意义。

柳博米尔斯基、谢尔登和施凯德（Lyubomirsky, Sheldon & Schkade, 2005）描述了新的幸福模型：“个体长期的幸福水平受三个主要因素控制，即遗传决定的幸福起点、与幸福相关的环境因素以及与幸福相关的活动和实践”（p. 111）。柳博米尔斯基和同事提出了“持续幸福的框架”（p. 114），整合了幸福的遗传因素、幸福的环境/地理因素和有意向的人类改变这一复杂过程。基于以往的研究，柳博米尔斯基等人提出，遗传能解释幸福总体变异的 50%，而生活环境（包括好与坏）和个体的意向活动（健康生活和积极改变的尝试）分别解释了幸福变异的 10% 和 40%。幸福的这

图 7.4　幸福讨论中的东西方碰撞

资料来源：Photo credit: Malcolm Tarlofsky. Reprinted with permission.

一模型承认幸福有不可改变的成分，但也为能够获取快乐、意义和健康的意志力和自生目标留出了空间。

毋庸置疑，21 世纪的学者们会提出更多关于幸福的精确界定。我们预测，通过积极心理科学和实践来追求幸福，最终会更好地认识遗传的（Lyubomirsky et al., 2005）、神经的（Urry et al., 2004）和神经生物学的幸福相关因素和基础，并会将东方哲学中的满足、安宁和幸福与西方世界的世俗智慧整合起来。这样，将来的幸福科学包含了幸福的遗传和生物基础，并考察佛教教义中对幸福的讨论以及本杰明·富兰克林对高尚生活的建议（参见图 7.4）。对幸福的生物学和心理学研究，以及对幸福的哲学探索，会使我们把积极心理学的研究成果推广到全世界。

完全的心理健康：情绪的、社会的和心理的幸福感

里夫和凯斯（Ryff & Keyers, 1995; Keyes & Lopez, 2002; Keyes & Magyar-Moe, 2003）整合了许多快乐原理来定义完全的心理健康。具体地说，他们把最佳功能看成是**情绪幸福感**（emotional well-being，他们将其称为主观幸福感；它是指拥有积极情感且对生活满意，少有消极情感）、**社会幸福感**（social well-being，包括社会接纳、社会实现、社会贡献、社会一致、社会整合）、**心理幸福感**（psychological well-being，自我接纳、个人成长、人生目标、环境掌控、自主、与他人有积极关系的结合）。

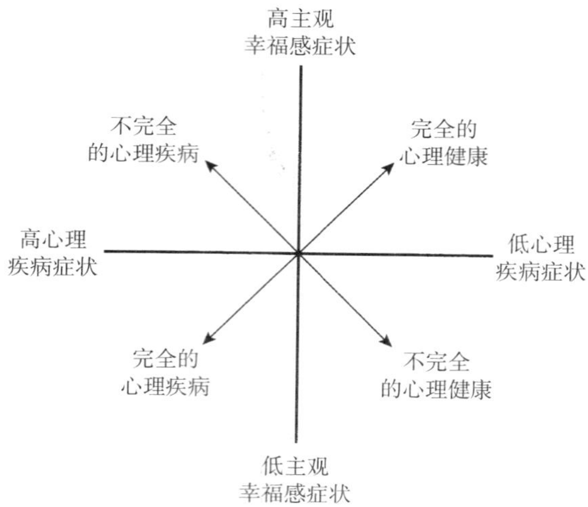

图 7.5 完全的心理健康模型

资料来源：Keyes and Lopez (2002).

考虑到心理疾病的症状，他们将“完全的心理健康”定义为“高水平的情绪幸福感、心理幸福感和社会幸福感的整合，且最近没有心理疾病”（Keyes & Lopez, 2002, p. 49）。心理健康的这种观点将幸福感的所有方面整合到一个模型，该模型既包含维度（因为极端的心理健康和极端的心理疾病都会在这个模型中反映出来），又包含类别（因为可以按此模型诊断为不同的类别）。这个**完全状态模型**（complete state model）（Keyes & Lopez, p. 49；见图 7.5）表明，心理健康和心理疾病的共存是不断变化的，其结果是，总的幸福感状态从完全的心理疾病向完全的心理健康波动。

在你的生活中提升幸福感

虽然有许多幸福理论和数不尽的幸福定义，但是研究者们（例如 Sheldon & Lyubomirsky, 2004）已经开始在过去工作（Fordyce, 1977, 1983）的基础上尽力回答来访者的问题：“我能学会如何变得更幸福吗？”作为幸福研究专家，戴维·迈尔斯（David Myers, 1993）在《追求幸福》一书中提供了一些策略来帮助你在生活中提升幸福感（见图 7.6）。我们也提供了在具体生活领域中促进幸福的生活提升策略。

1. **认识到持久的幸福并非来自成功**。人们会适应环境的改变，甚至包括财富或残疾。因此，财富就像健康：绝对没有会很悲惨，但是有了它（或者其他我们渴望的任何东西），并不一定能保证会幸福。
2. **控制好时间**。幸福的人感到能掌控自己的生活，常常因为他们能掌控自己的时间。控制时间有助于目标的设定和把目标分解成每天的小目标。虽然我们常常高估自己在一天能做多少事（这让我们很挫败），但我们一般会低估自己在一年内能完成多少事情，因为每天都能够取得一点进步。
3. **快乐行动**。我们有时能通过行动让自己进入某种心境。做出微笑的表情，你会感觉更好；当你愁容满面时，世界就会很灰暗。所以，记得让脸上有笑容。说话时感觉到你是高自尊的、乐观的、外向而友好的，这些行为能引发相应的情绪。
4. **从事能够发挥你技能的工作和休闲活动**。幸福的人经常处于一种“流畅感”的状态。投身于既让他们感到有挑战性又不会让他们感到挫败的任务中。最昂贵的休闲形式（比如坐在游艇上）通常比园艺、社交或手工所带来的流畅感体验更少。
5. **参加真正的“运动”，有氧运动**。大量的研究表明，有氧锻炼不但能促进健康和带来活力，也能消除轻微的抑郁和焦虑。好精神寓于好体魄。“沙发里的土豆”们，行动起来吧。
6. **充足的睡眠**。幸福的人过着活跃而精力充沛的生活，但是他们还是留出时间来补充睡眠和独处。许多人深受睡眠缺乏的困扰，这会导致疲惫乏力、注意力下降、心境低落。
7. **重视亲密关系**。与那些非常在乎你的人保持亲密的友谊能帮助你度过困境。信任有益于身心。一定要精心呵护你的亲密关系：不要认为他们对你好是理所应当的，在他们面前也要像你对他人那样友善，肯定他们，与他们一起玩耍，一起分享。要恢复你们之间的感情，就要下定决心以爱的方式去行事。
8. **不要只关注自我**。帮助那些需要帮助的人。幸福会增加助人行为（那些感觉良好的人会多做好事），做好事也会让个体感觉良好。
9. **心存感激**。那些每天对生活中的积极方面（他们的健康、朋友、家庭、自由、教育、理智、自然环境等）表达感激的人会体验到更高的幸福感。
10. **培养精神自我**。对许多人来说，信仰提供了一种社区支持，一种不再只关注自我的理由，一种目标感和希望感。研究发现，积极参加宗教活动的人更幸福，并能更好地应对危机。

图 7.6　戴维・迈尔斯对幸福生活的建议

资料来源：摘自 Myers, D., *The Pursuit of Happiness*, copyright © 1993. Reprinted with permission of the author.

走向积极

在生活中很容易看到不愉快的、消极的情绪和机能失调（Baumeister, Bratslavsky, Finkenhaur &Vohs, 2001）。你只要读晨报或看晚间新闻，这些就会随处可见。我们人类需要了解的是，消极方面也很重要，因为苦难和失去与愤怒和恐惧相关联，也与具有进化意义的回避策略有关。虽然情绪体验的积极方面以前很少受到媒体和研究

生活提升策略

下面是另外一些如何在你的生活中增加愉快情绪体验、幸福和幸福感的小贴士。虽然我们按照重要的生活领域对这些建议做了分类，但这并不意味着积极情感、情绪和幸福的所有方面都有领域特异性。但是，我们也确实相信，在生活的每个领域都可以获得愉快的生活和有意义的生活。

爱

- 让幸福的人围绕着你。他们的积极情感和情绪会让你从痛苦中振作。
- 告诉你身边的人，你爱他们。真诚地表达你的爱，会让你们之间的关系更长久，并让他人也产生积极情感。

工作

- 开会时先对同事的工作给予充分的肯定。这会提升积极情感，激发创造力和好的决策。
- 带一些自制的礼物到工作场所或课堂，有助于营造良好的交往氛围。

游戏

- 参加过去你非常喜爱的游戏和娱乐活动——这些活动可能今天仍会让你像孩子那样快乐。
- 在一天中做一些小的放松活动。放松能让你的身心对日常的快乐时刻保持敏感。

的关注，但现在事情已经开始在改变。例如，就在 30 年前，只有少数勇敢的社会心理学家（例如 Bradburn, 1969; Meehl, 1975）分享他们对生活美好面的观点。而今天，我们知道了“快乐果汁”的流动（保罗·米尔对能诱发愉快情绪体验的事物的戏称）和生物因素都很重要，但他们并没有对我们所有的情绪体验进行定义。迪纳等人（2002, p. 68）认为：“就幸福而言，似乎人们感受世界的方式要比客观的生活状况更重要。”

关键术语

情感（affect）：个体对刺激的本能反应；以唤起感为特征。情感被认为是感受的最基本元素，常涉及对刺激的好坏评价。

积极情绪的拓展和建构模型（broaden-and-build model of positive emotions）：该理论模型由弗雷德里克森（Fredrickson, 2000）提出，它认为积极情绪拓宽了个体在任何时候想做的事情的范围。弗雷德里克森把这种“拓宽”解释为拓展了个体的瞬间思维—行动指令库。积极情绪也允许人们通过提高创造性问题解决能力和认识个人资源而建构资源。

完全状态模型（complete state model）：该模型由凯斯和洛佩斯（Keyes & Lopez, 2002）提出，在这个模型中，将心理健康定义为高水平的情绪幸福感、心理幸福感和社会幸福感以及无心理疾病症状；这个模型承认幸福感和心理疾病的症状会随时间改变。

情感内容（content of affect）：沃森和克拉克（Watson & Clark, 1994）的积极情感和消极情感量表扩展版（PANAS-X）所测量的一个情感维度。是指积极情感状态或消极情感状态内部的体验类型。例如，积极情感的内容包括愉悦、自信和警觉性，而消极情感的内容包括愤怒、悲伤和恐惧。

情绪（emotion）：一种由对外部客体评价而产生的感受状态，这些客体对我们自身的幸福感很重要。情绪有一种具体的、“鲜明的”特性，正如每种情绪都有一个客体一样。

情绪幸福感（emotional well-being）：拥有积极情感，对生活满意，而且少有消极情感。

完善的幸福（eudaimonia）：与高尚生活相联系的人类丰盛或幸福。

流畅感（flow）：由奇克森特米哈伊（Csikszentmihalyi, 1990）提出，指从事与自己技能或能力匹配的或有挑战性的感兴趣的活动而产生的快乐体验。

幸福的遗传和人格倾向理论（genetic/personality predisposition theories of happiness）：该理论认为幸福可能是一种很稳定的人格特质或特性，由遗传决定。

瞬间思维—行动指令库（momentary thought-action repertoire）：弗雷德里克森（2000）提出，将具体行动倾向扩展为包含对情绪的认知和生理反应。消极情绪产生的具体行动倾向没有考虑对积极情绪的反应，积极情绪通常是认知的而非生理的。

亦参见“具体行动倾向”。

心境（mood）：比情绪持续时间更长的、一般性的、弥散性的感受。根据心境可预期将来的积极情感和消极情感。

幸福的需要 / 目标满足理论（need/goal satisfaction theories of happiness）：这种幸福理论认为，幸福在于通过目标和需要的满足而减少紧张。

快乐原则（pleasure principle）：来自弗洛伊德的思想，认为人们通过满足本能需要从而减少紧张。他相信幸福感是满足了生理需要和心理需要的结果，个体会不顾后果地追求满足。

幸福的过程 / 活动理论（process/activity theories of happiness）：幸福的一种理论，认为在从事向目标迈进的某些活动或工作中产生幸福感。

心理幸福感（psychological well-being）：一种以自我接纳、个人成长、有人生目标、掌控环境、自主和积极情绪为特征的幸福感状态。

社会幸福感（social well-being）：一种以社会接纳、社会实现、社会贡献、社会一致和与他人整合为特征的幸福感。

具体行动倾向（specific action tendency）：由多个情绪模型提出，产生某种情绪后以一种特定方式行为的倾向。最典型的行为倾向是“攻击或逃跑”反应,这类理论认为，当面临一种引发消极情绪的情境时，人类和动物以接近这个情境（攻击）或从该情境撤退（逃跑）的方式行动。

主观幸福感（subjective well-being）：个体对自身社会地位的个人化判断。经常作为幸福的同义词使用。

效价（valence）：情感的方向，包括积极的（愉快的）或消极的（不愉快的）。

有效利用情绪体验 8

情绪焦点应对、情绪智力、社会情绪选择和情绪故事讲述

20世纪的某段时期，心理学研究和实践玷污了情绪的声誉。从差的情况方面来说，无论是专家还是公众，都普遍认为情绪对我们的生活是有害的，或者是会让我们做出不理性的决策。从好的方面来说，情绪被描述为生活满意度的体现，或具体日常行为的信号。21 世纪的研究（参见第 7 章和本章）普遍证明，积极情绪和消极情绪都可以决定我们在日常生活中的适应性［参见第 7 章努斯鲍姆（Nussbaum, 2001）对情绪的定义］。本章的目的是向你介绍，人们如何有效利用他们的情绪体验。也就是说，他们如何以一种能产生积极结果的方式处理积极情绪和消极情绪。本章将从以下几个方面展开：讨论与情绪焦点应对有关的理论和研究、情绪智力、社会情绪选择以及情绪故事讲述。我们讨论如何从情绪中获益，如何能学会很好地加工和使用带有情绪性的材料，以及随着年龄增长，我们如何能更有效地从消极情绪内容中找到积极的方面。最后，我们描述如何分享引起情绪巨大起伏的故事，以帮助我们克服创伤性压力和痛苦。

情绪焦点应对：发现情绪趋近的适应性潜能

我们通常以这样的消极词汇来描述情绪的功能："内心的野兽"（Averill, 1990）。强烈的情绪被认为是功能异常的、非理性的。20 世纪的研究常常将情绪体验与适应不良联系起来。但是，加利福尼亚大学洛杉矶分校的积极心理学家安妮特·斯坦顿开始考虑情绪焦点应对的适应性（例如在遇到压力的时候调节情绪）。她发现一些研究的情绪定义和测量存在问题。实际上，用于测量情绪应对现象的题目有明显的不一致，这就模糊了"情绪应对"和心理适应之间的联系。确切地说，斯坦顿、丹佛—伯戈、卡梅隆和艾利斯（Stanton, Danoff-Burg, Cameron &

安妮特·斯坦顿

资料来源：Reprinted with permission of Annette Stanton.

Ellis, 1994）发现，评估情绪焦点应对量表中的某些题目，使得回答者在承认体验到强烈情绪时，不得不自我贬损或者承认有痛苦或精神病理。对“我为自己变得情绪化而自责”（Scheier, Weintraub & Carver, 1986）和“我很难过，因此让情绪发泄出来”（Carver, Scheier, & Weintraub, 1989）这样的题目的反应，最可能表明这些反应与负性自我评价或一般性痛苦正相关。当把这些令人混淆的情绪调节问题从研究工具中删除后，以往研究经常报告的情绪应对与差的生活结果之间的正相关便不再成立。

斯坦顿及其同事过去十年里一直都在试图阐明“情绪焦点应对”是什么。具体来说，斯坦顿、帕尔萨和奥斯丁费尔特（Stanton, Parsa & Austenfeld, 2002, p. 150）认为，“可以说，通过情绪趋近来进行应对具有适应潜能，实现这种潜能依赖于……情境、人际环境和个体的特质。”他们所谓的**情绪趋近**（emotional approach），涉及主动地靠近而不是远离应激源。情绪趋近和**情绪回避**（emotional avoidance）的区分，得到了研究证据支持：存在控制趋近（即欲求性）和回避行为的两种神经生物系统。行为激活系统调节着我们的欲求性动机，它有助于我们获得情绪性或行为性奖赏；而行为抑制系统的功能在于帮助我们回避消极事件和惩罚（Depue, 1986）。

斯坦顿、柯克、卡梅隆和丹佛－伯戈（Stanton, Kirk, Camerron & Danoff-Burg, 2000）发现，趋近取向的情绪应对中包含两个相关的不同过程。一个涉及**情绪加工**（emotional processing），或者说试图理解情绪的过程，第二个过程反映了**情绪表达**（emotional expression），或者说自由的、有意识的情感表达。然后研究者设计了量表来评估情绪加工和情绪表达这两个方面（参见表 8.1 列出的这两个过程的成分）。

随着情绪焦点应对的定义和测量越来越清晰和客观，斯坦顿和同事们（Stanton et al, 2000; Stanton, Danoff-Burg & Huggins, 2002）得以说明情绪趋近的功能。他们（Stanton et al., 2000）采用修订后的测量工具，研究了情绪应对对于女性乳腺癌患者的心理调适的作用。在 3 个多月的时间里，与不采用情绪应对的女性相比，情绪应对的女性感觉她们的健康状态更好，心理困扰更少，而且更少出现因癌症相关的疼痛和疾病约见医生。

斯坦顿、柯克、卡梅隆和丹佛—伯戈（Stanton, Kirk, Cameron & Danoff-Burg, 2000）对大学生群体的研究发现，如果大学生被分配到与他们的情绪趋近倾向相匹配的条件下，那么在处理父母的心理问题或身体疾病时，他们能更好地应对应激源。也就是说，之前报告在压力时偏好表达情绪的个体，在允许他们宣泄情绪而不是接受事实的条件下，会表现得更好。相反，那些在面对压力不倾向于表达情绪的个体，

表 8.1 情绪焦点应对测量

情绪加工
我认识到我的感受是正当的、重要的。
我会花时间去体会我现在的真正感受是什么。
我钻研我的感受以便更彻底地理解它们。
我认可我的情绪。
情绪表达
我能自由地表达我的情绪。
我花些时间表达我的情绪。
我允许自己表达情绪。
我让我的感受自由释放。

资料来源：Stanton, A. L., Kirk, S. B., Cameron, C. L., & Ellis, A. P., Coping through emotional approach: Scale construction and validation, in *Journal of Personality and Social Psychology*, 70(60), pp. 1150-1169.

处在信息条件而不是情绪应对条件下时，会表现得更好。这些研究结果表明，与应对相关的情绪偏好可能会与环境中的偶发事件交互作用，共同决定事件所带来的心理后果。

奥斯丁费尔特和斯坦顿总结评论到，近来的情绪焦点应对研究更多强调在应对不孕、癌症和慢性疼痛时，情绪表达和加工具有的适应性潜能（Austenfeld & Stanton, 2004）。来自我们的患者和朋友的报告表明，在正常生活中也可以实现情绪趋近的适应性潜能。例如，我们每天都会面临一些小压力（广告邮件、卑劣小人、交通堵塞）和真实问题（经济困窘、小病、微妙的偏见），这些会引发我们可以趋近或回避的情绪。至少从短期来看，大多数人似乎可以通过用有意义的方式表达情绪来获益。而且，当人们能够更好地了解他们此刻的感受和此刻为什么有这样的感受时，情绪加工似乎会带来更强的适应性。

鉴于特定情况下情绪应对和适应性结果之间的强相关，了解情绪趋近是如何让我们受益这一点很重要。当然，如果我们每次体验到不愉快的感受时都将注意力移开，我们就不会了解这些感受如何影响我们及我们的朋友（Salovey, Mayer & Caruso, 2002）。趋近应对能让我们学会更好地了解我们的体验，并令自己的注意指向重要的事物（Frijda, 1994）。而且慢慢地，我们就能学会直接和反复面对压力源（而非逃避），继而逐渐习惯某些可预测到的消极体验。我们知道，情绪痛苦是会渐渐消退的，时间会治愈心理和生理上的创伤。在本章后面我们会讨论到，了解自己的情绪体验有助于个体选择最佳的人际关系和环境（Carstensen, 1998）。在神经生物学水平上，德普（Depue, 1996）指出行为激活系统的参与，勒多克斯（LeDoux, 1996）揭示特殊的脑结构杏仁核在加工具有情绪意义的事件时起着重要作用。具体来说,勒多克斯认为，在无压力的情况下，我们的思维是受海马控制的，但是在压力条件下，我们的思维过程以及应对是受杏仁核控制的。未来对情绪应对的神经生物学考察，可能会进一步揭示趋近情绪的作用及其相关的脑结构（例如杏仁核）的工作机制。

飓风幸存者的案例

当飓风来袭后的许多幸存者在排队等待救援物资时，我（洛佩斯）亲眼见到一些人回避所有的情绪，而另一些人则努力趋近他们的情绪，一些人因体验到的情绪而不堪重负。我猜测，现在那些趋近情绪的人要比没有趋近情绪的人恢复得更好。我访问了灾区，我母亲的家也被毁，但还好她很安全、很健康。我们同她的许多家园被毁的邻居攀谈，这些邻居正在努力振作起来面对生活。

我和一位跟我年纪相仿的小伙子谈话，我想我高中的时候就认识他了。特德来自新奥尔良，离这儿 240 公里。他和家人是卡特里娜飓风的幸存者，但他家已经不再适合居住。于是，他举家搬到了新伊比利亚，接着飓风丽塔又袭击了那个小镇。特德给我讲述了整个故事。他听说，卡特里娜飓风将他在新奥尔良的家淹在了 1.5 米深的水中，但是出于安全考虑，他被禁止回家查看。他到了新伊比利亚，为他的两个男孩和妻子租了一间公寓。然后，特德说："丽塔袭来时，真把我家人都吓坏了。"他告诉我，他觉得很害怕，因为他可能永远都无法带给妻子和孩子安全感。特德用简单、诚恳的语言表达情绪，深深的恐惧和悲伤。

特德和我又聊了一些，显而易见他和妻子花了不少时间来应对情绪。我问他，孩子们是如何应对的。他大笑："孩子们很令人惊奇啊！"他们不清楚自己的生活会有哪些改变，但是他们对起起落落都应对得很好。当时，他对我说："昨天，我们为孩子买了双层床，晚上我把双层床支了起来。我把儿子放在上铺，然后，你知道他说什么？'爸爸，现在开始好像我们又有家了。'"特德流着泪说："我希望生活能继续下去。"

情绪智力：学习重要的技能

丹尼尔·戈尔曼（Daniel Goleman）曾经是许多周刊和报纸的科学专栏的作者，他在 20 世纪 90 年代普及了情绪智力这个概念。他在 1995 年出版的《情绪智力：它为什么比智商更重要》（*Emotional Intelligence: Why It Can Matter More Than IQ*）一书中，向一般大众介绍了先前被心理学家和非专业人士讨论了几十年的情绪概念。各种类型的专业人士根据这"下一件大事"，在大众刊物或"组织发展工业"（主要涉及一些训练项目，用来帮助员工通过实现自己的潜能来发挥他们的专业潜能）中分享他们关于情绪智力的观点。到目前为止，许多心理学概念都体现了情绪智力（见 Bar-On, 1997; Schutt et al, 1998）。例如，巴－翁等人（Bar-On et al., 1997, 2000）将情绪智力定义为帮助我们处理环境要求的非认知能力、胜任力和技能的结合，而相关的调查工具 EQ-I（Bar-On, 1997），主要测量了譬如自尊、同理心、容忍和幸福这样的人格和心境变量。这一情绪智力的非理论性版本可能不同于其他形式的智力，然而，它似乎与有意义的心理变量现有的操作性概念之间有重叠。因此，测量这种类型的情绪智力，可能不会给研究者或从业者提供有助于预测积极生活结果的新信息。

我们认为，情绪智力模型的增多和这一积极概念的吸引力和流行，让情绪智力这一概念变得混乱。因此，现在情绪智力成为心理学中最易被误解和最有争议的概念。鉴于这种原因，我们对情绪智力研究进行追根溯源，证明我们如何学会为自己和他人的利益来管理带有情绪性的事件。

1960 年，摩尔反驳了关于情绪损害智力的流行观点，他认为情绪实际上是一种"高阶智力"（Mower, p. 308）。耶鲁大学的彼得·萨洛维（Peter Salovey）和新罕布什尔州大学的约翰·梅耶（John Mayer）（Mayer, DiPaolo, Salovey, 1990; Salovey & Mayer, 1990）认可了摩尔的观点，认为我们需要认知能力和情绪技能来指引行为，从而适应生活环境。在他们最初（1990 年）发表的论文中，萨洛维和梅耶建构了情绪智力的理论框架。这个理论体系由三个主要成分构成：评价和表达、调节以及运用。他们认为，一套情绪智力给人们提供了智力资源储备，这种观点被一般大众和心理学学者所接受。

彼得·萨洛维

资料来源：Photo credit: Michael Marsland, Office of Public Affairs, Yale University. Reprinted with permission.

萨洛维和梅耶的**情绪智力**（emotional intelligence）四因素模型（参见表 8.2；Mayer, DiPaolo, & Salovey, 1990; Mayer & Salovey, 1997; Salovey & Mayer, 1990; Salovey et al., 2002）的

依据是，推理情绪以及利用情绪材料来推理所需要的技能是可以习得的。模型的第一个维度涉及感知和表达情感所需的技能。具体来说，感知情绪需要留意一个人的面孔或声音中可以传达的微妙的情绪线索。例如，当和一个朋友聊某个带有感情色彩的政治话题时，擅长感知情绪的人，能够根据朋友的非言语性行为判断哪些讨论是安全的，哪些是不安全的。情绪感知方面的技能被认为是一种初级技能，只有习得了这种能力，其他三种情绪智力能力才能发展起来。

这种能力模型的第二个维度是利用情绪和情绪理解来促进思维。简单地说，情绪智力高的人能驾驭情绪，并利用它们来促进问题解决和培养创造性。来自情绪体验的生理反馈被用来对认知系统的需求进行排序，并把注意引向最重要的需求（Easterbrook, 1959; Mandler, 1975）。关于这个问题，请想象一个人必须就一段关系

表 8.2 萨洛维和梅耶的情绪智力四因素模型

维度 1：感知情绪
根据个人的身体和心理状态来识别情绪的能力。
识别他人情绪的能力。
准确地表达情绪以及表达与情绪相关的需要的能力。
区分真正的和伪装的情绪的能力。
维度 2：利用情绪来促进思维
根据相关的感受来重新引导思维和对思维按优先次序排序的能力。
产生情绪来促进判断和记忆的能力。
利用心境变化来领会多种观点的能力。
使用情绪状态来促进问题解决和创造性的能力。
维度 3：理解情绪
理解各种情绪之间关系的能力。
感知各种情绪的原因和相应后果的能力。
理解复杂的感受、混合情绪和对立情绪状态的能力。
理解情绪之间相互转变的能力。
维度 4：管理情绪
愿意接纳愉快的和不愉快的情绪感受的能力。
监控和反思情绪的能力。
投入、延长或脱离一种情绪状态的能力。
管理自己和他人情绪的能力。

资料来源：Salovey, P., & Mayer, J. D., Emotional intelligence, in *Imagination, Cognition, & Personality*, 9(3), pp. 185-211. Copyright © 1990. Reprinted with permission of Baywood Publishing Company.

做出重要决定。她是应该投入精力去挽救已经陷入困境的友谊，还是应该减少损失，以一种礼貌的方式结束友谊？当她想到是继续还是结束友谊时的生理和情绪感受能为她接下来该如何做提供线索。这种情绪信息把注意导向处理友谊的两种选择中的一种。而且，在做出好的决策时使用的情绪越多，情绪智力的提高越大。

情绪智力的第三个维度强调要培养理解复杂情绪、情绪之间的关系以及情绪和行为后果之间关系的技能。情绪理解水平高的人知道，希望是恐惧的解药（参见第 9 章），比起憎恨，悲伤或情绪低落是失去爱人时更恰当的反应。拥有这些技能的人会明白，猜疑和妒忌本身是有害的（因为这些情绪会引起心理和生理的不良反应），这样的情绪可能会助长非适应性的人际行为，从而滋生更多的消极情绪。意识到情绪和行为之间的动态关系会让情绪智力高的人感觉，他们能更好地“读懂”一个人的心思或情境，从而根据环境的需要，做出适当的行为。例如，想象一个情感纠结中的人此刻处于棘手的情境中，一个密友要求他背叛同学或同事。对于朋友要求他以一种不恰当的方式去行事，他可能感到失望或厌恶。如果他被诱导去破坏这种信任，他可能体验到一阵羞耻感。理解这些复杂的情绪能帮助他在当时选择正确的行动。

我们对与维度一至维度三相关的技能练习得越多，要管理的情绪内容就越多。第四个维度便是管理情绪，它涉及许多心境调节技能。这些技能不易掌握，因为调节是一种均衡行为。如果调节太多，个体可能会变得比较压抑；调节太少，个体的情绪又可能总是太强烈。那些在调节心境方面做得好的人也能与他人分享这些技能。通常，优秀的父母、教师、教练、领导者、老板或行为榜样能管理自己的情绪，同时向他人灌输信心，以开放的态度对待自己的感受并恰当地管理情绪。

这个能力模型的每一个维度可以通过梅耶—萨洛维—卡鲁索情绪智力测验（Mayer-Salovey-Caruso Emotional Intelligence Test, MSCEIT; Mayer, Salovey & Caruso, 2001）中的两套任务来测量。与感知情绪有关的任务，要求反应者识别面孔图片所表达的情绪，以及艺术设计和风景画中所表达的感受。对于利用情绪促进思维，则要求参与者使用非感受性的单词来描述感受，以及指明哪些感受可能促进、哪些感受可能会干扰各项任务的成绩。情绪理解维度通过这样一些问题来评估，包括情绪是如何演变的，以及某些感受是如何由混合情绪产生的。为了测量管理情绪的能力，MSCEIT 呈现了一系列场景，它们可以引发调节自身感受、在社会情境中产生感受和他人感受的最具适应性的方式。

对情绪智力四个维度的所有 16 种技能中的一些或全部进行练习，能够促进积极的人际功能。例如，洛佩斯、布拉克特、耐兹勒克、许茨、塞林和萨洛维（Lopes, Brackett, Nezlek, Schutz & Salovey, 2004）考察了自我报告的情绪智力（使用 MSCEIT；Mayer et al., 2001）和社会行为之间的关系。这些研究者发现，大学生（样本数为 118）管理情绪的能力与社会交往的质量有正相关。另外，一个小样本（样本数为 76 名大学生）的研究（Lopes, Salovey, Cote, Beers & Petty, 2005）揭示，情绪调节技能的高低与人际间的敏感性（自我报告和同伴提名）、亲社会倾向以及积极与消极的同伴提名的比例有正相关。在控制了大五人格特质、言语及流畅智力之后，这些关系仍有意义。同样地，在一个 103 名大学生的样本中，洛佩斯、萨洛维和斯特劳斯（Lopes, Salovey & Straus, 2004）发现，具有高水平的情绪管理技能的个体，更可能报告与他人有积极关系、感受到父母支持，更不可能报告与亲密朋友之间有消极的人际互动。甚至在控制了大五人格特质和言语智力后这些联系仍保持统计显著。后两个研究（Lopes, Salovey, Gote, Beers & Petty; Lopes, Salovey & Straus）强调，情绪智力对于理解人际互动的本质有额外的价值；也就是说，情绪智力告诉我们了人格特质和分析智力所不能解释的一些社会功能。

正如在前面关于情绪应对的介绍中所提到的，更深入地投入你的情绪体验中（用情绪智力研究者的话来说，即感知、利用、理解和管理情绪）是有益处的。另外，对于那些表现出情绪智力的人而言，积极的社会功能是可以实现的。这两条研究思路（斯坦顿的情绪趋近研究及萨洛维和梅耶的情绪智力研究）指出了你处理情绪的可能性，现在我们把注意转向情绪技能是否可以习得。超过 300 位方案开发者（Salovey et al., 2002）致力于情绪智力的可教性。在这个问题上，有证据表明，可以教会儿童、年轻人和成人通过情绪体验去丰富他们的日常生活，处理他们所遇到的好事和坏事。然而，时间和更多的实证考察会告诉我们，有目的的技能开发是否确实会提高情绪智力。

未来的研究也需要考察情绪智力的神经机制。有一些证据表明，杏仁核和腹内侧前额皮层可能参与情绪智力（参见 Damasio, 1994）。但是，高情绪智力的人的脑结构之间的相互作用还需要进一步细化。

玛丽亚的案例

玛丽亚是一个很有天赋的小学教师，她热爱她的工作。几年前，当我（洛佩斯）在她所在学校做一项积极心理学项目时，我被允许可以观察她的课堂教学。第一天，我目睹了她和学生们在一起的情景，我不得不得出这样一种有效教学的理论假设:好的教师（包括所有层面）一定是高情绪智力的知识与技能的传授者。也就是说，我相信，不管课程的内容是什么（例如数学、化学、西班牙语、文学、心理学），好的教师能弄清楚课堂中的情绪信息，从而对他们的教学方法做微妙的调整，以便能有效地与学生分享知识。

谁是高情绪智力的人——这点重要吗？

杰克 · 梅耶

高情绪智力的个体

一般来说，情绪智力提高了个体的社会适应性。情绪智力越高，社会关系就越好。在最近的一篇综述中，我的同事和我描述了高情绪智力的人的特征：

> 最主要的是，高情绪智力（EI）的个体能比他人更好地感知情绪，在思考中利用情绪，理解情绪的意义，以及管理情绪。对这样的人来说，可能需要较少的认知努力来解决情绪问题。这样的人的言语智力、社会智力和其他智力也通常较高，尤其是那些在情绪智力中理解情绪部分得分高的个体更是如此。他们倾向于比他人更开放和更令人愉快。高 EI 的人对教学、咨询等涉及社会互动的职业，要比对文员或行政工作更感兴趣。
>
> 相比其他人来说，高 EI 的个体更不容易有问题行为，并回避如吸烟、酗酒、吸毒或和他人发生暴力冲突这样自我破坏的消极行为。高 EI 的人，尤其是在管理情绪维度得分高的人，更可能眷恋家庭，并有更积极的社会互动。这样的人可能也更善于描述动机性的目标、志向和使命（Mayer, Salover & Caruso, 2004）。

注意，情绪智力给个体带来哪种具体类型的提升是很微妙的，因而需要努力去识别。它并不会表现在所有的社会情境中。

不过，EI 是重要的

我们中的一些人能轻而易举而又老练地完成某些任务，另一些人则完全不能从事这些任务。这就是我们在生活中面临大多数挑战时的情况。我们中的一些人是了不起的棋手，而另一些人甚至不知道一个棋子该如何走。我们中的一些人很健谈，而另一些人甚至跟人打招呼都会有困难。

事实上，地球没有象棋也会转，地球没有健谈者也会转，但没有这些人的地球会有些糟糕。

情绪智力是一种与敏锐洞察情绪和理解情绪信息有关的智力。情绪信息无所不在。人和人之间通过情绪交流基本的感受，发出迫切的信息，譬如“我们聚聚吧”、“我伤害了别人”或“我要让你吃吃苦头”。

情绪智力测验告诉我们，只有一些人能够获得、理解和领会那些更微妙的信息。也就是说，只有高 EI 的人懂得这些交流的丰富性和复杂性。

情绪信息是很重要的，它是人类加工的信息的主要形式之一。这并不意味着每个人都能很好地加工情绪信息。但是，情绪信息的确围绕在我们身边，一些捕捉到它们的人能很好地完成某些任务，而另一些人则不能完成。

在带有情绪的每一天，我们都需要情绪智力的帮助。即使我们自己不是高情绪智力的人，我们可能也要依赖那些高情绪智力的人来引导我们。

但是带领我们到何处呢？高情绪智力的人能看到而许多人看不到的东西是什么？关键就在于高情绪智力的人自己做得很好。

他们尤其善于与他人建立积极的社会关系，避免冲突、争吵和其他社会争执。他们尤其懂得过心理健康的生活，避免出现像药物和药物滥用这样的问题。似乎这样的人，通过为他人提供指导性建议以及直接参与到社会情境中，可以帮助其他个体和群体更和谐、更满意地生活在一起。

所以，可能比在情绪智力测验中得分高更重要的是，知道自己在这些技能上的水平。发现自己的情绪智力水平意味着，你能知道你在情绪方面是否能依靠自己，可以在多大程度上依靠自己，以及什么时候需要他人的帮忙来处理身边的情绪信息。一个人情绪智力的高低，可能不如知道情绪信息存在以及一些人能理解这种情绪信息更重要。了解这些之后，你能通过发现那些能理解情绪信息和根据情绪信息推理的人来利用情绪信息。

这是一个信息化时代。我们都要依赖信息，明智地使用信息。情绪智力的能力模型丰富了我们对周围信息的了解，它告诉我们情绪信息的确存在，一些人能捕捉到它并善加利用。这个模型鼓励我们，所有人都要明智地利用情绪信息，无论是通过我们的直接理解，还是通过那些理解情绪信息的人的帮助。

资料来源：Mayer, J. (2005). *Who is emotionally intelligent—And does it matter*? Retrieved September 5, 2005, from http://www.unh.edu/emotional_intelligence/. Reprinted with permission of Jack Mayer.

在我第一次观摩玛丽亚的课堂时，我被她如何“读懂”课堂所吸引。她似乎知道每个学生在任何时间需要什么，她似乎对课堂的总体情绪进程有准确的认识。例如，在“日常检查”之前（她对小测验的命名），玛丽亚以安抚性话语和快速的放松练习来缓解课堂中的焦虑气氛。她能感知学生的情绪，有策略地对学生的情绪做出反应。在我 5 个小时的观察中，一次又一次地证实了她的这些能力。

在我和玛丽亚的交往中，她好像也能很敏锐地识别自己的情绪体验。她把自己描述为富于直觉的、似乎适合这个职业……但还不止这些。她似乎本能地了解自己和学生的感受，而且她还善于在课堂上利用情绪来激发其创造力。如果学生感到厌倦或烦躁，她可以放弃教学计划，当场组织一个有趣的活动。当她在教学计划中做这样大的转变时，她能把握好时间，学生们都没有意识到她现在已经离开书本来吸引他们的注意力。

有一天，我看到她在操场上解决了 5 个学生的纠纷问题，这更强化了我认为玛丽亚具有高情绪智力的观点。孩子们很沮丧、眼泪汪汪的，玛丽亚似乎能理解他们的情绪以及他们语调快速的控诉和解释。渐渐地，她使局势平静下来，帮助每个学生保全面子……然后，突然其中的一个学生喊道：“你不公平！我恨你！”那一刻，她鼓励其他同学继续游戏，然后她跪下来望着这个孩子的眼睛，同这个发怒的孩子讲话。慢慢地，这个孩子的态度和愁眉苦脸似乎缓和了，然后他点点头，跑向朋友们。很明显，她管理自身情绪的能力帮助这个男孩管理了他的情绪。

玛丽亚每天通过示范适应性行为来和她的学生分享情绪智力。我相信，她的一些学生通过观察她，能够学会如何有效利用自己的情绪。

社会情绪选择：在晚年关注积极情绪和情绪相关目标

我们能够有效利用我们情绪体验的程度，部分取决于个人以及环境的需求，例如我们的健康水平、社会环境和文化规范。现在越来越清楚的是，一个人在他的一生中监控时间的独特能力，可能也决定了他投入情绪性目标的精力有多少。（参见第 9 章关于时间观影响的讨论。）实际上，在斯坦福大学的心理学家劳拉·卡斯坦森（Laura Carstensen, 1998; Carstensen & Charles, 1998）的**社会情绪选择理论**（socioemotional selectivity theory）中，她提出人们可能高估了年轻时代的重要性，而我们的晚年（“黄金时代”）可能更有价值，因为这时我们更少关注消极情绪，更深刻地体会每天的情绪内容，品味生活中的“好东西”（例如，建立和加强关系）。卡斯坦森推论，在我们年事已高的时候，我们会很珍惜这些益处，因为我们开始意识到我们所剩的时间

劳拉 · 卡斯坦森

资料来源：Reprinted with permission of Laura Carstensen.

不多。

在她的实验室里，卡斯坦森发现，年轻人与年长于他们的人在管理带有情绪性的材料时是非常不同的。例如，在测验对新异刺激的注意时，年轻的参与者更迅速地注意到消极图像，而年纪大的参与者更迅速地注意到带有积极情绪色彩的图片（微笑的面孔、愉快的婴儿、可爱的小狗）（Charles, Mather & Carstensen, 2003）。关于情绪事件的回忆，查尔斯等人发现，年轻人（大学生和年龄更大的参与者）对积极材料和消极材料的记忆程度类似，但是年龄较大的人有一种正性偏向，在回忆积极材料时要比回忆消极材料时更迅速。这些研究表明，年轻人和老人对情绪的加工是不同的。

不管我们注意和记忆某些事件类型的倾向如何，生活给了我们很多恩赐，也有很多负荷。关于这一点，卡斯坦森和她的同事发现，在我们如何处理积极和消极的日常生活经历上存在年龄群组效应。在对 184 人（18 岁及 18 岁以上）的心境进行了为期一周的监控后，卡斯坦森、帕苏帕西、梅耶和奈斯路德（Carstensen, Pasupathi, Mayr & Nesselroade, 2000）发现，年长的参与者不但不会“为小事动肝火”（这是他们看待消极事件的方式），而且他们也很享受积极事件（与年轻参与者相比，他们体验积极事件余味的时间更长）。由此可见，随着我们逐渐变老并认识到人终有一死，似乎积极体验和积极情绪变得更突出、更重要。

最后，与年轻人着迷于获得信息和扩展视野这样的未来取向目标不同，老年人们似乎更着眼于具有情绪意义的当下目标（Kenney, Fung & Carstensen, 2001）。回忆积极体验，享受美好时光，倾注和投入情绪目标，这些倾向会系统地影响社会偏好、情绪调节和认知加工。因此，总的说来，老龄化过程似乎与努力获得更深入的情绪生活有关。

情绪故事讲述：彭尼贝克范式可作为一种加工强烈消极情绪的方法

有时，我们会经历一些震撼心灵的生活事件。造成情绪波动的创伤性事件可能超出了人们的应对资源，好的情绪应对者、高情绪智力者、年轻人、老年人都一样。当我们经历极端的情绪事件时，我们很有可能（大约 95% 的概率）会在事件发生的当天同朋友或家庭成员分担感受，通常是在事件发生后的前几个小时（Rime, 1995）。

我们好像是被迫去讲述我们痛苦折磨的经历。难道我们知道，若不谈论一下我们的强烈情绪将会有可怕的后果？带着这个问题和许多相关的研究假设，德克萨斯州大学的心理学家杰米·彭尼贝克（Jamie Pennebaker）自 1989 年开创了一系列研究。在一项研究的实验组中，他对大学生参与者提出了如下要求：

> 在接下来的 4 天里，我想要你们写出在你生命中最具创伤性的经历，带给你最强烈的感受和想法是什么。在你写的过程中，我希望你们能真正放开，探究你最深层的情绪和想法。你的主题可能与你和父母、爱人、朋友或亲属的关系有关。你也可以把你的经历同你的过去、现在或你的未来联系起来，或者同你曾经是什么样的人、想要成为什么样的人或你现在是什么样的人联系起来。你可以在这 4 天都写同样的主题或经历，也可以每天写不同的创伤性经历。我们将会为你写下来的所有东西严格保密。（p. 215）

控制组参与者被要求每天花 15 分钟记录一个非情绪性的话题（例如，描述他们所在的房间），持续 4 天。要求所有的参与者都要不间断地写，不考虑拼写、语法和句子结构。两种干预的即时效应是实验组的参与者更痛苦。然后，随着时间的推移（从研究后的 2 周开始），情绪故事讲述组比控制组的参与者体验到更多的健康收益，在接下来的一年里就医次数更少。

这种研究程序仅仅是要求用书面形式对情绪波动进行自我表露，我们一般将其称为**情绪故事讲述**（emotional storytelling），现在被称为**彭尼贝克范式**（Pennebaker paradigm）（在短时间内通过书写进行系统的自我表露）。这种技术被用来解决与失业（第 17 章会讨论）以及与诊断出疾病和关系破裂有关的情绪（综述参见 Pennebaker, 1997）。情绪故事讲述的长期积极效应是相当强的，另外，与低敌意的人相比，高敌意的人（这通常意味着个人难以管理情绪）表现出更积极的免疫反应（Christensen & Smith, 1998），述情障碍特质高的人（难于识别和理解情绪）比述情障碍特质低的人体验到更多益处（Paez, Velasco & Gonzales, 1999）。我们特别引用这些研究结果，是因为它们表明，那些不能很好处理生活中情绪性事件的的人，会从这种处理强烈消极情绪的方法中获益最大。

关于创伤性事件的情绪故事讲述为何有益的相关理论解释还有待深入探讨。确实，当体验到创伤性情绪的人分享其故事时，去抑制（让情绪压力得以释放）、认知加工和社会互动（当表露发生在实验室之外时）在起作用（Niederhoffer & Pennebaker, 2002）。简单来说，“把这种难受的感觉用语言表达出来，会让人们停止抑制自己的想法和感受，开始组织自己的想法，并可能就在创伤中找到意义，重建社会网络”（Niederhoffer & Pennebaker, p. 581）。我们认为关于情绪故事讲述效力的

创伤性事件后的情绪故事讲述

2000年1月，本文作者在一次潜水时体验了极度的恐惧和内疚。在她出游返回的路上，她显然受到了惊吓。数小时的一对一谈话后，她受到了鼓励，在15分钟的时间内自然流畅地写下了她当时强烈的感受和想法，不考虑标点符号、语法或句子结构。

"那是我有生以来的第四次潜水，我那年的第二次潜水。史蒂夫说服我去夜间潜水。对此我很紧张，尤其是因为我两天前潜水时发生了一次可怕的由换气过度导致的事故。我喜欢史蒂夫，我不想被认为是个懦夫，所以我说'没问题'，但是除此之外，我还因为丈夫不在身边而不安。我不喜欢在没有他的时候做非常危险的事。如果有事发生的话，我想要他在身边，即使他可能无能为力。他只要在场，就会给我很多勇气。"

"在船的后方，我戴着调节器和面罩。我的绑带从头上滑落下来，面罩里充满了水。面罩从我头上掉下来，我用手抓着它。我大口吞咽海水。我把面罩戴好，但是我换气过度了。潜水教练离我很远，但是一个叫沃克的男孩过来帮助我。他告诉我填充我的浮力调节装置，我仰面朝上，他抓着我。他试着和我聊天让我分散注意力，进而让我平静下来。潜水教练问我是否想回到船上。我说不。所以我们试着下潜，但发生了更多的换气过度。这次我知道不行了。我的身体在报警，我不能下潜。整个团队重新回到水面，我也回到水面。幸运的是我当时只在约3米深的水下面。

"潜水教练说'她出什么问题了？'，我说我想回到船上。他们说船在那边。潜水教练似乎想让我游回看似很远的船上，而让大家继续下潜。大家拒绝把我一个人留在离船很远的水面上。最后船靠得足够近，我游过去，沃克再次过来帮助我。我一上船，其他人也开始上船。起先，我以为还有别人紧张过度了，但我很快意识到潜水教练放弃了这次潜水。我感到内疚而尴尬，其他六个人因为我而不能潜水了。盖伊和史蒂夫一再对我说没关系的，沃克说我做了非常正确的决定，最不应该责怪的人是我。我在回拉塞雷纳的路上很安静。史蒂夫开车，和盖伊闲谈。我尽力想参与进去，但是我所能想到的就是赶快回到丈夫身边，回到我们的家。在那之后的一段时间里，我的大脑边缘系统仍然受到抑制。再也不想潜水了。"

可以理解，这位潜水者的痛苦持续了几天，但是估计情绪故事讲述的长期效应还是相当积极的。潜水者有时会讨论这件事，那时她的痛苦减少了。至今，她喜欢浮潜（就是只带着面罩、呼吸管和脚蹼浮在水面上俯瞰海底），但再没去深潜。

资料来源：Reprinted with permission of Allison Rose Lopez.

这些解释可以概括为在社会情境中有策略地与情绪共处。

与情绪共处以带来积极改变

应用心理学家们一直都在讨论情绪在心理改变过程中的作用。在我们成为心理学家的训练过程中，鼓励我们去识别来访者的情绪，通过我们大声的移情陈述，反思来访者故事中的情绪内容。情绪是机能运作质量的指标，它们帮助我们追踪来访者的状况。现在，鉴于本章目前所讨论的研究，我们训练大学生将情绪看做积极改变的决定因素，而不仅仅是成长的标志。确实，我们和来访者有效处理情绪事件的程度，部分地决定了个人幸福感的上限。

现在，记住我们作为教师和临床医师这样的角色所已经学到的，接着和大家分享一下策略性地处理情绪的潜在益处。首先，我们希望你能像一个心理学工作者那样，收集本章所讨论现象的数据来完成一些个人小实验。当你做每个实验的时候尽可能要客观，看看你的研究结果是否和本章所讲到的研究结果一致。然后，通过实施生活提升策略，试着练习处理每天所遇到的情绪性信息的个人技能。

情绪均衡行为

处理生活中的情绪当然是一种均衡行为（Salovey et al., 2002）。有时候，强烈的情绪体验让我们的心理资源承受重负，可能会导致回避反应……而这可能又是具有适应性的。然而，若以一种强迫性思考的方式处理消极情绪，则是非常不具适应性的。平衡趋近和回避倾向会产生最佳功能。

一些人擅于管理消极情绪，但不能识别任何强烈的积极情绪。另一些人可能会忽视消极情绪传递的重要保护性信息，而对“好的”感受非常开放。这种情感加工的不均衡可能致使错过许多数据，从而导致糟糕的决策。通过情绪应对、情绪智力、情绪性目标设置和情绪故事讲述来有效地利用情绪体验，有助于均衡地处理来自所有情绪体验中的信息。

当然，还有很多有建设性和非建设性的方法，处理着我们每天遇到的情绪信息。重要的是要学会如何通过采用多样化的应对技能来与情绪共处，然后确定什么技能是有效的，并能产生期望的生活结果。

个人小实验

在日常生活中有效利用情绪

在本章中，我们讨论了如何利用情绪及其益处。我们的建议是，投入体验情绪性自我能让我们更好、更深入地生活。这里有一些在你日常生活中如何有效利用情绪的要点（不要忘记上文提到的彭尼贝克书写练习）。

情绪日志：根据你情绪体验的持续时间和生理反应，认真地找出两天中你在清醒状况下每 4 个小时内感受到的强烈情绪（参见第 7 章列出的积极情感和消极情感）。把这些感受记在你的本子或电子日历上。每 4 小时的末尾，花 5 分钟的时间反思这些体验，以确定你是倾向于趋近还是回避这些情绪。（使用表 8.1 中列出的情绪加工和情绪表达项目来跟踪反应。如果有必要，创建一个 5 点李克特式评估系统来精确测量你的反应。）两天后，分析接近和远离情绪性信息的得与失。

某一天“表现得好像”你是高情绪智力的人：想象在你生活中能很好地管理自己情绪的人。列出这些人，简略地从好到最好进行排序。然后，从一周中找出一天，你要确信这一天中会有很多社会互动。以你心中那个高情绪智力的人为榜样来度过这一天，在处理情绪方面你要表现得好像有高超技能一样。当面对问题或机会时，问自己：“我的情绪智力榜样在这种情况下会怎么做？”然后就如法炮制！在一天结束的时候，找出这一天中你仿效得最好的三种情绪技能（参见表 8.2 所列出的 16 种情绪智力技能）。接下来的几天里，再次应用这三种技能，直到你感觉已经完全掌握了。

拜访开朗的祖父母：你是否曾问过你的爷爷或奶奶（或家庭中的其他长者），他们是如何在经历了那么多挑战后仍保持乐观、愉快和慈爱的？找到你家中最有韧性或最开朗的那个长者，问他：“对你来说，目前重要的事情是什么？在接下来的几年里，你为自己设定的目标是什么？你的朋友们在你的生活中扮演何种角色？”你的祖父母一定会提到与家人或朋友们共度时光的情绪性目标和计划。

生活提升策略

我们鼓励你发展一些能在你的重要生活领域中应用的新情绪技能。

爱

- 当你和家人或朋友们在一起时，尽量练习使用更多的“情感语言”，这在你的日常交流中会鼓励更多情绪趋近。
- 为一些重要的关系设定新目标，可能会促进你和对方的情绪成长。这可能会促使你们之间的关系随时间而提升。

工作

- 认识到在工作交流中隐藏的情绪信息。以一种非对抗性的方式与你的同事和老板谈论这些发现，促进关于情绪在职场中作用的对话。
- 参与“工作中的情绪智力”专题讨论会。许多人力资源部门或当地的咨询机构会举办这种类型的会议。轶事证据表明，一旦参与者完成这样的训练，随后他们使用情绪智力技能会更加有效。

游戏

- 成为一名情绪故事讲述者。用写日志的形式记录你愉快或感觉不好的时刻，或者和值得信任的朋友分享你的心情。故事讲述可能让你远离消极感受，把你和生命中对你重要的人拉得更近。
- 学习和练习冥想技能。这些技能被认为能“暂停时间”，帮助我们更深刻地体会情绪体验。

关键术语

情绪趋近（emotional approach）：主动地靠近而不是远离压力性或情绪性事件。

情绪回避（emotional avoidance）：主动地远离而不是靠近压力性或情绪性事件。

情绪表达（emotional expression）：自由和有意的情感表达。

情绪智力（exotional intelligence）：根据萨洛维和梅耶的四因素理论模型，情绪智力技能包括：(1) 感知和表达感受；(2) 利用情绪和情绪理解来促进思维；(3) 理解复杂的情绪、情绪之间的关系以及情绪和行为后果之间的关系；(4) 管理情绪。

情绪加工 (emotional processing)：试图理解某人的情绪。

情绪故事讲述 (emotional storytelling)：情绪波动的书面表露。

彭尼贝克范式 (pennebaker paradigm)：对情绪波动进行系统的书面自我表露，通常包括几次定时的阶段。

社会情绪选择理论 (socioemotional selectivity theory)：卡斯坦森的理论认为，同年轻人相比，老年人更少地关注消极情绪，更深入地感受情绪内容，享受生活中的积极方面。

第四编

积极认知状态和过程

9 通过自我效能、乐观和希望看待我们的未来

对未来着迷

在人们的个人想法深处，编织着一幅幅美好未来的图景。实际上，正是因为未来是诱人的、积极的，所以它才令人着迷。因此，不像过去和现在，未来提供了改变的机会，可以让事情变得不同和更好。

人们希望感觉自己能够“让事情发生”，让自己满意。这始于最早的婴儿和学步时期。但是，随着时间流逝，个体会经历越来越多的无法改变的过往事件，而当下的生活迅速展开着，似乎没有机会做任何真正的改变。相反，未来仍然是人们的想象和渴望可以造就俗话所说的快乐结局之地。

很多美国人从自己的养育者那里得知，生活中“真正的行动”在前方。对于生活在不理想环境中的人们而言，美国梦是指孩子将会有更好的生活。因此，这种环境中的孩子被教导着眼未来，关注他们在“机会之地”上能够赢得的东西。在展望未来的过程中，人们冒的风险是让他们的生活极度繁忙。本章除了描述未来导向的普遍益处，还有一个告诫，我们鼓励读者考虑专栏作家埃伦·古德曼在其随笔中的一个思想：“繁忙本身不是目的。”古德曼提供了一个很好的例子，建议我们偶尔从繁忙的、未来导向的思考中解脱出来。

在这一章里，我们首先考察积极心理学中三种主要的、未来导向的时间观：自我效能、乐观和希望。我们探讨指引这些概念的理论，测量每个概念的量表及相关的研究发现。接下来，我们讨论着眼于过去、现在和未来的时间导向之间的均衡。最后，我们提请读者注意，在所报告的研究发现中，参与者主要是白种美国人，因此这些未来导向的概念不一定适用于其他文化背景的人群。

繁忙本身不是目的

埃伦·古德曼

发自波士顿——我的一位朋友曾经为一名好莱坞的高管工作，作为负责其日程安排的高级助手。当然，这不是实际的头衔，但它是对这份工作最好的描述。

这位高管有一个嗜好，就是在她的掌上电脑提前几周和几个月就填满日程。当某一天实际到来时，总会因为“突发事件”导致没有完成任务，她就会取消其他日程安排，然后又开始填满未来。

我的朋友开始认为这是一个暴食清肠循环。她在私下把老板描述为时间饥渴狂。

我总是记得这件事，因为我怀疑有多少人苦于难以安排时间。有多少人在现在做出承诺时错误地确认自己届时一定会有更多时间。我们在照镜子时是否如厌食症患者照镜子一样看到扭曲的影像？

本年度，来自北卡罗来纳的两位营销教授发表了关于时间和安排时间的研究。被调查的学生重复报告说，他们在下周或下个月的某天将会比今天有更多自由时间。如果你让学生们今天多做一件事情，他们会回答不。但是，让他们在将来完成它时，他们更有可能说可以。

这些学生并不是一群荒唐的乐观主义者。同样是这些人，他们对自己的预算有非常现实的看法。他们不太可能承诺会在将来花比现在更多的钱。

但是，在这种意义上，时间与金钱不同，时间更有弹性。当考虑他们的空闲时间时，多数人会体验研究者所说的“非理性繁荣”。即便那些今天不堪重负的人也会认为将来负担会较轻。

美国人经常谈论时间危机。我们彼此问候，“你怎么样？”回答都说：“忙。”我们输出我们的“生产力”，这已经变成了工作狂的国际黄金标准。我们认为时间会被侵蚀，但不应该被浪费。

就在我的成年时期，美国人把礼拜天浪费在购物上，把时间浪费在多项任务上。我们把一生的时间都安排了要做各种各样的事情。

在这个世界里，时间卫士非约瑟夫·威廉斯莫属，他是巴尔的摩的一名律师，控告西尔斯—罗巴克公司，因他约好的修理工没有出现，害得他等了 4 个小时。他赢得了一美元和一条闪光的原则：你不能浪费我的时间。

但是，我们中有太多人持有非理性繁荣观念，成为了时间混乱的受害者。

我们是否也会出于对“闲暇”时间的非理性焦虑而把未来填满？

研究者写道，“认识到时间在未来并不会更充裕是很困难的。”学生们重复被欺骗是一回事，而对我们这些年纪大一些的人来说是另一回事。平心而论，时间是不够充裕的，拒绝吸取教训会带来高昂的代价。

我不知道其他文化是否也有类似的时间安排障碍和“非理性繁荣”。我们相信，繁忙是我们信条的一部分。美国建国之父托马斯·杰斐逊告诫我们，“永远不要无所事事。如果没有失去过时间，就不要抱怨时间不够。如果我们一直在努力，我们就可以做很多惊人的事情。”

但是，这些天里，我因亨利·戴维·索罗古怪激进的言论而发笑，他回应说，“只是忙碌还不够，蚂蚁也是如此。问题是我们究竟在忙些什么。”

资料来源：*Lawrence Journal-World*, April 7, 2005. Copyright © 2005, The Washington Post Writers Group. Reprinted with permission.

注：埃伦·古德曼（ellengoodman@globe.com）是《华盛顿邮报》作家团队的一名专栏作家。

自我效能

我认为我能，我认为我能……

阿尔伯特·班杜拉

资料来源：Reprinted with permission of Albert Bandura.

在 1977 年的一期《心理学评论》上，斯坦福大学的心理学家阿尔伯特·班杜拉（Albert Bandura）发表了题为《自我效能：关于行为变化的综合理论》一文。在此之后，自我效能概念快速传播开来，以至于它引发的实证研究可能比积极心理学的任何其他主题都要多（Bandura, 1977, 1982, 1997）。这个概念为什么影响这么大？为了理解自我效能，有人用小火车头［来自 Watty Piper（1930/1989）的儿童故事《小火车头做到了》］的感人故事来概括自我效能。回忆一下，那个小小的火车头想到，如果她不帮忙的话，山那边的小男孩和小女孩就得不到玩具。它不停地说着当今流行的那句励志语：“我认为我能，我认为我能，我认为我能……”最终成功地翻到山的那一边，把货物运送到目的地。你相信自己能够实现自己想要的目标，这种信念便是自我效能的核心。

自我效能概念与个人控制有关，在历史上有着很长的思想根源。著名的思想家，例如约翰·洛克、大卫·休谟、威廉·詹姆士和吉尔波特·赖尔，都曾经关注人类思想中的意向或意志力（Vessey, 1967）。近年来，类似的观点出现在成就动机（McClelland, Atkinson, Clark & Lowell, 1953）、效能动机（White, 1959）和社会学习（Rotter, 1966）理论中。（见斯金纳 1995 年关于个人能力、应对和满意的综述）。班杜拉正是吸收了这些与控制有关的经典思想，以此来定义自我效能概念。

定 义

班杜拉（1997, p.vii）把**自我效能**（self-efficacy）定义为“人们对于他们具备通过自身行动产生合意效果这种能力的信念。”类似地，麦达克斯（Maddux, 2002, p. 278）把自我效能描述为“我相信在某些条件下利用我的技能我能做到”。基于对达成合意目标所需要做的事情的检查（称为结果预期），个体分析其完成必要行动的能力（称为效能预期）。班杜拉认为，结果预期远不如效能预期重要。与他的观点一致，研究发现，在预测不同的人类行动时，效能预期的预测力较大，而加入结果预期不会增加太多预测力（Maddux, 1991）。因此，针对特定情境的自我效能思考，被认为是人们发动目标导向行动之前最后的和最关键的认知步骤。

儿童期的前因：自我效能来自哪里？

自我效能是一种习得的人类思维模式，而不是遗传赋予的。它从婴儿期开始，持续整个生命全程。自我效能基于**社会认知理论**（social cognitive theory）的前提，这一理论认为人们主动地塑造自己的生活，而不是被动地对环境力量做出反应（Bandura, 1986; Barone, Maddux & Snyder, 1997）。

社会认知理论基于三个要点。第一，人类拥有强大的符号表达能力，能够创造自身经验的认知模型。第二，通过观察自己与这些认知模型的关系，人们在经历正在发生的环境事件时，变得能够自我调节他们的行动。因此，认知反应影响周围的环境力量，环境力量又反过来塑造随后的思维和行动（也就是说，环境力量和思维力量之间有一种相互作用）。第三，人们（也就是他们自己）及其人格是思维→环境→思维这种特定情境交互作用的结果。因此，基于这些社会认知观点，一名发展中的儿童使用符号表征性思维，特指对因果关系的理解，通过观察自己如何影响周围环境，习得自我效能思维和自我参照思维（Maddux, 2002）。

班杜拉（1989a, 1989b, 1977, 1997）提出，自我效能的发展性前因包括：

1. 先前在类似情境下的成功（调用关于个体在先前环境中做得多好的积极思维）
2. 模仿在类似情境下的他人（观察特定场景中成功的其他人，复制他们的行动）
3. 想象自己有效的行为（想象行动有效可以达成合意的目标）
4. 接受有权威的、值得信赖的、专家型和有吸引力的他人的言语说服（受帮助者的言辞影响以特定方式行动）
5. 唤起和情绪（当生理上被唤起并和体验到消极情绪时，我们的自我效能可能遭到破坏；而这种唤起与积极情绪结果结合时，会强化自我效能感）

自我效能的神经生物学

人类大脑额叶和前额叶的进化可能有助于促进目标优化和计划思考，两者对自我效能都很关键（对希望也很关键，稍后将讨论）（见 Newberg, d'Aquili, Newberg & deMarici, 2000; Stuss & Benson, 1984）。在面对目标导向的任务时，特别是在许多涉及自我效能思维的问题解决任务中，大脑右半球对由负责语言和抽象过程的左半球传递的困境做出反应（Newberg et al., 2000）。

大多数动物实验也显示，自我效能或知觉到的控制与促进应对的基本生物变量有关（Bandura, 1997）。自我效能引发控制感，造成神经内分泌和儿茶酚胺（支配与应激有关的自主活动的神经递质）的产生（Bandura, 1991; Maier, Laudenslager & Ryan, 1985）。儿茶酚胺反映了感觉到的自我效能水平（Bandura, Taylor, Williams, Mefford & Barchas, 1985）。因此，实际的自我效能感可以减轻心血管反应和降低血压，从而促进应对。

量表：自我效能能否测量

班杜拉（1977, 1982, 1997）坚持**情境观**（situational perspective），认为自我效能应该反映在特定环境或领域中通过能力和技能达成给定目标的信念。用他的话来说，“应该根据特定的能力判断来测量效能信念，这些能力可能随着活动领域、特定领域内不同的任务要求水平以及不同的情境状况而有所不同”（Bandura, 1997, p. 42）。与班杜拉强调情境的看法一致，贝茨及其同事设计和验证了一份 25 个条目的测量工具，考察了职业选择决策时的自信（Betz, Klein & Taylor, 1996; Betz & Taylor, 2000）。这份量表的得分可以预测考察不同职业时的自信（Blustein, 1989）和实际职业决择中的优柔寡断（Betz & Klein Voyten, 1997）。类似地，还有其他特定情境的自我效能指标，包括测量学生对不同行业的掌控程度的职业问卷（Teresa, 1991），测量咨询者自信程度的职业咨询自我效能量表，这些咨询者对职业决策有困难的人们进行干预（O'Brien, Heppner, Flores & Bikos, 1997）。[也见 Schwarzer & Renner（2000）对特定情境“应对自我效能”的讨论]。

尽管班杜拉一直反对**特质观**（trait perspective）（认为心理现象是随时间和环境稳定的），但其他研究者设计了特质性自我效能测量方法（例如 Sherer et al., 1982；也见 Tipton & Worthington, 1984）。基于个人掌控感的自我效能体验可以推广到具体目标行为（例如 Bandura, Adams & Beyer, 1977）之外的其他行动上，并且一些人更有可能在各种情境下都拥有高的自我效能预期，谢勒等人（Sherer et al., 1982）设计和验证了一种类似特质指标的自我效能量表。

自我效能量表包含 23 个条目，回答者在 14 点的李克特量表上评定自己的同意程度（1= 强烈不同意至 14= 强烈同意）。具体条目如：“当我制订计划时，我很确定我能够实现它们”，“如果我起初不能完成一项工作，我会继续尝试直至完成”，“当我做一些不愉快的事情时，我坚持下去直至完成”。

因素分析揭示了两个因素，一个因素反映“一般自我效能”，第二个因素测量“社会自我效能”。量表的内部一致性信度（即单个条目彼此聚集的程度）系数为 0.71~0.86。最后，自我效能量表与个人控制、自我强度、人际能力和自尊测量分数呈正相关，故其效度也得到了支持（Chen, Gully & Eden, 2001; Sherer et al., 1982）。

最近，陈等人（Chen, Gully & Eden, 2001）发展了 8 个条目的新一般自我效能量表，它的分数与谢勒等人的自我效能量表分数呈现正相关（尽管存在例外）。这份新一般自我效能量表还能为测量跨情境自我效能提供一份自我报告的效度指标。

与自我效能量表的跨情境观相反，班杜拉认为，对个体个人效能感的任何测量，都应该谨慎地与给定的行为情境关联起来（见班杜拉 1995 年和 1997 年对如何做到这一点的阐述）。尽管跨情境效能量表与其他测量存在显著相关，但是只有在使用这种特定情境的测量时，高的自我效能才可以有力地和一致地预测（1）低焦虑、（2）高疼痛耐受性、（3）更好的学业成绩、（4）更多的政治参与、（5）有效的牙科实践、（6）持续的戒烟治疗以及（7）锻炼和饮食制度的采纳（Bandura, 1997）。

自我效能在生活场景中的影响

自我效能在心理学内外都引发了大量研究。在这里，我们讨论这些研究中的一部分。如果读者希望深入探索自我效能的研究发现，我们推荐阿尔伯特·班杜拉的著作《自我效能：对控制的实践》（*Self-Efficacy: The Exercise of Control*, 1997）和詹姆斯·麦达克斯编著的《自我效能、适应和调适》（*Self-Efficacy, Adaptation, and Adjustment*, 1995）。

心理调适

成功应对多种心理问题都涉及自我效能（Maddux, 1995）。低自我效能与抑郁（Bandura, 1977）、回避和焦虑（Williams, 1995）相关联。类似地，高自我效能有助于战胜进食障碍和物质滥用（DiClemente, Fairhurst & Piotrowski, 1995）。班杜拉是最先采用积极的、基于优势的途径的学者之一，他提出，自我效能在应对心理问题时起保护作用，并且强调它是支持因素，帮助人们“选择和组织他们的环境以设定成功的路线”（Bandura, 1997, p. 177）。这个关于支持因素的看法，正符合积极心理学对促进优势而不是减少弱点的重视。

身体健康

麦达克斯（Maddux, 2002）提出，自我效能可以从两个方面影响积极的身体健康。第一，高自我效能增加健康相关行为，减少不健康行为；并且自我效能有助于维持这些变化（Maddux, Brawley & Boykin, 1995）。在这一点上，与健康行为有关的理论都谈到自我效能[例如保护动机理论（Rogers & Prentice-Dunn, 1997）、理性行为理论（Ajzen, 1988）和健康信念模型（Strecher, Champion, & Rosenstock, 1997）]。

第二，自我效能影响与良好身体健康相关的多种生理过程。这些适应性生理过程涉及免疫功能（O'Leary & Brown, 1995）、对传染病的易感性、压力管理涉及的神经递质（即儿茶酚胺）和减弱疼痛的内腓肽（Bandura, 1997）。

心理治疗

杰罗姆·弗兰克（Frank & Frank, 1991）指出，希望是成功的心理治疗中的一个共同因素。与此类似，自我效能也被认为是不同心理干预中的一个共同因素（Bandura, 1986; Maddux & Lewis, 1995）。因此，在心理治疗环境中增强自我效能，不仅会促进对特定环境的效能思维，还指导来访者如何在可能遇到的不同情境中应用这种思维（Maddux, 2002）。

心理治疗可以采用前面讨论过的用于增强自我效能的五种策略中的一种或多种：

1. 通过设定目标和逐步实现这些目标构建成功（Hollon & Beck, 1994）
2. 利用榜样教导人们克服困难（例如 Bandura, 1986）
3. 容许个体想象自己有效地行动（Kazdin, 1979）
4. 由一名值得信任的心理治疗师进行言语说服（Ingram, Kendall & Chen, 1991）
5. 教授降低生理唤起水平的技术（例如冥想、专注、生物反馈、催眠、放松等），以增加更具适应性的自我效能思维的可能性

（读者可以参考第 15 章讨论的基于自我效能的干预，它具体讨论了不同的积极心理学改变技术。）

最新前沿：集体自我效能

尽管自我效能概念的多数工作集中于个体对给定环境的反应，自我效能也可以在集体水平上运作，涉及追求共同目标的很多人（Bandura, 1997）。**集体自我效能**（collective self-efficacy）被定义为“我们相信我们能够一起有效工作以达到共同目标的程度”（Maddux, 2002, p. 284）。尽管关于如何测量集体效能还没有达成共识，但是，相关证据显示，它在课堂表现（Bandura, 1993）和团队工作（Little & Madigan, 1997）中起促进作用（这只是两个例子）。我们的预测是，随着积极心理学对合作群体效应的关注，集体效能将会变得越来越有影响。阅读下面这篇文章，《通过电视英雄改变行为》，你从中可以看到社会学习理论和自我效能原理在现实生活中的应用。

乐　观

在这一部分，我们讨论两种理论，它们与乐观的结构有关，受到了广泛关注。第一种是马丁·塞利格曼及其同事提出的习得性乐观理论，第二种是迈克尔·希尔和查尔斯·卡弗提出的乐观观点。

通过电视英雄改变行为

梅利莎・迪特曼

阿尔伯特・班杜拉强调，基于其社会学习理论的电视连续剧如何能够引导人们改变生活方式和有害的社会实践。

美国心理学会于 2004 年在火奴鲁鲁召开年度大会，著名社会认知心理学家阿尔伯特・班杜拉博士在主旨演讲中指出，基于社会心理学的电视连续剧和广播节目，正在帮助世界各地的人们改变他们的生活，从鼓励识字到提高被边缘化女性的社会地位。班杜拉在这次大会上还获得了美国心理学会终身成就奖……

班杜拉的社会学习理论强调了模仿和提高人们的效能感如何能够帮助他们改善生活，它是目前在非洲、亚洲和拉丁美洲播放的大量电视连续剧的核心。研究发现，在鼓励人们采纳家庭计划、参加扫盲项目、提高女性地位和保护免受艾滋病感染方面，这些剧目扣人心弦的故事主线和真实人物的影响很大。

“这些戏剧作品不是凭空想象的故事”，美国心理学会 1973 年度主席班杜拉和斯坦福大学的心理学教授戴维・斯塔尔・乔丹（David Starr Jordan）说，“它们描绘的是人们的日常生活，帮助人们看到美好未来，为他们提供策略和动力，使他们能够一步步去实现目标。”

这些戏剧结合了班杜拉的理论，在电视制片人、作家、人口统计学家和传播研究者的共同努力下，创造了改变个人生活方式和社会的众多节目。

这些消息看起来振奋人心：例如，在墨西哥有一部促进全国人民识字的节目，它展示了不同年龄的人们努力阅读，然后能够识字，进而能更有效地管理自己的生活。在观看了这个节目之后，接近一百万人参与了学习阅读的教育项目。

根据班杜拉的观点，电视节目利用四条指导原理来激发这些行为和社会变化：

- 对比积极的和消极的榜样，他们分别表现出有益或有害的生活方式，以及发生转变的榜样，他们从有害的行为方式转变为有益的行为方式。
- 通过显示积极生活方式的益处和有害生活方式的代价，替代性动机充当了激发改变的激励因素。
- 节目中设置的注意和情绪卷入要素可以维持观看者的注意力。

- 每个节目都有环境支持，在结束时提供相关社区服务和支持群体的联系信息。

例如，坦桑尼亚的出生率非常高，每名女性平均生 5.6 个孩子，预计在 25 年内其人口就会从 3 600 万增至接近 7 200 万。为此，一系列节目利用上述原理来专门针对这一高出生率。研究者发现，在节目播出之后，已婚伴侣观看这一节目的次数越多，他们就越多地讨论控制家庭规模的必要性，探讨采纳家庭计划方法。

为了指导这些节目，制片人研究一个区域的文化和价值观，识别主要的社会问题和阻碍问题解决的障碍。在尊重人的尊严和平等（这已写进联合国公约）的前提下，作家和制片人利用这些信息塑造真实的人物和故事情节。

“全球性问题会让人们产生无力感，觉得他们无法做任何事情”，班杜拉说。“我们的全球应用表明，不同专业人员的共同努力，能够改变看似无法克服的全球问题。”

资料来源：From Dittmann, M., Changing behavior through TV heroes, in *APA Monitor*, September 2004, p. 70.

习得性乐观——塞利格曼及其同事的观点

习得性乐观的历史基础

艾布拉姆森、塞利格曼和蒂斯代尔（Abramson, Seligman & Teasdale, 1978）修正了他们的无助模型（也见 Peterson, Maier & Seligman, 1993），把人们对发生在他们身上的坏事和好事的归因（解释）包含在内。宾夕法尼亚大学的心理学家马丁·塞利格曼（Seligman, 1991, 1998b; 也见 Seligman, Reivich, Jaycox & Gillham, 1995）后来把这种归因或解释过程作为他的习得性乐观理论的基础。

习得性乐观的定义

在塞利格曼的**习得性乐观**（learned optimism）理论中，乐观者使用适应性的因果归因来解释消极经历或事件。用专业术语来说，在回答“为什么那件坏事发生在我身上”时，乐观者对于类似的失败事件做外部的、可变的和局部的归因，而悲观

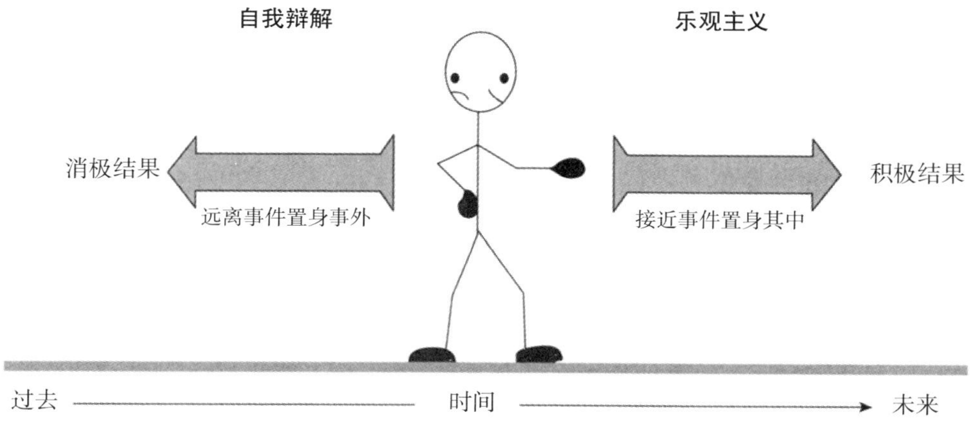

图 9.1　按照习得性乐观理论的观点，与过去时间导向的自我辩解品质相对应，未来时间导向乐观主义品质

者则对失败做内部的、稳定的和全局的归因。简单来说，乐观者对坏事的解释方式是：（1）指责他人和环境在产生糟糕结果中所起的作用（外部归因），（2）把坏事解释为不太可能再次发生（可变归因），（3）把坏的结果限制在某个别领域而不是其他方面（局部归因）。

因此，乐观的中学生获得糟糕分数时会说：（1）“这份测验的用语很糟糕”（外部归因），（2）“我在先前的测验中做得很好”（可变归因），（3）“我在其他生活领域做得很好，例如我的人际关系和运动成绩”（局部归因）。相反，得到糟糕分数的悲观学生会说：（1）“我弄砸了”（内部归因），（2）“我先前的测验也很差”（稳定归因），（3）“我在其他生活领域也做得不好”（全局归因）。

塞利格曼的理论非常强调消极结果决定了个体的归因解释。因此，如图 9.1 所示，塞利格曼的理论使用“远离”发生在过去的坏事这一类似于自我辩解的过程，而乐观主义的常见观点涉及与渴望未来发生的积极结果建立关联（典型的字典定义、希尔和卡弗的定义也是如此，我们将在随后讨论）。因此，在习得性乐观的观点中，乐观导向的认知目标旨在使个体远离重大的消极结果。

习得性乐观的儿童期前因

塞利格曼及其同事（Abramson et al., 2000; Gillham, 2000; Seligman, 1991, 1995, 1998b）仔细描述了乐观解释风格的发展根源。首先，解释风格似乎有一些遗传成分，同卵双胞胎习得性乐观分数的相关高于异卵双胞胎（相关分别是 0.48 和 0.00；Schulman, Keith & Seligman, 1993）。

此外，习得性乐观也有环境（或学习）根源。例如，提供安全、一致环境的父母更有可能促使后代习得乐观的解释风格（Franz, McClelland, Weinberger & Peterson, 1994）。类似地，乐观的父母给他们的孩子提供了乐观的榜样，他们对消极事件的解释让后代继续对自己感觉良好（外部的、可变的、局部的归因），而对积极事件的解释帮助后代对自己感觉格外好（内部的、稳定的、全局的归因）。并且，带着习得性乐观成长起来的儿童，其父母通常把他们的失败归因于外部而不是内部因素（也就是说，他们教孩子适应性地自我辩解；见 Snyder, Higgins & Stucky, 1983/2005）。另一方面，悲观个体的父母通常也是悲观的。另外，经历过儿童期创伤（例如父母死亡、虐待、乱伦等）会造成悲观（Bunce, Larsen & Peterson, 1995; Cerezo & Frias, 1994），父母离婚也会破坏习得性乐观（Seligman, 1991）。（并非所有研究都发现上述父母消极归因与后代解释风格之间的关系，因此必须谨慎看待这些结论。若想更全面地认识父母的归因，请参见 Peterson & Steen, 2002。）

另一种可能的悲观来源是看电视。2~17 岁的美国儿童平均每周大约看 25 小时的电视（每天 3.5 小时；Gentile & Walsh, 2002），与悲观有关的行为可能来自儿童观看的电视。近来齐默尔曼等人（Zimmerman, Glew, Christakis & Katon, 2005）发现，儿童在 4 岁时看电视的数量，与这些儿童后来变成欺小凌弱之人的可能性显著相关。类似地，持续观看电视暴力会预置和强化无助的解释风格，与儿童低水平的习得性乐观相关联（Nolen-Hoeksema, 1987）。

乐观和悲观的神经生物学

研究者指出，悲观和抑郁与边缘系统功能异常以及外侧前额皮层和旁边缘系统的机能障碍有关。实际上，抑郁似乎与神经递质缺失有关（Liddle, 2001）。因此，抗抑郁药物致力于增强这些神经递质的有效工作。类似地，研究表明，位于中缝背核的 5- 羟色胺细胞能对知觉到的控制做出反应。并且，在杏仁核发生可预测的、控制引发的 5- 羟色胺释放（Maier & Watkins, 2000）。抑郁也与内腓肽分泌减少和免疫功能缺陷有关（Peterson, 2000）。最后，德鲁根及其同事（Drugan, Basile, Ha & Ferland, 1994）发现，在良好的控制状况下，大脑细胞释放某种分子。尽管这一研究仍处于早期阶段，但是，脑中似乎有神经生物标记与知觉到的控制和悲观—抑郁思维有关。

量表：习得性乐观能否测量

用于测量成年人归因风格的工具称为归因风格问卷（Attributional Style Questionnaire, ASQ; Peterson, Semmel, von Baeyer, Abramson, Metalsky & Seligman, 1982; Seligman, Abramson, Semmel & von Baeyer, 1979）；用于儿童的工具是儿童归因风格问卷（CASQ; Kaslow, Tanenbaum & Seligman, 1978; Seligman, 1995; Seligman et al., 1984）。ASQ 提出一个消极或积极的生活事件，要求回答者在内部 / 外部、稳定 / 易变、全局 / 局部的维度上，指出他们认为什么是这些事件的原因。但是，自 ASQ 被开发以来，研究者通常使用多个条目的扩展版本（E-ASQ；见 Metalsky, Halberstadt & Abramson, 1987; Peterson & Villanova, 1988）。

除了成年人和儿童解释风格量表，密歇根大学的心理学家克里斯·彼得森及其同事（Peterson, Bettes & Seligman, 1985）还开发了言语解释内容分析（Content Analysis of Verbal Explanation, CAVE）法，对书面或口头言语做出乐观和悲观评定（Peterson, Schulman, Castellon & Seligman, 1992）。CAVE 技术的优势是，它可以根据语言使用，无干扰地评定一个人的解释风格。基于这一点，你可以根据演讲、日记或报纸访问，追溯和探索几十年以前的著名历史人物的乐观 / 悲观倾向（例如 Satterfield, 2000）。为了说明 CAVE 的预测效力，我们描述了这一技术的一个有趣应用，用它来预测职业棒球大联盟棒球队的成绩（见“CAVE 和棒球结果预测”）。

习得性乐观预测什么

习得性乐观的各种指标引发了大量研究（见 Carr, 2004），习得性乐观而非悲观解释风格与下列结果相关联：

1. 更好的学业成绩（Peterson & Barrett, 1987; Seligman, 1998b）
2. 优秀的运动成绩（Seligman, Nolen-Hoeksema, Thornton & Thornton, 1990）
3. 更有效率的工作记录（Seligman & Schulman, 1986）
4. 更高的人际关系满意度（Fincham, 2000）
5. 更有效地应对生活压力源（Nolen-Hoeksema, 2000）
6. 不易发生抑郁（Abramson, Alloy et al., 2000）
7. 身体健康（Peterson, 2000）。

关于基于习得性乐观的干预，读者可以参考第 15 章，它具体介绍了适用于儿童和成人的改变技术（也见 Seligman, Steen, Park & Peterson, 2005）。并且，在简 · 吉勒

CAVE 和棒球结果的预测

马丁·塞利格曼是费城人棒球队的一名忠实球迷，他决定考察 CAVE 法能否用来预测棒球队的结果。为此，他的研究小组使用 CAVE 技术分析了 1985 年 4~10 月期间，全国棒球联赛队员们在《运动新闻》和当地报纸的运动栏目报道中所做评论中隐含的乐观解释风格。这是一项艰巨的任务，需要阅读整个赛季关于 12 支全国联赛球队的报道，包含 15000 页的材料！然后，他们将其制成表格，利用 1985 年的习得性乐观分数预测 1986 年赛季的成绩。

特别需要关注的是纽约大都会队和圣路易斯红雀队球员的评论。当他们失败时，大都会队员的评论显示乐观的解释风格。例如，大都会的投手德怀特·古登把一名击球手的全垒打简单解释为："他今晚打得很好"，对自己的失控投掷，古登认为："球上面有些湿气"。大都会的右接球手将一次失败解释为，"有时候你会遇上这样的日子"。相比这些乐观评论，圣路易斯红雀队的经理威蒂·赫佐格对自己球队失利的悲观评论是："我们无法击中。见鬼，让我们面对它"，圣路易斯的强打者杰克·克拉克对自己为什么漏接一个球的说法是："它确实是一个本可以接到的球。"

当使用大都会和红雀队的解释风格预测接下来的 1986 年赛季的成绩时，大都会队的乐观评论意味着成功，红雀队的悲观评论预测失败。而事实也确实如此。大都会队赢得了 1986 年的分区赛、季后赛和世界锦标赛，而红雀队输比赢多。大都会队在 1986 年的总体平均击球数是 0.263，在压力条件下的平均击球数是 0.277；与之相比，红雀队的这两个平均值分别是 0.236 和 0.231。尽管我们只描述了 12 支全国联赛球队中的两支，1985 年的 CAVE 评分在预测另外 10 支球队的比赛结果上同样有效。由于塞利格曼怀疑这些发现，他重复了这项研究，用 1986 年的评论预测 1987 年的成绩，发现了相同的结果。

塞利格曼及其同事在其他运动项目中进行了类似研究，证实了用 CAVE 法分析球员评论以得到解释风格分数很有效力。比如，他预测了 NBA 职业篮球队和 1988 年奥林匹克游泳选手马特·比昂迪的比赛结果。塞利格曼还发现，美国政治作为另一种形式的"运动"（开个玩笑），乐观解释风格分数也是成功的有力预测因素。

注：所有这些应用研究在塞利格曼 1991 年的《习得性乐观》（*Learned Optimism*）一书中有详细描述。

姆（Jane Gillham）编著的《乐观和希望的科学》（*The Science of Optimism and Hope*, 2000）一书中，很好地概括了习得性乐观干预。在塞利格曼的《习得性乐观：如何改变你的心理和生活》（*Learned Optimism: How to Change Your Mind and Your Life*, 1998b）和《真实的幸福》（2002）两部书中，可以找到运用习得性乐观对成年人进行干预的分析，它们很容易理解。塞利格曼等人所著的《乐观的儿童》（1995）一书中描述了对儿童的干预。

乐观——希尔和卡弗

把乐观定义为达到合意目标的预期

心理学家迈克尔·希尔和查尔斯·卡弗（Michael Scheier and Charles Carver, 1985, p. 219）在发表于《健康心理学》的重要文章中，提出了他们对**乐观**（optimism）的新定义："相信好事而不是坏事将会发生"的稳定倾向。希尔和卡弗假定，当一个目标有充分的价值时，个体会对达成这一目标产生预期。

迈克尔·希尔

资料来源：Reprinted with permission of Michael F. Scheier.

在他们的乐观定义中，希尔和卡弗（1985）有意没有强调个人效能的作用。他们写道：

> 我们的理论方法强调个体对好结果或坏结果的预期。我们的看法是，结果预期本身就是行为的最好预测因素，而不是预期来源的基础。一个人可能基于多种原因持有良好预期——个人能力、因为他幸运或者因为其他人支持他。结果应该是一种乐观的态度，预期好事将会发生（p. 223）。

因此，这些一般性的结果预期可能包含了对迈向合意目标或远离不合意目标的认识（Scheier & Carver, 1999）。

乐观的儿童期前因

研究者的共识是希尔和卡弗定义的乐观有着遗传基础（也见 Plomin et al., 1992）。类似地，依据埃里克森（1963, 1982）的发展理论，卡弗和希尔提出，他们的乐观形式来自于儿童早期经验中的培养信任以及对父母的安全依恋（Bowlby, 1988）。

量表：乐观能否测量

希尔和卡弗（1985）介绍了他们的乐观指标，即生活导向测验（Life Orientation Test, LOT），它包括积极预期（“我总是对我的未来乐观”）和消极预期（“我很少指望好事会发生在我身上”）。LOT 的内部一致性是可以接受的（在初始样本中的 α 系数为 0.76），1 个月后的重测相关为 0.79。LOT 与成功预期正相关，与无望和抑郁负相关，因此，其效度也得到支持。

在使用 LOT 进行多年研究之后，批评者认为它与神经质部分重叠（见 Smith, Pope, Rhodewalt & Poulton, 1989）。作为回应，希尔、卡弗和布里奇斯（Scheier, Carver, & Bridges, 1994）验证了一个较短的、修订版的 LOT（称为 LOT 修订版，LOT-R），删除了与神经质重叠的条目。与神经质、焦虑特质、自我掌控和自尊相比，LOT-R 测量的乐观能更好地预测与良好应对有关的多种结果指标。例如，LOT-R 的高分与下列结果相关联：更好地从冠状搭桥手术中恢复，有效应对艾滋病，更能忍受肿瘤活组织检查，更好地适应怀孕，以及持续进行酒精成瘾治疗（Carver & Scheier, 2002; 乐观益处综述见 Scheier & Bridge, 2001）。并且，LOT-R 的内部一致性等于或超过了最初的 LOT（α 系数为 0.78）；它的重测相关在 4~28 个月之后为 0.68~0.79。最后，对 LOT-R 因素结构的研究结果有所不同，希尔等（1994）发现了一个因素（乐观），而阿弗莱克和坦南（Affleck & Tennen, 1996）发现了乐观和悲观两个独立因素。

乐观预测什么

与 LOT 类似，LOT-R 引发了大量研究。当应对压力源时，乐观者采用问题解决途径（Scheier, Weintrab & Carver, 1986），比悲观者更有计划性（Fontaine, Manstead & Wagner, 1993）。并且，乐观者倾向于采用趋近导向的应对策略，积极重组和发现情境中最好的方面；而悲观者更有回避倾向，更多采用否认策略（Carver & Scheier, 2002）。与悲观者相比，乐观者更多根据潜在成长和紧张减弱来评价日常压力。并且当面对确实无法控制的环境时，乐观者倾向于接受他们的困境，而悲观者则主动否认他们的问题，因此可能让情况变得更糟糕（Carver & Scheiver, 1998; Scheiver & Carver, 2001）。换句话说，乐观者知道何时应该放弃、何时应该继续努力，而悲观者在那样做已经不明智的时候依然追求目标。

总体而言，LOT-R 可以有力地预测多种结果指标（见卡弗和希尔在 1999、2001 和 2002 年的综述）。这里只是一些例子，与悲观者相比，乐观者在以下方面表现更好：

1. 开始上大学（Aspinwall & Taylor, 1992）

2. 在工作环境中的表现（Long, 1993）
3. 忍受导弹袭击（Zeidner & Hammer, 1992）
4. 照料阿尔茨海默氏症病人（Hooker, Monahan, Shifren & Hutchinson, 1992）和癌症病人（Given et al., 1993）
5. 接受冠状搭桥手术（Fitzgerald, Tennen, Affleck & Pransky, 1993）和骨髓移植手术（Curbow, Somerfield, Baker, Wingard & Legro, 1993）
6. 应对癌症（Carver et al., 1993）和艾滋病（Taylor et al., 1992）

现在转向用于增强乐观的干预，我们再次提示读者参阅第 15 章对实施积极心理改变的讨论。目前似乎有一种主要的治疗途径，它明确地寻求增强希尔和卡弗的乐观模型所提出的积极预期。约翰·里斯金德及其同事（Riskind, Sarampote & Mercier, 1996）对标准的认知治疗进行了修正，以影响乐观和悲观。里斯金德承认，多数认知治疗技术致力于减少消极思维（悲观），但是在增加积极思维（乐观）上做得较少。因此应该指出的是，简单减少消极思维并没有改变积极思维，也许是由于消极认知和积极认知并不相关（Ingram & Wisnicki, 1988）。在里斯金德的方法中，认知技术用来挑战乐观抑制图式，增强积极和乐观思维。里斯金德等人建议的另一种技术是积极想象，来访者练习从有问题的环境中看到积极结果（见 Pretzer & Walsh, 2001 的概述）。由于很多发现证明乐观与各种健康结果相关，因此我们相信，希尔和卡弗模型的影响力会继续扩大，特别是在干预领域，它可以用来帮助面临身体健康挑战的患者。

希　望

斯奈德的希望理论（Snyder, 1994; Snyder, harris, et al., 1991）在过去 20 年中已得到相当多的关注，因此我们在此讨论这一途径对希望思维的一些具体解释。（斯奈德是堪萨斯大学心理学教授和本书第一作者。）附录 A 概括了各种希望理论。此外，法兰、赫斯和波波维奇（Farran, Herth & Popovich, 1995）的《希望和无望：关键的临床建构》（*Hope and Hopelessness: Critical Clinical Constructs*）一书很好地总结了定义和测量希望的不同途径。

C. R. 斯奈德

定 义

斯奈德希望理论和希望的定义都强调基于目标导向思维的认知。我们把**希望**（hope）定义为目标导向的思维，其中，人们使用了**途径思维**（pathways thinking）（知觉到有能力发现达成合意目标的途径）和**动因思维**（agency thinking）（使用这些途径的必要动机）。

只有对个体有相当价值的目标才被认为适用于希望。并且，目标在时间上可以有所不同，从接下来几分钟内将会达到的目标（短期的），到需要几个月甚至几年才能达到的目标（长期的）。类似地，希望中牵涉的目标可能是趋近导向的（致力于达到合意目标）或阻止导向的（致力于阻止不合意事件发生）（Snyder, Feldman, Taylor, Schroeder & Adams, 2000）。最后，达成目标的难度可能有所不同，一些非常容易，一些极度困难。但是，即便是不太可能的目标，人们也可能共同参与，并通过周密计划和持续努力取得成功。在后一点上，协调和成功的群体努力告诉我们为什么不应该把极度困难的目标描绘为“虚假的希望”（Snyder, Rand, King, Feldman & Taylor, 2002）。

当初始途径受到阻碍时，途径思维与替换途径的产生有关（Snyder, Harris, et al., 1991），如同寻找达成合意目标的途径时积极的自语（例如，“我能够找到办法解决它”；Snyder, LaPointe, Crowson, & Early, 1998）。此外，认为自己有较高动因思维能力的人们也赞同积极的个人自语陈述，例如“我会继续做下去”（Snyder, LaPointe, et al., 1998），在遇到阻碍时，他们也格外有可能产生和使用这样的动机言语。

高希望者拥有积极的情绪集合，充满热情，这来自他们以往追求目标的成功；而低希望者具有消极的情绪集合，情绪平淡，来自于他们追求目标的失败历史。最后，不论高希望或低希望的人在从事与具体目标相关的活动时，都会携带这些重要的情绪集合。

希望理论的各种成分见图 9.2，途径和动因思维的循环往复的关系显示在左侧。在发展中的动因—途径思维中，从左向右移动，我们可以看到带入具体目标追求活动中的情绪集合。图 9.2 接下来的部分是与特定目标寻求相关联的价值。如前面提到的，在个体继续希望过程之前，目标必须有充足的价值。就此而言，途径和动因思维应用于合意目标。这里，反馈回路带来积极的情绪，正面强化目标寻求过程，或者带来消极情绪，缩减这一过程。

图 9.2 显示，在前往目标的路途中，个体可能会遇到压力源，它们可能会阻碍实际的目标寻求。希望理论提出，成功达成合意目标，特别是当克服了障碍时，会带来积极情绪和持续的目标追求努力（即积极强化）。另一方面，如果个体的目标追求

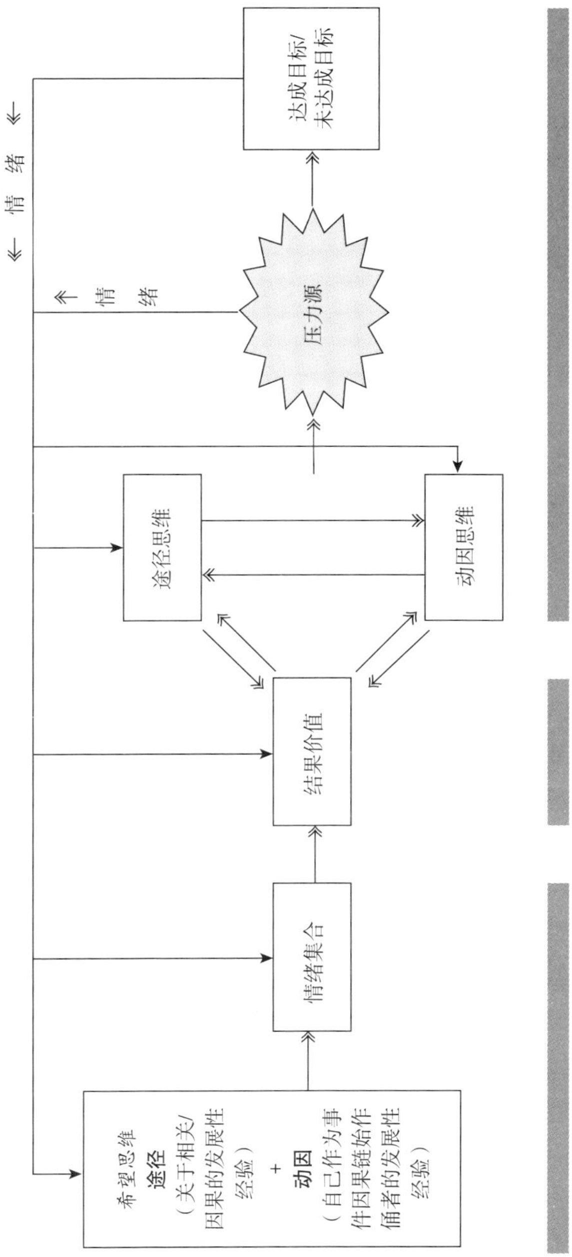

图 9.2　希望理论中的前馈和反馈功能

失败（经常是由于个体不能绕过障碍），那么会产生消极情绪（Ruehlman & Wolchik, 1988），目标追求过程会被破坏（如惩罚）。

此外，个体的总体希望水平不同，对压力源的解释也有所不同。也就是说，高希望者把这样的阻碍看成挑战，将会探索其他途径并应用动机到这些途径。高希望者由积极情绪驱使前行，通常绕过这些障碍体验到成功。但是，低希望者往往因无法找到其他途径而不能继续；反过来，他们的消极情绪和迷思会阻挠他们追求目标。

希望的儿童期前因

在斯奈德（1994, pp. 75-114）以及斯奈德、麦克德莫特、库克和拉波夫（Snyder, McDermott, Cook & Rapoff, 2002, pp. 1-32）的著作中，我们可以找到关于希望过程在发展上的前因。简言之，斯奈德（1994）提出，希望没有遗传基础，而完全是一种习得的、关于目标导向思维的认知集合。教孩子学会途径和动因目标导向思维是父母教养的一部分，希望思维的成分在两岁时已经出现。途径思维反映了基本的原因—结果学习，儿童从照料者和他人处习得。这些途径思维在动因思维之前获得，后者大约在 1 岁时开始出现。动因思维反映了婴儿越来越多地认识到，她是周围环境中许多因果序列的始作俑者。

斯奈德（1994, 2000a）提出，与照料者之间的强依恋是传授希望的关键，已有研究验证了这一推测（Shorey, Snyder, Yang & Lewin, 2003）。儿童期的创伤性事件也与希望的减弱相关联（Rodriguez-Hanley & Snyder, 2000），有研究证明了创伤经历（例如失去父母；Westburg, 2001）带来一些负面影响。

希望的神经生物学

尽管斯奈德及其同事认为希望是一种习得的心智模式，但这并没有排除希望思维的运作具有神经生物基础，特别是与目标导向行为相关联的神经基础。诺曼·卡曾斯（Norman Cousins）在 1991 年的畅销书《头部优先：希望的生物学和人类精神的治愈力量》中恰当地描述了脑和希望相关思维：

> 脑研究者现在相信，发生在身体中的事情能够影响脑，发生在脑中的事情能够影响身体。希望、目标和决心不仅仅是心理状态。它们有电化学的联系，在免疫系统的工作中起重要作用，实际上在整个人类有机体的运作中起作用。简言之，据我所知，讨论希望的生物学并非是不科学的……（p. 73）

这里有一个令人兴奋的新观点，中枢神经系统中对立的控制过程指引着目标导向行动。根据皮克林和格雷（Pickering & Gray, 1999）的看法，这些过程分别由行为抑制系统（BIS）和行为激活系统（BAS）调节。BIS 被认为对惩罚做出反应，它通知有机体停下来；而 BAS 由奖励控制，它发出前进的消息。一些有关的研究提示，行为易化系统（BFS）驱动有机体的刺激寻求行动（见 Depue, 1996）。研究者认为，BFS 包括与边缘系统和杏仁核相连的中脑多巴胺通路。

量表：希望能否测量

根据希望理论，斯奈德及其同事开发了几种自我报告量表。首先，斯奈德、哈里斯等（Snyder, Harris, et al., 1991）发展了一种 12 个条目的特质测量，用于 16 岁及 16 岁以上的成人，其中 4 个条目反映途径，4 个条目反映动因，4 个条目是干扰项。途径条目的一个例子是“我能够想出很多解决困境的方法”，动因条目的一个例子是“我积极地追求我的目标”。回答者在 8 点的李克特连续体上回答每个条目（1= 完全错误，8= 完全正确）。

结果是，内部一致性（α 水平）为 0.80，间隔 8~10 周的重测信度为 0.80 或以上（Snyder, Harris, et al., 1991）。另外，还有很多关于希望量表的同时效度的数据，它与测量乐观、达成目标的预期、控制预期和自尊等类似概念的量表正相关，与反映相反的建构例如无望、抑郁和病理状况的量表负相关。最后，几个因素分析研究提供了对希望量表的途径和动因成分的支持（Babyak, Snyder & Yoshinobu, 1993）。

儿童希望量表（Children’s Hope Scale, CHS）用于 8~15 岁的儿童，是一种 6 个条目的自我报告的特质测量。其中 3 个条目反映动因思维（例如“我认为我做得很好”），3 个条目反映途径思维（例如“当我遇到问题时，我能够提出很多解决办法”）。儿童在 6 点李克特连续体上回答每个条目（1= 从来不，6= 总是）。几个样本的 α 系数接近 0.80，间隔 1 个月的重测信度为 0.70~0.80。CHS 具有会聚效度，它与其他优势指标（例如自我价值感）呈现正相关，与问题指标（例如抑郁）负相关。最后，因素分析证实了 CHS 的两因素结构（Snyder, Hoza, et al., 1997）。

斯奈德及其同事（Snyder, Sympson, et al., 1996）还开发了状态希望量表（State Hope Scale, SHS），它是一份 6 个条目的自我报告量表，测量当下的目标导向思维。3 个条目反映途径思维，例如“我现在面临的任何问题都有许多解决方法”；3 个条目反映动因思维，例如“目前，我正在积极地追求我的目标”。反应范围从 1（完全错误）到 8（完全正确）。内部一致性非常高（α 系数经常在 0.90 范围）。高同时效度的结果显示，SHS 分数与状态自尊指标和积极情感正相关，与消极情感指标负相关。

类似地，基于操纵的研究显示，当目标指向活动出现成功或失败时，SHS 分数升高或降低。最后，因素分析支持 SHS 的两因素结构（Snyder, Sympson, et al., 1996）。

希望预测什么

关于希望量表分数能够预测什么的详细综述见斯奈德（2002a）的相关研究。在这些与预测有关的结果中，值得注意的是，即便是在对多种其他自我报告的心理指标，例如乐观、自我效能和自尊的影响做了数学上的校正之后，仍然存在统计上的显著性。总体而言，希望量表分数能够预测学业、运动、身体健康、适应和心理治疗的结果。例如，在学业领域，大学开始时的高希望量表分数预测更高的累积平均成绩以及学生是否仍然在学（Snyder, Shorey, et al., 2002）。在运动领域，大学田径季开始时的高希望量表分数预测男性运动员的优秀表现，在控制了由教练给出的天生运动能力评分之后仍然如此（Curry, Snyder, Cook, Ruby & Rehm, 1977）。在适应领域，高希望量表分数与多种指标相关，例如快乐、满意、积极情绪、人际关系等（Snyder, Harris, et al.., 1991）。并且，希望被认为是心理指标发生积极变化的一个共同因素（Snyder, Ilardi, Cheavens, et al., 2000）。

关于增强希望的干预，见第 15 章对多种途径的讨论。对于具有丰富的心理治疗知识的读者，你可以在斯奈德编著的《希望手册》（*Handbook of Hope*, 2000b）一书中，找到对希望理论干预的完整总结。心理治疗经验较少的读者可以在麦克德莫特和斯奈德的《让希望出现》（*Making Hope Happen*, 1999）和斯奈德的《希望心理学：你能够由此及彼》（*The Psychology of Hope: You Can Get There From Here*, 1994/2004）两本书中，找到增强成年人希望的“入门知识”；在麦克德莫特和斯奈德的《希望百科全书》（*The Great Big Book of Hope*, 2000）和斯奈德、麦克德莫特等的《希望伴你行：帮助儿童度过好时光和坏时光》（*Hope for the Journey: Helping Children Through the Good Times and the Bad*, 2002）中，可以找到提高儿童希望的“入门知识”。

最新前沿：集体希望

与自我效能研究者类似，希望研究者也扩展了他们的概念，探讨所谓的集体希望（见 Snyder & Feldman, 2000）。简单来说，**集体希望**（collective hope）反映了一大群人的目标导向思维水平。当几个人一起追求一个人不可能达到的目标时，集体希望就在起作用。斯奈德和费尔德曼（2000）将集体希望概念广泛应用于裁军、环境资源保护、健康保险和政府等主题。

采纳未来时间观

我们现在把关注未来（也就是我们在本章中所讨论的）的导向与关注过去或现在的导向并列在一起。这是因为，比较这三种时间导向，可以更好地理解均衡的时间导向在产生有生产力的和满意的生活方面所起的作用（见 Boniwell & Zimbardo,

生活提升策略

自我效能、乐观和希望提供了追求美好生活所需的动力。因此，我们鼓励你利用你已经拥有的自我效能、乐观和希望，提高你在重要生活领域的功能。

爱

- 通过观察擅长管理友谊和浪漫关系的人，为你的关系树立新的信心。适时效仿他的行为。
- 用灵活的解释风格处理你下次拜访亲戚时发生的事情。当积极事件发生时，一定要确认你在家庭成功中所起的作用。
- 为促进你与他人更亲密的重要关系设定目标。一定要找出追求这些目标的多种途径和动因来源。

工作

- 参加能够帮助你更有信心地完成任务的训练和学习课程，发展新的工作技能和学校技能。
- 当分配给你一个新项目时，预期将会发生最好的事情。在你为成功完成项目付出努力时，每天都保持乐观。
- 把大任务分解为较小的目标，用你的精力去追求一个接一个的小目标。

游戏

- 观看一小时的儿童教育节目。试着找出用来增强自我效能的大量信息。
- 与朋友玩纸牌游戏或一起运动，试着用灵活的解释方式对糟糕的结果做出反应。
- 找出与你喜欢的娱乐活动有关的、你希望在下个月达成的个人目标。找出和获得向那个目标前进所需的所有资源。

2004）。

这三种时间导向（过去、现在和未来）的每一种都既有优势又有缺点。让我们从**过去导向**（past orientation）开始，它经常强调愉快地看待先前与朋友和家人的人际关系。这种有点情感化的视角关注从温暖的人际交往中获得的快乐。但是，它并不那么积极，过去导向可能会导致非常保守的、过分谨慎的生活方式，以及保持现状的愿望，从而可能会让个体不愿意体验新事物。类似地，无法保证对过去的看法是积极的；对过去持有消极看法的人，其思维和情感中充满了迷思、焦虑和抑郁（经常是关于儿童期创伤性事件）。当然，许多图书馆的书架上面都充斥了关于后一种内容的书籍，多是涉及童年期创伤造成的病理状况。

现在，让我们考虑生活在此时此地的人。可以用快乐主义来描述活在当下的人，这一时间导向既有好的结果又有坏的后果。如果生活在当下，个体会从高度密集的活动中获得很多快乐，在此时此地享受激动和兴奋，对当下正在进行的冒险保持开放。关注现在的个体也可能把兴奋体验置于优先的位置。

享受正在发生的体验的一个方面是细细品味（Bryant, 2004; Bryant & Veroff, 2006）。尽管可以细细品味过去或未来，但最强有力的一种品味属于享受当下，也许甚至包括用行动来延续正在发生的积极事件。如热气球驾驶者伯特兰·皮卡德在1999年的世界旅行中所观察到的，“昨天晚上，我再一次细细品味着我们与自己的星球所建立起的亲密关系。我感到如此幸运，我要享受空中世界的每一秒……”（Piccard, 1999, p. 44）。

从西方视角考虑，由**现在导向**（present orientation）产生的关注全然地反映了这样一个事实，即这种人可能没有预见到兴奋寻求的潜在不利方面。尽管我们中的多数人可能不记得自己的学步期，但是有可能那个时候的我们是活在当下，我们完全追求瞬间的念头和愿望。然而，当成年人还仅是现在导向时，一些人可能会遭受享乐冒险的消极后果。例如，如果个体只生活在这种享乐主义的现在导向中，成瘾、事故受伤和各种诱惑可能会破坏他们的职业抱负。这种人会在许多场合冒险，比如飙车、性滥交以及药物滥用等（Keough, Zimbardo & Boyd, 1999）。我们对现在导向的许多描述具有明显的西方倾向；东方视角包括冥想时由当下导向所带来的平静（见第11章对当下最佳体验的讨论）。如果能更多以东方视角考虑，许多负面的可能性（如果存在的话）就不太会出现了。

最后，未来视角构成了本章的核心主题。**未来导向**（future orientation）的个体预见到自己行动的可能后果。如我们所了解到的，未来导向的人们确立清晰的目标，并设想出必要的途径以达到这些目标。他们可能会采取预防措施，以降低坏事在未来发生的可能性。并且，如我们在本章关于自我效能、乐观和希望的文献中所见，这些人在很多生活领域都取得了成功——学业、工作、运动、健康等。但是，一些未来导向的人可能很难做到仅与他人在一起或只是回忆先前的某些人际活动就能体验到巨大的快乐。

在理解过去、现在和未来导向时，你可能疑惑自己的生活属于哪种导向。斯坦福大学的心理学家菲利普·津巴多（Zimbardo & Boyd, 1999）设计和验证了一种类似特质的关于时间导向的测量工具，称为津巴多时间观量表（见附录 B）。也就是说，尽管人们可能在特定时刻强调过去、现在或未来，他们也倾向于在不同情境下采取其中一种时间观。因此，时间导向可以是一种类似特质的品质。

菲利普·津巴多

资料来源：Reprinted with permission of Philip Zimbardo.

在个人小实验中，有两种方法帮助你回答如何使用时间的问题。首先，我们鼓励你尝试练习“剖析自己的时间导向”。在这个练习中，你将监控你一天的思想，从而知道你关注过去、现在和未来的程度。尝试这一练习的学生报告说，他们发现的结果很让人吃惊且富有价值。

作为个人小实验的一部分，你可以完成附录 B 中的津巴多时间观量表（Zimbardo & Boyd, 1999）。通过这份量表，你可以确定在不同情境中，下列五种时间导向描述你的程度：（1）过去—消极，（2）过去—积极，（3）现在—宿命论，（4）现在—享乐主义，（5）未来。通过完成“剖析自己的时间导向”的个人小实验，以及与津巴多时间观量表有关的“均衡练习”，你应该能够了解在你的生活中过去、现在和未来的时间导向。

平衡三种时间观的关键是，你在最适合你所处情境的时间导向上的操作能力。根据博尼韦尔和津巴多（Boniwell & Zimbardo, 2004, p. 176）的看法，这种均衡涉及“工作的时候努力工作，娱乐的时候尽情娱乐。在祖母依然在世的时候享受听她讲老故事。就像儿童充满好奇地看待世界一样，你也用好奇的眼睛看待孩子。因笑话和生活的荒谬而大笑。纵情享受渴望和激情。”

灵活转向适宜的时间观的能力，可以带来最有生产力的生活方式。但是，在说到这一点时，很明显西方文化通常强调未来导向（见第 2 章）。这是西方社会的积极心理学实践建立在思考未来的基础之上的原因。最明显就是在《三只小猪》的儿童故事中，孩子们看到，现在导向的小猪用干草和细枝搭建房子，自然不牢固，经不起可怕的大灰狼的攻击。而未来导向的小猪用砖块盖房子，“从此以后快乐地生活”。但是，这个儿童故事没有考虑关于时间的东方视角，我们将在本章的最后一部分讨论这个问题。

个人小实验

均衡你的时间观

在这一章，我们讨论了未来导向和均衡时间观的益处。我们的总结显示，时间导向以类似的方式影响积极和消极结果。这里有几个点子，帮你发现自己看待时间的方式。

“剖析自己的时间导向”：尽管你可能对于自己花多少时间思考未来有着粗略的看法，但我们发现，如果人们明确估计一下他们每天花在“过去”、“现在”和“未来”上的时间将会有所帮助。拿出一张纸，上面分好行和列（见下面的例子）。从每一列的顶端往下，依次写下每天的时间（上午7点、上午8点、上午9点等），在行的顶部，写下过去、现在和未来。现在，你得到一个表格，可以记录每个小时里你思考过去、现在或未来的时间。把这份表格印在一张小卡片上，把它放在你的口袋或钱包里，另外放进一只小铅笔，记录你每小时花在每种时间观上的时间。

时间	过去	现在	未来
上午7点			
上午8点			
上午9点			
上午10点			
上午11点			
正午			
下午1点			
……			
总计			

从上午7点到半夜（或者任何你醒着的时间），在每个小时的最后一分钟，估计你前一个小时思考过去、现在或未来的时间。如果你发现自己处于类似流畅感的状态，完全沉浸在你正在做的事情中，时间似乎飞逝，那么把这个状态记在现在一栏下面。最后，合计你醒着的时候思考过去、现在或未来的时间。接下来的一天，计算你如何花费多数时间。对于多数人，即使在繁忙的时候，也会花很多时间在预想目标和达成这些目标的计划上。我们几乎从醒来的第一分钟就开始

这样做，考虑这一天我们将会做什么。记住，并没有绝对正确或绝对错误的花费时间的方式。这一尝试的目的是让你对自己思维的时间焦点有所了解。还要认识到，这个实验的结果可能依赖于当天是一周中的哪一天、你的健康、你的年龄、你是否在休假、一年中的季节、你住在哪里、你的工作等等。但是，多数完成这个练习的人会对他们在思考未来上所花费的时间感到吃惊。

朝向均衡的时间观：在完成津巴多的时间观量表和计分之后（见附录B），找出你在接下来一周将会经历的最有意义的事情（也就是你最期盼或你最害怕的事情）。一旦找到这件事，采用你通常持有的跨情境时间导向（过去—消极，过去—积极，现在—宿命论，现在—享乐主义，未来），在头脑中想象你将如何处理这件事。记下你的时间导向可能如何影响该事件的结果。然后，考虑如果你持有另一种导向，你会如何处理该事件。这种时间导向是否有益处？多数人认识到，时间知觉可以影响现在和未来的经历。

时间观的文化差异

我们在本章中讨论的内容反映了白种美国人的时间导向观，所报告的研究中，绝大多数参与者是白种美国人。因此，一些美国人和其他非西方文化成员的自我效能、乐观和希望视角可能与我们呈现的不同。（见第5章对文化和积极心理学的具体讨论。）这些非西方视角不仅有可能在实施自我效能、乐观和希望上有差别，而且他们也可能不像我们在本章中讨论的那样重视它们。

并且，在很多情况下，我们描述的工具可能对东方人的细微差异不敏感。很明显，美国的主流白人文化群体和其他西方文化要求优先掌控未来，并且强调行动导向或目标导向的活动，以及强调个人而不是集体视角（Charter, 1991）。而且，我们在这一章报告白种美国人时，更多根据他们的行为方式而不是人种来评判他们。因此，这些研究参与者也很可能以类似于西方文化偏差的方式（Stewart, 1972），关注控制他们周围的环境，同时用线性的方式看待时间（认为规划未来很关键）。

例如，对比前一种视角与土著美国人对当下的强调（Trimble, 1976）。土著美国人把时间看做是一种流动的、相对的资源，需要集中关注；他们并非“按时间表做事”，而是按需要做事（Soldier, 1992）。类似地，古巴裔美国人、墨西哥裔美国人和波多黎各裔美国人都倾向于现在导向而不是未来导向（Chandler, 1979; Inclan, 1985;

Szaponik, Scopetta & King, 1978）。一般而言，土著美国人、拉丁裔美国人、非裔美国人和亚裔美国人以多元视角看待时间，认为很多事情可以同时进行或发生。并且，时间被看成是充足的资源，人际关系优先于时间（Schauber, 2001）。而欧裔美国文化把时间看成是线性的、顺序的和单一的（可以从"时间就是金钱"这句话看出对时间的重视；Schauber, 2001）。

但是，即便在美国文化内部，也有相当大的差异，我们在这一章没有讨论这一问题。而且，如果美国文化内部对自我效能、乐观和希望的看法存在差异，当比较美国之外的文化时，差异很可能会更大。

在东方文化（例如亚洲文化）下，传统的观点是把自我和他人看成是彼此关联的（Kim, Triandis, Kagitcibasi, Choi & Yoon, 1994; Markus & Kitayama, 1991）。因此，与美国的价值观相反，东方观点强调互动的人们之间的和谐相依（见第 3 章；Weisz, Rothbaum & Blackburn, 1984）。并且，在东方视角下，受苦经历被视为人类生存的必要部分（Chang, 2001b）。这种对人的强调使得时间关注在东方文化下远没有那么重要。

一些研究比较了西方文化和东方文化的乐观结构。例如，利用 ASQ 测量习得性乐观的结构，李和塞利格曼（Lee & Seligman, 1997）发现，亚裔美国人和白种美国人有类似水平的乐观，而中国大陆学生则不那么乐观。

埃德华·张

资料来源：© Edward C. Chang 2005.

使用希尔和卡弗定义的乐观（以及 LOT），密歇根大学的埃德华·张（Ed Chang, 1996a）发现，亚裔和白种美国学生在乐观上没有差异，但是亚裔学生的悲观得分高于白种学生。在这个研究中，张发现，对于白种美国人，高度悲观与较差的问题解决相关联（与预期一致）。另一方面，对于亚裔美国人，高度悲观与较好的问题解决相关联。用张（2001a, p. 226）的话说，"因此，对亚裔和美国白种人'起作用的'因素可能不同，哪种更有效也并不一定"（强调是后加的）。（见第 5 章对张的工作的讨论）。

这些对乐观的研究表明，我们不能假定亚裔美国人和白种美国人表现出同等程度的乐观应对方法，我们也不能假定更乐观（和更悲观）会给这两个群体带来相同的应对结果。在这一章即将结束的时候，我们比较了来自不同文化背景的人们，试图指出，这一章讨论的大量发现可能具有文化特异性。未来的积极心理学者不要假定基于西方的理论和量表可以通过显而易见的方式转换到东方文化中，这一点很重要。我们坚信，积极心理学应该是世界性的，因此在推断"普遍"适用的发现之前，我们必须谨慎地在不同文化间检验理论和测量工具。我们想起了一句古老谚语中暗含的智慧："不确定是让人不安的，但是，确定有时候可能是荒谬的。"

附录 A：希望理论小结

埃夫里尔

埃夫里尔、卡特林和金（Averill, Catlin & Chon, 1990）采用认知术语定义希望，认为当目标符合下列要求时，希望是适当的：（1）能力范围内可实现的（也就是中等难度水平），（2）可控制的，（3）被看成是重要的，（4）在社会和道德水平上是可接受的。

布雷斯尼茨

布雷斯尼茨（Breznitz, 1986）通过五个隐喻来描述应对压力源时的希望，希望是：（1）保护区，（2）桥梁，（3）意图，（4）表现，（5）本身就是目的。他还警告，希望可能是一种类似于否定的错觉。

埃里克森

埃里克·埃里克森（Erik Erikson, 1968, p. 118）把希望定义为"对强烈愿望能够实现的持久信念"，提出希望和其他动机之间的辩证关系，最强烈和最重要的一对是信任 / 希望对不信任，这是婴儿的第一个任务。根据埃里克森（1982）的看法，另一对普遍的辩证关系是希望的繁衍感对停滞。

戈特沙尔克

戈特沙尔克（Gottschalk, 1974）认为，希望包含对特定合意结果的积极预期，它推动一个人解决心理问题。他设计了希望量表，分析 5 分钟口语片段的内容。这种希望量表具有同时效度，它与积极人际关系和成就正相关，与高焦虑、敌意和社会疏离负相关。

马塞尔

马塞尔的定义基于战俘的应对（见 Godfrey, 1987），认为希望带给人们应对无助环境的力量。

莫勒

莫勒（Mowrer, 1960）提出，希望是一种情绪，当大鼠观察到一个刺激与某种愉快的事物相关联时，这一情绪就会出现。莫勒还描述了希望的对立面，或者说恐惧，他认为恐惧会招致某种类似的害怕，动物会减少活动水平，因此恐惧阻碍它们寻求目标。

斯塔茨

斯塔茨（Staats, 1989, p. 367）把希望定义为“愿望和预期之间的相互作用”。斯塔茨及其同事开发了测量希望的情感和认知方面的工具。为了测量希望的情感成分，采用预期均衡量表（Expected Balance Scale, EBS, Staats, 1989），包含 18 个条目，回答者在 5 点李克特连续体上回答每个条目。采用希望指数测量认知成分（引自 Staats & Stassen，Staats, 1989），它集中于特定的事件及其结果，包括希望—自我、希望—他人、愿望和预期四个分量表。希望指数包含 16 个条目,回答者在 6 点李克特量表上，评定他们“希望这件事发生”和“预期这件事发生”的程度。

斯托特兰德

斯托特兰德（Stotland, 1969）探索预期和认知图式的作用，把希望描述为重要的目标，个体知觉到这一目标是很有可能达到的。利用斯托特兰德（1969）的模型，埃里克森、波斯特和佩奇（Erickson, Post & Paige, 1975）设计了希望量表，包含 20 个一般性（也就是非情境特异的）目标。通过这一希望量表得出这些目标的重要性和可能性水平。但是，很少有研究报告采用这一量表。

附录 B：津巴多时间观量表条目

指导语：认真阅读每个条目。使用下面的 5 点量表，请选择一个数字，写在左侧的空白处，表明每条陈述在多大程度上描述了你的特征。

1	2	3	4	5
非常不符合 我的特征	不符合 我的特征	中性	符合 我的特征	非常符合 我的特征

____ 1. 我相信与朋友一起参加聚会是生活中最重要的快乐之一。

____ 2. 熟悉的童年景象、声音、气味经常带来很多美妙的记忆。

____ 3. 命运在很大程度上决定了我的生活。

____ 4. 我经常想起我在生活中本应做得不同的事情。

____ 5. 我的决定主要受我周围的人和事的影响。

____ 6. 我相信一个人应该在早上预先计划好一天的事。

____ 7. 回忆过去会给我带来快乐。

____ 8. 我做事情很冲动。

____ 9. 如果事情没有按时完成，我不会担心。

____ 10. 当我想要完成某件事情时，我设定目标并考虑达成这些目标的具体方法。

____ 11. 总体上，回忆过去时想起的好事远多于坏事。

____ 12. 听我喜欢的音乐时，我经常忘记了时间。

____ 13. 在晚上娱乐之前，应该完成以明天为最后期限的事情以及其他必要的工作。

____ 14. 既然任何将要发生的事情都会发生，我做什么都是不重要的。

____ 15. 我喜欢关于过去“美好时光”的故事。

____ 16. 痛苦的过往经历在我的头脑中不断重演。

____ 17. 我试着尽量充实地生活，认真过好每一天。

____ 18. 约会迟到会让我不安。

____ 19. 理想的状态是，我把每一天当成最后一天来过。

____ 20. 美好时光的愉快记忆很容易浮现脑海。

____ 21. 我对朋友和管理者按时履行义务。

____ 22. 过去我已经承受了太多的虐待和拒绝。

附录 B 资料来源：摘自 Zimbardo, P. G. & Boyd, J. N., Putting time in perspective: A valid, reliable individual-differences metric, in Journal of Personality and Social Psychology, 77, pp. 1271-1288.

____ 23. 我凭一时冲动做决定。
____ 24. 我活在当下，而不是试图规划每一天。
____ 25. 过去有太多不愉快的记忆，我宁愿不要想起它们。
____ 26. 在我的生活中愉快对我很重要。
____ 27. 过去我犯过一些错误，我希望能重新来过。
____ 28. 我觉得享受正在做的事情比按时完成工作更重要。
____ 29. 我怀念我的童年。
____ 30. 在做决定之前，我权衡成本和收益。
____ 31. 冒险让我的生活免于沉闷。
____ 32. 对我来说，享受生活的旅程比只关注目的地更重要。
____ 33. 事情很少能如我预期的那样发生。
____ 34. 我很难忘记我年轻时的不愉快经历。
____ 35. 如果我不得不考虑目标、结果和产物，我的活动过程会失去乐趣。
____ 36. 即便我正在享受现在，我也会将之与类似过往经历进行比较。
____ 37. 你不能计划未来，因为事情变化得很快。
____ 38. 我的生活轨迹受到我无法影响的力量控制。
____ 39. 担心未来是没有意义的，因为毕竟我不能做任何事情来改变它。
____ 40. 我稳步前进，按时完成项目。
____ 41. 当家庭成员谈论过去的事情时，我发现自己的注意力会转向别处。
____ 42. 我通过冒险来给我的生活带来刺激。
____ 43. 我会把要做的事情列出来。
____ 44. 我经常随心所欲而不是理性行事。
____ 45. 当我知道有工作要做时，我经常能够抵制住诱惑。
____ 46. 我发现我在兴奋的时刻会全情投入。
____ 47. 现在的生活太复杂，我喜欢过去的简单生活。
____ 48. 我喜欢自然而然结识的朋友而不是刻意结交的朋友。
____ 49. 我喜欢定期举行的家庭仪式和传统。
____ 50. 我会想起过去发生在我身上的坏事情。
____ 51. 我坚持完成困难的、无趣的任务，如果它们有助于我进步。
____ 52. 把我赚的钱花在今天的娱乐上比存下来确保明天的安全要好。
____ 53. 幸运经常比努力工作更令人受益。
____ 54. 我想起我在生活中错过的好事情。
____ 55. 我喜欢有激情的亲密关系。

____ 56. 将来总有时间让我赶完我的工作。

要得到五个子因素的分数，（1）把所有相关的条目反向计分，（2）合计贡献于特定子因素的每个条目分数，（3）用子因素总分除以构成该子因素的问题数目。

过去—消极：条目 4、5、16、22、27、33、34、36、50 和 54

过去—积极：条目 2、7、11、15、20、25、29、41 和 49

现在—宿命论：条目 3、14、35、37、38、39、47、52 和 53

现在—享乐主义：条目 1、8、12、17、19、23、26、28、31、32、42、44、46、48 和 55

未来：条目 6、9、10、13、18、21、24、30、40、43、45、51 和 56

关键术语

动因思维（agency thinking）：使用路径达成合意目标的必要动机。（与途径思维比较。）

集体希望（collective hope）：目标导向思维，一群人认识到他们有能力找到通往合意目标的路径，以及他们有使用这些路径的必要动机。

集体自我效能（collective self-efficacy）：一群人相信他们能够一起工作达成共同目标的程度。

未来导向（future orientation）：一种强调未来事件和行动结果的视角。未来导向的人们关注计划将要发生的事情。

希望（hope）：目标导向思维，个体认识到有能力发现通往合意目标的路径（途径思维），以及使用这些路径的必要动机（动因思维）。希望并非由遗传决定，而完全是习得的、审慎的思维方式（Snyder, 1994）。

习得性乐观（learned optimism）：其特征是使用一种灵活的解释风格，个体学会对失败作外部的（自己之外的）、可变的（不是一贯的）和局部的（局限于特定情境）归因。相反，悲观者学会把失败归因于内部的（自己的特征）、稳定的（一贯的）和全局的（并非局限于特定情境的）原因。

乐观（optimism）：个体预期好事而不是坏事将会发生。它是一些人的稳定特质，独立于自我效能（Scheier & Carver, 1985）。

途径思维（pathways thinking）：认识到有能力发现通往合意目标的路径。（与动因思维比较）。

过去导向（past orientation）：个体在思考时间时，强调过去发生的事情、愉快的经历或者先前的关系。

现在导向（present orientation）：个体强调此时此地，依靠当下体验快乐和满足需要。

自我效能（self-efficacy）：相信自己的技能和能力足以达成特定情境中的合意目标。

情境观（situational perspective）：把心理概念（例如自我效能）看做情境的或背景的、特定的；也就是说，特定的情境影响一种心理现象如何表现。随着情境变化，这个概念也会发生变化。（与特质观比较。）

社会认知理论（social cognitive theory）：这种理论提出人们的自我效能（对他们能力的自信）影响他们的行动和思维，以至于自我效能会塑造人们周围的环境。例如，一名认为自己可能擅长篮球的孩子会争取参加球队。争取参加球队又会给这名孩子带来机会，让其发展技能和获得对能力的信心。然后，这个孩子更积极地思考其从事多种运动的能力。因此，这个孩子的信念影响其追求目标时所选的环境类型。

特质观（trait perspective）：理解心理概念（例如自我效能）的一种方法，把心理概念看成个体的持久特征和其特征的一部分，认为它们在各种情境下都出现。（与情境观比较。）

智慧和勇气 10

两种普遍的美德

> 愿上帝赐予我从容去接受我不能改变的，赐予我勇气去改变我能够改变的，并赐予我智慧去分辨两者的区别。
>
> ——雷茵霍尔德·尼布尔（Reinhold Niebuhr）

平静的祷告已经成为了许多普通人的信条，他们在奋斗中接受生活的挑战。我们以这段话开始，因为它包含我们将在本章中讨论的两个要点。首先，如这段祈祷文所示，智慧和勇气的概念渗透在历史文学中。这一关联及其原因将在下文讨论。第二，这段祈祷文表明，每个人都可以拥有智慧和勇气这两种非凡品质。这一点将在与智慧和勇气有关的总结中讨论。

智慧和勇气：同类的两个美德

一些哲学家和神学家把智慧（深谋远虑）和勇气（勇敢）看做四大美德中的两个（另外两个是正义和节制）。传统上，这些基本美德按照深谋远虑（prudence）、正义（justice）、勇敢（fortitude）和节制（temperance）的顺序排列，它们是“认知和动机倾向，它们不仅指明个体成就的适宜性，而且指明个体目标达成与做一个集体和社会伦理所认同的好人之间的一致”（Baltes, Glueck & Kunzmann, 2002, p. 328）。这些基本美德促进个体发展，通过实践它们可以引起社会资源的发展，从而鼓舞其他人的成长。智慧和勇气都可以让人了解选择和推动追求，从而导致个体机能和集体利益的提高。勇气也有助于克服那些让其他美德难以实践的障碍。

把智慧和勇气放一起可能会造成它们难以区分，但是二者经常被一起研究。从电影《绿野仙踪》（Haley & Fleming, 1939）中可以看到这一概念混淆，巫师对

胆小的狮子
（由 Bert Lahr 饰演）

资料来源：© Corbis.

胆小的狮子说："至于你，我亲爱的朋友，你是无条理思维的受害者。你不幸产生了错觉，你以为因危险而逃跑就代表你缺乏勇气，其实你是把勇气和智慧混淆了。"

智慧和勇气都展示了人类的卓越之处；它们涉及挑战，需要合理的决策，通常有助于共同利益。并且，如本章引言所述，普通人也可以同时表现出这两种优秀品质。但是，毫无疑问，澄清智慧和勇气之间关系的学术讨论会比较复杂。在某些情况下，智慧可以描述为勇气的前身。在最极端的观点中，圣安博（St. Ambrose）认为，"没有正义的勇敢是一种邪恶"（引自 Pieper, 1966, p. 125）。一些人甚至推论说，拥有智慧就不需要勇气了。这一观点体现在斯托丁格和巴尔特斯（Staudinger & Baltes, 1994）的言论中："只有在智慧和信念不足以应付时，我们才需要勇气——也许是因为我们缺乏它们，或者因为它们与我们应对痛苦无关或没有效率。知识、智慧和观念可以让你体验到目标带来的恐惧，也可以消除恐惧。它们不会赋予你勇气，而是提供实践勇气的机会或者根本不需要勇气。"（p. 57）

与这种观点相反，勇气曾经被描绘为智慧的前身。这里的逻辑是，在个体追求由智慧定义的辉煌成果或共同利益之前，勇敢行动的能力是必要的。勇气有时候被看做让所有美德行为成为可能的一种美德。不管这些理论的相对影响和意义如何，我们相信，对智慧和勇气的内隐和外显理论的讨论，将有助于理解它们在我们日常生活中的重要性。

智慧理论

在古老的格言（例如 Yang, 2001）和哲学文献中，会经常提到智慧。例如，鲁滨逊（Robinson, 1990）通过总结早期西方的经典对话，发现了三种不同的智慧概念：（1）寻求沉思生活的个体所拥有的（希腊语称为 *sophia*，意为智慧）；（2）伟大的政治家所表现出的实践属性（*phronesis*，意为实践智慧）；（3）科学理解（*episteme*，意为知识）。亚里士多德加入了一种新的智慧类型，将其描述为 *theoretikos*，即献身真理的理论思考和知识，并区分了它和 *phronesis*（实践智慧）。（见罗杰·马丁文章中古典文学教授的评论。）

在 15、16 和 17 世纪的西方世界，学术界对智慧的讨论集中于两个主题。哲学家、神学家和文化人类学家争论美德的哲学应用与实际应用，以及这些品质是神的本性

智慧：难以定义和企及

罗杰·马丁

一天，有人说，“我喜欢读你写的专栏，但是我并不确定它为大学做了什么贡献。”

这真是一个棘手的问题。

我快速思考并把问题扔回去：

“大学通过研究创造知识并通过教学传播它们。

“我的专栏指出了这一点，大学是智慧的来源之一。这是很重要的，不是吗？”

实际上，我并没有说清楚。

但这是我想要表达的意思。

后来，我开始怀疑我是否在说假话。

我把我所写的称作“知识专栏”。我认识到，我维护它是因为我喜欢写一些能为热情地研究某一件事带来启发的观念。

我察觉到可能的欺骗是,我试图把知识和智慧联系起来。我怀疑这是否合适。

我打电话给堪萨斯大学的两位古典文学教授托尼·科贝尔和斯坦·隆巴多，我想，他们是研究古希腊的，可能曾经思考过知识和智慧之间的关系。

隆巴多说，在希腊神话中，知识是赫米斯神的领地。赫米斯既善于创造又诡计多端，但是他与希腊智慧之神宙斯相比只是个轻量级人物。

在科贝尔看来，太阳神阿波罗把宙斯的智慧赋予了人类。

阿波罗通过先知来发表言论，先知们居住在特尔裴的神庙里，并且通常是女性。她们不是以清晰著称，她们的智慧经常断章取义，或者打哑谜。

在去年的《科学美国人》杂志上，一些研究者报告了一个可能原因，先知可能坐在一处泄漏出很多“乙烷、甲烷和乙烯”的位置上。

想象一下，吸了很多强力胶，然后引导宙斯，就是这个意思。

不管先知的灵感来自哪里，对我来说它们很难理解。

智慧有时候如同到达门口的奇怪包裹，凡人无法打开。

另一种认为智慧难以获得的观点来自希腊诗人恩培多克勒。

根据隆巴多的说法，恩培多克勒指出，为了得到智慧，你必须“通过你的直觉去筛选知识”。

> 大学曾经喜欢用智慧这个词。
>
> 堪萨斯大学的第五任校长弗朗西斯·亨廷顿·斯诺认为，堪萨斯大学教育的部分内容是关于如何获得智慧。他把这些话刻在堪萨斯大学原有的图书馆建筑上：
>
> “寻得了智慧，就寻得了生命。（Whoso Findeth Wisdom Findeth Life.）”
>
> 但是，当今的大学很少再使用智慧这个词了，它不是学者独有的特性，绝对不是。
>
> 科贝尔说，“博学者很少拥有智慧。你首先得到的是，人们学了一种又一种语言，如同在收集语言一样。”
>
> 但是，我为了写这个专栏已经学习了 25 年，随着这些年过去，我变得对智慧越来越感兴趣，也许这是不明智的。
>
> 我深知，发现智慧、破解包含智慧的密码是非常困难的，所以，我顽固的坚持并未给我带来烦恼。
>
> 资料来源：*Lawrence Journal-World*, May 21, 2004; www.news.ku.edu/archive. Reprinted with permission.

还是人的本性（Rice, 1958）。这两个主题都与一个问题有关：智慧是普通人在生活中显示的一种卓越品质，还是只有圣人才会拥有的哲学品质。尽管心理学家近来提出，普通人通过应用智慧也能过上美好生活，但这种争论并未结束。

我们对智慧的理解进展缓慢，但 20 世纪晚期这种状况开始改变。美国心理学会的第一任主席斯坦利·霍尔（G. Stanley Hall）在 1922 年写了一本书，讨论人在衰老过程中获得的智慧，这一工作一直被看做属于宗教和伦理哲学的范畴。直到 1975 年，心理学家才开始审视智慧这一概念。这些学术努力使我们对智慧有了更加常识性的心理学理解。克莱顿（Clayton, 1975, 1976; Clayton & Birren, 1980）最初提出智慧的**内隐理论**（implicit theories）（意指某一概念的民间理论，描述这一概念的基本成分），而后德国心理学家保罗·巴尔特斯（Paul Baltes）利用文化—历史事件分析进行了深入解释。从这些研究中获得的知识促进了智慧的**外显理论**（explicit theories）（具体描述一个概念的可观察形式的理论）的发展，当前最合理的理论包括**智慧的均衡理论**（balance theory of wisdom; Sternberg, 1998）和**柏林智慧范式**（Berlin wisdom paradigm; Baltes & Smith, 1990; Baltes & Staudinger, 1993, 2000）。在下一节，我们将分别探讨这些内隐和外显的智慧理论。

智慧的内隐理论

克莱顿（Clayton, 1975）的研究是最早的系统考察智慧概念的研究之一。她让人们评定词语之间的相似程度，这些词被认为与智慧有关（例如同理心的、有经验的、聪明的、内省的、直觉的、有知识的、善于观察的）。通过多维尺度统计程序分析，她识别出这一概念的三个维度：（1）情感的（同理心和同情），（2）反思的（直觉和内省），（3）认知的（经验和智力）。

在后来的一项研究中，斯滕伯格（Sternberg, 1985）让 40 名大学生对卡片进行分类（每张卡片描述了 40 种智慧行为之中的一种），他们可以把卡片分为任意的堆数，只要他们认为这么分对于解释其内容是必要的。再次使用多维尺度分析，识别出了下面六个智慧属性：（1）推理能力，（2）睿智（渊博的知识和理解），（3）从不同观点和环境中学习，（4）判断力，（5）有效利用信息，（6）洞察力（敏锐的识别力和领悟力）。在另一个研究中，霍利迪和钱德勒（Holliday & Chandler, 1986）确定了智慧的五个因素：（1）超凡的理解，（2）判断力和沟通技能，（3）一般能力，（4）人际技能，（5）社会谦逊。

在我们的日常语言中也传达出智慧的含义。在这一点上，巴尔特斯（1993）分析了文化—历史和哲学作品，发现智慧：（1）解决重要 / 困难的生活问题，（2）涉及专门或出众的知识、判断力和意见，（3）反映可应用于特定生活情境的知识，其范围、深度和均衡程度非常出众，（4）计划周密，结合了心智与美德，（5）非常难以获得，但是容易识别。

智慧的外显理论

尽管外显理论是受内隐理论的启发，但智慧的**外显理论**（explicit theories）更多集中于这一概念的行为表现。智慧的外显理论与有几十年历史的人格理论（Erikson, 1959）和认知发展理论（Piaget, 1932）交织在一起，它们强调实用知识在追求卓越人类功能时的应用（Baltes & Smith, 1990; Baltes & Staudinger, 1993, 2000; Sternberg, 1998）。

让·皮亚杰的认知发展阶段理论（1932）描述了存在于儿童期和成年期的、性质不同的思维种类。在生命最初的 12 年中，儿童通常从感知运动阶段（儿童通过感知和运动来体验世界）向前运算阶段（此时儿童的世界开始由符号思维构成）再向具体运算阶段（儿童开始通过逻辑思维理解经验）转变。在形式运算阶段，人们发展出通过系统检验假设来进行推理的能力。里格尔（Riegel, 1973）根据皮亚杰的工作，提出了一种后形式运算思维，称做辩证运算或简单地叫做智慧。这些与智慧相关联的**辩证运算**（dialectical operations）（追求真理或真实的逻辑论证）包括反思性思维，它关注信息的均衡以及在文化和历史背景下形成的真相。这种反思或辩证思维促进对立观点的整合（Kitchener & Brenner, 1990）、逻辑和主观信息加工的双重使用（Labouvie-Vief, 1990）以及动机和生活经验的整合（Pascual-Leone, 1990）。

毕生理论家（例如埃里克森）把智慧看做最佳发展的一部分。对于埃里克森来说，智慧反映了成熟，表现为对集体利益的关注超越了对个人利益的关注。在奥沃尔（Orwoll, 1989）对被公认为有智慧的人进行的研究中，埃里克森所提倡的这种整合或完整性伴随着对集体利益的高度关注。

斯滕伯格（1998）的均衡理论和巴尔特斯的（Baltes & Smith, 1990; Baltes & Staudinger, 1993, 2000）柏林智慧范式的相似之处是，它们都强调实用知识的组织和应用。并且，两种智慧观点都提出，有智慧的人可以洞悉他人的观点，形成对世界的丰富理解，就困难问题形成有意义的解决方案，指引他们的行为来达成共同利益。

罗伯特·斯滕伯格

资料来源：Reprinted with permission of Robert Sternberg.

耶鲁心理学家罗伯特·斯滕伯格根据他在智力和创造性方面的工作（Sternberg, 1985, 1990），提出了智慧的均衡理论，详述了“与智慧目标（达成共同利益）相关的过程（均衡利益以及均衡对环境背景的反应）”（Sternberg, 1998, p. 350）。斯滕伯格的理论观点是，实践智力（也就是“知道怎样”而不是“知道什么”）背后的隐性知识可用于在环境背景中平衡自己和他人的利益，以获取共同利益（斯滕伯格，个人交流，2003 年 10 月 8 日）。让我们来看看图 10.1 中斯滕伯格智慧模型的示意图。在这个模型中，有智慧的人经历的过程可能类似于高水平的道德决策（Gilligan, 1982; Kohlberg, 1983）。首先，个体面对真实生活困境的挑战，激活了在青春期发展、在成年期得到进一步精细化的推理能力。然后，个体的生活史和个人价值观影响其对可用的隐性知识的使用，这些知识用来平衡利益和产生明智的反应。接下来，明智的人会检查可能的反应，确定解决方案需要适应环境背景的程度，塑造环境背景以适合解决方案，或者选择适合解决方案的新环境。最后，如果达成均衡，那么提议的解决方案就满足了共同利益。（把智慧作为一种“均衡力量”的有关讨论，可参见 Bacon, 2005。）

根据斯滕伯格的看法，当存在利益冲突、缺乏清晰的解决方法时，智慧可以帮助人们做出判断。例如，要解决关于大学校园中禁止吸烟的提案导致的冲突，明智的方法是考虑所有人的利益（吸烟者、非吸烟者、学生、教职工、访问者等），总结

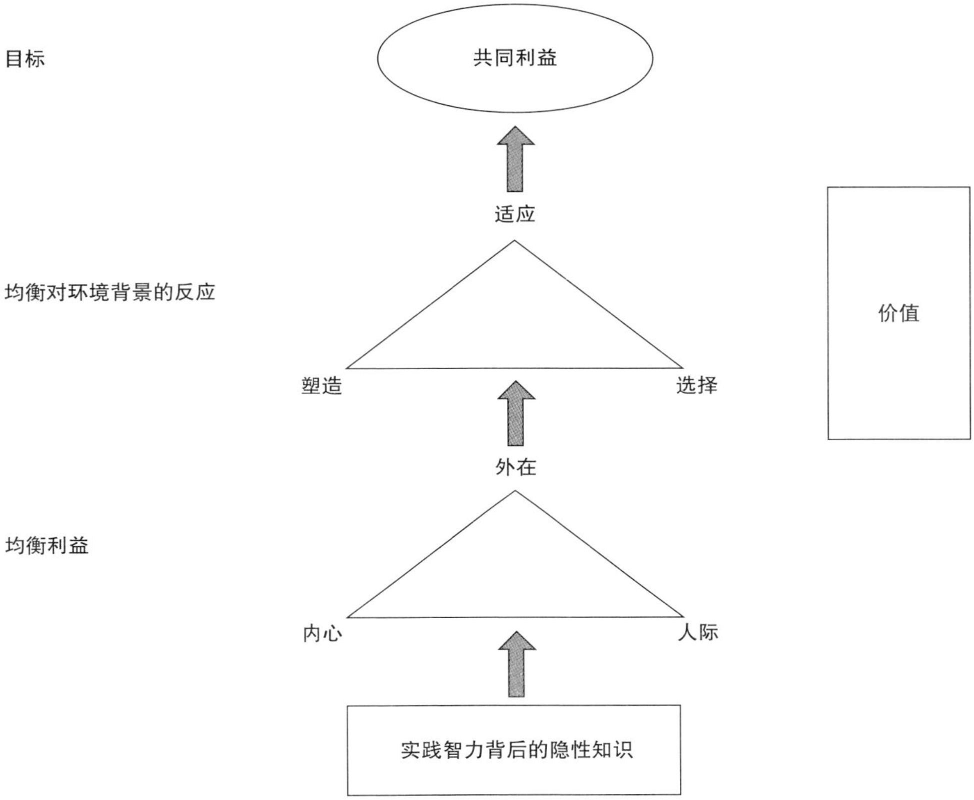

图 10.1　斯滕伯格的智慧均衡理论

资料来源：摘自 Sternberg, R., A balance theory of wisdom, in *Review of General Psychology*, 1998, reprinted with permission.

满足这些人利益的选项，并采取行动以最好地满足共同利益。平衡个人的利益和行动并分享明智的决定可能需要杰出的问题解决能力。

在柏林智慧范式中，巴尔特斯及其同事（Baltes & Smith, 1990; Baltes & Staudinger, 1993, 2000）把智慧定义为“计划、管理和理解美好生活的方法和手段”（Baltes & Staudinger, 2000, p. 124）。简单来说，“智慧是关于处事之道和人生意义的专门知识”（p. 124）。巴尔特斯等人（Baltes & Smith, 1990; Staudinger & Baltes, 1994）识别了五种描述智慧（优秀）及智慧相关（接近优秀）表现的标准。

两个基本标准包括事实性知识和程序性知识，它们指出明智的表现需要专门知识。根据巴尔特斯的看法，这种专门知识需要人们“知道什么”（也就是关于人类本性和发展、个体差异、社会关系和规范等主题的知识）和“知道怎样”（也就是发展出策略来应对问题和给出建议、解决生活冲突、规划和克服阻碍问题解决的障碍）。事实性知识，或者作为这种知识的“产物”的行为，可以用如下问题来评估：“这一产物表现出关于生活问题和人类状况的一般（人类情况）和特殊（例如生活事件、习俗）知识的程度以及其涵盖问题的广度和深度如何？”（Staudinger & Baltes, 1994, p. 149）。“知道怎样”或者说程序性知识可以用这样的问题来考察：“这一产物考虑决策策略、如何定义目标和识别合适的手段、咨询对象以及给予建议的策略的程度如何？”（Staudinger & Baltes, 1994, p. 149）。三条专用于考察智慧的元标准（也就是毕生情境论、价值相对论、认识和管理不确定性）涉及灵活思考和辩证加工。具体来说，**毕生情境论**（life-span contextualism）需要有智慧的人在思考问题及相关解决方法时考虑生活情境（例如爱、工作、娱乐）、文化价值观和时间的流逝。**价值相对论**（relativism of values）和生活优先级势必使不同的人和社会有着不同的价值观。最后，**管理不确定性**（managing uncertainty）提供决策灵活性，这对加工困难信息和得到适当解决方法是必要的。智慧的这些特征也可以用另外的探测问题来评估（见 Staudinger & Baltes, 1994）。

为了确定智慧品质，巴尔特斯询问人们关于解决现实生活难题的问题。然后对人们的反应进行录音，根据智慧的五个标准予以评定。利用这一方法可以计算出可靠的智慧分数。具体来说，巴尔特斯要求人们考虑自己将如何向面对困境的他人提出建议（需要“生活计划”或“生活管理”的智慧相关任务），或者通过描述自己对生活中经历过的问题的反应进行“生活总结”。例如，要求人们考虑:“在反思生活时，如果发现，没有达到曾经计划要达成的目标，他们应该怎么做和怎么想？”（Baltes & Staudinger, 2000, p. 126）。一个“高水平”（也就是智慧的）反应体现了从生活中获取意义时洞察力所起的作用：

> 首先，我想要说，只有非常少的人和缺乏批判性的人，才会说他们完全满足于自己所获得的……这在很大程度上依赖于我们考虑的目标类型，它们是物质主义的还是理想主义的；还依赖于个体的年龄和他所处的生活环境……接下来，个体将会开始分析没有达成目标的可能原因。常见的原因是，同时追求多个目标，但是又没有设定优先级，导致最终没有完成目标……应该逐渐以现实的态度看待目标，这很重要。与他人一起讨论经常是有帮助的……外部条件和个体的内部条件，或者有时候是二者的结合，可能会造成生活中的困境（节选自 Staudinger & Leipold, 2003, p. 184）。

获得智慧并保持智慧

发展智慧

皮亚杰（1932）、荣格（1953）和埃里克森（1959）等有影响的发展心理学家为 20 世纪的智慧理论家提供了基石。如前所述，皮亚杰的工作从形式运算扩展到“辩证运算”（Riegel, 1973）。埃里克森和荣格的工作为现代的理论家提供了线索，帮助他们理解人们如何通过解决冲突导致洞察力和判断力的提高。在这一方面，埃里克森强调智慧通过解决日常危机而获得，特别是那些涉及整合和绝望的危机。荣格的兴趣在于原生家庭问题，他提出，通过解决来自家庭单元的与个体化有关的精神冲突，智慧得以发展。

巴尔特斯（1993）、拉布维—维夫（Labouvie-Vief, 1990）和斯滕伯格（1998）等理论家提出，智慧建立在知识、认知技能和人格特征之上（皮亚杰、荣格、埃里克森等人对此均有过论述），智慧需要理解文化和周围环境。并且，通过接触有智慧的角色模型，智慧得以逐渐发展。斯滕伯格提出，知识、批判性思维、人格、动机和环境背景是智慧的前因；巴尔特斯和斯托丁格（Baltes & Staudinger, 2000）提出，液体智力、创造性、对经验的开放性、心理感受性和一般生活经验形成“协奏”，共同产生智慧。

随着人们学会灵活思考以解决问题，智慧得到发展，这些问题的解决需要根据地点和文化识别想法。反过来，通过认识到问题的答案依赖于情境因素和许多利益的均衡，人们的思维变得越来越灵活。在这些要点上，巴尔特斯和斯托丁格（2000）还强调，“导师或其他促进智慧的‘他人’的引导”非常重要（p. 127），尽管这些指导的益处时而直接时而间接。事实上，当涉及对生活挑战做出明智反应时，斯托丁格和巴尔特斯（1996）同意那句古老的谚语：“三个臭皮匠，顶个诸葛亮（two heads are better than one）”。这些研究者还发现，与所爱的人（和他人）讨论困境并花时间进行反思的人们，其与智慧有关的表现也会得到提高。此外，与年轻的参与者相比，年纪较大的参与者从这些交往经历中获益更多。

有智慧的人及其特征

在不同时代和不同文化中，圣人都被视为智慧的化身和传播者（Assmann, 1994; Baltes, 1993）。这些神秘和罕见的圣人是提供生活指引的人，但是他们很少传授智慧所需要的生活见解和技能。有智慧的人的现代特征表明，普通人也能获得生活事件的专家知识。在这一点上，临床心理学家被发现拥有高水平的智慧（随后讨论；见 Smith, Staudinger & Baltes, 1994; Staudinger, Smith & Baltes, 1992）。

莫妮卡·阿德尔特（Monika Ardelt）是一位研究老龄化的研究者，她测量了她称为"永恒和普遍的智慧知识"的概念（2000, p. 71）。在她的伯克利指导项目纵向研究中，参与者是加利福尼亚居民。她对促进智慧发展的特征的分析表明，一个人的儿童期对智慧的发展没有影响，而成年早期的社会环境会影响智慧。阿德尔特（1997）还发现，有智慧的人比无智慧的人有更高的生活满意度。

奥沃尔和阿肯鲍姆（Orwoll & Achenbaum, 1993）总结了性别在智慧发展中所起的作用。这些研究者考虑了男性与女性获得和表达智慧的不同方式，他们得出结论说，智慧结合了传统的男性和女性感受力。他们还在综述中报告，男性的许多智慧行为发生在公众面前，而女性的智慧行为在私下发生。在这一点上，奥沃尔和阿肯鲍姆写道，"男性和女性的不同经历和社会角色影响表达智慧的形式"（p. 287）。不幸的是，这一假定没有得到实证研究的认真考察。

毕生理论家也考察了与智慧有关的表现是否随着生理年龄发生变化（Smith & Baltes, 1990; Staudinger, 1999）。在考察了 533 人的表现之后，巴尔特斯和斯托丁格（2000）发现，"对于从 25 岁至 75 岁的年龄范围，年龄梯度是零"（p. 128）。因此，在这个研究中，智慧水平没有年龄差异。但是，70 岁末以后，智慧似乎会开始下降。并且，研究青少年的研究者报告（例如 Pasupathi, Staudinger & Baltes, 1999），从 15 岁到 25 岁的 10 年是获得智慧的主要时期。这些研究提示，青春期和成年早期是智慧蓬勃发展的时期，70 岁末会出现智慧的下降。还需要更多研究来解释从 25 岁至 75 岁这 50 年间的智慧发展。

研究者还考虑了职业背景在智慧表现中的作用（见 Smith et al., 1994; Staudinger et al., 1992）。研究显示，与教育水平和年龄接近的其他职业的人们相比，临床心理学家智慧相关表现的水平要高。尽管心理学家表现出的智慧高于一般人，也并没有达到专家水平。根据这些发现，研究者的结论是，特殊的职业确实会影响智慧的表现。（当然，这也有可能表明，预先倾向于发展智慧的人们自己选择了某些职业；也就是说，那些有智慧倾向的人们决定追求临床心理学方面的教育和职业。）

我们在职业生涯中遇见过几千名心理学家，有幸与不少应用心理学家一起工作，他们被看做治疗大师。据我们估计，这些治疗师是智慧的典范，因为他们不仅在日常生活中判断力强，而且能够向他们咨询和教育的人们传授智慧。我们通过著作认识的一位著名治疗师是广受欢迎的作家玛丽·皮弗（Mary Pipher）博士，我们鼓励你也去认识她。皮弗博士在复杂问题上能够提供独到的观点，这在她的一些书中得以体现，例如 1995 年的畅销书《复苏的奥菲莉亚》（*Reviving Ophelia*），这本书讨论文化对美国女性青少年施加的压力。在 2003 年的《给年轻治疗师的信》（*Letters to a Young Therapist*）一书中，她慷慨地把自己作为治疗师的智慧，与正在接受训练的心理学工作者分享。这本书里，她分享了许多的实践智慧（know-how），这是智慧的一个基本标准，她鼓励读者在帮助他人时采用“回归本原”的方法。她强调，需要把来访者的问题放在情境中考虑，并且需要推荐适合来访者此时的治疗策略。她还探讨了作为生活的一部分的不确定性，她描述了大量处理或接受这些不确定性的策略。在她的《给年轻治疗师的信》一书中，皮弗建议年轻治疗师明智地进行实践，并与来访者分享他们的观点采择技能，这是一本关于人类改变的杰出入门书。

智慧的测量

在本章所描述的智慧模型中，已经使用过几种测量方法。例如，智慧的发展和人格理论已经生成了自我报告问题和句子完成任务。在生活管理和生活意义中涉及专家知识，这种形式的智慧可以通过问题解决任务来考察。斯滕伯格（1998）提出，智慧问题要求一个人解决冲突，他正在努力开发一种正式的、标准化的智慧测验。与他对实用主义的强调一致，巴尔特斯（Baltes & Smith, 1990; Baltes & Staudinger, 1993）构建了一系列困难的生活问题，例如：“有人接到一个好朋友的电话，这个朋友说他不能再继续这样下去了，决定要自杀。此人在这种情境下应该考虑到什么以及怎么做？”（Baltes & Staudinger, 1993, p. 126）。鼓励回答者在考虑这一问题的解决方案时“出声思维”。他们对问题的评论和解决方法由训练过的评分者进行评定，主要根据巴尔特斯等人确认的 5 个标准（事实知识、程序知识、毕生情境论、价值相对论、对不确定性的认识和管理）。

价值实践优势分类包含一份简短的智慧测量自我报告，近来得以实施和检验，条目采用利克特量表形式（Peterson & Seligman, 2004；见第 4 章对这一分类系统的讨论）。但是，这些条目与前面提到的任何理论都不相关，它们测量 5 个方面的智慧：好奇心、热爱学习、心智开放、创造力和远见。尽管所有参与者都完成了这些智慧条目，但只有智慧位于前 5 名优势（总共 24 种优势）的参与者，才得到关于他们的智慧能力的反馈。

上述智慧测量并不包括通常与传统智力测验或创造力测量相关联的条目。把智力和创造力指标排除在外是有意的，因为智商和创造力不一定与智慧相关联。因此，非常聪明或者非常有创造力的人不一定是有智慧的人。

智慧和智力之间的关系

尽管智慧和智力的内隐理论比较相似（Sternberg, 1985），但可以根据二者在日常生活中的作用区分它们。智力提供基本知识，从而为自己和他人完成维持生命的日常任务；而智慧包括实践智慧、判断和解决主要生活问题以达成共同利益的灵活性（Clayton, 1982; Sternberg, 1985）。克莱顿（1982）发现，晶体智力是有时间限制的（今天学到的知识在20年后可能过时），而智慧是无时间限制的（几十年甚至几百年以来的知识依然管用）。类似地，斯滕伯格（1985）认为，智慧而不是智力，涉及人际能力（聆听以及与许多不同的人相处），还包括日常生活管理技能。

勇气理论

与智慧类似，勇气也是一种普遍的美德。到地球的任何一个角落，你都会发现勇气很受重视。阅读东方哲学家和西方思想家的作品，你会发现，即使是世界历史上最有智慧的人也会赞叹勇气。苏格拉底是寻求理解这一卓越品质的人之一，在给拉齐斯的问题中，苏格拉底说："假设我们着手确定勇气的本质，并进而探寻年轻人如何在学习和追求的帮助下获得这一品质。如果你能够，告诉我，什么是勇气"（Plato, 1953, p. 85）。尽管这个古老问题长期困扰着学者和普通人，但是直到最近几十年，来自不同领域的研究者（例如 Finfgeld, 1995; Haase, 1987; Putman, 1997; Rachman, 1984; Shelp, 1984）才建立了必要的理论和科学基石。我们知道，开展更全面的勇气研究需要这些基础工作。事实上，从表10.1可见，至少有18种关于勇气的理论描述。

海明威的定义（见表10.1）似乎是最简洁的，而霍布斯的观点是最具批判性的。每种定义都提供了不同的历史线索，从中可以看出，在面对恐惧时的不屈不挠方面，学者和社会看重什么。在其他学术描述中，罗马政治家西塞罗（总结自 Houser, 2002）对勇气的看法最好地跨越了文化和时间（在本章后面，将会具体比较勇气的内隐和外显观点，从中可见这一点）。豪泽（Houser）注意到西塞罗把勇气看做：

> ……（1）宏大，通过充分利用杰出的头脑，计划和执行重大和广泛的项目；（2）信心，在重大和光荣的项目上，自信地集中精神、充满希望；（3）耐心，自愿地长期忍受费力和困难的事情，不管事情是荣耀的还是有用的；（4）坚持不懈，持续坚持制订好的计划。（p. 305）

表 10.1　勇气的部分学术定义

阿奎那	把勇敢（fortitudo）定义为“意志坚定，忍耐或击退异常艰难的情况，如特别严重的危险，首先通过维持行动来克服对身体受伤或死亡的恐惧，其次坚持进攻”（Aquinas, 1273/1948, p. 123）。
亚里士多德	把勇敢（andreia）（军人的勇气）定义为在涉及恐惧和信心的情况下采取适当行动的倾向，它是由理性决定的、介于怯懦与蛮勇之间（Rorty, 1988 引用）。
芬格尔德	“有勇气意味着完全了解和接受长期健康担忧所带来的威胁，利用洞察力解决问题，提高对个人需要和整个世界的敏感性。有勇气的行为包含承担责任和有生产力”（Finfgeld, 1998, p. 153）。
格根和格根	“有勇气意味着，在个体的个人自尊感和同一性得以产生的关系之中，保持坚定”（Gergen & Gergen, 1998, p. 144）。
海奇	“勇气具有两面性：一方面是保持坚定或战斗，一方面是接受无法改变的现实；勇气是让自我能够面对危险和死亡的精神力量”（Haitch, 1995, p. 86）。
海明威	压力下的风度（Parker, 1929）。
霍布斯	“对受伤和暴力致死的蔑视。它让男人倾向于私下复仇，有时候会造成社会动荡”（Rorty, 1988, p. x 引用）。
康德	把勇敢（fortitudo）定义为“抵制强大和不公平对手的能力和坚定决心；对抗我们自身的道德倾向”（Rorty, 1988, p. 65）。
肯尼迪	（描述有政治勇气的参议员）“保持对国家的忠诚，超越个人和政治考虑”（1956, p. 21）。
科胡特	“对抗施加于他们身上的压力，对他们的理想和自我保持忠诚”（Kohut, 1979, p. 5）。
奥伯恩等	“心理上禀赋的勇气是指这样一种认知过程，在这个过程中定义风险、识别和考虑其他行动，并且不顾潜在的负面后果选择采取行动，以努力为自己或他人获得‘好处’，同时认识到想要的好处不一定会实现”（O’Byrne et al., 2000, p. 6）。
柏拉图	记住什么值得珍视、什么应该恐惧的能力（Rorty, 1988 引用）。
帕特曼	敢于面对可能会造成丧失心理稳定的恐惧（总结自 Putman, 1997）。
拉赫曼	面对恐惧时坚持不懈（总结自 Rachman, 1984）。
塞利格曼	应付紧急局面的能力（Seligman，个人交流，2001 年 1 月 7 日）。
谢尔普	“在危险的情况下，也许有些害怕，但是仍合理评估相关的风险并自愿采取行动的倾向，以努力为自己或他人获得或维护某些感知到的好处，认识到想要的好处不一定会实现”（Shelp, 1984, p. 354）。
斯奈德	“特殊时期的行为反应，在那些情况下这些行为看似是自然和被要求的。只有在后来，当除去引发勇气的事件时，主人公和其他人才把这些行为看成勇气的标志。这种勇气观点明显更重视情境而不是个体因素，认为如果面对适当的情境，多数人都能表现出勇气”（Snyder，个人交流，2005 年 10 月 17 日）。
伍达德	“为有意义的（高尚的、好心的或实用的）理由采取行动的能力，尽管知觉到的威胁超过了可用资源而体验到恐惧”（Woodard, 2004, pp. 4-5）。

勇气的内隐理论

奥伯恩

资料来源：Reprinted with permission of Kristin Koetting O'Byrne.

为了考察普通人对勇气的看法，奥伯恩、洛佩斯和彼得森（O'Byrne, Lopez & Petersen, 2000）调查了 97 人，发现了相当大的变异。例如，如表 10.2 所示，一些人认为勇气是一种态度（例如乐观），另一些人把它看做一种行为（例如拯救某人的生命）。一些人提到精神力量，另一些人写到身体力量。一些人宣称勇气包含冒险，而另一些人强调恐惧的作用。但是，并非所有勇气描述都包含冒险成分，恐惧成分也是如此。

在不同的历史和文化中，勇气都被看做一种伟大的美德，因为它帮助人们面对挑战。哲学家提供了理解勇气的最早的观点。在过去的几百年里，人们努力构建与社会有关的勇气观点，已经让它从主要针对战场上战士的感情描述，转移到每个人的日常经验和思维之中。亚里士多德分析“勇敢的士兵”的身体勇气，而柏拉图惊叹于他的导师的道德勇气。哲学的焦点似乎转移到道德战争老兵的行为和特征，阿奎那（1273/1948）关注面对困难时的坚定，田立克（Tillich, 1980）把勇气解释为自我和生命的再肯定。后两种勇气（身体的和道德的）抓住了多数哲学家的关注点，对勇气行为的分类在这些年间得以扩展。

通过总结勇气的相关工作，两个小组的研究者开发了类似的勇气分类系统。在价值实践分类系统中，彼得森和塞利格曼（Peterson & Seligman, 2004）把勇气描述为一种核心的人类美德，由这样一些优势组成：**英勇**（valor）（临危时表现出来的身体、智力和情绪姿态），**真挚**（authenticity）（面对他人和自我，诚实地表现自己），**热情/兴趣**（enthusiasm/zest）（在挑战情境下蓬勃发展/有生命力）和**勤奋/毅力**（industry/perseverance）（承担任务和挑战并完成它们）。

在类似的模型中，奥伯恩等（2000）识别了三类勇气，分别是身体的、道德的和健康/改变（现在称作生命力勇气）。**身体勇气**（physical courage）涉及追求社会看重的目标时表现出的行为，以维持社会利益（例如消防队员从起火的建筑物中救出小孩）。**道德勇气**（moral courage）是在面对争执、不赞同或被拒绝的不安时，表现出真挚的行为（例如，致力于“更高利益”的政治家在会议上投出不受欢迎的一票）。**生命力勇气**（vital courage）是指面对疾病或残疾的毅力，即便结果不确定（例如心脏移植的小孩坚持接受强化治疗，即便无法确定以后的发展情况）。

身体勇气从希腊语中的勇敢（andreia）一词缓慢演化而来，后者是指古希腊勇敢战士的军人勇气。在怯懦与蛮勇之间找到一条崎岖道路，这样的希腊士兵是有勇

表 10.2　普通人对“勇气是什么？”这一问题的回答

采取困难的行动（心理的、身体的或精神的），这些行动导致你不舒服（因为它危险、有威胁或者困难）
做个人舒适区之外的事情——勇气和愚蠢之间的细微界线
在面对可能的失败和不确定性时敢于冒险
接受生活所给予的并最充分地利用生活的能力（包含积极的态度）
在面临对自己的情绪 / 心理 / 精神 / 身体健康有威胁的情境时，发起冒险的行为
即使别人不相信，仍坚持自己相信的事情
在面对逆境或伤害时坚持自我，即便已经知道后果
在不知道会失败还是会成功的时候，愿意冒险（勇敢）
因某原因牺牲、努力或提供帮助；忠诚
即便在对结果不确定的情况下，个体也继续行动；为了社会的最大利益挑战常规
能够面对威胁 / 恐惧 / 挑战并克服障碍
能够克制自己的恐惧以继续完成任务
自信，对自己和情境的信念，做出选择并据此采取行动，力量
勇敢；危机时刻的力量 / 智慧行为
捍卫不同于常规的观点；坚持自己的信念
有能力和力量面对困难或挑战
为了责任，承担必要的风险，牺牲部分自己
面对挑战，而不是逃跑或假装它们不存在
表现符合自己信念的行动
敢冒失败的风险；在面对失败时果断
在危险或威胁生命的事件中的帮助形式
无私的行为；表现出对他人而不是自己的关心
实施勇敢行为，普通人可能不会这么做
心理坚强 / 身体强壮
在艰苦的情境 / 环境下，实施某种行为，同时知道这一行为 / 行动可能带来消极后果

注：主要的主题有冒险（可能失败、消极后果、不确定性）、特定的态度、面对挑战和捍卫信念

气的。从古代到现代，在涉及恐惧和信心的情境中，面对有身体危险时做出适当行动的倾向，似乎是普遍看重的（Rorty, 1988）。例如，欧内斯特·海明威是 20 世纪美国撰写勇气主题文章的主要作家。他对多种情况下的勇气着迷，例如战场、开阔的海洋、斗牛场等，这似乎折射了美国人对直面危险和不屈不挠的着迷。实际上，在生活中拥有力量、知识和勇气的“海明威式英雄”为许多美国人提供了一种行为指导。

杰克·拉赫曼（Jack Rachman）对勇气的研究源自他认识到勇气是恐惧的镜像。他留意到，当面对身体危险时，一些人处理得比另一些人好。因此，拉赫曼（1984）与伞兵、获奖章的士兵、防爆小组成员一起工作，收集关于恐惧及其对立面勇气的

性质的信息。他发现，有勇气的人在面对恐惧时不屈不挠，之后身体恢复得较快。他还提出，有勇气的行动不一定局限于特殊的少数人，也不总是表现在公众面前。关于后一点，心理治疗来访者的内心斗争和个人勇气激起他的兴趣。他下结论说，很明显，除了勇敢和在身体上征服危险之外，还有其他形式的勇气。

道德勇气涉及维护公平和为公众利益服务。约翰·肯尼迪为道德勇气着迷，他花了多年时间收集政治家的故事，这些政治家在确定什么对美国人民“最好”时，听从的是他们的内心和原则，即使选民不赞同他们的决定或者不重视他们的表现。尽管肯尼迪本人是一名军人英雄，但是在他的《勇者侧影》(*Profiles in Courage*, 1956)一书中，他似乎更注意和敬重道德勇气而不是身体勇气。

真挚和正直与面临纷争和拒绝时的个人观点和价值观表达密切关联。到底什么时候个体应该采取某种立场？在一个例子中，罗莎·帕克斯说，她坐在了公共汽车前部的一个座位，因为是时候这样做了。* 医生和护士在面对病人和家庭的困境时，必须诚实和直接，虽然粉饰诊断和预测在情绪上来说要更容易一些（见 Finfgeld, 1998; Shelp, 1984）。不仅说真话需要勇气（Finfgeld, 1998），听真话也需要勇气。当一个人为维护贫困和弱势群体的权利挺身而出，或者对抗权力高于他的人时，表现的是另一种形式的道德勇气。

道德勇气可以被看做这一美德的“机会均等”形式；我们都经历过某些情境，它们激发了有道德勇气的反应，这种行为不需要专门训练。事实上，在这些情境下，我们可能会遭遇不安或争执，以及接受保持真挚和正直的任务考验。另一方面，只有特殊情况才会引发身体勇气，那些实施身体勇气行为的人们通常接受过帮助他们克服恐惧的训练。（幸运的是，我们中的多数人，除了士兵和急救队员，不会每天被号召冒着生命危险来保护公众利益。）类似地，除非我们遭遇疾病或残疾，否则也不需要生命力勇气，而且经常有专业人士告诉我们如何战胜疾病。因此，像你我这样的普通人，重要的是如何对那些挑战我们关于世界和人们的核心假定情况做出反应？当体验到不安或争执，并且谨慎这一美德告诉我们需要采取一个立场时，我们有机会从事符合道德勇气的行为。不幸的是，我们（本书的两位作者）每个月遇到很多情况，一个人（在场或不在场）因为某些人的偏见没有得到“公平对待”，这些偏见可能是年龄偏见、种族偏见或性别偏见。（我们猜测你每个月也会见证一次或多次某种类型的偏见。）有时，我们能够鼓起道德勇气应付知觉到的偏见；我（洛佩斯）将告诉你我的一次经历，我克服了我的恐惧并维护了我和其他人的正直。我希望我将来在类似的情境下也能鼓起这种勇气。

---

* 罗莎·帕克斯是一位美国黑人民权行动主义者。1955年，她因在公共汽车上拒绝给一位白人男子让座，而拉开了美国民权运动的序幕，美国国会后来称她为“现代民权运动之母”。——译者注

我所说的考验我的勇气的一次机会，发生在从路易斯安那州拉法叶到得克萨斯州休斯敦的飞行旅途中，当时我正在返回堪萨斯市的旅程的第一站。我刚刚在新伊比利亚的家乡度过一个星期，帮我妈妈搬到新房子去。我很疲惫，非常希望与我的妻子和儿子团聚。在登机之前，我认出了一个来自我家乡的熟人，我必须承认，我有意避开他，因为我记得他言辞有些尖刻。让我沮丧的是，这个男人的座位刚好在我后面，并且，我恰好被他的四个朋友围住，他们正要一起去打猎。我把脸埋在报纸里，不停地想象着在密苏里机场被我的家人欢迎的场景。尽管我试图忽略这五个人滑稽的打趣，我还是无意中听到了一个又一个关于非裔美国人的种族评论，他们提到飓风撤离者、政治家和运动员。总共有五次种族主义评论，多数是由我认识的那个同乡发起。在他们每次评论之后，表达我不同意这些评论的决心不断增长，但是让我眩晕和恶心的恐惧也在增加。（我让自己等到飞机降落之后，因为这五个人喝过酒，我担心他们对我计划好的评论的反应会让其他乘客不安。）当我们着陆并且安全带指示灯熄灭之后，我深呼吸了一下，转向这个认识的人，对他说："我不同意你在飞行期间和你的朋友分享的那些种族言论。正是这种无知让人们感觉在我们的家乡不受欢迎。"让我震惊的是，我短暂的兴奋被这个人粉碎，他继续为他的种族言论辩护，他的朋友也跟着附和。在我离开这群人时，我高兴地认识到，尽管他们对我的勇敢行动做出了无礼反应，这一点多少有些不太完美，但这实际上与它引发新的自信无关。我实践了道德勇气……我知道如果需要我还会这样做。

当病人通过手术或治疗方法与疾病斗争时，*生命力勇气*在起作用。医生、护士和其他类似健康专业人士利用他们的专业知识拯救人类生命，或者提高他们服务对象的生活质量。我们听说了一些面对慢性疾病的人，其中一些现象让我们迷惑，许多研究者考察了生命力勇气（尽管不是这样称呼它），他们的工作捕捉到了这些现象。哈泽（Haase, 1987）访谈了 9 个患慢性疾病的年轻人，以回答这个问题，"在患慢性疾病的年轻人里，生命力勇气这一体验的基本结构是什么？"她发现，勇气涉及发展对疾病的潜在短期和长期效果的深刻个人认识。

通过对患有各种身体疾病的中年人进行的有关勇气的访谈，芬格尔德（Finfgeld, 1998）确定，勇气包含了解和接受长期身体状况的威胁，通过使用洞察力解决任何相关问题，以及增强对自己和他人的感受力。芬格尔德（1995）还访谈了老年人，他们在面对慢性疾病时表现出了勇气。芬格尔德的结论是，有勇气是一种毕生过程，其中需要重要他人、价值观和希望这样一些因素。我自己（洛佩斯）接触一名老年来访者的经历，让我对勇气和希望以及更一般的积极心理学着迷。这名老人叫卡尔，我在卡尔称之为他生命中最糟糕的那一天遇见他。他被诊断为肾脏衰竭。医生发现，这个消息深深打击了卡尔，所以建议他看心理医生，让卡尔来找我。在见到卡尔几

截肢者帕里被评为最有勇气的人

伯纳德·费尔南德斯

《费城每日新闻》

2004年1月27日，尼尔·帕里（Neil Parry）没有放弃。如果他放弃了，他永远无法表现出不屈不挠的意志和无尽的耐心，而只有意志和耐心才能让他在3年的25次手术期间追求不可能的梦想。这些年间，帕里痛苦的自我探索历程把这名圣何塞州立大学橄榄球队员转变成了全国残疾人的希望灯塔。

你不会想到像这样的人会突然感到需要立即满足，但实际上是这样。帕里再次回到橄榄球赛场，他的梦想就快变成现实，他希望那个时刻就像他在心里经常想的那样发生。

"仅仅在外面热身就是难以置信的[在9月18日与内华达队的比赛之前]"，24岁的帕里说，前一天晚上在樱桃山希尔顿酒店举行的第100届年度费城运动作家协会晚宴上，他获得最有勇气运动员的荣誉。"当你前往一场比赛，但却只是待在界外区而不能比赛，那是不一样的。

"当我知道我将会参加比赛时，我像一个糖果店里的孩子一样。人群在欢呼，乐队在演奏，你的家人和朋友在那里。

"在3年里，我在脑海里经常思考我希望它如何发生，而实际比赛中并不是那样。我有几次触球，但我没有真正撞击某些人，那种撞击会让观众大叫'哇哦！'我也没有做出拦截。在比赛之后，我才认识到，仅仅出现在赛场上就是一件了不起的事。"

了不起的事？嗯，如果一个人的右腿膝盖以下在2000年10月被截肢，你会相信他能再次参加大学生职业橄榄球比赛。很多人这样想。但在那个时候，他们不知道帕里的本性。直到那次改变生命的受伤发生后，他才有机会远远超出他所知的宇宙，即便是帕里也不能肯定他有那种美好的东西。

"人们不断涌过来并对我说，'如果这发生在我身上，我做不到你所做的事情'"，帕里说。"但是，没有人知道会怎样，直到你真正经历了这些事情。我也会这样说。在我受伤之前，我看到来自圣母大学的一名篮球运动员（迈克·爱德华兹，西澳大利亚药学协会1999年度最有勇气荣誉获得者）用一条假肢（腿）参加比赛。我记得我心里想，'哦，好可怕。'"

然后，在 2000 年 10 月 14 日，在圣何塞州立大学球队担任替补中卫的帕里，遭遇了与爱德华兹类似的状况。这场比赛他们以 30 比 47 输给了得克萨斯大学艾尔帕索分校，他在第三节做出了一次阻截，但是他的右腿被一堆身体碾压。他遭受了开放性骨折。

这还不是最糟糕的。这条腿发生严重感染，帕里得知可怕的消息：他会死掉，除非切除受伤不能恢复的右腿。在受伤 9 天之后，他醒过来的时候，曾经的右腿变成了一条扎满绷带的残肢。

“你从来没有想过这会发生在你身上”，帕里说，“人们说，‘参加每次比赛时都把它想象成最后一次’，但是你并没有真把这句话放在心里去。当它发生在我身上时，我想一定有办法保住我的腿。但是没有办法。”

圣何塞授予帕里全额奖金，他的哥哥乔希也为勇士而战，本赛季是老鹰队的一名练习队球员。但是，菲茨・希尔教练从来没有想过这名不断说起再次比赛的年轻人，将会真的为球队做出更多贡献，而不仅仅是队员们的精神鼓舞。

然而，第 25 次手术让帕里的追求更明确，他的医生告诉希尔，装上新假肢的帕里能够做他在受伤前所做的几乎每件事情。教练让他穿上队服。

这给我们带来了与内华达队的比赛，帕里希望在他第一次回归比赛时取得巨大成功。但是，奇迹真的发生了，帕里表现得非常好，足以成为比赛中的亮点之一。

帕里的出场身份是身高 6 英尺 1 英寸、体重 175 磅的资深中卫，上个赛季参加了 19 场比赛，所有比赛都进行凌空踢球回跑。他的出场并不是由于教练可怜一个身体上遭受挑战的好人，大学职业橄榄球赛并不是这样运作的。受伤之前帕里在 40 码短跑中的最佳成绩是 4.6 秒，而现在在 5 秒以内。他仍然是一名运动员，也许不是国家橄榄球联盟明星，但已经足以胜任出场了。

在旧金山举行的东西部全明星赛上，人们邀请帕里参加他们 1 月 10 日的聚会，也许是因为他的名气越来越大。毕竟，布什总统接见过他，他还在芝加哥、新奥尔良和亚利桑那州坦佩市获得了勇气奖。但是帕里还有更多比赛要参加，他希望这些比赛不会只是仪式。

在第二个季度，帕里所在的西部球队中线开球，阿肯萨斯的劳伦斯・理查森开始回球反攻。但是他没有跑得很远，帕里飞奔过来并扑倒了他。

“我最终打倒了某个人”，帕里说，他的微笑表明他刚刚获得的胜利，这一胜利超越了橄榄球领域。他勇敢面对生活带给他的不幸，他战胜了他的疑惑和恐惧。

帕里谈到有残疾的孩子，一些截肢者，这些孩子把他当做榜样，他认真地承担这一责任。小角色已经变成了超级明星。

当被问及他是否愿意用所有荣誉换回他的腿时，帕里说他经常想到这个假设性问题。

“它穿过我的脑海”，他说，“但是我不认为我会交换。相比以前，我遇见了更多人和去了更多地方。

“我处于一种能够帮助别人的情境。我猜这显示出了我的性格，显示出我是什么样的人。我比我有两条腿时能帮助更多的人。”

资料来源：Fernandez, B. (2004, Jan. 27). Amputee Parry honored as most courageous. *Philadelphia Daily News*. Reprinted with permission of RMS.

分钟之后，我发现他有自杀倾向。在一小时之内，我知道了为什么他想结束他的生命。简言之，肾脏衰竭诊断并不让他吃惊，卡尔知道会这样。他也知道肾脏衰竭意味着透析；透析意味着失去活力；失去活力意味着不能一天工作 12 个小时；不能全力以赴地工作意味着他可能会失去家庭农场。卡尔害怕他的疾病，因为他害怕失去他的目标和生活意义。两个小时后，经卡尔允许，我请他的妻子参与进来，我们一起努力以形成一个计划，帮助他应对这一毁灭性消息。三个小时之后，卡尔足够稳定，被允许回家，而不是住院。第二天早上，他返回来继续咨询会谈，他告诉我，他将与疾病作斗争，并且学习如何在接受治疗期间“完成”农场的事情。看起来他已经挖掘到希望和勇气的源泉。在接下来的三个月，我欣喜地看到卡尔的健康好转……并不需要透析的帮助。卡尔坚持不懈，保持生命力勇气。正是卡尔的勇气帮助我认识到人类优势的力量和潜能。

关于医生的勇气，谢尔普（Shelp, 1984）发现，这一美德以及能力和同情是卫生保健提供者的理想特征。并且，通过“鼓励”来注入勇气（p. 358），这对于任何从事展示关怀和关心职业的人都是必要的。另外，谢尔普还指出，勇气的必要成分是选择自由、对情境的恐惧，以及在结果不确定但道德上有价值的情境中愿意冒险。我们相信，遭受苦难的人们、为其治疗的卫生保健提供者*以及*在困难时期照料爱人的重要他人，都会经常表现出生命力勇气。照料生病的重要他人——家人和朋友的生命力勇气，是杰罗姆·古柏曼（Jerome Groopman）的著作《解剖希望：人们在面对疾病时如何获胜》中的许多背后故事之一。在这本 2004 年出版的书中，古柏曼博士讲述了忍受疾病的人们的故事。这些病人经常由关怀的医生和体贴的支持者陪伴。这些照料者间接体验病人的痛苦；他们面对自己的恐惧，包括失去这个对他们非常重要的人的恐惧。因此，在面对困难时的生命力勇气经常由这些照料者而不是病人体现出来。古柏曼报告了一个患结肠癌的母亲和她十几岁的女儿，她们的应对特别让人心酸。实际上，古柏曼在书中第 2 章讨论了弗朗西斯·沃克和沙伦·沃克（一名真实的病人和她女儿）的故事，显示了病人和与其一起受苦的家人的高尚行为中的勇气。并且，这个例子表明，当一名照料者（在这个例子中是医生）表现出怯懦行为时，其他照料者可能必须应付这一挑战。在与癌症斗争时，弗朗西丝·沃克是一名模范病人；她决定忍耐，配合治疗安排。她十几岁的女儿沙伦相信她的母亲能被治好；在每次约见医生时，这个女孩都是她妈妈坚定的安慰和支持来源。不幸的是，弗朗西丝的肿瘤治疗师对她们不诚实；治疗只能起缓解病情的作用，而不是如他大胆断言的那样能够治愈。弗朗西丝的结肠癌实际上是晚期，医生在第一次诊断时很可能就已经知道这一事实。当弗朗西丝被真实的预后打垮，医生无法遵守与她的约定时，年轻的沙伦支持她的妈妈，并勇敢对抗医疗人员。她要与对母亲的痛苦以及不久就会失去母亲的恐惧作斗争，当她认识到没有得到直接回答时，她克服犹豫、挑战权威（医疗人员）。病人弗朗西斯和照料者沙伦体现了对抗疾病和维护尊严所需要的生命力勇气。

帕特曼（Putman, 1997）把**心理勇气**（psychological courage）描述为面对个体的破坏性习惯的优势。这种形式的生命力勇气可能很常见，我们都会与紧张、悲伤、机能障碍或不健康的关系等心理挑战作斗争。这些挑战会威胁心理稳定性，因此我们重构我们的信念，或者系统性地让自己对恐惧脱敏，勇敢对抗我们的机能障碍。帕特曼提出关于心理勇气的一个惊人看法，他认为与身体勇气和道德勇气相比，很少有心理勇气训练。他继续指出，流行文化在文学作品和电影中展现了很多身体勇气或道德勇气的偶像，但是很少出现心理勇气榜样。也许这是由于围绕心理健康问题和破坏性行为的消极烙印。但是，也有可能是由于与道德勇气和身体勇气相比（这二者自古希腊以来就被承认），针对生命力勇气的讨论相对较新。图 10.2 中的人物是道德勇气、身体勇气和生命力勇气的范例。

在考虑了勇气的内隐观点以及现代学者对勇气的理论探讨之后，可以看出，我们对这一美德的理解自西塞罗以来的 2000 年里几乎没有变化。西塞罗的定义是不受时间限制的。例如，他对勇气的评论考虑了它的多维属性，并超出了文化赞美的身体勇气，崇尚生命力勇气所需要的耐心和毅力以及道德勇气内在的宏大。今天的内隐观点和学术上对勇气的操作性定义参考了西塞罗定义中出现的希望、信心和荣誉这些属性。

道德勇气

在偏见极度严重的时期，罗莎·帕克斯坐到伯明翰的一辆公共汽车的前排座位上，勇敢地对抗不公正。

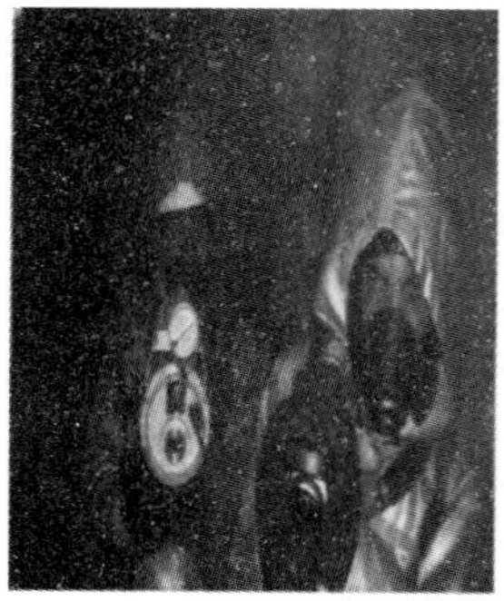

身体勇气

消防队员正在进行训练演习，为危及生命的工作做准备。

生命力勇气

伊利·威塞尔年轻时在集中营待过，作为幸存者，他倾其一生为人权而战。

图 10.2 三类勇气的范例

获得勇气并保持勇气

芬格尔德（1995，1998）认为，勇气行为出现在识别威胁之后，不再把问题定义为无法克服的障碍。行为预期、角色榜样和价值观系统似乎也决定勇气是否展现、何时展现以及如何展现。有勇气的行为可能带来平静或镇定的感觉；对个人生活不后悔；以及个人整合感。

萨甘（Szagun, 1992）采用结构化个人访谈，要求 5~12 岁的儿童评定与 12 种不同风险相关联的勇气（在 5 点量表上评定，1= 完全没有勇气，5= 非常有勇气）；另外，研究者还要求儿童评判勇气短文。年幼的儿童（5~6 岁）将勇气比喻为手头任务的难度和无畏。稍大一些的儿童（8~9 岁）把勇气比拟为主观冒险和战胜恐惧。更大的儿童（11~12 岁）报告说，在行动时完全觉察到风险的存在是勇气的必要成分。考虑到他们的发展阶段，年幼儿童把身体危险评定为比其他危险需要更多勇气，这一点并不让人惊奇。

近来，萨甘和肖布尔（Szagun & Schauble, 1997）通过用于年幼儿童的访谈技术和用于青少年和成年人的开放式问卷来考察勇气。这些研究者要求参与者回忆而后描述他们做出勇气行动的情境，集中于那些情境中的思想和情感。要求儿童提供关于特定角色的短故事，考察勇气。结果显示，年幼儿童在描述勇气体验时不考虑恐惧或不考虑战胜恐惧，但是把勇气等同于恐惧体验的倾向随着年龄增加而增强。与过去的研究类似（Szagun, 1992），年幼参与者把勇气概念描述为更多的身体冒险，而年龄较大的儿童集中于心理冒险，认为它们是勇气的必要成分。年长儿童还把勇气概念描述为多方面的情绪体验，包括恐惧、自信和采取行动的冲动。

一些研究者试图确定人们如何变得有勇气。他们通过开放式问题和访谈，要求个体描述涉及勇气的情境（Finfgeld, 1995, 1998; Haase, 1987）。哈泽（Haase, 1987）使用一种现象学的、描述性的评估方法。在对患有慢性疾病的青少年进行的非结构访谈中，要求参与者识别和描述他们的勇气体验。要求他们："描述你很勇敢的一个情境。描述记忆中的这一体验，包括你记忆中体验到的思想、情感和知觉。继续描述这一体验，直到你感觉已经描述充分了。"（p. 66）这一指导语体现了一个假定，即所有个体都有表现勇气的能力和过去经验。哈泽关于勇气的发现指出，应该发展态度和应对方法，而不是描述所谓的"天生英雄"。她还发现，通过每天经历勇气"小情境"（例如治疗、医疗程序、身体变化和其他来自疾病的因素），青少年开始把体

《晚间脱口秀》节目中大卫·莱特曼对勇气的看法——2001 年 9 月 17 日

"它非常简单……我们中任何人所需要的只有一点，就是勇气，因为勇气定义所有其他人类行为。由于我自己曾经尝试过，我相信假装有勇气如同真实的勇气一样好。"

美国参议员约翰·麦凯恩对增强勇气的看法——2004 年 4 月

"我们可以增强道德勇气。第一次对抗暴徒是很困难的，第二次便不再那么困难。有时候你用尽了身体勇气。当我用尽勇气，回到我的房间里敲打墙壁时，我的伙伴让我振作起来、鼓舞我和支持我，他们给了我回去并再次战斗的力量。"（来自 MSNBC 的一档节目《与克里斯·马修一起刨根问底》）

验觉察和解析作为勇气体验。逐渐地，随着时间和经验的增加，情境被视为困难的但并非不可解决。通过解析勇气情境，青少年发展出掌控感、胜任感和成就感以及成长感。

勇气研究

勇气的测量

在过去 30 年间，出于研究目的，诞生了大量简短的自陈式勇气测量。尽管其中某些测量具有某些优势，但是所有测量都需要进一步发展。

1976 年，拉森和贾尔斯（Larsen & Giles）开发了一种量表，用于测量存在勇气（近似道德）和社会勇气（与身体有关）。28 个条目测量存在勇气范畴，22 个条目考察社会勇气。这一工具的心理测量支持有限，几乎没有工作改进这一量表。

施米特和科塞尔卡（Schmidt & Koselka, 2000）构建了一种 7 个条目的勇气测量。3 个条目与一般勇气有关，4 个条目测量与惊恐有关的具体勇气（可能是生命力勇气的子类型）。这一量表满足信度的基本标准，但是效度证据有限。

伍达德（Woodard, 2004）采用一种细致研究过的勇气定义，把勇气界定为尽管体验到恐惧（知觉到的威胁超出了可用的资源），但仍然为有意义的（高尚的、好的或实用的）原因而采取行动的能力。基于这一定义，伍达德开发了一份 31 个条目的量表。把“行动意愿”分数与“知觉到的恐惧”分数相乘得到总分。对这一量表的研究表明，有希望在未来研究中用它来测量勇气。

积极心理学研究团体完成近来的量表发展工作，他们继续进行最初称做“源泉”测量、现在称做价值实践优势量表的研究工作（Peterson & Seligman, 2004）。这一源泉测量的第一版包括 5 个测量勇气的条目（例如“我在面对强烈阻力时坚持立场”）。现在的版本测量 4 种类型的勇气，包括英勇、真挚、热情 / 兴趣和勤奋 / 毅力。

勇气测量的发展正处于初级阶段，因为研究者还没有提出和认真检验一种全面的勇气理论。发展勇气模型是困难的，但是这项任务不应该比几位智慧研究者已经完成的任务更困难。这里的一个重要问题是，测量工具应该评估在勇气行动中展示的勇气，还是评估有勇气的行动者所体现的勇气。更复杂的是，我们应该集中于勇气的**基调**（tonic）（恒定的）成分还是**阶段**（phasic）（起伏的）成分，或者二者兼有。这可能依赖于要评估的勇气类型。道德勇气可能具有基调属性，例如一个人在不同情境中都能稳定地显示出来，道德勇气也可能拥有阶段属性，例如它只在必要时才出现。(身体勇气和生命力勇气也可能既有基调属性又有阶段属性，但是阶段属性可能更明显。)例如，可以通过直接问题测量道德勇气的基调成分，传统量表可以对这一优势进行有意义的表征。另一方面，道德勇气的阶段成分仅在需要时才在特定情境中以纯粹形式出现，测量它可能需要观察、叙述报告、经验抽样法和关键事件总结法等评估技术。

恐惧和勇气之间的关系

几个世纪以来人们一直假定恐惧和勇气之间存在关联，但是这一关系仍没有得到很好的理解。考察这一关联的第一位研究者是拉赫曼(Rachman, 1984)，他发现害怕的人可以实施有勇气的行动。尽管勇气和无畏经常被看做同义词，但是许多人(见表 10.1)认为恐惧时仍表现出毅力才是最纯粹的勇气形式。实际上，拉赫曼提出，真正的勇气是愿意和能够接近恐惧的情境，尽管存在主观恐惧。在这种情况下，可以测量特定情境下的生理反应以评估恐惧或紧张的存在，从而确定有勇气的人们如何反应。

在研究勇气之前，拉赫曼(1978)的工作集中于描述主观恐惧及其相关的身体反应。他在明确地理解恐惧及其身体表现之后转向了勇气研究，拉赫曼及其同事(Cox, Hallam, O'Connor & Rachman, 1983; O'Connor, Hallam & Rachman, 1985)研究了恐惧与勇气之间的关系。这些研究者比较获得勇敢奖章的拆弹队员与训练和服务年限类似但未获奖章的拆弹队员。(奖章作为识别个体经历勇气行动的方法。)根据拉赫曼(1978)早前的研究，通过各种主观的、行为的和心理生理的测量确定应激源下的表现。比较显示，获奖章者与未获奖章者在压力下的生理反应有所不同，尽管未发现统计意义上的显著差异(Cox et al., 1983)。在随后的一系列验证实验中，奥康纳等人(O'Connor et al., 1985)证实，与比较组相比，获奖者在压力下保持较低的心率。这些研究发现提示，实施勇气行为的人对恐惧的反应(行为上和生理上)方式可能不同于未展示出勇气的人。

拉赫曼(1984)试图理解为什么一些人对恐惧的反应方式可能有助于勇气行为，他研究了新手伞兵。对主观恐惧和相应生理指标的评估显示，伞兵在刚开始时报告中等数量的恐惧，但是在最初的五跳之内这一恐惧平息下来。并且，他还发现，尽管感到恐惧但仍然执行跳伞(也就是勇气)会引起恐惧的降低。

这些研究开始阐明恐惧与勇气之间的复杂关系。普遍的假定是必须有明显恐惧这一先决条件才能产生勇气，考虑到这一点，恐惧与身体勇气、道德勇气和生命力勇气之间的关联需要进一步研究。

勇气能否习得?

维克·科南特

南丁格尔—科南特集团总裁

如果回顾历史上最受尊敬的人、为世界做了最多贡献的人、推动社会进步的人，你总是会发现，这些个体的一个主要特征是勇气。但是，什么是勇气?

加拿大有一位心理学家杰克·拉赫曼，他的专业是研究恐惧和勇气，他说许多人把勇气看做无畏。但拉赫曼把勇气定义为面对恐惧和压力时的毅力。

勇气是一种个人优势，它等同于在其他缺少勇气的人无法行动时采取行动的能力。它是在面对恐惧和巨大的反对力量时仍采取行动的能力。它是不畏艰难、绝望和有时逼近的个人身体危险仍然行动的能力。

问问你自己，你认识的人里面谁是最有勇气的人?接下来，你认为谁是历史上最有勇气的人?现在，让你选择这些个体的勇气特征是什么?我个人的提名是温斯顿·丘吉尔。在一战末，丘吉尔掌管英国海军。在一次重大海战战败之后，他被撤职，之后的20年里，他的政治观点一度遭到拒绝。人们公认他遭受了很多低谷时期，但是他的信念从未动摇。当德国军队横扫欧洲时，他的观点最终被证明是正确的，丘吉尔成为了英国的战时首相，这是一个必然的选择。

每个人在这个需要有人站出来的时候都自动地指望他，因为他们知道他的立场，他们见证了他在战争中显示的勇气，这一次又一次地将他置于危险境地。他的个人勇气和决心鼓舞了整个国家，继续抵抗在那个时候看起来是几乎不可战胜的力量。然而，丘吉尔并不像是一个会变得有勇气的人。根据斯蒂芬·曼斯菲尔德在《永不放弃：温斯顿·丘吉尔的非凡性格》一书中的看法，丘吉尔没有身体力量或高大的身材。他被朋友和家人忽略、嘲笑和苛待。他在有闲阶级家庭中长大，这类家庭很少产生有原则和远见的人。但是，尽管如此，他发展出了惊人的道德和身体勇气。

曼斯菲尔德进一步谈到勇气，“它无法教授，尽管它可以被激发。它通常从信心或决心一类的特点中迸发出来，敢于面对强于自己的力量。它可以立即爆发，如同被一次突然的摇晃唤醒。但是，它经常在沉默中等待，直到某些紧迫的挑战唤醒它。然而，很确定的是，如果没有勇气，他不可能成为真正的领袖。”

丘吉尔自己说，“勇气应当被尊为第一重要的人类品质，因为它保证所有其他品质。”

曼斯菲尔德说很难教授一个人表现出像“丘吉尔、甘地或马丁·路德·金那样的惊人勇气水平”，这一点是对的。但是，已经证实，勇气可以习得，这对我们每个人来说都异常重要，我们希望在某些生活领域增加我们的勇气。

在拉赫曼的研究中，他观察了在北爱尔兰值勤的英国军队中的拆弹队员。他发现这些人能够培养巨大的勇气能量，即便他们最初缺乏高水平的自信或在压力下坚持的天生能力。他发现，在面对巨大危险时坚持和表现良好的能力主要是这一工作的密集和专业训练的结果。不仅有准备，而且知道你已有准备。

丹尼斯·韦特利（Denis Waitley）把恐惧描述为我们体验到的最强的情绪。然而，我们有力量选择更强的动机，可以超越恐惧并让我们勇敢地行动。

丹尼斯曾经是一名海军领航员，他观察了宇航员的训练。在经过最艰巨和最密集的训练之后，宇航员能够有效地采取行动，即使在极度危险的情境中。如同尼尔·阿姆斯特朗在踏上月球之后所说的，“这就像是一次训练，它就如同我们计划的那样。”

很明显，在足够的准备之后，我们能够变得更有勇气。如果我们冒险，我们是出于信念而这样做，因为我们在开始时无法知道事情的结局。这不正是怀疑和恐惧会蚕食勇气的最终原因吗？我们恐惧是因为我们在开始时无法知道结局，我们开始想象最糟糕的可能场景。因此，我们克服恐惧和获得勇气的最好机会似乎是准备然后坚持信念。现在，你希望在生活的哪个领域变得更有勇气？

资料来源：Reprinted with permission from Vic Conant. www.AdvantEdgeMag.com.

在日常生活中发现智慧和勇气

智慧和勇气也许是最被看重的美德，在我们的世界中非常需要它们，很幸运它们的供应是无限的。事实上，我们相信，通过专心于生活，多数人都能够发展出智慧和勇气。你可以通过完成个人小实验，亲自检验这一假设。然后，通过实施生活提升策略，创造一些智慧和勇气小情境。

智慧和勇气的价值

“要完整和正确地理解智慧，可能需要比任何人所拥有的智慧更多的智慧”(Sternberg, 1990, p. 3)。类似地，理解勇气可能颇需要一些智慧。这一章简短地总结了我们对这些优势的了解。无疑，尽管我们努力证明每一天人们都会体现出这两种非凡品格，但你直接或通过媒体接触不明智和鲁莽行为形象的次数可能超过了你看到高尚行为的次数。考虑到电视节目中不明智和看似无畏的愚蠢行为让许多人着迷，

个人小实验

在普通人中寻找智慧和勇气……包括你自己

在这一章，我们讨论了两个最著名的人类优势，智慧和勇气。我们的总结表明，尽管这些品质很特别，但是它们都可以表现在日常生活中。这里是在普通人的日常生活中找到智慧和勇气的一些办法。

智慧挑战：考虑你对如下生活事件的观点，一边想一边说，并把它们写下来。“一个 15 岁的女孩想要立刻结婚。一个人/她应该怎么想和怎样做？”(Baltes, 1993, p. 587)。在给出评论之前，你想要问什么问题？把它们写下来。然后，非正式地评估一下你的问题涉及智慧的五个标准的程度(事实知识、程序知识、毕生情境论、价值相对论、识别和管理不确定性)。

今天的超级英雄：识别真实生活中的超级英雄，你认识的人所展现的每种勇气——身体的、道德的和生命力的。写下每个人的简短传记，如果你愿意，写一张便条给这些人，告诉他们为什么你认为他们拥有勇气。找到展现勇气的人非常容易，但有勇气的人会对这一称呼觉得不安，你对此可能会感到吃惊。

对于有争议性的勇气的辩论：就一个容易激起情绪的、有争议的主题展开辩论有时候需要很高的智慧。“对于有争议性的勇气的辩论”可能需要你灵活思考，并考虑他人的价值观和生活优先级的差异(也就是价值相对论)。在一个小组、一个班级或一个社会环境中，讨论下面这个问题的两面性：“让飞机撞上世贸中心的恐怖分子是有勇气的。”集中于勇气的个人定义，以及在识别勇气时需要考虑哪些人的共同利益。

生活提升策略

在许多历史记录和虚构故事中，都记载了对智慧和勇气的追寻。例如，佛陀放弃了他所知和所爱的一切，寻求启迪，这是一种定义了佛教传统的智慧和爱的状态。我们在本章开头提到的那个故事中，胆小的狮子艰辛地穿过魔法森林，希望奥兹国的巫师（Wizard of Oz）赋予他勇气，他以为自己缺乏勇气。

我们相信，在你的人生旅途中，你可以发展智慧和勇气，让你的生活更有意义，并贡献于更高的利益。但是，我们决不认为发展这些品质很容易，不过一些普通人能够通过面对生活挑战发展出这些品质……通过专注练习，你也能够做到。

与大多数章节一样，我们根据三个重要生活领域归类生活提升策略——爱、工作和游戏。在每个领域中我们分享两个建议，一个与智慧有关，一个与勇气有关。

爱

- 平衡你的爱情和工作，这需要很高的智慧。从你的家人中找出一个人，这个人使用智慧平衡他或她的爱情和工作，是智慧的最好的角色榜样。访问这个人，确定他或她用来保持这一均衡的四种智慧行动。
- 面对经常与约会和结交新朋友相关联的恐惧，今天向两倍于昨天数量的人介绍你自己。

工作

- 与学校里的大一新生分享关于你在学业和社交上成功的智慧。你对于如何调适的观点对其他学生来说可能很有用。
- 当你的权利或他人的权利被侵犯时，坚持正义的立场。只有在你确定行动合理的时候，才抓住机会显示你的道德勇气，但是不要因为担心不确定的结果而放弃行动。

游戏

- 平衡你的工作或学业需求与你的娱乐活动。反思过去的一周，确定你的日常生活是否均衡。
- 热情地追求游戏兴趣，但是不要混淆轻率 / 无畏与勇气。

例如《挑战恐惧》这样的节目，我们感到迫切需要加强对美德的赞美：智慧和勇气有进化价值，而愚蠢和鲁莽的无畏会威胁生存。

奇克森特米哈伊和瑞桑德（Csikszentmihalyi & Rathunde, 1990）明确论证了智慧的适应价值。智慧指引我们的行动，当社会和物质世界挑战我们时，智慧让我们做出聪明的选择。这种智慧实践对公众利益是有内在奖励和益处的；它促成好想法、自己和他人的存活。事实上，明智的想法和明智的人可以经得住时间考验。勇气与之类似。身体勇气和生命力勇气经常会延长生命；道德勇气也可以维护公正和公平的理想。

关键术语

真挚（authenticity）：价值实践分类系统中的一个勇气维度。真挚包含向自己和他人承认和展现真实的自我、价值观、信念和行为。

智慧的均衡理论（balance theory of wisdom）：斯滕伯格提出的一种理论，详细说明了用来平衡个人利益与环境背景以达成共同利益的过程。这一过程包括使用隐性知识和个人价值观来对竞争的利益形成判断或达成解决。

柏林智慧范式（berlin wisdom paradigm）：巴尔特斯等人发展的一种理论，认为智慧需要知识和在文化背景下对自己和他人的洞察，是“计划、管理和理解美好生活的方法和手段”（Baltes & Staudinger, 2000, p. 124）。这一范式涉及毕生情境论、价值相对论和管理不确定性。

辩证运算（dialectical operations）：使用逻辑论证、讨论和推理作为智力探索的方法。辩证思维涉及检查和解决相反或矛盾的观点，并整合主观信息、动机和生活经验。

热情 / 兴趣（enthusiasm/zest）：价值实践分类系统中的一个勇气维度。它包括在挑战情境或任务中蓬勃发展或保持动机。

外显理论（explicit theories）：外显理论考察一个概念外部可见的方面。例如，在智慧研究中，外显理论考察被认为反映了智慧的行为，例如问题解决能力。这些理论集中于一个概念可观察的特征。

内隐理论（implicit theories）：考察一个概念的性质或本质的理论，例如勇气，这些性质无法直接看到或揭示出。内隐理论或“民间”理论寻求通过描述特征、性质和/或期望建构的维度来做出解释。

勤奋 / 毅力（**industry/perseverance**）**:** 价值实践分类系统中的一个勇气维度。它涉及承担任务或主动和决心开始并完成挑战。

毕生情境论（**life-span contextualism**）**:** 柏林智慧范式的一个成分，要求根据情境理解一个问题。这些情境可能是生活的某些方面，例如爱、工作和游戏，也可以是文化和时代背景（社会中的时间和地点）。

管理不确定性（**managing uncertainty**）**:** 柏林智慧范式的一个成分。使用这一技能意味着理解任何问题解决策略或方法都有局限性并需要决策的灵活性。

道德勇气（**moral courage**）**:** 奥伯恩、洛佩斯和彼得森（2000）的勇气分类的一部分；不管力量差距、异议、反对或拒绝，真挚表达追求正义或共同利益的信念或价值观。

阶段（**phasic**）**:** 属于非持久的特征，品质会依赖于情境、背景或在需要的时候发生变化。

身体勇气（**physical courage**）**:** 奥伯恩、洛佩斯和彼得森（2000）的勇气分类的一部分；一种身体行为或行动尝试，寻求维护一个社会的价值或共同利益。

心理勇气（**psychological courage**）**:** 帕特曼（1997）描述为生命力勇气的一种形式，包含承认和面对个人弱点、破坏性习惯或威胁自身心理稳定性的因素的优势。

价值相对论（**relativism of values**）**:** 柏林智慧范式的一个成分；涉及理解不同人、社会和时代的价值观和优先级是不同的。任何观点的价值可能会随着它出现的环境有所不同。

基调（**tonic**）**:** 属于持久的特征或类似特质的品质。

英勇（**valor**）**:** 价值实践分类系统中的一个勇气维度。它涉及在面对危险或恐惧时采取的身体、智力和情绪姿态。

生命力勇气（**vital courage**）**:** 奥伯恩、洛佩斯和彼得森（2000）的勇气分类的一部分，以前称做健康 / 改变勇气；一个人面对疾病或残疾时的坚持和毅力，尽管结果不确定。

11 专念、流畅感和精神感悟

寻求最佳体验

也许我们对“偏执狂”最好的定义是“反复做同样的事情，期待不同的结果”（属于艾伯特·爱因斯坦和本杰明·富兰克林的品质）。如果我们知道最终的结果是负面的，那么为什么我们还要重复同样的行为？是的，被动的习惯很容易养成，但又很难打破（见 Bargh & Shartrand, 1999）。例如，许多人都不止一次地：打开电视看看“在演什么”，“什么都没看”地过了三个小时，然后又希望能要回这 180 分钟。这种习惯性的、让头脑麻木的体验，可能有一些短暂的、缓解压力的好处，但是它经常让我们无法关注我们的世界中发生的事情。不动脑筋地追求没有意义或没有挑战的目标，会让人们感觉厌烦和空虚。相反，有目的地实时寻求最佳体验，会给我们带来喜悦和自我实现感。在日常生活中，这些积极的追求可能会带来基于胜任感（Langer, 1989, 1997）和幸福（Myers, 2000）的心智健康。

这一章引导你关注构成我们每天生活的实时体验。对专念、流畅感和精神感悟的讨论在寻求最佳体验的框架下进行。我们相信，我们中有太多人在日常生活中是无所觉知的，与我们体验的意义和我们的情绪自我不同步。因此，我们需要更多地了解关注更深层次生活的心理学，这种心理学可以普遍应用，它教授关于乐趣、满足和意义的深奥知识，可以通过投入日常生活来获得它们。在我们寻求理解最佳体验时，我们分别讨论对新奇、全神贯注和神圣的寻求，我们突出更有目的的存在状态（在促进专念、流畅感和精神感悟的合理干预的帮助下）的可能益处。我们首先考虑我们存在的每时每刻如何给生活带来快乐和意义。

实时寻求

在快节奏的 21 世纪，很容易就在我们的眼皮底下流逝大量时间。然而，这些时间中的每一分钟都是可进入的（或者可以捕捉的），每一分钟都有未开发的潜能；它们是我们最佳体验搜索的一部分。心理学家丹尼尔·卡尼曼（Daniel Kahneman）获得了 2002 年的诺贝尔经济学奖，他看重时间这一货币，理解单个片刻与宽泛的生活体验之间的关系，从他近来演讲的这段摘录可以看到这一点：

> 现在，在 16 个小时的一天里，有大约 20 000 个 3 秒的片刻，这是生活的构成元素；它由一系列片刻构成。这些片刻中的每一个实际上都是非常丰富的体验，如果你能够让某个人停下来并问："就在此刻你的身上发生了什么？"任一片刻都有大量事情发生在我们身上。一个目标，一个心理内容，一种身体状态，一种心情，还可能有某种情绪唤起。许多事情在发生。然后你可以问："这些片刻发生了什么？"（Mitchell, 2003，第 11 段）

我们当然同意，日常生活中的片刻非常丰富。每一片刻的潜能反映在与每个片刻相关联的思想、情感和身体力量中。从积极心理学的角度看，一天提供了 20 000 个投入、战胜消极和追求积极的机会。

为了检验我们的论点，即生活的每一刻都是新颖和蕴含潜能的，试着让你一天的节奏慢下来，在附近漫步……与一个三岁的孩子一起。一个三岁的孩子（很安心且通常很满足）可以把两个街区的散步变成一次大冒险，散步的时间比你的预期长五倍。这个孩子会注意他视线内的每一件事情,并开心地分享对体验到的事情的想法。当下一个"片刻"到来时（例如另一个孩子跑过马路），这个孩子会继续体验它，而不会经历"分析瘫痪"（我应该注意那个还是这个？）。无疑，与一个学步的孩子在附近漫步，会让你注意到在那儿将经历的生活片段。在每一片刻都有潜能的信念中加入一点目的性，我们相信你能够在日常基础上主动地追求更丰富的生活体验，包括更多的新奇（专念）、更多的全神贯注（流畅感）和注意神圣（精神感悟）。

专念：寻找新奇

在人们的日常行为中，可以看到许多最好的专念例子。埃米·瑞斯尼斯基（Amy Wrzesniewski）是一位积极心理学家，她的兴趣是人们如何在工作中表现最佳，她的研究间接说明了这一点（引自 Snyder & Lopez, 2002; Wrzesniewski, McCauley, Rozin & Schwartz, 1997；也见第 17 章）。她发现，在一家大城市医疗中心工作的清洁工中有三分之一的人认为，他们的工作是一种"召唤"，他们尽最大努力让患者和员工获得积极的健康护理体验。清洁小组的这些成员专注地对值得关注的事情做出实时选择，从而对他们的职责进行一些控制，从本质上重新解释他们的工作。他们的专念给他人带来好处。例如，有"召唤"感的清洁工非常警觉，力图保持医院卫生。这些清洁工还改变房间内画框的布置，改变其他物品的位置，让患者对周围环境有新鲜感，从而让长期患者更能忍受住院生活。每天，这些清洁工都找到新颖的方式改变医院环境。[见作者之一（斯奈德）在第 17 章讲述的关于一家整洁有序的医院的故事。]

埃伦·兰格

资料来源：Reprinted with permission of Ellen Langer.

埃伦·兰格（Ellen Langer）是哈佛大学的一位社会心理学家，她通过观察来自所有生活领域的人们（学生、商人、退休者）的日常行为，理解专念行为。在一个研究中，兰格及其同事朱迪思·罗丁（Judith Rodin），考察知觉到的控制对一家居民看护中心里老年人的作用。他们对一组居民进行鼓舞士气的讲话，鼓励他们自己做决定，然后允许这些参与者选择一株室内植物，在接下来的几个月里负责照看这株植物（Langer & Rodin, 1976; Rodin & Langer, 1977）。另一组居民听到的讲话集中于员工将会为他们的日常活动和决定提供帮助。这些参与者也得到了植物，但是他们得知员工将会照看这些植物。在干预之后的三周里，被鼓励做决定和照看植物的参与者更警觉和更快乐。随着他们的植物和生活一点一点发生变化，他们从日常生活中发现了新鲜感。

兰格在 18 个月后的追踪研究有一个惊人发现：被鼓励自己做决定的参与者中死亡的人数只有被鼓励利用员工支持的一半（前一组 44 人死亡了 7 人，而后一组 43 人中死亡了 15 人）。兰格在解释这一发现时，突出强调了"专心于"日常决定和室内植物的价值；这一观察让她开始投入进行专念研究。

专念作为一种心理状态

"专念"有时候被看做一种新潮的概念，它与古老的佛教传统以及现代治疗技术的某些部分具有可比性，前者强调培养（对日常事件和生理及心理感觉的）觉知的过程，后者提倡提高注意以识别扭曲的思维（认知和认知行为治疗的一个方面；Miller, 1995）。尽管专念是一种很常见的心理现象，它却没有得到很好的理解

(Bishop et al., 2004)。因此，我们接下来尽最大努力详细说明兰格（2002）的**专念**（mindfulness）定义，并描述练习专念冥想的好处。首先，下面是兰格的专念定义，在她的老人院研究 25 年之后提出：

> 至少简短地看一下专念是什么和不是什么，这很重要：它是一种灵活的心理状态——对新奇开放，主动区分新奇的过程。当我们专心时，我们变得对情境和视角敏感；我们处于当下。当我们不专心时，我们陷入刻板的思维模式，我们对情境或视角无所察觉。当我们不专心时，我们的行为由规则和惯例支配。相反，当专心时，我们的行为由规则和惯例引导而不是支配。当警觉或注意意味着稳定集中于一个客体或观点时，专念并不等同于这些概念。当专心时，我们主动改变刺激域。它并非是受控的加工（例如 31×267），专念需要新奇或产生新奇。（p. 214）

简言之，专念是对新奇的主动搜索，而不专心是被动地对日常生活心不在焉。“自动驾驶”是一种形式的不专心，可归因为行为的重复。

区分新奇（专心）需要我们：（1）克服在日常生活中降低不确定性的愿望；（2）克服实施自动行为的倾向；（3）不那么频繁地评价自己、他人和情境。关于不确定性，兰格（2002）认为，“现在，我们文化的某些方面造成我们试图降低不确定性”（p. 215）。我们通过降低不确定性来控制我们环境的愿望经常造成更多的不确定性。例如，一个孩子努力抓住一只活泼的小猫或小狗，就很好地说明了这一点。孩子越努力地试图抓住小宠物，它就越会试图挣脱。这也发生在日常生活中，当我们试图保持物体（和人们的行为）静止以努力降低不确定性时，也会发生类似的事情。考虑到生活不是静态的，兰格认为，我们应该利用不确定性，她还提出，专念“让我们清楚事情会发生变化，放松我们的评判性思维模式的支配，从而不需要恐惧这些变化”（p. 215）。不确定性让我们陷于当下，觉知所有发生在当下的事情会造成更多的不确定性。

行为自动化提供对熟悉环境迅速而训练有素的反应。例如，当电话铃响起的时候，多数人会做什么？不管当时他们周围正在发生什么，许多人自动地拿起电话并回应。这一反应被认为是处理特定情境的“一种最佳方式”，但真的是这样吗？我们真的需要在电话响起的时候接电话，不管我们正在做什么，还是它变成了一种自动的、不专心的行为？行为的自动化依赖于一个假定，即快速的、多次重复的行为是最容易实施的行为。事实上，在电话铃响的例子里，不那么自动的行为可能是最有效的行为方式（例如，继续与朋友聊天，写作业，离开屋子以免迟到）。当电话响起的时候，也许它让我们分心，没能留意就在我们面前的刺激的新颖性。如果电话铃声变成一个信号或一个提醒，提示我们搜寻面前的新奇，会发生什么？如果我们不接电话会怎么样?

兰格、布兰克和钱农威茨（Langer, Blank & Chanowitz, 1978）考察了行为的自动化，他们把一份部门间的备忘录送到大学办公室，请求接收者以特定方式处理这份备忘录（“请立即把这个交还给 247 房间”），另一份备忘录要求特定的处理（“这份备忘录要交还给 247 房间”）。为了考察新奇对行为的影响，一半备忘录的格式采用部门间备忘录的通常形式，而另一半备忘录的格式明显不同。最终，看起来像是典型部门间公文的备忘录有 90% 被交还给 247 房间；而看起来与典型备忘录有点不一样的备忘录有 60% 被交还。从多数备忘录被归还来看,行为的自动化非常明显。但是,也可以看到注意新奇的效果，因为独特格式的备忘录被交还的比例要低一些。因此，当我们在日常行为中变得不那么自动化并且搜寻新奇时，专念就会发生。

做出评价需要我们对自己、他人和生活情境进行判断。“事件本身并不会产生评价;我们把评价强加于我们的经历之上,从而创造我们对事件的体验”（Langer, 2002, p. 218）。专念可以与我们的评价本性斗争，让我们做出较少的不必要判断，甚至是积极的判断。此时此地的生活确实需要辨别细节的精细能力，这不一定会引起评判。例如，在公园里散步时，一座雕塑可能会吸引你的眼球，让你注意几分钟。在这几分钟里，你可能专心地做出观察，区分这个雕塑风化的部分和没怎么风化的部分，或者你可能会留意到，它从一个角度看上去比从另一个角度显得要高一些。不费心思地激活你关于优秀艺术品的标准，对这个雕塑做出判断，把它标示为好或坏的艺术品，对你来说这没有必要也没有益处。

降低我们对外部事件做出评价的倾向是兰格（2002）所描述的专念概念的特点。在这一点上,《如何想要你所拥有的》(*How to Want What You Have*）一书的作者蒂莫西・米勒（Timothy Miller, 1995），把注意（他用来指专注的词）定义为“避免对你的自身体验做出不必要的价值判断的意图，这些体验既包括内部体验也包括外部体验”（p. 17）。

米勒聚焦于避免对内部和外部事件进行评价，毕晓普及其同事也同意这一观点（Bishop, 2004）。尽管与兰格（2002）的定义类似，毕晓普等人（2004）对专念的操作性定义也不鼓励对自我的持续评价，但它更强调专注地投入认知和情绪成分。在毕晓普等人的两成分系统中，自我调节的注意聚焦于当前的个人体验，而情绪开放促进对所有内部体验的接受和欣赏。因此，这一角度的专念包含元认知和情绪觉知。

离开兰格（2002）和毕晓普等（2004）对专念的定义和讨论，我们转而考虑专注的一种基本成分的操作性定义，它经常由专念冥想从业者使用（Kabat-Zinn, 1990; Shapiro, Schwartz & Santerre, 2002）。在实践中，专念被简洁地描述为无偏向地注意内

表 11.1　专念品质

不评判：每时每刻无偏地见证和观察当下，不进行评价和归类
不奢求：非目标取向，不执着于一定要个什么结果或成绩，不强求
接纳：开放地看待和承认当下的事情；接纳不代表被动或放弃，而是清楚地理解当下，以做出更有效的反应
耐心：允许事情按步调展开，对自己、他人和当下时刻有耐心
信任：信任自己、自己的身体、直觉、情绪，以及相信生活正以其应该的样子展开
开放[1]：就像第一次接触时那样看待事情，注意当下时刻的所有反馈，创造可能性
随缘：不留恋，不执着于思想、情感和体验；但是，放开不意味着压抑
温和：特点是温柔、体谅和善良；但是，并非被动、散漫和任性
慷慨：在爱和同情的框架内考虑当下时刻，不关注收益或想着回报
同理心：感受和理解当下时刻他人处境的品质：他人的看法、情绪、行动（反应）并与之交流
感恩：敬畏的品质，为当下时刻感激和感谢
善良：具体表现为仁慈、同情和关爱的品质，这种品质充满宽恕和无条件的爱

资料来源：Shapiro, S. J., Schwartz, G. E. R., & Santerre, C. (2002). Meditation and positive psychology. In C. R. Snyder & S. J. Lopez (Eds.), *The handbook of positive psychology* (pp. 632-645). New York: Oxford University Press. Copyright Oxford University Press, Inc. Used by permission of Oxford University Press, Inc.

注：这里提供的类别是简化的，反映了一般观点，即存在专念品质，它们应该是一个路径模型的意图阶段和注意阶段的一部分。承诺要实践这些品质（意图阶段），然后通过自我调节练习（注意阶段）培养这些品质。见卡巴特·津恩（Kabat-Zinn, 1990, pp. 33-40）对前 7 种品质（本质上是认知的）的具体定义，以及夏皮罗和施瓦茨（Shapiro & Schwartz, 2000）对后 5 种品质（本质上更偏重情感）的具体定义。

1. 开放：来源于初学者的一种心态，定义为“愿意就像第一次接触时的那样看待每件事情的心理”（Kabat-Zinn, 1990, p. 35）。

部和外部环境中的所有刺激。在专念的时刻，一些“专念品质”（Shapiro et al., 2002）进入意识；见表 11.1。其中许多品质是本书其他章节讨论的积极心理过程。

专念的益处

专念的专门练习经常采用专念冥想的形式。一般而言，专念冥想的目标是，通过“敞开心扉”，“对心理过程、意识、同一性和现实的本质形成深刻的洞见，以及发展心理幸福感和意识的最佳状态”（Walsh, 1983, p. 19）。这里会讨论考察专念冥想效果的几个研究，以考虑有意寻求新奇的潜在益处。但是，应该注意，这类研究受到了批评，因为很少有严格控制的研究发表（Bishop, 2002）。

专念生活

女性心灵机构

对压力的反应可能会对健康有消极影响。它们可能造成高血压、静息脉搏率过快以及心律不齐，等等。对压力的反应可以削弱免疫系统，这会造成多种疾病。学习如何应对压力非常重要。

专念冥想通过增加个体的觉知，以及让大脑更能接受当前情境和内部状态，帮助个体管理压力情境。它是一种在最小阻力下完全接纳个体当前的生活状况和内部状态的方法。

个体可以增加对任何活动的觉知。这里有一些例子。

专念于情绪

通过专念冥想，个体可以学习尽量少地带有判断倾向。减少判断有助于带来更放松的状态。个体可以学习监控愤怒和感受其他情绪。这让个体最终能够释放这些状态，或者至少不会强化它们。

专念于饮食

增加对饮食的觉知，可以帮助那些试图改变饮食习惯的人，以下是增加你对饮食的觉知的方法：

- 留心你要吃的食物。关注它的成分，问自己："我仍然想要摄入这些食物吗？"
- 密切注意每一口。专心于所吃的食物，有助于食物的消化，也不太容易吃过量。
- 就在吃完之后，留心你吃的食物如何影响你的消化系统。消化系统适应你吃的东西吗？留意你吃低脂肪膳食与吃高脂肪膳食时的不同感觉……例如糖块零食与纯蔬菜零食。

专念于做伸展练习

非常缓慢地进行轻柔的伸展和力量练习，并实时觉察呼吸和产生的感觉，这就是瑜伽。瑜伽寻求身体、心理和心灵的整合，它可以促进健康和活力。

专念于呼吸和静坐——冥想

专念进行呼吸和静坐（冥想）有助于放松和集中意识。每天仅仅 5 分钟就可以让你感觉更振作和更有活力。这里是练习专念的呼吸和静坐的一些指南：

1. 留出专门的时间和地点来“什么都不做”。
2. 采用警觉和放松的身体姿势。
3. 冷静地看待你的心理反应和习惯。
4. 在吸气时默数“1”、在呼气时数“2”，吸气时数“3”，等等，注意你的呼吸。当你数到 10 时，返回数字 1。（如果你超过了数字 10，那么你知道你走神了。）
5. 当你走神时，指出它偏向了哪里，并回到呼吸上来。
6. 一旦你练习过专心于呼吸，你可以使用感觉、声音或者监控思维来作为专注点。

你无法避免生活中的压力情境，但是你可以控制你对它们的反应，专念练习可以帮助你。

资料来源："Beliefs Surrounding Mindfulness", poem from the Buddhist faith. Mindfulness is used by many Eastern cultures. The positive use of Mindfulness outlined herein was extrapolated from the teaching of Jon Kabat-Zin. Printed with permission. Grateful acknowledgement to the Women's Heart Foundation, www.womensheart.org.

马萨诸塞大学的乔恩·卡巴特—津恩（Jon Kabat-Zinn, 1982）改进了古代东方的冥想修炼，创造了一种专念冥想形式，成功地治疗了慢性疼痛和焦虑。在一项研究中，卡巴特—津恩和斯基林斯（Kabat-Zinn & Skillings, 1989）在住院病人中实施持续 8 周的、基于专念的压力缓解项目（mindfulness-based stress reduction program, MBSR），考察该项目对压力耐受性（承诺、控制和挑战；Kobasa, 1990）和一致感（发现世界有意义和可管理的能力；Antonovsky, 1987）的影响。研究者发现，在干预过程中，患者的耐受性和一致感都有所提高。并且，在心理和生理症状减轻方面一致感提升最大的患者获益最大。在 3 年后的追踪研究中（Kabat-Zinn & Skillings, 1992），最初的获益保持了下来，甚至在患者认为世界可管理的程度上还有进一步提高。

在一个随机控制的研究中，夏皮罗、施瓦茨和邦纳（Shapiro, Schwartz & Bonner, 1998）考察专念冥想对 78 名医学预科生和医学生的效果。他们的结果显示，与候选

个人小实验

寻求最佳体验

在这一章，我们讨论专念、流畅感和精神感悟。我们的总结提示，有意寻求新奇、全神贯注和神圣，可以助你走向更好的生活。这里有一些实验构思，目的是帮助你开始寻求这些体验和探索它们的益处。

寻求新奇：在你的关系中增加专念。根据表 11.1，很多行为与专念有关。例如，不评价指每时每刻无偏地见证和观察当下，不进行评价和归类。不奢求是指非目标取向，保持对结果或成绩不关心，不强求。如果你某天在一段重要的关系中实践这些行为，会发生什么？尝试不评判和不“奢求”。在一天中，做一名中立的目击者，保持对结果不关心。然后，在一天结束时，询问你的伴侣，他或她留意到你的行为有什么不同。

寻求全神贯注：在你的上课日中找到流畅感。你曾经想知道你花在屏幕前的时间（看电视、互联网冲浪和浏览新闻的时间）对你沉浸在功课中的能力有多大影响吗？离开屏幕（除了在学习中使用计算机）两天，看看你集中精力的能力提高还是降低了。如果在这段实验期注意力更加集中了，那么，在你学业繁忙的学期，确保减少花在屏幕前的时间。

寻求神圣：在日常生活中更注重精神感悟。寻求神圣经常被认为是通向改变生命目标的重要旅程,但它实际上只需要一些小的日常步骤。弗吉尼亚大学的乔恩•海特（Jon Haidt, http://wsrv.clas.virginia.edu/~jdh6n/Positivepsych.html）设计了下列练习，帮助人们从今天开始寻求神圣。尝试这些简短的练习，看看它们如何起作用：

- 每天 5 分钟，放松和思考生命的目的以及你的位置在哪里。
- 每天 5 分钟，思考你能够做的改进世界或你的社区的事情。
- 阅读一本宗教或精神类书籍，或者每天参加宗教服务。
- 探索不同的宗教。你可以通过去图书馆、浏览互联网或询问你朋友的宗教信仰来做到这一点。
- 每天花几分钟时间冥想或祈祷。
- 买一本关于坚定或乐观箴言的书，每天阅读几页。

名单上的控制组相比，冥想组的同理心水平上升、焦虑水平下降。并且，在这些学生备感压力的考试期间，这些结果仍持续。当控制组参与者接受专念干预时，得到了同样的效果。

布朗和瑞安（Brown & Ryan, 2003）对癌症病人进行临床干预，目标是增加积极情绪状态和降低焦虑。研究者证实，随着时间推移，专念增强与心境障碍和压力降低相关联。

专念冥想的好处不只限于减轻压力。例如，温伯格等人（Weinberger, McCleod, McClelland, Santorelli & Kabat-Zinn, 1990）证明，在专念干预期间，人际合作信任度（信任、开放和关怀）和合一动机（感觉自己是比自我更大的世界的一部分）增加。阿斯廷（Astin, 1997）在一组大学生中证实，在专念冥想干预之后，精神感悟体验明显增加。类似地，夏皮罗及其同事（1998）在一个随机控制研究中发现，与控制组相比，冥想组在精神感悟体验测量上的分数更高。并且，当控制组接受同样的干预时，得到了相同的结果。（为了探索专念对你的个人关系的好处，请尝试上面的个人小实验。）

流畅感：寻求全神贯注

在不同时代、文化和无数创造性和竞争性努力中，都可以看到流畅感体验。在对世界上伟大的艺术家、科学家和宗教人物，面对看似艰巨任务挑战时所做出的反应的记录中，生动地描绘了这些体验。例如，历史记录指出，米开朗基罗每次都在梵蒂冈的西斯廷教堂的天花板上连续工作数日。完全沉浸在他的工作中，他可以废寝忘食和忘掉所有不适，直到最终因筋疲力尽而失去知觉。他的心智完全由工作占据，忽视自我关心和他人需要。（传说米开朗基罗有几周没有换衣服，包括靴子。当一只靴子被脱下来时，他的一个助手声称看到他脚上的皮肤剥落下来。）

米哈伊·奇克森特米哈伊

资料来源：Credit: Christopher Csikszentmihalyi.

米哈伊·奇克森特米哈伊（Mihaly “Mike” Csikszentmihalyi）被完全沉浸在工作中的艺术家的故事吸引。奇克森特米哈伊在 20 世纪 60 年代研究创造性过程（Getzels & Csikszentmihalyi, 1976），他震惊于一个事实，即当一份画作进展顺利时，画家专心地坚持创作，不知饥饿、疲劳和不适——然后，一旦创作完成，就会迅速对艺术创作失去兴趣（Nakamura & Csikszentmihalyi,

2002, p. 89）。奇克森特米哈伊（1975/2000）还留意到，一些形式的休闲娱乐（下棋、攀岩）和工作（实施手术、飞机着陆）经常产生类似的投入状态。在过去30年间，奇克森特米哈伊访问和观察了几千人，他关于流畅感概念的观点引导我们对这一“全心投入”生命状态的讨论，它被认为与最佳发展和最佳功能直接相关。

流畅感状态

几十年的定性和定量研究（总结见 Nakamura & Csikszentmihalyi, 2002）探索了内在动机的基础。事实上，心理学一直困惑，为什么人们以极大的热情追求特定目标，即便是在缺乏外部奖励的情况下（例如金钱或夸奖）。奇克森特米哈伊（例如1978, 1997, 2000）考察了这个问题，以理解“即时体验的动态过程，以及在何种条件下产生最佳体验”（Nakamura & Csikszentmihalyi, 2002, p. 93）。奇克森特米哈伊对来自许多领域的人们进行深入访谈；他还发展和使用**经验抽样法**（experience sampling method, ESM），给参与者装备可编程的手表、电话或手持式计算机，这些装置在一天中预先设置好的时间发出信号，通知参与者完成一份测量工具，描述当时他们正在做什么。迄今为止，在不同工作环境、娱乐环境和文化中，产生流畅感的条件似乎非常相似。**流畅感**（flow）的条件包括：（1）知觉到扩展（既非未充分利用又非无法完成）现有个人技能的行动挑战或机会，（2）清晰的近期目标和关于进展的即时反馈。

奇克森特米哈伊的许多早期参与者把他们的最佳即时体验描述为处于“流畅状态”，因此他用流畅感这一名词来描述这个现象。基于早期访谈，奇克森特米哈伊（1975/2000）用图示表现知觉到的挑战与技能之间的关系，描绘深度流畅感体验的情景。他识别了三个即时体验区域：（1）*流畅感*，挑战与技能匹配；（2）*厌倦*，与技能相比挑战和机会过于容易，（3）*焦虑*，任务要求超过行动能力（见图11.1）。

在流畅感条件下，知觉到的挑战与技能匹配、目标清晰、进展反馈、体验不断展开，以及主观状态出现下列特征（Nakamura & Csikszentmihalyi, 2002）：

- 将注意力高度集中于当下正在做的事情
- 行动和觉知融合
- 失去反思性自我意识（也就是失去对自己作为社会行动者的觉知）
- 感觉能够控制自己的行动；也就是说，感觉原则上自己能够应付当前情况，因为个体知道如何应对接下来发生的任何事情
- 时间体验的扭曲（典型感觉是时间比正常情况过得快）

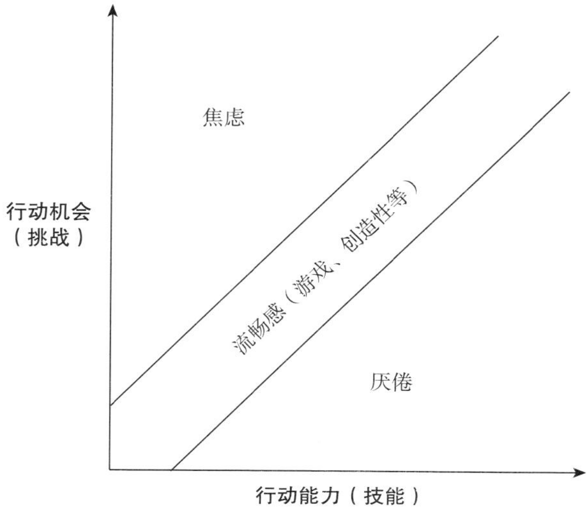

图 11.1　流畅感状态的最初模型

资料来源：From Csikszentmihalyi, M., Flow: The Psychology of Optimal Experience. Copyright © 1990 by Mihaly Csikszentmihalyi. Reprinted by permission of HarperCollins Publishers.

- 对活动的体验具有内在奖励作用，以至于常常借口说“过程就是最终目标”

寻求全神贯注于即时体验主要是一种有意的注意过程。把注意力高度集中于当下活动，随后行动和觉知融合。随着流畅感出现，发生自我意识丧失。保持流畅感非常困难，因为外部世界有许多分心的事物，内心独白可能涉及对自己表现的批评。（因此，对个人表现的专注、不评价，可能是进入深度流畅感必要的方法。）当考虑流畅感的品质时，有趣的变量是全神贯注的时间，对流畅感越投入，对个体越好。

在过去 20 多年的研究里，流畅感概念变化不大。但是，知觉到的挑战与技能的均衡模型得到精炼，德尔·费弗、马西米尼及其同事（Delle Fave & Massimini, 1988, 1992; Massimini & Carli, 1988; Massimini, Csikszentmihalyi & Carli, 1987）使用经验抽样法发现，随着挑战和技能超过一个人的平均水平，即时体验的质量加强。例如，如果你和一个典型的 6 岁儿童玩象棋，这一体验不会给你带来平均水平或高于平均水平的挑战，因而不需要高水平的技能。然而，如果你与经验丰富、技能高超的人下象棋，你会经历大挑战，你的技能受到拉伸，更有可能发生流畅感。见图 11.2 的流畅感模型，该模型考虑了流畅感的上述特征。当知觉到的挑战和技能低于个体的

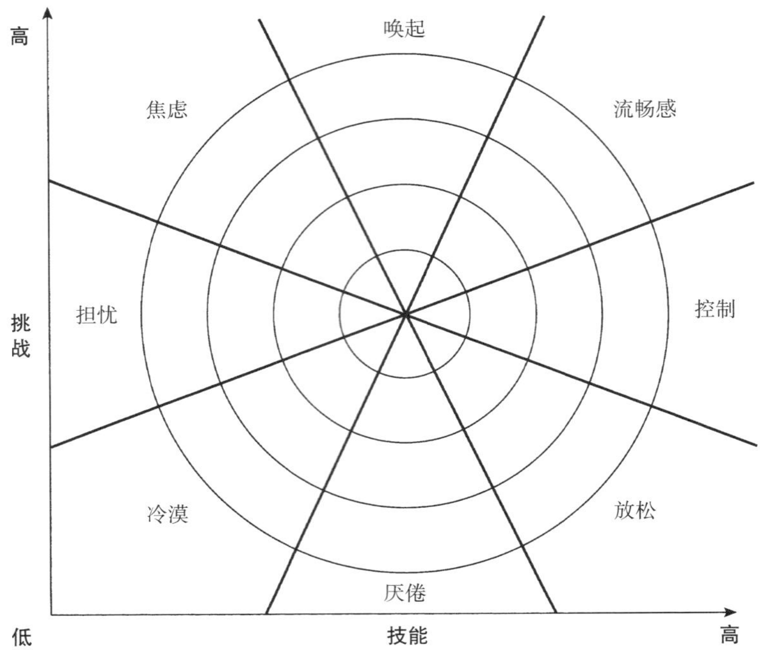

图 11.2 当前的流畅感模型

资料来源：From Csikszentmihalyi, M., Finding Flow, copyright © 1997 by Mihaly Csikszentmihalyi. Reprinted by permission of Basic Books, a member of Perseus Books, L. L. C.

平均水平时，体验到冷漠；当它们高于平均水平时，体验到流畅感。每种体验（例如焦虑、唤起、放松）的强度（由同心圆表示），随着远离个体平均挑战和技能水平而增加。

自带目的性人格

多数流畅感研究集中于流畅感状态和即时最佳体验的动态过程。但是，奇克森特米哈伊（Csikszentimihalyi, 1975/2000）假设，一些人格变量集合（例如好奇、坚持、低自我中心）可能与获得流畅感的能力和体验到的流畅感的质量有关。他提出，可能存在一种**自带目的性人格**（autotelic personality）（来自希腊单词 autos，意思是“自我”，telos，意思是“目标”），有些人表现出这种特点，他们享受生活以及“通常为了自身目的去做某些事情，而不是为了达成一些日后的外部目标”（Csikszentmihalyi, 1997, p. 117）。体验流畅感的时间长度可以用来粗略测量这一人格类型（Hektner,

1996），但是这种操作性定义没有考虑环境对流畅感的可能影响。对自带目的性人格的更细致的操作定义集中于在高挑战、高技能的情境下受内在动机驱使的倾向。可以通过定量方法来测量自带目的性人格这一概念（Csikszentmihalyi, Rathunde & Whalen, 1993）。

美国青少年的自带目的性人格似乎与积极的情感状态以及个人目标陈述的性质有关（Adlai-Gail, 1994）。在一个美国成年人样本中，阿比哈姆德（Abuhamdeh, 2000）发现，与没有自带目的性人格特征的人相比，拥有这些特征的人们喜欢高行动机会、高技能的情境，这会刺激他们并激励成长。并且，自带目的性人格的人们在流畅感象限中似乎体验到较少的焦虑（见图 11.1），而没有这些特征的成年人则相反。

纵向流畅感研究

流畅感的纵向研究表明，流畅感体验是如何随时间与（学业、工作和运动）成就相关联的。例如，奇克森特米哈伊等人（Csikszentmihalyi et al., 1993）追踪天资高的青少年在中学期间的发展。这些研究者发现，17 岁时投身于某个才干领域，可以由学生在四年前把这一领域作为流畅感来源所预测，以及由最初数据收集时（那个时候学生 13 岁）体验到的流畅感和焦虑数量所预测。类似地，海因（Heine, 1996）研究了擅长数学的学生，发现在一门数学课程前半部分体验到流畅感的学生，在后半部分表现得更好（在控制了初始能力和平均绩点之后）。这些发现表明，青少年表现出的承诺、坚持和成就与先前的流畅感体验有关。

培养流畅感及其益处

根据流畅感模型，体验到全神贯注提供了内在奖励，它能够鼓励人们坚持和回到一种活动。因此，与这一活动相关的技能可能随着时间得以加强。所以，干预研究者对于流畅感的应用感兴趣，目标是鼓励人们把注意力和精力投入到这些活动中。

流畅感的研究者（例如 Csikszentmihalyi, 1990, 1996; Csikszentmihalyi & Robinson, 1990; Jackson & Csikszentmihalyi, 1999; Perry, 1999）描述了两种让人们更加投入日常生活的途径，帮助人们寻求全神贯注：（1）发现和塑造更有可能引发流畅感体验的活动和环境，（2）识别出能够激发流畅感更有可能出现的那些个人特征和注意技能。

在咨询实践中，奇克森特米哈伊改善了很多工作环境，以增加产生流畅感的可能性。例如，他与瑞典警察合作，识别日常工作中阻碍流畅感的因素，使他们在辖区值勤的工作更能够引发流畅感。（具体来说，鼓励警察们有时独自巡逻辖区，而不是与伙伴一起，从而能够变得更专注于工作。）流畅感原理还被整合进工作场所设计和艺术场所的陈列布置，包括南加州的保罗盖蒂博物馆（J. Paul Getty Museum），以提高人们参观这些场所的愉悦感。

几名临床研究者（例如 Inghilleri, 1999; Massimini et al., 1987）利用经验抽样法

生活提升策略

每一天，关于如何集中注意力和度过你的时间，你会做出几千个决定。我们希望，在寻求新颖、全神贯注和神圣（如你在生活中对它的定义）时，你能够更有目的性。与大多数章节类似，我们根据三个重要生活领域来归类生活提升策略——爱、工作和娱乐。这里就每个领域各分享了三条建议，每条与本章的一个主题有关。

爱

- 让你自己适应第 13 章呈现的专念关系技能。
- 识别一种帮助你和一位朋友同时获得流畅感的活动。然后，花更多时间共同参与这项活动。
- 找出一位重要他人是如何定义神圣的，询问这个人如何追求它。

工作

- 在与同学或同事一起工作时，练习做出非判断性的观察。
- 自愿参加挑战或拓展你现有技能的任务或项目，这些任务比容易的任务更有可能带来流畅感。
- 在工作或学校中找到一个精神港湾，它让你在一天中休息的时候追求神圣。

游戏

- 阅读一本关于专念冥想的书（例如 Kabat-Zinn, 1990），练习一些基本技能。
- 从事已知的可以引起流畅感的游戏活动：下棋、骑山地自行车、攀岩、学习第二语言等等。
- 让你对神圣的寻求成为共有体验，邀请朋友加入你最喜欢的精神追求活动。

和流畅感原理，帮助个体发现和保持流畅感。经验抽样法的数据提供了即时体验反馈，从而识别出能够增加最佳体验的活动和环境。

流畅感原理的最佳应用也许发生在印第安纳州印第安纳波利斯的一所重点中学，学校的目标是通过影响环境和个体来培养流畅感（Whalen, 1999）。这所学校的流畅感活动中心定期给学生们提供机会，让他们主动选择和参加与自身兴趣有关的活动，然后在没有要求或没有分心物的情况下从事这些活动［营造被称作“严肃游戏”的活动（Csikszentmihalyi et al., 1993）］。为了支持学生对全神贯注的寻求，老师们鼓励学生挑战和拓展自己，同时也为儿童提供新的挑战以促进成长。（见个人小实验中的流畅感实验，以及生活提升策略中的小建议，它们可以提升你在生活领域中体验到的流畅感。）

精神感悟：寻求神圣

目睹有些人在日常生活中投入地做事，不禁唤起我们对精神感悟的思考。例如，想象一幅老妇人的画面，她跪在那里，脸上是全然的专注。你可以从她的行为来推测她对神圣的寻求（神圣是指远离平凡且值得崇敬的事物）；这幅画面的背景也许是在教堂里祈祷，也许是在花园里劳作。对神圣的寻找可以发生在任何地方和任何时间，与流畅感和专念类似，精神感悟是一种心理状态，它是普遍可以到达的。

寻求神圣（search for the sacred）这一说法是被广泛接受的对精神感悟的描述。（寻求神圣若在社会中变得有组织和被认可，那么经常表现为宗教和宗教行为；例如参加宗教仪式和祈祷的频率及持续时间。）2000 年，希尔把**精神感悟**（spirituality）定义为“在寻求神圣的过程中所产生的情感、思想和行为”（Hill, 2000, p. 66）。帕格门特和马奥尼（Pargament & Mahoney, 2002）也把精神感悟定义为“寻求神圣……”，具体描述为，“人们在试图发现和保存神圣时可以采取无数种途径……这些途径涉及信念系统，包括传统的有组织的宗教（例如新教、罗马天主教、犹太教、印度教、佛教、伊斯兰教）、新近的灵性运动（例如女权主义、女神、生态、灵修）以及更个人化的世界观”（p. 647）。这些通往神圣的途径也可以被描述为精神奋斗，它们包含与终标目标关怀、伦理道德和对超越的认可相关联的个人目标（Emmons, Cheung & Tehrani, 1998）。

肯尼思·帕格门特

资料来源：Reprinted with permission of Kenneth Pargament.

心理学研究者同意上述精神感悟定义，并且普遍支持精神感悟是一种多数人体验到的积极心理状态这一观点。彼得森和塞利格曼（2004）认为，精神感悟是一种普遍的超越优势，“尽管精神信念的具体内容可以有所不同，但是所有文化都有最终的、超越的、神圣的和神的力量”（p. 601）。类似地，帕格门特和马奥尼（2002）认为精神感悟是美国社会和心理的关键部分：

> 首先，精神感悟是一种“文化事实”（见 Shafranske & Malony, 1990）：大多数美国人相信上帝（95%），相信可以通过祈祷来接触上帝（86%），认为宗教对他们重要或非常重要（86%）（Gallup Organization, 1995; Hoge, 1996）。在不断增加的实证研究文献中，精神感悟对于人类功能的多个方面的重要意义已经被证实。包括心理健康（Koenig, 1998）、药物和酒精滥用（Benson, 1992）、婚姻功能（Mahoney et al., 1999）、抚育子女（Ellison & Sherkat, 1993）、压力生活经历的结果（Pargament, 1997）以及发病率和死亡率（Ellison & Levin, 1998; Hummer, Rogers, Nam, & Ellison, 1999）……简言之，心理学家有非常好的理由来更认真地关注人们生活的精神维度。（p. 646）

尽管精神感悟无处不在，并且其定义在学术上已达成共识，但是心理学研究者和普通大众在讨论精神感悟时仍然比较混乱。例如，彼得森和塞利格曼（Peterson & Seligman, 2004）的价值实践优势分类系统把精神感悟与类似但不同的概念混在一起，如宗教和信仰。并且，在一个大样本参与者群体中，几乎 75% 的人认为他们既有精神感悟又笃信宗教（Zinnbauer et al., 1997）。这一概念的模糊性破坏了理解寻求神圣对于个人功能的实际效果的努力。

精神感悟的真正益处

许多积极心理学家（例如 Peterson & Seligman, 2004; Snyder & Lopez, 2002）假定，通过寻求神圣可以加深对我们自己和我们生活的理解。事实上，如前所述，精神感悟与心理健康、控制药物滥用、婚姻功能、抚育子女、应对和死亡率有关（总结自 Pargament & Mahoney, 2002; Thoresen, Harris & Oman, 2001）。对精神追求的一项研究表明，通往神圣的这些途径可以引起幸福感，或至少与之相关（Emmons et al., 1998）。另一项研究表明，寻求神圣可以引发目标和意义，我们认为这是精神感悟对我们生活的真正益处（Mahoney et al., 2005）。尽管这些发现表明了寻求神圣的好处，但是，精神感悟带来积极生活结果的机制并不清楚。

寻求仍在继续

“心不在焉”，感到冷漠和厌倦，感觉我们的生活似乎缺乏方向，这些都是我们没有主动投入于日常体验的标志。如果我们利用这些未能主动投入的标志，敦促自己寻求新奇、全神贯注和神圣，将会怎么样？例如，下一次你开车迷路的时候，把这个作为推动力，在接下来的几英里公路上寻求新奇。当你发现自己在想“我感到厌倦”时，让自己投入某项给你带来最多流畅感的活动。最后，当你感到没有目标时，把你的注意力转向寻求神圣。

练习专念、流畅感和精神感悟对你的身心健康、学业或工作表现、社会幸福感都有好处。这些练习可能对我们产生更深远的影响。事实上，这些寻求可能让我们获得充满意义的、更深入的存在感。

关键术语

自带目的性人格（autotelic personality）：个体表现出的一系列人格特质集合，这样的人享受生活，“通常为了自身的内在目的去做某些事情，而不是为了达成一些日后的外部目标”（Csikszentmihalyi, 1997, p.117）。“自带目的性”这个词来自希腊单词 *autos*（意思是“自我”）和 *telos*（意思是“目标”）。

经验抽样法（experience sampling method, ESM）：一种用来研究流畅感体验的方法。通过手表、电话或手持计算机，给参与者发送信号，要求他们回答被呼叫时的体验。

流畅感（flow）：一种最佳的投入状态，个体认识到行动挑战，这些挑战既不会使现有技能得不到充分利用，也没有过多地超出他的现有技能，个体拥有清晰且可达的目标以及关于进展的即时反馈。

专念（mindfulness）：对新奇开放，对情境和视角敏感。专念包含培养对日常事件和身体与心理感受的觉知；克服降低日常生活的不确定性的愿望；压制陷入自动行为的倾向；不那么频繁地评判自己、他人和情境。

精神感悟（spirituality）：通常的定义是，有助于寻求神圣以及在寻求神圣中产生的思想、情感和行为。

第五编

亲社会行为

12 同理心和利己

利他、感恩和宽恕之门

在本章中，我们会探索同理心和利己如何导致利他、感恩和宽恕（参见图12.1）。在正式论述之前，我们先来看一个故事。

里克在高中毕业之前，就读过12所不同的学校。每年的大约10月份，他都会因为父亲的调动、升迁、失业或找到新的工作而搬家。每年，他都要和一群新同学交往，里克还没有和这群同学混熟，就要认识另一群新的伙伴。意识到自己的处境就是一个“新人”，他变得对身边孩子的生活格外感兴趣。他从其他孩子的角度来观察、倾听和学习这个世界。里克在任何领域都不是天才，因此其他孩子对他进入他们的“小团体”中并不是很担心。

虽然里克很渴望能成为其他孩子圈中的真正一员，但是在每个地方只有一年左右的生活，使他没有足够的时间进入他们的圈子。在这样短暂的时间里，里克不能形成稳固的友谊，反而变得对其他孩子的情绪问题和需求很敏感。这种同理心让他想要帮助其他的孩子，但其他孩子并不把他看做合理的帮助来源，因为他总归是个外人。简而言之，他的理解力和同理心使他产生同情心，并渴望帮助他人，但是他不能成功地满足这种需要。

只有当他长大，第一次能自在地待在一个地方时，他才能用他的这种同理心去真正帮助别人。确实，里克的同理心培养了他在以后持久的成人关系中的利他、感恩和宽恕。然而，事实上，当他在这些成人关系中表现出利他、感恩和宽恕时，他也自我感觉良好（提升了自我和自尊）。这个故事的主人公是本书的主要作者。可能你也有类似的童年经历。

图 12.1 同理心和利己是通向利他、感恩和宽恕的入口

利 他

在这一部分，我们先定义一下利他。接下来，我们探讨利己（或自尊）动机，以及它如何驱动各种利他行为。然后，我们讨论同理心利他假说，并探讨同理心的遗传和神经基础。最后，我们讨论增强和测量利他的各种方法。

利他的定义

利他（altruism）是旨在让另一个人受益的行为。利他行为能被个人利己动机所驱动，或者它是由“纯粹的”同理心所引发，不考虑个人利益，只希望让他人受益（见 Batson, 1991; Cialdini, Schaller, Houlihan, Arps, Fultz & Beaman, 1978）。

利己动机

利己（egotism）是指通过目的性行为来追求某种个人收获或利益的动机。利己被认为是人类所有动机中最有影响力的动机之一。因此，它被看做驱动人类各种行为包括利他行为的动机也就不足为奇了。著名的西方思想家，例如亚里士多德（公元前 384 年 ~ 公元前 322 年）、圣・托马斯・阿奎那（St. Thomas Aquinas，1125~1274）、托马斯・霍布士（Thomas Hobbes，1588~1679）、大卫・休谟（David Hume，1711~1776）、亚当・斯密（Adam Smith，1723~1790）、杰里米・边沁（Jeremy Bentham，1748~1832）、弗里德里希・尼采（Friedrich Nietzsche，1844~1900）和西格蒙德・弗洛伊德（Sigmund Freud，1856~1939）等，都曾经讨论过利己、同理心或二者的结合，推动了利他性人类行为（见 Baston, Ahmad, Lisher & Tsang, 2002）。

自从文艺复兴以来，一种流行的观点认为，利己动机是利他行为的最佳解释。也有一些当代学者推断，利己推动了利他行为（综述见 Wallach & Wallach, 1983）。这种观点的本质是，我们关心其他人是因为这样做对我们自己有利（Mansbridge, 1990）。而且，无论利他行为表面上显得多么高尚，利己 – 利他阵营的人们都相信，所有的利他行为都会对做好事的人有潜在的益处。因此，这里的普遍动机是：“我助人是因为它对我有好处。”

利己引发的利他形式

当帮助另一个人会让助人者得到公众赞扬时，很明显这种形式的利他是对自己有利的。赞扬的另一种形式是，助人者可能会因利他行为得到物质奖赏或荣誉。作为后者的一个例子，2005 年，爱尔兰“布姆镇鼠”（Boomtown Rosts）乐队的成员之一——摇滚歌手鲍勃・吉尔道夫在全球创办了大型慈善演唱会“Live 8”，他为非洲的难民筹集到大约 1 亿美元的善款。因为他的这种利他行为，挪威议会议员提名吉尔道夫参选 2006 年诺贝尔和平奖（http://edition.cnn.com/2005/WORLD/europe/07/06geldpf.npbel.reut/index.html）。

也有一些自我获益的其他例子，在这里，助人者的利他行为没有得到任何外部奖赏。例如，看到另一个人处在某种痛苦情境中，我们也会感到很难过；因此，我们可能会帮助那个人，从而减轻我们自己的痛苦感。或者，当我们对另一个人行为友善时，我们对自己的感觉会很好。然而，另一种可能性是，我们可能想逃避当自己身处其中，却没有对需要帮助的人伸出援手的那种内疚感。此外，想想扑到燃烧的手榴弹上拯救身边同志生命的士兵。当然，这是一种“纯粹的”利他行为，难道不是吗？如果这个士兵想到他的这种英勇行为会得到称赞并被授予奖章，或者我们的英雄想到，他的这种英雄行为，会在来世给他带来很多潜在的益处，那么这种行为就不是一种纯粹的利他行为（Baston et al., 2002）。

在列出这些基于利己的不同解释时，我们无意对人们的助人行为冷嘲热讽。相反，我们是在揭示这些基于利己的助人行为的许多微妙形式。虽然我们列出了一些变体，这样的利己性或自利性利他行为基本上会以下面三种形式中的一种出现：

- 助人者想得到社会赞扬甚至是金钱奖赏，同时还有做好事所带来的自我赞扬。
- 助人者想要避免没能提供帮助所导致的社会或个人的惩罚。
- 助人者想要减少他在看到他人经历创伤时的个人痛苦。

也要记住，即使助人者的行为是受利己动机所驱动，但终归是，提供帮助的那个人帮助了需要帮助的人。

同理心动机和同理心—利他假说

丹尼尔·巴特森

资料来源：Reprinted with permission of C. Daniel Baston.

同理心（empathy，也译作"共情"）是感知他人状态时的情绪反应。同理心的一种观点是它涉及一种匹配他人情绪的能力。同理心不是对他人情绪的模仿式复制，而是需要有一种对他人的恻隐之心。堪萨斯大学的社会心理学家丹尼尔·巴特森（C. Daniel Baston）在1991年的《利他问题》（*The Altruism Question*）一书中，描述了后一种同理心。巴特森认为，涉及利他的人类行为旨在促进另一个人的福祉。

巴特森和他的同事没有否认一些利他形式可能会因利己而出现，但他们的观点是，在某些情况下，这些利己性动机不能解释助人行为（见 Batson et al., 2002）。确实，在一系列检验**同理心—利他假说**（empathy-altruism hypothesis）（见 Baston, 1991）的实验中，研究结果表明，在有些例子中，利己没能解释这种助人行为。而且，证据也支持这种观点，即对他人产生同理心的人更有可能去帮助他人（综述见 Baston, 1991; Dovidio, Allen, & Schroeder, 1990; Eisenberg & Miller, 1987）。

因为巴特森和近来其他学者的工作，由人类同理心产生的"纯粹的"利他，被认为是助人行为的一个可行动机。这与以前强调利己是助人的唯一动机的观点相反，用皮列文和查尼（Paliavin & Charng, 1990）的话来说：

> "早期观点认为，在认真审视后一定会发现，表面上利他的行为其实反映了利己动机。现在似乎出现了一种范式转变，不再提倡这种早期观点。现在有理

论和数据证实，真正的利他——行为的目标是让他人获益——的确存在，并且是人类本性的一部分（p. 27）。”

因此，有些时候，人们完全有可能出于同理心而去帮助他人，自己并没有获益。如果我们需要积极心理学的一个实际例子，无疑就是这个了。

同理心的遗传基础和神经机制

测量可遗传性的方法是，比较同卵双生子的同理心分数和异卵双生子的同理心分数的一致性。对于成年男性，同卵双生子和异卵双生子的同理心相关系数分别是 .41 和 .05（Matthews, Baston, Horn & Rosenman, 1981; 类似结果见 Rusthton, Fulker, Neale, Nias, & Eysenck, 1986）。虽然这两个研究都因为其分析程序产生了过高的遗传分数而受到质疑（例如，Davis, Luce, & Kraus, 1994），但其他的研究发现同卵双生子的相关系数在 .22 到 .30 之间，异卵双生子之间的相关分数在 .05 到 .09 之间（Davis et al., 1994; Zahn-Wexler, Robinson & Emde, 1992）。后面的相关研究结果仍表明同理心有一定的可遗传性。

近来的研究揭示，对同理心来说，前额区和顶叶皮层是必要的神经结构（Damasion, 2002）。同理心需要对他人的身体或心理状态形成内部模仿的能力。考虑到损伤了右侧躯体感觉皮层的人不能再判断他人的情绪，很可能接下来他们会丧失一种对同理心来说很关键的技能（Adolphs, Damasio, Tranel, Cooper & Damasio, 2000）。类似地，前额皮层损伤会削弱评估他人情绪的能力（Bechara, Tranel, Damasio & Damasio, 1996）。而且，从 20 世纪 90 年代开始，研究者发现了“镜像神经元”，当动物做出一种动作或看到另一动物做出相同的动作时，这些神经元的反应是相同的（Winerman, 2005）。用第一位发现这种镜像神经元的神经心理学家贾埃莫·里佐拉蒂（Giacomo Rizzolatti）的话来说：“这种神经元有助于解释我们如何和为什么会有同理心……”（引自 Winerman, 2005, p. 49）。然而，我们在将这些研究结果推广到人类身上时一定要小心，因为迄今为止，研究所采用的方法是将电极直接与脑相连，出于伦理的原因，这种方法只能用在猴子等动物身上。

培养利他

为了找到如何帮助人们更为利他的线索，我们借助利己和同理心假说，前面我们用它们来解释过利他行为。

基于利己来增强利他行为的方法

在我们对来访者进行心理治疗的工作经验中，我们发现人们经常会错误地假定，对自己感觉良好不是提供帮助的一部分。至少对于一部分美国人，这种态度反映了清教徒的传统，即强调为了他人的福祉而遭受磨难和做出牺牲。然而，无论什么样的历史传统，推断出帮助他人和对自己感觉良好二者之间相互矛盾都是不正确的。因此，我们要让人们意识到他们能帮助别人，而且会因为这样的行为获得更高的自尊。另外，我们发现，当人们得知对帮助他人感觉良好是一种合理反应时，他们似乎很开心。

产生这样的积极感受的一个方法就是让个体参与社区志愿者活动。安置儿童、残障人群、孤寡老人的当地机构以及医院，都需要志愿者提供帮助。虽然这种帮助形式可能以志愿体验开始，但我们已经看到某些来访者，他们换了工作，去从事一些可以帮助他人的工作，并从中得到报酬。然而，我们的更一般化的观点是，帮助他人，你会感觉良好。这个简单的前提条件促使我们努力引导人们从事志愿者这种工作。

基于同理心来增强利他行为的方法

提高人们助人可能性的一个方法是，教会他们对他人的处境产生更高的同理心。如何培养这样的同理心呢？一个简单的方法是让个体更频繁地与需要帮助的人接触。那么，一旦个体真的开始去体会受助者的态度和动机，这种洞察力会打破原来那种按照“我们对他们”的方式来看待人际事件的倾向。

另一种提高同理心的方法是，指出与另一个人之间存在的不明显的相似性，这些相似性就像生活在同一个国家、从事同类型的工作、经历过同样的苦难这么简单。人们之间的共性常常比我们意识到的要多得多，这些生活状况的相似性让人们懂得，我们都是同一段“伟大旅程”的一部分（见第 18 章）。

提高同理心的最后一种方法是，与那种非常想要把自己看做与他人不同的人一起工作（见 Snyder & Fromkin, 1980）。独特性是大多数人在某种程度上都很渴望的东西（见第 18 章），但是过于极端的话，这样的人就很难与他人接触和交往。这种人必须要学会，他们与他人有共性，他们的这种独特性错觉可能会阻碍他们从与他人的交往中获得快乐（Lynn & Snyder, 2002）。你可以自己做一个个人小实验，想一想你身边的一个人，然后列出你和这个人的所有共同点（身体的、心理的，等等）。根据我们的经验，这种练习会增强个体感受他人处境的倾向——从而产生更高的同理心。在下面的个人小实验中，我们探索了更多的方法去增强利他行为。

个人小实验

练习利他、感恩和宽恕

如前面的练习所示，做下面的实验，看看会发生什么。

对你的邻居做出利他行为 如果你环视周围的邻居，你就会发现那些需要援助的人。关键是让他们感到意外，并且给予一些他们意想不到的帮助。下面是一些建议：

- 给一位老人的草坪割草。
- 自告奋勇，为那些努力工作以维持收支平衡的单亲父母照看小孩。
- 去当地的医院，看看那里有什么可以做的志愿工作。
- 为盲人阅读报纸、杂志。
- 献血。

你会明白这是怎么一回事。帮助他人，然后记下这些利他行为带给你的感受。

感恩（见 Emmons & McCullough, 2003） 在每天的开始和结束时，列出五件让你感恩的事情，然后花几分钟时间思考每件事情的馈赠。一种说明这种感恩的方法是完成下面的句子："我感恩________________________因为____________________。"在第一个空内，列出你感恩的人、事件或东西，第二个空内，写出你感恩的每件事情的原因。练习一周后，和同学讨论这样做的效果，再根据你的期望调整这个练习。

离去但未原谅 如果你在考虑原谅一个已经不在人世的人，或者一个你找不到的人，请使用一种完形心理疗法的技术。这种技术称作"空椅子练习"，一个人面对一张空椅子而坐，然后想象那个人此刻正坐在这张椅子上，对他说话，要好像那个人真的在那儿一样。有时，我们可能想要原谅我们自己，因为某些不良举动对我们造成了个人伤害。空椅子练习是和自己心灵对话的一种很好的方法。你也可以给自己写一封信，并把信寄给自己。

利他的测量

许多自我报告的工具可以用于评估人们从儿童期到成人期的利他性。最有名的自我报告工具可能是利他自我报告量表（Self-Report Altruism Scale），它适用于成人，包括验证过的 20 个项目指标（Rushton, Chrisjohn & Fekken, 1981）。如果想用一种可观察的指标，那么亲社会行为问卷（Prosocial Behavior Questionnaire）（Weir & Duveen, 1981）是一种 20 个项目的评估指标，教师可用其来报告亲社会行为（采用三点的连续体评估适用性，从“不适用”、“有点适用”到“完全适用”）。与亲社会行为问卷相似的指标是道德行为评定量表（Ethical Behavior Rating Scales），此量表共 15 个项目，是 Hill 和 Swanson（1985）设计的教师评估工具。

一种新的广受期待的成人版自我报告工具是助人态度量表（Helping Attitude Scale），共有 20 个项目，测量与助人有关的观念、感受和行为（Nickell, 1998）。助人态度量表似乎满足了心理测量学对量表的信度和效度要求，初步研究结果表明，女性比男性对助人有更积极的态度。助人态度量表的完整版见附录 A。

感　恩

在下面的部分中，我们将讨论感恩的概念。在 20 多年前，感恩很少受到研究者的注意。我们首先定义感恩，然后讨论应该如何培养和测量它，总结它的生理基础，最后以一个真实的生活例子结束。

感恩的定义

感恩这个术语起源于拉丁文“*gratia*”，它是恩典（grace）、感谢（gratefulness）和恩赐（graciousness）这几个词的变形（Emmons, McCullough, & Tsang, 2003）。根据其拉丁文来源，这个词有“友善、慷慨、礼物、给予和接受之美”的意思（Pruyser, 1977, p. 69）。用加州大学戴维斯分校的著名研究者罗伯特·埃蒙斯（Robert Emmons, 2005, 个人交流）的话说，个体在认识到他人以一种（1）对他自己造成损失、（2）对接受者有价值、（3）有意的方式行事，从而使得自己获得积极结果时，**感恩**（gratitude）便会出现。这样一来，感恩涉及的是领会和品味日常生活事件和经历的倾向（Bryant, 1989; Langston, 1994）。

在埃蒙斯的定义中，积极结果似乎来自另一个人；然而，获益也可能来自于一种非人为的行为或事件。例如，一个刚经历了创伤性自然事件的人，其家庭成员在飓风中幸存（见 Coffman, 1996），这个人也会非常感恩。同样，有研究表明，重大事件也会产生高水平的感恩感（Trivers, 1971）。而且，奥顿尼、科劳和柯林斯（Ortony, Clore & Collins, 1988）推断，当给予者的行为被认为是令人钦佩的且给予超过预期时，感恩的水平应该会更高。

还有另一个感恩的例子，一个人可能经历了较大的医疗危机或问题并发现自己从中受益（Affleck & Tennen, 1996）。这一过程被称为*受益的发现*。与利他类似，同理心能力可能是对他人产生感恩的一个必要条件（McCullough, 2005, 个人交流）。

在印度教、佛教、基督教和犹太教的传统中，感恩被尊奉为一种珍贵的人类品质（Emmons et al., 2003）。在这一点上，哲学家大卫·休谟（1888, p. 466）甚至说不会感恩是"人类最可憎、最反常的一种罪恶。"根据中世纪的学者托马斯·阿奎那（1273/1981）的看法，感恩不但对个体有益，而且可以作为人类利他的一种动机。

在许多评论感恩的著名思想家中，只有亚里士多德（1962）不赞成感恩。在他看来，高尚的人坚信自给自足，因此他把感恩看成是有失身份的，认为没有必要去亏欠他人。

培养感恩

我们以作家查尔斯·狄更斯的一句名言（1897, p. 45）开始这一部分："多想想你目前拥有的幸福，每个人都拥有很多幸福，不要回忆过去的不幸，所有的人多少都有一些不幸。"在更近的时期，心理学家罗伯特·埃蒙斯和迈克尔·麦卡洛探究了帮助人们增强感恩感的各种方法（综述见 Bono, Emmons & McCullough, 2004; Emmons & Hills, 2001; Emmons & McCullough, 2004; Emmons & Shelton, 2002; McCullough, Kilpatrick, Emmons & Larson, 2001）。这些旨在增强感恩的干预手段都产生了很好的效果。例如，与那些在日记中记录中性事件或负性生活事件（生活压力）的人相比，那些每周记录感恩事件的人（即记录那些让他们感恩的事件）在以下几个方面更占优势：（1）进行锻炼的数量；（2）对即将到来的一周的乐观程度；（3）对他们的生活感觉良好（Emmons & McCullough, 2003）。而且，那些一直写感恩日记的人报告了更高的热情、警觉和决心，他们更可能在有关自己的健康、人际关系和学

迈克尔·麦卡洛

资料来源：© Elisabeth McCullough. Reprinted with permission.

罗伯特·埃蒙斯

资料来源：Reprinted with permission of Robert A. Emmons.

业成就等重要目标上取得进步。实际上，那些在日记中“细数幸运”的参与者也更可能去帮助他人。最后，在埃蒙斯和麦卡洛的（2003）三个系列研究的第三个研究中，将有神经肌肉问题的人随机分配到感恩条件和控制条件中。结果表明，在感恩条件中的参与者（1）更乐观；（2）更有活力；（2）与他人有更多的联系；（4）更可能有充足的睡眠。

日本的一种冥想形式叫做“内观”（Naikan），可以增强个体的感恩感（Krech, 2001）。在内观法中，个体学会每天冥想三个与感恩有关的问题：首先，别人为我做了什么；第二，我为别人做了什么；第三，我给他人带去了什么烦恼和麻烦。在西方社会中，我们对物质舒适的期望是相对无意识的；感恩冥想有助于将这个过程转化到意识层面，这样我们就能学会对这些幸运感恩。

感谢你的英雄

里克·斯奈德

那是在 1972 年，我得到了一份在喀布尔大学担任助理教授的工作。因为有一个人奉献了她的全部生活，我才能做到这一点。她有固定职业，同时还做兼职，只为了让我能上大学。从各种意义上来说，她都是一个英雄，如此付出是为了让我过上一种比她更好的生活。

这个英雄就是我的妈妈。她告诉我，我能成为一个学者就是对她的奖赏。她计划那年末去拜访劳伦斯，但是这一拜访一直未能成行。她被诊断出患有一种迅速扩散的癌症，在得克萨斯州的达拉斯卧床度过了她生命中最后的几个月。

我尽可能多地去看望她，我们讨论了一些对我们来说都很重要的事情。不幸的是，我从来都没有告诉过她，她是我心中的英雄。在过去 30 年中，我几乎每一天都为此而遗憾。如果你还有机会把这个想法告诉你生命中的英雄，请立刻对他说吧。

资料来源：From C. R. Snyder. (2004, October 4). Thanking your heroes. Lawrence Journal-World.

另一个关于感恩和动机的评论也值得一提。在一次采访中，埃蒙斯博士（2004）被问到人们对他的感恩研究做出的最常见的错误假定。作为回应，他发现许多人认为感恩与生活中缺乏动机和更大的满足相联系。然后他指出，他从来没看到一个感恩与消极相联系的例子。相反，感恩是一个活跃的、肯定的过程。我们在前面的个人小实验专栏中列出了一些临床的方法（也见 Bono et al., 2004），我们也呈现了一篇关于感谢他人的重要性的短文。

测量感恩

有几种方法可以用来测量感恩。一种策略是要求人们列出让他们感恩的事情（Gallup Poll Monthly, 1996）。这种简单的方法让研究者找到能引发感恩的事件。另一种策略是获取人们描写自己生活的故事，并根据感恩的主题对这些情景短文进行编码。在这种方法中，巴鲁什（Barusch, 1999）惊讶地发现，对于生活在贫困当中的老太太，感恩是一种很常见的反应。在另一项研究中，研究结果与研究者的预期更一致，伯恩斯坦和西蒙斯（Bernstein & Simmons, 1974）发现，接受肾捐赠的人频繁地对他们的捐赠人表达感恩。而且，安德鲁飓风的幸存者对在这场自然灾难中能够幸存下来普遍表达了感恩。

还有人试图从行为上测量感恩。例如，万圣节的时候孩子们会提着南瓜灯笼挨家挨户讨糖吃，这时将他们是否说谢谢作为感恩的一种自发性的测量指标（Becker & Smenner, 1986）。类似地，人们在施食处得到食物时的感恩反应也可以被量化（Stein, 1989）。

在被称为多维度祈祷调查表（Multidimensional Prayer Inventory）的综合性指标中，莱尔德和他的同事（Laird, Snyder, Rapoff, & Green, 2004）发展并验证了包含 3 道题目的感恩自我报告分量表，人们在 7 点反应量表上（1=“从来不”到 7=“总是这样”）回答每道题目。这三道感恩题目分别是：“我为特定的事表达谢意”、“我对我的境况表达感恩”、“我为发生在我生命中的事件感谢上帝”。多维度祈祷调查表中的感恩分量表的措辞明显是宗教祈祷的措辞，高分数与坚定的宗教实践相关，例如祈祷。

最后，有两个类似特质的感恩自我报告测量工具，这些测量工具的题目表述在本质上与宗教祈祷并无关联。第一个测量工具是感恩、怨恨和感激测验（Gratitude, Resentment, and Appreciation Test; GRAT），此工具是由沃特金斯、格里姆和海鲁（Watkins, Grimm & Hailu, 1998）发展并验证的 44 道题目的测量指标。GRAT 选择了怨恨、简单感激和社会感激三个因素。

最有前途的特质自我报告指标似乎是感恩问卷（GQ-6）（McCullough, Emmons & Tsang, 2002; 也见 Emmons et al., 2003）。GQ-6 是一份 6 道题目的问卷（完整的量表参见附录 B），每个题目为 7 点利克特量表的反应形式（1= “完全不同意” 到 7= “完全同意”）。结果表明，这 6 道题目之间高度相关，抽取出一个共同的因素。GQ-6 的分数与同伴对个体感恩水平的评分之间有可靠的相关；在这个量表上得分高的个体报告了更高的感恩和更高的感谢（Gray, Emmons & Morrison, 2001）。另外，这种由 GQ-6 测量出的感恩感在 21 天后仍然持续（McCullough, Tsang & Emmons, 2004）。

GQ-6 得分可以预测其他的积极心理学变量。例如，个体在 GQ-6 中测量出的高感恩与其积极情绪、活力、乐观、希望和生活满意度的提高有正相关。而且，高水平的感恩与同理心、分享、宽恕和为了他人利益牺牲自己的时间有正相关。那些在感恩上得分高的个体更不在乎物质享受，他们更可能做祷告和从事灵性活动（McCullough et al., 2002）。

感恩的心理生理学基础

虽然我们不能在心理生理学中找到与感恩直接相关的研究，但是有对感激的研究。感恩通常指向另一个人的行动，而感激可能牵涉也可能不牵涉另一个人。这两个概念当然是相当类似的，正是这个原因，我们在这儿简单地探究一下感激的心理生理学基础。挫败通常会引发心率失调和心律不齐，这反映了自主神经系统的交感神经和副交感神经之间的不同步，而感激则能产生更协调的心律模式（McCraty & Childre, 2004）。每分钟心跳的这种协调、“平静”模式如图 12.2 所示（见 Tiller et al., 1996）。

感激也能产生另一种生理协调形式，α 脑电波（来自 EEG 脑电图）和心跳之间的同步。例如，在麦克拉里和同事的研究（McCraty, 2002; McCraty & Atkinson, 2003）中，相对于基线水平，在感激操纵条件下，心跳和 EEG 之间的同步性在左半球更高。正如图 12.3 中所示，更亮的阴影部分表明心跳和 EEG 中 α 脑波之间的同步性更高，基线条件下右侧额叶区域更高，而在感激操纵条件下转移到左半球。在这一点上，麦克拉里和奇尔德（McCraty & Childre, 2004）指出，其他研究发现左半球参与积极情绪(例如 , Lane et al., 1997)。虽然研究者在这个领域已经做了很多的研究，但与感恩相关的人类感激反应似乎有协调的（麦克拉里的术语）心理生理模式，这一点很让人期待。

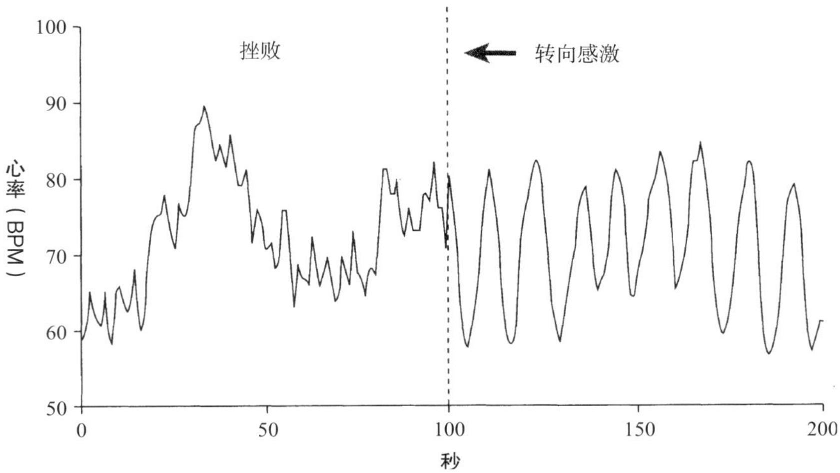

图 12.2　挫败和感激状态下的心律

资料来源：From "The grateful heart." By McCraty and Childre, from *The Psychology of Gratitude*, edited by Robert A. Emmons & Michael E. McCullough, copyright ©2004 by Oxford University Press, Inc. Used by permission of Oxford University Press, Inc.

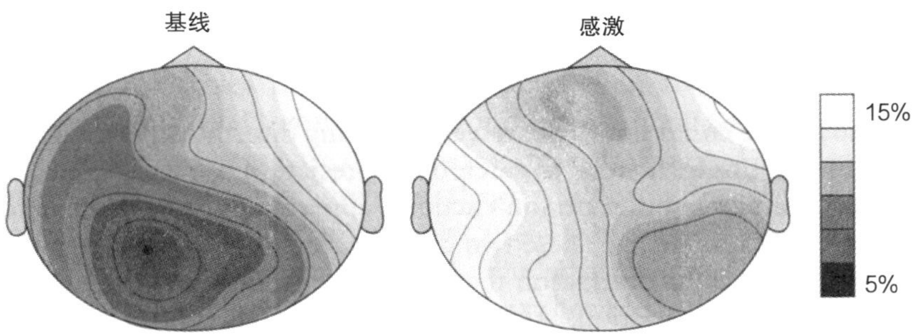

图 12.3　在基线和感激条件下，α 脑电波和心跳间的同步性

资料来源：From "The grateful heart." by McCraty and Childre, from *The Psychology of Gratitude*, edited by Robert A. Emmons & Michael E. McCullough, copyright© 2004 by Oxford University Press, Inc. Used by Permission of Oxford University Press, Inc.

注：亮的阴影处表明脑电波和心跳之间的高同步性。

感恩：一次家庭维修

在我（斯奈德）写这部分内容时，我经历了一件让我深深感恩的事情。这件事有一个稀松平常的开头——我家的马桶底部漏水了。管道工汤米，多年来一直乐意为我们做修理工作。当我这次打电话给他时，他承诺会在百忙之中抽时间来为我们修理马桶。第二天一大早，他来了，还是以他一贯的乐观态度，他花了几个小时才找到了问题的原因，原来是底部有一个小裂缝。快到中午的时候，汤米说，他要第二天才能安装新马桶，因为下午他必须要参加一个葬礼。然而，我终于安心了，他第二天如约来了，开始换新马桶。只是后来，我才得知一个真实的令人瞠目结舌的消息：那场葬礼竟是汤米已成年的儿子的！虽然以其一贯无私的作风，他没有向我提起这件事，但他确实在他儿子下葬的那天帮助了我们！用前面讨论过的埃蒙斯关于感恩的定义，我们的管道工有意地为我们提供了一次宝贵的服务，这次服务对他来说代价高昂。

宽 恕

宽恕曾经是一个少人问津、相对没有被探究的概念，但是自从 20 世纪 90 年代后，人们对宽恕的兴趣迅速增长。这种理论和研究的激增，部分原因与慈善家约翰·邓普顿（John Templeton）设立的邓普顿基金号召做一些关于宽恕的研究有关。邓普顿先生相信宽恕这个概念足够重要，值得花钱去促进更多关于宽恕的研究！

在这一部分，我们首先介绍关于宽恕的各种不同定义，然后描述如何培养宽恕，总结它的测量方法，以对宽恕的进化和神经生理学基础的概述结束。

宽恕的定义

学者们对宽恕的定义不尽相同（McCullough, Pargament, & Thoresen, 2000a, 2000b; Worthington, 2005）。虽然对宽恕的确切性质看法各异，但达成共识的一点是，宽恕对人是有益的（见 Worthington, 2005）。我们接下来讨论定义宽恕的主要方式，从最宽泛的、综合的定义到相对狭义的定义。

汤普森和同事们

劳拉·汤普森

资料来源：Reprinted with permission of Laura Yamhure Thompson.

汤普森和她的同事们所赞成的理论（Thompson et al., 2005）认为，**宽恕**（forgiveness）是指受害者从对侵犯源的负性情感联结中解脱出来。在所有的宽恕理论中，汤普森的理论对侵犯来源的看法是最具综合性的，因此，侵犯来源是任何要宽恕的对象，可能是自己、另一个人或个人控制之外的一种情境。

麦卡洛和同事们

根据麦卡洛的看法（McCullough, 2000; McCullough et al., 1998），宽恕反映了对另一个人的亲社会性动机的增强，以至于：(1) 降低了疏远侵犯者的愿望，降低了去伤害或报复侵犯者的愿望；(2) 提高了善待侵犯者的意愿。动机的改变被认为是该理论的核心（McCullough et al., 2000a, 2000b），这个人渐渐变得更与人为善；而且，他们认为只有在有一个人做出侵犯行为时，宽恕这个概念才是适用的。

恩赖特和同事们

对宽恕做了最长时间追踪研究的学者是罗伯特·恩赖特（Robert Enright），他将宽恕定义为“受害者受到他人的伤害后，自愿地放弃怨恨侵犯者、对侵犯者进行负性判断和采取冷漠行为的权利，而是培养对他或她的同情、宽大甚至关爱”（Enright, Freedman, & Rique, 1998, pp. 46-47）。在恩赖特看来（2000, Enright et al., 1998），受害者对侵犯者有一种仁慈的态度是至关重要的。他提出：“宽恕的结果是成为一个互亲互爱的社区”（Enright & Zell, 1989, p. 99）。而且，恩赖特坚持认为，宽恕不能扩展到情境，因此宽恕一定只会直接地指向人。关于这一点，他写道：“宽恕是人与人之间的。一个人不可能去宽恕龙卷风或洪水。例如，一个人怎么可能和龙卷风再次加入一个充满爱的社区？”（Enright & Zell, 1989, p.53）

唐尼和同事们

在 1999 年，唐尼和她的同事们（Tangney, Fee, Reinsmith, Boone & Lee, 1999）认为宽恕体现了以下几点：

(1) 侵犯后的认知—情感转变；(2) 受害者对其所受的伤害做了现实的评定，

珍妮·唐尼

资料来源：Reprinted with permission of June Tangney.

并确认侵犯者的责任；但是（3）慷慨地选择“一笔勾销”，放弃报复或对侵犯者实施其应得惩罚的需要和任何赔偿要求。这种“一笔勾销”也涉及（4）“消除消极情绪”，这种消极情绪与侵犯直接有关。特别是，在宽恕中，受害者克服了他或她对侵犯者行为的怨恨和愤怒感受。简而言之，通过宽恕，受到伤害的个体（5）从本质上脱离了受害者这个角色。（p. 2）

唐尼模型认为，摆脱消极情绪是宽恕过程的关键。

培养宽恕

在这一部分，我们探究如何学会宽恕。相应地，我们的宽恕指导针对三个侵犯源——他人、自己以及一个情境或事件。

宽恕他人

宽恕他人是一种最典型的宽恕，不妨想象一首忧伤的歌曲，歌词中讲述另一半“做了错事”（比如另一半有了外遇）。在我们对婚姻不忠的夫妻治疗经验中，当涉及宽恕时，我们发现戈登、鲍康姆和斯奈德的模型颇为有用（Gordon, Baucom & Snyder, 2004, 2005; Gordon & Baucom, 1998）。这个理论模型把宽恕作为目标，第一步是对两个人的关系促成一种不扭曲的、实事求是的评价。第二步是试图消除对侵害（出轨）方固着的负性情感联结。最后，第三步是帮助受害方降低她或他想要惩罚对方的愿望。随着时间的推移，宽恕使创伤和负性感受的发泄慢慢减少，对受害者来说尤其如此。同样，这种疗法提高了对侵害一方的同理心，治疗师尽力让双方对自己的感觉都变好。

宽恕和从心理创伤中恢复的阶段是并行的。随着时间的流逝，夫妻双方从最初的冲突阶段，进展到寻求理解在他们身上发生事件的意义。最后，夫妻双方进入到恢复阶段，他们“会继续他们的生活”（Gordon et al., 2005）。在冲突阶段，典型的情况是会出现负性情绪的爆发——伤害、恐惧和愤怒。这时，配偶双方可能在麻木和非常糟糕的感受之间摇摆。然后，在意义阶段，夫妻拼命地去想为什么会发生这样的事情。当然，夫妻双方也推断在这个让关系动摇的事件中必定有某些意义。最后，夫妻双方慢慢地开始重新找到对生活的控制感；这个阶段的主要目标是，夫妻双方不再每天一醒来就想着这件事。宽恕未必意味着夫妻双方决定继续在一起，但是至少，宽恕这个过程使他们对下一步要做什么有了一个更明智的决定。

帮助夫妻处理婚姻不忠问题的另一个建设性的方法是弗吉尼亚州立联邦大学

的埃弗里特·沃辛顿的宽恕模型（见 Ripley & Worthington, 2002; Worthington, 1998; Worthington & Drinkard, 2000）。这个理论模型通过五个步骤帮助夫妻，这五个步骤的首字母缩写为 REACH：回忆（Recall）伤害造成的痛苦和伤害的本质；促进夫妻双方的同理心（Empathy）；夫妻之间利他性的（Altruistically）宽恕；在口头上承诺（Commit）宽恕对方；尽力保持（Hold）对彼此的宽恕。

埃弗里特·沃辛顿

资料来源：Reprinted with permission of Everett L. Worthington, Jr.

宽恕自己

当来访者感觉羞愧或内疚时，治疗师就要警觉来访者有宽恕自己的潜在需要。在这点上，羞愧反映了一种“我是一个坏人”的感觉。因此，羞愧可以跨越特定的情境，它反映了一种无所不包的认为自己无能无用的观点。与之相对，内疚则是一种与情境有关的消极自我观，例如“我做了一件坏事”（Tangney, Boone & Dearing, 2005）。感到内疚的人会有一种悔恨感，通常是为他做的一件事而后悔。为了消除这种内疚感，治疗师可以让来访者做一些补偿行为，例如坦白或道歉。帮助个体克服羞愧的过程比治疗内疚更困难。因为羞愧能跨越更多的情境，而内疚往往局限于单一的情境。

自我宽恕被定义为“消除因觉得自己做了错事或违反规则而产生的自我怨恨感的过程”（DeSchea & Wahkinney, 2003, p. 4）。因为我们所有人都必须自我接纳，所以不能宽恕自己要比不能宽恕他人的后果更严重（Hall & Fincham, 2005）。降低自我批评反作用的干预手段，旨在帮助个体对自己的错误行为负责，然后让这件事过去，这样他才能顺利推进生活中的其他事项。实际上，任何专注于非常负面或非常正面的自我观的来访者都感觉“身陷其中”。因此，治疗师要试图帮助他们的来访者理解，他们这些专注自我的想法和感受是如何干扰其积极生活的。霍姆格伦（Holmgren, 2002）有如下的观点：

> 不停地想着自己过去的道德记录，或产生一种自我怨恨感和自卑感，或产生一种优越感。不论怎样，这都是一种过度自我关注的和没有任何真正道德价值的表现。如果来访者把他的焦点从他做了错事这个事实移开，转而关注他能为别人做点什么，关注他在道德和非道德领域中的成长的话，那么来访者的这种道德实践就会更加可靠。（p. 133）

宽恕一个情境

回想一下恩赖特的观点（前面描述过），他认为宽恕应该针对人，而不能应用到无生命的客体，例如龙卷风。我们不同意这个观点，我们的观点与汤普森对宽恕的看法一致，宽恕的对象可以是他人，可能是自己，也可能是一个情境。

斯奈德在 20 年前的一个心理治疗案例，说明了宽恕是如何被应用于一个情境的。我们住在堪萨斯州的劳伦斯市，龙卷风偶尔会袭击我们的居民区。在这个特殊的例子中，龙卷风毁坏了房屋和伤害了当地居民。这次龙卷风过后，我在治疗中遇到了一位男性来访者，龙卷风毁坏了他的家，给他造成心理上的创伤，他对龙卷风怀有极度的愤怒和怨恨想法。在治疗过程中，我的目标是帮助他停止反复地想龙卷风的事，停止责怪龙卷风毁灭了他的生活（Snyder, 2003）。因此，要教会这个男人放弃对龙卷风的怨恨。这只是更大的治疗目标的一部分，而这个更大的治疗目标是要教会这个人释放他对生命中一系列“倒霉事”的怨恨情绪。而且，他开始明白，龙卷风也损坏了其他的房屋和家庭，但那些人重新振作起来，继续他们的新生活。对这个来访者来说，不停地想龙卷风让他深陷在过去，意识到放手是前进的一步，这使得他重新燃起了对生活的希望（见 Lopez, Snyder, et al., 2004; Snyder, 1989）。

对于那些做过大量心理治疗的专业人士来说，这个案例似乎是常见的，因为来访者常常把生活境遇作为他们出现问题的原因（即，他们埋怨生活中发生的某些事情）。因此，对这样的来访者，治疗的关键是教导他们不再去想以前的那些消极生活事件，这样他们才能向前看（Michael & Snyder, in press）。

要更多地了解如何提高某人的宽恕，我们建议你去做一下个人小实验。

测量宽恕

前面讨论过的每一个宽恕理论，都有相应的自我报告的个体差异测量工具，这些工具都经过了效度检验。我们按前面讨论理论的顺序来介绍这些测量方法。

汤普森等人（2005）制定了 18 道题目的测量宽恕特质的心灵宽恕量表（Heartland Forgiveness Scale，HFS）。三个宽恕类型——自我、他人或情境——各由 6 道题目来测量，采用 7 点量表（1= 我几乎从来不这样，7= 我几乎总是这样）。这个量表的完整版参见附录 C。HFS 上的得分与其他宽恕测量的分数存在正相关；HFS 得分高的人也表现出更高的灵活性和更高的信任，表现出更低的敌意、沉思默想和抑郁。

麦卡洛等人（1998）开发了侵犯相关人际动机调查（Transgression-Related Interpersonal Motivations Inventory, TRIM），这个调查问卷是包含 12 道题目的自我报

告测量工具（采用 5 点反应，1= 强烈不同意，5= 强烈同意），题目测量两个维度（1）避免与侵犯者接触的动机；（2）寻求报复侵犯者的动机。TRIM 被认为是专门针对侵犯的宽恕测量指标，这个量表在附录 D 中。

恩赖特发展了两个宽恕测量工具，第一个是 60 道题目的版本，称为恩赖特宽恕调查（Enright Forgiveness Inventory, EVI; Subkoviak et al., 1995）。EVI 评估了参与者对最近的人际侵犯的看法。恩赖特发展的第二个测量工具是一个 16 道题目的宽恕意愿量表（Willingness to Forgive Scale, WTF; Hebl & Enright, 1993）。WIF 对个体把宽恕作为一种问题解决策略的意愿程度做了有效的评估。

唐尼和同事们（1999）制定了一个特质性的自我报告测量指标，称作多维度宽恕调查（Multidimensional Forgiveness Inventory, MFI）。MFI 中有 16 种不同的侵犯场景，包括 72 道题目，共 9 个分量表：（1）宽恕自己的倾向；（2）宽恕他人的倾向；（3）请求宽恕的倾向；（4）责备自己的倾向；（5）责备他人的倾向；（6）宽恕自己的时间；（7）宽恕他人的时间；（8）对伤害感受的敏感性；（9）易愤怒的倾向。

宽恕的进化和神经生理学基础

纵观本书，我们多次强调了人类的群居性。我们生活在群体中，这种人与人之间的接触有时也会出现不幸的情况，比如，一个人以伤害性的方式打击另一个人。在类人物种中，动物有时候可能也会做出顺从的姿势，以停止冤冤相报的攻击循环（deWaal & Pokorny, 2005; Newberg, d'Aquili, Newberg & deMarici, 2000）。类似地，人类会用宽恕来终止这种攻击循环。如果没有这种减少攻击和报复性反攻击的进化机制，日益增加的恶性循环可能会威胁到整个人类群体的存活。从这个意义上来说，宽恕行为有一种进化上的优势，因为宽恕行为降低了总体的敌对水平（Enright, 1996; Komorita, Hilty & Parks, 1991），从而提高了大群体的生存几率。确实，对侵犯者表现出宽恕的人，让周围那些未卷入这场对抗的人产生了积极的感受（Kanekar & Merchant, 1982），从而稳定了社会秩序。简而言之，宽恕是一种具有进化优势的适应性过程，因为它有助于维护社会结构。

纽伯格等人（Newberg et al., 2000）描述了宽恕过程的潜在神经生理机制。首先，宽恕必然涉及一个人的自我感，因为他人的侵犯损害了自我感。（顺便说一下，从进化角度来说自我感知是至关重要的，因为个体长久以来试图维护的正是自我。）自我感定位于额叶、顶叶和颞叶，这些地方接收来自感觉系统和海马的输入。第二，对自我的损害是通过感觉运动输入来记录的，这种输入受边缘系统、交感神经系统和下丘脑影响。第三，被侵犯者发起的和解过程涉及颞叶、顶叶和额叶的激活，以及边缘系统的输入。最后，宽恕的实际向外指向要通过边缘系统发生，并且与积极情绪相联系。

利他、感恩和宽恕的社会性意义

在本部分，我们探讨利他、感恩和宽恕的社会反响。你将从中了解到，这三个过程对于帮助群体中的人们更稳定、更和谐地生活在一起有着非常关键的作用。

同理心 / 利己和利他

同理心似乎有助于推动人类做出“纯粹的”(即非利己性的)助人行为或利他行为，因此这种动机对生活在群体中的人有积极的意义。换句话说,只要我们产生了同理心，我们就应该更愿意去帮助我们身边的伙伴。

然而，不幸的是，我们常常有意识或无意识地减少了对他人的同理心。例如，试想，走在路上的市民甚至对人行道上伸出的求助之手视而不见。城市中的居民每天面对这样的场景，可能已经学会了弱化他们的同理心。他们因而可能回避与这些人的眼神接触，或宁愿走街道的另一边，以减少与这些落魄的人打交道。

让情况变得更复杂的是，社会心理学家指出，居住在大都市中，我们会分散这种帮助他人的人际责任感，这种现象被称为“无辜旁观者效应”(Darley & Latane, 1968; Latane & Darley, 1970)。因此，当城市居民没有向邻居提供帮助时，他们可能会将自己的这种行为合理化并欺骗自己他们的行为是合乎道德的(Rue, 1994; Snyder, Higgins & Stucky, 1983/2005; Wright, 1994)。

然而，要认识到，即使是那些职业和工作涉及帮助他人的专业人士，也可能有类似的同理心减弱现象。例如，护士和学校教员在感到束缚，反复地感到不能令其患者和学生产生他们所期望的改变时，就会有倦怠感(Maslach, 1982; Maslach & Jackson, 1981; Snyder, 1994/2000)。根据我们的判断，积极心理学必须要找到帮助人们保持同理心的方法，这样他们才能继续帮助他人。而且，我们应该探究提高同理心的方法，这样我们才能解决像艾滋病和无家可归这种大规模的问题(Baston, Polycarpou et al., 1997; Dovidio, Gaertner & Johnson, 1999; Snyder, Tennen, Affleck & Cheavens, 2000)。

再回到利己在利他过程中的作用，我们的观点是，明智的做法是告诉人们，从帮助他人中得到好处或帮助他人后自我感觉良好，并没有任何错。实际上，期望人们在做出助人行为时，总是出于纯粹的、毫不利己的动机，这是很不现实的。换句话说，如果人们确实在帮助他人的过程中对自己感觉良好，那么我们应该告诉他们，这种感觉是完全合理的。尽管因为这样做是对的而产生助人意愿是值得的，但我们也应该让人们知道，把助人作为自己获得满足感的一种方法也是很合情合理的。在我们教育孩子帮助他人时，我们应该记住，这两个过程都存在。

实际上，告诉儿童除了“纯粹的”利他其他任何形式的利他都是不好的，这种教育孩子的方式可能会起反作用。作者曾经遇到这样一个来访者，他是一位部长的儿子；在成长的过程中，这个年轻人被教导，在帮助他人时有任何的快乐感都是不合理的或不可接受的。因此，当这个年轻人发现他以帮助他人为乐时，他有强烈的内疚感。这个案例治疗涉及让这个年轻人与其他两个传教士谈话，他们告诉他，我们因为帮助他人而感觉良好，这根本不是“有罪”。当他真正明白这个新观点时，我们再让他和父亲就这个问题进行交流。因为他的父亲已经故去了，所以这个练习是采用格式塔的空椅子技术（参见前面的个人小实验）来完成的。在这个技术中，请来访者想象，他父亲就坐在他对面的一张空椅子上，在整个讨论中来访者扮演两个人的角色。在做这个练习时，年轻人意识到，在教育他助人时父亲并不是那么苛刻；相反，父亲的本意是告诉他关心他人的重要性。年轻人也了解到，在关心他人的过程中也包括关心自己、自爱和自我强化。反过来，帮助他人对他人和自己都有利，年轻人在悟出这个深刻的道理后非常开心。而且，这个年轻人也给他自己的孩子上了这样一课，告诉孩子提供帮助时自己感觉良好是很合理的，这样，他的孩子们就不会像他那样陷入两难境地。

同理心 / 利己和感恩

我们理解他人和站在他人的角度考虑问题的程度，决定了我们对他人的行为表达感恩的可能性。有这样一个案例可能有助于阐明这一点。大约 40 年前，我在心理治疗中接待的第一批来访者中有一位年轻的女性，我们就叫她贾尼丝好了。贾尼丝从来没有对别人说过“谢谢你”。在成长的过程中，她的父亲教育她，人们只有在“想从中得到什么”时才会帮助别人。换句话说，她从小就认为，别人的帮助都是不真诚的。当然，如果这种帮助是不真诚的，贾尼丝就没必要对别人的帮助道谢。当她来治疗时，贾尼丝报告说，其他人认为她是粗鲁无礼的，因为她从不对别人说谢谢。

在探究这种非适应性行为模式的童年期根源之前，我先要求她简单地改变她的行为方式，当别人为她做了什么时，要说声谢谢，她同意尝试一下。然后她立刻发现，这样做让她与人们的相处变得很容易。实际上，表达感恩也渐渐地使她自己感觉良好起来。接下来，我们开始寻找各种方式来帮助贾尼丝换位思考，让她明白有时候人们可能是相当诚恳地帮助你——他们在帮助你时并不总是“想要得到什么”。当然，这一点与小时候爸爸教给她的完全相反，但她还是渐渐认识到，人们的助人行为并不总是别有用心的。在本案例中重要的一次突破是，贾尼丝意识到自己偶尔也会帮助朋友，而且她这样做，未必“一定是为了自己想得到什么”。这个例子也说明，利己和同理心都有助于提高一个人的感恩。

同理心 / 利己和宽恕

同理心也是宽恕他人的前兆（McCullough et al., 1998; McCullough, Worthington & Rachal, 1997; Worthington, 2005）。在本书作者对来访者进行的心理治疗中，同理心或利己都可作为产生宽恕的途径。例如试想，若是有人因为别人对他所做的伤害性事件而愤怒，那么在宽恕别人之前，一定要先学会从对方的角度看问题（即同理心）。

有时，做出侵犯行为的一方可能是误解了当时的情境。在一个相关案例中，一位年轻女性中断了和男朋友的关系并开始约会其他男人，因为她看到男朋友与其前女友一起坐在教堂的后面。然而她后来发现，原来她男朋友的这次约会是非常单纯的：前女友的父亲去世了，这个男人在安慰她。当提出分手的这个女孩明白了此事原委后，她能对男朋友的行为表示理解，并原谅他，因为他那样做只是出于善意。确实，她明白了，男朋友的行为对她而言不是真正的侵犯！

我们为了让自己感觉好一点也会宽恕别人——不再反复去想那个侵害我们的人或事件。举一个利己型宽恕的例子，想一下那些在青少年时期因触犯法律而陷入麻烦的年轻人。当他们进入成年早期时，为了让自己感觉好过一点，这些年轻人可能会决定参加志愿者工作，帮助那些遇到法律问题的青少年。这些十多岁的青少年通常非常希望和需要得到宽恕，经历过类似情况的二十多岁的成年人是宽恕他们的理想人选。就此而言，这些年轻的成年人不但能对这些十多岁的少年产生同理心，而且在表现出宽恕后，他们自己也会感觉良好。

道德责任：利他、感恩和宽恕

我们在本章自始至终都指出，同理心和利己常常是利他、感恩和宽恕的前兆。同理心 / 自尊的这种入口概念可从图 12.1 中看出来。然而，个体对接受者表达利他、感恩和宽恕后，这个循环并不会停止。我们来看一个接受者对感恩的反应的例子。当接受感恩的人表现出感谢或某种类型的感激后，做出这种善意行为的给予者就会得到奖励，并且他将来更有可能做出亲社会行为（Gallup, 1998）。同样，一些人实施亲社会行为的部分原因是，他们喜欢这种亲社会行为带来的心理强化（Eisenberg, Miller, Shell, McNalley & Shea, 1991）。

这个过程可用图 12.4 来表示。接受者可能对利他、感恩和宽恕行为作出回报，通过这么做，接受者可能体验到对给予者的同理心和尊重。而且，利他、感恩和宽恕的接受者通常也可能对他人做出道德行为（见图 12.4 的右边）。换句话说，当人与人之间彼此交换利他、感恩和宽恕时，接受者在随后的人际交往中会实践积极心理学的美德。通过这种方式，会产生利他、感恩和宽恕的连锁反应。其背后的道理就是："当我受到尊重时，我也会尊重他人"。

在亚当·斯密（1790/1976）的经典著作《道德情操论》中，他认为感恩及其相关概念，例如利他和宽恕，在建立道德社会中起着绝对重要的作用。同样，感恩是一种道德责任，因为它推动了建立在互惠和互相尊重基础上的稳定社会交往（见图 12.4）。沿着亚当·斯密的思想路线，社会学家乔治·西姆内尔（George Simmel, 1950）推断，感恩提醒人们，他们需要互惠和彼此之间内在的相互关系。西姆内尔就此写下了一段富有哲理的话，感恩是"人类的道德记忆……如果每个感恩行为……突然消失，社会（至少据我们所知）会分裂"（1950, p. 388）。因此，感恩及其相关概念利他和宽恕，能促进社会形成一种凝聚力，从而使得社会在不管发生好事还是坏事时，都能继续运转［相关讨论见 Rue（1994）和 Snyder & Higgins（1997）］。

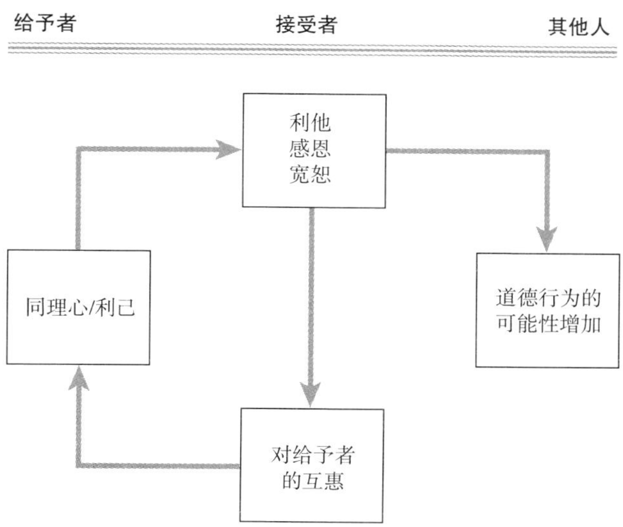

图 12.4 利他、感恩和宽恕：从给予者到接受者到其他人

“我有一个梦想”：更善良、更温和的人类

本章讲述了人类最美好的三种行为——利他、感恩和宽恕。对目标个体的同理心似乎是这些行为的重要前提。当我们能对他人有同理心时，我们就可能帮助那个人，对他的行为表示感恩，宽恕他的侵犯。但在产生这样的同理心时，人们也能满足他们的利己需要。因此，对于引发利他、感恩和宽恕来说，利己动机和同理心动机并非互相排斥。

更友善、更温和的人类意味着，我们每个人都会理解对方的行为，体会到彼此的痛苦和悲伤，在帮助我们的邻居时，我们也会因自己的行为感觉良好。当然，在教给孩子尊重时，同理心是一个很重要的方面。我们的孩子会因为他们的理解和同情而对自己产生好的感觉，并且和他人愉快相处。确实，积极心理学的许多未来将会建立在这样的基础之上：人们要注意到他们自己的利己需要，同时还要和他人相处愉快、尊重他人。关系是积极心理学的核心，我们的目标是更“文明”的人类，在这个世界里，我们可以期待人与人之间的利他、感恩和宽恕，而并非不可期待。

马丁·路德·金

资料来源：© Corbis.

在马丁·路德·金博士的《我有一个梦想》的著名演讲中，他的同理心和利他 / 感恩 / 宽恕思想和感受在其“四海之内皆兄弟”的号召中得到了充分体现（King, 1968）。如果积极心理学也要分享这个梦想（正如这门学科所期望的那样），那么我们必须继续探索与利他、感恩和宽恕概念有关的科学知识及其应用。

生活提升策略

利他、感恩和宽恕能让你对生活更加满足。在此，我们从生活的三个方面给出了一些建议，帮你变得更愿意付出、更愿意感恩、更愿意宽恕。

爱

- 为另一半做点事，在两个人的关系中培养一种利他感，创造一种更愿意为对方付出的气氛。
- 当你的伴侣做了好事时，你对对方的赞扬会使你们之间更亲密；因而，不要把伴侣所做的好事视为理所当然，而要说谢谢。你对伴侣所表达的谢意，使这种相互关心的感觉在感恩的气氛中持续存在。
- 在爱情与亲密关系中，如果有人犯了错，我们需要用宽恕来维持关系。在困难时期，试着去当伴侣 / 朋友中那个宽宏大量的人吧。

工作

- 在工作或学习中，利用你的优势和才干去帮助他人。
- 在管理之道中，感恩的运用甚至比金钱的奖赏更重要。如果你领导一个小组工作，请每天对组员的贡献表示感谢。
- 如果员工们知道无意的错误可以得到原谅，他们将会更勇于尝试、更乐意创新、更努力工作。请在职场或教室中传播宽恕吧。

游戏

- 游戏及娱乐活动就其本义来说，应有一种自由感。在邀请其他人来玩你最喜欢的游戏的时候，要让他们有这种自由的感觉。
- 有时候我们能体验到别人的快乐。当身边的朋友和家人玩得开心时，不要羞于表达你对这种“快乐时光”的感恩。
- 尽量原谅游戏中的小犯规。不要让这些小事影响了好心情。

附录 A：助人态度量表

指导语：本测试是为了测查你在与他人交往过程中的感受、观念和行为。这不是一个测验，因此对问题的回答没有对错之分。请尽可能诚实地回答这些问题。在每条陈述前面的空白处，表明你同意或不同意的程度。

1	2	3	4	5
完全不同意	不同意	不确定	同意	完全同意

____ 1. 帮助他人常常是浪费时间。

____ 2. 如果有机会，我很乐意帮助需要帮助的人。

____ 3. 如果可能，我会把丢失的钱还给失主。

____ 4. 帮助朋友和家人是我生活中最大的乐趣。

____ 5. 如果可能，我会回避帮助需要急救的人。

____ 6. 帮助需要帮助的人感觉真的很棒。

____ 7. 自告奋勇去帮助人是非常值得做的。

____ 8. 我不喜欢给迷路的人指路。

____ 9. 志愿者的工作让我很开心。

____ 10. 我每月都花时间做慈善工作或向慈善机构捐赠。

____ 11. 我没有义务帮助老年人，除非他们是我的家人。

____ 12. 应该教导孩子们了解帮助他人的重要性。

____ 13. 我决定在我死后捐出我的器官，希望它们能帮助他人开始新的生活。

____ 14. 我为我所在团体或学校举办的各种活动出一份力。

____ 15. 当我帮助了他人，我感到内心平和。

____ 16. 在商店买东西排队付款时，如果我前面的人差一点钱，我会帮助他支付。

____ 17. 当我得知我的慷慨使一个需要帮助的人受益的时候，我会为此自豪。

____ 18. 帮助他人弊大于利，因为这会使人们倾向于依赖别人而不是自力更生。

____ 19. 我很少为高尚的事业捐款。

____ 20. 帮助穷人是正确的。

《助人态度量表》的计分：将第 1 题、第 5 题、第 8 题、第 11 题、第 18 题和第 19 题反向计分。然后，将 20 道题相加计算总分，分数范围 20~100，60 分为中等分数。

附录 A 资料来源：From Nickell, G.S., “The helping Attitude Scale,” presented at the 106th. Annual Convention of the American Psychological Association. Reprinted by permission of Dr. Gary Nickell.

附录 B：感恩问卷——来自 GQ-6 的六道题

指导语：在每条陈述前面的空白处用数字表明你同意或不同意的程度。

1	2	3	4	5
完全不同意	不同意	不确定	同意	完全同意

____ 1. 我的生活中有如此多需要感谢的事情。

____ 2. 如果让我列出使我感恩的每件事，那将是一个非常长的单子。

____ 3. 这世界上并没有什么需要感恩的事情。

____ 4. 我感恩于各种各样的人。

____ 5. 当我渐渐长大后，回首过去，我发觉自己对过去的人、事和情境更有感恩之情了。

____ 6. 要让我对某些人或某些事感恩，那还要很长时间。

第 3 题和第 6 题为反向计分题。

附录 C：心灵宽恕量表（HFS）

指导语：在我们的生活中，因为我们自己的行为、他人的行为或我们不能控制的情境，可能会出现消极事件。在这些事情过去后的一段时间里，我们可能对我们自己、他人或情境有一些负面的想法或感受。思考一下，你对这样的消极事件的典型反应。在每道题目前面的空白处，用数字表明你同意或不同意的程度，请用数字（使用下面的 7 点量表）标明你对这类消极事件的典型反应。答案没有对错之分。请诚实作答。

附录 B 资料来源：From McCullough, M. E., Emmons, R. A. & Tsang, J., “The grateful disposition: A conceptual and empirical topography”, in *Journal of Personality and Social Psychology*, 82, copyright © 2002. Reprinted with permission of the American Psychological Association.

附录 C 资料来源：From Thompson, L. Y., Snyder, C. R., Hoffman, L., Michael, S. T., Rasmussen, H. N., Billings, L. S., Heinze, L., Neufeld, J. E., Shorey, H. S., Roberts, J. C., & Roberts, D. E., Dispositional forgiveness of self, others, and situations, in *Journal of Personality*, 73, copyright © 2005. Published with permission of Blackwell Publishing.

1	2	3	4	5	6	7
几乎完全不符合我		较不符合我		较符合我		几乎完全符合我

____ 1. 当陷入困境时，我虽然一开始会感觉很糟，但随着时间流逝，我能放得下。
____ 2. 我对我做得不好的事情一直都耿耿于怀。
____ 3. 从我做的错事中吸取教训，有助于让我从中恢复。
____ 4. 对我来说，我真的很难接受我曾经做的错事。
____ 5. 随着时间的流逝，我能理解我曾经犯的错误。
____ 6. 我不能停止为我曾有过的不好感受、错误的想法、说过的错话以及做错的事而自责。
____ 7. 我继续去惩罚我认为曾做错事的人。
____ 8. 随着时间的流逝，我渐渐理解那些曾做过错事的人。
____ 9. 我还是严厉对待那些曾伤害过我的人。
____ 10. 虽然有人曾经伤害过我，但我最终还是会把他们看做好人。
____ 11. 如果有人对我很苛刻，我对他们的印象会一直很不好。
____ 12. 若有人令我失望，我最终会忘却它。
____ 13. 当情况因不可控的原因而变得糟糕时，我会陷入对这些事情的消极想法中。
____ 14. 随着时间的流逝，我能理解我生活中的倒霉事。
____ 15. 如果我因不可控的情况而失望，我一直会消极地看待它们。
____ 16. 最终我能平和地看待生活中的糟糕境遇。
____ 17. 我真的很难接受消极情况，虽然它并不是任何人的过错。
____ 18. 最终，我会放弃对不可控的糟糕情况的消极想法。

反向计分题目

第 2、4、6、7、9、11、13、15、17 题为反向计分题目。

HFS 的计分方法

宽恕的总分计算：将从第 1 题到第 18 题的分数相加（第 2、4、6、7、9、11、13、15 和 17 题为反向计分题）。

分量表

自我：题目 1 到题目 6 为宽恕自我的分量表。
他人：题目 7 到题目 12 为宽恕他人的分量表。
情境：题目 13 到题目 18 为宽恕情境的分量表。

附录 D：侵犯相关人际动机量表（TRIM）

指导语： 请阅读下面的问题，表明对曾伤害你的人的想法和感受。用下面的量表表明你对每道题目的同意程度。

1	2	3	4	5
完全不同意	不同意	不确定	同意	完全同意

____ 1. 我会让他（她）付出代价。
____ 2. 我会尽可能让我们之间保持距离。
____ 3. 我希望能有厄运降临到他（她）头上。
____ 4. 我当他（她）不存在，当她（她）不在周围。
____ 5. 我不信任他（她）。
____ 6. 我想要他（她）得到应得的惩罚。
____ 7. 我很难热情地对待他（她）。
____ 8. 我回避他（她）。
____ 9. 我想要报复。
____ 10. 我会断绝跟他（她）的关系。
____ 11. 我想看他（她）受到伤害，过得凄惨。
____ 12. 我会离开他（她）。

附录 D 资料来源：From McCullough, M. E., Rachal, K. C., Sandage, S. J., Worthington, E. L., Jr., Brown, S. W. & Hight, T. L., Interpersonal forgiving close relationships: Ⅱ. Theoretical elaboration and measurement, in *Journal of Personality and Social Psychology*, 75, pp. 1586-1603.

回避动机

第 2、4、5、7、8、10 和 12 题分数的总和。

报复动机

第 1、3、6、9 和 11 题分数的总和。

关键术语

利他（altruism）：有意让他人获益的行动或行为。

利己（egotism）：通过有目的的行为来让自己获利或获益的动机。

同理心（empathy）：对他人的困境产生的情绪反应。同理心包括体验与他人类似的情绪的能力，或对他人的怜悯心。

同理心—利他假说（empathy-altruism hypothesis）：由巴特森（1991）的研究结果证明的一种理论，该理论认为对他人的同理心会导致帮助他人的可能性增大。

宽恕（托普森和同事们的定义）[**forgiveness**（as defined by Thompson and colleagues）]**：**受害者从对侵犯源的负性情感联结中解脱出来。宽恕的这种定义认为宽恕的对象可能是自己，也可能是他人或一个情境。

宽恕（麦卡洛和同事们的定义）[**forgiveness**（as defined by McCullough and colleagues）]**：**宽恕是指对侵犯者的亲社会动机的增高，例如降低回避侵犯者或寻求报复侵犯者的愿望，提高以积极的方式对待侵犯者的意愿。宽恕的这个理论只适用于当宽恕的对象是人时。

宽恕（恩赖特和同事们的定义）[**forgiveness**（as defined by Enright and colleagues）]**：**受害者愿意放弃对侵犯者的仇恨、负面的判断和冷漠，并给予他本不该得到的同情、慷慨和善行。恩赖特和同事们也把宽恕的对象限制为人而不包括情境。

宽恕（唐尼和同事们的定义）[**forgiveness**（as defined by Tangney and colleagues）]**：**宽恕这个过程包含：（1）侵犯后的认知情感的转变；（2）受害者对其所受的伤害做了客观的评定，并确认侵犯者的责任；但是（3）慷慨地选择“一笔勾销”，放弃要报复或对侵犯者实施其应得的惩罚和任何赔偿要求。这种“一笔勾销”也涉及（4）“消除消极情绪”，这种消极情绪是与侵犯直接有关的消极情绪。特别是，在宽恕中，受害者克服了他或她对侵犯者行为的怨恨和愤怒感受。简而言之，通过宽恕，受到伤害的个体（5）在本质上从受害者这个角色中解脱了出来（Tangeny et al., 1999, p. 2）。

感恩（gratitude）：对他人行为的感谢和对他人行为的感激。感恩出现在个体意识到他人的行为给自己带来积极结果时，他人的行为损害了其自身、有益于接受者且是有意提供的。

13 依恋、爱和丰盛的关系

在我们的临床工作中，看到来自各行各业的人们谈论着孤独感。对于某些来访者，他们的话题集中于渴望爱人“回家”，还有关心在一个新地方能否结交到好朋友。对更多的人来说，孤独感和疏离感源于关系的恶化：有感到与父亲疏离的儿子；有感觉被恋人忽视的男友；有不再“了解”丈夫的妻子；还有多年没见过子女的年迈父母。所有这些人都讲述了关于“失去”的痛苦故事。当我们基本的爱和被爱的需要以及归属的需要不能被满足时（Maslow，1970；参见图 13.1），我们就会有孤独感和无价值感。这种痛苦会有长期的效应，因为当我们感到不被爱和被疏远时，我们的成长就会受到阻碍。

我们对依恋、爱和丰盛的关系的讨论从评论孤独感开始，因为关于社会联系的积极心理学，大多建立在关于创伤性分离（Bowlby, 1969）和失败的关系（Carrere & Gottman, 1999）的学术成果之上。直到近来，才有学者考察诸如“成功关系的特征是什么？”这类问题（例如 Gable, Reis & Elliot, 2003; Harvey, Pauwels & Zicklund, 2001）。

依恋和爱都是丰盛的关系的必要成分，但是它们不是保持这种关系的充分条件。除依恋和爱之外，同时还要有我们所谓的*目的性积极关系行为*（purposeful positive relationship behaviors）。

在本章中，我们论述如下内容：*婴儿同照料者之间的依恋*，它形成了未来关系的基础；*成人依恋的安全性*，它与健康关系的发展密切相关；*爱*，它常常被认为是关系质量的标志之一；*目的性积极关系行为*，它维持着人际联系的持久性，并有助于*丰盛的关系*。按照这个思路，我们又描述了社会需要的等级，从而阐明有意义的关系如何发展成为丰盛的关系。我们也描述了一些“个人成长”关系（能让双方达到最佳功能的关系）的真实生活例子。而且，我们讨论那些能体验到人际世界中最好方面的人。最后，我们总结了社会支持的生物学研究结果。

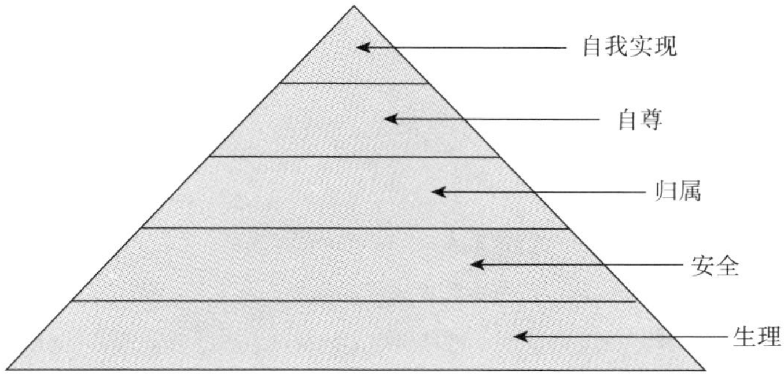

图 13.1　爱和归属需要的满足被认为是自尊和自我实现的前提条件

婴儿依恋

依恋是从婴儿出生的那一刻起就可能开始的一个过程。它是在婴儿和照料者之间形成的一种情绪联结，它让人们在身体上保持接近（Ainsworth, Bell & Stayton, 1992）。专门研究行为不良儿童与孤儿的临床医生约翰·鲍尔比（John Bowlby, 1969），鉴别出了许多**适应不良父母行为**（maladaptive parental behaviors）（混乱地、无计划地试图满足孩子的需要）和**适应性父母行为**（adaptive parental behaviors）（对儿童的行为信号例如微笑做出及时反应），这两种行为与孩子的功能行为和情绪体验有因果关系。例如，对儿童做出反应的不一致性，与孩子的挫败感和以后的焦虑相联系。另一方面，照料者对孩子的行为信号反应的一致性与孩子的满足感和未来信任的发展有联系。适应性和非适应性的父母行为导致了**依恋系统**（attachment system）的发展，这一系统调节着将婴儿和照料者在身体和情绪上联系在一起的寻求接近行为。这种双向的联系被描述为"独特的、进化基础上的动机系统（即独立于性欲需要和驱力的满足），其主要功能是提供保护和情绪安全感"（Lopez, 2003, p. 286）。

通过对与照料者分离的儿童的研究，鲍尔比（1969）认识到不安全依恋是许多发展问题的前兆。对照料者有不安全依恋的儿童，可能在与他人合作和情绪调节上都有困难。这些问题会使已建立的关系变得很脆弱，也很难建立新的关系。相反，那些有完好依恋系统的儿童会更受其照料者和他人的注意和喜欢。依恋系统会随时间推移变得更成熟和更完善，照料者和儿童之间的有益的交互作用模式，促进了儿童及其照料者的心理发展。

由玛丽·安斯沃斯（Mary Ainsworth, 1979）设计的经典的行为评估策略，让心理学家可以研究依恋现象。在**陌生情境**（strange situation）评估技术中，将儿童与其照料者置于一个新异的情境中，然后照料者离开该情境，再重新进入该情境，这一过程重复两次。在这个过程中，评估儿童的反应。下面是这个测评技术中的基本步骤（从步骤 2 至步骤 7，每个步骤持续 3 分钟）：

1. 邀请儿童和她（他）的照料者进入一个陌生的房间。
2. 房间中只有儿童和照料者。孩子自由地探索。
3. 陌生人进来，坐下，和照料者交谈，然后试图加入儿童的游戏中。
4. 照料者离开。房间里只剩下儿童和陌生人。
5. 照料者返回，和儿童第一次重聚，陌生人悄悄离开。如果有必要的话，照料者会安抚儿童，然后坐回到房间里的椅子上。
6. 照料者离开。留下儿童独自一人。
7. 陌生人返回，如果有必要，试图安抚儿童。然后坐回到椅子上。
8. 照料者第二次返回，和儿童重聚，陌生人悄悄离开。照料者安抚儿童，然后坐回到椅子上。

训练过的观察者对陌生情境中儿童的行为反应进行编码，根据依恋程度做出下面几种依恋类型的评估：安全型、不安全—回避型、不安全—反抗型 / 矛盾型。（参见表 13.1，对成人依恋分类系统的描述。）**安全型依恋**（secure attachment）模式的特征是对环境的探索和与照料者的接触之间的平衡。随着进入陌生情境，儿童更多地寻求与照料者接近和维持与照料者的接触，愿意探索环境，只在必要的时候才返回照料者那里寻求安慰。在陌生情境中，不安全依恋的儿童和父母之间的关系越来越紧张。当照料者重新进入房间中时，**不安全—回避型**（insecure-avoidant）模式的儿童会回避与照料者的接触；而**不安全—反抗型 / 矛盾型**（insecure-resistant/ambivalent）模式的儿童，一方面想要被拥抱和安抚，但另一方面又被动或主动地对照料者表现出敌意。（在下面的个人小实验中，进行攀爬架观察，检验你评估依恋关系的能力。）

采用陌生情境评估方法所测量出的依恋模式的程度，预测了儿童多年以后的机能发展。例如，对学前儿童的研究表明，有安全依恋的儿童更能应对亲子分离，更容易与陌生人相处。不安全依恋的儿童在与成人交谈时不善言辞，他们一般难以与照料者相处（Bretherton & Waters, 1985）。其他研究者（例如 Belsky & Nezworski, 1988）鉴别出不安全依恋的长期后果，例如关系问题、情绪紊乱和行为问题。

依恋是联结儿童和他们的照料者的一种动态力量。而且，安全型依恋提供了安全的环境，在这种环境中，儿童能抓住机会、进行学习活动、开始新的关系，并成长为健康的、适应社会的成人。下面的例子说明，安全型依恋提供了跳板，帮助克

表 13.1　成人依恋类型的三个主要分类系统

梅因和戈尔德温（1984，1998）	描　述
安全型 / 自主型	依恋访谈中，受访者的谈话连贯、合作。受访者重视依恋，但在对待任何特定事件 / 关系时表现客观。对与依恋相关的经历的描述和评估始终如一，无论对这种经历是满意的还是不满意的。
疏远型	访谈中的反应不连贯，对依恋相关的经验和关系冷漠。受访者通过概化表征来“常态化”这些经历，而详细描述的场景无法支持或与这些表征矛盾。记录也往往过于简短，违背了量的准则。
沉迷型	访谈中的反应是不连贯的，受访者沉迷于过去的依恋关系 / 经验。受访者显得愤怒、被动或恐惧，所使用的句子也多为长句、语法混乱或用词模糊。记录常常过长，违背了量的准则。
未分化 / 混乱型	在涉及失去或虐待的话题时，受访者在谈话或推理中，表现出惊人的失误。例如，个体可能简单地表达一种信念，一个死去的人在物质意义上还活着，或这个人被童年的想法所杀害。受访者可能会陷入长时间的沉默或溢美之词。
哈赞和谢弗（1987）	描　述
安全型	我比较容易与他人亲近，我对依赖他人和让他人依赖我感到舒适。我不会常常担忧被抛弃，也不担心有人和我太亲近。
回避型	和他人亲近让我有点不太舒服；我很难完全信任别人，很难让自己依赖他人。当别人离我太近，我会感觉不安，爱人想要更亲密让我觉得不舒服。
焦虑型	我发现别人不愿意和我太亲近，就像我喜欢的那样。我常常担心我的父母不是真的爱我或不想和我待在一起。我想和另一个人完全结合在一起，这种想法有时候会吓跑别人。
巴塞洛缪和霍罗威茨（1991）	描　述
安全型	我很容易在情绪上和他人亲近。无论是依赖别人还是让别人依赖我，我都觉得很舒适。我并不担心会独自一人或别人不接受我。
疏远型	没有亲密的情感关系让我感到舒服。对我来说，独立和自力更生很重要，我不愿意依赖别人，也不愿意让别人依赖我。
沉迷型	我想与他人有完全的情绪亲密感，但我常常发现别人不愿意如我希望的那样对我亲近。没有亲密关系会让我不舒服，但是我有时会担心别人重视我的程度不如我重视他们的程度高。
恐惧型	和他人亲近让我不舒服。我想有亲密的关系，但我发现自己很难完全信任他人或依赖他人。我担心如果我和他人过于亲近会被伤害。

资料来源：摘自 Hesse, E. (1999). The Adult Attachment Interview: Historical and current perspectives. In J. Cassidy & P. R. Shaver (Eds.), *Handbook of attachment: Theory, research, and clinical applications* (pp. 395-433). New York: Guilford Press. Reprinted with permission. Adapted version also published in S. J. Lopez & C. R. Snyder (Eds.), Positive psychological assessment: *A handbook of models and measures* (pp. 285-299). Washington, DC: American Psychological Association.

个人小实验

追寻爱和丰盛的关系

在本章中，我们讨论了依恋、爱和丰盛的关系。我们的论述表明，健康的关系要建立在安全型依恋的基础上，这种健康关系要通过爱和目的性积极关系行为来保持。下面是几种个人小实验，旨在帮助你更深入地理解安全的、充满爱的关系——包括你自己的这种关系。

依恋的攀爬架观察 在当地操场的攀爬架上进行你自己的陌生情境（Ainsworth, 1979）观察。当儿童开始玩耍，并与照料者有一定的身体距离时，记录下儿童的寻求接近和保持联系行为的频率。推测儿童在休息时是如何反应的……或者当照料者离攀爬架有点远时（要去照看一下另一个孩子或者找一个长椅）儿童的反应。注意儿童的行为是否与你的依恋推测一致。

两个圆的关系 根据自我扩展理论（Aron, Aron & Smollan, 1992），两个人之间的关系可以根据两个圆的重叠程度来评价，这两个圆就代表关系中的两个人。考虑到在你的关系中包含和扩展的程度（两个圆之间重叠得越少，包含就越少；两个圆之间重叠得越多，包含就越多），画一个圆代表你的伴侣，然后再画一个圆代表你以及你与伴侣之间的关系。通过与另一半进行讨论，思考重叠程度（包含和自我扩展）的意义。

有效利用好消息 在你的关系过程中，当伴侣试图分享积极事件时，你可以提供主动和建设性的反应，从而从中获益。为了培养这种目的性积极关系技能，在你和另一半的生活中有效利用积极的日常事件，要做到以下几点：

- 积极地聆听并对积极事件陈述有同理心反应。
- 当你的伴侣与你分享积极事件时，与他/她同样热情，真诚地表达兴奋和愉快（例如，微笑，说“太棒了！”或者“哇！”，握住你伴侣的手）。
- 问两个关于积极事件的建设性问题（“事情发生时，你什么感受？”“它是怎么发生的？要详细跟我讲讲！”以及其他更具体的问题）。
- 当天的晚些时候或事件发生的第二天，谈话时重提这个积极事件，进一步强化在伴侣生活中发生的积极事件的益处。

里斯特尔成长为一个快乐的、有着幸福家庭的成人。

克里斯特尔和她的哥哥一直都很亲密。哥哥把她看做一个需要更多关注的小孩，在她成长过程中，她把哥哥看做生命中可依赖的人。当哥哥放学后步行回到家时，克里斯特尔会热情地迎上去问候他。自从儿童早期开始,她就和哥哥相处得非常愉快。今天，她很喜欢给她的孩子讲述她和哥哥小时候的许多快乐时光和为数不多的不快回忆。

成人依恋的安全性

人们对依恋的个人看法可以从儿童期和青春期一直保持到成年期的多个阶段，其形式是关于自我和他人的内部工作模型（Bowlby, 1988; Shaver, Hazan & Bradshaw, 1988）。在社会发展的早期，儿童将他们对自己的社交能力、吸引力和可爱性的感知（自我模型），同他们关于照料者的可接近性、反应性和一贯性（他人模型）的预期整合起来。这些模型在整个发展阶段相对稳定，因为它们是自我强化的。也就是说，内部模型由一组认知图式构成，人们通过这些图式看待世界，收集关于自我和他人的信息，以及做出人际决策。这个模型是一种“对关系亲密度的普遍预期和偏好所构成的有意识的‘注意状态’，指导个体对关系体验的信息加工以及他们的行为反应模式”（Lopez, 2003, p. 289）。如果注意状态是安全的,他们会把世界看做安全的、把他人看做可靠的。不幸的是，消极和不安全的图式也可能会保持下去。例如，一些人把世界看做不可预测的、把他人看做不可靠的，他们很难克服与他人保持距离的愿望。

许多理论家（例如 Bartholomew & Horowitz, 1991; Hazan & Shaver, 1987; Main & Goldwyn, 1984, 1998）把依恋理论扩展到整个一生，试图去理解成人如何与其他成人相处，以及他们作为照料者是如何对待儿童的。发展心理学玛丽·梅因（Mary Main）和同事们对参与陌生情境实验的母亲们做了访谈，发现成人依恋最适合四分类系统：安全型 / 自主型、疏远型、沉迷型和未分化 / 混乱型。梅因所用的访谈法（George, Kaplan, & Main, 1985; Main & Goldwyn, 1984, 1998）称为成人依恋访谈，成为了临床上评估成人依恋的“黄金标准”。[研究依恋的社会心理学家往往使用自我报告测量法，例如布伦南、克拉克和谢弗（Brennan, Clark, & Shaver）在 1998 的总结。]

社会心理学家辛迪·哈赞（Cindy Hazan）和菲利普·谢弗（Phillip Shaver）研究了成人浪漫爱情关系中的依恋。他们发现（Hazan & Shaver, 1987）了安全型、回避型和焦虑型这 3 种分类方式,类似于安斯沃斯（Ainsworth, 1979）等研究者的分类，

菲利普·谢弗

资料来源：Reprinted with permission of Phillip Shaver.

有效地描述了成人对重要他人的依恋的本质。1991 年，巴塞洛缪和霍罗威茨（Bartholomew & Horowitz）把成人依恋的三类扩展到四类，他们把回避型依恋又分了两类：疏远回避型和恐惧回避型。最近，布伦南等人（Brennan et al., 1998）从另一角度考虑巴塞洛缪和霍罗威茨的分类系统。他们把依恋概念化为两个维度：依恋相关的回避和依恋相关的焦虑。安全型的依恋在两个维度上得分都低；疏远型依恋在回避维度上得分高，但在焦虑维度上得分低；沉迷型依恋在回避维度上得分低，但在焦虑维度上得分高；恐惧型依恋在回避和焦虑维度上得分均高。表 13.1 描述了这种成人依恋分类系统。

安全型成人依恋，以低依恋回避和低依恋焦虑为特征，这种依恋类型的人对情绪亲密感觉舒适，并且一般不担心被他人抛弃。对个体而言，对重要他人感受到安全的依恋有很多好处。最重要的是，这种安全型依恋提供了生存和健康发展之路。如能成功地从重要他人处得到关心，儿童和成人会变得更强大，更能应对威胁（Bowlby, 1988）。而且，在安全的关系背景下的成长经验，会使我们达到最佳人类功能或丰盛（Lopez & Brennan, 2000）。

在我们接下来的例子中，成人依恋安全感让“凯莉”很有自信，帮助她建立新的关系和维持旧有关系。凯莉通过和新同事分享自己生活中的一些趣事，向大家介绍自己。距她几百英里处，她有一个亲密的家庭；她还有一个男朋友，离她一千英里远。尽管她最近离开了家，但她似乎有非常充沛的精力和情感去建立新的友谊。她工作的第一周就和同事有三个午餐约会，以及无数的来自妈妈和男朋友的电话。

每个人都发展并保持一种依恋系统，根据我们的历史和这个系统，我们每天加工新的社会刺激和情绪刺激。它决定了谁能“进入”我们的情感世界。而且，它还决定了爱的深度。

爱

爱的能力是所有人类社会的核心成分。爱的所有表现形式，无论是对儿童的爱、对父母的爱、对朋友的爱或者是对浪漫伴侣的爱，都为人类关系赋予了深度。具体来说，爱让人们在身体和情感上彼此更亲近。当体验到强烈的爱时，它会使人们扩展思考自己和整个世界。

历史上对爱的定义（Singer, 1984a, 1984b, 1987）强调了以下四个传统，用希腊文来表示，以此来定义爱这一首要情绪体验：(1) **爱欲** (*eros*)，对美丽的追求；(2) **友爱** (*philia*)，友谊中的感情；(3) **忠爱** (*nomos*)，对神的服从和顺从；(4) **神爱** (*agape*)，神所赠予的爱。与一些研究者的论点相反 (Cho & Cross, 1995; Hatfield & Rapson, 1996)，也和好莱坞电影中的历史描述相反，辛格不认为浪漫的爱情在世界文化中起着重要作用。

其他著名的学者，例如德州理工大学的心理学家苏珊·亨德里克 (Susan Hendrick) 和克莱德·亨德里克 (Clyde Hendrick) (1992) 假设，只是在最近 300 年左右，文化力量才允许人们形成自我感，才能在一生中去爱和关怀一个浪漫伴侣。尽管浪漫爱情在历史中的地位仍不确定，但它在未来世界的作用是很清晰的。确实，我们认为与伴侣的爱对生活质量很重要，用下面的话说："浪漫的爱情在生活中可能不是不可缺少的，但它对欢愉可能是必不可少的。对很多人来说，生活中若没有爱情，就像一场没有颜色的黑白电影——有很多事和很多活动，但却没有活力和生气，没有值得高兴的感觉。" (Hendrick & Hendrick, p.117)

苏珊·亨德里克

资料来源：Reprinted with permission of Susan Hendrick.

因为人们对浪漫爱情的普遍兴趣，我们就着重探究这类爱情的心理学研究。我们将描述浪漫爱情的三种定义，这可能会加深你对两人之间如何形成爱情的理解。

浪漫爱情中的激情之爱和伴侣之爱

浪漫爱情是一种复杂的情绪，可分为激情之爱和伴侣之爱两种形式 (Berscheid & Walster, 1978; Hatfield, 1988)，大多数人都很看重这两方面。**激情之爱** (passionate love) (一种推动浪漫结合的强烈唤起) 是两个人对彼此的强烈吸引，它常常使心境经历各种变化，从狂喜到极度痛苦。**伴侣之爱** (companionate love) (维持两人关系的一种抚慰内心的、平稳的温暖感) 以强烈的情感联结和能产生舒适感和平和感的生活交集表现出来。这两种形式可以同时或间歇出现，而不是连续出现 (从激情式到伴侣式)。

浪漫爱情以强烈的唤起和温暖的情感为特征。对处于浪漫关系早期阶段的大学生的研究发现，当要求说出他们最亲密的朋友时，几乎一半的人说的是恋人 (Hendrick & Hendrick, 1993)。这个研究结果说明，在年轻人的新关系中，激情之爱和伴侣之爱可以同时共存。同样，在一项对结婚 40 年的已婚夫妇的研究中，孔特拉斯、亨德里克和亨德里克（Contreras, Hendrick, & Hendrick, 1996）发现，伴侣之爱和激情之爱都还在，激情之爱是婚姻满意度的最强预测因子（在该研究所测量的所有变量中）。

爱情三元理论

心理学家罗伯特·斯滕伯格（Robert Sternberg, 1986）的**爱情三元理论**（triangular theory of love）中指出，爱情由以下三个成分组成：（1）激情，或外表吸引力和浪漫驱力；（2）亲密，或亲近感和联结感；（3）承诺，开始一段关系和维持这段关系的决定。这三种成分的不同组合，可产生 8 种形式的爱情。例如，亲密和激情组合在一起，构成了浪漫之爱；而亲密和承诺组合在一起，构成伴侣之爱。**完美之爱**（consummate love）最持久，当三种成分（激情、亲密和承诺）都以高水平出现，并且在两人之间达到平衡时，就是完美的爱情。

一些考察斯滕伯格爱情理论的研究，关注这三种爱情组成成分的预测作用。在一项对 104 对夫妇的研究中（平均的婚姻长度是 13 年，从 2 个月到 45 年不等），丈夫和妻子对彼此的亲密感预测了婚姻满意度，排在第二位的预测因素是激情（Silberman, 1995）。另外，关于成人对二人之间关系的看法的研究发现，承诺是关系满意度的最好预测因素，尤其是对长期的伴侣关系而言（Acker & Davis, 1992）。

浪漫爱情的自我扩展理论

受到东方文化对爱的定义的启发，阿瑟·阿伦（Arthur Aron）和伊莱恩·阿伦（Elaine Aron）（1986）发展了一套理论，该理论认为，人类有扩展自我的基本动机，而且，他们假设爱的情绪、认知和行为推动了这种自我扩展。人们试图通过爱情来扩展自己："自我扩展的目标是了解每件事和每个人，包括自己。其步骤是先了解一个人或一件事，然后再了解另一个人或另一件事，不断进行下去"（Aron & Aron, 1996, pp. 45-46）。

根据**自我扩展理论**（self-expansion theory）（Aron & Aron, 1996），关系满意度是自我扩展式爱情的自然副产品。处在爱情中，会让人感觉良好。然后他们把这些积极感受与这种关系联系起来，因此强化了对这段关系的承诺。恋爱的积极结果是显而易见的。阿伦、帕里斯和阿伦（Aron, Paris, & Aron, 1995）对一组大学生进行了为期 10 周的研究，研究者监控了学生们坠入爱河时的反应（如果在这段时间里恰好发生了这样的事情的话）。那些坠入爱河的学生体验到了自尊和自我效能感的增强。在认知的水平上，自我扩展意味着每个伴侣都决定将对方融入自我。这种对彼此的投入增加了关系满意度。(在个人小实验中，请做一下两个圆的关系实验，确定爱作为你生活中自我扩展力量的程度。)

对爱情研究的评论

爱情的心理学理论，更具体地来讲，学者们对浪漫之爱的观点，提供了对这种神秘现象的一些洞见。积极心理学中的爱情研究，探讨了人们如何开始结合，然后人们的积极感受如何帮助他们去维持这种关系。现在我们来看另一个例子，“比尔”和“莉比”的婚姻，它会让很多人知道爱情的力量。每天下午，人们都会看到比尔和莉比带着他们的黄色拉布拉多寻回犬在家附近散步。他们畅谈着当天的工作和他们的梦想。他们都近 60 岁了，但是还像高中朋友那样兴奋地计划着他们的生活。在和朋友的晚餐聚会中，他们依然彼此调情，偶尔暗送秋波，讲述关于自己和他们关系的趣事。当他们处于最佳状态，关系处得很好时，你会认为他们的爱会天长地久。

研究爱情的学者们也描述了爱情故事（Sternberg, 1998）以及“我爱你”的含义（Hecht, Marston & Larkey, 1994; Marston, Hecht & Robers, 1987）。我们的爱情故事来自于生活，我们把这些故事带入我们的关系中；从理论上来说，这些故事界定了我们与重要他人的交往质量。斯滕伯格在对一个大样本中的夫妻的访谈中发现，至少有 26 种“爱情故事”（例如，幻想的故事、恐怖的故事），这些故事主要是无意识的恋爱观和关系观，它们引导我们的人际选择。通过意识到我们多年来告诉自己的这些爱情故事，我们在建立关系和增进感情时能更专注。

“我爱你”这句话的意义（Hecht et al., 1994; Marston et al., 1987）提醒我们，我们的爱情观是多么主观、多么个人化。你曾经想过，当你说“我爱你”时意味着什么吗？大多数人都没有考察过“我爱你”的多种意义，这激发了我（洛佩斯）在积极心理学研讨会上的一名学生——丹·考克斯的兴趣，他要求同事们描述一下他们最近一次说“我爱你”的确切含义。这句话包含了多种意义，包括“我理解”、“我支持你”、“谢谢”、“我很抱歉”，以及更宽泛的意思，例如“这是一种很好的生活”，“和你在一起很开心”，等等。短短的三个字，意义却如此多样，这说明我们对于把我们和他人联结起来的这种情绪知之甚少。

对爱情的研究不能解释丰富爱情体验的主观性，也不能找出一些关系能够持久而另一些关系会中途夭折的原因。接下来的部分不再强调积极情绪，转向讨论让大多数亲密关系成功的行为。

丰盛的关系：一系列目的性积极关系行为

专门研究亲密关系的积极心理学家们（Harvey et al., 2001; Reis & Gable, 2003）正在探究，什么使现有的关系丰盛发展，以及可以直接教会伴侣什么技能，从而增强他们之间的人际联结。（试着去完成生活提升策略中的小练习，从而习得一些这样的行为。）在这一部分，我们将讨论有关**丰盛的关系**（flourishing relationships）的理论和研究证据，丰盛的关系是指由于伴侣双方的协同努力从而持续变得更好的一种关系。

建立专注的情感联结

用心经营的感情健康而持久。这种观点让爱荷华大学的社会心理学家约翰·哈维（John Harvey）和他的同事们（Harvey & Ormarzu, 1997; Harvey et al., 2001）发展出了专念关系的五成分模型。这个模型表明了如何增强有助于彼此生活目标的亲密感或满意度以及关系行为（表 13.2 总结了这五种成分，以及相反的不适应模式。）

约翰·哈维

资料来源：Reprinted with permission of John H. Harvey.

专念（minding）是"人们相互了解的过程，包含关系中人的不歇的彼此关联的思想、情感和行为"（Harvey et al., 2001, p. 424）。在第 11 章中曾提到，专念是一种需要实时努力的意识过程。专念关系需要意识的参与，这体现在模型的第一个成分中：*了解和被了解*。根据这个模型，关系中的每个人都必须想知道对方的希望、梦想、恐惧、脆弱和不确定性。而且，每个伴侣都必须监控自己的自我表达和对方的自我表达之间是否平衡，优先了解对方，而不是总关注自己的个人信息。在关系中成功地了解和被了解的人们，能够理解时间如何带来变化，以及变化的发生需要机会和不断尝试了解对方。

专念关系的第二个成分是*对行为做出促进关系的归因*。把积极行为归因为特质性的原因，把消极行为归因为外部的、情境性的原因，这是理解对方行为的最具适应性的方法。渐渐地，专念于对方的人能适当地结合内部归因和外部归因，当对伴侣行为的解释与对伴侣的已有了解不一致时，更愿意去重新检查归因。这种大度的归因（即往好处想；Thomas Krieshok, 个人交流，2005 年 6 月 21 日）有时候会在冲突导致关系破裂前解决冲突。

生活提升策略

下面是一些小提示，可以为你的生活带来更强的安全感和更多的爱。虽然本章只关注了浪漫爱情，但在下面列出的策略中，我们提出了爱的许多其他形式。

爱

- 以记日记的形式讲述一下你的依恋史。同时用安全 / 不安全来描述你童年和现在的体验，并说明你的依恋史如何让今天的你有对朋友、家人和重要他人表达爱的能力。
- 当你在恋爱中时，列出伴侣的优点，让其感觉你很欣赏他（她），并且每天采取 5 个有目的的行动去增加你们关系中的欣赏氛围。

工作

- 和伙伴一起上一堂专念冥想课（参见第 11 章的描述）。在注意你自己的行为和你们的关系时，应用这种新建立的技能。把这些技能推广到与同事的相处中。
- 别相信“工作中没有朋友”的古训。工作中的珍贵友谊（可能就是友爱）能让你全身心地投入工作。

游戏

- 在儿童的生活中，如果有一位关心他的成人，则能让他在社会性和情绪发展上获益。主动花点时间陪伴孩子或做一些青年服务工作，试着至少和一位年轻人形成联结。慢慢地，这种联系的益处会变成双向的。
- 从你的生活中找出一对你认为感情最好的夫妻。多花时间和他们待在一起，观察他们之间维系感情的行为。如果你跟这对夫妻很熟，就直接询问他们维系感情的秘诀。

专念模型的第三个成分是*接受和尊重*，需要一种同理心联结（参见第 12 章）和精细的社交技能（例如，下一部分将要提到的）。随着伴侣双方在彼此了解的过程中变得更亲密，双方分享一些好的和不好的经历，对关系的继续发展而言，接受彼此的优点和弱点是很必要的。当这种接受伴有尊重时，可以起到解毒剂的作用，消解可导致关系破裂的那些傲慢行为（Gottman, 1994）。

表 13.2 专注的关系行为：适应性的和非适应性的

适应性的	非适应性的
通过深入的了解过程，伴侣双方在寻求了解对方和被对方了解的过程中步调一致。	在寻求了解对方和被对方了解的过程中，一方或双方出现步调不一致。
伴侣双方都用获得的信息来增进感情。	不使用在彼此了解过程中获得的信息，或者没有积极地使用它们（可能用来伤害对方）。
伴侣双方接受他们所了解的信息，并尊重所了解的这个人。	对所了解信息的接受度很低，对另一半也不够尊重。
伴侣双方有愿望继续这一过程，并且无限期地进行下去，从而使得彼此的思想、感情和行为同步和协同。	伴侣中的一方或双方没有愿望参与总体的专注过程，或者只是偶尔参与；双方很少有同步性和协同性。
伴侣双方及时地在关系中发展出自己是特别的以及被欣赏的感觉。	伴侣中的一方或双方不能在关系中发展出自己是特别的以及被欣赏的感觉。

资料来源：摘自 Harvey，J. H., Pauwels, B. G. & Zicklund, S., Relationship connection: The role of minding in the enhancement of closeness, in C. R. Snyder & S. J. Lopez (Eds.), *The handbook of positive psychology*, copyright © 2002 by Oxford University Press, Inc. Used by permission of Oxford University Pres, Inc.

这个模型的最后一个成分是保持专念的互惠性和连续性。专念的互惠性是指“双方都要主动地参与和投入加深关系的想法和行为之中”（Harvey et al., 2001, p. 428），这对于维持良好的关系很必要。一方若是表现出缺乏参与的意愿，会导致对方的挫折感或蔑视感。专念的连续性也可能需要计划和策略才能有更亲密的成熟感情。经常留意彼此的目标和需要的伴侣们，很可能会发现在专念过程中哪些因素起作用，以及哪些因素不起作用（参见 Synder, 1994/2000）。

专念是一种可以学会的技能，同样地，专念关系也是可以培养的（Harvey & Omarzu, 1997）。双方都运用专念技术（第 11 章讨论过），能让应用哈维关系增进指南的伴侣们获益良多。

创造一种相互欣赏的氛围

约翰·戈特曼（John Gottman, 1994, 1999）花了一生的时间对关系行为进行“切片分析”（Gladwell, 2005）。他把夫妻交流的每个方面分割成小块，测量双方互动时的肢体语言，“阅读”丈夫和妻子的表情，并观察两人在谈论困难时的表现。他把这种技术运用得很好，可以通过对简短交流的分析，预测关系的成功（离婚还是婚姻保持），预测的准确性高达 94%。

通过在对几千对夫妻关系的多年研究，戈特曼的预测才达到如此高的准确率。（虽然最初他的工作只关注异性恋的已婚夫妇，但戈特曼的实验室网站 www.johngottman.com 表明他现在的研究也关注同性恋伴侣。对于有离异背景的人，戈特曼的研究结果是否可以应用还不是很清楚。）标准研究程序是：让一对夫妇进入“爱情实验室”，进行 15 分钟的交谈，研究者们密切观察他们的交谈过程会，同时监测他们的血压、心电和其他指标。在数学家的帮助下，他在对夫妻的观察（Gottman, Murray, Swanson, Tyson & Swanson, 2003）中发现了婚姻的“魔法比率”。要维持一段健康的关系，积极交流与消极交流的比率要达到 5:1。如果比率接近 1:1，夫妻双方就很有可能离婚。

达到 5:1 的比例，并不意味着要避免一切争论。婚姻关系良好的夫妇也会争论一些问题，但在争论中饱含温情、情感和幽默。相反，争论中缺乏这种正面交流的夫妻，会出现情感疏离和轻微的蔑视。

基于几十年的研究和他的“健康婚姻家庭”理论，戈特曼和他的同事（2002）发展出了一种多维度的治疗方法，帮助前来咨询的夫妻解决冲突、轻松进行交流。这种疗法的目的是提高基本的社会技能，让夫妻逐渐认识到指责、轻蔑、狡辩、阻碍沟通这些不良关系行为的破坏性。慢慢地，这四种伤害感情的行为会被诉说（即一种更文明表达不满的方式）、感激的氛围、愿意承担问题的部分责任和自我安抚所代替。这些技能在戈特曼的《恩爱一生：幸福婚姻的七个守则》一书中也提到了。

据我们对戈特曼工作的理解，他建议在关系中营造一种彼此感激的氛围。在他给所有年龄、背景和婚姻状况的伴侣们的建议中，这可能是最基本、最有效的建议。创造一种彼此感激的氛围，这种目的性积极关系行为非常有效的原因是：（1）它促进对伴侣和伴侣行为的积极接受；（2）它会防止蔑视感的产生。创造彼此感激的氛围有助于营造一种积极交往和安全的常态环境。对伴侣表达感激是营造积极氛围的一种主要方法。对那些可能常常被忽视的小举动（例如在附近接对方、把垃圾带出去、早上煮杯咖啡、清理冰箱）表达感谢，会让另一半觉得他（她）每天对家庭所做的一切得到了重视。对一些小的好意（在拼车上班时多开一次车、在家中让对方感到受欢迎）和大的牺牲（为了家庭开销而放弃用来应付不时之需的零花钱）表示感激，会让伴侣有为关系和家庭作贡献的荣耀感。

爱情需要精心呵护：避免混沌、保持明智的关系

马克·费弗

约翰·戈特曼教授是一位爱情专家，至少是传统爱情的专家，他是一位闻名世界的致力于研究令婚姻持久和使婚姻破裂的因素的学者。在他工作的华盛顿大学，他成功地把严密的科学方法应用到了这一似乎最主观的研究领域，他把其研究结果通过一系列畅销书进行了推广［最新出版的是《恩爱一生：幸福婚姻的七个守则》（*The Seven Principles for Making Marriage Work*）］。

在华盛顿大学附近的"爱情实验室"中，戈特曼博士记录了"无事在家"的已婚夫妇的一天，并记录他们争论时的心率、血压等生理指标。通过合计"正面的"和"负面的"交流，考察在争吵时是否"试图和好"，注意是否有蔑视行为出现，等等，戈特曼能预测这桩婚姻的最终命运，据称准确率高达 90% 以上。

然而，作为一个单身汉，我想知道我怎样才能一开始就避免陷入不幸的婚姻中。这样不是能够为我们省去很多烦恼吗？带着这些问题，我走访了这位热情而友好的教授，我们在他家附近的面包店讨论了这些问题。

《西雅图周刊》：你研究了许多陷入困境的夫妻。你认为预示着离婚的四种行为分别是：指责、蔑视、狡辩以及阻碍沟通。但我相信，这些夫妻中的大多数都一度彼此爱慕和充满热情。我如何才能知道我当前的关系是否会这样结束呢？

戈特曼博士：人们过去认为，"嗯，你们在恋爱，你们现在因彼此而快乐，将来你们不会对彼此做那些真正可恶的事情……不会蔑视另一方，不会不尊重对方。"这是不对的。如果你回头看看，从感情的最开始阶段到新婚阶段，一直到后来，伴侣之间的（行为）变化是相同的。即使是在约会阶段——研究者关注过——同样的迹象也是具有预测性。如果你们在一起已经有 6 个月了，你可以看看你们之间发生了什么，然后决定你是要继续这段感情还是放弃。

那么我该如何做决定？我如何才能知道一份感情是对还是错呢？首先，友谊的质量如何？你们是真正的朋友么？换句话说，你们是不是很容易交谈？就像，4 个小时不知不觉就过去了。它很像同性友谊。对彼此感兴趣，记得什么对对方很重要，彼此有感情，尊重对方，当你的朋友需要什么时，你会察觉到。

然后，还有性、浪漫和激情的特点。你是否觉得对那个人而言，你是特殊的？

你觉得你有吸引力吗？你真的被对方吸引，并且因此而兴奋吗？在恋爱中，有很多关爱吗？觉得这种爱有激情吗？

但是每个人在开始时都会有这种感觉，不是吗？这是很令人惊讶的事：人们并不是真的很喜欢对方，但他们结婚了，他们没有很好的性爱，他们并不是真的感觉另一半对他们感兴趣……无论如何，他们结婚了！他们没有认真地审视他们的关系。

好的。但是，如果最开始是真的有激情呢——难道它不会慢慢消退吗？认为一开始才有激情和完美的性爱，之后就会逐渐消退，这种观点是完全错误的。在一份感情中，如果人们注意呵护，激情反而会越来越浓。（在我们对长期伴侣的研究中发现）性生活很好的人们之间存在的是友谊——“我们仍是真正亲密的朋友，我们是好伙伴，我们试着去理解和帮助对方。”

那么争吵呢？从你的书中来看，似乎争吵本身并非坏事，是吗？是的。每一段浪漫感情的开始确实都会出现冲突，它发生了。（但是）破坏性冲突与建设性冲突的比例是多少？建设性冲突是接受对方的影响，做出妥协。破坏性冲突可能是侮辱、盛气凌人、狡辩、拒绝承担任何责任、退缩。这样的冲突会预示不幸的结果。

当你们感觉疏远，或对你们之间的感情不确定，或你们之间的争吵很多时，你会如何度过这段时间？你能够有效地修复吗？这是一种自信感。你感觉自己能够经受住任何暴风雨，但并不是说你喜欢这些暴风雨。冲突是不可避免的，而应对冲突是一种经营感情的方式。

我应该疯狂地去爱，为爱神魂颠倒吗？只有一小部分人的关系中有过这个过程，这一点会让你很惊讶。心理学家把它称为“沉迷”阶段。你多半是把你希望对方拥有的特点投射在了伴侣身上。我们在对新婚夫妇访谈时，发现有过这个阶段的夫妻未必就会有更好的感情。它似乎不是必要条件或充分条件，它只是让你在那个阶段非常快乐。如果你们因此而加深了感情，那当然不失为一件好事。

我还应该注意些什么？有句话叫“消极情感凌驾一切”。你总是愤愤不平，对贬低的言语或行动过度警觉。如果你的伴侣用这样的方式说话：“我不是真的爱你，你对我来说不是那么特别。”你的反应会非常强烈。如果你是这样的，情况就会很糟，尤其当你是一名男性时，因为这种情况将会很难改变。这其实只是一种对事情的理解方式。两位女性在生气的时候可能说出相同的话，但是一位男性说："嗯，她现在压力很大，没关系，我有时候也会那样。"而另一位男性说："没有人这样对我说话，……谁能受得了这个……"我们发现，决定如何理解伴侣言论的因素是友谊。如果你感觉你的伴侣尊重你，对你感兴趣，关注你，你就处于积极情感凌驾一切的状态。

为什么我们不擅于经营婚姻？超过半数以上的夫妻以离婚收场。是我们做出了错误的选择？还是我们只是不适合结婚，就好像我们不擅于开车一样？破坏关系的方式有很多，而通常只有少数几种方法能让关系维持和健康发展。事物会分裂——这是一种熵世界观。混沌是最可能发生的事件。所以真的需要很多精力去维持这个系统运作良好。

资料来源：From "A lot of love in the lovemaking：Avoiding chaos, relationshipwise," in *Seattle Weekly*, February 13-19, 2002. Reprinted with permission.

利用积极事件

在 20 世纪的大部分时间里，关系主题的研究者们较多关注消极的或者厌恶性过程，例如解决冲突和功能不良的交流。关系研究基于的假设是，这些过程是关系成功与否的主要决定因素。哈维和戈特曼在研究中坚持不懈地强调积极关系行为的作用，这些行为常被忽视。对关系中积极的或者说是趋近性过程的关注，可能是他们的理论和研究结果如此盛行的主要原因。**厌恶性过程**（aversive processes）是对消极的关系行为的消除；**欲求性过程**（appetitive processes）是对积极的关系行为的促进。谢利·盖布尔（Shelly Gable）和霍华德·赖斯（Howard Reis）（Gable & Reis, 2001; Gable et al., 2003; Reis & Gable, 2003）证明了这两个过程是独立的，如果我们要充分理解人类的关系，就必须把它们作为独立的过程来进行界定和研究。

盖布尔等人（2003）指出，欲求性和厌恶性过程的区分，为研究成功的亲密关系提供了新视角。现在，在盖布尔、赖斯、尹佩特和阿舍（Gable, Reis, Impett & Asher, 2004）的研究计划中，研究者通过如下问题来直接研究欲求性过程，"当事情向好的方向发展时，你做了什么？"在一系列研究中，盖布尔和同事们发现，利用生活中的积极事件，或者向他人讲述积极事件，不仅会给个人带来益处（增强了积极情感和幸福感），也给人际交往带来益处（关系的满意度和亲密感）。个人益处可归因于重温积极经历的过程，当伴侣热情地对好消息做出反应时（即主动的 / 建设性的；参见图 13.2），个人受益更大。人际关系的增进情况要视伴侣对爱人的好消息的反应情况而定。盖布尔等人的研究发现，伴侣主动的、建设性的反应是最有益的。

谢利・盖布尔

资料来源：Reprinted with permission of Shelly Gable.

利用积极事件的目的性积极关系行为对个体的内在益处是很直接的。它仅仅需要你告诉你所信任的朋友和家人，发生在你日常生活中的“好事情”。如果有人指出积极事件的负面来扫你的兴（“这次晋升会让你工作更辛苦、工作时间更长。你

你的朋友 / 亲属 / 伴侣对好消息的习惯性反应是什么?
主动的 / 建设性的
我的朋友 / 亲属 / 伴侣热情地对积极事件做出反应。
我的朋友 / 亲属 / 伴侣甚至比我更高兴、更兴奋。
我的朋友 / 亲属 / 伴侣常常会问许多问题，表现出对好事的真正关心。
被动的 / 建设性的
我的朋友 / 亲属 / 伴侣尽量不小题大做，但是真的很为我高兴。
我的朋友 / 亲属 / 伴侣常常默默地支持发生在我身上的好事。
我的朋友 / 亲属 / 伴侣说得很少，但是我知道他 / 她为我高兴。
主动的 / 破坏性的
我的朋友 / 亲属 / 伴侣常常对好事挑毛病。
我的朋友 / 亲属 / 伴侣提醒我事情有两面性，最好的事情也可能有不好的一面。
我的朋友 / 亲属 / 伴侣指出好事的潜在坏处。
被动的 / 破坏性的
有时候，我的朋友 / 亲属 / 伴侣让我感到他们不是很在乎。
我的朋友 / 亲属 / 伴侣不太关注我。
我的朋友 / 亲属 / 伴侣经常显得不太感兴趣。

图 13.2 利用日常生活中的积极事件

资料来源：Modified portion of the Perceived Responses to Capitalization Attempts Scale. From Gable, S. L., Reis, H. T., Impett, E. A. & Asher, E. R., Capitalizing on Daily Positive Events, *Journal of Personality and Social Psychology*, 87, copyright © 2004. Reprinted with permission.

注：加州大学洛杉矶分校的谢利・盖布尔把对积极事件的反应分为以上四类。她发现，第一种反应方式对于利用或放大良好处境的快乐，以及促进积极情绪的良性循环来说很重要。

确定你愿意做这事吗？真的吗？”），那么最好不要把好消息告诉他们。对别人的好消息做出主动的、建设性的反应（表现出热情、询问关于事件的有意义的问题），这个习惯也很容易养成（参见个人小实验：有效利用好消息）。并且，你越是示范利用好消息的行为，你的伴侣、朋友和家人就越可能回报你，他们自己也学会了利用好消息。

很少有夫妇能掌握本章中提到的每一种和每一个目的性关系行为，但是一些夫妇似乎轻松愉快地度过每一天。当你问他们：“你是如何让你们的关系保持良好的？”你得到的答案会让你意识到他们付出了多少努力。关于这一点，我们看“米奇”和“琳达”的例子，他们讲述了他们如何做到夫妻甜蜜恩爱。“我们结婚后，我每周五都送琳达鲜花”，米奇说。琳达也很开心，因为米奇一直送她“最近”喜欢的花，甚至在他们度假时，他都保持这种习惯。“我们住在当地偏远的村庄里，他会花周五一整天的时间找一束鲜花。”米奇通过鲜花来表达对琳达的感激，而琳达每次的表现都好像是她第一次收到这样的礼物，对他表示感谢和赞扬，以此表达她的感激。

人际联结的神经生物学基础

至此，我们已经讨论了亲密关系的情绪成分和行为成分。现在，我们转而论述来自多个新兴学科的许多研究成果，这些研究致力于解释依恋和亲社会情绪及行为的神经生物学基础，它们对于健康的成人关系是必需的。

神经心理分析学家阿伦·肖尔（Allan Schore, 1994, 2003）和健康心理学家谢利·泰勒（Taylor, Dickerson & Klein, 2002）收集和整合了关于人际联结的神经生物学基础的间接和直接证据，这些证据来自他们自己的实验室以及其他研究者。基于依恋理论的假设，肖尔认为，社会环境影响儿童脑结构的发育。在这一过程中，首要照料者的行为和对首要照料者的依恋起中介作用。更具体地说，肖尔提出，右侧大脑皮层的某个区域——眶额皮层（这里可能储存着依恋的内部工作模型）——的成熟，受儿童和照料者之间交互作用的影响。随着眶额皮层的成熟，情绪的自我调节能力增强。这种脑－行为之间的交互作用表明，成长的良性循环可以解释婴儿依恋如何产生成人的健康情绪。也就是说，当儿童和照料者之间有一种安全的依恋时，调节情绪和行为的脑区就会兴奋。儿童一直保持这种安全感的话，就会促进脑的发育，对他人的同理心能力以及调节个体内和人际间压力的能力都会得到增强。有了娴熟的自我调节技能，儿童就能发展并维持健康的友谊，并最终发展和维持健康的成人关系。（关于依恋和神经生物学之间联系的深入讨论，我们建议你参考西格尔（Siegel,

赞扬：鼓励的信号

威洛·劳森

摘要：伴侣的鼓励水平是你们的关系将会如何发展的一个很好的指标。

猜忌和误解这样的障碍会影响关系成功与否。但是，当发生了积极的事件时，夫妻们又是如何“应对”的呢？根据一系列新的研究结果，我们对伴侣的好运的反应方式是婚姻满意度的一个很强的预测因素，至少在短期来说，它能预测感情是否会破裂。

谢利·盖布尔是加州大学洛杉矶分校的一名助理教授，她考察了夫妻如何分享日常生活中的积极事件，因为她感觉大多数关系研究都只关注伴侣如何应对冲突和创伤。“值得庆幸的是，好事总是比坏事多，”她说，“彼此满意和稳定的关系并不仅仅是没有冲突、没有不安感和没有猜忌。”

在一项研究中，盖布尔分析男性和女性对伴侣生活中的积极事件，例如工作中的晋升，如何反应。伴侣可能会热情地反应（“真是太棒了，这是因为你在过去的几个月中提出了很多好的创意”）。但是他（她）也可能用一种不够热情的方式反应（“嗯，挺好的”），或者不感兴趣（“你看了扬基队的比分了吗？”），或者指出好事的另一面（“我想这是个好消息，但这次晋升带来的加薪不算高”）。

根据盖布尔的研究，唯一“正确的”反应是——这种反应与亲密感、满意度、信任和持续的承诺有关——热情、主动的第一反应。享受好消息或利用这种事件，似乎通过强化记忆的方式提高了快乐的效果。这一点对男性和女性都有效，不论他们是在恋爱期还是婚姻阶段，也不论积极事件是大还是小。

盖布尔说，伴侣偶尔对你的好事做出被动反应，可能也没什么大不了的。她推测，在这种情境下，我们大多会为另一半找到借口。“问题是如果伴侣一直都是这种反应，”她说，“如果伴侣反应不主动，且缺乏建设性，那个试着宣布好消息的人就会感觉很不好，感觉缺乏亲密感。基本上，他们会感觉不被理解、不被认可和不被关心。”

资料来源：From Lawson, W., “Praise: encouraging signs,” in *Psychology Today*, Jan/Feb 2004.

1999）的《发展中的脑》（*The Developing Mind*））。

泰勒和同事们（Taylor et al., 2002）对社会联系和社会支持的健康益处（综述见 Seeman, 1996）感兴趣，总结了对社会性动物和人类的研究，以确定与人际体验有关的生物机制。与肖尔（1994, 2003）一样，泰勒等人假设，儿童和照料者之间的养育关系促进了调节活动的发展，它由下丘脑—脑垂体—肾上腺皮质系统（通过激素分泌来激活）负责。同样的生物系统可能调节着成人的社会功能，但关于这个系统在几十年中是如何成熟的，研究者还不是很清楚。然而，有一点却越来越清楚，即神经内分泌系统将社会支持转变为健康益处的运作方式存在性别差异，这与女性体内存在催产素有关。

神经科学家和心理学家们将继续探索积极的社会行为与神经生物学的关系。随着亲密关系的积极心理学引入神经生物学的研究结果，我们对如何发展和维持良好的人际关系会了解得更多。

关于丰盛关系的更多内容

正如本章开篇提到的，婴儿与照料者的依恋和成人依恋安全感与健康的关系发展相关。根据依恋的神经生物学机制方面的研究（Schore, 1994; Taylor et al., 2002），人际联结似乎刺激了脑的活动，这有助于产生调节系统，从而促进同理心的发展、享受积极的社会交往以及管理消极社会交往所带来的压力。这种复杂的脑－行为之间相互作用的结果是，建立了人际经验和人际技能的基础，从而建立未来的关系（参见图 13.3）。

爱，是联系我们的一种积极情绪，它常常被认为是关系质量的标志。我们相信，我们对他人的爱会驱动我们从事目的性积极关系行为，这些行为会让人与人之间的联系一直维持下去。随着关系的加深，它们会变得丰盛并促进关系双方的个人成长。（参见第 6 章对成人的生活任务的讨论。）

再来看一下图 13.3，它揭示了丰盛关系的形成，并总结了我们在这一部分的观点。本图中所呈现的社会需要的金字塔表明，依恋、爱和丰盛的关系是所有人都期望的，但只有一部分人拥有。实际上，我们相信，在婴儿期与照料者形成依恋的所有人中，只有一部分人形成了安全型的成人依恋。并且，由于依恋类型在一生中具有稳定性的观点受到了质疑（Feeney & Noller, 1996），所以在儿童早期经历了依恋的人，未必会在成人期形成安全型依恋。

随着需求等级的上升，那些至少获得了适度安全型成人依恋的人，才能满足对

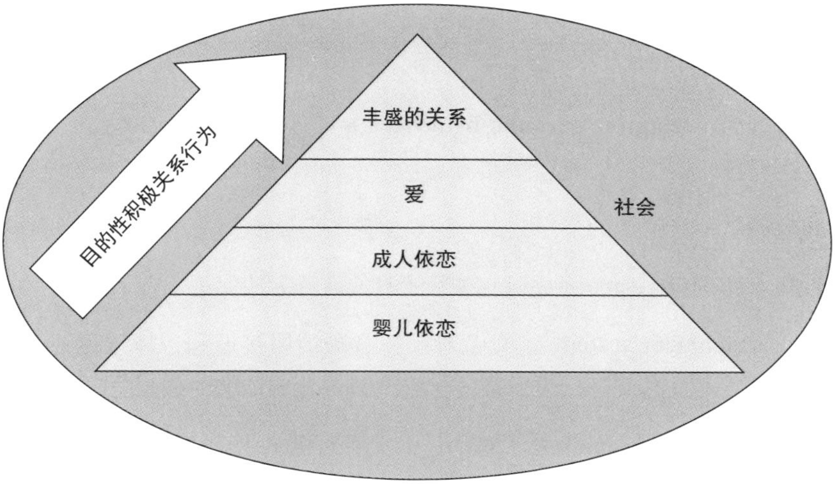

图 13.3　丰盛关系的形成

长久的浪漫爱情的需要。通过实施目的性积极关系行为带来的益处（参见图 13.3 中的箭头），伴侣成功地把爱情升级为丰盛的关系。

建立亲密关系的积极心理学

通过对不安全型依恋、失去爱情和关系失败的研究，我们已经得出了很多和生活相关的重要成果。确实，关系研究者们成功地揭示了，什么会令关系变糟，并试图教会人们如何矫正他们的关系问题。然而，大多数人同意，我们都在努力找出在关系中哪些事情是适合做的。亲密关系的积极心理学立足于过去研究（包括安全型依恋和爱对健康关系的必要性），吸收了欲求性过程的研究，并制定了有关丰盛关系的未来研究计划。

关键术语

适应性父母行为（adaptive parental behaviors）: 父母对儿童的行为线索（例如微笑）做出的适当反应。

神爱（agape）: 神所给予的爱。

欲求性过程（appetitive processes）: 对积极的关系行为的促进。

依恋系统（attachment system）: 儿童对照料者的情绪接近和身体接近行为的总和，由适应性和适应不良的父母行为所造成。它调节着儿童依恋的模式。

厌恶性过程（aversive processes）: 对消极的关系行为的消除。

伴侣之爱（companionate love）: 浪漫爱情的一种形式，以维持两人关系的抚慰的、平稳的温暖感为特征。

完美之爱（consummate love）: 最持久的一种爱情类型，当所有的三种成分（激情、亲密、承诺）都以高水平形式出现并在伴侣之间达到平衡时，它才出现。

爱欲（eros）: 浪漫之爱，包括对美的追求和占有。

丰盛的关系（flourishing relationship）: 由于伴侣双方的协同努力而越来越好的良好关系。

不安全—回避型依恋（insecure-avoidant attachment）: 在陌生情境实验中表现出的一种依恋模式，以父母和儿童之间的紧张为特征，父母再次进入房间时，儿童出现回避行为。

不安全—反抗型 / 矛盾型依恋（insecure-resistant/ambivalent attachment）: 在陌生情境实验中表现出的一种依恋模式，特征是父母和儿童之间的紧张，儿童一方面想要被照料者安抚和拥抱，一方面又对照料者主动或被动地表现出敌意。

适应不良父母行为（maladaptive parental behaviors）: 父母混乱或无计划地满足儿童的需求。

专念（minding）: 维持关系的一种形式，包括被对方了解和了解对方，对行为的归因有助于增进关系，接受对方，尊重对方，保持互惠性和连续性。

忠爱（nomos）: 以对神的服从和顺从为特征的爱。

激情之爱（passionate love）：浪漫爱情的一种形式，特征是推动浪漫结合的强烈唤起。

友爱（philia）：以深厚感情和友谊为特征的一种爱。

安全型依恋（secure attachment）：在陌生情境实验中表现出的一种依恋形式，对环境的探索和与照料者保持联系之间达到平衡。

浪漫爱情的自我扩展理论（self-expansion theory of romantic love）：由阿瑟·阿伦和伊莱恩·阿伦提出的一种理论，该理论认为人类有扩展自我的基本动机。他们假设，爱的情绪、认知和行为推动了这种自我扩展。

陌生情境（strange situation）：一种由玛丽·安斯沃斯发展出的研究儿童依恋类型的评估技术。陌生情境实验是把儿童和他（她）的照料者置于一个新异的环境中；然后照料者离开并再返回该情境，重复两次，研究者在这个过程中评估儿童的反应。

爱情三元理论（triangular theory of love）：罗伯特·斯滕伯格的理论认为，所有的爱情都由激情、亲密和承诺的不同组合构成。

第六编

理解和改变人类行为

14 心理健康和行为的均衡概念建构

20世纪50年代期间，心理学家通过学术研究和实践，探讨了完整的人类行为。1955年，埃里克·弗罗姆讨论了“心智健全的社会”，把心理健康定义为“爱和创造的能力”（Erich Fromm, p. 69）。在同一时期，社会心理学家玛丽·雅霍达（Marie Jahoda, 1958）描绘了心理健康的特征，认为它是一种积极的状况，由个体的心理资源和个人成长愿望所驱动。她描述了心理健康个体的六条特征：

1. 对自我的态度，包括自我接纳、自尊和准确的自我认识
2. 追求实现个人潜能
3. 集中能量形成统一的人格
4. 有助于自主感的同一性和价值观
5. 对世界的准确认识，不因主观需要而扭曲
6. 掌控环境，享受爱、工作和娱乐

并且，弗罗姆和雅霍达还就他们认为的积极心理健康和美好生活写了一本书。在努力开展推行积极心理健康观念工作的同时，精神病学家开始起草袖珍版的《精神障碍诊断与统计手册》（*Diagnostic and Statistical Manual, DSM*）（美国精神病学会，1952）。

在21世纪初期，对积极的关注还是明显落后于消极。一直到最近，弗罗姆和雅霍达的工作才被重新发现，与当前的情境相结合，并被整合入积极心理健康的精细化概念建构中。与此同时，DSM在过去50年间得到巨大发展，其最新版本达到了943页，覆盖了心理疾病的症状，令人印象深刻且影响巨大（美国精神病学会，2000）。

为什么对积极心理健康和最佳人类功能的概念化努力落后于心理疾病方面的工作？一种解释是积极心理健康的获得是一个被动的过程，而心理疾病的治疗是

一个主动的过程，需要更多的资源。另一种解释是，保持心理健康并不像减轻痛苦那样值得（理论家和从业者）同等关注。这一点很容易理解，比如某些格外脆弱的人会激发我们的同情心（Frankl, 1959; Leitner, 2003）。对复杂的人类痛苦的关注，让东方哲学家（见第 3 章）沉醉痴迷了几千年，在 20 世纪的多数时间里，它定义了一些西方思想家的生活意义。因此，我们人类的积极心理健康未能激发我们如此强烈的情感。上述关于我们密切关注心理疾病,较少关注积极心理健康的解释都是合理的，但一个更简单的解释是：异常行为让我们着迷。

在这一章，我们探讨为什么我们专注于异常行为，以及这如何限制了对积极功能的理解。我们为发展更均衡的行为概念体系提供建议，这种体系集中于积极的和消极的心理特征，并关注环境、发展和文化背景对这些心理特征的影响。简言之，我们相信，行为的概念建构需要得到平衡。为此，我们阐述了实现这种均衡的障碍，并介绍了一些资源，它们可能有助于发展更全面的批判性思维。

均衡的概念建构

包括我们在内的所有临床医师，都在努力理解来访者行为的复杂性。刚从业的临床医师对我们说，他们在 50 分钟的对话期间收集了太多的信息，这让他们不堪重负。来访者通常在充满强烈情绪的人际交流中分享此类临床信息，这加剧了挑战。新手和熟练的临床医师都会发展出收集、组织和解释他们获得的临床数据的策略。我们可能过分重视或忽视来访者行为的特定方面和决定因素。当概念化一个案例、做出诊断和形成并实施治疗计划时，我们必须平衡我们收集和处理的信息类型及数量。具体来说，我们强调必须解决下列问题，否则，它们会造成非最佳的心理健康护理：

- 在诊断和治疗过程中，异常行为似乎更容易引起临床医师注意，正常行为和健康功能（例如在个体生活中起作用的方面）可能被看做无意义。
- 对行为的归因可能过度强调个人的内部特征，而影响行为的环境因素未得到充分重视。
- 在诊断和治疗过程中，弱点和消极情绪经常比优势和积极情绪更突出。
- 可能没有根据发展历史和转折点来考虑当前行为。具体来说，我们可能没有彻底弄清楚这样的问题："这个人的行为与其所处发展历史和年龄一致吗？"
- 在解释行为时，经常不考虑文化背景，而文化背景会影响我们对行为的适应性和适应不良的判断。

通过解决这些挑战，我们就能够形成关于人们和他们如何变化的更均衡的观点。关于如何改进对人类行为的概念建构，我们会在这里分享我们的观点，但是，首先我们试着解释人们为什么对异常行为着迷。

我们对异常行为的着迷

来自各个专业的学生在变态心理学课上争抢座位，这门课可以帮助他们解释为什么室友害怕离开宿舍，或者为什么妮塔阿姨从来不洗澡！跟你一样，这些学生也暗自疑惑，“那是正常的吗……我怎么能确定？”为什么人们经常问到这个关于正常与否的问题？我们在多大程度上能够对此作出确切的回答？

作为临床心理学家，如果我们每次回答“这是正常的吗？”这个问题时都收取一美元，那么我们可能已经赚了不少钱了。人们如此频繁地提出这个问题，致使我们努力尝试理解该问题背后的动机。我们认为，少数人对偏离常态的行为非常感兴趣，他们想要体验、理解和讨论它们。但是，多数问这个问题的人似乎是出于好奇和忧虑。每当我们寻求理解一种心理现象或其他现象时，这种希望知道的愿望自然就会出现。并且，有时候异常行为让我们无法确定其他人是否安康，甚至会怀疑到我们自己。例如，如果你经过一个正在大骂脏话的人，你可能既好奇她为什么这样做，又担心与她亲密接触。这种交往会带来矛盾情绪，但是我们相信，对异常行为的着迷是我们试图了解世界，以及确保他人和我们自己幸福的健康尝试的一部分。

要回答“这是正常的吗？”这个问题，并进一步考察异常行为，我们必须定义异常的标准。但是，我们马上遇到一个问题，因为没有广泛接受的异常定义。然而，在社会背景下存在三个通常作为**异常行为**（abnormal behavior）标志的标准。首先，行为是非典型的或偏离常态的，意思是它偏离了标准的或预期的行为。第二，行为被看做适应不良的——也就是说，这种行为通常不会导致社会认可的目标。第三，行为经常伴随着心理痛苦——担忧、反刍思考以及不适的思想和情感。

因此，在对“这是正常的吗？”这个问题做出反应时，必须考虑特定行为的频率、功能和效果。并且，必须认真审视行为发生的情境。例如，试想一名成年男子正在亲吻机场的跑道，这当然是非典型行为。但是，如果这是一名在国外参加战争的士兵刚返回祖国，那么这一行为似乎就相当合理和正常了。事实上，这一行为是适应性的，因为它显示了士兵对祖国的热爱和回家的慰藉。简单来说，对正常与否判定依赖于个体行动的情境。考虑另一个例子，大学生脱下衣服并在校园里裸奔。在 20

世纪 70 年代，这种“裸奔”行为颇是一种时尚，校园警察通常加入到旁观者的行列，一起观看这一景象。快进 30 年，假如明天你走向教室的时候有一名裸体女子跑过，很可能校园警察会展开紧急追捕，旁观者会大笑或摇头，质疑这一行为。在这个例子中，在决定是否应该使用“异常”这个标签上，时间背景非常关键。

异常标签的另一个决定因素是，在社会情境中是否有一位有权威和有影响力的人，他愿意大胆地说出和排斥另一个人的特定行为。在这一方面，贝克（Beck, 1963）提出一个重要观点，即仅仅违背某条规则不一定是异常行为，经常是一个或多个人对这一行为的反应最终决定了标签。并且，有时可能根本没有违背规则或规范，但如果社会中一位有影响的人发起“驱逐”过程，则几乎可以给任何人贴上异常标签。因此，在应用“异常”这一标签时，我们必须考虑情境背景、行动时间和标签的潜在有力实施者（Snyder & Fromkin, 1980）。这些例子表明，要在异常行为识别上达成一致可能非常困难。但是，我们确实在努力分辨出这些行为。

我们对异常行为的着迷可以起积极作用，例如促进对世界的理解，以及帮助保护人们的安全。但是,这种着迷很少引致对“这是正常的吗？”这个问题的清晰回答。多数时候，我们对这个问题的回答是“要看情况”。实际上，如刚才所讨论的，它依赖于行为的背景。并且，它依赖于本章以下部分讨论的其他因素：如行为的严重性，定义个体行为多样性的发展因素，以及框定行为的环境和文化背景。没能考虑行为的多重属性，可能会使行为显得比实际情况更有威胁性。对本书主题同等重要的是，我们把行为归类为异常的倾向，可能导致我们未充分关注可能导致行为有资格获得积极一侧标签的那些属性因素。我们相信，人类体验的积极方面也非常值得关注，因为这些优势和积极情绪是心理健康的基本成分。

忽视环境和积极方面

理解行为的愿望经常引出一个问题，例如“他为什么这样做？”但是，不幸的是，在寻找答案时，我们经常放弃直接询问行动者，而是试着从我们作为观察者的角度回答这个问题。当我们这样做时，我们有可能犯错，可能对重要环境影响的考虑不充分。相应地，思维的缺陷与基本归因错误和基本消极偏差有关，这会造成我们把行为过度病理化，对行为的看法既不全面，又不重视潜在的优势。

当试图在社会情境中解释他人的行为时，我们容易忽视外部情境或环境因素，而把行为归因于他人的内部特征（例如人格或能力）。即便做诊断的临床医师，当对某个人以及这个人如何看待环境所知甚少时，也会发生这种归因。这种有缺陷的倾向称作**基本归因错误**（fundamental attribution error）（Nisbett, Caputo, Legant & Maracek, 1973）。另一方面，当我们解释自己的行为时，我们考虑得更全面，可能会把环境变量考虑在内。例如，你曾经在学校考试中得过低分吗？尽管一个外部观察者可能推测你考得不好是因为你笨，你却会赶忙做基于情境的解释，例如老师对资料的讲解太差劲，或者测验的措辞有欺骗性和令人误解。

基本消极偏差（fundamental negative bias）涉及任何特定行为的突显程度（突出或不突出）、价值（消极或积极）和情境（模糊或定义明确）（Wright, 1988）。具体来说，当发生在模糊背景下的突出行为被认为是消极的时，引导行为知觉的主要因素是其消极属性。想象一下，一位朋友告诉你，她男朋友在某次假期上门拜访时对她的家人很粗鲁。凭借这一点信息，你知道这种行为是非典型的、突出的和消极的。这时几乎没有情境信息，你的注意力集中于行为的价值，你可能会认为朋友的男朋友是一个有敌意的人。（突出而缺乏情境信息的积极行为也是如此；积极属性定义并决定了对该行为的反应。）

通过澄清我们看待行为时的这些偏差，我们可以理解环境应激源对我们功能的影响。我们越注意环境，就越能意识到环境资源与优势相互作用，产生积极功能。

提出问题：四面法

近年来，在对人类功能全谱系分类方面有了长足的发展。为了建立一种全面的关于个体弱点和优势的概念体系，同时考虑到环境应激源和环境资源的影响，比阿特丽斯·赖特（Beatrice Wright）提出了**四面法**（four-front approach），鼓励观察者收集如下四方面的行为信息：

1. 个体的缺陷和破坏性特征
2. 个体的优势和资源
3. 环境中的不足和破坏性因素
4. 环境中的资源和机会

可以综合多种方法来收集这些信息，但是与行动者（被观察的人）合作会揭示这四个问题的答案：（1）这个人的问题是由哪些缺陷造成的？（2）这个人有哪些优势可以有效应对他的生活？（3）哪些环境因素阻碍了健康的功能？（4）哪些环境资源加强了积极的人类功能？本书作者对这一均衡的概念体系进行了精炼（Lopez, Snyder & Rasmussen, 2003; Snyder & Elliott, 2005; Snyder, Ritschel, Rand & Berg,

2006），鼓励人们寻找个人优势和环境资源。

麦克尔的例子

在本章余下部分，作者洛佩斯会给你讲述麦克尔的故事。麦克尔是一名 41 岁的白人男性来访者，他已经接受咨询 4 年了。一名治疗麦克尔艾滋病的内科医生把他转交给我们，他还患有中度抑郁。这种抑郁不仅带来悲伤，还会导致很难与照料者维持关系和合作。他一开始是这样说的，“我迫切需要有人为我的生活提供帮助。”我回应说“你需要什么样的帮助？”大约 100 次会面之后，麦克尔的生活故事仍然让人感兴趣，每次见面，我都会对他有新的了解。我在这里先初步介绍一下麦克尔的生活，在本章另外三个部分还会继续讲述。

麦克尔告诉我，他在“每件事情”上都需要帮助。我鼓励他说的更具体一点，他从牛仔裤口袋里拽出两张手写的便条，上面写着他的挣扎，他详细描述了每一条忧虑及其影响。你很容易就明白为什么麦克尔会觉得世界与他对着干：他的汽车彻底毁坏，他的治疗有严重的副作用，他公寓内的暖气不起作用，等等。尽管他的抑郁症状非常复杂（由于他的家族史、疾病和治疗的副作用），但是很明显，他所处环境的某些方面及其环境质量，在一定程度上使他的症状恶化。

在我们第一次会面期间，我说，“这些问题会让任何人都不堪重负。你如何应对？”他看着我，好像不知道该如何回答。然后，我问他怎么应对列表上的某个特定问题。他描述得很生动，如同他对挣扎的描述一样。在这次会话结束时，我说，“下一次，我们将会讨论你的优势。”我知道，下一次见面时他会带来一份优势列表，他确实这样做了。关于麦克尔的优势和挣扎、他的环境应激源和环境资源，我留下了很多记录，我对他有了基本理解，包括他的抑郁、他与艾滋病的斗争，以及让他持续向更积极的未来前进的活力。

缺乏对发展的重视

发展心理学家关注行为的起源和功能（见第 6 章对人类发展的更多讨论）。他们在科学上的努力阐明了正常的发展过程，例如认知运算（Piaget, 1932）、道德判断（Gilligan, 1982; Kohlberg, 1983）和人格（Allport, 1960; Mischel, 1979）。我们关于日常行为起源的多数知识都可以归功于发展（和进化）心理学家的洞察力。并且，在过去的 25 年间，发展精神病理学家（例如 Sameroff, Lewis & Miller, 2000; Wenar & Kerig, 1999）已经开始揭示一些奥秘，例如，为什么某些人发展出特定的障碍，而某些人没有。

关于学习和成长的许多问题，发展研究者已经给出了一些答案，但是发展的一些方面仍没有得到解释，还需要进一步研究。例如，我们对人们在特定的环境中（例如校园中的一间宿舍）如何成熟，以及人们在人生的某段时期如何成长所知甚少（例如一个学期或四年的大学生活）。在这一方面，一个关于大学期间青少年 / 成年发展的理论（由 Chickering 于 1969 年提出），在独特的大学校园背景下探讨了正常和异常行为。

普通人可能对一些基本问题感兴趣，例如“当坏事发生在好人身上会怎么样？”但是发展理论经常不能解决这些基本问题。坏事，学界有时称之为“损伤”，可能包括创伤性应激源，如虐待，或者看起来不那么痛苦的事件，如重要的学业失败或关系破裂。这里特别值得注意的是艾伦·艾维和玛丽·布拉德福德·艾维（Allen Ivey & Mary Bradford Ivey, 1998, 1999）的发展咨询和治疗方法，他们探讨了可能会对基本发展过程产生积极或消极影响的生活事件。

使消极和积极行为标准化

在奇可林（Chickering, 1969; Chickering & Reisser, 1993）的大学生发展理论中，焦点是一段限定的时间（传统和非传统学习者读大学的几年）和特定的环境（大学的学术和社会环境）。奇可林提出，除了生存之外，基本的人类目标还包括建立同一性，形成一种独特的存在方式（称作个性发展）。在奇可林的模型中，学生们通过七条途径或矢量（vectors）向这些目标前进；并且，奇可林提出，学生很有可能同时通过多个途径前进。**发展能力**（developing competence）（从智力、身体和人际领域的低能力向每个领域的高能力前进）被认为是年轻人的基本发展驱力。（获得能力和发展人类优势是等价的，它们是未来成长的基础。）随着学生们对他们的能力越来越自信，他们可以追求奇可林提出的其他六个发展目标。这些目标包括：

1. **管理情绪**（managing emotions），从几乎不能识别情感和对破坏性情绪的控制力有限，成长为越来越能理解情感以及对情感的灵活控制和建设性表达。
2. **自主地迈向相互依存**（moving through autonomy toward interdependence），从糟糕的自我决定和情绪依赖，迈向工具性独立和对安全感的有限需求。
3. **发展成熟的人际关系**（developing mature interpersonal relationships），从不容忍差

异和关系较少，成长为欣赏差异和健康的关系。

4. **建立同一性**（establishing identity），从个人混乱和低自信，转变为由生活方式和自我接纳所厘清的自我概念。
5. **发展目的性**（developing purpose），从模糊的职业目标和混乱涣散的自利，向清晰的目标和共有的活动转变。
6. **发展整合性**（developing integrity），从模糊的信念和价值观，向清晰的和人性化的价值观转变。

奇可林（1969）的发展矢量描述了与成长有关的途径和目标，它们发生在具体环境中的一段特定时期。理解这一阶段的最佳功能，可以揭示可用于其他阶段和环境的可一般化技能。我们建议，向大学生提出一个基本问题，帮助他们发现他们面对未来时拥有什么资源：你为大学做了什么准备？思考奇可林和赖泽（Chickering & Reisser, 1993）的探测问题，以确定你在发展道路上处在何种位置：

> 简短描述你自己发生的一个变化，这一变化对你的生活有很大影响。“旧的”的思维及存在方式和“新的”方式分别是什么？你来自哪里，你将去往何方？你怎么知道已经发生了显著的变化？促进这一过程的重要事件（或他人）是什么？这个人做了什么？促使这一转变的经历是什么？促发或伴随这一过程的情感是什么？（p. 45）

考虑到每个人的经历和环境中的积极以及消极状况，都可能影响其当前的适应性和机能障碍，因此，艾维和艾维（1998, 1999）的工作可能就颇有价值。艾维和艾维的发展咨询和治疗（developmental counseling and theropy）提供了当下的概念建构，他们把病理行为看做对生活事件的逻辑反应。（表 14.1 中对比了发展焦点和传统诊断系统的各个方面。）并且，艾维和艾维假设，有很多范畴可用于理解人类行为和经验，他们主张临床医师把每个人看做一个整体，对人们形成更准确的理解。

在表达他们的观点时，艾维和艾维（1999）指出，“情境自我包括个人和家庭发展史、社区和跨文化问题以及生理学之间的关联维度”（p. 486）。因此，理解个体需要获得个体在多种情境维度下的信息。在艾维和艾维的系统内，描述个人行为需要构建背景信息框架。例如，当与经历儿童期创伤的人一起工作时，艾维和艾维会收集关于环境或生物性损伤的信息（Masterson, 1981）。然后，艾维和艾维建议考察这些损伤与其他压力和痛苦之间的关联，以及压力和痛苦的主观体验如何造成悲伤和抑郁。这种考察明显强调个人痛苦的起源和严重性。接下来，考察可以用来对抗消极心情的策略。根据艾维等人的观点，人格类型帮助个体驾驭当前人际关系，并最

表 14.1　传统的和发展的意义建构系统之间的对比

主题	传统病理意义	发展意义
问题所在	个体	个体 / 家庭 / 文化背景
病理学	是	否，对发展历史的逻辑反应
发展和病因学建构	周边的	中心的
文化	开始觉察	文化中心的
帮助者角色	等级的，家长制	平等的，建设性
原因	线性的，生物相对环境	对生物和环境的多维考虑
家庭	不强调	对理解个体发展和治疗很关键
治疗	不强调	核心问题

资料来源：摘自 Ivey, A., & Ivey, M., Reframing DSM-IV: Positive strategies from developmental counseling and theory, in *Journal of Counseling and Development*, 76, copyright © 1998. Reprinted with permission. No further reproduction authorized without written permission from the American Counseling Association.

终与个体的心理幸福感相联。

麦克尔的例子

在整个治疗期间，麦克尔表达他在关系中的“表示爱意”，在面对疾病和大量日常障碍时“不屈不挠”，他的这些优势是试金石。这些优势似乎产生于他在儿童和青少年时期所经历的逆境，或者至少是在那个时候被激发出来的。

关于“表示爱意”这一品质，麦克尔评论说，“我想我天生就是这样的。”他坚持这种爱的方式，似乎它是一种珍贵的财产，尽管从他的角度来看，这种爱并没有得到他生命中最重要之人的回报（他的继母、他的兄弟、他迷恋的第一个人）。在咨询过程中，麦克尔发现，他能够对没有回报其感情的人表达爱，依然在生活中得到某些满足。他花了 41 年才认识到，他的优势没有被他人的行为所阻碍。

他的不屈不挠表现为许多形式，我倾向于把它描述为生命力勇气。在面对威胁心理幸福感的因素和严重疾病时，麦克尔坚持不懈。还记得我问过他，他什么时候发现了他的生命力勇气。无疑，这个问题引起了感人的记忆。他流着眼泪诉说继母的故事：她一再“贬低我和让我觉得我将永远不能成为有用的人”。麦克尔经历的许多伤害，让他更加有决心为自己寻找美好生活。当他被诊断患艾滋病时，他想起了对自己的承诺。他心里想着这一点，以及过去使用自身优势的历史，他向自己和所有照料者承诺，“我会战胜它。”

在文化背景下理解行为的困难

美国公共卫生部部长在题为《心理健康：文化、人种与种族》（美国卫生及公共服务部，2001）的报告中强调了一些重要问题，包括承认存在受文化影响的综合征，承认文化影响应对策略和社会支持，以及个体可能有多重文化同一性。实际上，“文化考量”至关重要，因为它在决定个体的思维和行动方面起关键作用。（见第 5 章对在文化背景下发展优势和美好生活的具体讨论。）从事诊断的临床医师在对任何人形成印象时都必须密切关注文化背景。我们强烈支持这种观点，它与**普适性假定**（universality assumption）相反，普适性假定认为，一个群体认为正确的事情也会被另一个群体认为正确，不论文化差异如何。

麦当娜·康斯坦丁

资料来源：Reprinted with permission of Madonna Constantine.

尽管公共卫生部部长建议在情境背景下考虑所有行为，跨文化心理学家明确号召人们考虑与人类功能有关的文化因素，但是许多心理学家和普通人仍然支持普适性假定。在这一方面，哥伦比亚大学师范学院的心理学家麦当娜·康斯坦丁（Madonna Constantine）和德络德·温·休（Derald Wing Sue）推测，希望和苦难的观念可能不是普遍的。康斯坦丁和休（Constantine & Sue, 2006）写道：

> 例如，一些佛教徒（许多人有亚洲文化背景）倾向于相信，无望是世界的本质，苦难是生活的特征。并且，今天的苦难被认为是在为过去的罪孽赎罪。因此，战胜无望和苦难的方法是冥想，这会通向涅槃的终极状态，或者一种高级的存在境界（Obeysekere, 1995）。可以推测，乐观和“现实主义的乐观”（Schneider, 2001）都无法使佛教徒对生活感到满意。相反，西方人在佛教徒身上看到的抑郁情感，实际上可能是遵守佛教哲学的个体的“常态心理”，这是一种理想的幸福状态，相当于高级的存在状态。（p. 229）

密歇根大学心理学家埃德华·张（Edward Chang）的实证研究数据（1996a; 1996b; Chang, Maydeu-Olivares & D’Zurilla, 1997）直接挑战了普适性假定，并且证实，根据这一错误信念行动可能会带来非常负面的后果。（见第 5 章和第 9 章对张的研究的具体讨论。）张的研究证明，在不同文化下，乐观、悲观、问题解决以及心理和身

图 14.1 苏珊·克拉克（Susan Clark）的作品《爵士葬礼》，描绘了一名新奥尔良本地居民死亡之后，悲痛和欢乐如何交织在一起。与普适性假定相反，悲痛在不同文化下的表现形式不同，许多积极情绪也是如此。

资料来源：Reprinted with permission of Susan Clark.

体症状的概念建构和行为表现是不同的。考虑到这些发现就会明白，对一个群体有益的干预，对另一个群体可能有益也可能有害。

确定为何要作"文化考量"

认识到文化之间的细微差别，有助于洞察不同背景的人如何产生心理幸福感。并且，考察不良经历如何促进所有人的适应性心理功能，也可以提供关于最佳人类功能如何发展的关键线索。

文化价值观提供了决定行为、思想和情感是正常还是异常的背景（Banerjee & Banerjee, 1995; Constantine, Myers, Kindaichi, & Moore, 2004）；这些价值观影响人们如何赋予经验意义，这些价值观及其对经验意义的影响有助于最佳人类功能的发展（Sue & Constantine, 2003）。例如，明确展示宗教信仰的行为在许多文化下被认为非

表 14.2 美国有色人种的最佳人类功能：在环境背景下相互作用的变量

文化价值观、信念和实践
集体主义
人种和种族自豪
灵性和宗教
心理、身体、精神的相互依存
家庭和社区
从逆境中获得的优势
高度的知觉智慧
利用非言语和情境意义的能力
二元文化的灵活性

常正常。天主教占优势的南路易斯安娜是一处卡郡人的种族聚集地，人们把十字架放在门上方以挡住恶魔。在卡郡文化中，人们认为这种行为很常见和正常，相信这些办法可以让信仰起作用、保护个人安康和保佑幸福。

康斯坦丁和休（Constantine & Sue, 2006）还专门关注了美国有色人种，他们识别了两大类变量（见表 14.2），过去的文献曾讨论过这些变量（例如 Helms & Cook, 1999; Sue & Sue, 2003）。它们与复杂的环境相互作用，影响有色人种的心理和社会幸福感。康斯坦丁和休主张，这些维度应该包含在关于有色人种的概念建构中。

麦克尔的例子

"我正在寻求家人和医生之外的支持。"我们见面的第三年，麦克尔在一次会面中这样说。那个时候，我们已经在会面中发展出一种速记法。麦克尔在会面开始时把他的手写便条递给我，他总是带着这些便条，我会在我们开始交谈时读它们 。

"你尝试了什么？"我问，麦克尔列出了他建立社交网络的许多尝试。"我认为我尝试了每件事情，除了去教堂！"他带着怒气说。在这些年里，麦克尔和我曾经详细讨论过他的宗教信念和精神感悟。他的精神感悟是一种力量来源，但是他的宗教体验或者确切地说是儿时做礼拜的经历，却是巨大痛苦的来源，作为一名同性恋者，他感到受排斥。"为什么你提到教堂？"我追问。

我得知，麦克尔的新病例管理员高调宣扬教友的社会支持。作为回应，麦克尔有理由对这种"一种方法适合所有人"的建议感到愤怒。在讨论病例管理员带给他的挫败感之后，我们回到他寻求更多社会联系的计划。讨论焦点很快就转向了他所在小镇的同性恋文化。与其他文化类似，小镇的“同性恋社区”（麦克尔这样称呼它）有其行为规范，人们对于单身男性如何寻求支持抱有预期。在接下来的两次会面中，我们专注于总结麦克尔在其社区中创建健康的社交网络的努力。

分类诊断系统的局限

在采用均衡的方式收集数据之后，临床医师必须做出诊断，对来访者的行为进行描述。在今天的心理健康实践中，临床医师以分类诊断的形式总结这些有价值的数据。在这一部分，我们考察分类诊断系统的局限，建议使用维度来更全面地描述男性和女性。

自从人类拥有语言能力开始，我们就把行为归于“异常”和“正常”两个范畴，但是这不一定意味着我们能可靠和准确地区分“异常”和“正常”。例如，一项近来的研究对来自两个样本的数据进行了因素分析，一个样本中的个体被诊断为人格障碍，另一个样本的个体具有“正常”的人格，但是分析结果显示这两个群体的人格相似而非不同（综述见 Maddux & Mundell, 1999）。类似地，奥特利和詹金斯（Oatley & Jenkins, 1992）发现，无法将“正常”和“异常”情绪体验截然分开。具体来说，我们经常难以将日常压力造成的苦恼与情绪障碍的标准区分开来。

通过归类来访者的行为来做出诊断面临现实挑战，有证据表明，在临床心理学家中缺乏一致性和准确性的诊断。关于这一点，麦克德莫特（McDermott, 1980）发现，当 72 名心理学研究生和心理学家（24 名新手、24 名实习生、24 名专家）面对同样的三个个案数据时，他们的诊断共识并不比随机水平好。他们总共给出了 370 条诊断陈述，在参与者群体内或群体间并没有共识的特定模式。

巴龙、麦达克斯和斯奈德（Barone, Maddux & Snyder,1997）承认归类人类功能的困难。这些学者进一步发现，尽管所有人都会经历问题，但最好在同一个连续体上表征这些个人问题，从没有至轻微到中度至极端程度。然而，使用离散的类别不能轻易解释来访者问题中的必然变异。在后一点上，我们不可能在正常和异常功能之间创建一种真正的两分法，因为几乎每种心理学理论取向都承认，常态与非常态之间的区别主要是机能障碍行为的程度。弗洛伊德经常被批评为把行为病理化，但即便是他也明确地指出，概念建构依赖于无意识冲突或欲望干扰正常功能的程度，而不是简单的冲突或欲望的存在或不存在。

美国精神病学会的《精神障碍诊断与统计手册》（*DSM*, 1994, 2000）分类系统可能与重大社会问题相关。这是指，作为心理健康专业人士，我们可能总是想要把一个人强制归入消极类别，从而造成很少或不再尝试更全面地理解这个人。让问题更复杂的是，赋予消极类别的标签接着会成为社会鸿沟，把人分成有这种标签和没有这种标签的两个群体。消极标签可能会造成刻板预期，影响专业人士如何建构概念和与个体互动；它还可能影响被赋予标签的个体如何看待自己。

一旦应用了群体标签，对群体内差异的知觉倾向于消失，而对群体间差异的知觉则扩大（Wright, 1991）。记得苏斯博士关于史尼奇的故事吗？在故事开始，年轻读者可能把史尼奇（星肚史尼奇或光肚史尼奇）看做一个群体，认为他们彼此之间几乎完全相同，正如苏斯博士的押韵诗中所写的：

> 星肚史尼奇的肚皮上有星星
> 光肚史尼奇的肚皮上没有星星
> 星星不怎么大，其实它们非常小
> 你会认为星星根本不重要（p. 3）

这个故事很快揭示，在史尼奇的社会中星星这个小特征颇为重要。“星肚史尼奇”认为他们彼此非常相似，与“光肚史尼奇”截然不同且比他们优等。年轻读者也很快被群体之间的细微差异迷惑，通常把星星作为史尼奇的一个突出特征，他们指出，一个群体（拥有星星的群体）似乎比另一个群体更快乐。临床医师和普通人的行为经常与苏斯博士的目标受众一样。我们过分强调一个标签的意义，我们强调拥有该标签的群体成员之间的相似性，高估该群体的成员和另一群人之间的差异。

由于诊断标签通常是负面的，临床医师可能会忽略人们潜在的积极特征。赖特（Wright, 1991; Wright & Lopez, 2002）指出，与诊断标签一致的信息比不一致的信息更容易被记住。因此，由于应用了负面标签，专业人士倾向关注和寻求关于个体缺陷的信息而非优势信息，从而降低了在概念化一个人的完整心理构成时的准确性和全面性。

考虑新的人格维度

考虑到分类系统的普遍局限，以及当前分类系统对积极行为的忽视，另一种概念建构可能会促进我们对心理现象的理解。在这一方面，维度取向把人类行为放在一个连续体上，从而允许考察个体在消极和积极行为上的差异。这里要澄清的一点是，在考察心理行为时，并不是在同一连续体上并置“好”和“坏”。这样使用维度系统只会回归到行为归类。一种观点认为，考虑行为的适应程度或适应不良的程度更有意义。

维度系统的另一种应用需要在独立的维度上考察消极和积极行为。实际上，这种取向得到有关研究的支持。积极行为测量（例如生活满意度）的分数和消极行为测量（例如抑郁）的分数存在中等负相关，大约为 –0.40 或 –0.50（见 Frisch, Cornell, Villanueva & Retzlaff, 1992）。相应地，来自美国公共卫生部（美国卫生及公共服务部，1998）的报告指出，心理疾病和心理健康并非是同一连续体的对立两极。

在 1995 年的《新人格自画像》一书中，奥尔德姆和莫里斯（Oldham & Morris, 1995）描述了一种概念化人格障碍的维度方法，人格障碍经常被看做最难治疗的心理障碍。他们认为，*DSM-IV*（美国心理学会，1994）列出的 14 种人格障碍中的每一种，都可以被看做处于某种适应连续体上。在这个连续体的一端，是这些人格类型的较不严重的、更具适应性的表现；在连续体的另一端，可以找到实际存在的、适应性较差的人格障碍表现（例如边缘型、偏执型、表演型）。奥尔德姆和莫里斯假定，在任何时间点，个体可以沿着连续体移动，这依赖于他生活中环境的和内源性的应激源。在这种概念体系中，高压情况下，个体可能表现出机能障碍的行为，更有可能被认为存在实际障碍；而在压力较低的时候，临床表现的特征可能是更具适应性的症候群。例如，在压力极高的时期，个体可能满足 *DSM-IV* 的表演型人格障碍标准，但是在生活压力低时，可能只被描述为“引人注目的”。

作为另一个例子，在压力情境下属于强迫性人格障碍的人，在连续体的低端可能被描述为“尽责的”（见图 14.2）。事实上，这些特征对位于连续体适应一端的人可能非常有用。奥尔德姆和莫里斯认为，一个尽责的人可能会发现，拥有这种品质让他负责任和可靠。具有自恋型人格障碍特征的人可能发现，自恋行为的某些方面让他自信，从而能够超水平发挥。要记住的一点是，只有当这些特征变得极端时，它们才会对个体无益。

这一人格连续体可以用来区分日常生活中拥有较少或较多鲜明症状的个体。然而，如果根据当前的 *DSM-IV* 概念框架，要被诊断为“患有”某种障碍，个体必须符合列出的大多数标准。比规定的标准数目少一条的个体可能体验非常高水平的压力，但是却可能得不到帮助，因为没有达到要求的标准数量。奥尔德姆和莫里斯（1995）的概念体系则留有余地，在诊断个体时，既根据机能障碍的程度，又根据积极使用资源的程度。并且，在会面期间，讨论人格障碍诊断时，它对来访者采用的措辞更友好，并允许临床医师帮助来访者从他们的行为中识别优势和弱点。

图 14.2 奥尔德姆和莫里斯（Oldham & Morris, 1995）对人格障碍的维度化概念建构

资料来源：From Oldham, J. M., & Morris, L. B., The New Personality Self-Portrait, copyright © 1995 by John M. Oldham & Lois B. Morris. Used by permission of Bantam Books, a division of Random House, Inc.

麦克尔的例子

在我们四年的工作交往中，关于标签是否有意义，麦克尔教给我很多。将他描述为“患有艾滋病和抑郁症的贫穷的男同性恋”，这在学术上是准确的。但是，这只是麦克尔整个故事的一小部分。事实上，他的优势比他的弱点更能定义他。并且，如麦克尔所指出的，这些诊断术语没有帮助他在日常生活中做出积极改变。当他的病例管理员建议他申请贫困补助并为其支付公用事业账单寻求帮助时，麦克尔告诉我“我不穷。其他人不能把我归为穷人”。当然，麦克尔的收入不高，每年大约 9 000 美元，但是他相信他有权定义自己的状况。对于他的男同性恋身份，他经常感到疑惑，为什么他的性取向比异性恋的男性得到更多关注。但是，他的确承认，“男同性恋文化”影响了他如何看待自己。

至于苦难、艾滋病和抑郁这些术语，麦克尔曾经表示“这些诊断不符合我。”“苦难是主观的，”他提醒我，“这让我觉得好像已经遭受苦难很长时间了。”对于艾滋病，他每个季度接受的医疗检查经常让我俩都感到惊奇：“艾滋病会缓解吗？”我们关于诊断的许多讨论涉及抑郁的归类（来自先前咨询的记录，在感染艾滋病病毒之前，麦克尔有重度抑郁史，并且处于复发期）。“但是，我现在比以前能更好地应对我的抑郁，难道这对于你的诊断不意味着什么吗？”这是我不能很好地回答麦克尔的许多问题之一。

有时候，我要求麦克尔参加“支持性治疗”。每次他都很好地应对让别人不堪重负的挑战，这给我留下深刻印象。通常，我们讨论他如何使用他的优势和建立更密切的朋友网络。

我与麦克尔在一起的工作发生在我职业生涯的早期，这段经历告诉我，需要跳出来访者的症状报告，重新审视现有诊断框架的局限。终有一天，好的心理健康护理将会要求我们，在提出诊断和实施治疗计划时，考虑来访者的资源，并在其情境背景下考虑他们的行为。

跳出 *DSM-IV* 框架

传统上，对行为的概念建构关注的是症候群和机能失调，即那些在个人的生活中不“起作用”的方面。对消极面的关注导致对优势的忽视，无法帮助人们追求最佳人类功能。这种有局限性的心理学视角破坏了心理诊断系统的最终目标：理解个体的需要和资源，促进有益的治疗干预的实施。相应地，麦达克斯（2002）指出，一种分类系统的效用与它引导使用者发展和选择有效治疗手段的能力密切相关。*DSM* 的效用在这个方面反复受到质疑（见 Raskin & Lewandowski, 2000; Rigazio-DiGilio, 2000）。此外，*DSM* 系统没有解释环境、文化、行为、思想、情绪、外部支持和功能之间的关联。因此，*DSM* 系统只能“颇为含糊地提示什么需要改变，而不能提供如何促进改变的指导”（Maddux, 2002, p. 20）。

跳出*DSM*框架要求临床医师实施本章描述的很多策略（例如四面法，把发展数据注入概念建构中，考虑文化对心理健康的影响，在维度上细分行为而不是归类行为）。诊断实践可能逐渐演变为一个过程，把更有意义的数据整合为一个描述行为和心理健康的坚实系统。届时，临床医生才能在解释个体功能的积极和消极方面取得些许进步。例如，艾维和艾维（1998）提出，超越病理学的最初步骤之一是，改变我们用来描述来访者功能的语言。这包括发现在个人生活中起作用的因素，以及找到利用个人优势的方法。事实上，只是询问优势就可以对来访者、治疗关系以及最终的临床概念建构产生很大影响，如斯奈德等人（Snyder et al., 2003）所述：

> 通过询问优势，诊断者正在鼓励来访者的几种积极反应。首先，来访者可以看到，帮助者正在试图理解完整的自己。第二，这可以向来访者显示，帮助者没有将他与问题等同起来。第三，没有向来访者强调“有问题”，而是鼓励他留意自己的优势。第四，来访者可以回忆和恢复一些个人价值感，它们在来访之前已经被耗尽。第五，考虑来访者的优势，可以促成他与心理健康专家建立信任和相互联系；反过来，来访者会变得开放和愿意提供信息，这会产生最有效率的诊断。因此，通过询问优势，积极评估会立刻起治疗作用，并且焦点明确。（p. 38）

确定对于某个人“什么起作用”和“什么不起作用”，这是对来访者生活经验的尊重，并指引临床医师采取有意义的治疗途径（见第15章对干预的进一步讨论）。并且，随着积极心理学研究和实践的进一步发展，临床医师将能够把均衡的概念建构与应用关联起来，帮助来访者获得最佳的心理健康。

注意所有行为

临床心理学家开始深入地、有目的地来理解人。来访者信任我们，他们的故事以“我希望我曾经……”和“我很高兴我做了……”开始，我们从而得知隐藏的遗憾和秘密的梦想。我们倾听错过的机会和计划的“下个目标”。我们看到和感受到深深的苦难，无拘无束的生机让我们兴奋不已。我们发现，不只是异常行为，所有行为都如此让人着迷。

考虑发展过程、环境条件和文化差异的影响，从而在情境背景之下理解你所看到的一切，这有助于对个体形成更均衡、更准确的认识。因此，当下一次有人问你“这是正常的吗？”，你可以回答“这依赖于很多因素”。稍稍多问几个问题，并且记住把自己放在被评判者的位置。这是我们与来访者一起工作时要努力做到的。

关键术语

异常行为（abnormal behavior）：一个难以定义的术语，多数定义包括非典型或偏离常态的、适应不良的或伴随心理痛苦的行为。在确定某个人的行为是否异常时，考虑其背景和文化也很重要。

发展能力（developing competence）：奇可林提出的大学生的发展目标之一；从智力、身体和人际领域的低能力向各个领域的高能力迈进。

发展整合性（developing integrity）：奇可林提出的大学生的发展目标之一；从模糊的信念和价值观，向清晰的和人性化的价值观转变。

发展成熟的人际关系（developing mature interpersonal relationships）：奇可林提出的大学生的发展目标之一；从不能容忍差异和较少的关系，成长为认可差异和健康的关系。

发展目的性（developing purpose）：奇可林提出的大学生的发展目标之一；从不清晰的职业目标和混乱涣散的自利，向清晰的目标和更多共同的活动转变。

发展性咨询和治疗（developmental counseling and therapy）：艾维和艾维的咨询理论，在概念化来访者状况的过程中，考察当下和收集多种情境维度下的信息。在这个理论中，病理行为被理解为对生活事件的合理反应。

建立同一性（establishing identity）：奇可林提出的大学生的发展目标之一；从对自己扩散和低自信，转变为由生活方式和自我接纳所厘清的自我概念。

四面法（four-front approach）：一种鼓励评估个人优势和弱点的诊断途径。使用这一途径的观察者收集的信息包括以下四个方面：（1）个体的缺陷和破坏性特征；（2）个体的优势和资源；（3）环境中的不足和破坏性因素；（4）环境中的资源和机会。

基本归因错误（fundamental attribution error）：忽视外部情境或环境因素，把他人行为归因为该人的内部特征（例如人格或能力）的倾向。相反，人们很可能根据情境或环境影响而不是个人特征来解释自己的行为。

基本消极偏差（fundamental negative bias）：把突出的、被认为是消极的和发生在模糊情境下的行为知觉为消极行为的倾向。根据行为的突出性（突出或不突出）、值（消极或积极）和情境（含糊或定义明确）记忆行为。

管理情绪（managing emotions）：奇可林提出的大学生的发展目标之一；从几乎不能

识别情感和对破坏性情绪的控制有限，转变为越来越理解情感以及对情感的灵活控制和建设性表达。

通过自主迈向相互依存（moving through autonomy toward interdependence）：奇可林提出的大学生的发展目标之一；从糟糕的自我决定和情绪依赖，向工具性独立和对安全感的有限需求迈进。

普适性假定（universality assumption）：假定一个群体认为正确的事情也会被另一个群体认为是正确的，而不考虑文化差异。

干预以预防坏事和提升好事 15

一位接受心理治疗的来访者如是说……

一位新来访者热切地希望开始心理治疗，她情绪激昂地声称：“我想要停止不断发生的坏事，但是这并不是全部……我还想要更多好事！”她的话涉及我们将在本章探讨的两大类干预。

第一类是停止坏事，涉及努力阻止消极事件发生，可以分为一级预防和二级预防。一级预防在身体或心理问题发生之前减轻或消除它们。二级预防在问题发生之后减轻或消除它们。后一种过程通常称为心理治疗。

第二类是实现更多好事，涉及提升人们生活中的需求，也可以分为一级和二级两类。一级提升是建立最佳功能和满意度。二级提升更进一步，基于已经最优的功能和满意度来获取高峰体验。一级提升让事情变好（创造最佳体验），二级提升让事情尽可能最好（创造高峰体验）。

如果要给预防和提升的一级及二级方法设计口号，我们的建议如下：

- 一级预防：“在坏事发生之前阻止它们。”
- 二级预防（心理治疗）：“修复问题。”
- 一级提升：“让生活变得美好。”
- 二级提升：“让生活尽可能最好。”

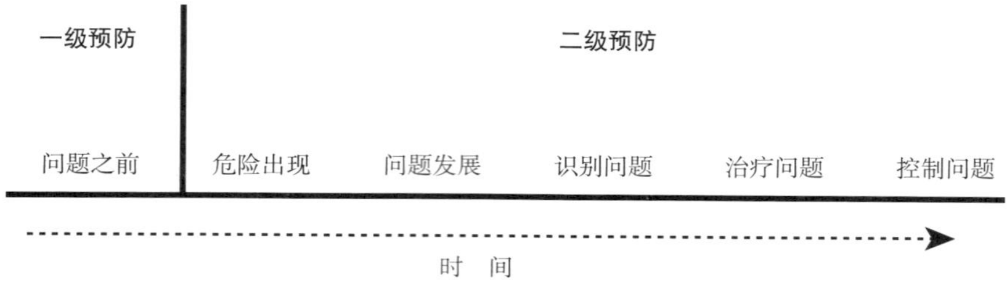

图 15.1 一级和二级预防

一级预防："在坏事发生之前阻止它们"

定 义

如图 15.1 左侧所示，**一级预防**（primary preventions）反映了人们为减轻或消除随后出现心理困难（Heller, Wyman & Allen, 2000）或身体问题（Kaplan, 2000）的可能性所采取的行动。在一级预防中，人们还没表现出任何问题，如果不采取适当的保护性或预防性步骤，今后可能会出现一些问题（Snyder, Feldman, Taylor, Schroeder & Adams, 2000）。当一级预防针对整个社区群体时，称为**普遍预防**（universal prevention）（例如儿童免疫接种）；当关注一个特定风险人群时，称为**选择性预防**（selective prevention）（例如针对低出生体重儿童的家访；Munoz & Mendelson, 2004）。

一级预防活动是基于对未来的希望。如斯奈德等人（Snyder et al., 2000, p.256）所述："*我们认为，预防的核心是一种希望行动*——积极地看待个体，认为其有能力赢得更好的明天。"预防不一定必须完全理解具体的问题或疾病，19 世纪伦敦爆发的霍乱就是一个有趣的实例（描述见 Munoz & Mendelson, 2004）。尽管约翰·斯诺不知道生物化学水平的实际致病因素，但他确实知道，通过去除布罗德街的水泵把手，可以有效减少这种传染病！斯诺的直觉是，霍乱由来自这个水泵的供水中的某些东西携带。的确，通过切断它的来源，斯诺阻止了霍乱的传播。

一级预防有时候可能发生在政府层面。例如，依靠制定和执行允许人们通过发挥优势和努力而成功的法律，政府能够为其市民减少随后的消极后果（Snyder & Feldman, 2000）。通过立法阻止基于种族歧视或性别歧视等的雇佣偏见，市民个体更有可能满意，因为他们知道他们有获得合意工作的平等机会。类似地，当市民知道法律赋予他们同等机会，容许他们追求目标导向的活动时，他们（1）的挫折感和攻击性会变少［挫折—攻击假说的一个方面（Zillman, 1979）］;（2）会在工作环境和个人生活中持续努力［这里的消极结果被称为*习得性无助*（Peterson, Maier & Seligman, 1993）］;（3）试图自杀的可能性会更少（Rodriguez-Hanley & Snyder, 2000）。关于最后一点，在一个跨国研究中，克劳斯和克劳斯（Krauss & Krauss, 1968）考察了市民感知到的政府阻碍他们从事各种目标活动的程度。研究者发现，知觉到的高阻碍与高自杀率显著相关。

提高教育水平的地区性或全国性措施也能达到一级预防目的，这会降低市民身体上不健康和心理上不快乐的可能性（Diener, 1984; Veroff, Douvan & Kulka, 1981）。而且，用来提高就业率的任何措施都会防止人们遭受心理和身体的失调（Mathers & Schofield, 1998; Smith, 1987; 也可见第 17 章对工作的有益方面的讨论）。

一级预防是否有效

总体上，一级预防非常有效（Albee & Gullotta, 1997; Durlak, 1995; Durlak & Wells, 1997; Mrazek & Haggerty, 1994; Yoshikawa, 1994）。为了理解一级预防的效果，可以考虑德拉克和韦尔斯（Durlak & Wells, 1997）所做的一项元分析（一种统计技术，允许研究者整合许多研究的结果来发现共同的趋势）的结果。德拉克和韦尔斯（1997）考察预防方案对儿童和青少年行为和社会问题的有效性，他们发现，预防产生了有效成果，在程度上类似于（在某些情况下优于）癌症化疗和冠状动脉搭桥术等医疗技术。而且，德拉克和韦尔斯还观察到，在问题行为减少和能力增加方面，与控制组参与者相比，预防组参与者的状况好转了 59% 至 82%。

有效一级预防的成分

对于成功实施的一级预防，赫勒及其同事（Heller et al., 2000, pp. 663-664）提供了五条建议。第一，应该给目标人群提供关于要防止的危险行为的知识。第二，方案应该有吸引力，它应该激发潜在参与者增加有利行为、减少有害行为。第三，方案应该传授问题解决技能，以及如何避免退回到先前起反作用的模式。第四，方案应该改变强化行为反作用的任何规范或社会结构。在这一点上，为了克服问题行为的奖励属性，经常需要社会支持和认可。第五，应该收集数据以评估方案取得的成果。然后把这些评估数据作为在其他环境中实施一级预防方案的依据。

先行计划：一级预防的例子

也许最值得注意的一级预防例子是先行计划（Head Start）方案，它开始于20世纪60年代，是林登·约翰逊总统对抗贫困计划的一部分。人们普遍担心美国贫困儿童没有接受充分的认知和智力刺激，以至于他们无法从学校教育中充分受益，先行计划方案针对的正是这一状况。不幸的是，的确有一些儿童常常从他们开始上学的那一刻起就处于不利境地。

先行计划的目的是为贫困儿童提供某种水平的准备，让他们与经济上处于优势的同龄人达到类似水平。除了教育成分，先行计划还增加了营养膳食、医疗筛查和父母教育。对父母的训练被证实特别有效。结果显示，当儿童每周至少参加3天的先行计划、持续两年或以上，以及父母也参与在内时，社会益处和学业益处可靠，并且效果持久（Ramey & Ramey, 1998）。先行计划还向儿童和父母显示，他们不需要滑落回先前的行为；此外，这种方案显示，这些儿童有可能实现更好的生活。最后，与其他预防方案相比，先行计划得到了广泛的重复检验，证实它起作用。也许最关键的结果是,参与方案的儿童在学业成绩上要好于没有参加先行计划的同龄人(Ramey & Ramey, 1998)。

对少数种族的一级预防

阿尔维（Alvy, 1988）修正了比尔曼（Bierman, 1997）针对农村儿童的风险降低措施，为非裔美国父母开发了一种有效的父母训练方案。这一方案强调自豪、学习技能、纪律和服从权威。同时，向父母讲授家庭支持对孩子的重要性。阿尔维小心地使用了多种族的职员，咨询当地和全国的非裔美国专家。对墨西哥裔美国母亲也实施了同样有效的父母训练方案（D. L. Johnson, 1988）。

以文化敏感的方式接近社区和家庭成员这一事实，似乎是这些方案取得成功的主要因素。并且，这些方案都强调周围社区的支持对于采取新态度（自豪、学习、纪律等）很关键。最后，尽管一些实验验证了这些方案的有效性，但还必须继续考察它们在特定少数文化之内和之外的效用。

对儿童的一级预防

有几个针对高危儿童和青少年的一级预防方案。舒尔和斯皮瓦克（Shure, 1974; Shure & Spivak, 1988; Spivak & Shure, 1974）的工作是其中一个例子。一些儿童在遇到人际问题时有可能会采取不适当的冲动反应，他们教这些儿童学习问题解决技能。这些儿童在生活中通常不快乐，因此他们会诉诸于犯罪和攻击行为。预测到这些问题的存在，他们教儿童找出激进的爆发之外的一些方式来达成他们的目标。这些成功的问题解决一级预防方案已经扩展到中学（Elias, Gara, Ubriaco, Rothbaum, Clabby & Schuyler, 1986）和青少年群体，尤其针对那些有可能滥用药物（Botvin & Toru, 1988）、怀孕（Weissberg, Barton, & Shriver, 1997）或感染 HIV（Jemmot, Jemmot & Fong, 1992）的青少年。

我们现在讨论一个方案，它成功地帮助了有抑郁危险的儿童。采用塞利格曼的习得性乐观模型（见第 9 章），吉勒姆、瑞维琪、杰科克斯和塞利格曼（Gillham, Reivich, Jaycox & Seligman, 1995）在五年级和六年级的儿童中实施了一个为期 12 周的一级预防方案。这个预防方案帮助儿童识别消极的自我认识，并让他们采取更乐观和更现实的归因方式。与没有参与预防方案的控制组儿童相比，实验组儿童的抑郁程度明显降低，这些发现直接与他们学会做更乐观的归因相关联（关于中学生的类似发现，见 Clarke, Hawkins, Murphy, Sheeber, Lewinsohn, & Seley, 1995）。塞利格曼的方案特别值得称赞，因为有严重抑郁危险的儿童参与方案之后产生了积极结果，证实了其有效性。

对老年人的一级预防

针对老年人的一级预防方案聚焦于许多不同的目标，包括医学筛查以降低后来出现身体健康问题和疾病的可能性（Ory & Cox, 1994），检查生活环境以减少可能导致跌倒或其他事故的危险的物理因素（Stevens et al., 1992），以及试图让老年人最大程度地参与工作、社会和人际互动（Payne, 1977）。一个吸引人的预防方案被称作“请让祖母接电话”，它要求孙子或孙女放学之后给祖父母打电话（Szendre & Jose, 1996）。尽管这个方案的结果喜忧参半，但是其前提假设是强有力的，即保持老年人涉入和主动参与家庭生活，以防止他们陷入孤独和抑郁。不幸的是，这些针对老年人的方案没有产生一致有益的结果。例如，鲍姆加特恩等人（Baumgarten, Thomas, Pulin de Gourval & Infante-Rivard, 1988）假定，让老年人帮助虚弱的邻居，对这些帮助者而言应是有益的，但实际上研究者并没有发现这种积极结果。与没有发现预期益处有关的是，也许对老年人来说，在这些预防活动中，与家人一起度过时光比花时间会见新朋友更重要（Thompson & Heller, 1990）。很明显，需要更多研究来理解哪类预防措施对老年人是有用的，随着大批婴儿潮（即在 1945 年二战结束后出生的人们）人群进入老年期，这些研究变得更加重要。

一级预防的局限性

几个因素导致难以实施一级预防方案。第一，人们倾向于相信，在未来，好事会发生在他们自己身上,而坏事将会发生在别人身上。这种现象称作**独特性错觉**（illusion of uniqueness）（Snyder & Fromkin, 1980）或**独特抗毁性**（unique invulnerability）（Snyder, 1997）。减少这些不准确观点的一种方法是，给人们提供关于遭遇某些问题的典型程度的实际信息。这使得遇到问题显得很“正常”，在问题发展成难以应付的重大困境之前，这些信息的接受者可能会更愿意寻求帮助。

在对这种方法的一个实证检验中，斯奈德和英格拉姆（Snyder & Ingram, 1983）给大学生提供他们之中焦虑流行的信息，其中一半为高考试焦虑大学生。结果显示，只有当高考试焦虑的学生把他们的高焦虑水平知觉为常见情况时，他们才更有可能寻求治疗。类似的方法是播放电视短片，其中著名运动员或影星坦白他们寻求治疗并且现在状况有好转（Snyder & Ingram, 2000b）。简言之，通过让问题正常化，有问题的人会更愿意寻求帮助。

破坏预防方案效果的另一种力量是，难以说服人们相信这些方案有效且值得努力。人们通常较被动，相信“事情会好转”。并且，基金资助机构可能看不到收益——也就是现在做的事情在多年后才会产生收益。纠正这一错误认识的一种方法是，实施研究来揭示直接回报，这些回报包括增加的生产力和实施预防措施的机构（商业的、政府组织的等）所节省的资金（Snyder & Ingram, 2000b）。如果研究向一家公司表明，从长远来看，一级预防实际上是省钱的，这家公司很有可能在一级预防活动中投入资金。

最后，即便在预防领域已经取得进展，但到这些发现被发表并成为心理学知识库的一部分，仍有相当长的时间滞后（Clark, 2004）。尽管我们已经有相当多关于采取何种干预来对抗心理病理症状（由于先前病理学模型的广泛应用）的知识，但我们远没有理解如何通过预防来促进健康和减少被识别人群未来出现问题的可能性（Holden & Black, 1999）。不过，一级预防可以有效应用于目标行为，既涉及心理健康又涉及身体健康。一级预防可以帮助你在随后的生命中远离身体疾病，并且提高心理生活质量（Kaplan, 2000; Kaplan, Alcaraz, Anderson & Weisman, 1996; Kaplan & Anderson, 1996）。

二级预防（心理治疗）：“修复问题”

定　义

二级预防旨在问题开始显露时解决它。因此，与一级预防相比，二级预防在问题演化的时间顺序上发生得较晚（见图 15.1）。斯奈德等人（Snyder et al., 2000, p. 256）对**二级预防**（secondary prevention）的描述是，它发生在“一旦问题出现，个体对其产生消除、降低或抑制的想法或行动”之时。因此，与问题有关的时间是区分这两类预防的关键因素，一级预防涉及在问题发展之前发起的行动，二级预防涉及在问题出现之后采取的行动。

二级预防是心理治疗干预的同义词。尽管多数人可能认识到有多种形式的心理治疗，但是，当得知帮助者现在正在实践超过 400 种不同的干预时，仍然会让很多人感到吃惊（Roth, Fonagy & Parry, 1996）。

我们把心理治疗看做二级预防的主要例子，因为前来寻求治疗的人们知道他们存在特定问题，超出了他们的应付能力，这是造成他们前来寻求帮助的原因（Snyder & Ingram, 2000a）。实际上，有关文献显示，特定问题和生活应激源触发人们寻求心理帮助（Norcross & Prochaska, 1986; Wills & DePaulo, 1991）。当然，当心理治疗成功时，它也可能减少或阻止类似问题在未来复发的可能性，从而产生一级预防的特征。

二级预防是否有效

从最早的心理治疗效果总结（例如 Smith, Glass & Miller, 1980），到更当代的总结（见 Ingram, Hayes, & Scott, 2000），都一致证明心理治疗可以改善成年人和儿童的生活。当我们说心理治疗“有效”时，我们的意思是来访者的问题和症状的严重性和 / 或频率得以减轻或减少。例如，平均而言，与未接受心理治疗的人相比，接受心理治疗的个体在多种结果指标上改善了一个标准差的量（也就是好转了大约 34%）（Landman & Dawes, 1982; Shapiro & Shapiro, 1982）。因此，有很强的科学证据支持所谓的基于证据的治疗（evidence-based treatments）的有效性，包括对成年人（Chambless et al., 1998; Chambless & Hollon, 1998; Chambless et al., 1996）、儿童（Casey & Berman, 1985; Kasdin, Siegel & Bass, 1990; Roberts, Vernberg & Jackson, 2000; Weisz, Weiss, Alicke & Klotz, 1987）、老年人（Gallagher-Thompson et al., 2000; Woods & Roth, 1996）和少数族群（Malgady, Rogler & Costantino, 1990）的治疗。并且，接受心理治

疗的来访者报告对他们的治疗经历非常满意（Seligman, 1995）。

如果读者对抑郁、双极障碍、恐怖症、广泛焦虑障碍、惊恐、广场恐怖、强迫症、饮食障碍、精神分裂症、人格障碍、酒精依赖和滥用、性功能异常等疾病的有效治疗感兴趣，我们推荐1996年出版的《什么方法对什么人起作用？心理治疗研究的批判性总结》（*What Works for Whom? A Critical Review of Psychotherapy Research*），由安东尼·罗思（Anthony Roth）和彼得·冯纳吉（Peter Fonagy）主编。对具体问题的有效干预总结见附录A。

二级预防的共同成分

关于心理治疗的有效性，著名精神病学家和心理治疗研究者杰罗姆·弗兰克（Jerome Frank, 1968, 1973, 1975）指出，*希望*是所有成功的心理治疗方法共同的基本过程。建立于弗兰克的开创性思想之上，斯奈德及其同事（Snyder, Ilardi, Cheavens, et al., 2000; Snyder, Ilardi, Michael & Cheavens, 2000; Snyder, Parenteau, Shorey, Kahle & Berg, 2002）采用了希望理论（见第9章），展示路径和动因目标导向思维如何促进成功的心理治疗结果。接下来，我们详细说明这些动因和路径过程在心理治疗中的应用。

心理治疗研究中的安慰剂效应说明，只要来访者有动机相信改变将会发生，他们就会获得多么大的改善。因此，如果把安慰剂治疗效应的大小，与没有这种动机预期的来访者治疗效应大小进行比较，我们可以得出动因（或动机）效应的大小。同理，如果我们用全部治疗效应（由治疗动因加上路径构成）减去安慰剂效应（动因），那么会剩下类似路径效应。典型的动因效应大小是0.47个标准差（也就是说来访者与他们不接受治疗相比好转了16%），路径效应是0.55个标准差（也就是说来访者与他们不接受治疗相比好转了19%；数据来自Barker, Funk & Houston, 1988）。这些动因和路径效应产生的总体希望效应大小是1.02个标准差（来访者与他们不接受治疗相比好转了35%）。如图15.2所示，我们可以看到，大约一半的心理治疗效应与动因动机有关，另一半心理治疗效应与特定干预中学到的路径方法有关。

针对成年人的二级预防方案

多数心理治疗方法使用的是如伯格和德谢泽（Berg & de Shazer, 1992）指出的“*问题谈话*”（problem talk），而不是“*解决谈话*”（solution talk）。也就是说，传统的焦点是减少消极思维和行为，而不是集中于建立积极思维和行为（Lopez, Floyd,

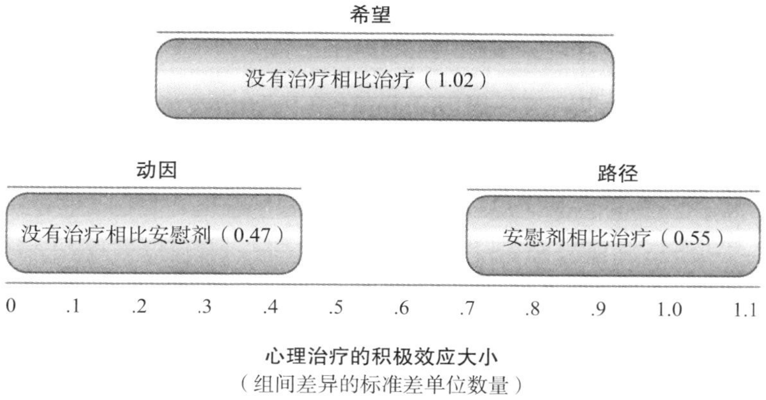

图 15.2　一级提升和二级提升

Ulven & Snyder, 2000）。然而，尽管从病理学角度来思考人类行为仍然是流行的模式，但近年来许多心理治疗师开始关注来访者的优势。类似地，来访者在学习积极思维和行为之前，有时候必须从头脑中清除消极思维和行为。

在转向积极心理学较新的治疗方法之前，让我们首先描述先前使用的治疗方法，它们被证明可以有效减轻来访者的问题。在这一方面，有些心理治疗干预涉及自我管理（Rokke & Rehm, 2001）。其中之一是班杜拉的自我效能模型，曾在第 9 章讨论过。根据这个模型，来访者可以通过如下途径来习得效能信念：（1）在问题领域中的实际表现，（2）模仿另一名有效应对的人，（3）帮助者的言语说服，（4）通过学会实现积极心情来控制消极认知过程（Forgas, Bower & Moylan, 1990）。在这些自我效能方法中，存在具体的目标问题，注意这一点很重要。

第二类自我管理涉及米琴鲍姆（Meichenbaum, 1977）的自我指导训练（self-instructional trainning），特别针对焦虑问题。这一方法的最初阶段是收集关于问题的信息，包括适应不良的认知。帮助者可以通过要求来访者想象问题，然后描述正在进行的内心对话，从而来收集这些信息。在米琴鲍姆的治疗方法的第二阶段，教会来访者更多适应性的内部对话。最后，来访者练习这些新的应对对话，以加强实际使用它们的可能性。

第三种自我管理方法是坎弗（Kanfer, 1970）的三阶段自我控制模型（three-stage self-control model），经常用于焦虑问题。第一个阶段是自我监控，来访者观察问题行为的前因和后果。第二个阶段是自我评估，来访者学会将正遭遇的问题行为，与合意的、改善的行为表现标准相比较，认识到自己目前的行为表现低于这一标准。第三个阶段是自我强化，来访者学会强化（利用奖励和惩罚）自己对不合意行为的控制。

并且，来访者必须承诺要做出改变，以及必须认识到他能控制特定行为。

我们在这里无法详细描述所有主要的心理治疗方法。对于不同心理治疗方法的总结，见 2000 年的《心理改变手册：21 世纪的心理治疗过程与实践》（*Handbook of Psychological Change: Psychotherapy Processes & Practices for the 21st Century*），由斯奈德和英格拉姆（C. R. Snyder & R. E. Ingram）主编；以及 2004 年的《心理治疗和行为改变手册》（*Handbook of Psychotherapy and Behavior Change*），由兰伯特（M. J. Lambert）主编。主要的心理治疗模型包括心理动力学方法、行为技术、认知行为策略、人本主义模型和家庭系统疗法，以及可能会使用的精神类药物（Plante, 2005）。

我们现在转向在积极心理学这一新领域内描述的二级预防方法。对于这类心理治疗方法的总结，我们推荐 2004 年的《积极心理学实践》（*Positive Psychology in Practice*）一书，由林利和约瑟夫（P. A. Linley & S. Joseph）主编。

塞利格曼采用他的习得性乐观理论作为归因再训练框架，发展用于抑郁的治疗方法。关于他的成年人治疗概述，我们推荐塞利格曼 1991 年出版的《习得性乐观》（*Learned Optimism*）和 2002 年出版的《真实的幸福》（*Authentic Happiness*）。

塞利格曼用于成年人的归因再训练方法，从给人们讲授与他们生活中的消极事件有关的“ABCs”开始。具体来说，A 是指逆境（adversity），B 是指关于这一坏事的基本原因的信念（belief），C 是情感方面的后果（consequence）（通常是消极的或抑郁的）。然后，塞利格曼教成年人在 ABC 序列中加入 D，D 代表来访者学习通过强有力的、准确的证据，与先前产生不良后果的、引发抑郁的信念进行抗争（dispute）。例如，在下面的序列中，想象一位叫杰克的来访者：

A= 杰克认识到他的朋友鲍勃一直在忽视他。

杰克的 B= 鲍勃不喜欢杰克是因为他“无趣”。

C= 杰克心里很不舒服。

通过抗争训练来学会对鲍勃的行为做出其他解释，杰克对自己的感觉将会变好。例如，考虑下面这个加入抗争的序列：

A= 鲍勃在所有工作日的下午都不与杰克交谈。

杰克的 B= 鲍勃不喜欢杰克。

C= 杰克感觉很糟糕。

D= 杰克采用更乐观的归因，认为鲍勃在工作时也不和别人交谈。并且，杰克留意到，实际上，鲍勃在上午的休息时间会与他交谈。因此，在做出这些更乐观的归因后，杰克能够对现状感觉更好些。

除了习得性乐观治疗，也有人关注实施所谓的“希望治疗”，包括一对一的环境（Lopez et al., 2000; Lopez et al., 2004; McDermott & Snyder, 1999）、夫妻（Worthingtong et al., 1997）以及团体（Klausner et al., 1998）。例如，克劳斯纳及其同事（Klausner et al., 1998; Klausner, Snyder & Cheavens, 2000）发展了针对抑郁老年人的有效团体干预。具体来说，在 10 次的团体疗程中，通过学习希望理论中的目标导向活动，降低了抑郁，提高了抑郁老年人的身体活动水平。并且，希望治疗组的改善高于比较组的改善，比较组接受巴特勒（Butler, 1974）的记忆恢复团体治疗（这种方法要求老年人回忆他们生命早期的愉快时光）。奇文斯及其同事（Cheavens, Feldman, Gum, Michael & Snyder, in press; Cheavens et al., 2001）也以希望理论为基础，发展出针对抑郁成年人的 8 个疗程的有效干预。

在另一个希望治疗的应用中，为一家社区心理健康中心的门诊病人提供基于希望理论的治疗前准备（也就是教给他们这一理论的基本原理），然后，这些来访者接受这家机构实施的正常心理治疗干预。结果显示，治疗前接受希望理论指导的人，在随后的治疗中比没有接受这些治疗前准备的人改善得更多（Irving et al., 2004）。需要强调的是，这个研究中的所有来访者接受的实际治疗相同，而治疗前接受希望理论教育的那一组从治疗中获益更大。在另一个希望干预研究中，特朗普（Trump, 1997）设计了一种录像治疗，录像中是一名在儿童期经历乱伦的女性所做的希望叙述。结果显示，与观看其他录像的控制组的女性相比，观看该录像的女性的希望水平得到增强。

附录 B 是一份实施成年人希望治疗时使用的工作表。如表中所示，对接受希望治疗的来访者，首先询问他们在不同生活领域中的目标。接下来，要求来访者选择一个要针对的具体生活领域。在接下去的疗程中，治疗师帮助来访者厘清目标，制作清晰的检视点来评估达成这些目标的过程中的进步。然后，教给他们达成目标的不同路径，以及激励个体切实采取这些路径。预测阻碍渴望目标的因素，指导来访者制定达到目标的后备路径。随着时间的推移，通过实践不同的目标，来访者学会如何在日常的目标追求中自然地应用希望疗法。总体目标是教会来访者如何利用希望治疗原则来达成持续的生活目标，特别是当遇到阻碍之时（Cheavens, Feldman, Woodward & Snyder, in press）。

针对少数种族的二级预防

接下来在考虑关于少数种族来访者心理治疗的评论时，需要注意一个事实，即有色人种倾向于不寻求治疗。例如，尽管少数种族群体成员代表了美国人口的大约

30%，但是他们只占寻求心理治疗者的 10%（Vessey & Howard, 1993）。而且，进入心理治疗的少数种族群体成员比白种来访者更有可能提前终止治疗，这一事实加剧了该问题（Gray-Little & Kaplan, 2000）。

我们提到这些事实是为了强调一点，即心理治疗系统在接触和帮助有色人群方面不够有效。并且，对于非裔、西班牙裔或亚裔美国心理治疗来访者所做的研究如此之少，以至于至今我们仍无法就对他们而言最好的治疗方法做出陈述。在评论缺乏少数种族来访者样本时，格雷－利特尔和卡普兰（Gray-Little & Kaplan, 2000, p. 608）写道，“我们的总结让我们感觉自己好像是参加晚宴的客人，评论说食物令人失望和‘分量好少’”。很明显，积极心理学的使命之一应该是，理解少数群体成员未充分利用心理健康专业人士的原因，以及促使他们更多的寻求这些服务和坚持治疗。

针对儿童的二级预防

针对儿童的二级预防的概述，可访问两个互联网网站 http://www.state.hi.us/doh/camhd/index.html 和 http://www.clinicalchildpsychology.org。我们现在转向针对儿童的具体积极心理学干预。在本章前面部分，我们讨论了塞利格曼的乐观方法，它可以用在针对五年级学生抑郁的一级预防方案中（也见 Jaycox, Reivich, Gillham & Seligman, 1994）。在他 1995 年的《乐观的儿童》（*The Optimistic Child*）一书中，塞利格曼向老师和父母介绍了如何指导儿童获得必要的生活技能以减少抑郁。这一方案也可以促进自立、学业成绩和身体健康。

还有一些探索性干预方案，使用斯奈德及其同事发展的希望理论，提高儿童的希望水平。在这些希望训练方案中，教孩子设定清晰的目标，并找到通往这些目标的几条可行路径。然后教会儿童激励自己使用通往期望目标的这些路径。在他们的《希望伴你行》（*Hope for the Journey*）一书中，斯奈德等人（Snyder, McDermott, Cook & Rapoff, 2004）用故事来向儿童灌输希望思想和行为。并且，在小学（McDermott et al., 1996）和初中（Lopez, 2000）尝试的初步方案表明，利用故事可以适度地增加希望。类似地，马克尼尔（McNeal, 1998）报告，在 6 个月的心理治疗之后，儿童的希望增加了；布朗和罗伯茨（Brown & Roberts, 2000）发现，6 周的夏令营带来了儿童希望分数的显著增加（这些改变在 4 个月后仍保持）。[关于针对儿童的希望干预的另一个概述，阅读麦克德莫特和斯奈德 2000 年出版的《希望百科全书》（*The Great Big Book of Hope*）。]

针对老年人的二级预防

抑郁是寻求心理治疗的老年人最常见的问题。如布莱泽（Blazer, 1994）所述，抑郁类似于老年人心理生活中的感冒。老年人中最流行的治疗方法还是认知行为疗法（Thompson, 1996），尽管心理动力的（Newton, Brauer, Gutmann & Grunes, 1986）、人际间的（强调沟通技能；Klerman, Weissman, Rounsaville & Chevron, 1984）和记忆恢复的（Butler, 1974）方法也得到了有效利用。由于老年人经常面对几乎不可避免的消极事件（收入和健康的下降、失去朋友和配偶等等），对个人状况和自我形成更具适应性的看法特别适用（Gallagher-Thompson et al., 2000）。在这一方法中，重要的是确保老年来访者：（1）对治疗中会发生什么有适当的预期，（2）在治疗过程中能够听清楚和看清楚，（3）老年人吸收必要的课程，所以会谈安排得足够慢。常见的方法是一对一实施这种治疗，但团体形式也有效。在这一方面，针对老年人的心理教育方法在未来将会变得越来越重要。（开展这类课程的指南见 Thompson, Gallagher, & Lovett, 1992）。

二级预防的局限

不幸的是，看心理医生接受心理治疗常与污名相联系。尽管多数人可能不会介意求助于其他健康专业人士，例如眼科医生或外科医生，但他们对于见精神病学家或专业心理学家是有所顾忌的。一个著名的例子发生在 1972 年的总统选举中，当时，民主党的候选人乔治·麦戈文选择参议员托马斯·伊格尔顿作为他的副总统竞选伙伴。当美国公众发现参议员伊格尔顿曾经因抑郁接受过临床电痉挛治疗时，他们担心，如果麦戈文出了什么事情（倘若他被选为总统），一名曾经的抑郁患者将会“离总统位置一步之遥”。与抑郁相关联的污名最终导致麦戈文将伊格尔顿从候选名单中除去。

另一个例子来自前第一夫人罗莎琳·卡特（Rosalynn Carter, 1977），她写道：

> 我在佐治亚州的普莱恩斯长大，当时我没有听说过“心理健康”或“心理疾病”这些词。这些年来，我看到我们的一个邻居得了‘神经衰弱’，另一个朋友“不太对劲”，一个远房亲戚被关在一家州立机构，我开始以为每个人都疯了。我还清楚记得，我的亲戚某次回家探亲时的情景。我对那个场景记忆犹新的原因是，他沿路追赶我——我从来没有那么害怕过。我不知道为什么我必须逃走……作为一个国家，我们仍然在躲避曾经或者仍然患有心理和情绪障碍的人。他们不该承受与他们的困境相联系的污名……总之，心理疾病在我们的社会中仍然不被接受。（p. D4）

媒体通过诸如《鲍伯·纽哈特秀》和《欢乐一家亲》这样的情景电视节目，讨论这些主题，我们因为心理治疗师的古怪行为中蕴含的幽默而大笑。但是，这些电视节目一点也没有减少心理疾病患者所背负的污名，它可能还助长了消极的刻板印象。事实上，污名在美国社会中仍然存在，这一点很少有人怀疑，因为多数人仍然回避谈论他们对心理健康的担忧。悲剧的是，这种污名阻止许多人寻求必要的治疗。并且，如果人们能够在心理问题的早期阶段寻求治疗，那么他们得到有效治疗的可能性将会提高。但是，实际情况是，人们直到心理问题变得严重、难以实施有效干预时才去看心理医生。也许积极心理学能够努力减少这些偏见思维，让人们意识到心理治疗不仅仅是解决问题，而且认为它可以帮助人们利用个人优势和才能，让自己变得更有生产力和更快乐。换句话说，随着积极心理学的发展，与心理治疗相关联的污名可能会减少，因为人们开始把治疗看做加强他们优势的必要过程。

一级提升："让生活美好"

一级提升（primary enhancement）包括努力建立最佳功能和满意度。如图 15.3 左侧所示，一级提升既包括试图通过使快乐最大化来增加享乐幸福感，也包括通过设置和达成目标来增加理性幸福感（Ryan & Deci, 2001; Waterman, 1993）。**享乐主义一级提升**（hedonic primary enhancement）涉及沉溺于快乐以及欲求和需要的满足；**理性主义一级提升**（eudaemonic primary enhancement）强调有效功能和快乐作为目标寻求过程的期望结果（Seligman, 2002; Shmotkin, 2005）。在这一方面，需要指出的是，因素分析研究支持这种享乐主义与理性主义人类动机的区分（Compton, Smith, Cornish & Qualls, 1996; Keyes, Shmotkin & Ryff, 2000）。

在描述通往一级提升的不同路径之前，有必要对进化的作稍作评论。从进化的角度看，某些活动倾向于带来生理满足（Buss, 2000; Pinker, 1997）。进化的前提是，人们在对人类物种繁殖有利的环境中会体验到快乐（Carr, 2004）。相应地，幸福来自亲密的人际关系，特别是那些导致结成配偶和保护后代的关系。事实上，研究显示，幸福来自：（1）与共事的人形成安全和支持性的生活单元；（2）富饶和能生产出食物的环境；（3）通过锻炼"拉伸"我们的身体；（4）在工作中追求有意义的目标（Diener, 2000; Kahneman, Diener & Schwartz, 1999; Lykken, 1999）。

这里还需要注意一个限制条件。许多放在一级提升类别中的体验也可以归入二级提升类别，包括高峰体验。最佳体验与高峰体验之间的区别可能相当微妙。

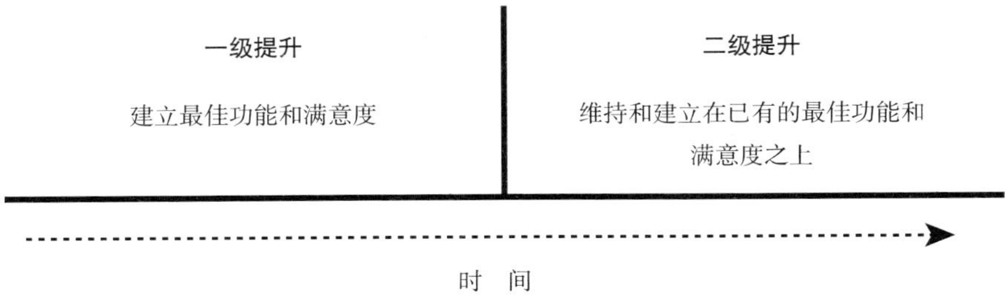

图 15.3　一级提升和二级提升

一级提升：心理健康

许多人在临终之时可能会想，“我过去要是多与家人在一起就好了。”这意味着我们的关系对生活满意度很关键（如第 1 章和第 13 章所述）。实际上，对于多数人而言，与爱人、家人和好朋友之间的人际关系，向我们提供了最有力的幸福感和生活满意度来源（Berscheid & Reis, 1998; Reis & Gable, 2003）。

共同参与令人愉快的活动会增加心理幸福感（Watson, Clark & Tellegen, 1988），特别是当这种共同参与包含唤醒的和新奇的活动时（Aron, Norman, Aron, McKenna & Heyman, 2000）。类似地，对于伴侣来说，他们共同从事具有内在激励作用的活动，在活动中分享他们生活的方方面面，并沉浸于他们的行为过程中，这对双方都是有益的（Csiszentmihalyi, 1990）。

除了与配偶的关系，一级提升带来的满意感也可以来自其他关系，例如家人和朋友。住得离亲戚比较近，也可以获得对幸福很关键的社会支持。少数朋友构成的亲密关系网也可以产生满意感。最后，关于为什么这些亲属和朋友关系对快乐很关键，既有令人信服的进化证据（Argyle, 2001），也有支持性的实证研究（Diener & Seligman, 2002）。

另一种带来幸福的关系是参加宗教和精神活动（Myers, 2000; Piedmont, 2004）。这可能部分反映了虔诚和祈祷与较高的希望有关这一事实（Laird, Snyder, Rapoff & Green, 2004; Snyder, 2004c）。类似地，宗教带来的某些满意度来自它提供的社会交往（Carr, 2004）。幸福还可能来自个体与高级力量的关系所产生的精神感悟。在这一点上，有科学证据表明，人类的精神需求可能存在遗传基础（见 Hamer, 2004）。

收益性受雇也是重要的幸福来源（Argyle, 2001; 也见第 17 章）。只要人们对他们的工作满意，他们就更快乐（有工作和幸福水平之间的总体相关为 0.40；Diener & Lucas, 1999）。因为对于很多人而言，工作提供了社交网络，同时允许人们施展才华和技能。但是，要从工作中获得满足，工作中从事的活动就要丰富多样。并且，工作职责应该与工作者的技能和才华相匹配。另外，如果有一个支持性的、鼓励自主的老板（Warr, 1999），同时能够让员工理解和支持更大的公司目标（Hogan & Kaiser, 2005），也会有所帮助。

休闲活动也可以带来快乐（Argyle, 2001）。放松、休息和美食，都具有让人们感觉变好的短期效果。运动、跳舞和听音乐这类娱乐活动让人们愉快地与他人交往。人们在参与休闲活动时经常非常活跃，尽管这可能显得与休闲一词不符。因此，有时候幸福来自刺激和积极唤醒感，而另一些时候幸福反映了一种安静的充电过程。

不管是何种一级提升活动，那些极具吸引力的活动最令人愉快。奇克森特米哈伊及其同事（Csikszentmihalyi, 1990; Nakamura & Csikzentmihalyi, 2002）研究了能够带来完全投入感的环境。这些活动通常具有内在吸引力，它们使你尽情发挥才华，这时人们忘记了自我和时间的流逝。这类一级提升称为**流畅感**（flow）体验，艺术家、外科医生和其他专业人士都报告过工作中的这一体验（见第 11 章对流畅感的具体讨论）。

获得满足感的另一种途径是，此时此地静观一个人的外部或内部环境。实际上，东方思维的一条主线是，极乐是通过“存在”或体验来获得的。但是，即使是在西方社会，依赖于内在的体验或思维的冥想也赢得了许多追随者（Shapiro, Schwartz & Santerre, 2002）。**冥想**（meditation）被定义为“一组技术，其共同点是有意识地试图以非分析性的方式集中注意，以及试图不去没完没了地陷入杂乱的反刍思考之中”（Shapiro, 1980, p. 14）。例如，专念冥想（Langer, 2002）涉及不偏不倚的注意，产生平静、安宁和快乐的感觉。卡巴特－津恩（Kabat-Zinn, 1990）提出了专念冥想的下列七种性质：不偏不倚、接纳、开放、不偏执、耐心、信任、随缘（见第 11 章）。类似地，在称做集中冥想（concentrative meditation）的活动中，集中于单一的思想或对象，例如个人祷文、呼吸、一个词（Benson & Proctor, 1984）或一种声音（Carrington, 1998），以此来限制觉知范围。

弗雷德·布赖恩特

资料来源：Reprinted with permission of Fred B. Bryant.

另一种在操作上类似冥想的过程是品味。**品味**（savoring）包括一些思想或行动，其目的在于领会以及也许放大某种积极体验（见 Bryant, 2004; Bryant & Veroff, 2006）。弗雷德·布赖恩特（Fred Bryant）创造了这个新词，提出了主要的理论并对之进行了研究，根据他（2005）的看法，品味可能以三种时态形式出现：

1. 预期或者享受即将到来的积极事件
2. 活在当下，或者思考和从事强化和延长积极事件的事情
3. 追忆，或者回顾某个积极事件以重新唤起良好的情感或思想

此外，品味可以采取的形式还包括：

与他人共享
拍“心理照片”来建构记忆
祝贺自己
与自己其他时候的感受相比较
通过集中精神让感受更加清晰
沉浸在当下
通过行为表达自我（大笑、喊叫、挥舞拳头）
认识到这种体验多么易逝而珍贵
细数你的幸运

作为品味的一个例子，我们来看伯特兰·皮卡德（Bertrand Piccard, 1999）在他破记录地乘热气球环游世界的最后一个晚上的所想（摘自他的日记）：

> 最后这个晚上，我再一次品味了我们与我们的星球建立的亲密关系。我战栗地坐在驾驶员的座位上，感觉自己离开了驾驶舱，在星星下飞翔，星星吞没了我们的气球。我感到非常荣幸，我想要享受空中世界的每一秒……在天亮后不久，[气球]将在埃及的土地上着陆……[我将]立即需要寻找词语来满足公众的好奇心。但是现在我包裹在软毛外套里，夜晚的寒气提醒我还没有着陆，我还在度过我生命中最美丽的时刻……让这一瞬间持续的唯一方法是和别人分享这一刻。（p. 44）

人们除了品味之外还能做很多其他事情。在这一点上，北卡罗来纳大学的心理学家巴巴拉·弗雷德里克森（Barbara Fredrickson, 2002），在观察到愤怒或焦虑这样的消极情绪会限制个体的思维和行为之后，开创了她的拓展和建构模型（见第 7 章对这一模型的具体讨论）。也就是说，当感受到消极情绪时，人们开始关注自我保护，他们的思想和行为局限于少量有限选项，目的在于保持“安全”。另一方面，弗雷德里克森提出，当体验到积极情绪时，人们的思维和行为变得开放和灵活。因而，积极情绪有助于产生“拓展和建构”的心理状态，与随后的情绪、思想和行动形成良性循环。因此，个体能够从任何事情中体验到快乐，也许通过游玩或其他活动也能

产生心理益处。

在弗雷德里克森（1999, 2001, 2002）的研究中，通过让参与者回忆愉快事件、听动听的音乐、看精彩电影或收到积极的自我参照反馈等等，引发积极情绪。这些积极情绪的诱因让人们更快乐，感知更敏锐，更善于解决问题，社会交往更顺利，更有创造力，等等。第7章的图7.3描绘了拓展和建构循环。积极情绪让个体愿意接受周围环境以及环境中重要的、任务相关的线索。并且，积极情绪提醒个体生活中的其他成功场景，从而增加个体在当前环境中知觉到良好表现的可能性。因此，弗雷德里克森的拓展和建构过程引发了良性循环。

史蒂夫·伊拉迪

资料来源：Reprinted with permission of Stephen Ilardi

堪萨斯大学的心理学家史蒂夫·伊拉迪（Steve Ilardi）及其同事，发起一种新的预防抑郁和提升个人幸福感的治疗方法，称作*治疗性生活方式改变*（Therapeutic Lifestyle Change, TLC）（Ilardi & Karwoski, 2005; 关于这种方法的更多信息可浏览网址www.psych.ku.edu/TLC）。TLC的基本宗旨是对生活方式做出一些改变，特别是更多从事多年前我们祖先生活中的一些自然活动，它们可以减轻抑郁和增加快乐。

TLC的成分是锻炼、补充ω-3脂肪酸、阳光照射、减少反刍思考和担忧、社会支持以及良好的睡眠。首先，推荐每周至少进行三次、每次35分钟的有氧锻炼。这里的要点是让心率到达每分钟120~160次。第二，可以在药店购买无需处方的补充ω-3脂肪酸的药物（鱼肝油）。第三，试着每天进行30分钟的日光浴。可以在户外接受自然的阳光照射，也可以坐在发出明亮光线的专门灯箱旁边（10000勒克司）。第四，停止反刍思考。可以有效减轻这种担忧的事情包括：给朋友打电话，锻炼，把消极想法写在日记里，或者从事其他愉快活动。第五，确保与其他人待在一起。这也可以转移对反刍思考的注意。第六，每晚至少睡8个小时。形成一种就寝习惯，在就寝之前的几个小时内确保避免咖啡因和酒精。总之，TLC似乎是一种有前景的新方法（基于古老的人类活动），它可以增加我们的幸福感。此外，应该注意，我们在心理健康一级提升部分已经讨论过的许多过程，似乎都包含在TLC中。

马丁·塞利格曼及其同事承担了一个研究项目，旨在找到有效的一级提升干预方法（见Seligman, Steen, Park & Peterson, 2005）。具体来说，塞利格曼从访问他的《真实的幸福》一书（Seligman, 2002）网站的人之中，招募了577名成年人。多数是白人，接受过大学教育，年龄在35~54岁，54%是女性。在接受一级提升干预之前和之后，每名参与者完成自我报告的幸福感测量。（随机分配参与者到几种条件，我们这里主要讨论一个控制条件和三个一级提升干预条件。）

控制比较条件是一种安慰剂练习，参与者写下他们从前的经历，持续一周。分配到感恩干预组的参与者花一周时间，“私下寄一封感谢信给那些对他们特别好，但又从来没有好好谢过的人”（Seligman et al., 2005, p. 416）。分配到“生活中三件好事”条件的参与者，每天写下三件顺利的事情，以及每件积极事件的原因，持续一周。最后，要求一组参与者用新的方式使用他们的优势特征，持续一周。

结果显示，这三种一级提升干预都有明显的积极效果，与安慰剂条件下的参与者相比，它们都能提高参与者的幸福水平。感谢信产生的幸福增加最大，但是只持续一个月。另外，写三件好事以及用新方式使用优势特征让人们更幸福，并且这些积极改变持续六个月之久。

总的来说，这些发现表明，心理学家可以帮助发展和实施一级提升干预，以提高人们的幸福感。在结束对这些开创性研究的评论时，塞利格曼等（2005, p. 421）总结说：“长久以来，心理治疗一直是讨论你的烦恼的地方……我们建议，未来的心理治疗可能也是你前来谈论你的优势的地方。”

在我们结束心理健康一级提升讨论之前，接下来的发现可能会让你吃惊：人们经常追求个人财富，但是没有证据证实它可以实现一级提升。除了能为生活提供必需品之外，金钱几乎不能提高幸福感（Diener & Biswas-Diener, 2002; Myers, 2000）。想一下你认识的人，致力于获得财富的人很有可能根本不那么幸福。事实上，我们在前面章节关于幸福感的前因中讨论过（第 7 章），获得巨大财富并非通向生活满意的捷径。

一级提升：身体健康

锻炼是获得良好身体状况感觉、健康和活力的常见途径。锻炼和健康的一个重要部分是，它让人们对自己从事日常活动的能力更有信心。锻炼除了可以带来生理上的改善，它带来的信心还可以增加快乐和幸福感（Biddle, Fox & Boutcher, 2000）。尽管短期锻炼也可以带来积极心境，但只有长期锻炼才可以带来更多的快乐（Argyle, 2001; Sarafino, 2002）。从这一点来看，锻炼可以加在前面讨论一级提升与心理健康的部分中。

锻炼的部分动机可能是想要有活力和改善身体形象（Leary, Tchividijian & Kraxberger, 1994）。此外，锻炼的另一个基本动机可能是希望身体健康。因此，有些人从服用维生素和营养丰富的食物中也能找到乐趣。

有规律的身体活动既带来心理好处又带来身体益处。例如，身体活动与下列益处有关（摘自 Mutrie & Faulkner, 2004, p. 148）：（1）减少过早死亡的可能性，（2）降低因心脏病过早死亡的概率，（3）降低患慢性糖尿病的风险，（4）降低患高血压的概率，（5）降低患结肠癌的可能性，（6）体重减轻和控制，（7）健康的骨骼、肌肉和关节。

一级提升的局限

在一级提升方面，人们应该小心，不要过度从事这些活动。如果受构建优势所产生的快乐的诱惑，个体的日常活动可能会失去均衡感。任何活动都需适度。

二级提升："让生活尽可能最好"

与一级提升相比，**二级提升**（secondary enhancement）的目的是，提升已有的积极水平，力争达到表现和满意的巅峰（见图 15.3 右侧）。而一级提升旨在通过追求期望目标寻求最佳表现和满意。在时间方面，二级提升活动发生在已经通过一级提升达到了基本的表现和满意水平之后。

二级提升：心理健康

心理健康的二级提升使人们在他们先前的积极心理健康基础上，将快乐最大化。高峰心理时刻通常涉及重要的人际关联，例如孩子的出生、婚礼、所爱之人大学毕业，或者来自与配偶的激情之爱和伴侣之爱。

有一些团体心理体验，其目的是帮助人们从与他人的深度联系中获得极度的快乐。例如，早在 20 世纪 50 年代，就已经有一些训练团体或称 T 团体（Benne, 1964），强调人们如何聚在一起充分体验积极情绪（Forsyth & Corazinni, 2000）。（有时候，这些训练团体被叫做"敏感性训练"团体［F. Johnson, 1988］。）

存在主义者对生活意义的思考，是另一种获得巅峰满足体验的途径。维克多·弗兰克（Viktor Frankl, 1966, 1992）在考虑"意义的本质是什么？"时，总结说，体验生活意义的巅峰来自于思考我们的目标和目的。并且，他推测，终极满足源于在苦难中思索我们的目标。积极心理学研究者报告，这种生活意义与极高的希望相关联（Feldman & Snyder, 2005）。如果读者对生活意义方面的自陈式工具感兴趣，我们推荐生活目的测验（Purpose in Life Test）（Crumbaugh & Maholick, 1964; Crumbaugh & Maholick, 1981）、生活关注指数（Life Regard Index）（Battista & Almond, 1973）以及心理一致感量表（Sense of Coherence Scale）（Antonovsky & Sagy, 1986）。

有时候，二级心理提升发生在人们彼此竞争的情境中。这些“正常竞争”（见 Snyder & Fromkin, 1980）需要参与竞争性竞赛。这些竞赛都有一定的规则，最后，一个人或多个人成为胜者。这些胜利者体验到的高水平的快乐经常被描述为“纯粹的喜悦”。

偶尔，最高水平的快乐来自参与某些群体活动，这比单一个体所获得的快乐程度要高（Snyder & Feldman, 2000）。一起工作的人们可以为成就而奋斗，这种成就对于任何个体而言都是不可想象的（见 Lerner, 1996）。然后，作为这个集体单位的一分子，人们能够体验到意义感以及最美妙的情绪。历史上，集体战胜困境的例子不胜枚举。类似地，文学作品中经常详细描述一群人共同克服困难和重重阻碍，达成集体目标后体验到的那种狂喜。一些心理学家已经开始尝试荒野应对体验，一小组人在原始、自然的环境中（潜水、划艇、乘筏、登山等），作为一个团体共同克服各种挑战，从中体验到至高的喜悦。

帮助他人也让人们自我感觉良好。接下来的个人小实验指出了一些促进人们之间自愿互相帮助的小窍门。根据我们的经验，志愿活动是最能带来满足感的人类活动之一，我们鼓励你去尝试这里提出的建议。

另一种超越体验涉及目睹他人做事，这些事非常特殊，以至于让人敬畏或感到升华。在这些例子中，如同我们见证了人类最好的一面，这种场景可以引发深切的惊叹和敬畏（见 Haidt, 2000, 2002）。来看一个我（斯奈德）曾有幸目睹的实例。事情是这样的，当时我经历了非常糟糕的一天——不仅工作中的事情很不顺利（我得知我的基金申请被拒绝了），而且我感到身体也不舒服。我和学生工会的同事一起去吃午饭，我发现他们的心情也很糟糕。突然，一个穿着堪萨斯大学外套的年轻男子跑到走廊另一边的一张桌子那里，对一位窒息的老人实施海姆利克氏急救。自助餐厅立即变得安静起来，人们目睹了可能拯救那位老人生命的勇敢举动。老人喉咙里的食物被弄出来之后，人们打破了沉寂，为这个年轻人的举动鼓掌。他看起来有点害羞，急忙笑着跑开了。我内心感到非常振奋，这种感觉一直持续到那天结束（以及接下来的几天）。这是我目睹的最感人的事件之一，我只是以旁观者的身份见证了这一惊人的无私之举。毫无疑问，观察到此类罕见的举动可以产生某种二级提升。

最后，通过艺术——例如音乐、舞蹈、戏剧和绘画——大众可以获得巨大的愉悦。欣赏著名艺术家的作品，可以让观众感受到最高水平的满足和享受（Snyder & Feldman, 2000）。我们也鼓励老年人重温他们年轻时探索和获得新技能所带来的喜悦和快乐。（见个人小实验“恢复‘神奇时光’”，建议重温获得新技能时的惊喜。）

个人小实验

提升你的日常生活

贯穿本章，我们强调人们能够做出改变，让他们的生活变得更好。你可以参与这两个小实验，检验这一论题。

在帮助他人中找到快乐？人们在回答“什么带给你快乐？”这个问题时，常常提到从事某些娱乐活动，比如看一场好电影、吃美食、参加喜欢的运动或玩游戏，或者与伴侣做爱。帮助别人的活动也会带来快乐吗？这些利他举动包括志愿活动，例如，在一家当地医院服务，做小学生或高中生的大哥哥或大姐姐，帮助一位老人整理花园，教一名在某一科上有困难的学生，帮助残疾人，给盲人读书，带孩子去观看体育比赛。当然，娱乐活动和助人活动都可以带给个人快乐。对你来说，哪种活动带来更多快乐呢？从事各种活动（娱乐和帮助），然后解释为什么一件事比另一件事给你带来更多的快乐。思考一下它对于你消遣时间的方式意味着什么。尽管我们中的多数人可能认为我们知道什么可以带给自己快乐，但这个练习会表明，我们可能还需要从积极心理学中学习一些知识。我们想知道这个练习带给你的影响是什么，因此请尽管写邮件给沙恩·洛佩斯，讨论你的个人体验，他的信箱是 sjlopez@ku.edu。人们发给我们的一些例子会出现在本书的第二版中。

恢复“神奇时光”：在青少年时光逝去之后，多数成年人停止了学习新技能。你不觉得羞愧吗？回忆一下，当你是一个孩子时，你学会走路、系鞋带、数到 10、骑自行车、放风筝、学会开车，等等，那时你是多么惊喜和兴奋？我们的年轻时代被称做“神奇时光”，也许主要是由于我们实践刚掌握的新技能时的兴奋和惊喜。但是，为什么这在大约 20 岁时终止了？我们认为不应该终止。事实上，这个积极心理学实验的要点是帮助你再次体会掌握新技能时的喜悦。我们的指示非常简单：学习你一直想获得的一种新技能。有可能你拥有一些你完全没有觉察到或还没有使用过的才能。培养这些才能，是你在成年生活中可以做的、最令你满意和带来回报的改变之一。因此，现在开始行动吧，重获尝试新事物的精神，它在你儿童期或青少年期的日常经历中很常见。把握这些机会。

二级提升：身体健康

身体健康的二级提升属于高峰水平的身体健康——这一水平超过了那些身体状况良好的人们。寻求二级提升的人们所追求的身体状况，远超过仅进行锻炼的人们通常所达到的水平。但是，要澄清一点，这些人不必是奥运会级别的运动员，不需要与其他精英运动员竞赛，而奥运会运动员的目标是在比赛中获得最佳成绩。那些追求最高竞技水平的运动员，可能更多地把身体矫健看做增加获胜可能性的手段。另一方面，身体健康二级提升的人们，有动机获得非常好的体力。这种高水平的身体健康被迪恩斯特贝尔（Dienstbier, 1989）定义为强健（toughness）。

二级提升的局限

尽管听起来很奇怪，但是人们可能会完全沉溺于反映在二级提升的高峰体验中。然而，生活中那些必须要做的世俗活动需要人们去照料，因此，这种自然的平衡力量使得人们只有有限的时间去追求一级和二级提升。

我们也特别关注有关潜能开发的个人教练技术，以帮助人们获得二级提升所带来的高峰体验的可能性。我们的担心是，只有富人才能负担起这种教练，这与平等精神相悖，而我们相信平等应该指引积极心理学领域。积极心理学个人教练的增加，应该让来自所有种族和社会经济群体的人都能接近他们。我们在别处提到，积极心理学应该是多数人而不是少数人的科学（Snyder & Feldman, 2000）。

预防和提升系统的平衡

在这一章，我们分别描述了预防和提升干预。一级和二级预防需要努力不让消极结果发生，而一级和二级提升则是努力确保积极结果将会出现。通过一级和二级预防摆脱问题之后，人们就可以把注意力转向一级和二级提升，获得最佳的甚至是高峰体验和生活满意（Snyder, Thompson & Heinze, 2003）。预防和提升一起形成了应对和胜出的有力二分体。

值得注意的是，预防和提升类似于所有心理学中的两种主要动机。预防对应着能避免有害结果的过程，提升对应着获得有益结果的过程。在心理学上，回避和趋近系统的并列由来已久，包括弗洛伊德（1915/1957）的精神分析理论中关于防御的早期观点、行为主义研究（Miller, 1944）和现象学研究中（Lewin, 1951）关于人类冲突的主题，以及更近的健康心理学（Carver & Scheier, 1993, 1994）。

尽管回避系统被描述为不具有建设性（见 Snyder & Pulvers, 2001 的综述），但这些早期观点忽略了一种可能性，即通过回避性思考，人们主动地思考和行动以避免随后的有害结果。事实上，后一种定义是一级预防和二级预防途径的核心，它们确实会带来明显的益处。回避并非总是“坏事”，作为本章的结束语，我们提出，回避和趋近过程（或者有时候称为厌恶性和欲求性过程）都有助人们有效应对。因此，预防和提升干预提出了挑战，人们在日常生活中需要对二者进行平衡。

附录 A：对成年人问题的有效二级预防（心理治疗）

问题	有效的心理治疗方法
抑郁	社交技能训练以改变引发抑郁的环境；认知治疗以改变适得其反的思维；希望训练以改变目标导向思维；人际 / 婚姻训练以改变维持抑郁的交往模式
双相抑郁	药物（碳酸锂）加认知行为治疗，目的在于反驳欣快或抑郁思维；家庭干预以降低压力、改善问题解决和沟通
社交恐惧症	挑战威胁取向的认知行为治疗，同时练习把社交回避行为与应对技能和放松相配对
单纯恐惧症	逐步增加对引发恐惧的刺激的接触，在行为治疗背景下加强应对技能和放松
惊恐 / 广场恐惧症	认知行为治疗，慢慢增加对引发焦虑的刺激的接触，以及家庭支持、应对技能和放松训练和反驳引发威胁的思维模式
一般焦虑障碍	认知行为治疗，挑战诱发恐惧的思维模式，以及把引发焦虑的刺激与技能和放松训练配对
强迫症	行为治疗，逐级增加接触引发强迫观念的线索，把强迫与应对技能 / 放松配对，所有这些都在家庭支持背景下完成
厌食症	教授比较没有破坏性的方法以维护自主；通过心理动力治疗以理解与照料者的早期关系，洞察当前关系中（包括与帮助者的）问题
贪食症	认知行为治疗，目的在于教授自我监督和问题解决的方法，理解暴食 – 呕吐循环的前兆，并反驳引导暴食 – 呕吐的思维
创伤后应激障碍	在行为治疗背景下，结合应对技能 / 放松与逐级增加对唤起创伤记忆的刺激的接触
关系困难	婚姻行为治疗，使用交换契约，以及问题解决技能和沟通技能训练；夫妻治疗，集中于情感需求，尤其是考虑未实现的依恋需求和与此关联的悲伤情感

酒精成瘾	综合性干预，其中家庭参与很重要；教授在饮酒情境中的自我控制；参加嗜酒者匿名协会；压力管理训练，可以与社交技能训练结合
失眠症	睡眠限制，逐步停止任何药物治疗，进行放松训练，以及反驳延续失眠的思维模式
戒烟	认知行为治疗，对来访者开展心理教育，以及教授定时吸烟、逐步戒烟以及预防复吸
心脏病	认知行为治疗、心理教育和家庭支持；饮食咨询，以及身体锻炼方案和应对 / 放松训练
慢性疼痛	认知行为治疗、放松和引导性想象训练；家庭工作以避免强化不正确的思想和行为，积极强化更活跃的生活方式，逐渐减少对疼痛的药物治疗

资料来源：摘自 Car (2000a, 2000b), Linley & Joseph (2004), Nathan & Gorman (2002), Roth & Fonagy (1996), Snyder (1999a), and Snyder & Ingram (2000a and 2000b).

附录 B：希望治疗工作表

领域	重要性评分	满意度评分
学业		
家庭		
娱乐		
个人成长		
健康		
爱情		
社会关系		
精神性		
工作		

我选定的领域是：

我需要怎么做来增加我在这个领域的满意？

我的目标是什么？

我通向这个目标的途径是什么？

我拥有多少达成目标的自信？（圈出一个）

一点点 中等 非常多

我拥有多少达成目标的精力？（圈出一个）

一点点 中等 非常多

什么让我认为我能达成目标？

什么会让我达成目标的步伐慢下来或停止？

我的后备计划是什么？

达成目标的最初三个步骤是什么？

1.

2.

3.

关键术语

理性主义一级提升（eudaemonic primary enhancements）：通过设置和达成目标来提升幸福感。这些提升是目标追求过程的期望结果，带来有效的功能和快乐。

流畅感（flow）：当具有内在吸引力和引人入胜的活动将才能扩展到令人满意的水平时出现的心理状态，这时个体忘记自我和时间的流逝。

享乐主义一级提升（hedonic primary enhancements）：通过最大化快乐来促进幸福感的提升。它经常涉及欲求的满足。

独特性错觉（illusion of uniqueness）：一种普遍存在的信念，认为将来好事会发生在自己身上，坏事会发生在别人身上。这种信念也称做独特抗毁性。

冥想（meditation）：一组技术，目的在于非分析地集中注意，避免反刍的、零乱的或离题的思考。

一级提升（primary enhancements）：用来建立最佳功能和提升满意度。

一级预防（primary preventions）：在身体或心理问题出现之前，阻止或减少它们出现的可能性的有意行动。

品味（savoring）：旨在领会以及也许放大某种积极体验的思想和行动。

二级提升（secondary enhancements）：基于已有的最佳功能和满意来达到高峰体验的提升。

二级预防（secondary preventions）：在问题出现之后减少、消除或控制它们的行动。

选择性预防（selective prevention）：针对特定高危人群的一级预防。

独特抗毁性（unique invulnerability）：见独特性错觉。

普遍预防（universal prevention）：针对整个社区的一级预防。

第七编

积极环境

积极的学校教育 16

如果你能阅读这些文字，那么谢谢你的老师吧。

——汽车保险杠贴纸

因为学校在推广积极心理学原理应用方面扮演着重要的角色，所以我们将会在接下来的一整章中讨论学校教育。学校教育（schooling），一个古老的“教育”用词，表达了学校对于整个社会在教育孩子方面的重要性。这也是我们为什么用学校教育这个词作为本章题目的原因。我们首先阐述一些人对教师及其工作所持有的不恰当的消极观点，并探究少数确实符合这些论调的糟糕教师的特征。接下来，我们将描述一些支持（或不支持）美国教育的因素。之后，我们会用本章的大部分内容来探究积极学校教育的六个要素。然后，我们会总结积极心理学先驱唐纳德·克利夫顿提出的教育应用，并介绍那些可谓积极教学典范的神奇教师。最后，关于感谢对其学生生活起积极作用的教师，我们会分享一些想法。

“教师在现实世界找不到工作！”

这种观点的存在表明教师们所付出的努力没有被认可 (Buskist, Benson, & Sikorski, 2005)。教师们不仅仅在专业工作中拿着相对较低的薪水，他们还受到一些冷嘲热讽。在这一点上，我（斯奈德）曾经在邮局排队买邮票时，听到一个在我前面的绅士大声对他的朋友抱怨“那些在职的懒惰教授”。作为“那些懒惰教授”中的一员，我沉默不言，只是想买到邮票。接着，那人又大声宣称，“那些教授如果有本事能得到一份真正的工作，他们就不会去教书！”整个大厅的人都能听到他说的话。他接着说：“谁都知道，只有那些在现实生活中找不到工作的人才会当老师。"我实在忍无可忍，于是一场激烈的交锋便不可避免了。

尽管没有事实依据去证明那些关于"只有不能找到其他工作的人才会教书"的评论（例如"那些能找到工作的人去工作；那些不能找到工作的人去教书；那些不能教书的人去教老师"），但我们可能都曾不幸地要忍受一些糟糕的老师。然而，我们也同样拥有过一些真正很棒的老师。在这点上，本章的很多想法都来自曾经被嘉奖的老师，他们在教学中运用过积极心理学原理（参见 Snyder, 2005b）。这些教师很有才华，他们在教书外的很多生活领域都可以取得成功。正是这样，我们将本章奉献给那些"能找到其他工作，但仍然教书的人！"

消极心理学："那些不能者，不应该教学。"

我们同意有些老师确实很糟糕，他们不应该走进教室。这样的老师"被给予荣耀和特权去从事教学，却觉得厌烦而不是感到振奋，他们安于做一个最小公分母，而非立志当一个追求最高可能的分子，他们将工作视为理所应当，而非一直惊异于这一恩赐——他们头脑封闭、误导学生、疏远教育，贻害匪浅"（Zimbardo, 2005, p. 12）。

那些糟糕的教师所带来的危害超出想象。相关研究一致表明，糟糕的老师对其学生有负面影响［综述见詹尼弗·金·赖斯（Jennifer King Rice, 2003）所著的《教师的素质》（*Teacher Quality*）］。事实上，在破坏学生学习以及学生对教育的总体态度的所有学校相关因素中，教师的低素质是影响最大的（Rice, 2003）。而且，糟糕教师的影响具有时间上的累积性和渐增性（Sanders & Rivers, 1996），教师素质可以解释学生成绩变异的 7.5%（Hanushek, Kain & Rivkin, 如 Goldhaber 在 2002 年所报告的）。

什么因素决定着教师素质呢？当涉及提高学生成绩时，在影响素质的各种因素中，教师的相关教育背景和教育程度是两个最具影响力的来源（Monk & King, 1994; Rowan, Chiang & Miller, 1997）。同样，达林－哈蒙德和扬斯（Darling-Hammond & Youngs, 2003）报告说，老师所取得的成绩和充分的准备是预测学生数学和阅读成绩的有力指标。为具体了解教师素质的作用，考虑一下这样的发现，有一位差教师与有一位好教师相比，学生的学业成绩可以相差一个年级（Hanushek, 1994）。因此，总的来说，糟糕教师留下的是脑力疲惫和不尊重。

当然，有一些老师"变坏"是有正当理由的。最明显的就是倦怠，教师在屡遭阻碍以及其努力缺乏支持时会失去热情（见 Maslach, 1999）。然而，一名老师不做任何事情来解决倦怠也说不通。当谈及教学热忱和为教学生而做的准备时，是很难对那些持续例行公事的教师给予同情的。当学生们对学习充满热情时，他们没能教好这些年轻人，而且还可能让他们的心灵终生处于封闭状态（见 Zimbardo, 1999）。

虽然消极的老师相对来说很少，但即便有一个都太多了。如果这些不好的老师只是影响了学生的学习，就已经足够坏了，何况他们还可能造成学生心理上的痛苦和伤害。学生们可能会不幸地变成自我实现预言实验中的参与者，他们可能在学业和人际关系领域都会失败。因此，我们渴望见到，我们的老师和他们学生的头脑和教室里都充盈积极的心态。同样地，我们坚定地要求尽早识别出素质差的教师，或对他们施以教导，或指引他们从事教育之外的工作。

也许你自己的教育中曾遇到过一个或多个糟糕的教师，为此我们为你准备了一个练习。我们鼓励你按照个人小实验专栏中概括的这些步骤来进行，这将有助于“忘却”先前那些坏老师的坏影响。这些老师在你上学时已对你造成足够的伤害；我们编制这个练习的目的是，减少其对你的生活产生持续负面影响的可能性。

“不让任何孩子落后”及其他

在一封写给约翰·亚当斯（选自 Barber & Battistoni, 1993, p. 41）的信中，托马斯·杰斐逊袒露了其愿景——将“世袭特权”所产生的美国贵族改变为基于才干的自然类型的贵族。自那时起，通过公共教育，使一个人的生活更少依赖于其家庭地位，而更多仰仗于公共教育的作用，便成为美国人的梦想。因此，理想化的学校教育是为我们后代的生活带来巨大变化。

不幸的是，在美国，关于学校教育的这种浪漫观点常常是梦想而非现实。具有讽刺意味的是，林登·约翰逊总统坚信学校作为“伟大平衡器”（由 19 世纪的教育哲学家和领袖霍勒·斯曼恩普及的词语）的功效。与之相应，他委派他人开展了一个大型研究，他（还有其他一些人）相信研究结果将会从根本上证明，与那些有色人种相比，美国白种人的教育成果之所以要优秀一些，学校教育资源（比如设施、课程、教科书）的质量在其中起重要作用。然而，与此预期相反，1966 年发表的科尔曼报告（学术上称为教育机会平等性报告）（Coleman et al., 1966）得出结论说，在学生的教育成果上，“学校的作用并不是那么大”（见 Fritzberg, 2001, 2002）。这无论对于约翰逊总统还是教育家，都是一个令人非常沮丧的结果。

科尔曼等人报告的结果（1966），是否意味着学校教育在提升学生学习方面真的无所作为？令人欣慰的是，答案是否定的。我们已触及可提升学生学习的因素，那

个人小实验

积极（和消极）老师的力量

整个这一章中，我们将回顾教师对于我们生活的巨大作用。这里，我们要求你考虑一下坏老师和好老师对你生活的影响。

消除坏老师的影响 回想你在小学、初中、高中、大学甚至研究生院的那些岁月。想想某位使你强烈厌恶上学和学习的老师。取出一张白纸，看你能够回忆起多少关于这位老师的信息。写出他看起来如何，并写出你遇到这位老师的年级和地方。描述一下这位老师是如何管理班级的。对于这位老师，你记起的最糟糕的事情是什么？这位老师在其他同学面前取笑过你吗？这位老师嘲笑过你的言语和穿着吗？这位老师是否给你留下这样一种印象——他一点也不在乎你和你的人生能否成功？

一旦你写好了有关这个消极老师的完整总结，那么将纸翻过来，写下你从那个班级和那个老师那里学到了什么，它们对你后来的生活仍有影响。始于那个班级的信息至今是否仍在你头脑中萦绕盘旋？你是否至今还因那个老师所做的事而对自己有某些想法？当你回答了这些问题，那么对自己说，“我现在要忘记这位老师对我的思考方式造成的任何影响。”接下来，重复若干遍，“我要停止那位老师（老师的名字）给我的不良教导！”随意说一些你想说的其他任何话语，一如这个老教师就坐在你对面。

若你完成了对这个坏老师的陈述，拿出一个铲子，走到外面，挖个坑。对了，就是挖个坑！现在，放下铲子，对你从这个老师身上学到的坏东西说再见。接着，拿起你写的有关这个老师的那张纸，撕碎它。然后，把碎纸扔进坑里，用土填好那个坑。走开（别忘记拿铲子），向自己发誓说这个糟糕透顶的老师再也影响不到你的生活了。最后，犒赏自己一顿美食以庆贺此仪式的完成。

对一位好老师说感谢 我们再次要求你回溯过去的学校时光。但这次是回忆那些特棒的老师。这些老师很好，你特别期盼能进入其班级学习。你享受从这些老师那儿学东西。现在，拿出一张白纸，在上方写下老师的名字。然后，写下你能想起来的与该老师有关的每件事。写出这位老师看起来怎样，你遇见他的年级和地点，他是如何管理班级的。对于该老师所做的事情，你能记住的最积极的事情有哪些？

一旦你完成了对这位好老师的完整总结，将纸翻过来，写下你从那位老师那里得到了什么，它们对你后来的生活仍有影响。那个老师的班级所培育的信息至今是否仍在你头脑中萦绕盘旋？你是否至今还因那个老师所做的事而对自己持有某些积极看法？或许这位老师让你觉得自己很伶俐或很聪明。当你表现好时，他是否给予了你充分的重视和表扬？这位老师真的关心你生活的成功么？你从与该老师的交往中学到的某些积极的言谈举止，现在是否仍依例惯行？

一旦你完成了这份有关某个老师或某些老师的作业，那么请试着想想如何找到他们。一些老师可能仍在教书育人。一些或许已经退休。借助于 E-mail，你会很容易联系到以往所遇之人。现在，请继续，给每一位好老师写一条致谢短信。当做完这些你会感觉棒极了，我们还确信，那些接到你短信的老师将因你所写的内容而倍感振奋。对于一位老师来说，没有比被告之她或他对一位曾教过的学生的一生产生积极影响更心满意足的事了。我们常常想不到去感谢那些曾对我们做过很多益事的真正重要的人。若你能够具体描述你以前的老师在哪些地方帮助了你，这些老师更会将你的短信视若珍宝。并且，他们也特别想知道你一生中的成功与成就。

就是教师的素质。但在详细阐述如何提升教师的质量之前，我们先描述一下美国当前的教育环境。

随着 2001 年《不让任何孩子落后法案》的通过，提升特定学习和成绩目标的重点日益聚焦于教师和学校体系问责制上。为了对此有一个概括的认识，我们建议阅读由彼得森和韦斯特（Peterson & West, 2003）主编的《不让任何孩子落后？学校问责制的政策和实践》。（本章附录 A 描述了心理学系为监控其教育努力的效能而做的工作。）

我们已经指出，研究显示教师素质是提升学习相关结果的关键（Monk & King, 1994; Rice, 2003; Rowan et al., 1997）。那么，我们如何提升学校中高质量教师的数量呢？如其他不少问题的解决一样，资金在这里看来起着重要作用。也就是说，相关研究表明，那些薪酬高、设施好的学区，更能吸引并留住高素质的教师（Hanusheck, Kain, O'Brien & Rivkin, 2004）。此外，学校之间的竞争，的确既可以提升总体教育质量，也能提升教师素质（Hanushek & Rivkin, 2003）。[然而，应该指出，教师并非完全受薪水驱动，在一些学校中，学生的人种或种族以及成绩也起着作用（Hanushek & Rivkin, 2004）。]

有迹象表明，通过立法增加支付给学校和教师的税赋，并没有得到美国选民的大力支持。我们看到这种趋势有两个害处。第一，只有那些最富庶的学区能够开出高薪酬以吸引最好的教师。显然，这会导致那些贫困学区缺乏杰出师资的问题长期化。第二，富裕家庭将其子女送入私立学校，而公立学校只能由低素质教师供职。

因为这些趋势，我们预见，积极心理学对美国 21 世纪学校教育的贡献将遭遇严重挑战。这些挑战被以下事实扩大化：即在下一个十年里，因为退休问题，大约 300 万名从幼儿园到高中的教师需要更换（Goldhaber, 2002）。

积极学校教育的要素

在我们回顾**积极学校教育**（positive schooling）（经由这种途径，达到以关怀、信任和尊重多样性为基础的教育，老师为每一学生量身设定目标，以促进他们的学习，然后与学生一起为其制定实现目标的计划并激发其动机）的要素之前，先简要了解一些为这种途径铺平道路的教育家。著名哲学家本杰明·富兰克林、约翰·斯图尔特·密尔、赫伯特·斯宾塞和约翰·杜威皆关注学生的资产（Lopez, Janowski & Wells, 2005）。阿尔弗雷德·比奈（Alfred Binet）（Binet & Simon, 1916）是公认的心理年龄概念的鼻祖，但是他也更强调增强学生技能而不只是将注意力放在纠正学生缺点上。同样，伊丽莎白·赫洛克（Elizabeth Hurlock, 1925）也强调，作为学生努力程度的决定因素，表扬比批评更有效。此外，刘易斯·特曼（Lewis Terman）（Terman & Oden, 1947）终其职业生涯之全程，探究真正聪明的学习者的思维，阿瑟·奇克林（Arthur Chickering，1969）寻求对学生才能发展进程的理解（见第 14 章对奇克林大学生发展观点的讨论）。近年来，唐纳德·克利夫顿确定并扩展了学生特殊才能的研究，而非聚焦于其不足上（见 Buckingham & Clifton, 2001; Clifton & Anderson, 2002; Clifton & Nelson, 1992; Rath & Clifton, 2004）。

我们接下来会探讨积极学校教育的主要因素（见 Buskist et al., 2005; Lopez et al., 2005; Rithchel, 2005）。如果读者对在高中课程中灌输积极心理学思想的为期一周的现场教学课程感兴趣，我们推荐埃米·法恩伯格（Amy Fineburg, 2002）的单元课；此外，还可以登陆 http://www.positivepsychology.org/teachingpp.htm 获取关于各种积极教学的大学课程情况的详细信息。

图 16.1 是积极学校教育中常见课程的图示。该图示表明，积极学校教育由从下到上的六部分构成。我们从地基部分开始，这里描述了关怀、信任和多样性的重要性。然后，积极学校教育的第一、二层代表教学目标、计划和学生的动机。第三层表示希望，顶层代表受益于积极学校教育的学生所作的社会贡献与回报。

图 16.1 积极学校教育的要素

关怀、信任和尊重多样性

我们从由关怀、信任和尊重多样性构成的基础开始。营造一个关怀和信任的支持性氛围至关重要，因为孩子们能够在这样的环境中茁壮成长。在优秀教师表彰大会上，我们注意到，这些老师和他们的学生特别认同关怀感的重要性。学生们需要以那些回应热烈和谆谆教导的教师为榜样。来自教师的关怀和积极的情感可为年轻人提供安全基地，允许他们探索并寻求实现他们学术上和人生中重要目标的路径（Shorey, Snyder, Yang & Lewin, 2003）。

也许，一个真实的个人故事可以彰显老师关怀学生的重要性。我（斯奈德）一直想做一名教师，从一开始上大学就确定了这个目标。在 1963 年的秋季，我成为了南卫理公会大学的一名大一新生，我的大学生活一开始进展得很顺利。可是，1963 年 11 月 22 日，在距离我们学校不到 10 英里的得克萨斯达拉斯城，约翰·肯尼迪总统遭到了暗杀。在总统大选中，我是肯尼迪的支持者，他的死令我绝望至极，于是我告诉我的导师我决定退学。我上不了课，即便去上课，我也沮丧得做不了任何笔记。对于我的决定，我的老师们花了很多时间和我聊天，告诉我，我需要表达悲伤。他们的关怀打消了我退学的念头，而且要不是这些老师在关键时候提供的帮助，多年以后的我也许就不可能成为一名大学老师。好的老师知道什么时候该伸出手帮助遇到危机的学生。

班级中的信任业已受到了教育者广泛的关注，而且教育者们达成了一个共识，即信任能够使学生在心理和行为上获益（Bryk &Schneider, 2002; Collins, 2001）。信任从低年级开始就很重要。比如，玛丽莲·沃森（Marilyn Watson）（教育心理学家）和劳拉·埃肯（Laura Ecken）（小学老师）在 2003 年出版了一本很有影响力的书《学会信任：通过发展性训练转化遇到困难的小学班级》，在这本书中，他们解决了很棘手的小学班级管理和纪律问题。他们的方法是与那些最难管理的学生之间建立信任关系，因为这可以产生连锁反应，扩展到班级的其他学生。

沃森和埃肯（Watson & Ecken, 2003）提出并倡导**发展性训练**（developmental discipline）。这一概念源自依恋理论原理（见第 13 章），提倡帮助那些与其照料者非安全依恋的学生。沃森和埃肯写道："建立关怀和信任的关系成为这些儿童社会化过程中最重要的目标。当然，在我们建立这些联系的时候，我们必须设法找到非惩罚性的方法，防止那些攻击性和控制欲过强的孩子伤害其他人，并鼓励那些退缩和依赖的孩子更加自信和独立。"（p.12）若读者对如何在有高危孩子的中学班级建立信任感兴趣，我们推荐 1998 年维基·菲利普斯（Vicki Phillips）所著的《增能训练》。

指导教师必须确保班级里有信任感。他们必须避免讽刺学生，因为这会破坏信任，而信任对学习来说至关重要。很多时候，学生在同学面前宁愿行为不端（即使受到惩罚）也不愿意显得呆滞愚蠢。因此，在与学生的互动中，积极的老师会努力想办法使学生显得优秀。除非学生们意识到了老师对他们的尊重，否则他们就不会冒险，而冒险对于学习是很重要的。通常，当导师能静静地听取学生意见时，会出现最好的教学效果。莫里斯·布朗大学的获奖教师珍妮·斯塔尔（Jeanne Stahl）说道："当你不清楚一个学生的问题出在哪里的时候，保持沉默是最好的办法。"（Stahl, 2005, p.91）

关怀学生的主要部分包括花大量的时间与他们在一起。当大学生被问及，他们认为一名大学教师最重要的方面（比如研究、准备课程和考试、委员会会议）是什么时，他们一致认为，老师愿意花时间和学生待在一起是最重要的品质（Bjornesen, 2000）。

学校教育的积极心理学基础的另一方面涉及学生背景和观点多样性的重要性。这可以始于鼓励学生留意与其种族或出生时代不同的他人的观点。向学生揭示他们与那些不同于自己的人有诸多共同点会很有效。同样，确保不同班级成员的观点都有机会在课堂上表达出来也至关重要。积极心理学的前提是培养"我们 / 我"的观念——制造一种我们的氛围。（"我们 / 我"的观念在第 18 章会详细讨论。）一个有效的方法是，帮助学生不仅仅从自己的角度出发考虑问题（我），而且让他们站在他人的角度考虑问题（我们）。

构建"我们 / 我"氛围的一个很好的手段是，采用由加州大学圣克鲁斯分校的名誉教授艾略特·阿伦森（Elliot Aronson）提出的"拼板教室"。通过这种方法，师生按组分配目标，不同背景的学生被分到一个工作小组，他们必须在其中分享信息以使小组——也使个人——取得成功。在拼板教室中，每个学生都掌握了一部分对小组成功而言非常重要的信息，于是，大家就会有很强的动机尊重和重视每一个同学的投入。拼板教室教给大家的是合作而不是竞争；相关研究也显示，学生在尊重伙伴的过程中可以学到东西。拼板教室还防止学生成为"成绩掠夺者"，这些人想通过不公平的竞争和与他人的社会比较获得成功（Aronson, 2000; Aronson, Blaney, Stephin, Sikes & Snapp, 1978）。

艾略特·阿伦森

资料来源：Reprinted with permission of Elliot Aronson.

在结束本部分关于多样性的讨论之前，我们要强调针对学习困难学生的补偿方案的重要性。我们在第 15 章中关于通过干预帮助他人的内容中，详细讨论了这些方案。有一点在第 15 章中未予强调，而这却是积极心理学校教育的必要条件，即我们必须要有一定的方案来激励那些真正有才干的学生。通常会有种不幸的观点认为，天才学生本身就有很多优势，我们应该“不用管他们”。我们非常赞成马丁·塞利格曼（Martin Seligman, 1998d）以下的观点：

> 二战之前，具有高天赋的人是心理学研究的焦点。随着我们的研究领域日益聚焦于临床群体，天才几被遗忘殆尽。但积极心理学重要主题的中心——心理学不仅致力于修复最糟的生活还在于建构最好的生活——是寻找和建构高天赋的充分表现。
>
> 不只是心理学忽略了有天赋的孩子，社会中各个方面都存在这种忽视，甚至上至政府中的政策制定者。最近，在一个科学学会的主席团理事会会议上，我与一位美国教育部高级官员不期而遇。他就克林顿政府致力于提升所有美国儿童的科学和数学平均分数的艰难但值得称道的政策进行了演讲。
>
> “美国自然科学和数学的未来不仅依赖于公民科学素养，更重要的是依赖于那些非常有天赋的年轻人，他们将成为我们未来的科学家和数学家。”我说道，“您准备怎样来帮助这些孩子呢？”
>
> “天才少年能够照顾自己。”他回答道。
>
> 这种广泛传播的信念是错误和危险的。这无疑是把大批天才少年丢到一边，让他们陷入绝望和沮丧。才智上的天赋可以有多种表现，可是家长、同伴和学校总是难以发现或支持有天赋的孩子，更为可怕的是，置他们于平庸之中。这种忽视很危险，它会在“反精英主义”的旗帜下，浪费掉国家珍贵且不可替代的资源。
>
> 心理学必须重拾其传统。（p. 3）

亮出了这个激励天才少年的观点之后，我们可以结束这一部分了，我们要指出，积极心理教学依赖于一种气氛，在这种气氛下，教师和学生尊重并关心不同的观点和背景。这种尊重在老师和学生之间往复流转。

卡罗尔·德维克

资料来源：Photo by Steve Goldband. Reprinted with permission.

目标（内容）

目标这一要素展现于模型的第二层（见图 16.1）。在探索了从幼儿园到大学生的反应之后，斯坦福大学教授卡罗尔·德维克（Carol Dweck）进行了一个令人印象深刻的研究项目，该研究表明目标使得学生的学习努力有的放矢。更重要的是，如果这个目标被学生和老师一致认同，那么它将更有帮助

（Dweck, 1999; Locke & Latham, 2002）。也许最有益的目标是拉伸性目标，即学生可以追求比以前达到的目标稍难一些的目标。具有适度挑战性的目标可以带来有效的学习，尤其是在这个目标可以为特定学生（或一组学生）量身定做的情况下就更是如此。

在老师管理班级时，重要的是让学生感觉到投入感。当然，指导教师应该制定班级目标，但是在制定目标时，他们需明智地考虑以前学生的反应。成功的班级目标包括教材要与学生的真实生活经历尽可能有关联(Snyder & Shorey, 2002）。反过来，适应学生的经历使得学生对于学习教材有更高的参与度（见 Dweck, 1999）。

当目标被确立后，我们强烈反对过分强调成绩。例如，过分坚持分数等级曲线，会使学生成为成绩的奴隶，他们会对自己的表现和比同龄人好感到更加满意，而非学习本身。事实上，这种做法与更低的希望水平（Shorey et al., 2004）和更高的考试焦虑水平相联系（Dweck, 1999）。

让目标更易理解和具体化，以及将较大的学习目标分解为较小的子目标，分阶段实现它们，也会有所帮助。同样，如前面部分中我们指出的有关多样性的问题一样，若教师允许学生的部分成绩通过群体活动确定，在这些活动中必须与其他学生合作，目标设定将会更加容易。还有，阿伦森的“拼板教室”（www.jigsaw.org）范式在制定这样的目标中非常有用。

计　划

在图 16.1 中，模型的第一层被分为计划和动机，这两者都与第二层的教学目标（以及内容）相互影响。就像在积累的思想上建立科学一样，教学需要教师仔细的计划过程。

另一种计划方法深受亚里桑那州立大学的著名社会心理学家罗伯特·恰尔蒂尼（Robert Cialdini）所推崇。恰尔蒂尼教授曾经制定了一个关于特定心理学内容的教学目标，然后他给学生们提供了一些神秘故事。通过解决这些谜团，学生们可以了解特定的内容。[解决谜团的内在需要（见 Kruglanksi & Webster, 1996）也驱动了学生们；动机与计划是相伴而生的，我们将在下一部分讨论。同样地，因为神秘故事有开始、经过和结果，学生就有得出结论的内在愿望（有关详细研究故事的动机，见 Green, Strange & Brock, 2002）。]

罗伯特·恰尔蒂尼

资料来源：Reprinted with permission of Robert Cialdini.

提升学生动机的另一个考虑是使材料与学生相关联

（Buskist et al., 2005）。从最基本的层面讲，当课程信息与自己相关时，学生们将更愿意上课、聚精会神并在课堂中进行讨论（Lowman, 1995; Lutsky, 1999）。为了提高教材的相关度，对于各种可应用于课堂外情境的现象，老师可多开发课堂演示材料以及可在家进行探究的问题（诸如本书中的个人小实验和生活提升策略等）。一些老师在学期开始的时候会进行调查，他们让学生描述在生活中发生的积极和消极事情。然后，老师可以利用常被提及的事件来做成课堂演示（Snyder, 2004）。或者，当老师描述了一些现象之后，要求学生从他们的生活经历中举一些例子。

在结束相关性这一话题之前，我们提醒一些年纪较大的教师，不要尝试年轻学生的生活方式。这样肯定会削弱学生的动机。用斯奈德（2004）的话说：

> 你有没有见过 50 或 60 多岁的教授，他尝试各种可能，以变得像他 21 岁的学生那样“时髦”？我不知道还有什么比这更值得可怜！是这个教授新潮的衣服让他看上去古怪吗？是这个教授的朋克发型的发量少得可怜吗？还是这个教授尝试使用学生的语言？在我看来，保持“时髦”，成为年轻人中的一员这些做法都很愚蠢。事实上，我认为这些教授给人留下的是荒唐的印象。放弃这样做吧！因为只有在我们都还年轻的时候，这样做才是合适的。除此之外，事实上我们的学生并不希望有这样一个时髦的“伙伴”来当他们的老师。（pp. 17-18）

动机（以及生动地给学生呈现课程内容）

老师们必须对他们的教材充满热情，这样才可以实施他们为班级制订的计划（参见图 16.1 中第一层计划与动机之间的双向箭头）。教师是激发学生热情的典范。所以，当老师们将课程目标和计划变得让自己觉得有趣时，他们的学生则更易充满热情和活力。

动机充分的老师对学生的需要和反应十分敏感。优势取向的老师会认真对待学生提出的问题，并且尽最大的努力给予他们最佳答案。如果老师也不知道学生所问问题的答案，他应该在学生面前承认这一点，并且必须竭尽所能去找到答案。然后，老师应坚持探索并找到答案，在下节课的时候告知大家。学生们通常会对这样的反应表示赞赏。

当他们冒险在班中尝试一种新方法时，老师也可以提高动机水平 (Halperin & Desrochers, 2005)。在课堂实践中，当这种冒险并没有起作用时，教师可以好好地自嘲一番。幽默可以提高下次课堂实践的干劲，以及教师的努力程度。一个优势取向的老师的座右铭是：“如果你不自嘲，你就错过了最大的笑话。”（Snyder, 2005a）

一个教师对于增加学生责任感所做的一切都能提高他们的动机（Halperin & Desrochers, 2005）。例如，一些希望被老师提名发言的学生通常为每堂课做了准备，他们预习并认真所讲。

回忆一下之前讨论过的用“拼板教室”的方法来培养小组目标的学习和计划，这样做还可以强化学生在一起工作时的动机。事实上，成为小组工作中的一员会增加成员的干劲。

最后，表扬也是一种激励。但是，最好进行私下表扬，因为当一个学生在同学面前被单独挑出后，他会感到不舒服。公开表扬还可能会提高学生之间互相竞争的倾向。办公室谈话、教室外见面都是表扬学生良好表现和进步（或者甚至表扬学生问了好问题）的好时机。除此之外，E-mail 也是一种私下给学生正面反馈、提高其动机的现成工具。与学生适当互动和提高学生动机的机会有很多，利用积极心理学规律的教师经常努力传递这类激励反馈。

希　望

如果在班级中应用了之前提到的目标、计划和动机，那么学生会形成一种探索精神，不断进取（Retschel, 2005）。就像奥本大学获奖教师威廉·巴斯基斯特（William Buskist）和他的同事所认为的那样：

> 我们教学的一个必要方面是传授衣钵——分享我们的学术价值观、好奇心、关注纪律的热情，以及激励学生珍视和拥有这些价值观和品质。教学并不是冷冰冰地传播事实和数字，而是要带来影响。教学要深刻关注的是想法以及这些想法是怎样产生、理解和表达的。教学要深入关注主旨以及我们要与之分享的学生。正是通过这种热切的关注我们才能激励学生。（p. 116）

威廉·巴斯基斯特

资料来源：Reprinted with permission of William Buskist.

当学生们获得这种精神，他们的学习便可以增加其授权感。因而学生们能够成为终身的问题解决者。这种“学会如何学习”来自目标导向的路径思维和“我能做到”的动机。所以，积极心理教学法不仅传授课程内容，还要让学生产生一种希望感（详细讨论见第 9 章）。“希望”在图 16.1 中被描述为模型的上层。一个充满希望的学生相信他在离开学校后也能继续学习，或者也可以这样说，充满希望的思考方式会认为学无止境。

社会贡献

积极心理学的最后一点看法是，学生是庞大社会中的一员，在这个社会中，他们要与他人分享自己学到的东西。如图 16.1 所示，这些社会贡献就代表了受教育者给予周围人的持续“投资回报”——不管这意味着教导孩子去积极思考，还是与在人生旅程中遇见的其他人分享见解和激情。积极的教育把学生变成老师，他们继续把自己学到的与他人分享。这样一来，学习的好处就被传承给更多的人，因此，在积极学校教育中，学生成了他人的老师。

一个积极学校教育的例子：优势探索方案

优势探索（strengths quest）是一个涉及高中生及大学生的发展方案，以使他们在学业和生活中更易取得成功。这个方案由积极心理学家唐纳德·克利夫顿（Donald Clifton）提出，他自 20 世纪 50 年代开始致力于此方向的研究，那时他是内布拉斯加—林肯大学的教育心理学教授。在我们详述他的学说和相关教育方案前，我们先向这位杰出的人士致敬。克利夫顿已经被美国心理学会誉为基于优势研究的心理学研究方法“之父”，同时他也被誉为积极心理学的“祖父”（McKay & Greengrass, 2003）。20 世纪 50 年代至 20 世纪 90 年代的心理学思想和应用潮流是以弱点为取向的，与此相反，克利夫顿教授提出一个关键而不同的问题：“如果我们研究人们的优势而不是缺点，结果将会怎样？”

这个问题是优势探索方案的核心（见 Clifton & Anderson, 2002）。当然，这个积极的方法与传统的教育方法相反。传统方法中学生们被明确或含蓄地告知他们必须“修补”他们的不足，如果他们没有那么做，他们就不合格（Anderson, 2005）。就前一部分论及的希望和相关动机而言，优势探索方案为学生们注入了活力。这使得学生们认识到，他们被视为拥有在学校里成功所必需的天生的认知才能。

优势探索方案首先让学生们完成*克利夫顿优势识别器*（Clifton Strengths Finder），这是一份在线施测的计算机化评估，考察他们最优秀的五种才能。这份评估包括 180 个条目；对于每一个条目，参与者从描述中选择最符合自己的语句（比如：“我仔细阅读说明书”对“我喜欢跳过细节切入正题”）。学生也要对所选描述好于配对描述的程度进行评定。共有 34 个可能的主题（见表 4.1），学生们可了解哪五个主题对他（她）是最适用的。

直至今天，逾百项研究在精确预测各种结果指标时运用了优势识别器评估方法

（Schmidt & Rader, 1999）。并且，这项技术已经受了大量的实证检验（Lopez, Hodges & Harter, 2005）。

然后，学生们完成（网络版或打印版）操作手册《优势探索：找到和发展你在学业、事业和其他领域的优势》（*StrengthsQuest: Discover and Develop Your Strengths in Academics, Career, and Beyond*）（Clifton & Anderson, 2002）。这份手册帮助学生们（包括老师、顾问、宿舍助理，以及与学生一起工作的其他人）在学校生活中理解并发展他们的标志优势。最后，学生们通过在优势探索网站（www.strengthsquest.com）上注册来获得更加深入的训练。

在这个教育方法的第二、第三阶段，学生们致力于发展他们的标志优势，即五个最稳固的优势探索主题。克利夫顿和他的同事们，包括盖洛普组织（克利夫顿家族拥有并运营）中的研究人员，将这些阶段建立于如下发现的基础上：最佳成就者和学生们（1）清晰地认识到他们的才能并且发展这些才能；（2）在与他们的才能和兴趣匹配的领域中将这些优势发挥出来；（3）在追求合意目标的过程中，能想出办法应用他们的资产。方案的这一部分与上个部分积极学校教育所讨论的目标和路径要素有所相似（Anderson, 2005）。

与克利夫顿方法的这三个阶段相一致，学生们似乎经历了三个不同的阶段（据参与了这个方案的学生的书面反映；Clifton & Harter, 2003）。在第一阶段，学生们似乎找到了他们的才能；在第二和第三阶段，他们获得如何将这些优势领域整合到他们自我概念中的启示，在那之后做出了行为改变（Buckingham & Clifton, 2001）。随着方案的推进，参与的学生们注意到了一些例子——他们做的一些事反映了他们的喜好和才能。（例如：在困境中承担起领导角色，给予他人指导，快速学会某领域的新技能）。学生们不仅仅是认识到了他们的才能，并且逐渐开始“支配”它们。

在美国各地，优势探索方案在高中和大学正日益受到关注。此外，一些可供参考的研究结果表明，优势探索方案对学生有正面的影响（见 Hodges & Harter, 2005）。一项研究考察了 212 位参与了优势探索方案的美国加利福尼亚大学洛杉矶分校的学生，他们报告在无私、自信、自我效能和希望上均有所提升（Crabtree, 2002; Rath, 2002）。同样地，一项对另一所大型州立大学的研究发现，学生们在参与了优势探索方案之后，他们的状态希望［如与某特定时间和情境有关的目标导向动机，见 Snyder et al.（1996）和第 9 章］提高了 (Hodges & Clifton, 2004)。总体来说，在这些发现中最值得关注的是，优势探索方案中涉及的活动与本章前面提及并示于图 16.1 的与希望相关的要素（动因、路径和目标）相吻合的程度。

贝勒大学的优势探索方案

贝勒大学坐落于得克萨斯州的韦科市。它是世界上最大的浸会大学，目前注册的学生超过1万4千名。贝勒大学的全体教职工支持"在关怀的社区氛围中，通过整合学术卓越与基督教信仰，为全球培育领导人和服务社会"的校训。与此对应，他们制订了一套基于优势的开发方案，整合了每个星期五的优势探索展示。

2004年的秋季学期有超过2千名新生参与了这个方案。该方案开始于夏季学生们参加大学生活学习指导时。学生们最初完成了克利夫顿优势识别器（家长们也可以选择进行测试）。之后，当秋季入学时，他们参与了为期六周的星期五课程。在星期五的课程上，由受过训练来宣传优势发展课程的教师及员工，指导分成小组的学生。方案的目标是，帮助学生们根据对个人才干和优势的理解，认识到自己的"使命"。

为了协助建立将优势运用至日常生活中的校园氛围，大二大三的学生被训练为宿舍助理，其工作是鼓励学生们发展自己的优势。每一位宿舍助理被告知特定学生的优势，然后他们在计划过程中利用学生们的优势。职业顾问同样使用有关优势的信息来协助职业发展及做出重要决策。某些学生是优势探索方案关注的对象，包括学习技能课程的学生、学生运动员，以及领导力课程中的学生。

贝勒大学的教职员工也完成了这项测试。另外，新员工还参加了一项将发展优势方法运用到教育中的指导研讨会。

贝勒大学的教育者们相信，每周五的优势探索展示会帮助学生们理解和使用他们自己的优势，尤其是有关职业发展的优势。那些和大二大三的学生们共事的新生们各自建立起了深厚的师徒关系。证据显示，周五优势探索展示似乎对学生们有益。一名贝勒大学的学生说道："这无疑给了很多贝勒大学学子们有益的信息，让他们更好地理解他们在生活中的定位，以及他们未来可以有所建树的领域，帮助他们计划当前的学业。"

把教学当做一种使命

正如消极的老师会毁掉学生的学习热情和快乐，而积极的老师则能激发学习的热情和乐趣。这些积极教育的老师将他们的努力看做一种使命而非一份工作（Wrzesniewski, McCauley, Rozin & Schwartz, 1997）。**使命**（calling）被定义为一种强烈的动机，驱使一个人不断地做可给自己带来内在满足感的事情（见 Buskist, Benson & Sikorski, 2005）。当把积极心理学原理运用到教学中，我们相信，教师们会表现得像是有一种使命感，展现出对教学深厚而强烈的热爱。

通过一些著名教师的例子，或许可以让读者更好地理解他们的奉献。密歇根大学的威尔伯特·麦基奇（Wilbert McKeachie），被广泛誉为书写了大学水平积极教育的历史，即将迎来他教学的第 60 个年头。关于他的教学，麦基奇（2002, p. 487）说，他期待“准备下一周的课，引导讨论，讲课，演示，与助教们合作，与不同背景的学生互动，阅读学生的日记，甚至是评论和为试卷打分。”为了让读者领会有效教师共有的普遍因素，本章最后的附录 B 给出了一篇麦基奇教授撰写的文章，文中追溯了他从威廉·詹姆士时代至今的教学历程。

另外一个大学教育的主要人物是弗曼大学的查尔斯·布鲁尔（Charles Brewer）。布鲁尔教授将他的教育描述为“令人愉悦的、生气勃勃的、神秘怪诞的、令人泄气的、激情洋溢的、弥足珍贵的和神圣无比的”。布鲁尔教授（2002, p. 507）甚至承认，“教学所带来的快乐比大多数人感受到的快乐更多”。为了让读者更好地了解布鲁尔教授在其教育事业中的辉煌与奉献，我们引用了弗曼大学校长描写他的一篇文章。

查尔斯·布鲁尔

资料来源：Reprinted with permission of Charles Brewer.

大卫·沃利（David Worley, 2001, p. 279）这样描绘他的教学：“梦想成真”，因此他可以“活在每一天”。而且，沃利告诉他的学生们说：“我回到母校来从事这份困难、有挑战的工作只为一个原因——我想和今天的你们在一起。”

对于所有这些名师，他们的使命代表着一种可感知的荣幸：有机会给学生的生活带来积极改变（Buskist et al., 2005）。学生和老师们一起进行一次神奇的旅行，这次旅行可见图 16.2 中的描述。

布鲁尔博士热爱教学艺术

大卫·什

弗曼大学校长

弗曼大学总是很幸运地拥有一批资深的教授，其中最杰出者之一就是布鲁尔博士。布鲁尔博士出生于阿肯色州，他在弗曼大学教授心理学超过了35年，并且他已获得我们大学能够给予的每一个重要奖项，包括优秀教学奖和威廉·凯南心理学教席奖。校友和朋友们以他的名义在心理学系设立了一个基金。他还获得南卡罗莱纳州长杰出教授奖，以及美国心理学会职业成就奖和杰出教学奖。

这些年来，布鲁尔博士成为了一个传奇的校园人物，当学生们说到“布鲁尔”的时候，它被赋予特别的含义。教学于他来说是一种崇高的使命，而不是一份简单的职业。他对学习显示出一种近乎神圣的崇敬，而且他与学生和同事一起分享这种热爱。

人们很快意识到，布鲁尔博士视学习为一种高尚行为，一种人类罕有的特权，而不应该逃避和玷污。他对懒惰的思维大力抨击，当学生们没达到他的预期和自身能力水平时，他会告诉他们。无论其课程的具体题目或主题是什么，无论要探讨的实际素材如何，他始终关注于一个主要的目标：教会学生如何独立思考、谈论和写作。

有一次，他告诉弗曼的教员：“老师们做的很多事是不适当的，是在浪费时间。”他解释说给予信息不应该是高等教育的主要目的。与“局限于事实的教育”相反，他寻求帮助学生从细节中发现本质，成为独立的思考者。他希望学生们问为什么和问是什么的次数一样多。

机智、敏锐、智力非凡、优雅、语言绚丽，布鲁尔博士证实了一个事实：伟大的教学不能够归结为一个公式。它是一门艺术，不是科学，是一种复杂的人类努力，这种努力源自老师们的真诚和活力。

对他来说，教学是一种激动人心的艺术，他把他的教室转变成一个舞台。他就像传说的那么令人愉快。他的课是戏剧化的，他的方法是特别的，他的思想是明了易懂的。他的风格是快节奏的、强烈的、具有表现力的。

他自己始终是一个学生，他很乐意竭尽全力激发学生的学习热情。据说，在他上课的时候，他会爬到桌子上，或是在教室里走来走去，以演员般的节奏表达他的情绪和风格。

不管他用什么方法，他都力求至臻。他要求学生不要埋没自己的潜能。在学生开始他们的研究项目时，他告诉他们“写作要清晰，表达要明了，”并且提醒他们说这样的调查“总是要花很多时间”。

布鲁尔博士对他的教学充满热情，而事实也证明了这一点。他帮助学生的热忱接近于一种强迫行为。当问到他的办公时间，他回答说：“每天的早上 7 点到晚上 7 点。”事实就是如此。他欢迎学生们随时联系他，问他问题或是表达关心。

可以肯定的是，在布鲁尔博士的班里学习不是一件容易的事；他对错误有敏锐的洞察力，热切追求准确，这迫使学生在发言前要三思而行。他讨厌平庸，他激励和诱导学生竭尽全力。他的课程要求很高，使学生们成了更好的学者和更坚定的人。他有超过 50 位学生已经获得心理学博士学位，50 位已经获得硕士学位，还有 30 位目前还在研究生院就读。

布鲁尔博士喜欢引用 20 世纪末的历史学家亨利·亚当斯的话，亚当斯说过：“教师的影响是永恒的；他永远无法估计他的影响会有多深远。”同样地，布鲁尔教授的光辉照亮了一代又一代的弗曼学子和校友。他就是一种无畏的、让人兴奋的力量。他的信条让人联想到英国戏剧评论家肯尼斯·泰南，他以“激起脾气、煽动和折磨，引发旋风”为座右铭。

有幸成为他的学生或是同事的人，将永远不会忘记他飓风般的力量——或者他对学习的极富感染力的挚爱。

注：大卫·什是历史学家、作家、弗曼大学的校长。他的学校地址是：3300 Poinsett Highway, Greenville, SC 29613, 或者发送电子邮件到 david.shi@furman.edu。

资料来源：Posted Sunday, May 9, 2004, 12:12a.m. Reprinted with permission of David Shi.

对老师的回馈

我们最后对积极学校教育的评论与你所能担当的角色有关，你可以让老师做得更好。你可以做具体事情来帮助老师，或在整体层面帮助学校系统。首先，你可以和老师一道，经由一切可能的路径去改善你孩子的学习。学习显然可以发生于学校之外，我们鼓励你尝试多种活动，与孩子一起强化和练习学校里正在进行的课程。

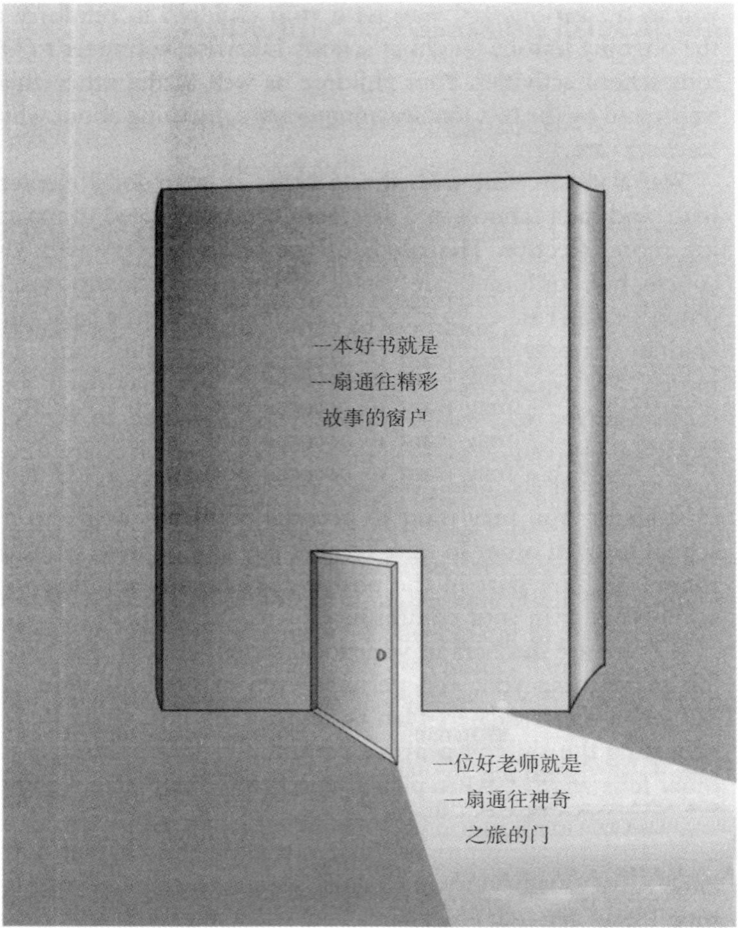

图 16.2 书籍与教师的类比

同样，你可以做志愿者，在各种各样的学校活动中帮忙。你的孩子和其他孩子一样会深刻体会到，学习不仅仅是老师关心的事。

你也可以和老师一起参观当地的小学、初中、高中，问问他们需要什么以使教学更为有效。老师的需求或因特定课程而不同，但对大多数教室来说，计算机是很有用的礼物。如果学校需要新计算机或其他设备，也许家长和社区居民可以通过义卖或洗车募集资金。看看老师在课堂上可能还需要什么其他设备。或许可以将旧书捐献给学校图书馆。尽你所能来确定这些需求的确得到满足。若你有特殊的技能，你可以到教室来给学生们展示。你可能想通过政治手段来提高当地学校的经费，以提高教师的薪水和福利或是建造新的校舍。你可以作为积极心理学解决方案的一员，让所在社区的学校变得更好。

若当地的老师把你教得很好，甚至还教了你的孩子，那么去弄清楚这些老师打算何时退休。他们毕其一生在当地教书育人，你为何不和老同学一起筹划一个聚会？或者帮助筹划一位受爱戴的老师的欢送会。

出于相似的精神，我们呼吁你在读完本章后，进行一次练习，对那些在当地学区作出贡献的老师说声谢谢。请尝试“对一位好老师说谢谢”（在个人小实验里）。这种“回馈”只花很少的时间，但是对你仍记得的教师们可能非常有意义。别忘记这些老师们在你人生决定性的时刻和你在一起，所以，现在花一些时间联系他们。他们是否已经退休都没关系，因为在任何时候说声感谢都是值得老师们欣慰的。

附录 A：评估教育的成功

布里奇特·默里

《观察》杂志成员

9 月 27 日至 29 日，200 多人在亚特兰大参加了一个由美国心理学会第二分会（心理学教学分会）组织的会议。这个会议旨在帮助心理学教师们解决“证明学生学到了什么”这一日益增长的压力。

从专题讨论会和演讲者的报告中，会议参与者了解到各种策略，包括准备部门总结、提高学生写作水平、为学生与行政人员编制评估工具包、在线评估学生学习等。对于让教员在学生学习目标上达成共识，以及在编写与使用综合而标准化的测验上，演讲者的报告中提供了一些技巧。他们还分享了一些编制毕业调查或校友调查及评估学生研究项目的途径。

“在高等教育的责任不断增加的时代，本次会议为参与者提供了一个非常宝贵的机会，以分析与心理学课程结果评估有关的问题，了解一系列的评估方法。”美国心理学会的教育执行理事长辛西娅·比拉日（Cynthia Belar）博士如是说。

会议的组织者召集了跨教育背景的演讲者做主题报告：

注：简·哈洛宁（Jane S. Halonen），詹姆斯·麦迪逊大学心理学院博士、教授和院长，对这份报告有贡献。*APA Monitor*, December 2002, p. 33，Reprinted with permission。

来自克莱尔蒙特麦克纳学院的迪亚娜·哈珀恩（Diane Halpern）在会议开幕式上致辞，描述了如何兼顾自身评估需要以及保持提倡合乎伦理评估所需的“信仰”。

唐娜·达菲（Donna Duffy），米德尔塞克斯社区学院的一位研究服务学习的学者，探索了服务学习课程如何能达到与本科心理学学习目标和结果的协调一致。该报告在网址 www.apa.org/ed/pcue/taskforcereport.pdf 可获得。

耶鲁大学的罗伯特·斯滕伯格（Robert Sternberg）提出了一些关于教学和评估的见解，将三元方法运用于课堂，培养学生的分析、实践和创造能力。

另外，六个心理学系叙述了各自独具特色的方法……

- 弗洛斯特堡州立大学。从内容知识（例如心理学方面的 ETS 专业领域成就测试）、技能（例如区分不同研究方法和对文献综述进行批判性阅读），以及使用这些技能的意愿（例如研究消费态度和咨询师的自我效能）方面，评估学生“像心理学家一样思考和行事”的能力。
- 曼斯费尔德大学。其心理学系的教员偏好由论文和小组项目构成的评估工具包。这种评估工具包加上各种测试，可评估学生的各种能力：心理学概念的基础理解力、图书馆和电子信息的收集与评估能力、关键学科问题的批判性思考能力、研究方法与统计学的理解力、与他人清晰交流的能力、对心理学家不同角色和工作环境的理解力、多样性的欣赏力以及对心理学领域伦理问题的领悟力等。
- 斯贝尔曼学院。通过机构评估（例如迈尔斯—布里格斯类型指标、学生课程评估和毕业生离校调查）、院系评估（例如 ETS 领域考试、针对二年级及高年级学生的综合考试、校友调查）、荣誉与经验成果（例如加入荣誉学会、参加研究和实习、谋得工作与升入研究生院），测量学生的学习。
- 詹姆斯麦迪逊大学。该校心理系根据“为什么做了”逐步开展评估：全体教师着重于共同的课程目标，收集关于学生能力的信息，指导项目实施，展示项目优势，甄别项目不足，为教学实施提供信息，并对项目改变予以评判。
- 福德姆大学。全体教员强调对教员的受欢迎度进行全面评估。
- 肯尼索州立大学。其院系通过 11 项学习成果来评估本校学生，所做的评估包括：校友和毕业生离校调查、学生研究设计提案、高年级的顶点课程和一个研究测试。最近，该系还加上了 ETS 领域考试和一个广告调查，以努力提供强有力的学术和职业建议。

在会议结束时，会议项目主席简·哈洛宁（Jane Halonen）博士讨论了心理学系可以如何测量 10 个 BEA 认可的针对本科生的成绩目标。哈洛宁曾担任美国心理学会某个特别工作组的主席，该小组负责制定评估目标，他指出，该小组业已制订出评估电子指南，很快便可以从 www.apa.org/ed 获得，用来指导各部门审读和利用这些评估目标。

附录 B：来自两个“威尔”的教学锦囊——詹姆斯和麦基奇

威尔伯特·麦基奇

如今在高等教育中，最时髦的词是“*以学生为中心*”和“*主动学习*”。我们需要以学生为中心的教育。不过，我对以学生为中心是革命性的新思想感到质疑。听听威廉·詹姆士（William James, 1899）在《与老师谈心理学:兼与学生谈一些生活理想》一书序言中说的话:“我主要的愿望是使（教师）去设想，以及如果可能，在其想象中，真实重现其学生的心理生活，贴近学生自身的感受”（p. iv）。

而且，在《教学锦囊》（*Teaching Tips*）第一版（McKeachie & Kimble, 1950）中，我们写道：“即使我们赞同死板的、独裁式的教学方法是解决学生焦虑的一种途径，我们也不同意这是用于教育系统的最理想的方法，教育系统的目标是为民主生活做准备。”（p. 83）

在我早期的研究中，明显可见，适用于一些学生的教学可能并不适用于另一些学生。我写《教学锦囊》一书是为老师提供大量的策略，以使他们可以辅导不同学习者。简而言之，以学生为中心其实已有很长一段历史了。

什么改变了?

我们对学习和记忆知道些什么？当我开始准备写这篇文章时，我曾以为，自从 1899 年詹姆士的《与老师谈心理学》出版，以及自《教学锦囊》（McKeachie & Kimble）的第一版出版以来，我会发现很多东西都改变了。毫无疑问，相比于詹姆士或格里格·金布尔（Greg Kimble）和我第一次撰写《教学锦囊》，现在我们对认知的理解要多得多。然而，我清晰地记得大部分改变在詹姆斯和我们早期出版的书中

资料来源：McKeachie, W., Teaching of Psychology, copyright © 1999. Reprinted with permission of Lawrence Erlbaum Associates, Inc.

注：本附录引用了麦基奇教授发表于 1999 年《心理学教学》（*Teaching of Psychology*）中的一篇文章的部分内容。

都有预见。詹姆士的《心理学原理》(1890)中最著名的一章也许是有关习惯的那章，该章内容在《与老师谈心理学》(James, 1899)中有大量的重复。

研究者现今对学习的认识远远不止于简单的重复和强化。我们现在认为学生在主动地构建知识体系，每个人的构建都有所不同，因为他们是在原有的知识和经验基础上存储知识。我们强调的是反思和深度加工。詹姆士在这里又一次是正确的。对于记忆，他说，“为了记住，人必须思考和建立联系”(James, 1899, p. x)。

研究者现在知道，人类的大部分行为都不是有意识的决定的，而是自动的。对此，詹姆士的书中关于习惯的章节似乎又正中靶心。1899 年，詹姆士说：“我们活动的百分之九十九，或者更可能是，千分之九百九十九是纯粹自动化的和习惯化的……教育的最大作用是让我们的神经系统成为我们的盟友而非敌人……”(p. 65-57)

认知目标的改变。如今，大多数学院和大学把对思维的教学当做一个目标来看待……当我开始教学时，有一个很普遍的假设是，一些学生实在不适合更高水平的教育。许多公立大学用一年的时间淘汰那些不适合的学生。在数学和自然科学中，那种态度一直保持到前几年才消失。现在，连自然科学教师(至少在密歇根大学)也明白每个人都能学习和思考，我们开设了利用合作学习和开放式问题的化学、物理、数学、工程学等课程。

情感目标和行为目标的改变。当我从 1946 年开始教学时，教育者相信心理学应该完全客观并且不涉及价值观。然而当我成了一名全职教师时，我的一项任务是教一门关于心理学和宗教的课程，我马上就明白了要避免价值观问题是不可能的。在“意愿”一章中，詹姆士(1899)写道，“你的任务是塑造性格”(p.184)，在“习惯”一章中，詹姆士(1899)写道，“也许你能帮助我们正在成长的一代美国人开始建立更好的个人理想状态”(p.75)。

詹姆士写这本书时正逢“强盗大亨”时代，这是一个富人和穷人差异悬殊的时期，这个时期和如今所展现的贪婪与挥霍财富没有多大差别。也许我们现在需要另一个不会如此受富人恩惠的特迪·罗斯福(Teddy Roosevelt)和议会。我们作为教师当然不能忽视我们文化的基本价值观。

10 个版本中什么没变?

在《与老师谈心理学》一书中，詹姆士(1899)列举了许多现有研究可以支持的观点。在《教学锦囊》的 10 个版本中，有许多观点发生了改变，但有四个主题是不变的。

1. 学生感觉老师关心他们的学习并且关心他们个人的重要性。
2. 让学生参与讨论的价值。
3. 测试与评分在学生动机和学习中的作用。
4. 得到反馈对于提升课程学习效果的价值。

未来会怎样?

我们以一个教学理论结束了《教学锦囊》第 1 版的讨论。在重新阅读它的时候，我认为这一观点在 21 世纪仍是有效的。我强调了三点：

1. 大学是文化的一部分。今天，在所有心理学和教育中都强调背景。
2. 教育者给出评分的权力是学生向好和向坏的主要动机因素。过分强调成绩会增加学生的焦虑水平，这一焦虑水平不利于学生正常的表现。
3. 以学生为中心，以小组为中心，并附以清晰的任务和目标的教学，可以形成老师所说的“自愿学习”。(现在普遍采用的)合作学习可以使概念更加清晰、困惑更易于清除、更高的动机以及更好的决策。

对我来说，这三个主题很符合当前研究者关于教学和学习的理论。我希望我能看到 55 年后的未来，我相信教学仍将是快乐的！

参考文献

James, W. (1890). *The principles of psychology*. New York: Holt

James, W. (1899). *Talks to teachers on psychology: And to students on some of life's ideals*. New York: Holt.

McKeachie, W. J. (1999). *Teaching tips: Strategies, research, and theory for college and university teachers* (10th ed.). Boston: Houghton Mifflin.

McKeachie, W. J. & Kimble, G. (1950). *Teaching tips: A guidebook for the teacher of general psychology*. Ann Arbor, MI: Unpublished manuscript. (Psychology Dept., University of Michigan, Ann Arbor).

关键术语

使命（calling）：一种强烈的动机，驱使一个人不断做可以给自己带来内在满足的事情。比如，一个以教学为使命的人，会因为该工作可以带来自我实现而非仅为了报酬而去教学。

发展性训练（developmental discipline）：一种基于依恋理论的尝试，旨在改变社会化过程，帮助与其首要照料者有非安全依恋的学生，与他们建立关怀和信任的关系。

积极学校教育（positive schooling）：一种以关怀、信任和尊重多样性为基础的教育途径，在其中，教师为每一学生量身设定目标，以促进学生学习，然后与学生一道制定达到这些目标的计划并激发他们的动机。积极学校教育包括给学生逐渐灌输希望并使其贡献于更广阔的社会。

好的工作 17

收益性受雇的心理学

不用打卡上班
意味着
我的工作
出于自愿

因为你信任我的才能
所以
我会全力以赴

不要问
我不能创造什么价值
而要问
我可以创造什么价值

请给我一个职位
或者安排我做些事情
让我感觉努力有所值

并且通常
我可以从尊重
而非金钱中
创造财富

收益性受雇

开头的这几行诗句是我（斯奈德，本书第一作者）做助理教授第一个月的时候写就的。33 年后的今天，我依然为能拥有这样一个营生（livelihood 这个词总是如此恰当）感觉非常荣幸和幸福。这种积极的感受牢牢把握住了收益性受雇的本质，即本章将要探讨的内容。

健康生活是指人有能力去爱和去工作的生活，西格蒙德·弗洛伊德是对之做出如此大胆陈述的第一人（O'Brien，2003）。自从弗洛伊德提出这些观点的几十年来，心理学文献业已证实了积极的人际关系和工作的重要性。在回顾了不断增多的关于工作影响健康生活的大量文献后，我们试图找到一个词语来概括工作有诸多好处的本质。最后，我们决定使用*收益性受雇*这一词语。

尽管许多人害怕起床和上班，但有收益性受雇的人实际上却相当期待。**收益性受雇**（gainful employment）具有以下 8 个好处：

1. 所承担职责的多样性
2. 安全的工作环境
3. 可为家庭和个人带来收入
4. 提供产品或服务所带来的目的感
5. 幸福和满意
6. 积极的投入和参与
7. 表现好及实现目标的感觉
8. 对同事、老板及公司的友谊和忠诚

在本章，我们将探索日益丰富的积极心理学研究成果，并且从雇员、老板及公司的观点看待收益性受雇。我们以珍妮的故事为例，从雇员观点开始。

"我们有一个空缺"：珍妮失去了一份工作但是找到了一门职业

我（斯奈德）第一次见到珍妮时，她由于抑郁而来寻求心理治疗。她是个 32 岁的单身女性，上了一年半的专科学校就辍学了。平时她是个外向的人，但是珍妮说，当她失去了地方州立大学英语系的系主任行政助理这份工作后，她的心情就变糟了。大学裁员导致她失去了工作，她没日没夜地在床上想"这一点都不公平"。

珍妮的朋友要么在英语系工作，要么在那里读研究生。直到她失去了这份工作，她才意识到她的工作环境就是她的世界。被解雇后不久，珍妮在英语系露面并且试图开始和她的朋友交谈。她说这非常尴尬，并且和她工作时相比，交谈不一样了。在去了几次之后，珍妮不再回系里。她起初的应对策略是尽快找到另一份工作。尽管她不遗余力地申请和之前类似的工作，但是这样的高薪助理工作实际上是不存在的，因为整个大学都在遭受经济困境。在咨询的过程中，我们讨论了珍妮的所有朋友都来自她以前的工作背景这一情况。这加深了她的绝望感，因为她意识到自己现在没有朋友。另外，她的反复思量并无任何助益。她担心她以前的朋友只是因为她是系主任的助理才喜欢她。他们是想通过她向系主任“拍马屁”吗？但是珍妮有项大家公认的才干：一旦给她介绍某个人，她便能记住此人的名字。

在开始咨询时，珍妮叙述了前一周连续三个晚上都在做的一个梦。在梦里，那所大学不同部门的教授都给她打电话，并且请求她申请他们系的职位。每次开始打电话时，系主任就会非常兴奋地宣布，“我们系有个空缺正适合你！”她对于自己为什么突然这么受关注感到迷惑，珍妮（依旧在梦中）问系主任为什么打电话。他们回答说，“你不知道？”对此，珍妮说她一无所知。然后每个系主任都告诉她，很多人都喜欢她能记住他们的名字。梦到此时，珍妮醒了。

这个梦对于珍妮来说是个重要发现。她解释为“记名字的能力”是她的一项很重要的资本，在找新工作时她应该把这种能力作为她的优势。在咨询过程中，当问及她如何做到这一点时，引发了一个有关秘书之外的工作的深入讨论。她的另外一个领悟是开始找较低起薪的工作，而不是像以前做行政助理时那样高的薪水。

到现在你可能会猜到，这个故事的结局是美好的。意识到使用她的记人名技能之后，珍妮决定从事干洗公司的一份相对低薪的柜台工作。顾客只需来干洗店一次，珍妮就会记住他的名字。不管什么时候顾客再来，珍妮都会叫着他或她的名字。“早上好，帕克先生”，“你好，戴维斯女士”，“艾丽斯马歇尔……你好吗？”干洗店的老板喜欢珍妮可以记住每个顾客的名字。确实，顾客们告诉珍妮，他们愿意光顾他们洗店的原因就是她记着他们的名字。慢慢地，这个干洗店的生意兴旺了。作为对增加这么多新顾客的奖励，老板为珍妮加薪了。这份工作让她振奋，并且她的抑郁症状消失了，简言之，基本上她的工作和生活都非常快乐。

珍妮故事中的关键信息

本章中珍妮的例子对于工作在人们生活中的作用有一些启示。也许最重要的是，它让我们看到了工作在生活中的强大威力。更具体地讲，它表明了工作在决定人如何评价自己中的重要性，揭示了人们对在工作中投入其才干的需要。并告诉我们一个人的朋友通常来自工作场所。尽管珍妮的新工作提供了收入，她的故事也说明“追逐金钱”和想要高起薪可能会适得其反。她的新工作为珍妮施展与人打交道的才干和能力——这是她的标志优势——提供了机会。随着她在此领域才干的增加，她的工作每天都在提醒她，她是在通过提供服务来帮助人们的。最终，就像她在英语系的工作一样，珍妮的新职业使她形成了对顾客、同事和老板的依恋、友谊和忠诚感。最根本的是，珍妮在她的新工作中获得了价值和满足。从珍妮的故事中可以看到这些和其他一些关于收益性受雇的信息。本章我们会了解这些不同的主题。

收益性受雇：幸福、满意和其他

如图 17.1 所示，收益性受雇可以带来八种好处。因为幸福和满意的关键作用（见 Amick et al., 2002; Kelloway & Barling, 1991），我们把它们放在中心位置。亨利（Henry, 2004）这样描述道：

> 当你思考工作的好处时，就不奇怪它对幸福感的核心作用了，它所提供的明显好处是：除了提供薪水之外，还提供同一性、社会交往的机会，以及支持、目标、充实感、挑战和可能获得的地位。（p. 270）

毫不奇怪，有关工作满意度的文献林林总总。例如，据洛克（Locke）在 1976 年所做的估计，已出版的关于工作满意度的文章就超过 3300 篇。另外，在美国心理学会出版的《心理学文摘数据库》（PsycINFO）中，搜索 1976~2000 年关于工作满意度的文章，结果有 7855 篇（Harter, Schimdt & Hayers, 2002）。

如果一个人在工作中感到幸福的话，他对整个生活的满意度很可能会更高（Harter, 1999; Judge & Watanabe, 1993）。工作满意度和整体幸福感的相关大约是 0.40（Diener & Lucas, 1999）。有工作的人通常比那些没有工作的对照组更幸福（Argyle, 2001; Warr, 1987, 1999）。

为什么工作、幸福和满意度紧密相联呢？在下面的部分，我们将探索与更高的幸福相联系的各种工作因素。尽管我们承认幸福和满意在整个收益性受雇中有很大作用，但是我们急于想补充的是，它们通常是互惠关系，即一个或多个因素可能彼此相互影响以产生收益性受雇感。比方说，如我们接下来要解释的，工作表现好提高了满意度。但是，满意度的提高也有助于员工在工作舞台上表现得更好。

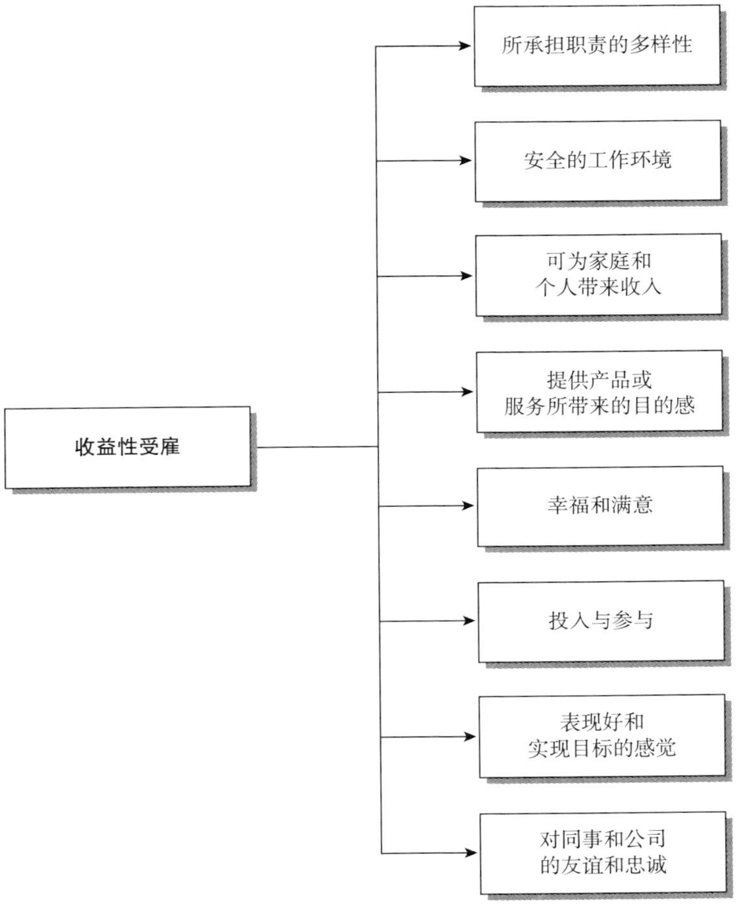

图 17.1　收益性受雇的八个特征

表现好和实现目标

你的朋友或搭档会多久来一次这样的评论："你的脾气这么暴躁，你在工作中不顺心吗？"或者另一种说法："哇哦，你的心情这么好，工作都进行得很顺利吗？"毫无疑问，工作中发生的事情会影响到我们生活的方方面面。

与前面假设的相互作用有关，一种学派认为，幸福的雇员是在工作活动中感受到效率和效能的人（Hertzog, 1966）。为了检验工作中的表现和满意度的关系，贾奇、托雷森、博诺和巴顿（Judge, Thoresen, Bono & Patton, 2001）对 300 个样本（大约 55000 名劳动者）进行了元分析（检验许多研究间结果稳定性的一种统计程序）。他们发现，工作表现和总体满意度之间的稳定相关大约是 0.30。

到现在为止，大多数与表现好的感觉有关的研究都来自班杜拉提出的影响深远的自我效能概念（见第 9 章；自我效能在促进工作幸福中的作用回顾，见 O'Brien，2003；亦见 Bandura, Barbaranelli, Vittorio Caprara & Pastorelli，2001）。**职业自我效能**（career self-efficacy）的定义是，个体相信自己有处理职业发展和工作相关的目标活动的能力，其与人们的职业努力和职业决策的成功及满意显著相关（Betz & Luzzo, 1996; Donnay & Borgen, 1999）。

工作中表现好更可能发生在当人们有清晰的目标之时。正如相关文献表明的那样（例如，Emmons, 1992; Snyder, 1994/2000），当实现清晰的目标之后，就会产生满意感。相应地，当工作目标清晰明辨，并且雇员能够满足已确立的标准，那么雇员的个人幸福感和成就感就会提升。在这点上，高希望的领导者能够设定清晰的目标并且容易沟通，可为工作团队提供短期和长期的目标。高希望的老板也会在工作中为员工提供更大的满意度。这个过程是这样展开的：高希望的老板会清楚地确定可达到的工作子目标，这反过来增加了工作人员的动机和完成更大的组织目标的可能性（Snyder & Shorey, 2004）。在此过程中，充满希望的领导也能够促进员工拥护公司的总体目标的意愿（Hogan & Kaiser, 2005）。

提供产品和服务所带来的目的感

工作也是人们生活目标的重要潜在来源。驱动这个目标的一种主要潜在动力是感觉到为顾客提供了所需的产品和服务。有时劳动者会有一种微妙的感受，感到他们在为其他人和社会作贡献。

尽管我们将在本章的后面谈论埃米·乌日泽斯尼维斯基的重要研究，在这里我们要指出，她和她的同事（例如，Wrzesniewski, McCauley, Rozin & Schwartz, 1997）阐释了从地位最高到地位最低的劳动者如何将其工作视为一种使命（员工对职业充满热情——为了工作本身而全心付出）。

投入和参与

投入（engagement）是员工对其工作的参与，而我们可能会把**满意**（satisfaction）称为员工在工作中的热情（Harter et al., 2002）。当雇员发现其需要得到满足时，投入就会发生。具体而言，投入反映了那些雇员所处的状况："知道公司对他们的期望是什么，具有完成工作的需要，有机会与他们信任的同事交流重要的事情，并且有可能改善和发展”（Harter et al., 2002, p. 269）。类似地，沃尔（Warr, 1999）在其报告中称，最让人投入的工作是，有特殊的职责，并且工作所要求的活动与雇员的技能和人格有很好的匹配。例如，在一个对超过 50 家公司的大约 30 万名员工的元分析中，对“我有机会做最擅长的事情”这一投入测量条目的积极反应与工作生产率及成功存在着可靠的相关（Harter & Schmidt, 2002）。另外，哈特及同事（Harter et al., 2002）在总体分析中发现，员工的表现与测量工作投入的条目之间有 0.37 的可靠相关。

在工作中的投入类似于流畅感的概念，所牵涉的环境是这样的，个体的技能可以促进自己在挑战性任务上获得成功（Csikszentmihalyi, 1990; Csikszentmihalyi & Csikszentmihalyi, 1998；见第 11 章），在流畅感状态中，人对工作任务是如此全神贯注和投入，以至于忘记了时间。对我们目前的讨论格外重要的是，与娱乐活动或家里的放松相比，工作的时候更有可能发生这些流畅感体验（Haworth, 1997）。[这并不是说流畅感体验不可能在工作之外的场所发生，已有研究表明，它可以出现于工作之外（Delle Fave, 2001）。]

工作职责的多样性

如果工作中所需完成的任务变化多样，那么工作者就更容易感到满意。确实，无聊的工作会让人感到厌烦。人们应该在他们的工作活动中维持尽可能多的变化和刺激（Hackman & Oldham, 1980）。在工业化和技术性工作环境中，一个维持劳动者职责多样性的普遍做法是*单元式制造*（cell manufaturing）。在单元式制造中，多技能的员工团队对生产过程的整个序列负责（Henry，2004）。然后，这些工作团队将其识别标志置于产品或产品零件上。单元式制造已成功地应用到工作团队对汽车的生产上。（但让人担心的是，这个方法的高成本可能会降低其在一些公司中的普及程度）。

工作中缺乏变化性，员工可能会陷入最近被称做的“*出勤主义*”（与*缺勤主义*形成对比）的怪圈中。在**出勤主义**（presenteeism）中，员工可能表面上在照常工作，但是，由于厌烦和重复的工作体验而导致心理健康问题，他的生产效率就会低下并缺乏幸福感[正如迪特曼（Dittmann, 2005）在引用丹尼尔·康蒂的观点时所报告的那样，后者是摩根大通公司的员工帮助计划主管]。面对重复和单调的任务及缺乏弹性的进度表，员工会缺乏士气和丧失动机。

当寻找新工作时，明智的做法也许是从事具有多样性但薪酬较低的工作，而不是较高薪酬但缺乏变化的、重复活动的职位。因此，“变化是生活的调味品”这一古老箴言，在工作情境中再适合不过。

可为家庭和个人带来收入

毫无疑问，收入的底线是要满足家人和自己所需。但正如第 7 章所讨论的，金钱作为幸福来源被高估了。事实上，有两项调查研究表明，人们似乎知道生活的幸福和意义在很大程度上与其挣钱多少没有关系（King & Napa, 1998）。

然而，人们实际上是否按照这一对于金钱奖赏与工作的“理性”思路行动，颇为值得质疑（King, Eells & Burton, 2004）。例如，人们认为挣钱比拥有一种具有内聚力的人生哲学更重要（Mayers, 1992, 2000）。另外，尽管人们认为人际关系比工作更值得重视（Twenge & King, 2003），但是，美国人依旧认为生活质量高低的依据是他们挣钱的多少。现代的美国工作者比其父辈在工作上花费的时间更多（Schor, 1991）。例如，许多家庭夫妻两人都有工作（也许这也和他们的父辈不同）。而且，在做重大生活决定时，人们最可能考虑经济原因（Miller, 1999）。似我们对挣钱有两种不同的心理，并且这种矛盾在我们的工作中表现得淋漓尽致。

该领域中一个颇具前景的趋势是积极父母教养方案的出台。这个方案由小团体会谈组成，父母从中学习诸如怎样平衡家庭生活和工作追求（Dittmann, 2005）。澳大利亚心理学家马修·桑德斯（Sanders, Markie-Dadds & Turner, 2003; Sanders, Mazzucchelli & Studman, 2004; Sanders & Turner, in press）是该计划的首创者，其目的是减少父母长时工作对其孩子的消极影响。工作者必须确定追求金钱不会损害重要的家庭快乐和义务。确乎如此，若父母双方拼命挣钱却置其子女于不顾，不幸的结果可能就是，其子女长大并有自己的孩子后，也会以相同的方式对待他们的孩子。这里，很具讽刺性的是，为养家而工作可能会像癌症一样生长、扩散，反而给想要供养的家庭带来问题。

对同事、老板的友谊和忠诚：工作中的朋友

从珍妮的例子中，我们也许可以看到工作和幸福有关的另一原因，朋友圈都形成于工作场所。工作为人们提供了走出家门与其他人交往的机会。因为工作者可能互相分享工作中的困难和成功经历，这是人们为何彼此建立联结的原因。

过去的大约 30 年中，美国公司设法阻止员工在工作中建立友谊。此惯例是基于这样的假设：同事之间的交往尤其是老板和员工之间的友谊会导致生产力低下。直到汤姆·拉思（Tom Rath）和同事在盖洛普公司开发出“不可或缺的朋友评估”，该假设才得到系统研究检验，他们调查了 1009 个人，考察友谊对他们的幸福、满意和生产力的影响（Rath, 2006）。《不可或缺的朋友》（*Vital Friends*）这本书所呈现的

盖洛普公司研究者的成果证实，在一个给定的工作环境中，团队意识是工作幸福感和满意度的一个促进因素（Mahan, Garrard, Lewis & Newbrough, 2002; Royal & Rossi, 1996）。另外，拉思发现，若某人在工作中有个“最好的朋友”，那么此人很可能发生较少的事故，安全感会增加，可吸引更多的顾客，以及拥有更高的成就感和生产效率。这些发现可归于这样的事实，即在工作中有好朋友的人对工作的投入是那些没有好朋友之人的 7 倍（Rath, 2006）。

安全的工作环境

工作中的一部分幸福感源于安全和健康的物理环境，在这种环境中，很显然管理层关心员工的福利。前面讨论的由哈特等人（Harter et al., 2002）报告的元分析发现，知觉到工作环境的安全性是员工满意度的有力预测指标之一。

有理由担心工作和实际的身体健康吗？答案是肯定的。在工作中有许多身体伤害；而且，高风险职业中的严重事故非常普遍。保持员工的身体安全和不受伤害可带来更好的身体健康（Hofmann & Tetrick，2003）。在下班时，我们不会把工作场所导致的疼痛和身体残疾留在工厂门口。

总而言之，好消息是，工作中有一些因素尤其能带来更大的幸福感和满足感，而且通常有助于收益性受雇。同样重要的是，工作中的不幸福并非不可避免，本章剩余内容会讨论此主题。

收益性受雇的测量

本部分，我们将介绍自己编制的工具，帮助人们具体地认识他们对工作的看法。这种方法允许人们对收益性受雇的八种特征进行重要性等级评定，评估自己在每个类别上做得如何，并得出工作总分。现在我们就来说明该工具以及如何使用它，然后给出两个来访者在实际中使用此法的例子。

你的工作

在和人们谈到他们工作的问题时，我们提出图 17.2 所示的计分体系。这种方法向人们形象地表明，工作中的哪些方面好，哪些方面不好。它也帮助工作者了解在工作环境中什么对自己是重要的。我们编制这个工具是为了帮助人们评估收益性受雇八种特征的重要性，并且提供一个很好的手段来判定其在每个特征上的成功程度。让我们详细讨论收益性受雇的计分体系，以了解它是如何运作的。

首先，要求来访者依据 5 级评分（0= 一点也不重要；1= 很不重要；2= 重要；3= 很重要；4= 非常重要），评估收益性受雇八种特征中的每一个对他的重要性，并且把评定的分数写在左边题头为“重要性”下面的相应空格中，然后要求来访者根据收益性受雇的每种特征思考他的工作，并且用一个等级来代表该份工作在每种特征上的表现如何（F=0; D=1; C=2; B=3; A=4）；这个等级填在标为“等级”的中间空格的相应位置上，接下来，前两栏的分数相乘得出收益性受雇每个类别的分数；结果填在第三栏题头为“I×G”的空格里。然后，来访者把“重要性”一栏中的八个分数相加；之后这个总分除以 8 得出收益性受雇每种特征的平均重要性。这个平均分可以帮助人们了解自己在多大程度上把现在的工作知觉为满足了一些重要需要；而

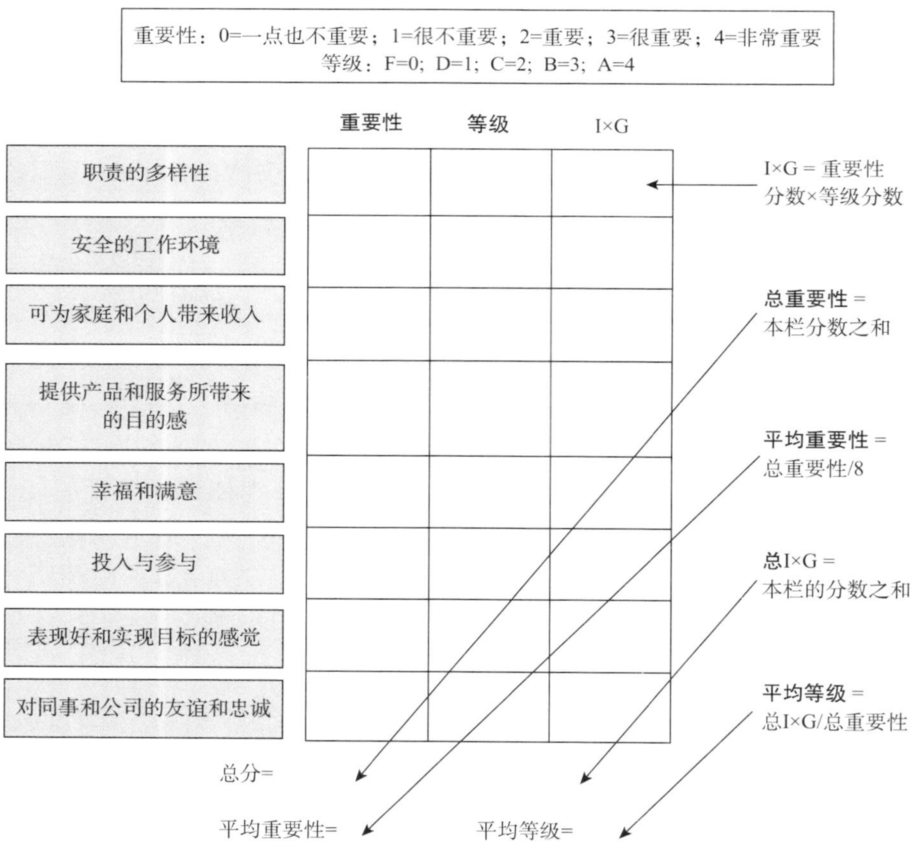

图 17.2 收益性受雇的计分

且，每个空格内的分数使人深刻认识到自己工作中那些较重要或较不重要的方面。

通过将第三栏（“I×G”）的分数相加，然后除以第一栏中重要性的总分，就得到了他工作的平均等级。这是表示工作在多大程度上实现工作者收益性受雇需要的最好整体指标。可以像解释平均绩点（GPA）一样来解释等级的平均分数，0 等于 F；1.0 是 D；2.0 是一般等级，C；3.0 是良好的等级，B；接近于 4.0 意味着一个极好的收益性受雇等级，即 A 等级。现在你已经知道这个程序如何操作了，在你自己的工作上试用一下吧（如果你有工作的话）。

回到珍妮的例子上

回到本章前面珍妮的例子上，珍妮的收益性受雇得分显示在图 17.3 中。该图描述了珍妮对干洗店这份新工作的等级评定。她的平均重要性得分是 3.38，这表明，

重要性：0=一点也不重要；1=很不重要；2=重要；3=很重要；4=非常重要
等级：F=0；D=1；C=2；B=3；A=4

	重要性	等级	I×G
职责的多样性	4	3	12
安全的工作环境	2	4	8
可为家庭和个人带来收入	2	4	8
提供产品和服务所带来的目的感	4	4	16
幸福和满意	4	4	16
投入与参与	4	4	16
表现好和实现目标的感觉	4	4	16
对同事和公司的友谊和忠诚	3	3	9
	总分 = 27 平均重要性 = 3.38		101 平均等级 = 3.74

图 17.3　珍妮的收益性受雇分数

在知觉到的重要性方面，她认为新工作实现了自己的需要。另外，她的平均收益性受雇等级是3.74，这说明珍妮认为其工作在收益性受雇的八种特征上非常好。简言之，在那些珍妮给予高重要性评定的收益性受雇特征上，她也认为自己表现得非常好。

没有得到终身教职的助理教授

另一位来访者在意识到他在助理教授的职位上不能再晋升时，来找本书第一作者（斯奈德）治疗。因为他没有发表过任何研究，在工作了7年之后被解雇了。他对工作的自我评定见图17.4。值得注意的是，他评定的平均重要性是3.5，这反映了他认为助理教授的职责是非常重要的。但是相比于这些高重要性的评定，除了友谊和忠诚，他对工作所有类目的评分都较低。最后我们也注意到，他的收益性受雇的平均等级是一个低分2.13。如果忽略友谊和忠诚这个分类，他的收益性受雇评分会更低。

这个工具的运用揭示了这位年轻教授对其工作及能力的知觉。在“投入和参与”、“表现好和实现目标感觉”的类别中，他的反应似乎分离了。尽管他根据重要性而给这两个类别很高的评定（也就是4分），但是相关表现分数却为0分。对他而言遗憾的是，他所在院系的系主任及院长在判定是否晋升他为副教授时，非常看重“投入和参与”以及“表现好和实现目标的感觉”这两个类别。

杰米·彭尼贝克

资料来源：Reprinted with permission of Jamie Pennebaker.

在运用上述工具探索了他的收益性受雇等级之后，引导这位助理教授进行30分钟的书面表达，以写出他对失去工作的想法和感受。社会心理学家杰米·彭尼贝克（Jamie Pennebaker）在以前的研究中考察了书面表达（即情绪故事的讲述，见第8章）的积极效应。一些实验结果表明，从看医生次数的减少、学术成就的增加、免疫系统功能的增加和让人们感觉更好的方面来说，它产生了有益结果，这只是积极结果的几个例子（Pennebaker, 1990; Smyth & Pennebaker, 1999）。

但是，促使我（斯奈德）真正使用这项技术的原因是，书写经历降低了员工旷工和增加了失业者找到另一份工作的可能性（Spera, Buhrfeind & Pennebaker, 1994）。正如前面运用此方法的案例，当该助理教授试用书面表达技术时，似乎激发了他寻找另一个学术职位的热情。当然，这个例子的结局也是完满的！这个人后来在一个规模较小的学校找到了另一份助理教授的工作。在这个新环境中，他吸取了第一份工作中的经验教训。当然，他在新学校成功地晋升为副教授了。

重要性：0=一点也不重要；1=很不重要；2=重要；3=很重要；4=非常重要
等级：F=0；D=1；C=2；B=3；A=4

	重要性	等级	I×G
职责的多样性	4	3	12
安全的工作环境	2	3	6
可为家庭和个人带来收入	2	3	6
提供产品和服务所带来的目的感	4	2	8
幸福和满意	4	2	8
投入与参与	4	0	0
表现好和实现目标的感觉	4	0	0
对同事和公司的友谊和忠诚	3	4	16

总分 = 28　　56
平均重要性 = 3.50　　平均等级 = 2.13

图 17.4　没得到终身教职的助理教授的收益性受雇分数

但是，因为他不再进行治疗了，所以我们没有他第二份工作的收益性受雇等级评定。推测一下，他的第二次平均收益性受雇等级应该更高。

有一个或做一个好老板

老板是帮助员工拥有多产和满意的工作经历的关键资源。注意，本部分标题包括“做一个好老板”，之所以如此，是因为许多读者将来可能是老板，尽管他们现在还不是老板。上司给员工提供清晰的工作定义、职责以及支持，会促进员工的工作满意度和生产效率（Warr, 1999）。如果领导者和管理者关注员工的优势（Buckingham & Clifton, 2001），擅于与员工交流公司的目标，以及灵活地给予反馈，会有助于员工

布鲁斯·爱沃利奥

资料来源：Reprinted with permission of Bruce J. Avolio.

积极体验的产生。高希望的老板也喜欢和员工交往；此外，他们对于员工在工作之中和工作之外的状态很有兴趣（Snyder & horey, 2004）。

老板在与员工交往中的诚恳和真挚对员工也有帮助（Avolio, Luthans & Walumbwa, 2004; Gardner & Schermerhorn, 2004; George, 2003; Luthans & Avolio, 2003）。但是，确切来说什么是真挚呢？用爱沃利奥等人（Avolio et al., 2004）的说法，**真挚的老板**（authentic bosses）是：

> 那些深刻觉察到他们如何思考和行动的人；被他人认为可以觉察他们自己和其他人的价值/道德观、知识和优势的人；能觉察他们所处环境的人；自信、希望、乐观、韧性和具有高尚道德品格的人。（p. 4）

真挚的老板可以促进其员工的信任和积极情绪，以及为达到共同目标的高投入和动机。真挚的领导者具有指导自己行为的个人价值观和信仰。反过来，员工尊重和信任他们。当真挚的老板鼓励不同的观点并且和员工合作性地互动的时候，这些积极观点又被强化了。因此，真挚的老板重视员工的多样性，希望找出员工的才干和优势，以让他们在不同的职位上各尽其能（Luthans & Avolio, 2003）。真挚的老板为自己的行为设定高标准并向员工展示其正直和诚实。通过这样的示范，真挚的工作领导可以建立员工的团队合作精神。真挚的老板也可以设定清晰的目标和培养员工的希望（Snyder & Shorey, 2004）。正如前文所述，一个好的老板也鼓励员工成为擅于团队合作的人（Hogan & Kaiser, 2005）。总而言之，老板的真挚与收益性受雇和工作场所中的各种积极结果有关。

在过去几年对各种行业的咨询工作中，我们发现了最好老板的“十大”共同特征：

- 他们为员工提供清晰的目标和工作职责。
- 他们不仅和员工是朋友，而且可以传达纠正性反馈以便员工知晓。
- 他们和每个人交往时都诚恳和真挚。
- 在和他人的交往中，他们的行为合乎道德并标榜其道德观。
- 他们诚实而真挚。
- 他们能发现员工的才干和优势，并让他们各尽其能。
- 他们信任员工，并促进员工对他们的信任。

- 他们鼓励来自员工的各种观点，能够接受关于自己的反馈。
- 他们为自己和员工设定高而合理的标准。

这些品质的魅力在于，员工同意这些特征对其自身而言也很重要。员工把这些观点的一致性归因于，他们之间会讨论他们喜欢上司的什么品质和不喜欢上司的什么品质。另外，当老板拥有这些特征时，就可能会对员工工作的生产效率和幸福感发挥巨大的作用。

投入、生产力和满意似乎在积极的工作场所中同时存在。毫无疑问，老板在这些积极结果的产生方面发挥着关键作用。想想优秀老板的这些特征，然后把它们应用到你的工作环境中。你的上司具有这些特征吗？你认为自己具备这些特征中的几个？尽管你现在可能不是老板，但是你是否拥有这十个特征，可能决定了你是否会成为一个老板，以及能否成为一个成功的老板。

工作中采用优势取向的方法

本部分，我们描述一个匹配员工职责与其优势和才干的全新方法，该方法是盖洛普公司率先使用的。我们先讨论这种趋势的各个方面，然后探究采用优势取向的方法。长期以来，盖洛普公司一直是这种优势取向方法的支持者，该公司的领导者在实际中用“优势识别器”法来雇佣和培养员工。盖洛普公司的领导者不提倡花费数百万美元来弥补或“修复”员工技能的缺陷，而是建议最好把些金钱和精力用在发现员工的优势和才干上，然后找到可以和他们的才干良好匹配的工作职责（Hodges & Clifton, 2004）。不是注重改变工作者的弱点和缺陷，而是关注如何利用他们的资产。正如白金汉和科夫曼（Buckingham & Coffman, 1999, p. 57）所说：“不要把时间浪费在试图把遗漏的再装进来，试着利用已经在里面的，这已经足够难了。”

把人和工作匹配起来，不要修补他们

对工作采取优势取向的方法有一个很简单的潜在前提：不要“修补”所有的员工以使他们具有相同的基本技能，而是找出他们各自的才干，然后把那些可发挥其才干的工作分配给他们，或者围绕工作者的才干和技能来改造工作活动的内容。这种方法似乎显而易见，但是，在盖洛普公司对不同国家的人进行的调查中，当人们被问及“什么可以帮你在生活中更成功——是了解你的弱点并且试图改善弱点，还

蒂莫西·霍奇斯

资料来源：Reprinted with permission of Timothy Hodges.

是了解你的优势并让他们得到发挥？”时，他们的反应让人吃惊（Hodges & Clifton, 2004, p. 256）。盖洛普公司的蒂莫西·霍奇斯（Timothy Hodges）和唐纳德·克利夫顿（Donald Clifton）总结了这些反应，发现不同国家的大部分人的反应倾向于“改善你的弱点”，优势取向方法的支持者的百分比是：美国 =41%；英国 =38%；加拿大 =38%；法国 =29%；日本 =24%；中国 =24%。很明显，大多数人还是支持传统的“修补”模型。

本方法的阶段

根据克利夫顿和哈特（Clifton & Harter, 2003）的观点，**收益性受雇的优势取向方法**（strengths-based approach to gainful employment）有三个阶段。第一阶段是才干的确认，包括增加员工对自己天生的或习得的才干的觉察。如果你对发现自己的这些才干感兴趣，我们建议使用盖洛普公司的在线评估（http://www.strengthsfinder.com），该在线评估我们在第四章已经描述过。（本文的作者已经在这一网站上完成了测验，并且发现结果非常有用。注意，如果你没有买过包含“克利夫顿优势识别器”代码的书，这项测验可能要收费。）

第二阶段是把员工的才干整合到他们的自我形象中；人们学着根据这些才干定义自己。盖洛普出版了一本旨在帮助特定群体整合他们才干的书。既有为不同工作领域的潜在工作者写的有趣的分册（见 Buckingham & Clifton, 2001），也有为学生写的工作手册（见 Clifton & Anderson, 2002），为销售领域的人写的分册（Smith & Rutigliano, 2003），还有一个为以信念为基础的公司中的成员及领导者写的分册（见 Winseman, Clifton & Liesveld, 2003）。

第三阶段是实际行为的变化，个体学着把他的任何成功归因于自己的特殊才干。在此阶段，人们报告说他们有更高的满意度和生产效率，因为他们开始拥有并强调自己的优势了。

它有效吗？

优势取向的方法对改善员工有效吗？答案似乎是非常肯定的。通过前面所述的网站，我们调查了做过“克利夫顿优势识别器”评估测验的 459 个人（Hodges, 2003），59% 的人同意或非常同意“了解我的优势能帮助我在生活中做更好的选择”；

60% 的人同意或非常同意“关注我的优势使我更有生产效率”，以及 63% 的人同意或非常同意“了解我的优势增加了我的自信。”

除了这些自我报告的益处之外，优势取向方法也对工作中的“硬”指标有积极效果。例如，在丰田公司的北美地区中心加利福尼亚所做的一项研究中（Connelly, 2002），仓库工人完成了“克利夫顿优势识别器”测验，然后参加了旨在回答任何相关问题的午餐会议。该公司的经理也参加了讲述此方法的为期 4 天的课程。相对于前三年个体生产力增加或降低不超过 1% 这种情况，优势取向干预一年后，生产力增加了 6%。

其他关于该方法改进实际工作的例子可见霍奇斯和克利夫顿（Hodges & Clifton, 2004）的综述。例如，当在工作环境中实施此方法后，就会导致员工（Black, 2001; Clifton & Harter, 2003）和教会成员更多投入（Winseman, 2003）。另外，在使用此方法的教育领域中，学生对自己及自己的将来都更有自信了（Clifton, 1997; Rath, 2002）。概括而言，在过去的十年中，该方法已经得到大量的实证支持。

资产练习

当人们考虑新职业或新工作时，我们使用了一种练习，它和盖洛普公司使用的优势取向方法类似。我们的技术更简单些。开始时，我们要求来访者在一张空白的纸上画两栏，第一栏的题头是“资产”，第二栏的题头是“负债”。这里我们引用第一作者（斯奈德）的真实案例来说明帮助者如何进行。一个大约 30 岁的男士来见我。他是个电台节目主持人，但是已经不能从这个行业中得到满足感了。他想重新回到学校和成为一个社会工作者。为了帮助他弄清楚重新接受教育和新的行业与他的匹配程度如何，我要求他用几分钟想想他和此改变有关的优势和缺点。在他简短地思考之后，我让他在第一栏中列举他与成为一个社会工作者有关的所有资产，在第二栏中列举有关的所有负债。结果见图 17.5。

注意，这个人的资产列表远长于负债列表，这是个好的预兆。另外，你可以看到他的一些优势可以帮助他进行转变。首先，他的基本兴趣和才干符合社会工作的需要，即他有社交技能，天生乐于助人，并且人们喜欢向他袒露心迹。他的动机很高，他非常确定自己想要的是什么，并且他已经为改变做好了准备。他也有一个非常可靠的社会支持基础，这很好地预示着一个人可以经历重要的、具有潜在压力的变化。在第二栏中，他的两个缺点都不是致命的，他可以学会如何计划重返校园，还有他的成绩从 D 到 A 不等，但是依旧处于最低要求以上。总的来说，这个资产练习表明，这位要成为社会工作者的来访者具有和他的新职业良好匹配的必备资产和优势。

资产	负债
1. 社交技能	1. 缺乏计划
2. 许多朋友	2. 成绩有高有低
3. 高动机	3.
4. 家庭支持	4.
5. 家在学校附近	5.
6. 存了一些钱	6.
7. 知道他想要什么	7.
8. 认识教员	8.
9. 做好了改变的准备	9.
10. 天生乐于助人	10.
11. 人们喜欢向他敞开心扉	11.

图 17.5 一位想要成为社会工作者的资产

工作中的资本

弗雷德·鲁森斯

资料来源：Reprinted with permission of Fred Luthans.

内布拉斯加大学积极心理学家弗雷德·鲁森斯（Fred Luthans）提出了一个思考资源或资本的新方式，这种方式可以应用到劳动力身上。这种资本的观点最大程度地强调了单个的劳动者。正如惠普公司的卡利·菲奥莉娜所言（见 Luthans & Youssef, 2004, p. 143），“在变革图景中最重要的因素是人”。本着积极心理学的研究和应用精神，鲁森斯从传统的经济资本观点开始，然后扩展到积极心理学的新领域。在接下来的部分中，我们分享其见解的演化及其发展。

传统的经济资本

如图 17.6 所示，**传统经济资本**（traditional economic capital）通常包含公司对“你有什么？”的回答。答案通常是某一公司独有的一系列具体设施，包括建筑物或工厂、设备、资料、专利、技术，等等。很明显，按照花费来说，这类资本非常昂贵。通常一个公司成功的标志是其他公司试图复制这些资本来源（委婉地称为标杆管理）。但是，由于现代技术已经可以通过逆向工程来仿

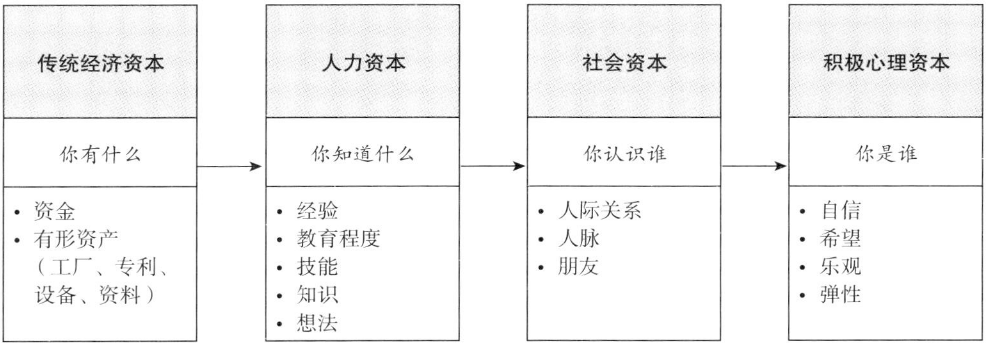

图 17.6 资本类型

制行业龙头的产品，开发新产品的公司所享有的传统优势已经大大地削减了。过去，在对工作环境的分析中，这些经济资本中的物质资源得到了最多的关注（Luthans, Luthans & Luthans, 2004），但是这种现象在 21 世纪正在发生改变。

人力资本

人力资本这个术语指的是公司所有层级的员工。在这点上，商业奇才比尔·盖茨说他公司最重要的资产“每天晚上都走出公司大门”。他的言下之意是在强调，其员工的技能、知识和能力反映了使微软居于竞争对手之上的终极资产。因此，在以前的经济资本模型中，一个公司的主导问题是，“你有什么？”然而，人力资本观点的核心问题是，“你知道什么？”对后者的回答需要人力资本——雇员资产，例如经验、教育程度、技能、才干、知识和新想法（Luthans et al.，2004）。人力资本内在的知识由工人的外显技能组成。这些技能和暗含的知识是公司特有的；例如，耐克的特征是一流的品牌管理，通用电气的特征是全球合作，而微软是拥有擅长尝试新想法的员工（Luthans & Youssef，2004）。

在美国的劳动力市场上，人力资本正在逐步包含各种种族背景的工作者。如约翰·布鲁恩（John Bruhn, 1996）所言：

> 一个健康的公司是努力让不同背景、技能和能力的人为其目标或目的而一起工作的公司。尽管我们还没在社会层面上实现这一点，但是在公司层面上是可实现的。（p. 11）

文化多样性的需要正在被管理层及员工所理解。密歇根大学教授泰勒·考克斯

（Taylor Cox, 1994）就社会资本的多样性提出了四个很好的理由。第一，在一个公司中，多样的背景可以提高干劲和才干的整体水平，并因此提高公司解决问题的潜能。第二，美国社会的核心价值观是机会均等，因此，加强员工的多样性是合乎道德伦理的。第三，文化的多样性提高了所有员工的工作表现。第四，关于平等工资、公民权、怀孕妇女、年龄歧视以及美国残疾人的立法，强制要求多样性。

社会资本

与人力资本紧密相关的是**社会资本**（social capital），核心问题是“你认识谁？”。在一个组织的所有层级中，一组重要的资产是可利用的关系、人脉和朋友（见图 17.6）。这样的社会资本可以使公司易于设定目标和解决可能出现的任何挑战。因为职员知道在公司内外应该和谁交流，所以，即使在困难的情况下，也可以达到他们的目标。因此，建议是在社会资本中的珍贵商品。

积极心理资本

社会科学家讨论的最后一个也是最新的资本形式是**积极心理资本**（positive psychological capital），对鲁森斯和他的同事（Luthans, 2004; Luthans & Youssef, 2004）来说，它由四个积极心理变量组成（见图 17.7）。这四个变量包括班杜拉（1997）提出的自我效能感（相信自己有能力达到预期目标；见第 9 章），斯奈德（Snyder, 2002a）提出的希望（有能力找到可以达到期望目标的途径，并具有动机或动因使用那些途径；见第 9 章），塞利格曼（Seligman, 2002）提出的乐观（把好结果归因于内在的、稳定的和普遍的原因的能力；见第 9 章），以及马斯顿（Masten, 2001）提出的韧性（在逆境中忍受和成功的能力；见第 6 章）。

鲁桑斯认为，当我们进入 21 世纪时，企业就该减少他们对传统资本来源（例如，经济资本）的依赖了（Luthans, 2004; Luthans & Youssef, 2004）。他提出，已经有令人信服的理论原因及研究方案的初步报告（见 Luthans, Avolio, Walumbwa & Li, in press），推动转向这些心理形式的资本。下一部分我们详细探究心理资本的其中一个形式——希望。

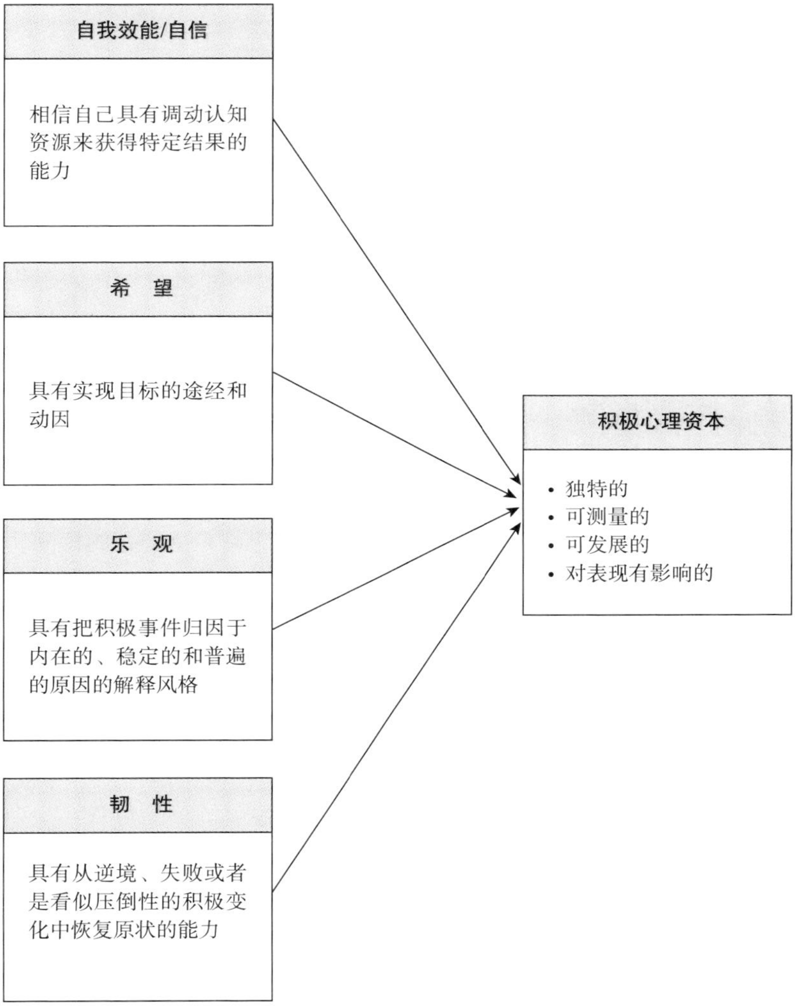

图 17.7 积极心理资本

希望：首要的心理资本

我们在第 9 章详细讨论过，希望思维有益于一些生活场合，其中一个较重要的就是职场（Peterson & Luthans, 2003）。确实，希望可以是一个多产的工作环境或公司以及成功的工作者的特征。回忆一下由斯奈德和他的同事（见第 9 章）所界定的希望，它包含界定清晰的目标和知觉到有能力发现达到目标的途径（被称为途径思维），以及使用那些途径所必需的干劲（被称为动因思维）。一般而言，通过使用这些希望理论的原理，就可以在工作环境中澄清重要的目标，把较大的目标分成较容易实现的子目标，学着提出其他途径来实现预期的目标——特别是在压力性情境下（Luthans & Jensen, 2002）

为了探究希望在美国商业中的作用，本书的第一作者（斯奈德）在 2001 年的《成功》（*success*）杂志上进行了一项调查（Snyder, 2004b）。这项调查询问了关于公司的各种问题，要求公司低、中、高职位各个层级的一名员工来独自完成和返还问卷。换句话说，公司的总裁或董事长代表高职位水平，经理代表中等水平，而工人代表着最低的水平。调查者收回回答结果，并把它们列成表以便找出希望排名前 100 的公司，另外确定了排名前 10 名的公司。这些公司既有员工很少、每年的收入少于 150 000 美元的夫妻经营的小企业，也有拥有上千名员工并且每年的财政收入超过十亿美元的大公司。尽管这些公司在规模和构成上有所不同，但是这个调查表明，这些高希望的公司具有非常相似的特征。我们接下来讨论高希望公司的特征。

高希望的公司

一般来说，从利润来看，较高希望的公司似乎是非常成功的。因此，当涉及公司盈利时，希望发挥着积极作用。我们也发现高希望的工作环境（相比于低希望）具有以下共同特征：

- 没有谁让员工感到非常畏惧，包括管理层在内。
- 一个公平竞争的环境，每个人都有同等机会成功。
- 晋升和津贴与所付出的努力有关。
- 公司最底层的人员和其他员工（包括管理层）受到同等的尊重。
- 管理层最优先考虑的是帮助员工尽可能把工作做到最好。
- 员工和管理人员之间的沟通是开放的、双向的。
- 征求员工的反馈信息并且把这看做令公司更好的手段。
- 把尽可能多的决策权交给从事具体工作的员工。
- 在制定公司的目标时把员工也包括在内。
- 让员工负责找到问题的解决办法。
- 不管是解决问题还是尝试一种新思想，让员工负责实施变革。
- 公司的目标是和顾客建立持久的关系，而不是实现一个给定的销售目标。

高希望的员工

通过分析相同的调查数据（例如，Snyder, 2004），研究者识别出了最高希望的员工。应该注意的是，这些高希望的员工往往会在高希望的公司工作。结果表明，高希望的员工（相比于低希望）具有以下共同特征：

- 他们对工作认真尽责。
- 他们乐意帮助其他工作人员及当地社区。
- 他们对同事和顾客彬彬有礼，特别是在艰难的讨论或互动中。
- 当谈到同事得到奖励（加薪、晋升、赏识等等）时，他们是大度的。
- 当出现困难时，他们不指责同事、管理层或顾客。
- 他们设定清晰的工作目标。
- 他们找到多种良好的途径来实现期望的目标。
- 在正常情况下，他们可以激励自己，在困难的情况下特别有干劲。

在工作中运用各种希望

综合来看，根据关于高希望公司和高希望员工特征的这些发现可以得出几个推论。首先，在低希望的环境中工作至少有四个主要的后果（Synder & Feldman, 2000）。第一，在这样的环境中工作的人的动机是低的。这是因为在界定他们的行为时，他们没有太多的投入。第二，工作者可能责任心不够，因此就可能造成低质量的产出。第三，这些员工一般是低自尊的，并且工作士气低。第四，当他们工作时，似乎不尊重其他工作人员和管理人员，但是，由于他们的高旷工率，他们的工作也往往参差不齐。

然而，从调查结果看，高希望的工作环境和高希望的员工与上述情况完全不同。这样的员工在设立他们自己的工作目标时有发言权。由于在工作的各个方面他们是尽责的和积极的，他们不必打考勤卡，上司相信他们所报告的精确工作时间。他们喜欢他们的工作，这表现在对同事和顾客的礼貌举止上；他们在和同事的互动交流中也给予帮助（即，他们可能帮助另外一个员工实现其相关工作目标，因此不会出现过度的竞争）。最后，当涉及盈利时，高希望者是多产的。简言之，具有希望观的工作者可能在工作环境中的进展更好（Synder, 1994），如果工作环境具有很大压力，这点尤其准确（Kirk & Koesk, 1995）。（关于自我效能和相关工作表现有类似的发现，见 Stajkovic & Luthans, 1998）

可以增加工作中的希望吗？

在此你可能会问这样一个问题，即员工能否学习在工作场合提升他或她的希望。在对此问题的两个检验研究中，霍奇斯和克利夫顿（Hodges & Clifton, 2004）考察了完成“克利夫顿优势识别器”测验和进行优势提高练习的人，能否在情境希望中有所提高，该希望由*状态希望量表*（the State Hope Scale）测量（Synder et al., 1996）。在第一个研究中，作为选修课程的一部分，学生接受评估，另外让每个学生与专业人士就测试结果进行 30 分钟的讨论。两个月后，用状态希望量表对他们进行重测，结果是分数增加了大约 12%（用统计术语来说是 0.36 个标准差单位）。第二个研究是在一个康复医院实施的，开始时让员工完成状态希望量表，然后接受“优势识别器”评估。如果他们愿意，医院的员工还可以和教练见面来讨论他们的优势。一年之后，488 个医院员工再一次完成了状态希望量表。相比于未寻求教练培训的员工，那些寻求教练培训的员工的量表分数有显著增加（$p<0.001$）。总的来说，这些研究表明可以在工作环境中增加希望。

黑暗面：工作狂、职业倦怠和失业

本部分，我们总结那些可能最需要积极心理学带来好处的工作者：所有时间都在工作的人，那些出现职业倦怠的人，以及失业的人。

工作狂

有些人被称为**工作狂**（workaholics），他们如此执著于他们的工作，以至于不能对他们的朋友和家庭负起应有的责任。工作狂在其他人下班后依旧工作到很晚，并且比其他人更努力工作，几乎到了追求完美主义的地步（McMillan, O'Driscoll, Marsh & Brady, 2001）。工作狂的生活安排严重失衡，这类人甚至开始对同事进行时间约束并大发脾气，表现出过分警觉的 A 型行为模式（Houston & Synder, 1988）。

职业倦怠

你是否曾有过这样的感觉，你在工作上越来越努力，你付出了最大努力，但是需要你完成的事情却似乎越来越多？你在工作中感到厌倦吗？你感觉你的工作缺乏回报吗？也许你看到自己的父母长时间工作且很努力，你自己便采用了他们工作狂的做法。如果这些感觉似乎你都有，你可能就职业倦怠了（Pines, Aronson & Kafry, 1981; Rodriguez-Hanley & Snyder, 2000）。

职业倦怠（burnout）是循环往复的。开始时，员工的干劲非常高，但是久而久之就开始减弱了。在完成工作任务的过程中，老板对员工有严格的时间限制，使他们难以达到工作目标。不仅如此，老板还往往不给奖励，却对他们要求越来越多，因为他或她就要把事情做完了。而讽刺的是，能者被要求多劳。当这个循环一直持续时，员工就会变得身心俱疲，而职业倦怠确实会损害员工完成必要工作职责的能力。当他或她的精力耗尽时，就需要时间来恢复和休整［见鲍迈斯特、费伯和华莱士（Baumeister, Faber & Wallace, 1999）的自我损耗理论］。

本书作者研究了职业倦怠的学校教师，这些案例的惊人之处是，带着最高热情进入教室的新教师似乎最容易职业倦怠。遗憾的是，助人行业的人可能最容易职业倦怠（Carpenter & Steffen, 2004）。例如，在对社会工作者的研究中，许多感觉职业倦怠的人有繁重的、过多的工作量和很少给予表扬的老板（Ngai, 1993）。类似地，当护士有工作压力和缺乏强化时，就可能职业倦怠。那么毫不奇怪的是，在马斯拉奇职业倦怠问卷（Maslach & Jackson, 1981, 1986）上得分高的护士也是低希望的，并且感觉不能满足其工作的许多要求（见 Sherwin et al., 1992）。对此话题有兴趣的读者，我们推荐伯克利加州大学心理学家克里斯蒂娜·马斯拉奇（Christina Maslach）的文章。对于职业倦怠，她构建了非常棒的理论和测量方法。

克里斯蒂娜·马斯拉奇

资料来源：Reprinted with permission of Christina Maslach.

研究者已经采用各种方法来降低职业倦怠（Godfrey, Bonds, Kraus, Wiener & Toch, 1990）。降低工作压力的有效技术包括训练目标设定、问题解决、时间管理、有氧健身运动、放松技术和一般性的应对方法（Hudson, Flannery-Schroeder & Kendall, 2004）。尽管我们在第 15 章把各种冥想技术作为干预的一部分来描述，但是像在其他情况下一样，冥想也可以容易地应用到工作中。

本部分考虑的最后一个问题是，旨在帮助职业倦怠者的方案是否有效。简言之，答案是肯定的。在对一些降低工作压力的方案进行的元分析中，例如，在员工所报告的情绪和健康上，短期的干预产生了很大的效应（严格来说，其效应大小是 0.38 到 0.53）；另外，长期的干预产生了更大的效应（Kaluza, 1997）。

失 业

遗憾的是，失业在现实中很常见。失业对于身心都是一个非常严重的问题。例如，最近研究发现失业和过早死亡有关（Voss, Nylen, Floderus, Diderichsen & Terry, 2004）。在一个研究同卵双生子的长期项目中，瑞典斯德哥尔摩卡的罗琳斯卡学院的玛格丽莎·沃斯（Margaretha Voss）博士研究了 20 600 多个男性和女性。结果发现，那些报告失业的人比那些未失业的人更可能在随后的 10~24 年中死亡。女性失业似乎和自杀有关，然而尚未在男性中确定这一因果关系。沃斯教授在她的早期研究中发现，过早死亡（70 岁之前）更可能发生于人生中某个阶段曾有过失业经历的男性和女性身上，但最近研究结果表明，有失业史的女性其自杀可能性是未失业对照组的 4 倍。

在沃斯的研究中，也有一些证据表明，失业男性的死亡与酒精相关的疾病和癌症有关。在撰写这些最近的研究发现时，沃斯教授推断，失业启动了一系列消极事件，这些事件以失业者的经济状况恶化开始，并逐步从社会地位的降低、人际关系的瓦解、更多危险的性行为、较低的心理幸福感和抑郁，直至发展到最终的严重躯体疾病。因此，本章中显而易见的是，收益性受雇对人的积极态度，甚至是身体健康都很重要。

如何改善你的工作

为了帮助你更深入地思考你的工作，我们鼓励你研究图 17.8。我们用此图的框架帮助你逐步地改善你的工作。

让工作变得更好

我们在和那些探究工作问题的人进行的临床互动中发现，问问他们早上去工作的第一个想法很有用。如果你感觉工作很好并且期待去工作，我们视贺你在这件事上是幸运的。但是，即使你很喜欢你的工作，我们也建议一直寻找让工作变得更好的方法。在图 17.8 中，这代表着左边的路线，我们称之为“让工作变得更好”。

关于“让工作变得更好”这一栏的各个决策点，有必要进行另外的讨论。我们相信，雇员在工作中做出积极改变时，会有更多自己意想不到的力量和自由。如果你已在工作上表现良好，这一点尤其正确。你对老板的价值可能远比你认为的要大。但是，有一种改变可能会迷惑你：你可能认为加薪会大大增加你的工作满意度；但

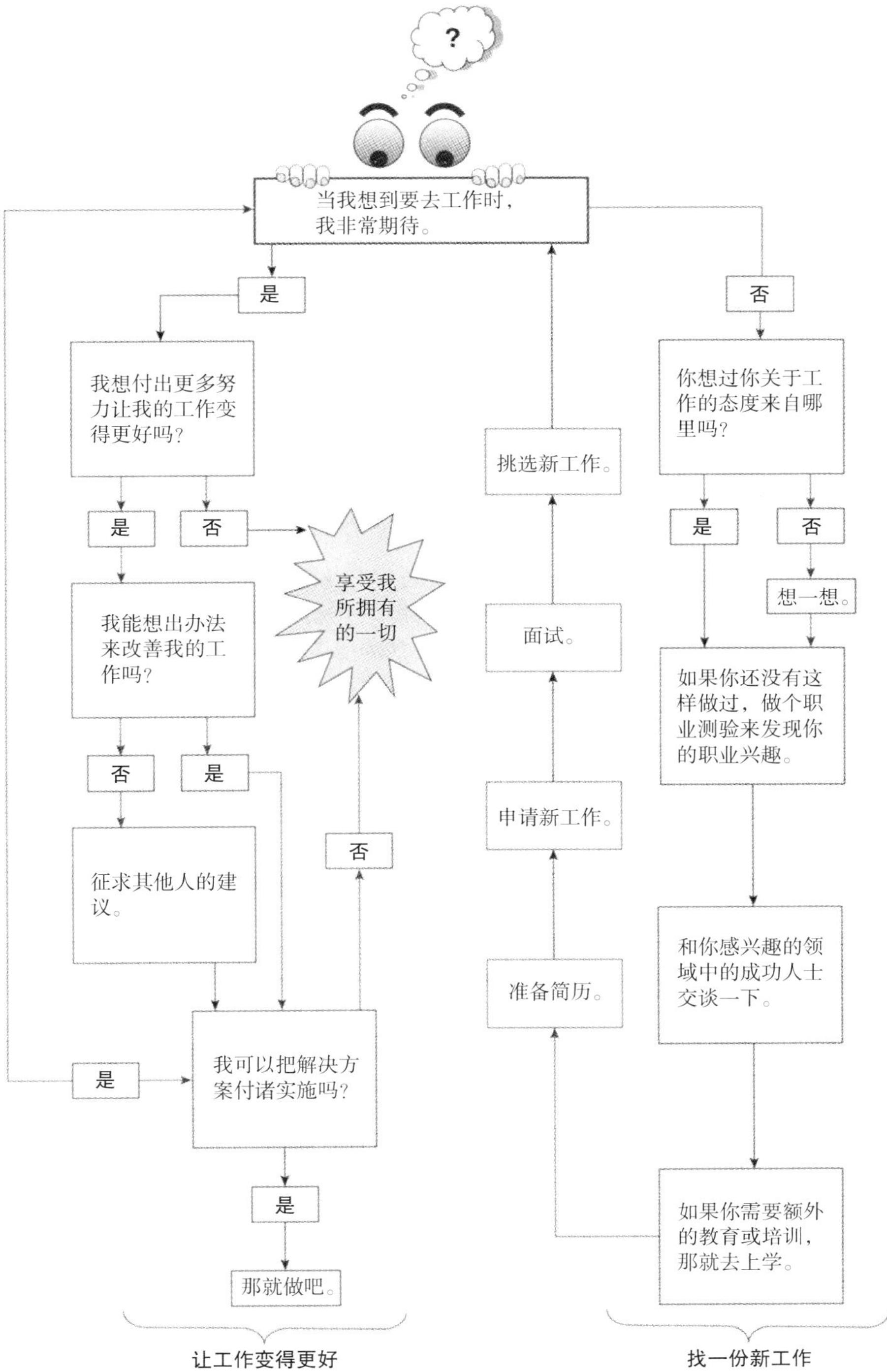

图 17.8　改善工作的决策树

是正如我们已经讨论过的，金钱并没有我们通常认为的那么重要。

如果加薪不是万能药，那在工作中有其他变化可以让你的生活更愉快吗？也许你会要求有一间更好的办公室，更长或更多的假期，有时间陪家人，更大金额的报销账单，一位秘书，一部公车，或者增加退休金或更加多样化。弹性工作时间制对于工作者的心理健康和幸福感都非常重要（Dittmann, 2005）。这点上，另外一种可能性就是在家上班。详见探究在家工作可能性的个人小实验专栏。关于弹性工作时间和在家工作，迪特曼（Dittmann, 2005）写道：

> IBM 引入了弹性工作时间制——例如许多雇员可以选择非全日制工作或在家工作——基于其调查研究的发现，这样的工作制有助于提高工作者的满意度。现在已有三分之一的 IBM 雇员不在传统的办公室工作了。实际上，IBM 的研究者发现，在家工作的雇员在动机及其保持上的困难最少，并且更愿意在工作中投入额外的精力。此外，所调查雇员的 55% 认为一周至少在家工作一天是可接受的，并且 64% 的雇员说在接下来的 5 年中有可能在家上班。（p. 37）

为改善你的工作状况，一个很好的指南是，思考一下我们先前讨论的有助于收益性受雇的各种因素（见图 17.1）。在你的工作中想办法获得如下特征：（1）职责的多样性；（2）安全的工作环境；（3）充足的收入；（4）目的感；（5）个人幸福和满意；（6）积极的投入；（7）表现好和实现目标感；（8）交情和友谊。对你来说，收益性受雇的这 8 个特征中的一些可能比另外一些重要。因此，你应该试着在最重要的领域最大化地满足你的需要。

我们发现，另外一种对工作者有帮助的方式是，跟他们的同事讨论可以改善工作状况的方法。对于改变你工作的物质环境，你的同事可能有非常好的主意。另外，他们可能对于如何更有效地应对其他同事和老板有一些忠告。

最后的策略来自图 17.8 中“让工作变得更好”一栏，即学会享受你所拥有的一切。欣赏和体会（Bryant, 2005; Bryant & Veroff, 2006）是重要的积极心理特性，你可能需要多花点时间，简简单单地领会和享受你已经拥有的就好。

申请一份新工作

正如你在图 17.8 中所见，如果你对第一个问题回答是否定的，那么你应该看“找一份新工作”这条线，并且遵循那些步骤。

开始寻找一份新工作可能需要勇气。此过程的一个关键点是，当你考虑各种选择时要保持灵活性。在这点上，你考虑过你对工作的态度源于何处吗？你对哪类工

个人小实验

让你的工作成为收益性职业

我们希望你已经认识到，工作对我们个人的幸福感和满意度多么重要。接下来的活动鼓励你考虑一下你的一些职业兴趣的根源，以及尝试一些使你的工作状况更好的想法。

你可以在家工作吗？不管你现在（或将来）的工作是全日制或非全日制，也许你应该考虑一下越来越多的职业在做什么——在家工作。如果你对此建议的反应是，你的工作活动需要你亲自到场，那么这可能不是个好主意。但如果你想的是“我的老板根本不会考虑这样做！”或者“我不能在家上班，因为我会不认真工作！”，那么有一些方法可以解决这样的问题。记住老板是最关心生产率的人，你怎样做或在哪做通常不太重要。除去你日常乘车上下班所耗费的时间，提高工作时间的弹性，可能会带来更多的产出。我们鼓励你尝试选修网上（或远程教育）大学课程或继续上教育讲习班，体验在家上班的感觉。（网上有许多本科和研究生课程，并且通常需要观看视频讲座，或完成在线作业，以及一些电子邮件的往来。）在选修课程或上讲习班的过程中，对比以传统方式完成的课程中的投入、满意和效率，并记下来。这一经历会提供有价值的信息，帮你了解你的工作习惯和生产率，从而有助于你的未来决策（以及与老板的协商）。

当考虑工作态度时，你是个“酷似父母的人”吗？当你思考自己的工作和工作态度时，有没有想过你从哪里以及如何获得了你的工作信念？如同许多事情的答案，可能来自你的发展经历。这里有一个练习，我们用它来帮助来访者揭示他们工作态度的根源。以你对下列问题的回答开始：

1. 工作在你的生活中有多重要？（详细描述。）
2. 一直以来，你的工作态度是什么呢？（详细描述。）
3. 你喜欢工作吗？如果喜欢，为什么？如果不喜欢，为什么？
4. 如果你有孩子，关于工作在他们生活中的作用，你试图（或曾经试图）教给他们什么呢？
5. 到现在为止，根据你对你孩子的观察，你认为他们继承了你的工作信念吗？

一旦你回答完这些问题，请想一下抚养你的人。他们可能是你的亲生父母、继父母或者其他担任抚养角色的人。想一下在你成长过程中对你影响最大的照料者。先在脑海中形成这个人的完整印象，然后进行心理角色扮演，问他刚才你所回答的问题。你预计你的主要照料者会如何作答，并记录答案。现在，假如这位主要照料者还健在，并且你可以联系上他，拜访或者给他打个电话。问他相同的问题，并记下其回答。

此时，你就可以看出你是否是个“酷似父母的人”。在一张纸的左侧一栏写下这些问题，然后在纸的右侧画出三栏，第一栏的题头是“我对工作的态度”；第二栏题头是“我想象照料者对工作的态度”；第三栏是“我的照料者对工作的真实态度”。根据我们的经验，大多数人对这三栏结果的相似性感到吃惊。这就意味着当谈及工作时，我们确实采用了主要照料者的态度和信念。一个工作狂式的照料者会把他对工作的态度传递给他的子女。同样地，在工作中发现重要意义的照料者，通常会把对目标导向生活的追求传递给子女。记住，如果你不是特别喜欢自己对工作的态度，这个练习也为改变提供了一个很好的起点。

你从哪获得你的职业兴趣？你知道你的兴趣和那些各种行业的成功人士的相关程度吗？你的职业选择是由你自己做出的，还是由其他人，比如父母（或者朋友、老师等）为你做的决定（Saccuzzo & Ingram, 1993）？作为一个起点，请考虑下面这些人，并且评估迄今为止每个人影响你职业选择的百分比：

人	影响百分比
母亲	______
父亲	______
姐妹	______
兄弟	______
配偶	______
老师	______
朋友	______
其他	______
你自己	______
总计	______（应该是 100%）

当看到在你的职业选择中发挥最大影响的人时，你吃惊了吗？我们的观点不是说你应该忽视其他人的影响，而是你应该对这些影响有更多的觉察，然后决定是否需要或想要对此过程进行更多的控制。

作有兴趣呢？我们发现父母、家庭成员和同伴是很强大的影响因素。这个话题如此重要，以至于我们在个人小实验中呈现了两个练习。在“酷似父母的人”中，你可以看到你从父母或照料者那里习得态度的程度。

关于你对工作的态度，你可以思考一下更广泛的潜在影响人群。我们认为考虑这些影响是很重要的，因为以我们的经验来说，思考这些来源可以帮助人们改变他们的态度。早先的读者发现，在确定影响他们工作态度的因素上，回答“你从哪获得你的职业兴趣？”是有用的。

图 17.8 中的下一个步骤是做一个职业 / 兴趣测验（如果你还没有这样做过），以便了解你的兴趣与各种职业生涯轨迹的一致程度。在我们的经验中，一些人的问题是，他们所追求的工作和他们的兴趣类型不匹配。我们的建议是，特别是对于那些正在上这门课的大学生，去学生服务中心寻求职业咨询。这里的关键概念是你应该从事和你的兴趣（以及优势，正如前文所述）相符合的工作。大多数大学有一个或多个受过训练的专业人员，他们实施职业测验并且针对学生的结果提出建议。应该明确的一点的是，职业测验不会告诉你选择什么工作是正确的，但是它会基于你的兴趣，对你从什么样的职业中会得到最大满足提供很好的忠告。这些测验可能会象征性地收取一些费用，或者它们可能是提供给所有学生服务的一部分。我们鼓励你这么做，不只是因为它可以帮助你做职业决策，而且相对于花费几百美元在私营机构寻求这些服务，在学校接受测验还是比较实惠的。

这些经过认真验证的职业测验让你了解自己的职业兴趣可能是什么，以及你的特定兴趣与那些在各种职业中获得幸福和成功的人的关系（综述见 Harmon, Hansen, Borgen & Hammer, 1994 和 Swanson & Gore, 2000；跨文化和种族问题的具体讨论见 Day & Rounds, 1998 和 Fouad, 2002）。职业顾问会与你讨论你的兴趣模式，尽管你可能认为自己了解这些兴趣是什么，但是你可能依然会非常吃惊。你也会得到你的兴趣如何与不同职业匹配的有用反馈。采取什么就业方向依旧取决于你，但它会是个明智的决定，不会像一般大学生那样，他们选择一个专业后就限定了今后的工作，在这个专业上花费大量的时间。这是为你整个一生最重要的一个方面做计划的最好方式吗？我们不这么认为。

假定基于你的兴趣和才干，你知道什么工作适合自己，那么向在这些领域中做得很好的人询问一些相关信息可能是有益的。找出他们的工作真正需要做的是什么，然后就在相同领域找工作征求他们的建议。在此阶段，你可能意识到你需要重回学校，以得到一个会为你渴求的工作打开大门的新学位。

如果你有合适的教育背景，下一步就是准备简历，并且让其他人读一下以确定是最佳形式。你可能想要职业介绍所帮你找工作，但不管你是否这样做，下一步都是把你的申请和简历投给尽可能多的招聘者。

下一阶段就是面试。你得精心准备面试。在面试之前，和你信任的人模拟一下面试情境，让他给你坦诚的反馈。在面试前，尽可能多地了解公司和它的人事部门。着装要得当。在面试的过程中，表现出对所申请工作的热情。注意听面试官说的是什么。如果你不知道问题的答案，不要试图伪装，承认你不知道但是会学习！并且，要知道你的优势，这是大多数面试官会问到的。

恭喜！现在你有一份新工作了。在此阶段,你对未来的工作内容有最大的影响力。想一下金钱之外的一些东西。当你和潜在的新雇主协商时，注意一下图 17.1 中呈现的收益性受雇的特征（申请、面试和协商过程的概述，见 Snyder, 2002b）。最后，选择你想从事的工作，即最能满足你的收益性受雇需要的那份工作。

改变的力量

在帮助那些在工作情境中不快乐的人的过程中，我们发现，他们最终几乎毫无例外地认识到，实际的选择比最初他们想象的要多。因此，当你根据此指南行动时，你会意识到你可以使你的工作更好。积极心理学的一个重要原理是，我们可以有效地改变我们的生活——工作是生活的一个关键方面——让它们变得更好。

当工作变成一种使命：一个医院勤杂工的故事

很显然，为获得来自工作本身的满足感，人们不必拥有一份高薪、高职位的工作。一个例子可能会帮助你理解这一点。1999 年，本书的第一作者（斯奈德）要在堪萨斯大学医疗中心接受一个复杂的手术。我在那个医疗中心待了两周，期间我有幸和许多在工作上取得成功的人交流。其中有地位非常高的外科医生，他走到哪里都有一群新手医生跟随。也有世界级的胃肠病学家。还有一小批其他内科医生和护士，他们也使我的生活变得更舒适。这些专业人员很了不起、很有成就，他们给我留下的印象，与可以说是地位最低的那个人给我的印象不同。我很羞愧我没记住这个人的名字，但是我可以清晰地记得她如何对待工作。

这位惊奇的女士是个勤杂工，工作时间是从午夜到次日早上 8 点。在这段时间，我的止疼药通常不怎么起作用，病床似乎特别硬和不舒服，我渴望逃离这种折磨。在这些艰苦的时刻，这位身材娇小的勤杂工就会抖松我的枕头并对我说事情如何会变得更好。我询问她的工作状况，似乎大部分是倒便盆、收拾残食和更换病人的脏衣服和毯子。

她这样告诉我，她是来自伊朗的移民，她为自己的工作感到自豪！她说她的工作是保证手术后的病人在午夜后的几个小时里能好受些。当我因为疼痛想大叫时，她就会告诉我，天亮后我的家人会来看我。

在其他人看来，这位勤杂工做的事情可能是低贱的，但她在做这些工作时一直很快乐。我记得自己曾多次感谢她所传达的善意，当我醒来，她的预言成真了——站在我病床边的是我的妻子、家人和朋友，那时我感觉好多了。

这个勤杂工也为她所做的事感到自豪，非常自豪。她把自己看做医疗保健团队的重要成员，她确实是。每天晚上，她都会端着一个插满鲜花的小花瓶放到我床边的桌子上。我问这些花是从哪儿来的，她说当她晚上来工作时，她会去附近的杂货店。这个店会把他们不用的一些修剪过的花扔掉，而她会把这些花带到工作的地方，为"她"的病人做个小小的插花摆设。凌晨时我会看着这些花，并且当了解到它们的故事后感觉它们更美丽了。

我讲这个勤杂工故事的重点是为了表明，任何工作，即使是看起来最卑微的工作，都会是尊严和自尊的来源。不管是什么工作，只要做好了，就会给工作者和那些他们所服务的人带来快乐。我永远也不会忘记那个勤杂工。

正如积极心理学的先驱马丁·塞利格曼对这名勤杂工一类的工作者的描述一样，他们不仅仅认为自己有工作，而且认为这是他们的使命。应该把荣誉归于纽约大学的埃米·乌日泽斯尼维斯基（Amy Wrzesniewski），她对使命（calling）这一概念进行了开拓性研究（见 Wrzesniewski, McCauley, Rozin & Schwartz, 1997; Wrzesniewski, Rozin & Bennett, 2001）。这里再次引用塞利格曼的话（2002）：

埃米·乌日泽斯尼维斯基

资料来源：Reprinted with permission of Amy Wrzesniewski.

> 拥有使命感的个体将其工作视为比工作本身更大的善举，因此，宗教内涵是十分适合的。工作是在履行自己的权利，无关乎金钱和晋升。当没有报酬和晋升时，工作仍然继续。传统而言，使命仅限于有声望和崇高的工作——牧师、最高法院法官、内科医生和科学家。然而，这一领域有个重要发现：任何工作都可以变成使命，任何使命都可以变成工作。（p. 168）

一种新的核算方法：关注人而不是金钱

很明显，金钱很重要，但没有我们通常认为的那么重要。这是我们在为撰写本章而回顾文献时发现的。如果金钱不是这么重要，那么我们挣钱的渠道——工作——又当如何呢？关于这一点，我们对工作的潜在力量印象深刻。工作可能是我们仅次于人际关系、使生活更好的最重要来源。当谈及你自己的生活时，想想这一点。

本章所传达的积极心理学信息鲜明有力：让你的工作成为最理想的，或者找一份具备本章所述收益性受雇特征的新工作。如果积极心理学在 21 世纪获得成功，它应该可以帮助雇主及雇员创建和找到这样的工作——它们不仅在经济上也在心理上为人们提供支持。因此，除了现在强调降低失业人口百分比的核算体系，我们还关注从事收益性受雇者百分比的提升。后者会使更多工作者在生产中发挥才干，同时增加其满意度。对于积极心理学而言，这是有价值的工作目标。

关键术语

真挚的老板（authentic boss）：“那些深刻觉察到他们如何思考和行动；被他人认为可以觉察他们自己和其他人的价值 / 道德观、知识和优势；能觉察他们所处环境；具有自我效能、希望、乐观、韧性和高尚道德品格”的管理者（Avolio et al., 2004, p. 4）。

职业倦怠（burnout）：员工感觉尽管努力工作了，但是他或她还是不能完成所有需要做的工作。他们感觉厌倦，并且认为他或她的工作缺乏回报。

职业自我效能（career self-efficacy）：个体相信自己有处理职业发展和工作相关活动的能力。

投入（engagement）：员工对其工作的参与度。投入经常决定于员工了解他人对他们的期望，具备工作所需的能力，有可能改善和发展自己，有机会和同事发展关系。

收益性受雇（gainful employment）：通过提供多样化的职责，安全的工作环境，充足的收入，完成工作的目的感，幸福与满意，投入和参与，表现好和实现目标的感觉，对同事、老板和公司的友谊和忠诚，从而促进健康生活的工作。

人力资本（human capital）：公司中员工的技能、知识、教育程度、经验、思想和能力。

积极心理资本（positive psychological capital）：公司中员工的自我效能（相信自己有

能力达到预期目标)、希望(找出达到合意目标的途径的能力以及具有使用这些能力的动机)、乐观(把好的结果归因于内在的、稳定的、普遍的原因)和韧性(承受逆境和取得成功的能力)。

出勤主义(presenteeism):员工可能表面上在照常工作,但是因为厌恶及重复的工作体验导致心理健康问题,从而导致生产效率低下和缺乏幸福感的一种状态。

满意(satisfaction):员工对其工作的热情。

社会资本(social capital):公司或个人源于社会关系、人脉和朋友的资产;例如,基于"你认识谁"的资产。

收益性受雇的优势取向方法(strengths-based approach to gainful employment):在工作中优势取向的方法包括,提高员工对自己天生的或习得的才干的觉察,把这些才干整合到自我形象中,以及做出行为改变——员工学着把成功归因于其才干。

传统经济资本(traditional economic capital):公司的物质设施和资产,例如工厂和建筑物、设备、资料、专利和技术等。

工作狂(workaholic):对工作如此投入和痴迷以至于不能自拔,并且不能对家人和朋友负责的人。

18 平衡“我”与“我们”

建设更好的社区

我们将讨论什么：从“我”到“我们”再到“咱们”

在本章，我们将用人类的两大重要动机作为框架。第一个动机是以个人主义为中心的，即个人追求一种相比于他人的特殊感。第二个动机是以集体主义为中心的，即个人致力于与他人进行最大程度的关联（Bellah, Madsen, Sullivan, Swidler & Tipton; 1985, 1988; Snyder & Fromkin, 1980）。我们首先探讨个人主义对个体的关注——“我”（ME），然后探讨集体主义对多人的关注——“我们”（WE）。最后，我们提出个体与集体的融合——“我们”/“我”（WE/ME），或更简单的说法，“咱们”（US）。这条途径代表了一种融合，即个体与集体都是满意和多产生活必不可少的因素。我们认为，“咱们”（US）的视角反映了对人类未来问题的一种切实可行的积极心理学解决方案。

个人主义：“我”的心理学

本部分，我们将接触到美国彻底个人主义（rugged individualism）的历史（第2章中也有讨论），以及将某个人界定为个人主义者的核心要素与次级要素。然后我们会讨论个人主义的一个方面：独特性需求，以及这种需求如何在各种活动中加以测量和表现。

美国个人主义简史

自从亚历克西斯·德·托克维尔出版《论美国的民主》一书以来，美国就被认为是"彻底个人主义者"之地。这个观点的实质在于：任何一个有好想法的人，只要通过努力工作，就能成功实现个人目标。用托克维尔的话来说，美国人"形成了孤立地思考自己的习惯，并想象他们的整个命运掌握在自己的手中"（p. 508）。这种个人主义不仅与美国的资本主义经济和边界开放有关（Curry & Valois, 1991），还与美国人强调平等权利和自由有关（Lukes, 1973）。自 1776 年美国独立以来，美国的彻底个人主义演变成了 20 世纪 60 年代到 90 年代占支配地位的"自我一代"（Me generation）（Myers, 2004）。

亚历克西斯·德·托克维尔

资料来源：© Corbis.

个人主义的要素

当对个人的关注超过对集体的关注时，这种文化即被说成是**个人主义的**（individualistic）；而当每个人都对集体非常关注时，这个社会便是**集体主义的**（collectivistic）社会。如图 18.1 所示，当社会中的平均个体位于个人独立一侧时，这样的社会被认为是个人主义社会（见用虚线画的钟形曲线）。

核心要素

我们用*核心要素*和*次级要素*这两个词来概括个人主义社会和集体主义社会的中心方面和略微偏离中心的方面。表 18.1 可以帮助读者理解个人主义和集体主义观点的核心要素和次级要素。

如表 18.1 所示，个人主义的三个核心要素包括独立感、渴望在人群中脱颖而出

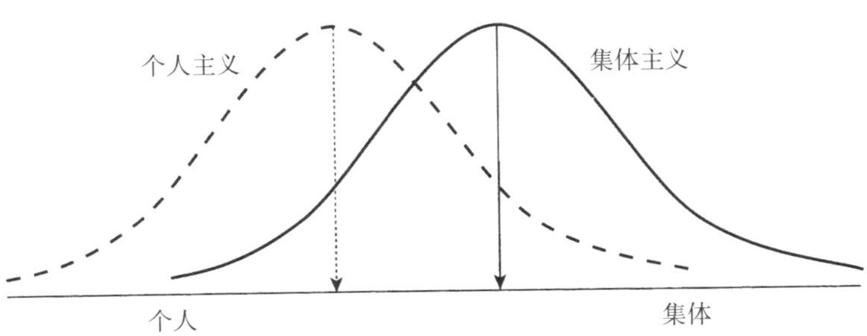

图 18.1　个人主义社会和集体主义社会的常态和个体差异

表 18.1 个人主义和集体主义的核心要素和次级要素

个人主义		集体主义
	核心要素	
独立	————	依赖
独特性或者渴望脱颖而出	————	从众或渴望融入群体
以自己 / 个体为分析单元	————	以他人 / 集体为分析单元
	次级要素	
自我目标	————	他人 / 集体的目标
自我成功	————	集体成功
满意度源于自我	————	满意度取决于和谐
个人收益	————	相互慷慨和公平
成本 / 收益分析	————	无条件的关联
自发性	————	责任
短期思维	————	长期思维
非正式的交往	————	正式的交往

（对独特性的需求）以及考虑问题时以自己或个体为分析单元。接下来我们会逐个具体讨论这三个核心要素。

实质上，每一种文化都包含关于对该社会成员而言何为适当的一套期望和记忆。在个人主义社会中，比如美国，社会结构就像一个松散的交织物，每个人的常态就是将自己视为独立于周围人群的个体（Triandis, 1995）。在这一点上，许多研究都支持的结论是，美国人的个人主义反映的是独立感而非依赖感（见 Oyserman, Coon & Kemmdmeier, 2002）。

个人主义的第二个核心要素强调的是，个人渴望在作为一个整体的总体中脱颖而出。因此，在个人主义社会中，人们按照自己的动机和喜好行事，而不是调整自己的愿望来适应群体（这有时被称为从众）。个人主义者所设置的目标可能与其所属群体的目标并不匹配（Schwartz, 1994; Triandis, 1988, 1990）。由于个人主义者倾向于表现自己的独特性，社会也会支持展示个性行为，因此个人主义社会，比如美国的公民，会对独特性有很高的需求。与此相关的研究显示，美国人寻求独特性的想法和行动很稳定（例如，Snyder & Fromkin, 1977, 1980）。我们在后面会对这个有趣动机作详细探讨。

个人主义强调的第三个核心要素是，自己或个体是理解人们社会思维和社会行为的分析单元。也就是说，对事件的解释涉及的是个体，而不是群体。因此，在各种个人主义的世界观中，更多强调的是个人因素，而非社会力量（Bellah et al., 1985; Kagitcibasi, 1994; Triandis, 1995）。

次级要素

一些次级要素源于个人主义更注重个人而非群体。这些要素都列在表 18.1 中。一个个人主义社会的公民所设定的目标都是针对自己的，而且，成功和相关的满意度也建立在个体水平之上。简单而言，利益是在个人水平而不是集体水平上计算的。个人主义者追逐的是有利于自己的东西。集体主义者正好相反，他们追求的是有利于促进集体福祉的东西。当然，个人主义者有时也会遵循群体规范，但是这通常发生在其经过推断觉得这样做对其个人有利的前提下。

现在应该是显而易见了，在人际关系之中和之外，个人主义者注重的是自己的快乐与自尊。在决定是否追逐一段关系之前，个人主义者还会权衡其利弊（Kim, Sharkey & Singelis, 1994）。因此，个人主义者进行的是个人利益的分析以确定什么对他们有利；反之，集体主义者总是无条件地支持他们的群体，首先并最主要地考虑自己对群体的责任。与个人主义者不同，集体主义者没有自发性的行动，因为他们关注的是他们的群体。个人主义者的思维比较短浅，而集体主义者的思维比较长远。最后一点，如表 18.1 所示，在个人主义社会中，人们与他人的交往经常不那么正式，而在集体主义社会中，人们的交往更正式，因为他们比较注重那些期望的和重要的规范，这些规范决定着这样的行为。（对于所有这些次级要素，我们建议参见 Oyserman et al，2002。）

个人主义者的例子

在我（斯奈德）步入成年的历程中，我曾信奉彻底个人主义，在我的印象里，向人求助不是好选择。童年时期，我不得不接受“不要寻求帮助”的观点。出于某种原因，在我今天写这一章——2004 年 12 月 26 日，星期日——我的 60 岁生日之际，我想起了这句格言。

随着我们渐渐长大，我们可以从周围的社会中学到许多东西。有的很有道理，但也有很多是没有道理的。尽管“不要寻求帮助”的观点属于后一类，但我懂得它的诱惑力。这也许可以追溯到根深蒂固的彻底个人主义，那时我们学会完全靠自己来完成某事。但这其实也是胡说，因为即使是在我们认为自己正在独立完成某件事的时候，我们还是用了前人的思想和发明来实现我们的目标。有的时候，不开口向别人求助是非常愚蠢的行为。

在我身上发生过很多愚蠢地坚持这个“不要寻求帮助”原则的例子，但有一个就足够了。当我读研究生的时候，我能够一次提起很多个杂货袋，并以此为骄傲。我会每只手各提着两个纸袋，艰难地走向我们公寓大楼的门。在这一点上，我遇到了个两难的问题——提着四个袋子还要开锁和打开整座大门。尽管不时会有一些邻居经过，有的还想要提供帮助，但是我并不接受。放下袋子在某种程度上是对“不要寻求帮助”的变相违背。相反，我会努力地从我的牛仔裤口袋里取出钥匙，找对钥匙，插到锁眼中，然后打开门——这整个过程中，我都得努力平衡那些袋子。

当然，你可以预测有时会发生什么事：袋子掉到地上。还有的时候，纸袋裂开，里面的东西掉出来。有一次，这种事发生在了一个罕见的纳什维尔暴风雪天里。我仰面摔倒，东西都散落在我的身旁，我就那样躺在雪地上笑了。就在那时，我改变了不寻求帮助的观点，并且至今我也不曾为此后悔过。一次也没有。

从那以后，我发现当我寻求帮助的时候，人们非常愿意帮助我。同样地，正如我们在第 12 章的练习中所指出的：帮助别人可以让人感觉良好。如果你想探索自己寻求帮助的意愿以及给予帮助时的想法和感受，请尝试“寻求帮助”和“自愿给予帮助”，即本章的头两个个人小实验练习。

个人主义小结

个人主义观点以表 18.1 中的三个核心要素为中心——独立、独特性和以自己为分析单元。至于美国人是否具有较高的个人主义，根据综合研究得到的结论是肯定的。奥伊色曼等人（Oyserman et al., 2002）对这个一般性的问题作了深刻的分析，结果发现，与来自其他国家的成员相比，欧裔美国人的个人主义程度更高，他们更重视个人独立。然而，奥伊色曼人等还发现，欧裔美国人的个人主义程度并未超过非洲裔美国人或拉丁裔人。

对独特性的需求

现在，让我们再看看图 18.1。尽管个人主义社会规范强调的是个人（见底部带箭头的虚线），但是你会发现有些人靠近连续体的集体主义一侧，另一些人则靠近个人主义一侧。对于后者，我们现在主要探究他们对展现相对于其他人的个人独特性的渴望。

追求个人主义的目标以产生独特感，被称为**独特性需求**（need for uniqueness）

个人小实验

获得帮助与给予帮助

在本章，我们探讨社区感（sense of community）如何促进人类机能的最佳运作。下面的练习促使你去思考，你与他人以及更宽泛的社区的关系如何对你的生活产生积极的影响。

寻求帮助　如果你觉得自己是一个很难开口向人求助的人，这项练习将会给你提供一个很好的机会来打破这个习惯。选择一些你特别不可能寻求帮助的活动，以后再遇到这种情况时，你不要再尝试自己努力解决，而是向别人寻求帮助。下面有一些问题，可以用来调查在什么情况下你本可以寻求帮助：

1. 描述一些情境，包括你所有的想法和感受。如果你向别人寻求帮助，你认为别人会怎么说？如果你向别人寻求帮助，你会怎样看自己？
2. 你向别人寻求了帮助吗？如果没有，为什么？如果有，你是如何克服“不要寻求帮助”这种观点的？
3. 当你向别人寻求帮助时，情况变成了什么样子？你向别人寻求帮助时，别人做出了什么样的反应？你得到了帮助吗？如果你得到了帮助，你的感受如何？如果将来遇到类似的情况，你认为你会向别人寻求帮助吗？

作为社区中的一员,你可以向社区中的其他人寻求帮助。与你一直接受的“不要寻求帮助”的教育相反，寻求帮助并不是弱点。事实上，这是一种优势。你是人……你的确需要别人帮你把事情完成。这不是不好的事，而是一种作为社区一员的美好现实。正如我们在练习中给出的建议一样：尝试一下。人们一旦这样做了，就很少走回头路。

自愿给予帮助　还记得你最近一次为别人提供帮助是什么时候吗？它很可能只花了你很少的时间，并且你所在的社区得到了小小的改善。提供帮助的另一个方面就是它能带给你十分美妙的感觉（见第 12 章的个人小实验）。帮助别人有两方面的好处：一方面是对接受者，另一方面是对提供者。为了落实这项实验，看看你的周围,看看你的邻居。也许只是一个简简单单的招手或者问候。在其他时候，显而易见的是，有的地方需要援助之手。许多漏气的轮胎需要修补，有人需要帮忙拿包，有人需要过街引导，需要方向指示，等等。为了解你在这些实践中是如何表现的，尝试一下下列问题：

1. 描述你最近一次注意到有人需要帮助的情境，并描述你当时的想法和感受。若你提供了帮助，你认为别人会怎么说？在你提供帮助之后，你会怎样看自己？
2. 你有没有提供帮助？如果没有，为什么？如果有，那么你是如何克服反面观念（比如，“不要打扰别人”）影响的？
3. 当你提供帮助之后，情况变成了什么样？得到你帮助的人是什么反应？你提供了必要的帮助吗？如果是，你有什么感受？在将来，如果再遇到类似的情境，你认为你还会这样做吗？

单独还是与别人一起 要完成这项练习，只需考虑左栏中与目标相关的活动，并在右栏中做出选择：你是愿意单独做，还是希望与别人一起做。在每种生活类别下面，简要写出你希望的目标。如果你在每种类别内的目标多于一个，则全部写下来。同样，对于所给定的类别，如果你没有目标，那么就忽略它。阅读所有的类别并在相应的横线上写下你对每个类别所制定的一个或多个目标。然后，回头查看每一个类别，如果你愿意独自实现该目标，就在“单独”所对应的那一列打钩；如果你愿意与另一个人一起实现目标，那么就在“另一个人”所对应的那一列打钩；如果你愿意与两个人或者两个以上的人一起实现目标，就在“其他人”那一栏打钩。

目标类别	单独	另一个人	其他人
宗教 / 精神目标			
________________	____	____	____
运动目标			
________________	____	____	____
学术目标			
________________	____	____	____
身体健康目标			
________________	____	____	____
心理健康目标			
________________	____	____	____
工作目标			
________________	____	____	____

现在你完成了这个列表，分别数一下你希望单独完成、希望与另一个人一起完成以及希望与两个人或者两个以上的人一起完成的生活目标。你是一个希望独立行事的人吗？如果是，那么你很有可能是倾向于个人主义观点。你有没有发现你的大多数目标都希望与另一个人或者更多人一起完成？如果这样的话，那么你可能更多持有集体主义观点。这个练习可以大致告诉你，在你追求重要人生目标的过程中，其他人对你来说有多重要。

对于一些目标，你可能比较希望独自追求；而其他的一些目标，你可能更希望与一个或者多个人一起完成。这是非常有用的信息，正如我们所认为的那样，均衡的生活是这样的：一些事情需要独立完成，而另一些事则必须大家一起做。换句话说，你可以决定在生活的某些领域选择做个人主义者，某些领域则选择做集体主义者。

（见 Lynn & Snyder, 2002; Snyder & Fromkin, 1977, 1980）。这种需求被假定有普遍的吸引力，因为人们设法保持与别人一定程度的不同（就像与其他人保持联系一样）。20 世纪 70 年代，研究者霍华德·弗罗姆金（Howard Fromkin）和斯奈德（见 Snyder & Fromkin, 1977, 1980）基于这样的假设着手进行一项研究：多数人都渴望与他人相比有一定的特别之处，他们则把这种动机叫做独特性需求。这些研究者除了证实美国人样本中的大多数都渴望一些独特性之外，他们还推测有些人的独特性需求很高，而有些人的独特性需求则很低。总之，独特性需求存在个体差异。

对相似性信息的编码

人们根据一系列同一性维度定义自己。同一性维度（identity dimension）被定义为“具有共同核心意义的一组个人属性”（Miller, 1963, p. 676）。在其独特性理论中，斯奈德和弗罗姆金（1980）假定，人们思考他们知觉到的与他人的相似性，并（在他们的头脑中）采用一个维度，在这个维度上评估反馈准确反映他们与他人相似性的程度（用专业术语来说，这一点用独特性图式来编码）。简言之，人们评估他们与他人不同相似性程度的可接受性。图 18.2 显示了独特性维度上的这些假设性编码。

如图 18.2 所示，知觉到与他人的相似性从非常轻微、轻微到中等、高，相似性信息被编码为可接受性越来越高，而对于非常高的相似性，可接受性又下降为低。因此，中等到高的相似性被人们评定为最适宜和最准确，原因是人们认识到大多数

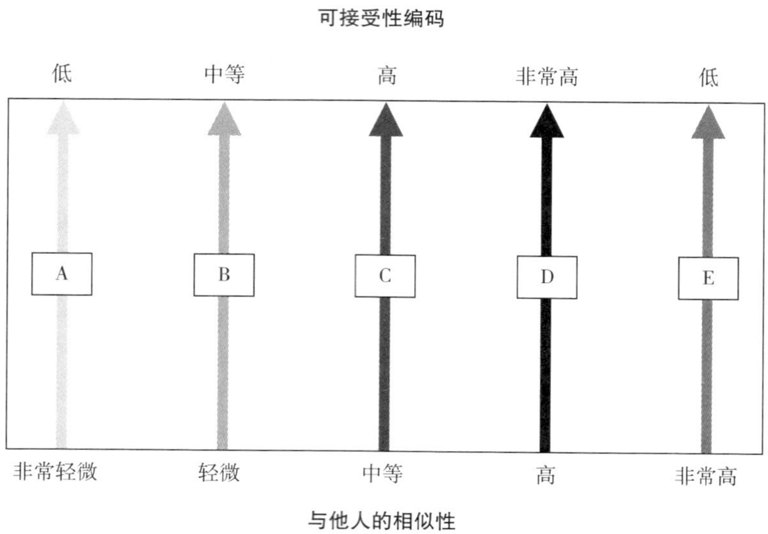

图 18.2 知觉到与他人的相似性对可接受性编码的影响

其他人都与自己有一定的相似性（见 Brown, 1991），而人们又渴望具有一些独特性。换句话说，根据人们知觉到的现实和人们希望的现实，他们喜欢中到高程度的相似性（图 18.2 中的 C 和 D 项）。此外，极低的相似性（图 18.2 中的 A 项）或极高的相似性（图 18.2 中的 E 项）都会让人们感到不舒适。

对相似性信息的情绪与行为反应

当面对不同程度的知觉到的相似性信息时，这些信息产生如图 18.2 所示的可接受性编码，人们觉察到与别人高度相似时，应该会有最积极的反应（图 18.2 中的 D 项）。布赖恩（Bryne，1969, 1971; Bryne & Clore, 1970）及斯奈德和弗罗姆金（1980; 还可参见 Lynn & Snyder, 2002）的研究结果与此假说一致，支持了图 18.3 所示的情绪反应。具体来说，随着相似性程度从非常轻微到轻微、中等、再到高，人们的情绪反应会变得越来越积极；当相似性程度进入极高相似的范围时，人们的情绪反应就会变得越来越消极。（类似预测与研究结果见俄亥俄州立大学的心理学家玛丽莲·布鲁尔［Marilyn Brewer］在 1991 年的研究，以及布鲁尔和韦伯［Brewer & Weber］1994 年的研究。）请注意，当人们知觉到与他人有中等到高度的相似性时，情绪反应最积极，表明从与人的联系中获得最大的快乐。

举个例子也许能更好地说明，与他人中等的相似性如何能令人在情绪上满意。

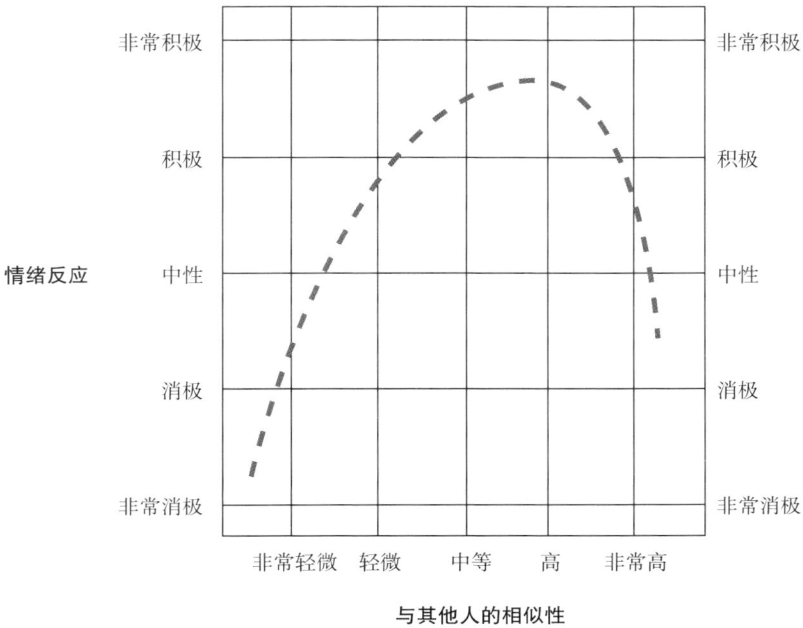

图 18.3 知觉到与他人的相似性所引起的情绪反应

本书第一作者（斯奈德）曾经给一位名叫莫莉的女孩做过咨询，莫莉是一个在大学约会中遇到困难的女孩。她最初认为，与一个兴趣爱好极为不同的男性约会将会是一件非常有趣和令人兴奋的事。她的父母是大学教授，她对他们的意愿心存违抗，大学的最初几次约会后来被她戏称为“卡车时期”（意思是她的约会对象都是开着大卡车的）。这些人都是不认真学习，把大多数时间都花在喝酒和开卡车上的人。大学一年级之后，她进入了另一种约会模式：她约会的对象都是和她有一些共同兴趣和价值观、认为应该重视学业的其他专业男生。这些男生让莫莉有中等至高度的相似感，并且她表示：她所感受到的快乐要比在跟那些与她没有相似性的“卡车男孩”约会时多。

由知觉到与他人的相似性程度所引起的可接受性反应（见图 18.2），还会导致人们改变他们的实际行为，变得与他人更相似或更不相似。更确切地说，最积极的可接受程度（也就是说高相似性）不仅产生最高的积极情绪反应，还会导致人们无需做行为上的改变。另一方面，与别人的相似性水平较低会带来较低的可接受程度；因此，人们应该做出改变，以便与别人更加相似。此外，与别人的相似性水平极高会带来较低的可接受程度，因此，人们应该变得跟别人更不一样。在这个意义上，

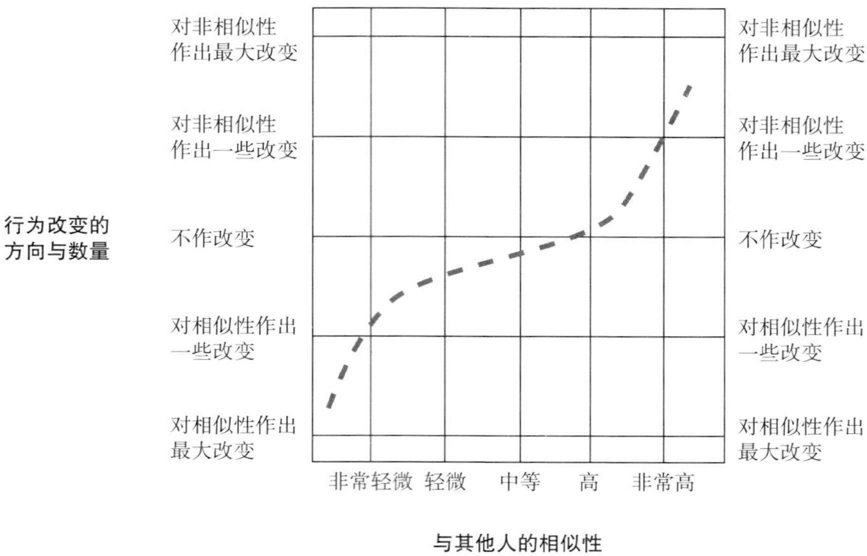

图 18.4 知觉到与他人的相似性所造成的改变方向与数量

由于人们的独特性需求没有得到满足，他们就会努力重建与他人的差异性。一些研究结果（见图 18.4）支持了这一假设的行为反应模式（Snyder & Fromkin, 1980）。

人们会因为得到他们与别人极其相似的反馈而改变，为了说明这点，可以参考一位名叫尚德拉的年轻女性的反应。大学之初，她加入了一个女生联谊会，每当集体旅游的时候，都要求她穿与其他成员一样的衣服。一开始，尚德拉就对此产生了消极反应，她认为那就是把一个“统一要求”套在自己身上。为了打破要求并维护自己的独特性，尚德拉做了大胆尝试，她开始穿与其他联谊会成员不同的衣服。她的“姐妹们”试图说服她保持一致,但是尚德拉很快就坚定了自己要穿着不同的想法。实际上，由于其他人对她希望着装不同的反应，她后来退出了这个联谊会。

综上所述，这些研究结果表明，人们会被其他人中等到高度的相似性所吸引，但是这种对与人联系的渴望是有上限的。此外，人们希望平衡知觉到的相似性，让它保持在高水平；研究表明，当人们觉得相似性太高时，通常会受独特性需求驱使；当他们觉得差别太大的时候，又会努力寻求相似性。大多数人的“我”和“我们”驱力是均衡的;因此，极度渴望独特性可能会导致与他人关系失调和潜在的社会排斥;同样地，极度渴望相似性会导致沉浸在“相处”中，从而失去在人际交往中的力量。

独特性需求量表的编制

在前述的理论预测和独特性相关行为研究结果的基础上，斯奈德和弗罗姆金（Snyder & Fromkin, 1977）提出，自我报告的独特性需求可能存在个体差异。因此，他们编制了独特性需求量表并对其进行了验证。这个自陈式量表见附录。如果你想通过该量表来测量自己的独特性需求，请参考本附录。

这些年，独特性需求量表已经被翻译成多种语言，并被成千上万的人所使用。该量表平均得分约为100分，高于100说明独特性需求较高，低于100说明独特性需求较低（Snyder & Fromkin, 1977, 1980）。在独特性需求量表中得高分者具有较高自尊和较少焦虑情绪，尤其在与人际有关的问题上。

然而，在考虑使用独特性需求量表时，重要的是要记住一点，这些分数测量对特殊性的需要，而在很多情况下，这种需求会转化成能够反映这种特殊性的实际行动或反应。举例来说，在下面关于独特性属性的讨论中，你会发现，在测量中显示有较高独特性需求的人（即独特性需求量表得分高），确实表现出独特性的行为。

独特性属性

刚才探讨了人的独特性需求，这里我们来描述一下如何通过可接受的社会过程满足我们的独特性需求。当人们的行为偏离社会常态或者社会期望时，就会受到惩罚（Goffinan, 1963; Schachter, 1951）。因此，不同寻常的行为很快就会受到社会的反对和摒弃（见 Becker, 1963; Freedman & Doob, 1968; Goffman, 1963; Palmer, 1970; Schur, 1969）。另一方面，守规矩的行为（常态行为）通常不会引起别人的反应。

那么，人们如何展示他们的独特性呢？幸运的是，每个社会都有一些可接受的属性，让公民可以展示其不同，这就叫独特性属性。关于这一点，斯奈德和弗罗姆金（1980, p. 107）曾写道："有很多属性（身体上的、物质上的、信息上的、经验上的，等等）是人们所看重的，因为这些属性使得每一个人都与其参照群体的成员有所不同；同时，不会因为异常而引起拒绝和孤立。" 接下来我们将举例说明这些独特性属性。

威廉·詹姆士

商品作为独特性属性

早期著名心理学家威廉·詹姆士（William James, 1890）推断，人们经常用他们所拥有的物质来界定自己。那么，我们被稀缺商品所吸引也就不稀奇了。这就是为什么“欲购从速，余量有限”的策略会如此有吸引力。然而，格外重要的是，相对于低分者来说，独特性需求测量中的高分者更容易受到稀缺商品的吸引（见 Lynn & Snyder, 2002）。

各种各样的物品——衣服、汽车、房子、珠宝、休假，甚至是特殊的伴侣，都可以用来定义一个人的独特性（见 Walster, Walster, Piliavin & Schmidt, 1973）。广告商们自然是意识到了特殊商品的吸引力，他们就利用这点来推销他们的产品。例如，一家旅行社利用“同一类人不一定要成群行动”这条广告，以吸引潜在顾客采取独特的休假方式；一家鞋业公司使用如下的广告语：“并不是每一位顾客都适合穿这款靴子”；一款香水被吹捧为“一款跟你一样独一无二的香水”。

在所谓的“无法摆脱的循环（catch-22 carousel）”（Snyder, 1992）中，广告商们利用独特性诉求来说服人们购买产品，然后通过每年更新产品来鼓励消费者购买最新款。具有讽刺性的是，在最新的独特性诉求广告成功说服人们购买产品后，人们会发现他们所买的东西现在已经很普遍了——其他的很多人也买了它。当然，每年的风格变化导致人们成为“无法摆脱的循环”的消费者。

研究者关注和证实了产品作为独特性属性这一角色，他们编制和检验了具体的自陈量表，以测量人们购买商品时的独特性需求。比如，林恩和哈里斯（Lynn & Harris, 1997,1997）编制了独特商品渴望量表（Desire for Unique Products Scale），田、比尔登和亨特（Tian, Bearden & Hunter, 2001; 参见 Tian & McKenzie, 2001）验证了消费者独特性需求量表（Consumer’s Need for Uniqueness Scale）。

名字作为独特性属性

著名人格心理学家戈登·奥尔波特（Gordon Allport，1961, p. 117）曾写道，一个人的名字是“自我认同最重要的锚定点”。我们的名字让我们从茫茫人海中独立出来。就此而言，你有没有注意到：一个人在经介绍后，如果别人没记住他的名字，他通常会恼怒？如果人们发现别人和他同名，也会不悦。

在大都市中，人们会因为附近住了太多的人而感觉去个人化了，因此名字涂鸦遍布建筑物和火车。这就好像人们用巨大的字母写他们的绰号以表明自己的独特性。与此相似的是，斯奈德、欧门斯和布卢姆（Snyder, Omens & Bloom, 1977）推想，有较高独特性需求的人更加渴望“展示他们的名字”。因此，他们找人做了独特性需求量表，然后签下名字。正如假设的一样，在独特性需求量表中获得高分的人把自己的名字写得更大（在控制了名字的字母数后，由签名长度乘高度得到的总面积来衡量）。在一项类似的研究中，兹维根哈夫特（Zweigenhaft, 见 Snyder & Fromkin, 1980）让大量的女大学生做了独特性需求量表，结果发现从统计学上看，高分者的名字是不常见的。

态度和信念作为独特性属性

态度和信念也可以作为界定一个人特殊自我的途径。事实上，大学生经常把态度和信念当做最特殊的特性，而他们的行为远不够特殊（Frornkin & Demming, 1967, 见 Snyder & Fromkin, 1980）。此外，研究表明，我们越是希望我们的态度有所不同，我们就越认为这些态度确实是不同的（Weir, 1971）。然而，具有讽刺意味的是，当考察此类特殊态度是否真的与众不同时，研究结果显示，人们原以为特殊的态度其实并没有与众不同（Brandt & Fromkin, 1974, 见 Snyder & Fromkin, 1980）。该研究结果与早期的**人众无知**（pluralistic ignorance）现象——错误地认为自己的观点与多数人不一样（Katz & Schanck, 1938）相似。很明显，认为自己的态度和信念是特别的，会让人觉得满意，即使它只是一种错觉（对于此是错觉的证明，见 Snyder, 1997, 1999b）。

表现作为独特性属性

我们的社会表现也可以作为独特性属性。在这方面，个人主义者通过表现来追求独特性，通常体现为三种形式，我们接下来将会予以讨论［对于这三种表现的详尽阐述，请参考斯奈德和弗罗姆金（1980）的第 9 章］。

第一种类型的表现就是我们所说的个人主义正常竞争（individualistic normal competition），或者叫“遵守游戏规则（Playing the Game）”。从图 18.5 可以看出，个体最初从一个有竞争规则的群体出发。按规则，一个人通过出售更多的车、获得更

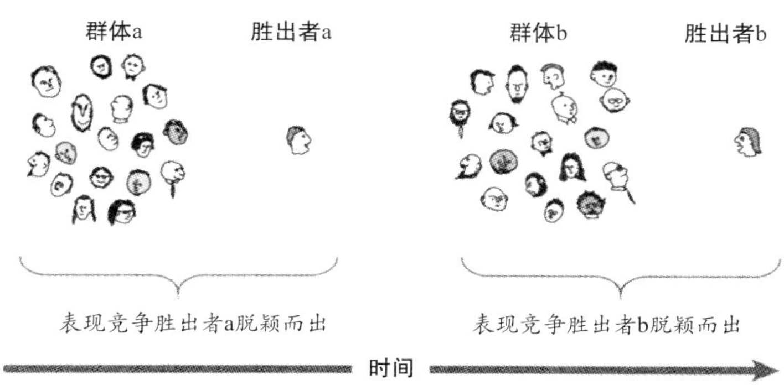

图 18.5　正常竞争：遵守游戏规则

好的成绩、标枪投掷得最远等等方式成为冠军。通常，这个冠军必须还要去另一个群体里，那个群体的竞争更为残酷。这种“正常竞争”在西方社会是很普遍的，特别是在个人主义社会和资本主义社会中。比如，如果你是个大学生，你的考试成绩有多少次是根据一条分布曲线来决定的呢（也就是说 A、B、C、D 和 F 呢）？

第二种类型的表现就是个人主义成功分化（individualistic successful differentiation），或“改变游戏规则（Changing the Game）”。有时，人们会发现自己所在的群体对现实的本质有明确的规则或陈述。如图 18.6 所示，某人提出新想法或新的比赛规则，决定从群体中退出，以支持新的想法或观点。如果这个人成功了，随着时间的推移，他有可能会吸引一些追随者，同时也会出现反对这个观点的对立群体。我们现在觉得理所当然的观点，在其早期的时候，很有可能就是一些人抛弃旧的模式或观点而提出的。因此，无论是灯泡的发明，DNA 的发现，还是地球是圆的观点提出，这些成功的分化者为人类文明做出了很大贡献，因为他们给了我们新的、改进的观点。

第三种类型的行为表现就是个人主义脱离（individualistic deviance），或“你不能参与游戏”。当群体内某个有权力的人决定排斥群体中的一个人，并决定把他赶出群体时，就会产生如图 18.7 所示的结果。如果被排斥出群体，那么这个人就真的是特殊的了，但这并不是一种积极的方式，因为这有别于成功分化者的观点得到接受的情况。相反，这会很丢脸，尽管他可能有少量的追随者，但是历史证明，这些人会成为被遗弃者，他们影响不了大多数人的思维。我们举不出“你不能参与游戏”

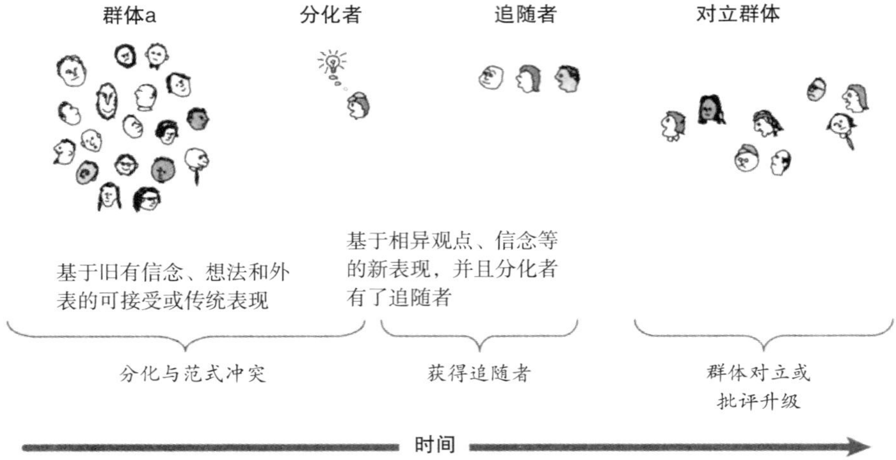

图 18.6 成功的分化：改变游戏规则

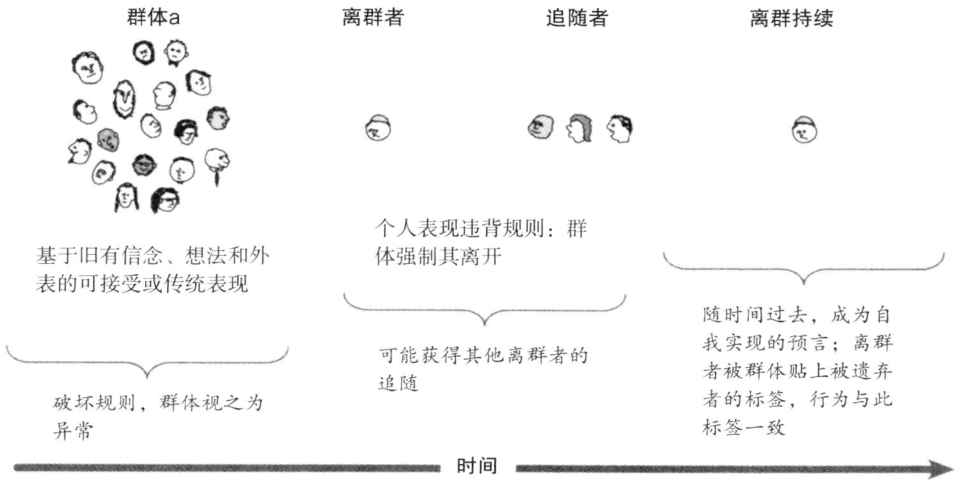

图 18.7 不成功的分化或脱离：你不能参与游戏

的历史先例，因为他们的观点对大家没有影响，所以没有被记住。不能成功地被认可，说明此类人的观点没能吸引坚定的追随者。

独特性需求或许是美国人的一种典型动机，我们回顾了它的理论和测量。现在让我们讨论另一种动机：集体主义。

集体主义："我们"的心理学

在这部分，我们先讨论集体主义的历史（见第 3 章），然后描述它的核心要素以及次级要素。

对集体主义的历史评价：我们是由于需要才走到了一起

几千年前，依靠狩猎和采摘生存的祖先们意识到：根据共同目标和利益组成一个群体，对生存是有利的（Cheney, Seyforth & Smuts, 1986; Panter-Brick, Rowley-Conwy & Layton, 2001）。这种群体会让人产生归属感，培育成员的不同身份和角色（McMillan & Chavis, 1986），并提供了共同的情感联系（Bess, Fisher, Sonn & Bishop, 2002）。此外，群体的人力资源还能帮助他们抵御其他动物和人类的威胁。

罗伊·鲍迈斯特

资料来源：Reprinted with permission of Roy F. Baumeister.

简单地说，群体为成员提供了力量（Heller, 1989）。群体中的成员相互保护、相互关心，他们组成的社会单元为繁衍和养育后代提供了良好环境。通过聚集成群，人类可获得集体带来的好处（Sarason, 1974）。

按今天的标准来看，我们从事狩猎和采摘的祖先们的需求和愿望更加原始。但是，他们从群体中所获得的满足感和益处跟今天的人真的有很大差异吗？我们认为并非如此，因为人类有着一种被社会心理学家艾略特·阿伦森（Elliot Aronson, 2003）称为“社会性动物”的共同特征。在这个方面，人类的最大动机就是获得归属感——感觉我们与他人存在着有意义的联结（Baumeister & Leary, 1995）。社会心理学家罗伊·鲍迈斯特（Roy Baumeister）、马克·利里（Mark Leary, 1995）和多纳尔森·福赛斯（Donelson Forsyth, 1999; Forsyth & Corazzini, 2000）认为，当人们加入社会单元去追求共同目标时，人类就会繁荣昌盛。

马克·利里

资料来源：Reprinted with permission of Mark Leary.

集体主义的要素

现在，让我们回到图 18.1。如图所示，当社会中的平均个体位于群体依存一侧时，那么这个社会就被认为是“集体主义”的（见钟形曲线的实线部分）。在这点上，你可能会好奇，哪个国家最显著地坚持集体主义价值观呢？针对这一问题，研究显示，中国是世界上集体主义最显著的国家（见 Oyserman et al., 2002）。

多纳尔森·福赛斯

资料来源：Reprinted with permission of Donelson Forsyth.

核心要素

如表 18.1 所示，集体主义的三大核心要素是依赖、从众或者说是渴望融入群体，以及将集体作为基本的分析单元。首先，在集体主义中的依赖反映了一种真实的倾向，个体倾向于从身为一个重要群体的一员中得到意义和存在价值。在集体主义中，个体赞同集体的期望，高度关注集体利益，也非常依赖自己所属群体的其他成员（Markus & Kitayama, 1991;

Reykowski, 1994)。

关于对融入群体的渴望，欧伊色曼等人（Oyserman et al., 2002, p. 5）曾经写道：“集体主义的核心假定是，群体对个体有约束力，并且群体中的个体互相负有义务。”因此，集体主义本身是社会取向，人们接近内群体、远离外群体（Oyserman, 1993）。

第三个核心要素是把集体作为分析单元，集体主义社会的社会模式反映了一种密切的结合——人们将自己看做一个更大的、更重要整体的一部分。总之，集体主义者更关心的是作为整体的群体，而不是其构成部分（Hofstede, 1980）。

次级要素

人们是按照个人所属的群体特征来定义集体主义者的。因此，集体主义取向的人更加关注集体规则和目标，并且他们的个人需要经常会屈从群体利益。此外，他们的成功感和满意度来源于集体目标的实现，以及感觉自己作为有效率、有目标的群体中的一员，履行了社会规定的职责（Kim, 1994）。

在从事集体活动或者追求集体目标方面，集体主义者明显是很投入的，他们很关注自己所在集体的责任和义务（Davidson, Jaccard, Triandis, Morales & Diaz-Guerrero, 1976; Miller, 1994）。另外，持有集体主义观点的人在互相交换时，其特征是彼此慷慨和公平（Sayle, 1998）。即使是没有任何利益可图的人际关系，他们也会去追求（见 Triandis, 1995）。实际上，鉴于集体主义者是如此看重人际关系，以至于即使是有反作用的人际关系，他们也会去追求。

由于他们很关注集体制定的准则，所以集体主义者在交往中会很正式。也就是说，他们的行为方式会小心地遵循其角色规范。此外，持集体主义观念的人会认真地观察社会背景，以形成对别人的印象并做出决策（Morris & Peng, 1994）。

回忆一下我们之前讨论的，独特性需求是个人主义的反映。在这个方面，金和马库斯（Kim & Markus, 1999）推断：在朝鲜，广告应该强调与从众有关的集体主义主题；而在美国，广告应基于独特性主题。与此提议相一致的是，金和马库斯的研究表明，在集体主义社会中，个体的独特性需求比个人主义社会的个体低（Yamaguchi, Kuhlman & Sugimori, 1995）。

集体主义社会的核心成分似乎是依赖、从众（较低的独特性需求）以及根据个体所属的重要群体界定其存在。研究还证实，集体主义是基于依赖和对内群体的责任或义务，以及维护人际和谐的渴望（Oyserman et al., 2002）。在结束这部分之前，让我们向密歇根大学社会研究所的达芙妮·欧伊色曼（Daphne Oyserman）及其同事致敬，因为他们关于个人主义和集体主义特点的学术观点产生了重大的影响。

有关集体主义的人口统计学

就集体主义而言，积极心理学家必须考虑将来会发生什么。比如，相关研究表明，21 世纪的社会贫富差距越来越大，世界各地均是如此（见 Ceci & Papiemo, 2005）。研究揭示，社会阶层低的人们比阶层高的人们更具有集体主义观念（Daab, 1991; Kohn, 1969; Marjoribanks, 1991）。年龄也是与集体主义有关的另一个人口统计学问题，似乎年龄越大，人们的集体主义观念就越强（Gudykunst, 1993; Noricks et al., 1987）。

平衡"我"与"我们"："咱们"的积极心理学

个人主义观念与集体主义观念都是可行的

社会学家通常将个人主义和集体主义作为相反的概念（Hui, 1988; Oyserman et al., 2002），这种对立被用于比较欧裔美国人的个人主义与东亚人的集体主义（Chan, 1994; Kitayama, Markus, Matsumoto, & Norasakkunkit, 1997）。对于在社会不同种族的人群中培养良性互动，这种两极化的观点既不科学也不是必要的策略。在回顾这个主题时，欧伊色曼及其同事们发现，美国人的确有较高的个人主义，但是他们在集体主义方面也并不必然低于其他人。因此，这只支持了这种刻板印象的一半观点。

把个人主义和集体主义看成对立的，还有可能会引起争执，每个阵营的人都会想方设法地去证明他们的取向更好。考虑到个人主义与集体主义之间的区分并非十分明确，两种取向之间的剑拔弩张就显得格外难以解决。例如，万德洛和科恩（Vandello & Cohen, 1999）发现，即使是在像美国这样的个人主义社会中，东北部、中西部、南方腹地和西部地区的个人主义也还是存在差异的。此外，文化极具多样性；每一种文化都有着不断变化的社会体制，远非"个人主义者"和"集体主义者"这两个简单的标签所能揭示的（Bandura, 2000）。同样，不同代际在展现个人主义和集体主义的程度上也可能有差异（例如，Matsumoto, Kudoh & Takeuchi, 1996）。当突出不同的参照群体时，个人主义倾向和集体主义倾向也会发生变化（Freeman & Bordia, 2001）。另外，表面上的个人主义倾向实际上却可能有助于集体主义；比如，考虑这样一个事实，稳健的个人效能感可能有利于一个社会的集体效能感（Fernandez–Ballesteros, Diez-Nicolas, Caprara, Barbaranelli & Bandura, 2002）。

基于这样的结果，欧伊色曼及其同事（Oyserman et al., 2002）认为，我们不应该静态地把个人主义和集体主义看成两个独立的范畴，而应该用更动态的视角看待文

图 18.8　平衡观点：“我”/“我们”

化，发现这些心理定势的运作时间、地点和原因。他们主张将个人主义和集体主义结合起来以造福人类。我们也承认个人主义观和集体主义观各有优点，最好的方法就是把两者的优点结合起来。

快乐和多产的生活有一个特点，那就是观点和行动具有平衡感。我们相信，采取积极心理学视角能够平衡“我”和“我们”的要素。如图 18.8 所示，平衡“我”/“我们”的观点可以让一个人既考虑到个人，也考虑到群体。实际上，对生活及与他人的交往保持高希望的人，其观点即具有这样的特征（Snyder, 1994/2000, 2000b）。也就是说，在成长的过程中，高希望的儿童了解到他人及其观点的重要性，以及为他人考虑对追求个人目标的有效作用。就像高希望者考虑“我”目标一样，他们同时也能考虑到他人的“我们”目标。因此，“我”和“我们”成为彼此的镜像（见图 18.8）。由此，高希望者会自发地同时考虑“我”和“我们”目标。记住，在成功表现和生活满意度上，高希望者的收获最大。

想想你自己的生活

现在，你已经了解了关于个人主义观和集体主义观的各种主题，那么仔细观察你自己的生活将会使你受益匪浅。你有没有考虑过，对于你所做的所有事情，你是愿意一个人做，还是愿意与别人一起完成？有的时候，我们的生活处于“自动驾驶”模式，并不过多去考虑我们希望如何度过自己的时间。现在，我们旨在帮助你更好地了解自己是更喜欢独自做事，还是更喜欢与人合作。因此，我们设计了一个小实验，来帮助你了解自己内在的真实渴望——独自工作还是与人合作。如果你还没有这样做过，那么就请认真完成个人小实验“单独还是与别人一起”。

做过这个“单独还是与别人一起”实验的人中，大多数都或多或少地惊讶于：在他们试图达到预期目标时，原来别人是如此重要。实际上，在我们追求重要目标时，别人是非常重要的。我们中的许多人，特别是个人主义者，在生活中把自己看做相当独立的。但是事实真的是这样吗？在我们追求自己的目标时，我们有意或无意地与那些帮助我们达到目标的人发生联系。因此，我们的集体主义倾向要比我们想象中更强烈。做完这个个人小实验的一个典型结果就是：人们发现自己既是个人主义者又是集体主义者。同样地，这种个人主义和集体主义的思想和行动会因周围环境和人的改变而变化。

给集体主义者的建议

你现在应该更了解你的个人主义和集体主义倾向了。因此，接下来我们将给出一些建议，让你在遇到与你的个人主义或集体主义倾向不一致的人或事时，能够更有效地行事。在本节中，我们将提供一些建议给那些有时与个人主义者互动的集体主义者。[要想对个人主义者和集体主义者的有效互动进行深度了解，我们推荐特里安迪斯、布里斯林和休伊（Triandis, Brislin & Hui）发表于 1988 年的文章《跨越个人主义和集体主义分界的跨文化训练》。]

集体主义者一般认为个人主义者比较好斗。这里要理解的是，个人主义者认为他们的身份地位是建立在个人成就上的，而不是其群体成员身份。而且，个人成就越近，其对地位的助力就越大。因此，当个人主义者并不看重基于血统、姓氏、年龄或者性别（在一些集体主义社会中，男性地位更高）的群体成功时，集体主义者不要太震惊。这可以帮助集体主义者利用近期成就，在与其互动的个人主义者中获得身份地位。

集体主义者认为他们与群体中其他人之间的关系是理所当然的，因而也就不太可能感激或夸奖别人所作的贡献。因此，为了给个人主义者与集体主义者之间的互动提供一种“社交润滑剂”（Triandis, 1995），请记住，个人主义者对这类赞美有相当大的需求。

集体主义者依靠相互合作来解决困境，在与个人主义者共事时，这种方法可能会失效。相反，集体主义者必须考虑到个人主义者“我能从中获得什么”这一观念，这样才能理解后者在谈判中的一些反应。同样，集体主义者不应该把个人主义者的正常争论当做蓄意的伤害行为，这只不过是个人主义者处世的方式。因此，集体主义者之间说“我们一起吃午餐吧”，可以解释为一个真正的邀请；但是对于个人主义者来说，这只是一种社交用语。

来自集体主义文化的人进入个人主义社会时，可能会难以适应人与人之间的合约或协议。这是因为集体主义者对待合约的方式更随意。比如，一个外国学生对一位美国大学城的房东讲，他正在考虑租一套公寓。这个学生以为，他对房东说的这些话只是想说明，自己需要时间联系家乡的亲人来讨论这件事。他可能向几个房东说了完全相同的话。当然，美国房东会认为他们已经达成了协议，而实际上那个学生不这么认为。

给个人主义者的建议

在本节中，我们将为个人主义者提供一些建议，以便让其能更有效地与集体主义者互动。首先，个人主义者经常认为集体主义者过于“平和”，缺乏竞争意识。在这方面，你要知道，集体主义者的地位感来自他们的群体成员身份，而不是个人成就。

个人主义者必须明白，集体主义者倾向于认为，他们与群体内其他成员的关系是理所当然的，因此他们也就觉得没有必要感激别人。个人主义者在与其他个人主义者互动时，会习惯性地期望对方说谢谢，因此，必须学会不要把集体主义者缺乏这种社会礼节解释为不敬。尽管集体主义者不习惯说谢谢，个人主义者在处世时，也应该考虑到集体主义者的规范。也就是说，个人主义者在进行谈判时，希望马上切入正题，而集体主义者总是希望通过一些热场玩笑来做好准备。在这方面，集体主义者希望得到人们的尊敬和耐心（Cohen, 1991）。在需要解决问题时，集体主义者希望在群体水平上来完成，而个人主义者更希望一对一谈判。显然，当个人主义者与集体主义者进行互动时，必须留意一些微妙的差异，包括重要的非语言姿势和线索。

个人主义者应该明白，集体主义者希望人与人之间能和谐，因而总是尽量避免冲突（Ting-Toomey, 1994）。在这种情况下，个人主义者可能会把冲突作为一种改变困境的有效手段，以便进行下一个议题；但是他们应该知道，集体主义者会十分注重在冲突过后找回面子。这样一来，个人主义者可以在问题恶化为巨大的冲突之前，解决它们。同样地，个人主义者不要一直追问“为什么”，而把一个集体主义者逼入绝境；否则，集体主义者肯定会捍卫自己的立场。此外，如果冲突是必然的，可能的话，个人主义者应该帮助集体主义者维护其自尊心（社会学家所说的*面子*）。

结束语

话说回来，从宏观上看地球上不同地区的人类是如何相处的，很明显形势不容乐观。具有讽刺性的是，历史学家们倾向于认为，和平是夹杂在重大文化冲突之间的反常时期。我们好奇，以前的国家战争在多大程度上反映了个人主义者和集体主义者在彼此理解以及相处方面的困难（见 Huntington, 1993）。

对于美国人来说，这里有一个重要的教训。即持个人主义观念的美国人必须意识到，他们的观念并不是被全世界广泛认同的。据估计，在地球上的大约 65 亿人中，70% 的人是持集体主义观念的（Triandis, 1995）。现在让我们计算一下：也就是大约 45 亿集体主义者和 20 亿个人主义者。正如美国人所珍视的个人主义观念所认为的那样，个人主义的美国人是世界人口中的少数。

所有人都是整体的一部分，这一认识在 21 世纪会更加明显。我们之间的联系正在变得越来越紧密，最明显的就是影响了许多国家的全球化市场（Keohane, 1993）。通讯技术的飞快进步，促进了全球化，增加了我们对其他民族的关注（Friedman, 2005; Holton, 2000; Robey, Khoo & Powers, 2000）。

鉴于我们与其他人之间的关系，我们的未来需要我们相互协作、共同努力。尽管对独特性的追求能够并且已经使人类受益，但是，如果太多的人都只是追求个性，那么我们将失去建设共同文化的机会。鲍迈斯特（Baumeister, 2005）在他的《文化动物》一书中令人信服地指出，我们需要一套共同的道德准则，来使我们的社会有效运转。在将来，这种共同的道德准则将会限制人们听从其个人冲动做出破坏性行为的程度。因此，道德可以作为一种途径，来维护文化相对于极端个人主义的优先性（Baumeister）。

我们正准备着发动一次大的变革，平衡个人主义和集体主义——“一个人”和“多个人”的需求（Newbrough, 1995; Snyder & Feldman, 2000）。由此，“咱们”的积极心理学时代可能即将到来。

附录：独特性需求量表

指导语：下列语句考察的是在不同情境中你对自己的看法。根据你对每句话的同意程度进行选择，其中 1 表示非常不同意，5 表示非常同意，2、3、4 表示居中判断。请在每句话前面的横线上写下 1 到 5 中的一个数字：

1	2	3	4	5
非常同意				非常不同意

答案没有对错之分，所以请为每句话选择最能反映你的真实想法的数字。别着急，仔细考虑每句话。

____ 1. 在一群陌生人中，我不愿意公开表达我的观点。

____ 2. 我发现别人的批评会影响我的自尊。

____ 3. 有时我会因为害怕我的想法不切实际而犹豫不决。

____ 4. 我认为，社会应该明智地抛弃旧习惯和纯粹的传统，形成新风俗。

____ 5. 别人很容易影响我的观点。

____ 6. 我有时觉得，践踏老师、法官和“文明”人的尊严是很有趣的事。

____ 7. 我喜欢穿制服，因为作为它所代表的组织中的一员是件自豪的事。

____ 8. 有时人们会说我“自大”。

____ 9. 别人的反对会让我觉得不舒服。

____ 10. 我不需要总是按照社会的规则和标准来生活。

____ 11. 如果会引起不愉快的结果，我就无法表达自己的感受。

____ 12. 事业有成意味着做出了别人没有做出的贡献。

____ 13. 如果人们认为我不合传统，我会很烦恼。

____ 14. 我总是努力遵守规则。

____ 15. 如果我不同意上级的观点，我通常会说出来。

____ 16. 在会议中，我会无保留地发言，反对那些我觉得错的观点。

____ 17. 在人群中感觉“不一样”会让我觉得不舒服。

____ 18. 如果我必须死，我希望是不同寻常地死，而不是平凡地死在床上。

____ 19. 我宁愿跟别人一样，也不愿意被人叫做“怪人”。

____ 20. 我觉得在严格的规章制度下很难工作。

____ 21. 我宁愿被别人认为是总在尝试新方法的人，而不愿意被认为是采用保险方法的人。

____ 22. 赞同别人的观点好过被认为是难相处的人。

____ 23. 我不喜欢跟别人说不同寻常的事。

____ 24. 不管别人怎么说，我都要公开表达我的观点。

____ 25. 通常，我都会强烈捍卫自己的观点。

____ 26. 我不喜欢按自己的意愿行事。

____ 27. 当我与一群人在一起的时候，为了避免争执，我通常同意他们的观点。

____ 28. 在地位和经验高于我的人面前，我通常保持沉默。
____ 29. 我已经完全独立，不再受家庭的约束。
____ 30. 每当参加集体活动时，我都有些不遵循常规。
____ 31. 生活中大多数的事，我都只求稳妥，不愿冒险。
____ 32. 打破常规要比总是迎合没有人情味的社会好。

要计算独特性需求量表的总分，首先把第 2、3、5、7、9、11、13、14、17、19、22、23、26、27、28、31 题反向计分。也就是说，在这些项目上，得分这样转换：1 → 5；2 → 4；3 → 3；4 → 2；5 → 1。然后，把 32 道题的总分加起来。高分说明独特性需求高。

关键术语

集体主义（collectivism）：把集体需求放在个人需求之上的观念。集体主义的核心要素是依赖、从众、渴望融入群体和把群体作为分析问题的基本单元。

个人主义（individualism）：把个人需求放在集体需求之上的观念。个人主义的核心要素是独立、独特性和把个体作为分析问题的基本单元。

独特性需求（need for uniqueness）：追求个人目标以产生独特感。

人众无知（pluralistic ignorance）：错误地认为自己的观点与多数人不一样。

第八编

从积极视角展望心理学的未来

走向积极 19

一事不顺不意味着万事不顺。

——马克·莱诺（Mark Leno），
《觉醒之书》（*The Book of Awakening*），p.100

在最后一章的开始，我们来描述一位心理治疗来访者，她的治疗过程反映了积极心理学的一个关键宗旨——强化生活中好的方面的愿望。然后，我们讨论积极心理学家的一个困惑：为什么消极信息对人们而言比积极信息更强有力（也就是说“坏比好更强大”）？接下去，我们评价媒体和一般大众给予积极心理学的关注，紧接着呼吁积极心理学成为一种全球现象。我们认为，积极心理学应该面向所有人而不是少数人。我们还考察了被招募来学习积极心理学的年轻人数量。在临床和咨询心理学领域获得博士学位的女性多于男性，我们探讨了这一事实的含义。在随后的主体内容中，这一新领域的多位领导者分享他们关于积极心理学未来的看法。最后，我们展示两个故事，它们生动地阐释了集中于积极的力量。

用坏的交换一些好的：莫莉的案例

积极心理学所带来的变化，我们已经描述过，它们类似于人们在成功的心理治疗中所经历的过程，即能够把一些消极的思想和行动转换成更为积极的思想和行动。来看看莫莉的例子，她是一名说话尖酸的 75 岁女性，前来找作者之一（斯奈德）进行心理治疗。莫莉一开始声明，“我想要把我的一些坏习惯变成一些好习惯！”这个案例并不像她说的那样简单，通常这种案例也很少那么简单。

首先，莫莉说她希望自己不再这么易怒。当问到她从脾气古怪和难相处中可以得到什么时，莫莉显得困惑。“你的意思是，我这样做是有原因的？”她问。在思考她脾气古怪的可能原因时，莫莉停顿了一下，然后说，“我希望更有控制力。”她还说，当她抱怨她的疼痛和痛苦时，她的家人似乎更关注她，她不喜欢这一点。

我提议她在当地的医院开始志愿工作。这一建议有几个优点，最重要的是，她的家人和朋友将会表扬她对别人的帮助，而不是注意她的抱怨。莫莉喜欢这个计划，因为她可以通过一种积极的方式来获得控制感。当她开始志愿工作时，莫莉认识到，与医院病人的疼痛和痛苦相比，她自己的痛苦不足挂齿。因此，莫莉的第一笔“交易”是，在生活中找到更积极的方法来获得控制感。

莫莉的第二笔“交易”涉及她想要保持体重。随着日益老去，她希望避免她称之为“脂肪堆积”的状况发生。尽管莫莉喜欢吃东西，但她太担心堆积脂肪，以至于她吃得非常少。莫莉仿效杂志上麻秆一样瘦的20岁女模特，但她对自己只吃半饱来管理体重的方法并不满意。在讨论了体重问题之后，她决定，健康的身体是作为老年人的她更渴望的目标。这意味着她开始锻炼并允许自己增加肌肉。她的积极“交易”是更现实的体重，允许她享受美食，以及一种新的身体锻炼项目，帮助她感觉更健壮和身体上更有能力。

我们描述莫莉这个案例的要点是，揭示目标有时候会使人们误入歧途，从而带来更多的伤害而不是好处。对于这些人，通常有达成目标的其他积极方式。因此，积极心理学提供给人们的基于优势的解决方案并不激进。我们在本书中分享的许多个案史有一种类似的模式，即人们学会把他们较不健康的生活方式转换为更健康的方式。

如果莫莉及其他类似她的人需要得到帮助，才能把更多“积极”带入他们的生活，那么我们必须解决一个问题，即人们在生活中为何常常倾向于关注坏事而不是好事。“坏比好更强大”是积极心理学家面临的一个核心困境，我们接下来解决这个疑惑。

解决一个基本困境：坏比好更强大

在2001年的《坏比好更强大》一文中，社会心理学家罗伊·鲍迈斯特（Roy Baumeister）及其同事提出了积极心理学中最棘手的问题之一。如他的综述题目所示，在人类生活中，被描述为“坏的”事情比“好的”事情力量要大。具体来说，鲍迈斯特及其同事提出，在很多生活领域和活动中，都可以看到坏事比好事的力量大，包括人际交往、亲密关系的结果、创伤和各种学习过程。他们回顾文献发现，坏的事情——不管是父母、情绪或是反馈——比对应的好事影响力更大。并且，我们也容易形成坏的印象而不是好的；坏的刻板印象比好的刻板印象形成得更迅速，更能抵制反面证据。类似地，我们更有动机回避坏的自我参照反馈而不是追求好的反馈。鲍迈斯特及其同事下结论说，“坏比好更强大”的例外情况非常罕见。

我们把希望作为好的例子，把恐惧作为坏的例子，来讨论这一重要问题。作为相反的系统，希望和恐惧类似于其他对立过程，例如，获得对防卫、接近对回避、行动对保持。在比较希望和恐惧时，把希望看做伴随着积极情绪的审慎的认知活动，而把恐惧看做在非常紧张的环境中突然出现的更自动化的情绪，这样做是有用的。

希望和恐惧在脑的不同水平运作。在这一点上，勒杜（LeDoux, 1986）报告，边缘系统的兴奋（在丘脑和杏仁核之间）不需要皮层干预就可以发生，因而意味着发自情感系统的恐惧与希望认知实际上是独立的。勒杜（1995）还发现，恐惧在脑中的情感编码经常没有到达意识水平。因此，由于恐惧不一定反映在意识知觉中，它不必经历任何“校正”过程。相应地，勒杜（1996）提出，神经冲动可以通过两条途径引发情绪。低通路包括感受器和中枢神经系统之间相对较短的联系（丘脑到杏仁核）。这一低通路产生对威胁刺激的恐惧反应，发生在觉知之前。第二，高通路包括与希望思维有关的联系（丘脑和杏仁核及皮层），发生在觉知之内。

恐惧的目的在于保护生命和维持原状（内环境稳态）。并且，考虑到从边缘（情感）系统到皮层结构有很多恐惧联系，它有可能比未来导向的思维更强大。使恐惧力量扩大的是，它可以通过多种人类记忆诱发；长时间的恐惧体验扩展了相关联的心理网络，从而造成高估它的普遍程度和重要性。由此，恐惧限制了认知加工，并且通常增加了我们回避风险的倾向。因此，恐惧是保护性和防御性的，让我们对新视角不那么开放。

与恐惧不同，当我们想象具体的目标时，未来导向的思维起作用。未来导向的思维包括可视化和预期，来自这些思想的情绪通常让我们感觉良好。恐惧中情绪是核心，与此不同，在未来导向思维中，情绪体验是次要的，未来导向思维反映的是认知评价，即我们在目标追求活动中做得有多好。因此，很明显，积极情绪在未来导向思维中起的作用比在恐惧中大，而消极情绪在恐惧中占主导。

在进化方面，未来导向的思维和恐惧对于自然选择都有意义。早期，人类作为一个物种为了生存下去，可能更多依赖于把基于恐惧的思维过程传递给后代，而不是传递未来导向的思维。但是，时过境迁，恐惧可能变得不那么重要，在没有必要恐惧的环境中，它甚至是不理智和适应不良的。并且，随着人类进化的继续，未来导向思维可能是最理性地应对途径，可能比恐惧更有优势。这里，我们对鲍迈斯特及其同事的“坏比好更强大”这一论点作出回应：从早期进化来看，这一论点是有道理的。因此，随着物种的进化，我们今天的进步可能需要侧重一个不同的方面，即我们要注重培养希望，而不是让恐惧主导我们的生活。那么，以此类推，我们必须促进好的方面，而不是让坏的方面控制我们的生活。

这正是积极心理学为解开“坏比好更强大”这一难题所提供的解决方案。如果我们这样选择，我们的思维和情感可以让我们生活中的好事超过坏事。这不是一项容易的任务，而积极心理学的支持者也从未认为这种变化不需努力。相反，它将非常困难，但是积极心理学提供蓝图，让我们看到好的战胜坏的这一前景。类似希望这样的积极过程的成功，部分依赖于社会对涉及人类优势主题的关注。我们接下来讨论识别人类优势这一主题。

积极心理学正在赢得关注

媒体给予了积极心理学观念多少关注？类似地，记者对待与积极心理学有关的心理学发现有多严肃？在相对较短的时间内，积极心理学便有一个好的开始，赢得了心理学界内外的关注（见 Seligman, Steen, Park & Peterson, 2005）。但是，重复第一章中的发现很重要：积极心理学的研究者并没有让他们的工作在这一领域内泛滥，像某些人所抱怨的那样（例如 Lazarus, 2003）。但是，积极心理学中所做的工作确实引起了该领域内外人的注意。另一个令人鼓舞的标志是，在 2006 年 1 月，罗伯特·埃蒙斯（Robert Emmons）主编的《积极心理学杂志》（*Journal of Positive Psychology*）开始发表仅关注人类优势和积极情绪的研究。

媒体对积极的关注与一句古老的格言背道而驰，即“坏消息让报纸卖得好”。因此，平面和可视媒体愿意讨论积极心理学发现，这一点很值得注目。当本书作者就这一现象询问报纸、杂志和电视从业者时，他们表达了一个观点，即公众厌倦了没完没了的坏消息。因此，对于自然和人类行动所留下的悲剧痕迹，积极心理学提供了一种“感觉良好的”解毒剂。并且，媒体从业者观察到，积极心理学坚实的科学基础让有关发现更加重要。后面这一点很关键，积极心理学研究者应该对他们的研究发现做出谨慎的断言。如斯奈德（2000c）写道：

> 当我们精心构建一门新的心理学，研究人们身上好的方面时，我们必须遵守适当抽样、尽可能的因果设计、严格应用统计推论这些原则。我们必须做出审慎的断言，当心过激的陈述会破坏积极心理学的根基。并且，我们必须对心理科学基于累积的证据这一事实保持耐心。自始至终，寻求检验各种积极心理学原则的人们应该明智地保持批判精神。（p. 24）

不仅新闻媒体渴望对人们的积极看法，普通人也受优势取向吸引。多年以来，当本书作者旅行时，他们经常会被问："那么，你靠什么谋生？"我们先前的回答是，我们是临床或咨询心理学家，这经常会使谈话终止。因此我们改变了答案，"我们是大学教授。"但是，现在我们宣称我们是积极心理学家，这会引发活跃和愉快的交谈。人们想要了解积极心理学，我们想要和别人讨论它。这些反应可能表明，人们确实厌倦了之前的病理或弱点取向这一事实，或者也许人们从内心赞同总体的优势取向。不管怎样，它预示了普通人对积极心理学原则的开放态度。

积极心理学作为一种全球现象

我们在第一章提到，积极心理学诞生的现代推动力来自马丁·塞利格曼的领导，在他担任美国心理学会主席期间（见本章附录中的塞利格曼评论）。塞利格曼博士推动心理学关注人们的积极方面。从那个时候起，他不懈地工作，见证了积极心理学建立根基。

考虑到塞利格曼是一位著名的美国心理学家，因此他的努力最初集中在美国，这并不令人吃惊。但是，值得称赞的是，他影响了全世界的许多积极心理学学者。例如，第三届国际积极心理学年度峰会在华盛顿举行（由盖洛普公司和东京大学主办），来自 23 个国家的心理学家参与；来自世界各地的学生和成年人既是主持者又是参与者。并且，展示积极心理学研究和应用的会议越来越多地在不同国家举行。例如，2004 年 7 月，在意大利，欧洲积极心理学网络举办了它的第二次大会（Seligman et al., 2005）。

积极心理学的研究必须继续在全世界开展，因为这些观点和发现对所有人都很关键。学术带头人应该在关于积极心理学的书籍中囊括来自世界各地的声音。在我们对最近的、主要的积极心理学书籍的调查中，美国之外学者的比例从 7% 到 37%，众数为 21%。如果积极心理学确实要成为一种全球现象，我们必须做得更好，把来自全世界的研究者和从业者的成果包括在我们主要的书籍中。发表在专业杂志上的文章也是如此。它不能是来自少数几个国家的成员的俱乐部（见 Snyder & Feldman, 2000）。相反，它应该欢迎来自全世界不同文化和国家的人们。我们在下一部分讨论这个问题，我们提出，积极心理学的益处应该为全世界的人们所用。

为多数人而不只是少数人

与心理学的总体情况类似，积极心理学迄今强调的一直是个体而不是社区。事实上，20 世纪晚期被描绘为“自我一代”的时代。因此，考虑到这类事情通常是周期性的，是时候转回群体了，探寻什么对多数人而不仅仅对一个人有益。

但是，某些潜在发展可能会把积极心理学的效果选择性地局限在少数人身上，这让作为科学家和从业者的我们颇为担心。特别是一些人相信，应用心理学应该变身为一种个人辅导职业。我们估计，这一转变的问题是，那些富有的人们将能够负担这种个人辅导的高收费。我们已经目睹了全世界富裕者与贫穷者之间鸿沟的加大（Ceci & Papierno, 2005），如果积极心理学也拉大富人与穷人之间的差距，这与其宗旨是对立的。约翰·肯尼迪在 1961 年 1 月 20 日的就职典礼中说，“如果一个社会不能帮助众多穷人，它也不能拯救少数富人。”

确保积极心理学让更多人受益的一种方法是，重视和尊重当前世界各地的社会中存在的不同目标。类似地，我们应该增加每个社会所看重的目标数目。传统上重视的目标包括赚钱、成就（智力的和运动的）以及身体外表。我们在其他地方提到（Snyder & Feldman, 2000, p. 391），还应该重视：“（1）关心他人；（2）生产持久和可靠的产品；（3）发明新产品；（4）实施基础和应用研究；（5）提升工作场所和其他地方的安全。”通过鼓励人们追求更多的目标，我们让更多人有可能体验与达成这些期望目标相关的益处。

增加多数人机会的另一种方法是更重视长远目标。不幸的是，短期目标经常是以自我为中心的（例如“我能够从这里得到什么？”见 Lerner, 1996）。多数人的积极心理学可能还需要延迟满足，而不是“现在得到我的那一份”。并且，长远和宏伟的目标可能使得几个人必须作为一个集体聚集在一起。

多数人的积极心理学的另一个目标是，改变我们对老年人和老龄化的态度和行为。人们普遍认为老年人应该被“强制退休”，要改变这一看法，我们必须为他们持续的贡献和严谨的心理活动提供更多机会。考虑一下，如果我们不使用老年人获得的许多技能，这将是多么大的损失！保证老年人在社会层面或家庭层面作出贡献的任何事情，都将帮助我们。学校甚至是大众媒体需要采取某些措施来改变关于老龄化的消极刻板印象。毕竟，人们应该记住，这是唯一一个我们所有人随着年龄增长都将加入的少数群体。最重要的是，能力随年老而丧失的预言会自我实现，多数人的积极心理学应该对抗这一预言。这将会防止所谓的*心理衰退*（psychological recession），即随着年老产生的不必要的心理能力退化（见 Williamson, Shaffer &

Parmalee, 2000 中 Snyder 的序言）。

多数人的积极心理学的最后一个目标是保护公有物。公有物的概念来自多年以前，那个时候村庄包含中心放牧区域，它由几名牲畜所有者共有。时光流转，公有物（commons）一词逐渐用来表示任何环境资源，例如水、木材、土地、矿物和石油，它们可以造福多数人。当然，问题是自然资源是有限的，如果我们不做些事情来约束使用它们的个人主义者愿望，它们很快会被耗尽（见 Edney & Harper, 1978）。积极心理学将引导人们如何合作和共同行动来保护我们的自然资源。以较小的单元一起工作，人们更有可能合作和为他们的个体行动负责（见 Dawes, 1980），从而保证能够为我们的后代留下这些珍贵的自然资源。

积极心理学中的年轻人和教育

积极心理学能否吸引新一代学生，以及学生们是否会把这一取向作为学术或应用职业的框架，做出这些判断还为时过早。要使未来的学生在研究和实践中采取积极心理学方法，教育是很关键的。心理学导论性教科书和这些课程的教师已经在教材和授课内容中包含了积极心理学。类似地，近 100 所大学和学院已经开设了向学生介绍积极心理学原理的本科生和研究生课程。积极心理学教科书的出现标志着这些课程的增长。

在这些本科生获得学位的过程中，他们也将阅读各种涉及积极心理学内容的书籍，它们作为诸如人格、个体差异、健康、变态心理学和临床心理学等课程的可选读物。有这样的课程，这只是其中一部分。事实上，在过去的十几年中，专门讲述积极心理学各种主题的书籍爆炸式增长。如表 19.1 所示，这些积极心理学书籍囊括了各种各样的主题。

教师也将有影像资料帮助他们讲授积极心理学。例如，有两部半个小时的关于人类优势科学的影片可以使用，影片中著名积极心理学学者与普通人（从青少年到九十多岁的老年人）交谈分享他们的领悟。影片集中于一些重要的主题，例如发现自己的标志优势、选择与个人才干匹配的工作、保持健康、成功老龄化。这两部影片的题目是《介绍积极心理学：个人幸福感、社会支持、健康和成功老龄化》（*Introducing Positive Psychology: Personal Well-Being, Social Support, Health, and Aging Well*）以及《介绍积极心理学：标志优势、流畅感和成功老龄化》（*Introducing Positive Psychology: Signature Strengths, Flow, and Aging Well*）。[关于这些影片的更多信息，联系 Jackie Harrison（jackie_harrison@montanapbs.org）或 Chris Seifert（chris_

表 19.1 近年来的积极心理学书籍

Aspinwall, L. G. & Staudinger, U. M. (Eds.). (2002). *A psychology of human strengths: Fundamental questions and future directions for a positive psychology*. Washington, DC: American Psychological Association.
Averill, J. R., Catlin, G. & Chon, K. K. (1990). *Rules of hope*. New York: Springer-Verlag.
Averill, J. R. & Nunley, E. P. (1992). *Voyages of the heart: Living an emotionally creative life*. New York: Free Press.
Baltes, P. B. (2005). *Wisdom: The orchestration of mind and character*. Boston: Basil Blackwell.
Bandura, A. (1997). *Self-efficacy: The existence of control*. New York: Freeman.
Bass, E. & Davis, L. (1994). *The courage to heal*. New York: HarperPerennial.
Batson, C. D. (1991). *The altruism question: Toward a social-psychological answer*. Hillsdale, NJ: Lawrence Erlbaum.
Branden, N. (1994). *The six pillars of self-esteem*. New York: Bantam Books.
Buckingham, M., & Clifton, D. O. (2001). *Now, discover your strengths*. New York: Free Press.
Buckingham, M., & Coffman, C. (1999). *First, break all the rules: What the world's greatest managers do differently*. New York: Simon & Schuster.
Clifton, D. O. & Nelson, P. (1992). *Soar with your strengths*. New York: Delacorte Press.
Colby, A., & Damon, W. (1992). *Some do care: Contemporary lives of moral commitment*. New York: Free Press.
Csikszentmihalyi, M. (1990). *Flow: The psychology of optimum experience*. New York: Harper & Row.
Csikszentmihalyi, M. (1996). *Creativity: Flow and the psychology of discovery and invention*. New York: HarperCollins.
Etzioni, A. (1993). *The spirit of community: Rights, responsibilities, and the communitarian agenda*. New York: Crown.
Goleman, D. (1995). *Emotional intelligence: Why it can matter more than IQ*. New York: Bantam.
Goleman, D. (1998). *Working with emotional intelligence*. New York: Bantam.
Hendrick, S. S. & Hendrick, C. (1992). *Romantic love*. Newbury Park, CA: Sage.
Hewitt, J. P. (1998). *The myth of self esteem: Finding happiness and solving problems in America*. New York: St. Martin's Press.
Karen, R. (1994). *Becoming attached*. New York: Warner.
Kerr, B. A. (1997). *Smart girls: A new psychology of girls, women, and giftedness*. Scottsdale, AZ: Great Potential Press.
Lefcourt, H. M. (2001). *Humor: The psychology of living buoyantly*. New York: Kluwer.
Linley, P. A. & Joseph, S. (Eds.). (2004). *Positive psychology in practice*. Hobboken, NJ: Wiley.
Lopez, S. & Snyder, C. R. Eds.). (2003). *Positive psychology assessment: A handbook of models and measures*. Washington, DC: American Psychological Association.
McAdams, D. & de St. Aubin, E. (Eds.). (1998). *Generativity and adult development: Perspectives on caring and contributing to the next generation*. Washington, DC: American Psychological Association.
McCullough, D. & Snyder, C. R. (1999). *Making hope happen: A workbook for turning possibilities into realities*. Oakland, CA: New Harbinger Publications.

表 19.1（续）

McDermott, D. & Snyder, C. R. (2000). *The great big book of hope*. Oakland, CA: New Harbinger Publications.

Pargament, K. I. (1997). *The psychology of religion and coping: Theory, research, and practice*. New York: Guilford Press.

Saarni, C. (1999). *Developing emotional intelligence*. New York: Guilford.

Saleebey, D. (1996). *A strengths perspective in social work practice* (2nd ed.). White Plains, NY: Longman.

Schwarzer, R. (Ed.). (1992). *Self-efficacy: Thought control of action*. Washington DC: Hemisphere.

Seligman, M. E. P. (1991). *Learned optimism*. New York: Knopf.

Seligman, M. E. P. (2002). *Authentic happiness: Using the new positive psychology to realize your potential for lasting fulfillment*. New York: Free Press.

Seligman, M. E. P., Reivich, K., Jaycox, L., & Gillham, J. (1995). *The optimistic child*. New York: Houghton Mifflin.

Snyder, C. R. (1994/2000). *The psychology of hope: You can get there from here*. New York: Free Press.

Sndyer, C. R. (Ed.). (1999). *Coping: The psychology of what works*. New York: Oxford University Press.

Snyder, C. R. (Ed.). (2000). *Handbook of hope: Theory, measures, and applications*. San Diego, CA: Academic Press.

Snyder, C. R. (Ed.). (2001). *Coping with stress: Effective people and processes*. New York: Oxford University Press.

Snyder, C. R. & Lopez, S. J. (Eds.). (2002). *The handbook of positive psychology*. New York: Oxford University Press.

Snyder, C. R., McDermott, D., Cook, W. & Rapoff, M. (2002). *Hope for the journey: Helping children through the good times and the bad* (Rev. ed). Clinton Corners, NY: Percheron.

Sternberg, R. J. (Ed.). (1990). *Wisdom: Its nature, origins, and development*. New York: Cambridge University Press.

Wong, P. T. & Fry, P. (Eds.). (1998). *The human quest for meaning*. Mahwah, NJ: Lawrence Erlbaum.

seifert@montanapbs.org）。］并且，在 www.gallupippi.com 上，可以获得积极心理学研究者的口述历史。

在研究生水平，积极心理学原理出现在盖洛普大学的所有课程中，并出现在咨询、临床心理学、健康、社会心理学、儿童心理学、人格心理学、教育领导力以及特殊教育的博士项目中。而且，第一个完全集中于积极心理学的研究生项目是应用积极心理学硕士，由宾夕法尼亚大学发起。这个应用项目的目的在于，帮助全职工作的人学习利用优势取向来使各种客户受益。如果你对了解这一开创性项目感兴趣，访问 www.sas.upenn.edu/CGS/graduate/mapp 这一网址。

为了更多了解积极心理学，你可能希望浏览更多网址。主要的网址如下：

www.positivepsychology.org/

www.apa.org/science/positivepsy.html

www.authentichappiness.org

www.bus.umich.edu/Positive/

www.div17.org/positivepsychology

此外，可以加入下面这个积极心理学论坛：

http://www.ppc.sas.upenn.edu/listservsignup.htm

对于希望从这一领域的资深带头人处学习实验方法的年轻研究者来说，每年夏天会召开年度积极心理学会议。积极心理学网络资助来自世界各地的150多名学者。最后，积极心理学中心正在涌现，现有的几个位于宾夕法尼亚州的费城、伊利诺伊州的厄本那—香槟、加利福尼亚州的克莱蒙和密歇根州的安阿伯。

当然，这一部分讨论的信息意味着，对于对积极心理学感兴趣的学生而言，新的机会正在出现，但是我们并不知道是否会有越来越多的学生被吸引到这一领域。要判断以多种形式从事积极心理学的学生数量是否有可靠的增加，可能还需要十年左右的时间。

积极心理学中的女性

在临床和咨询心理学领域，相对于男性，女性的数量近年来有了巨大增加，考虑到这一点，这一领域将会从传统的男权视野发生转变。这对积极心理学预示着什么？一般而言，我们相信女性将会传递她们重视的特征。研究（综述见 Snyder, McDermott, Leibowitz & Cheavens, 2000）显示，女性优先重视下列特征：（1）容易获取情绪内容；（2）非对抗行为；（3）共有和其他觉知；（4）和谐与关系；（5）平等主义；（6）理解人们的努力和社会不平等；（7）非威胁行为；（8）情境和整体思考。

尽管我们在这里不能一一讨论所有这八种特征，我们会探讨其中一部分。例如，我们相信，与男性控制心理学进程的时期不同，女性希望更关注与家庭或儿童有关的问题。考虑到家庭在儿童发展中所起的巨大作用，我们预测，女性将会确保积极心理学研究和应用活动关注这些关键问题。随着更多的注意力投向家庭和儿童，我们预想，与儿童和家庭有关的主题将被赋予更高地位。这是由于人们看重的主题将会受到尊重。

女性还更有可能反对照料儿童是女性配偶的单一责任这种个人主义观点（见 Crosby, 1991）。因此，积极心理学的未来观点可能是，照料儿童是社区和家庭的共同责任。如斯奈德和费尔德曼（Snyder & Feldman, 2000, p. 395）写道：

> 男性需要改变。电影中持续出现的“粗犷男人”的刻板形象，这些年只是改变了衣着和交通工具，他过去穿着牛仔装、骑马，现在穿着各种服装、开着大马力的汽车。然而，突出的信息是相同的："真正的男人不需要其他人……"如果改变这些信息以提倡成年男性维持婚姻关系，那么我们国家的家庭更有可能给儿童展示更明确的男性角色榜样。

女性看重和传播的另一种特征是助人。相应地，女性应该向未来的积极心理学活动灌输帮助他人的重要性。我们看到，积极心理学的女性领导者强调向儿童传授同理心的重要性，特别是对那些被他们的行动伤害过的人产生共情（见 Koestner, Franz & Weinberger, 1990）。女性也更有可能赞赏这些亲社会行动（Cialdini, Baumann & Kenrick, 1981）。并且，这些未来的女性领导者应该会鼓励父母给他们的后代做出帮助他人的示范（Midlarsky & Bryan, 1972），以及推进更多关于亲社会行动的公共服务宣传（Liebert & Sprafkin, 1988）。

这一点引出了美国社会的另一个不幸事实，未来的女性领导者可以改变这一事实：我们的儿童观看的暴力数量是惊人的。女性领导者有可能促成一些标准，减少儿童所观看的电视、电影和视频游戏中的屠杀场面。不妨考虑一个可怕的事实，我们的一些孩子在前往学校和离开学校时要担心躲避子弹。在这一点，我们发现，在堪萨斯城区域，亲眼目睹身体暴力的城市内儿童更有可能有较低的希望（Hinton-Nelson, Roberts & Snyder, 1996）。这些恐惧需要得到抑制，未来的积极心理学女性领导者可以起带头作用。

类似地，在 21 世纪的积极心理学中，女性可能将强调与他人的身体健康有关的事物。所有美国人都拥有可靠的全国性医疗保障，这可能只是一个时间问题，积极心理学中的女性领导者可能处在这样一种重要变化的最前线。与对家庭和儿童的关注类似，对帮助和关心他人身体健康的兴趣，应该会让未来的积极心理学更多是“我们”取向而不是“我”取向的（见第 18 章；Triandis, 1995）。作为这一共有视角的一部分，积极心理学的女性领导者将比早期的男性领导者更有可能研究未被充分代表的人群。

专家对 21 世纪积极心理学的看法

我们估计，积极心理学在 21 世纪是否会真正繁荣，依赖于它如何解决本章之前探讨过的几个潜在挑战。为了提供有关这些挑战的其他观点，我们联系了几位专家，请他们分享他们对关键问题的看法。在这一部分，我们分享这些学者的观点。

如果积极心理学成功，想象我们的世界会是什么样子

埃德·迪纳（ED DIENER）

伊利诺伊大学厄本那—香槟分校，伊利诺伊

我对未来几十年的积极心理学提出五个主要问题。第一，是否存在跨文化的普遍美德，它们的形式是否随文化有所不同？第二，这些美德之间是否存在此消彼长的关系，一个人拥有的一种美德是否会太多？第三，我们能否确定何时、为什么和什么形式的主观幸福感对于个体和社会普遍有益？第四，将会出现哪些优化幸福和美德的有效干预？第五，也是最大的问题，如果积极心理学能够成功地让人们更幸福、更健康、更明智和品德更高尚，并且如果我们还能够创建促进优势的制度结构，我们的 21 世纪和 22 世纪的世界会是什么样子。想象这些拥有创造力和美德的未来人类在计算机和机器人、长寿命和充足资源的帮助下，将会如何度过他们的时间。

包含积极心理学的宗旨，这是给临床心理学的关键建议

詹姆斯·麦达克斯（JAMES MADDUX）

乔治·梅森大学，弗吉尼亚州费尔法克斯

21 世纪，临床心理学必须包含积极心理学原理。不幸的是，在所有心理学分领域中，临床领域一直是最“消极”的。例如，多数临床心理学家的训练，灌输了关于人类行为和健康改变潜能的过于病理化和悲观的观点。并且，人们的过错和缺点被夸大为“障碍”，而优势和资产通常被忽视、排除，或者解释为“防御机制”。潜藏在这种聚焦弱点的思维背后的傲慢态度，对于临床心理学和它所服务的人们而言都是不健康的。无数人想要提高他们的生活质量，而不是仅仅寻求对“障碍”的“治疗”，在面对这样一种变化的“心理健康”市场时，临床心理学需要采纳更加振奋的积极心理学观点。事实上，如果临床心理学不去满足这一需要，其他职业将会这样做。

精神感悟和积极心理学

肯尼思·帕格门特（KENNETH I. PARGAMENT）

博林格林州立大学，俄亥俄州博林格林

尽管精神感悟是我们理解得最少的人类维度之一，它却是我们人类独有的。但是，在 20 世纪的大部分时间里，心理学家或者忽视宗教和精神感悟，或者把它们作为一种病理形式。幸运的是，事实正在变得清晰，我们并不仅是身体的、心理的和社会的实体，我们还是精神生命，我们寻找与神圣的关系，无论我们如何定义它。相应地，人们利用许多精神资源——从祈祷和冥想到参与宗教组织和仪式。并且，实证研究显示，精神感悟经常是生活意义、希望和方向的来源。类似地，精神感悟能够在创伤情况下支持人们。当人们到达个人极限时，它能够促成深刻和持久的转变。21 世纪应该见证积极心理学对精神感悟的理解取得巨大进展。

加入其他科学家寻找神圣的行列

罗伯特·埃蒙斯（ROBERT EMMONS）

加州大学戴维斯分校，加利福尼亚州

与消极情绪类似，积极情绪与人类结构交织在一起——与我们的神经和生理系统、我们的进化历史、我们的行为和行动、我们的意识以及我们的哲学和宗教紧密关联。尽管研究项目已经对一些具体的积极情绪有所洞察，但我们对归于精神或神圣的情绪类别还所知甚少：喜悦、恐惧、感恩、敬畏、崇敬、同情、忏悔、仇恨和热情。这些神圣情绪清楚地提到上帝和一些超验的存在，它们超出了经验所能接触的世界中的物体。要在未来取得理解神圣情绪及其在人类生活中的位置的重大进展，需要专门研究情绪的心理学家和进化生物学、神经科学、哲学、人类学和认知科学专家的合作。由此，我认为积极心理学需要以这些相关科学领域的进步为基础。

基于“第三支柱”：积极社区

戴维·迈尔斯（DAVID MYERS）

霍普学院，密歇根州霍兰

在最初详述积极心理学时，马丁·塞利格曼预想了它的三根支柱：研究和促进

- 积极的主观幸福感（快乐、生活满意、乐观），
- 积极的品格（创造力、勇气、同情、正直、节制、领导力、智慧、精神感悟），
- 积极的团体、社区和文化

前两根支柱已经基本上树立起来，21 世纪的任务之一在于建立第三支柱，建立和培育如下的社会生态环境：蓬勃发展的家庭、共有关系的邻居、有效运作的学校、有社会责任感的媒体以及公民对话。

20 世纪，个人主义兴起而公民健康水平下降，我们更经常“一个人打保龄”，如罗伯特·帕特南（Robert Putnam）所说，投票、拜访、娱乐、拼车、信任、参加和会面也比从前少了，面对这些状况，一场积极的社会革新运动正在进行。社群主义网络推动个人主义与关注共同幸福的均衡。美国国家婚姻项目旨在促进我们的婚姻和睦。目的类似的积极心理学计划将会加入进来，培育一个尊重人权同时支持人际关联的社会。

积极心理学在维持希望和均衡中的作用

迈克尔·马奥尼（MICHAEL MAHONEY）

萨尔菲里贾纳大学，罗德岛州新港

21 世纪积极心理学的一个重要挑战是，在极端不利的情况下保持希望和均衡。技术革新和全球化联系有可能给心理生活带来前所未有的挑战。世界秩序的变化和混乱的威胁可能会激发两极分化的极端观点（例如区分“我们”和“他们”，区分自由和专制，区分善良和邪恶）。这种危险的分类过程的蔓延将是一个挑战。积极心理学将需要在个体、家庭、社区和更大的集体层面上，包含以下二者在发展上的动态平衡：稳定秩序的（“保守的”）过程和引发改变的（“解放的”）过程。对人类潜能和地球上所有生命的关联保持信念，这很关键。同情和坚持不懈也很重要。

从2005年的飓风中学习

南希·韦斯特伯格（NANCY G. WESTBURG）

莱德大学，新泽西州劳伦斯威尔

2005年的毁灭性飓风期间及之后，我目睹了失去一切的幸存者的绝望和无望。然而，在这些灾难中，浮现出了许多关于希望、韧性、精神感悟、乐观和英雄主义的故事。在面对21世纪时，我们可以从那些正在重建生活的人们身上学到很多。我们需要更多研究来考察帮助人们在这些灾难期间和之后“继续前进”的因素。尽管答案可能是复杂的，但结果将能帮助其他遭受创伤的个体，帮助他们有效应对他们无法控制的灾祸。这些发现也可以整合进大规模的积极心理学预防项目。因此我们需要更主动地倡导增加资源来实施积极心理学研究，以及开发积极心理学策略，以教授儿童和成人建立拥有希望、意义和目标的未来。积极心理学在不利的环境中更有生机。

面向完整个体的积极心理学

克里斯廷·罗毕斯切克（CHRISTINE ROBITSCHEK）

德州理工大学，得克萨斯州陆巴克

迄今为止，积极心理学家对人类的考察，集中在剖析积极人类功能和考察许多“部分”或“积极特征”。在我们进入21世纪时，一个重要的焦点将是重新组装功能良好的人类,从而理解完整个体与积极部分的简单之和有何不同。“积极功能的个体”是否拥有高水平的所有积极心理特征？我认为不是这样。也许将会有多种轮廓的积极功能个体。也许这些轮廓因文化不同而不同。也许积极特征的混合形成更高级的元特征。

人类的重新组装，还需要包括这样一种变化：从“积极”和“消极”心理学的人为分离转向整合的心理学。事实上，没有人在功能方面是完全积极或完全消极的。通过承认我们的心理学理论、研究和实践中的这一事实，我们可以重新组装人类，更准确地描绘人类状况以及用更现实和整体的方式理解人们。心理学家，不管是否是积极心理学家，在21世纪都需要包容这一复杂性。

起联合和桥梁作用的积极心理学

亚力克斯·林利（P. ALEX LINLEY）

莱斯特大学，英国

积极心理学的未来意味着什么？积极心理学有未来吗？这些是有益的问题，答案主要依赖于我们如何理解“积极心理学”。如果把积极心理学理解为纠正心理学研究和实践中的不均衡的努力，那么只有它失败时才有未来。如果成功，积极心理学就没有未来：它将成功地把心理学重新定位为既研究积极又研究消极的科学，形成一种更加统一的、整合的心理学，不再需要一个专门的“积极心理学”。

如果积极心理学没有成功达到这个目标，它的未来有可能将会是增加专业化。我认为，这将错失良机。积极心理学的一个很大优势是，它能够跨越心理学的所有领域并架设桥梁，向研究者和从业者展示，如何整合对积极和消极的理解，综合理解人类状况。

从这一方面来理解，积极心理学的未来在我们手中。作为积极心理学家，我们需要联合所有心理学领域，并提出事实证明积极心理学所提供的新观点，尤其是有价值的观点。

主动应对

拉尔夫·施瓦策（RALF SCHWARZER）

柏林自由大学，德国

积极心理学将会成为心理学的主流。从业者和学者将会更经常地根据积极概念而不是消极概念来思考。对健康的关注将会取代对疾病的关注。研究心理和身体适应性、幸福和健康，需要更好地定义和测量积极心理学概念，例如希望、乐观、自我效能、投入或目标取向。为了理解人们如何度过他们的生活，我们将会不再那么强调考察对不利生活事件的被动应对，而是更多强调主动应对。后者是指目标设定、目标追求、个人成长和相应的自我调节过程。在主动应对之前并不是伤害、损失或威胁等消极评价。可以把主动应对看做努力构建一般资源的过程，以帮助实现挑战性目标和个人成长。在主动应对中，人们有远见。他们看到未来的风险、需求和机会，但是他们不把它们评价为威胁、伤害或损失。相反，他们把要求高的情境知觉为个人挑战。应对变成目标管理而不是风险管理。主动的个体争取改善生活和扩大资源，以保证进步和功能的质量。主动地创造更好的生活条件和更高的表现水平，这一体验被视为让生活有意义或找到生活目标的机会。

积极心理学在城市迁移和延长寿命中的作用

小埃弗里特·沃辛顿（EVERETT L. WORTHINGTON, JR.）

弗吉尼亚联邦大学，弗吉尼亚州里奇蒙

闻名世界的最大规模的迁移——从农村到城市——正在发生并将会继续。遗传学的进步将让人们活得更久。1900 年，预期寿命为 47 岁。到 2000 年，预期寿命为 78 岁。一些专家说，到 2100 年，预期寿命将是 150 岁。这样一来，由于人们有可能将活得更久，人口将会增加，并且城市的人口将会成比例地大量增加。到 2100 年，世界上最大的问题将是……人们如何在紧张的城市环境中一起生活。城市压力不仅会增加压力相关的障碍，还会增加暴力、一般性不和、焦虑和抑郁。处理城市环境压力的心理学家，将处于预防和解决世界问题的核心位置。通过促进积极应对、宽恕与和解，积极心理学家将丰富生活、预防问题和促进人类繁荣。

所有人的健康和关怀：21 世纪的挑战

科里·凯斯（COREY L. M. KEYES）

埃默里大学，佐治亚州亚特兰大

美国人正在活得更长久,但是不一定更健康。尽管在健康上的人均支出增加，美国在卫生保健方面仍落后于许多国家。卫生保健将会消耗美国国内生产总值的四分之一，这对我们经济的稳定性是个威胁。积极心理学可以通过关注健康和贫富差距，而不是诸如富人的快乐（例如私人快乐教练），成为这一难题的解决方案的一部分。当前存在着令人不安的社会不平等，例如非裔美国人的预期寿命远低于其他种族群体；并且，社会地位低下的美国人面对最高的疾病风险。减少这样的不平等很关键。由此，在我们未来的医疗和公共健康努力中，我们必须强调所有市民的“提升”和“健康”。因此，在追求快乐时，积极心理学的目标应该不仅是延长寿命，还应该增加健康和有意义的优质寿命。

需要对更广泛的社区感作出更高承诺

查尔斯·卡弗（CHARLES CARVER）

迈阿密大学，佛罗里达州迈阿密

文明和积极心理学的关键问题是，个人欲望和社区需要之间的争斗。我们生活的这个时代，人们对福利和津贴的追求不断蔓延。许多人关心他们自身的财富和幸福，也许还有他们周围一小部分人——家人、亲密伙伴和类似他们自己的人——的幸福。很少有人关心城市中穷人的幸福。更少有人关心世界另一端的人的幸福。我们希望税率更低和玩具更多，而不太会想到给需要的人们提供充足的道路、教育或心理健康服务。我们是一些部落的集合，而不是一个社区:部落由我们的文化、宗教和肤色界定。人们很难关心其部落之外的人类社区。但是，如果我们不学习这样做，我们将会不仅摧毁彼此竞争的部落，还会摧毁整个文明。

快乐是灵丹妙药

埃伦·兰格（ELLEN LANGER）

哈佛大学，马萨诸塞州剑桥城

20世纪70年代，当我学习如何促进人们的健康和幸福时，积极心理学并不存在。尽管医学界经常抵制心理/身体问题，但心理因素现在被认为对健康有很大影响。我预测，积极心理学研究的影响将会呈指数增加，我们将会采纳关于卫生保健的新观点。过去，"病人"倾向于把他们的照料控制权完全交给卫生保健专业人士。我认为，这种从属关系需要改变，让人们对他们自身卫生保健的每个方面都更加用心。考虑到没有人比我们更了解自己，来自我们个人的专门知识应该能让健康好转。最后，尽管快乐直至此时仍在健康中起着相对次要的作用，但我的预测是，未来可能会传播"快乐是灵丹妙药"这一观点。

承认好与坏

杰米·彭尼贝克（JAMIE PENNEBAKER）

得克萨斯大学，得克萨斯州奥斯汀

积极心理学的吸引力在于它对人类状况的乐观。与传统心理学相反，积极心理学的很大一部分似乎拒绝一些现实：我们的伤心事、创伤、恐惧和其他状态。人们排队观看悲伤的影片和参加可怕的娱乐赛车。我们热衷于观看电视上播放的可怕的人造或自然灾难。最难忘的歌曲和诗词中很多都涉及丧失和失败。尽管传统心理学没能看到生活的喜悦，但我担心积极心理学将会看不到黑暗一面。我们需要一种包含整个人类的心理学。如果不承认和理解我们的弱点，我们经常无法实现我们的潜能。甚至是像橡树岭男孩这样的乡村歌手都知道，"有时候伤心没什么不好。"

让积极心理学观点成为主流

谢利·泰勒（SHELLEY TAYLOR）

加州大学洛杉矶分校，加利福尼亚州洛杉矶

未来几十年，积极心理学的一个主要任务是，把我们的研究和洞察与一般性的科学主流整合起来。揭示积极状态的生物基础，识别积极心理状态和良好关系有益健康的基本生物心理社会机制，这些将是这种整合最重要的根基之一。采用诸如核磁共振成像这样的技术，探索积极心理状态对行为影响的基本脑机制，也是对积极心理学越来越重要的综合推动力。心理学和生物科学正在以前所未有的方式合作，未来几十年最有创造力的发现将整合生物、心理和社会水平的分析。积极心理学正在成为这一令人兴奋的整合科学的先驱。

合作和传播我们的信息

苏珊·亨德里克（SUSAN HENDRICK）

德州理工大学，得克萨斯州陆巴克

积极心理学运动和队伍已经做好准备，将为我们的世界面对的危机和机会做出独特贡献。例如，技术提供了联系的机会，但是“真实”联系的难以捉摸让很多人苦恼。人们对精神感悟的兴趣增加，同时原教旨主义的势头高涨。拯救生命的药物被研制出来，然而违禁药物似乎更容易获得。这些现象可以被看做半空或半满的杯子。积极心理学可以利用越来越多的知识，以及传播关于爱、希望、韧性等知识，帮助人们更好地理解如何最大化积极的方面和最小化消极的方面。在积极心理学内部保持内聚力很重要，它由来自许多心理学领域的贡献者组成。向外看也很重要——跨越狭窄的学科界限。要真正具有社会影响，我认为我们必须与其他学科的同事合作，例如政治科学和经济学，以广泛传播我们的知识。我们有很好的信息——现在我们需要更好地发布它。

在探索关联和应用时保持科学正直

蒂莫西·埃利奥特（TIMOTHY R. ELLIOTT）

阿拉巴马大学，阿拉巴马州伯明翰

那是一个尴尬的场景：来自“健康相关专业”的一位年轻同事，正在就精神信念和健康，向我们研究中心的资深科学家做演讲。她讨论了她所在的专业如何在这个领域实施研究，这些研究可以促进实践和吸引基金资助。她引用了积极心理学中的“大人物”和当前书籍中的看法。不幸的是，她不能回答关于具体行为发展机制的基本问题，也不能解释改变的机制。她无法清楚表述可检验的理论模型。作为专家小组中对这一主题有所了解的心理学家，同事们不赞同皱着眉头，向我抛出了几个问题。

积极心理学应该包括在大规模的研究项目中，以进一步理解这些概念及其与健康和幸福的关联。但是，我们必须保持科学的严谨和正直。接纳和包容也带来了风险：我们有可能会放弃对理论、概念和测量所应具备的基本品质的要求（多学科的团队在探索应用和关联时有一个臭名昭著的特点，他们不喜欢理论）。如果在科学诚信上做出妥协，积极心理学可能会在流行的旗杆上爬升得太高，以至于陷入心灵主义和巴纳姆效应（人们常常认为一些笼统的、一般性的人格描述准确地描述了自己的特点——译者注）。

构建一个普适的积极心理学

何敏贤（SAMUEL HO）

香港大学

自从冯特在 1879 年建立第一个心理学实验室以来，心理学知识在很大程度上是单向的，即从西方传到东方。当我在大学里学习心理治疗时，我不得不接受老师们讲授的基于西方模型的知识。它们中的一些可能并不完全与亚洲文化同步，而且我们也很少有渠道把我们的经验反馈给西方同事。

积极心理学在全球化的时代发展。积极心理学的许多实证研究是多个国家合作的项目，积极心理学已累积的知识，反映了来自不同文化的学者的集体智慧。积极心理学未来的发展，应该进一步培养来自世界各地的学者之间的知识交流。对我而言，为亚洲学者建立一个反馈途径，以为积极心理学的发展作贡献，这是非常重要的。结果将是构建一个普适的积极心理学，甚至影响整个心理学的未来。

文化背景下的积极心理学

珍妮弗·特拉莫托·佩德罗蒂（JENNIFER TERAMOTO PEDROTTI）

加州州立理工大学，加利福尼亚州圣路易斯奥比斯珀

积极心理学要保持为一个有活力的研究和实践领域，我们必须继续把焦点从识别“普遍优势”，转向在文化背景内看待所有类型的基于优势的行为。在我们对个体和环境的积极方面的讨论中包括文化背景，我们能够让来自所有阶层的人都接触积极心理学。

传播积极心理学

泰勒·本—沙哈尔（TAL BEN-SHACHAR）

哈佛大学，马萨诸塞州剑桥城

教授积极心理学有一种严谨的乐趣。目前，心理自助领域——提高我们的生活品质——由通俗心理学统治。现今提供的很多自助工作坊和书籍，很有趣也很有感召力，但实质内容很少。这些工作坊和书籍信誓旦旦地说它们知道快乐的五个快速步骤、成功的三个秘密以及找到完美爱人的四种方法，等等。另一面，学术界的著作和研究中有实质内容，但是我们没有找到让它们家喻户晓的办法。生命丰盛这个领域非常重要，不能让其只是把持在富有个人魅力的自助导师手里，或者留在晦涩的学术图书馆里。我认为，积极心理学的角色是在象牙塔和市井大街之间架起桥梁——在学术的严肃和自助活动的乐趣之间架起桥梁。

态度的力量：琼西和杰里的故事

在这本书里，我们给你呈现了很多例子，显示人类心理的纯粹力量能让人们的生活变得越来越好。也许所有英语文学中最美丽的短篇故事之一是欧·亨利（O. Henry, 1945）的《最后一片叶子》，它讲述了这种力量，如我们引用的许多研究一样。在这个故事里，一个叫琼西的年轻女孩感染了肺炎，很快就恶化到威胁生命的状况。那个冬天，琼西的病每况愈下。在她的卧室外面，她能够透过窗户看到一株常春藤。她逐渐相信这株藤树会预示即将到来的死亡。琼西推断，当最后一片叶子落下时，她也会死亡。因此，她醒着的时候便望着窗户，看叶子一片片落下。

让她震惊的是，虽然进入深冬，但有一片叶子一直在藤上面。显然，这是一个预兆——这片顽强的叶子努力生存，这是奇迹的标志。看到这一点，琼西一天比一天更相信，她也可以选择活下去。随着生命的继续，她的状况变得越来越好。当她完全康复时，琼西发现，她的画家朋友在藤生长的墙上画了那最后一片叶子！但是，在那个时候，这对琼西已经不重要了，因为她认识到，是自己的精神力量推动她战胜了肺炎。

欧·亨利理解在人类精神中所发展的期望的力量；现代积极心理学也告诉我们，我们相信将会发生的事情通常确实会发生。思考和感受好的事情，这些事情会变得更有可能发生。当然，这并不意味着你只是懒惰地坐在那里等待好事；而是你必须努力工作——非常努力。但是，在思考你能够生存时，就像琼西和她的叶子那样，你更有可能生存和生存得很好。树叶不是“真的”并不重要，因为在最重要的位置也就是琼西的心里，它是真的。她的画家朋友的爱和关心也是非常真实的。

与琼西的积极态度类似，考虑杰里的态度（Baltazar-Schwartz, http://pr.erau.edu/~madler/attitude.html）。杰里总是保持好心情，他几乎能在任何环境中设法说点积极的事情。当问到他如何做到这一点时，他喜欢回答“如果我还能再好，我就成双胞胎了。”

对于杰里而言，生活全在于选择。他的观点是你能够选择感到心烦或愉快。杰里管理着一间餐馆，当持枪歹徒冲进餐馆并击中他时，这一态度受到考验。在被紧急送到急诊室时，他看到医生和护士严肃的面孔。他们的表情在说“这个人要死了”。这个时候，护士长问他是否对什么过敏，杰里说是，整个屋子安静下来，每个人都在等待他的回答。这个时候，杰里大声叫喊，“我对子弹过敏！”急诊室里的人们爆发出大笑，杰里告诉他们，他选择生存。在几个小时的手术之后，他活了下来。

琼西和杰里的故事显示了积极态度的力量。如果我们拥有信念，我们不仅能够生存，我们还能够生存得很好。事实上，积极心理学故事和它们所基于的科学都给我们留下一种强有力的态度："我们能做到！"

附录：积极社会科学

马丁·塞利格曼博士

美国心理学会前主席

一位著名政治学家在她撰写的富兰克林·罗斯福和埃莉诺·罗斯福夫妇的传记中，分析了埃莉诺为了穷人和黑人的公平待遇所做的不懈努力，认为这只是试图补偿她父亲的酗酒和她母亲的自恋，而没有考虑埃莉诺仅仅是在追求美德这一可能性。心理学研究花了半个世纪，证明孤独、创伤、虐待、身体疾病、战争、贫困、歧视、早期父母死亡和离婚的很多消极心理效应。但是，这种对消极面的不懈关注，致使心理学对于从不合意的、痛苦的生活事件中发展出的成长、精进、动力和洞察力的许多例子视而不见。

社会科学把人类的优势和美德——利他、勇气、诚实、责任、喜悦、健康、负责和振奋——看做是派生的、防御性的或者完全的错觉，而把弱点和消极动机——焦虑、贪欲、自私、偏执、愤怒、障碍和悲伤——看做是真实的，怎么会发生这种事情？

当一种文化面临军事威胁、贫困、社会动荡或商品短缺时，关心与生活消极方面有关的问题是最自然的。由它所资助的科学也将是关于防御和伤害的。相应地，现代心理学被治疗所占据。心理学基本上在疾病模型内理解人类功能，它的主要干预模式是修复损伤。理论上，它是一种受害者心理学，把人类看做被动地对外部刺激"做出反应"，或者被儿童期创伤所造成的未解决的冲突所折磨，或者根据身体组织的需要、驱力和本能做出行为，或者是沉重的文化和经济力量的无助受害者。

在历史上的少数时期，一些文化处于繁荣、和平和稳定状态，一些人把注意力从关注防御和伤害转向提升生活质量。在这个过程中，这些文化对人类进步作出了不朽贡献。公元前 5 世纪的雅典、维多利亚时代的英格兰以及 15 世纪的佛罗伦萨就是其中的一些例子。

资料来源：摘自 Seligman, M., "Positive social science", in APA Monitor, April 1998, pp. 2 and 5.

雅典的繁荣激励了哲学的发展，哲学又引出了一种新的政治形式——民主。帝国慷慨支持之下的维多利亚时代的英格兰，记载着荣耀、英勇、纪律和责任。佛罗伦萨的羊毛和河岸贸易，让它成为了欧洲最富有和最稳定的城邦。于是，佛罗伦萨决定把它的很多剩余财富用来创造美丽，而不是在欧洲的霸权。

我相信，今天的美国正在进入这样一种世界性历史时刻。我不是建议我们建造一座美学纪念碑，而是一座人类科学纪念碑，即这样一种社会科学，在个体层面上，承担描述、测量和促进人类自我实现和意愿的使命；在群体层面上，把公民美德作为它的独特主题。我的看法是，社会科学最终将关注治疗之外的事情，从所谓的揭露弱点中摆脱出来。社会科学将会变成一股积极的力量，理解和促进最高质量的公民和个人生活。

治疗的心理学有其成功之处，最突出的是它已成为一门心理疾病的科学。由此，至少有 10 种主要心理障碍的病因被阐明，通过心理和药物干预，这些障碍现在可以显著减轻。但令人遗憾的是，在深入探测生命中最糟糕的部分时，心理学失去了与积极生活方面的联系——关于什么让人类生活最有意义、最能实现抱负、最愉快和最有成效的知识。

这样一种科学是可能的。主流心理学理论已经发生改变，支持对优势和责任的考察。主导理论不再都把个体看做被动的;相反，个体被看做决策者，有自己的选择、偏好，以及有可能具备掌控力和效能，或者在恶劣环境中变得无助和无望。我们拥有可靠评估抑郁、恐惧、无目的性、攻击和无望等消极状态的测量领域。我们有一个领域能够考察有关的脑机制和神经药理学。我们的领域发展出精巧的实验方法和复杂的因果模型,用于研究经验如何塑造这些状态,以及这些状态在一生中如何发展。我们首创并验证了能够有效消除这些不合意状态的干预。现在，我们可以同样调用这些方法，用来测量和理解如何构建个人优势和公民美德。

这种科学活动不是假想出来的：例如，关于流畅感和乐观，有切实可行的实证知识。但是，它们仅仅代表了社会科学主体的很小一部分。个人优势和公民美德的全面研究无法轻易完成。它可能是社会科学的“曼哈顿工程”，它需要大量资源。

21 世纪的积极社会科学将会带来一种有用的副作用，即有可能可以预防严重的心理疾病；人类优势的存在最有可能缓冲和对抗心理疾病：勇气、乐观、人际技能、工作道德、希望、责任、未来取向、诚实和毅力等等，不一而足。然而，积极心理学的直接效应在于，对公民美德实践以及对生活中至善追求的科学理解。

参考文献

Abramson, L. Y., Alloy, L., Hankin, B., Clements, C., Zhu, L., Hogan, M., et al. (2000). Optimistic cognitive style and invulnerability to depression. In J. Gillham (Ed.), *The science of optimism and hope* (pp. 75–98). Philadelphia, PA: Templeton Foundation Press.

Abramson, L. Y., Seligman, M. E. P., & Teasdale, J. D. (1978). Learned helplessness in humans: Critique and reformulation. *Journal of Abnormal Psychology, 87,* 49–74.

Abuhamdeh, S. (2000). *The autotelic personality: An exploratory investigation.* Unpublished manuscript, University of Chicago.

Acker, M., & Davis, M. H. (1992). Intimacy, passion and commitment in adult romantic relationships: A test of the triangular theory of love. *Journal of Social and Personal Relationships, 9,* 21–50.

Adlai-Gail, W. (1994). *Exploring the autotelic personality.* Unpublished doctoral dissertation, University of Chicago.

Adolphs, R., Damasio, H., Tranel, D., Cooper, G., & Damasio, A. R. (2000). A role for somatosensory cortices in the visual recognition of emotion as revealed by three-dimensional lesion mapping. *Journal of Neuroscience, 20,* 2683–2690.

Affleck, G., & Tennen, H. (1996). Construing benefit from adversity: Adaptational significance and dispositional underpinnings. *Journal of Personality, 64,* 899–922.

Ahuvia, A. (2001). Well-being in cultures of choice: A cross-cultural perspective. *American Psychologist, 56,* 77–78.

Ainsworth, M. D. S. (1979). Infant-mother attachment. *American Psychologist, 34,* 932–937.

Ainsworth, M. D. S., Bell, S. M., & Stayton, D. J. (1992). Infant-mother attachment and social development: "Socialization" as a product of reciprocal responsiveness to signals. In M. Woodhead, R. Carr, & P. Light (Eds.), *Becoming a person* (pp. 30–55). London: Routledge.

Ajzen, I. (1988). *Attitudes, personality, and behavior.* Chicago: Dorsey.

Albee, G. W., & Gullotta, T. P. (Eds.). (1997). *Primary prevention works.* Thousand Oaks, CA: Sage.

Albom, M. (2002). *Tuesdays with Morrie: An old man, a young man, and life's greatest lesson.* New York: Broadway.

Allport, G. W. (1960). *Personality and social encounter.* Boston: Beacon Press.

Allport, G. W. (1961). *Pattern and growth in personality.* New York: Holt, Rinehart & Winston.

Alvy, K. T. (1988). Parenting programs for black parents. In L. A. Bond & B. M. Wagner (Eds.), *Families in transition: Primary prevention programs that work* (pp. 135–169). Newbury Park, CA: Sage.

American Psychiatric Association. (1952). *Diagnostic and statistical manual of mental disorders.* Washington, DC: Author.

American Psychiatric Association. (1994). *Diagnostic and statistical manual of mental disorders* (4th ed.). Washington, DC: Author.

American Psychiatric Association. (2000). *Diagnostic and statistical manual of mental disorders* (Text revision). Washington, DC: Author.

American Psychological Association. (2003). Guidelines on multicultural education, training, research, practice, and organizational change for psychologists. *American Psychologist, 58,* 377–402.

Amick, B. C., III, McDonough, P., Chang, H., Rogers, W. H., Duncan, G., & Pieper, C. (2002). The relationship between all-cause mortality and cumulative working life course psychological and physical exposures in the United States labor market from 1968–1992. *Psychosomatic Medicine, 64,* 370–381.

Anderson, E. (2005). Strengths-based educating. *Educational Horizons, 83,* 80–89.

Antonovsky, A. (1987). *Unraveling the mystery of health: How people manage stress and stay well.* San Francisco: Jossey-Bass.

Antonovsky, A., & Sagy, S. (1986). The development of a sense of coherence and its impact on responses to stress situations. *Journal of Social Psychology, 126,* 213–225.

Aquinas, T. (1948). *Introduction to St. Thomas Aquinas: The Summa Theologica, The Summa Contra Gentiles* (A. Pegis, Ed.). New York: Random House. (Original work published 1273)

Aquinas, T. (1981). *Summa theologica.* Westminster, MD: Christian Classics. (Original work published 1273)

Ardelt, M. (1997). Wisdom and life satisfaction in old age. *Journals of Gerontology: Psychological Sciences and Social Sciences, 52,* 15–27.

Ardelt, M. (2000). Antecedents and effects of wisdom in old age: A longitudinal perspective on aging well. *Research on Aging, 22,* 350–394.

Argyle, M. (1987). *The psychology of happiness.* London: Methuen.

Argyle, M. (2001). *The psychology of happiness* (2nd ed.). London: Routledge.

Aristotle. (1962). *Nichomachean ethics* (M. Ostwald, Trans.). Indianapolis, IN: Bobbs-Merrill.

Aron, A., & Aron, E. N. (1986). *Love and the expansion of self: Understanding attraction and satisfaction.* New York: Hemisphere.

Aron, A., Aron, E. N., & Smollan, D. (1992). Inclusion of other in the self scale and the structure of interpersonal closeness. *Journal of Personality and Social Psychology, 63,* 596–612.

Aron, A., Norman, C. C., Aron, E. N., McKenna, C., & Heyman, R. E. (2000). Couples' shared participation in novel and arousing activities and experienced relationship quality. *Journal of Personality and Social Psychology, 78,* 273–284.

Aron, A., Paris, M., & Aron, E. N. (1995). Falling in love: Prospective studies of self-concept change. *Journal of Personality and Social Psychology, 69,* 1102–1112.

Aron, E. N., & Aron, A. (1996). Love and expansion of the self: The state of the model. *Personal Relationships, 3,* 45–58.

Aronson, E. (2000). *Nobody left to hate: Teaching compassion after Columbine.* New York: Freeman.

Aronson, E. (2003). *The social animal* (9th edition). New York: Worth.

Aronson, E., Blaney, N., Stephin, C., Sikes, J., & Snapp, M. (1978). *The jigsaw classroom.* Beverly Hills, CA: Sage.

Aronson, E., & Patnoe, S. (1997). *The jigsaw classroom: Building cooperation in the classroom* (2nd ed.). New York: Addison Wesley Longman.

Ashby, F. G., Isen, A. M., & Turken, A. U. (1999). A neuropsychological theory of positive affect and its influence on cognition. *Psychological Review, 106,* 529–550.

Aspinwall, L. G., & Staudinger, U. M. (Eds.). (2002). *A psychology of human strengths: Fundamental questions and future directions for a positive psychology.* Washington, DC: American Psychological Association.

Aspinwall, L. G., & Taylor, S. E. (1992). Modeling cognitive adaptation: A longitudinal investigation of the impact of individual differences and coping on college adjustment and performance. *Journal of Personality and Social Psychology, 61,* 755–765.

Assmann, A. (Ed.). (1994). *Wisdom: Archeology of communication.* Munich, Germany: Fink Verlag.

Astin, J. A. (1997). Stress reduction through mindfulness meditation: Effects on psychological symptomatology, sense of control, and spiritual experiences. *Psychotherapy & Psychosomatics, 66,* 97–106.

Austenfeld, J. L., & Stanton, A. L. (2004). Coping through emotional approach: A new look at emotion, coping, and health-related outcomes. *Journal of Personality, 72,* 1335–1363.

Averill, J. (1990). Inner feelings, works of the flesh, the beast within, diseases of the mind, driving force, and putting on a show: Six metaphors of emotion and their theoretical extensions. In D. E. Leary (Ed.), *Metaphors in the history of psychology* (pp. 104–132). New York: Cambridge University Press.

Averill, J. R., Catlin, G., & Chon, K. K. (1990). *Rules of hope.* New York: Springer-Verlag.

Avolio, B., Luthans, F., & Walumbwa, F. O. (2004). Authentic leadership: Theory-building for veritable sustained performance (Working paper). Gallup Leadership Institute, University of Nebraska, Lincoln.

Babyak, M., Snyder, C. R., & Yoshinobu, L. (1993). Psychometric properties of the Hope Scale: A confirmatory factor analysis. *Journal of Research in Personality, 27,* 154–169.

Bacon, F. (2005). *The advancement of learning.* Boston: Elibron Class. (Original work published 1604)

Bacon, S. F. (2005). Positive psychology's two cultures. *Review of General Psychology, 9,* 181–192.

Baltazar-Schwartz, F. *Attitude is everything.* Retrieved January 16, 2005, from http://pr.erau.edu/~madler/atttitude.html

Baltes, M. M., & Carstensen, L. L. (1996). The process of successful aging. *Aging in Society, 16,* 397–422.

Baltes, P. B. (1993). The aging mind: Potential and limits. *The Gerontologist, 33,* 580–594.

Baltes, P. B., Glueck, J., & Kunzmann, U. (2002). Wisdom: Its structure and function in regulating successful life-span development. In C. R. Snyder &

S. J. Lopez (Eds.), *The handbook of positive psychology* (pp. 327–347). New York: Oxford University Press.

Baltes, P. B., & Smith, J. (1990). The psychology of wisdom and its ontogenesis. In R. J. Sternberg (Ed.), *Wisdom: Its nature, origins, and development* (pp. 87–120). New York: Cambridge University Press.

Baltes, P. B., & Staudinger, U. (1993). The search for a psychology of wisdom. *Current Directions in Psychological Science, 2,* 75–80.

Baltes, P. B., & Staudinger, U. (2000). Wisdom: A metaheuristic (pragmatic) to orchestrate mind and virtue toward excellence. *American Psychologist, 55,* 122–136.

Bandura, A. (1977). Self-efficacy: Toward a unifying theory of behavior change. *Psychological Review, 84,* 191–215.

Bandura, A. (1982). Self-efficacy mechanism in human agency. *American Psychologist, 37,* 122–147.

Bandura, A. (1986). *Social foundations of thought and action.* New York: Prentice Hall.

Bandura, A. (1989a). Human agency in social cognitive theory. *American Psychologist, 44,* 1175–1184.

Bandura, A. (1989b). Regulation of cognitive processes through perceived self-efficacy. *Developmental Psychology, 25,* 729–735.

Bandura, A. (1991). Self-efficacy mechanism in physiological activation and health-promoting behavior. In J. Madden IV (Ed.), *Neurobiology of learning, emotion and affect* (pp. 229–270). New York: Raven.

Bandura, A. (1993). Perceived self-efficacy in cognitive development and functioning. *Educational Psychologist, 28,* 117–148.

Bandura, A. (1995). *Manual for the construction of self-efficacy scales.* Available from Albert Bandura, Department of Psychology, Stanford University, Stanford, CA 94305–2130.

Bandura, A. (1997). *Self-efficacy: The exercise of control.* New York: Freeman.

Bandura, A. (2000). Social cognitive theory in context. *Journal of Applied Psychology: An International Review, 51,* 269–290.

Bandura, A., Adams, N. E., & Beyer, J. (1977). Cognitive processes mediating behavioral change. *Journal of Personality and Social Psychology, 35,* 125–139.

Bandura, A., Barbaranelli, C., Vittorio Caprara, G., & Pastorelli, C. (2001). Self-efficacy beliefs as shapers of children's aspirations and career trajectories. *Child Development, 72,* 187–206.

Bandura, A., Taylor, C. B., Williams, S. L., Mefford, I. N., & Barchas, J. D. (1985). Catecholamine secretion as a function of perceived coping self-efficacy. *Journal of Consulting and Clinical Psychology, 53,* 406–414.

Banerjee, T. & Banerjee, G. (1995). Determinants of help-seeking behavior in cases of epilepsy attending a teaching hospital in India: An indigenous explanatory model. *International Journal of Social Psychiatry, 41,* 217–230.

Barber, B. R., & Battistoni, R. M. (1993). *Education for democracy: A sourcebook for students and teachers.* Dubuque, IA: Kendall/Hunt.

Bargh, J., & Chartrand, T. (1999). The unbearable automaticity of being. *American Psychologist, 54,* 462–479.

Barker, S. L., Funk, S. C., & Houston, B. K. (1988). Psychological treatment versus nonspecific factors: A meta-analysis of conditions that engender comparable expectations of improvement. *Clinical Psychology Review, 8,* 579–594.

Bar-On, R. (1997). *Bar-On Emotional Quotient Inventory: A measure of emotional intelligence.* Toronto, Ontario: Multi-Health Systems.

Bar-On, R. (2000). Emotional and social intelligence: Insights from the Emotional Quotient Inventory. In R. Bar-On & J. D. A. Parker (Eds.), *The handbook of emotional intelligence* (pp. 363–388). San Francisco: Jossey-Bass.

Barone, D., Maddux, J., & Snyder, C. R. (1997). The social cognitive construction of difference and disorder. In D. Barone, J. Maddux, & C. R. Snyder (Eds.), *Social cognitive psychology: History and current domains* (pp. 397–428). New York: Plenum.

Barone, D., Maddux, J. E., & Snyder, C. R. (1997). *Social cognitive psychology: History and current domains.* New York: Plenum.

Bartholomew, K., & Horowitz, L. M. (1991). Attachment styles among young adults: A test of a four-category model. *Journal of Personality and Social Psychology, 61,* 226–244.

Barusch, A. S. (1999). Religion, adversity, and age: Religious experiences of low-income elderly women. *Journal of Sociology and Social Welfare, 26,* 125–142.

Batson, C. D. (1991). *The altruism question: Toward a social-psychological answer.* Hillsdale, NJ: Lawrence Erlbaum.

Batson, C. D., Ahmad, N., Lishner, D. A., & Tsang, J. (2002). Empathy and altruism. In C. R. Snyder & S. J. Lopez (Eds.). *The handbook of positive psychology* (pp. 485–498). New York: Oxford University Press.

Batson, C. D., Polycarpou, M. P., Harmon-Jones, E., Imhoff, H. J., Mitchener, E. C., Bednar, L. L., et al. (1997). Empathy and attitudes: Can feeling for a member of a stigmatized group improve feelings toward the group? *Journal of Personality and Social Psychology, 72,* 105–118.

Battista, J., & Almond, R. (1973). The development of meaning in life. *Psychiatry, 36,* 409–427.

Baumeister, R. F. (2005). *The cultural animal: Human nature, meaning, and social life.* New York: Oxford University Press.

Baumeister, R. F., Bratslavsky, E., Finkenhaur, C., & Vohs, K. D. (2001). Bad is stronger than good. *Review of General Psychology, 5,* 323–370.

Baumeister, R. F., Faber, J. E., & Wallace, H. M. (1999). Coping and ego depletion. In C. R. Snyder (Ed.), *Coping: The psychology of what works* (pp. 50–69). New York: Oxford University Press.

Baumeister, R. F., & Leary, M. R. (1995). The need to belong: Desire for interpersonal attachment as a fundamental human motivation. *Psychological Bulletin, 117,* 497–529.

Baumeister, R. F., & Vohs, K. D. (2002). The pursuit of meaningfulness in life. In C. R. Snyder & S. J. Lopez (Eds.), *The handbook of positive psychology* (pp. 608–618). New York: Oxford University Press.

Baumgarten, M., Thomas, D., Poulin de Courval, L., & Infante-Rivard, C. (1988). Evaluation of a mutual help network for the elderly residents of planned housing. *Psychology and Aging, 3,* 393–398.

Bechara, A., Tranel, D., Damasio, H., & Damasio, A. R. (1996). Failure to respond autonomically to anticipated future outcomes following damage to prefrontal cortex. *Cerebral Cortex, 6,* 215–225.

Becker, H. S. (1963). *Outsiders.* New York: Free Press.

Becker, J. A., & Smenner, P. C. (1986). The spontaneous use of *thank you* by preschoolers as a function of sex, socioeconomic status, and listener status. *Language in Society, 15,* 537–546.

Bellah, R. N., Madsen, R., Sullivan, W. M., Swidler, A., & Tipton, S. M. (1985). *Habits of the heart: Individualism and commitment in American life.* Berkeley: University of California Press.

Bellah, R. N., Madsen, R., Sullivan, W. M., Swidler, A., & Tipton, S. M. (1988). *Individualism and commitment in American life: Readings on the themes of habits of the heart.* New York: Harper & Row.

Belsky, J., & Nezworski, T. (Eds.). (1988). *Clinical implications of attachment.* Hillsdale, NJ: Lawrence Erlbaum.

Benne, K. D. (1964). History of T-group in the laboratory setting. In L. P. Bradford, J. R. Gibb, & K. D. Benne (Eds.), *T-group and laboratory method: Innovation in re-education* (pp. 80–135). New York: Wiley.

Benson, H., & Proctor, W. (1984). *Beyond the relaxation response.* New York: Putnam/Berkley.

Benson, P. L. (1992). Religion and substance use. In J. F. Schumaker (Ed.), *Religion and mental health* (pp. 211–220). New York: Oxford University Press.

Benson, P. L., Leffert, N., Scales, P. C., & Blyth, D. A. (1998). Creating healthy communities for children and adolescents. *Applied Developmental Science, 2,* 138–159.

Benson, P. L., & Saito, R. N. (2000). The scientific foundations of youth development. In N. Jaffe (Ed.), *Youth development: Issues, challenges, and directions* (pp. 125–147). Philadelphia: Public/Private Ventures.

Berg, I. K., & de Shazer, S. (1992). Making numbers talk: Language in therapy. In S. Friedman (Ed.), *The new language of change: Constructive collaboration in psychotherapy* (pp. 5–24). New York: Guilford Press.

Bernstein, D. M., & Simmons, R. G. (1974). The adolescent kidney donor: The right to give. *American Journal of Psychiatry, 131,* 1338–1343.

Berscheid, E., & Reis, H. T. (1998). Attraction and close relationships. In D. T. Gilbert, S. T. Fiske, & G. Lindsey (Eds.), *The handbook of social psychology* (4th ed., Vol. 2, pp. 193–281). New York: McGraw-Hill.

Berscheid, E., & Walster, E. (1978). *Interpersonal attraction* (2nd ed.). Reading, MA: Addison Wesley.

Bess, K. D., Fisher, A. T., Sonn, C. C., & Bishop, B. J. (2002). Psychological sense of community. In A. T Fisher, C. C. Sonn, & B. J. Bishop (Eds.), *Psychological sense of community: Research, applications, and implications* (pp. 3–22). New York: Kluwer Academic/Plenum Publishers.

Betz, N. E., Klein, K., & Taylor, K. M. (1996). Evaluation of a short form of the Career Decision-Making Self-Efficacy Scale. *Journal of Career Assessment, 4,* 47–57.

Betz, N. E., & Klein Voyten, K. (1997). Efficacy and outcome expectations influence career exploration and decidedness. *Career Development Quarterly, 46,* 179–189.

Betz, N. E., & Luzzo, D. A. (1996). Career assessment and the Career Decision-Making Self-Efficacy scale. *Journal of Career Assessment, 4,* 413–428.

Betz, N. E., & Taylor, K. M. (2000). *Manual for the Career Decision-Making Self-Efficacy Scale and CDMSE-Short Form.* Unpublished document, Ohio State University, Columbus.

Biddle, S. J. H., Fox, K. R., & Boutcher, S. H. (Eds.). (2000). *Physical activity and psychological well-being.* London: Routledge.

Bierman, K. L. (1997). Implementing a comprehensive program for the prevention of conduct problems in rural communities: The Fast Track experience. *American Journal of Community Psychology, 25*, 493–514.

Binet, A., & Simon, T. (1916). *The development of intelligence in children* (E. S. Kit, Trans.). Baltimore: Williams & Williams.

Bishop, S. R. (2002). What do we really know about mindfulness-based stress reduction? *Psychomatic Medicine, 64*, 71–84.

Bishop, S. R., Lau, M., Shapiro, S., Carlson, L., Anderson, N. D., Carmody, J., et al. (2004). Mindfulness: A proposed operational definition. *Clinical Psychology: Science and Practice, 11*, 230–241.

Biswas-Diener, R., & Diener, E. (in press). Cross-cultural study of strengths. *Journal of Happiness Studies.*

Bjornesen, C. A. (2000). Undergraduate student perceptions of the impact of faculty activities in education. *Teaching of Psychology, 27*, 205–208.

Black, B. (2001). The road to recovery. *Gallup Management Journal, 1*, 10–12.

Blazer, D. (1994). Epidemiology of late-life depression. In L. Schneider, C. F. Reynolds, B. Lebowitz, & A. Friedhoff (Eds.), *Diagnosis and treatment of depression in late life* (pp. 9–19). Washington, DC: American Psychiatric Association.

Bloch, E. (1986). *The principle of hope.* (N. Plaice, S. Plaice, & P. Knight, Trans.). Cambridge: MIT Press (Vol. 1). (Original work published 1959)

Blum, D. (n.d.). Finding strength: How to overcome anything. *Psychology Today,* Retrieved August 30, 2004, from http://www.psychologytoday.com/articles/pto-19980501-000024.html

Blustein, D. L. (1989). The role of goal instability and career self-efficacy in the career exploration process. *Journal of Vocational Behavior, 35*, 194–203.

Boniwell, I., & Zimbardo, P. G. (2004). Balancing one's time perspective in pursuit of optimal functioning. In P. A. Linley & S. Joseph (Eds.), *Positive psychology in practice* (pp. 165–180). Hoboken, NJ: Wiley.

Bono, G., Emmons, R. A., & McCullough, M. E. (2004). Gratitude in practice and the practice of gratitude. In P. A. Linley & S. Joseph (Eds.), *Positive psychology in practice* (pp. 464–481). Hoboken, NJ: Wiley.

Botvin, G. J., & Toru, S. (1988). Preventing adolescent substance abuse through life skills training. In R. H. Price, E. L. Cowen, R. P. Lorion, & J. Ramos-McKay (Eds.), *Fourteen ounces of prevention: A casebook for practitioners* (pp. 98–110). Washington, DC: American Psychological Association.

Bowlby, J. (1969). *Attachment and loss. Vol. I: Attachment.* London: Tavistock.

Bowlby, J. (1982). Attachment and loss: Retrospect and prospect. *American Journal of Orthopsychiatry, 52*, 664–678.

Bowlby, J. (1988). *A secure base: Parent-child attachment and healthy human development.* New York: Basic Books.

Bradburn, N. M. (1969). *The structure of psychological well-being.* Chicago: Aldine.

Brennan, K. A., Clark, C. L, & Shaver, P. R. (1998). Self-report measures of adult attachment: An integrative overview. In J. A. Simpson & W. S. Rholes (Eds.) *Attachment theory and close relationships* (pp. 46–76). New York: Guilford Press.

Bretherton, I., & Waters, E. (Eds.). (1985). Growing points of attachment theory and research. *Monograph of the Society for Research in Child Development, 50*(209).

Brewer, C. L. (2002). Reflections on an academic career: From which side of the looking glass? In S. F. Davis & W. Buskist (Eds.), *The teaching of psychology: Essays in honor of Wilbert J. McKeachie and Charles L. Brewer* (pp. 499–507). Mahwah, NJ: Lawrence Erlbaum.

Brewer, M. B. (1991). The social self: On being the same and different at the same time. *Personality and Social Psychology Bulletin, 17,* 475–482.

Brewer, M. B., & Weber, J. G. (1994). Self-evaluation effects of interpersonal versus intergroup social comparison. *Journal of Personality and Social Psychology, 36,* 917–927.

Breznitz, S. (1986). The effect of hope on coping with stress. In M. H. Appley & P. Trumbull (Eds.), *Dynamics of stress: Physiological, psychological, and social perspectives* (pp. 295–307). New York: Plenum.

Brogan, D. W. (1960). *France (Life world library).* New York: Time Life Books.

Bronowski, J. (1973). *The ascent of man.* Boston: Little, Brown.

Brown, D. E. (1991). *Human universals.* Philadelphia: Temple University Press.

Brown, K. J., & Roberts, M. C. (2000). *An evaluation of the Alvin Ailey Dance Camp, Kansas City Missouri.* Unpublished manuscript, University of Kansas, Lawrence.

Brown, K. W., & Ryan, R. M. (2003). The benefits of being present: Mindfulness and its role in psychological well-being. *Journal of Personality and Social Psychology, 84,* 822–848.

Bruhn, J. G. (1996). Creating an organizational climate for multiculturalism. *Health Care Supervisor, 14,* 11–18.

Bryant, F. B. (1989). A four-factor model of perceived control: Avoiding, coping, obtaining, and savoring. *Journal of Personality, 57,* 773–797.

Bryant, F. B. (2004 May). *Capturing the joy of the moment: Savoring as a process in positive psychology.* Invited address at the meeting of the Midwestern Psychological Association, Chicago.

Bryant, F. B. (2005 February). *Pleasure—Happiness in the present.* Invited international Internet lecture, Authentic Happiness Coaching (www.authentic-happinesscoaching.com), Bethesda, MD.

Bryant, F. B., & Veroff, J. (1982). The structure of psychological well-being: A sociohistorical analysis. *Journal of Personality and Social Psychology, 43,* 653–673.

Bryant, F. B., & Veroff, J. (2006). *The process of savoring: A new model of positive experience.* Mahwah, NJ: Lawrence Erlbaum.

Bryk, A. S., & Schneider, B. (2002). *Trust in schools: A core resource for improvement.* New York: Russell Sage.

Bryne, D. (1969). Attitudes and attraction. In L. Berkowitz (Ed.), *Advances in experimental social psychology* (Vol. 4, pp. 36–86). New York: Academic Press.

Bryne, D. (1971). *The attraction paradigm.* New York: Academic Press.

Bryne, D., & Clore, G. (1970). A reinforcement model of evaluative responses. *Journal of Personality, 1,* 103–108.

Buckingham, M., & Clifton, D. O. (2001). *Now, discover your strengths.* New York: Free Press.

Buckingham, M., & Coffman, C. (1999). *First, break all the rules: What the world's greatest managers do differently.* New York: Simon & Schuster.

Bunce, S. C., Larsen, R. J., & Peterson, C. (1995). Life after trauma: Personality and daily life experiences of traumatized people. *Journal of Personality, 63,* 165–188.

Burchell, S. (1966). *Age of progress.* New York: Time Life Books.

Burger, J. M., & Cooper, H. M. (1979). The desirability of control. *Motivation and Emotion, 3,* 381–393.

Buskist, W., Benson, T., & Sikorski, J. F. (2005). The call to teach. *Journal of Social and Clinical Psychology, 24,* 110–121.

Buss, D. (2000). The evolution of happiness. *American Psychologist, 55,* 15–23.

Butler, R. (1974). Successful aging and the role of life review. *Journal of the American Geriatric Society, 22,* 529–535.

Campbell, R. L., & Christopher, J. C. (1996a). Moral development theory: A critique of its Kantian presuppositions. *Developmental Review, 16,* 1–47.

Campbell, R. L., & Christopher, J. C. (1996b). Beyond formalism and altruism: The prospects for moral personality. *Developmental Review, 16,* 108–123.

Campbell, R. L., Christopher, J. C., & Bickhard, M. H. (2002). Self and values: An interactivist foundation for moral development. *Theory & Psychology, 12,* 795–822.

Carpenter, B. N., & Steffen, P. R. (2004). Stress. In L. Haas (Ed.), *Handbook of primary care psychology* (pp. 563–578). New York: Oxford University Press.

Carr, A. (2000a). *Family therapy: Concepts, process, and practice.* Chichester, England: Wiley.

Carr, A. (2000b). Evidence based practice in counseling and psychotherapy. In A. Carr (Ed.), *Clinical psychology in Ireland: Volume 2. Empirical studies of problems and treatment processes in adults* (pp. 1–52). Ceredigion, UK: Edwin Mellen Press.

Carr, A. (2004). *Positive psychology: The science of happiness and human strengths.* New York: Brunner-Routledge.

Carrere, S., & Gottman, J. (1999). Predicting divorce among newlyweds from the first three minutes of a marital conflict discussion. *Family Process, 38,* 293–301.

Carrington, P. (1998). *The book of meditation.* Boston: Element Books.

Carstensen, L. (1998). A life-span approach to social motivation. In J. Heckhausen & C. S. Dweck (Eds.), *Motivation and self-regulation across the lifespan* (pp. 341–364). Cambridge, England: Cambridge University Press.

Carstensen, L. L., & Charles, S. T. (1998). Emotion in the second half of life. *Current Directions in Psychological Science, 7,* 144–149.

Carstensen, L. L, Pasupathi, M., Mayr, U., & Nesselroade, J. R. (2000). Emotional experience in everyday life across the adult life span. *Journal of Personality and Social Psychology, 79,* 644–655.

Carter, R. (1977, November 29). Mentally ill still carry stigma. [*New York Times* feature]. *Lawrence Journal-World,* p. D4.

Carter, R. T. (1991). Cultural values: A review of empirical research and implications for counseling. *Journal of Counseling & Development, 70,* 164–173.

Carver, C. S., Pozo, C., Harris, S. D., Noriega, V., Scheier, M. F., Robinson, D. S., et al. (1993). How coping mediates the effect of optimism on distress: A study of women with early stage breast cancer. *Journal of Personality and Social Psychology, 65,* 375–390.

Carver, C. S., & Scheier, M. F. (1993). Vigilant and avoidant coping in two patient samples. In H. W. Krohne (Ed.), *Attention and avoidance: Strategies in coping with aversiveness* (pp. 295–320). Seattle, WA: Hogrefe & Huber.

Carver, C. S., & Scheier, M. F. (1994). Situational coping and coping dispositions in a stressful transaction. *Journal of Personality and Social Psychology, 66,* 184–195.

Carver, C. S., & Scheier, M. F. (1998). *On the self-regulation of behavior.* New York: Cambridge University Press.

Carver, C. S., & Scheier, M. F. (1999). Optimism. In C. R. Snyder (Ed.), *Coping: The psychology of what works* (pp. 182–204). New York: Oxford University Press.

Carver, C. S., & Scheier, M. F. (2002). Optimism. In C. R. Snyder & S. J. Lopez (Eds.), *The handbook of positive psychology* (pp. 231–243). New York: Oxford University Press.

Carver, C. S., Scheier, M. F., & Weintraub, J. K. (1989). Assessing coping strategies: A theoretically based approach. *Journal of Personality and Social Psychology, 56,* 267–283.

Casey, R. J., & Berman, J. S. (1985). The outcome of psychotherapy with children. *Psychological Bulletin, 98,* 388–400.

Cassell, E. J. (2002). Compassion. In C. R. Snyder & S. J. Lopez (Eds.). *The handbook of positive psychology* (pp. 434–445). New York: Oxford University Press.

Catalano, R. F., Berglund, M. L., Ryan, J. A. M., Lonczak, H. S., & Hawkins, J. D. (1998). *Positive youth development in the United States: Research findings on evaluations of positive youth development programs.* Retrieved July 5, 1999, from http://aspe.hhs.gov/hsp/PositiveYouthDev99/

Ceci, S. J., & Papierno, P. B. (2005). The rhetoric and reality of gap closing: When the "have-nots" gain but the "haves" gain even more. *American Psychologist, 60,* 149–160.

Cederblad, M., Dahlin, L., Hagnell, O., & Hansson, K. (1995). Intelligence and temperament as protective factors for mental health: A cross-sectional and prospective epidemiological study. *European Archives of Psychiatry and Clinical Neuroscience, 245,* 11–19.

Cerezo, M. A., & Frias, D. (1994). Emotional and cognitive adjustment in abused children. *Child Abuse and Neglect, 18,* 923–932.

Chambless, D. L., Baker, M., Baucom, D. H., Beutler, L. E., Calhoun, K. S., Crits-Christoph, P., et al. (1998). Update: On empirically validated therapies, II. *Clinical Psychology, 51,* 3–16.

Chambless, D. L., & Hollon, S. D. (1998). Defining empirically supported therapies. *Journal of Consulting and Clinical Psychology, 66,* 7–18.

Chambless, D. L., Sanderson, W. C., Shoham, V., Bennett Johnson, S., Pope, K. S., Crits-Christoph, P., et al. (1996). An update on empirically validated therapies. *Clinical Psychology, 49,* 5–18.

Chan, D. K. (1994). COLINDEX: A refinement of three collectivism measures. In U. Kim, H. C. Triandis, C. Kagitcibasi, S. Choi, & G. Yoon (Eds.), *Individualism and collectivism: Theory, method, and applications* (pp. 200–210). Thousand Oaks, CA: Sage.

Chandler, C. R. (1979). Traditionalism in a modern setting: A comparison of Anglo and Mexican-American value orientations. *Human Organization, 38,* 153–159.

Chang, E. C. (1996a). Cultural differences in optimism, pessimism, and coping. Predictors of subsequent adjustment in Asian American and Caucasian American college students. *Journal of Counseling Psychology, 43,* 113–123.

Chang, E. C. (1996b). Evidence for the cultural specificity of pessimism in Asians vs. Caucasians: A test of the negativity hypothesis. *Personality and Individual Differences, 21*, 819–822.

Chang, E. C. (2001a). A look at the coping strategies and styles of Asian Americans: Similar and different? In C. R. Snyder (Ed.), *Coping with stress: Effective people and processes* (pp. 222–239). New York: Oxford University Press.

Chang, E. C. (2001b). Cultural influences on optimism and pessimism: Differences in Western and Eastern construals of the self. In E. C. Chang (Ed.), *Optimism & pessimism: Implications for theory, research, and practice* (pp. 257–280). Washington, DC: American Psychological Association.

Chang, E. C., Maydeu-Olivares, A., & D'Zurilla, T. J. (1997). Optimism and pessimism as partially independent constructs: Relationship to positive and negative affectivity and psychological well-being. *Personality and Individual Differences, 23*(3), 433–440.

Charles, S. T., Mather, M., & Carstensen, L. L. (2003). Aging and emotional memory: The forgettable nature of negative images for older adults. *Journal of Experimental Psychology: General, 132*, 310–324.

Cheavens, J., Feldman, D., Woodward, J. T., & Snyder, C. R. (In press). Hope in cognitive therapies: Working with client strengths. *Journal of Cognitive Psychotherapy: An International Quarterly.*

Cheavens, J. S., Feldman, D. B., Gum, A., Michael, S. T., & Snyder, C. R. (In press). Hope therapy in a community sample: A pilot investigation. *Social Indicators Research.*

Cheavens, J., Michael, S. T., Gum, A., Feldman, D., Woodward, J. T., & Snyder, C. R. (2001). *A group-based intervention for depressed adults.* Unpublished manuscript, University of Kansas, Lawrence.

Chen, G., Gully, S. M., & Eden, D. (2001). Validation of a new general self-efficacy scale. *Organizational Research Methods, 4*, 62–83.

Chency, D., Seyforth, R., & Smuts, B. (1986). Social relationships and social cognition in non-human primates. *Science, 234*, 1361–1366.

Cheng, D. H. (2000). *On Lao Tzu.* Belmont, CA: Wadsworth.

Chickering, A. W. (1969). *Education and identity.* San Francisco: Jossey-Bass.

Chickering, A. W., & Reisser, L. (1993). *Education and identity.* San Francisco: Jossey-Bass.

Cho, W., & Cross, S. E. (1995). Taiwanese love styles and their association with self-esteem and relationship quality. *Genetic, Social, & General Psychology Monographs, 121*, 283–309.

Christensen, A. J., & Smith, T. W. (1998). Cynical hostility and cardiovascular reactivity during self-disclosure. *Psychosomatic Medicine, 55*, 193–202.

Christensen, A. L., & Rosenberg, N. K. (1991). A critique of the role of psychotherapy in brain injury rehabilitation. *Journal of Head Trauma Rehabilitation, 6*, 56–61.

Christopher, J. C. (1999). Situating psychological well-being: Exploring the cultural roots of its theory and research. *Journal of Counseling & Development, 77*, 141–152.

Christopher, J. C. (2001). Culture and psychotherapy: Toward a hermeneutic approach. *Psychotherapy: Theory, Research, Practice, and Training, 38*, 115–128.

Christopher, J. C. (2003, October). *The good in positive psychology.* Paper presented at the International Positive Psychology Summit, Washington, DC.

Christopher, J. C. (2004). Moral visions of developmental psychology. In B. Slife, F. C. Richardson, & J. Reber (Eds.), *Critical thinking about psychology: Hidden assumptions and plausible alternatives.* Washington, DC: American Psychological Association.

Christopher, J. C. (2005). Situating positive psychology. *Naming and nurturing: The e-newsletter of the Positive Psychology Section of the American Psychological Association's Counseling Psychology Division 17, 2,* 3–4.

Christopher, J. C., Nelson, T., & Nelson, M. D. (2004). Culture and character education: Problems of interpretation in a multicultural society. *Journal of Theoretical and Philosophical Psychology, 23,* 81–101.

Cialdini, R. B. (2005). What's the best secret device for engaging student interest? The answer is in the title. *Journal of Social and Clinical Psychology, 24,* 22–29.

Cialdini, R. B., Baumann, D. J., & Kenrick, D. T. (1981). Insights from sadness: A three-step model of the development of altruism as hedonism. *Developmental Review, 1,* 207–223.

Cialdini, R. B., Schaller, M., Houlihan, D., Arps, K., Fultz, J., & Beaman, A. L. (1978). Empathy-based helping: Is it selflessly or selfishly motivated? *Journal of Personality and Social Psychology, 52,* 749–758.

Clark, D. A. (2004). Design considerations in prevention research. In D. J. A. Dozois & K. S. Dobson (Eds.), *The prevention of anxiety and depression* (pp. 73–98). Washington, DC: American Psychological Association.

Clarke, G. N., Hawkins, W., Murphy, M., Sheeber, L. B., Lewinsohn, P. M., & Seeley, M. S. (1995). Targeted prevention of unipolar depressive disorder in an at-risk sample of high school adolescents: A randomized trial of a group cognitive intervention. *Journal of the American Academy of Child and Adolescent Psychiatry, 34,* 312–321.

Clayton, V. (1975). Erikson's theory of human development as it applies to the aged: Wisdom as contradictory cognition. *Human Development, 18,* 119–128.

Clayton, V. (1976). *A multidimensional scaling analysis of the concept of wisdom.* Unpublished doctoral dissertation, University of Southern California, Los Angeles.

Clayton, V. (1982). Wisdom and intelligence: The nature and function of knowledge in later years. *International Journal of Aging and Human Development, 15,* 315–321.

Clayton, V., & Birren, J. E. (1980). The development of wisdom across the life span: A reexamination of an ancient topic. In P. B. Baltes & O. G. Brim (Eds.), *Life-span development and behavior* (Vol. 3, pp. 103–135). New York: Academic Press.

Cleary, T. (1992). Introduction. In T. Cleary (Trans.), *The essential Confucius* (pp. 1–11). New York: HarperCollins.

Clifton, D. O. (1997). *The self-reflection scale.* Princeton, NJ: Gallup Organization.

Clifton, D. O., & Anderson, E. (2002). *StrengthsQuest: Discover and develop your strengths in academics, career, and beyond.* Washington, DC: Gallup Organization.

Clifton, D. O., & Harter, J. K. (2003). Strengths investment. In K. S. Cameron, J. E. Dutton, & R. E. Quinn (Eds.), *Positive organizational scholarship* (pp. 111–121). San Francisco: Berrett-Koehler.

Clifton, D. O., & Nelson, P. (1992). *Soar with your strengths.* New York: Delacorte Press.

Coffman, S. (1996). Parents' struggles to rebuild family life after Hurricane Andrew. *Issues in Mental Health Nursing, 17,* 353–367.

Cohen, R. (1991). *Negotiating across cultures.* Washington, DC: United States Institute of Peace Press.

Coleman, J. S., Campbell, E. Q., Hobson, C. J., McPartland, J., Mood., A. M., Wienfeld, F. D., et al. (1966). *Equality of Educational Opportunity.* Washington, DC: U.S. Government Printing Office.

Collins, J. (2001). *Good to great.* New York: HarperCollins.

Compton, W., Smith, M., Cornish, K., & Qualls; D. (1996). Factor structure of mental health measures. *Journal of Personality and Social Psychology, 76,* 406–413.

Condorcet, Marquis de (1979). *Sketch for a historical picture of the progress of the human mind.* Westport, CT: Greenwood. (Original work published 1795)

Connelly, J. (2002). All together now. *Gallup Management Journal, 2,* 13–18.

Constantine, M., & Sue, D. W. (2006). Factors contributing to optimal human functioning of people of color in the United States. *The Counseling Psychologist, 34,* 228–244.

Constantine, M. G., Myers, L. J., Kindaichi, M., & Moore, J. L. (2004). Exploring indigenous methods of mental health treatment: The roles of healers and helpers in promoting psychological, physical, and spiritual well-being in people of color. *Counseling & Values, 28,* 110–125.

Contreras, R., Hendrick, S. S., & Hendrick, C. (1996). Perspectives on marital love and satisfaction in Mexican American and Anglo couples. *Journal of Counseling and Development, 74,* 408–415.

Costa, P. T., & McCrae, R. R. (1988). Personality in adulthood: A six-year longitudinal study of self-reports and spouse ratings on the NEO Personality Inventory. *Journal of Personality and Social Psychology, 54,* 853–863.

Cousins, N. (1991). *Head first: The biology of hope and the healing power of the human spirit.* New York: Penguin.

Cox, D., Hallam, R., O'Connor, K., & Rachman, S. (1983). An experimental analysis of fearlessness and courage. *British Journal of Psychology, 74,* 107–117.

Cox, T. (1994). *Cultural diversity in organizations: Theory, research, and practice.* San Francisco: Berrett-Koehler.

Crabtree, S. (2002). Talent 101: Self-discovery helps students adjust. *Gallup Management Journal, 2.*

Craig, G. C., & Baucum, D. (2002). *Human Development.* Upper Saddle River, NJ: Prentice Hall.

Crosby, F. J. (1991). *The unexpected advantages of balancing career and home for women and their families.* New York: Free Press.

Crumbaugh, J. C., & Maholick, L. T. (1964). An experimental study in existentialism: The psychometric approach to Frankl's concept of noogenic neurosis. *Journal of Clinical Psychology, 20,* 200–207.

Crumbaugh, J. C., & Maholick, L. T. (1981). *Manual of instructions for the Purpose in Life Test.* Murfreesboro, TN: Psychometric Affiliates.

Csikszentmihalyi, M. (1978). Attention and the holistic approach to behavior. In K. S. Pope & J. L. Singer (Eds.), *The stream of consciousness* (pp. 335–358). New York: Plenum.

Csikszentmihalyi, M. (1990). *Flow: The psychology of optimal experience.* New York: Harper & Row.

Csikszentmihalyi, M. (1996). *Creativity: Flow and the psychology of discovery and invention.* New York: HarperCollins.

Csikszentmihalyi, M. (1997). *Finding flow.* New York: Basic Books.

Csikszentmihalyi, M. (1975/2000). *Beyond boredom and anxiety.* San Francisco: Jossey-Bass.

Csikszentmihalyi, M., & Csikszentmihalyi, I. S. (Eds.). (1988). *Optimal experience: Psychological studies of flow in consciousness.* New York: Cambridge University Press.

Csikszentmihalyi, M., & Rathunde, K. (1990). The psychology of wisdom: An evolutionary interpretation. In R. J. Sternberg (Ed.), *Wisdom: Its nature, origins, and development* (pp. 25–51). New York: Cambridge University Press.

Csikszentmihalyi, M., Rathunde, K., & Whalen, S. (1993). *Talented teenagers.* Cambridge, England: Cambridge University Press.

Csikszentmihalyi, M., & Robinson, R. (1990). *The art of seeing.* Malibu, CA: J. Paul Getty Museum and the Getty Center for Education in the Arts.

Curbow, B., Somerfield, M. R., Baker, F., Wingard, J. R., & Legro, M. W. (1993). Personal changes, dispositional optimism, and psychological adjustment to bone marrow transplantation. *Journal of Behavioral Medicine, 16,* 423–443.

Curry, L. A., Snyder, C. R., Cook, D. L., Ruby, B. C., & Rehm, M. (1997). The role of hope in student-athlete academic and sport achievement. *Journal of Personality and Social Psychology, 73,* 1257–1267.

Curry, R. O., & Valois, K. E. (1991). The emergence of an individualist ethos in American society. In R. O. Curry & L. B. Goodheart (Eds.), *American chameleon: Individualism in trans-national context* (pp. 20–43). Kent, OH: Kent State University Press.

Cushman, P. (1990). Why the self is empty: Toward a historically situated psychology. *American Psychologist, 45,* 599–611.

Daab, W. Z. (1991, July). *Changing perspectives on individualism.* Paper presented at the International Society for Political Psychology. Finland: University of Helsinki.

Dahlsgaard, K., Peterson, C., & Seligman, M. E. P. (2005). Shared virtue: The convergences of valued human strengths. *Review of General Psychology, 9,* 203–213.

Damasio, A. (1994). *Descartes' error.* New York: Grosset/Putnam.

Damasio, A. R. (2002). A note on the neurobiology of emotions. In S. G. Post, L. G. Underwood, J. P. Schloss, & W. B. Hurlbut (Eds.), *Altruism and altruistic love: Science, philosophy, and religion in dialogue* (pp. 264–271). New York: Oxford University Press.

Damon, W. (2004). What is positive youth development? *The Annals of the American Academy of Political and Social Science, 591,* 13–24.

Danner, D. D., Snowdon, D. A., & Friesen, W. V. (2001). Positive emotions in early life and longevity: Findings from the nun study. *Journal of Personality and Social Psychology, 80,* 804–813.

Darley, J. M., & Latane, B. (1968). Bystander intervention in emergencies: Diffusion of responsibilities. *Journal of Personality and Social Psychology, 8,* 377–383.

Darling-Hammond, L., & Youngs, P. (2002). Highly qualified teachers: What does scientifically based research tell us? *Educational Researcher, 31*, 13–25.

Davidson, A. R., Jaccard, J. J., Triandis, H. C., Morales, M. L., & Diaz-Guerrero, R. (1976). Cross-cultural model testing: Toward a solution of the etic–emic dilemma. *International Journal of Psychology, 11*, 1–13.

Davies, N. (1996). *Europe: A history.* New York: Oxford University Press.

Davis, M. H., Luce, C., & Kraus, S. J. (1994). The heritability of characteristics associated with dispositional empathy. *Journal of Personality, 62*, 369–391.

Dawes, R. M. (1980). Social dilemmas. *Annual Review of Psychology, 31*, 169–193.

Day, S. X., & Rounds, J. (1998). Universality of vocational interest structure among racial and ethnic minorities. *American Psychologist, 53*, 728–736.

Delle Fave, A. (2001, December). *Flow and optimal experience.* Paper presented to Economic and Social Research Council Individual and Situational Determinants of Well-Being, Seminar 2: Work, employment, and well-being. Manchester, England: Manchester Metropolitan University.

Delle Fave, A., & Massimini, F. (1988). Modernization and the changing contexts of flow in work and leisure. In M. Csikszentmihalyi & I. Csikszentmihalyi (Eds.), *Optimal experience* (pp. 193–213). Cambridge, England: Cambridge University Press.

Delle Fave, A., & Massimini, F. (1992). The experience sampling method and the measurement of clinical change: A case of anxiety disorder. In M. deVries (Ed.), *The experience of psychopathology* (pp. 280–289). Cambridge, England: Cambridge University Press.

Depue, R. (1996). A neurobiological framework for the structure of personality and emotions: Implications for personality disorder. In J. Clarkin & M. Lenzenweger (Eds.), *Major theories of personality* (pp. 347–390). New York: Guilford Press.

DeShea, L., & Wahkinney, R. L. (2003, November). *Looking within: Self-forgiveness as a new research direction.* Paper presented at the International Campaign for Forgiveness Conference, Atlanta, GA.

de Tocqueville, A. (2003). *Democracy in America.* London: Penguin. (Original work published 1835)

DeWaal, F. B. M., & Pokorny, J. J. (2005). Primate conflict and its relations to human forgiveness. In E. L. Worthington (Ed.), *Handbook of forgiveness* (pp. 17–32). New York: Taylor & Francis.

Dickens, M. (1897). *My father as I recall him.* Westminster, England: Roxburghe Press.

DiClemente, C. C., Fairhurst, S. K., & Piotrowski, N. A. (1995). Self-efficacy and addictive behaviors. In J. E. Maddux (Ed.), *Self-efficacy, adaptation, and adjustment: Theory, research, and application* (pp. 109–142). New York: Plenum.

Diener, E. (1984). Subjective well-being. *Psychological Bulletin, 95*, 542–575.

Diener, E. (1995). The personality structure of affect. *Journal of Personality and Social Psychology, 69*, 130–141.

Diener, E. (2000). Subjective well-being: The science of happiness and a proposal for a national index. *American Psychologist, 55*, 34–43.

Diener, E., & Biswas-Diener, R. (2002). Will money increase subjective well-being? *Social Indicators Research, 57*, 119–169.

Diener, E., & Diener, M. (1995). Cross-cultural correlates of life satisfaction and self-esteem. *Journal of Personality and Social Psychology, 68*, 653–663.

Diener, E., Diener, M., & Diener, C. (1995). Factors predicting the well-being of nations. *Journal of Personality and Social Psychology, 69*, 653–663.

Diener, E., & Emmons, R. A. (1984). The independence of positive and negative affect. *Journal of Personality and Social Psychology, 47*, 1105–1117.

Diener, E., Emmons, R. A., Larsen, R. J., & Griffin, S. (1985). The Satisfaction With Life Scale. *Journal of Personality Assessment, 49*, 71–75.

Diener, E., & Larsen, R. J. (1984). Temporal stability and cross-situational consistency of affective, behavioral, and cognitive responses. *Journal of Personality and Social Psychology, 47*, 871–883.

Diener, E., & Lucas, R. (1999). Personality and subjective well-being. In D. Kahneman, E. Diener, & N. Schwartz, N. (Eds.). *Well-being: The foundations of hedonic psychology* (pp. 213–229). New York: Russell Sage.

Diener, E., Lucas, R. E., & Oishi, S. (2002). Subjective well-being: The science of happiness and life satisfaction. In C. R. Snyder & S. J. Lopez (Eds.), *The handbook of positive psychology* (pp. 63–74). New York: Oxford University Press.

Diener, E., & Seligman, M. E. P. (2003). Very happy people. *Psychological Science, 13*, 81–84.

Diener, E., Suh, E. M., Lucas, R. E., & Smith, H. (1999). Subjective well-being: Three decades of progress. *Psychological Bulletin, 125*, 276–302.

Dienstbier, R. A. (1989). Arousal and physiological toughness: Implication for mental and physical health. *Psychological Review, 96*, 84–100.

D'Imperio, R. L., Dubow, E. F., & Ippolito, M. F. (2000). Resilient and stress-affected adolescents in an urban setting. *Journal of Clinical Child Psychology, 29*, 129–142.

Dittmann, M. (2005). Building a mentally healthy work force. *Monitor, 36*, 36–37.

Doll, B., & Lyon, M. A. (1998). Risk and resilience: Implications for the delivery of educational and mental health services in schools. *School Psychology Review, 27*, 348–363.

Donnay, D. A. C., & Borgen, F. H. (1999). The incremental validity of vocational self-efficacy: An examination of interest, self-efficacy, and occupation. *Journal of Counseling Psychology, 46*, 432–447.

Dovidio, J. F., Allen, J. L., & Schroeder, D. A. (1990). The specificity of empathy-induced helping: Evidence for altruism motivation. *Journal of Personality and Social Psychology, 59*, 249–260.

Dovidio, J. F., Gaertner, S. L., & Johnson, J. D. (1999, October). *New directions in prejudice and prejudice reduction: The role of cognitive representations and affect.* Paper presented at the annual meeting of the Society of Experimental Social Psychology, St. Louis, MO.

Drugan, R. C., Basile, A. S., Ha, J. H., & Ferland, R. J. (1994). The protective effects of stress control may be mediated by increased brain levels of benzodiazepine receptor agonists. *Brain Research, 661*, 127–136.

Durlak, J. A. (1995). *School-based prevention programs for children and adolescents.* Newbury Park, CA: Sage.

Durlak, J. A., & Wells, A. M. (1997). Primary prevention mental health programs for children and adolescents: A meta-analytic review. *American Journal of Community Psychology, 25*, 115–152.

Dweck, C. S. (1999). *Self theories: Their role in motivation, personality, and development.* Philadelphia: Psychology Press.

Easterbrook, J. A. (1959). The effects of emotion on cue utilization and the organization of behavior. *Psychological Review, 66,* 183–200.

Ebberwein, C. A., Krieshok, T. S., Ulven, J. S., & Prosser, E. C. (2004). Voices in transition: Lessons on career adaptability. *Career Development Quarterly, 52,* 292–308.

Edney, J. J., & Harper, C. S. (1978). The commons dilemma: A review of contributions from psychology. *Environmental Management, 2,* 491–507.

Eisenberg, N., & Miller, P. (1987). Empathy and prosocial behavior. *Psychological Bulletin, 101,* 91–119.

Eisenberg, N., Miller, P. A., Shell, R., McNalley, S., & Shea, C. (1991). Prosocial development in adolescence: A longitudinal study. *Developmental Psychology, 27,* 849–857.

Elias, M. J., Gara, M., Ubriaco, M., Rothbaum, P. A., Clabby, J. F., & Schuyler, T. (1986). Impact of a preventive social problem-solving intervention on children's coping with middle school stressors. *American Journal of Community Psychology, 14,* 259–275.

Ellison, C. G., & Levin, J. S. (1998). The religion–health connection: Evidence, theory, and future directions. *Health Education and Behavior, 25,* 700–726.

Ellison, C. G., & Sherkat, D. E. (1993). Obedience and autonomy: Religion and parenting values reconsidered. *Journal for the Scientific Study of Religion, 32,* 313–329.

Emmons, R. A. (1986). Personal strivings: An approach to personality and subjective well-being. *Journal of Personality and Social Psychology, 51,* 1058–1068.

Emmons, R. A. (1992). Abstract versus concrete goals: Personal striving level, physical illness, and psychological well-being. *Journal of Personality and Social Psychology, 62,* 292–300.

Emmons, R. A. (2004). *Cultivating gratitude: An interview with Robert Emmons.* Retrieved June 6, 2005, from http:www.todoinstitute.com/library/public/cultivating_gratitude_an_interview_with_robert_emmons_phd.php)

Emmons, R. A., Cheung, C., & Tehrani, K. (1998). Assessing spirituality through personal goals: Implications for research on religion and subjective well-being. *Social Indicators Research, 45,* 391–422.

Emmons, R. A., & Hill, J. (2001). *Words of gratitude for body, mind, and soul.* Radnor, PA: Templeton Foundation Press.

Emmons, R. A., & McCullough, M. E. (2003). Counting blessings versus burdens: Experimental studies of gratitude and subjective well-being. *Journal of Personality and Social Psychology, 84,* 377–389.

Emmons, R. A., & McCullough, M. E. (Eds.). (2004). *The psychology of gratitude.* New York: Oxford University Press.

Emmons, R. A., McCullough, M. E., & Tsang, J. (2003). The assessment of gratitude. In S. J. Lopez & C. R. Snyder (Eds.), *Positive psychological assessment: A handbook of models and measures* (pp. 327–342). Washington, DC: American Psychological Association.

Emmons, R. A., & Shelton, C. S. (2002). Gratitude and the science of positive psychology. In C. R. Snyder & S. J. Lopez (Eds.), *The handbook of positive psychology* (pp. 459–471). New York: Oxford University Press.

Enright, R. D. (1996). Counseling within the forgiveness triad: On forgiving, receiving forgiveness, and self-forgiveness. *Counseling and Values, 40,* 107–126.

Enright, R. D. (2000). *Helping clients forgive: An empirical guide for resolving anger and restoring hope.* Washington, DC: American Psychological Association.

Enright, R. D., Freedman, S., & Rique, J. (1998). The psychology of interpersonal forgiveness. In R. D. Enright & J. North (Eds.), *Exploring forgiveness* (pp. 46–62). Madison: University of Wisconsin Press.

Enright, R. D., & Zell, R. L. (1989). Problems encountered when we forgive another. *Journal of Psychology and Christianity, 8,* 52–60.

Erickson, R. C., Post, R. D., & Paige, A. B. (1975). Hope as a psychiatric variable. *Journal of Clinical Psychology, 31,* 324–330.

Erikson, E. (1950). *Childhood and society.* New York: Norton.

Erikson, E. H. (1959). *Identity and the life cycle.* Madison, CT: International Universities Press.

Erikson, E. H. (1963). *Childhood and society* (2nd ed.). New York: Norton.

Erikson, E. H. (1964). *Insight and responsibility.* New York: Norton.

Erikson, E. H. (1982). *The life cycle completed: A review.* New York: Norton.

Estrada, C. A., Isen, A. M., & Young, M. J. (1997). Positive affect facilitates integration of information and decreases anchoring in reasoning among physicians. *Organizational Behavior and Human Decision Processes, 72,* 117–135.

Farley, M. (2003). Feminism and hope. In M. Thompson (Ed.), *Full of hope: Critical social perspectives on theology* (pp. 20–40). New York: Paulist Press.

Farmer, H. S. (1983). Career and homemaking plans for high school youth. *Journal of Counseling Psychology, 30,* 40–45.

Farran, C. J., Herth, A. K., & Popovich, J. M. (1995). *Hope and hopelessness: Critical clinical constructs.* Thousand Oaks, CA: Sage.

Feeney, J., & Noller, P. (1996). *Adult attachment.* Thousand Oaks, CA: Sage.

Fefer, M. D. (2002, February 13). A lot of love in the lovemaking: Avoiding chaos, relationshipwise. *Seattle Weekly,* n.p.

Feldman, D., & Snyder, C. R. (2005). Hope and meaning in life. *Journal of Social and Clinical Psychology, 24,* 401–421.

Fernandez-Ballesteros, R., Diez-Nicolas, J., Caprara, G. V., Barbaranelli, C., & Bandura, A. (2002). Determinants and structural relation of perceived personal efficacy to perceived collective efficacy. *Journal of Applied Psychology: An International Review, 51,* 107–125.

Fincham, F. (2000). Optimism and the family. In J. Gillham (Ed.), *The science of optimism and hope* (pp. 271–298). Philadelphia: Templeton Foundation Press.

Fineburg, A. C. (2002). *A 7-day unit plan for high-school positive psychology.* Retrieved January 25, 2005, from http://www.positivepsychology.org/teachinghighschool.htm

Finfgeld, D. L. (1995). Becoming and being courageous in the chronically ill elderly. *Issues in Mental Health Nursing, 16,* 1–11.

Finfgeld, D. L. (1998). Courage in middle-aged adults with long-term health concerns. *Canadian Journal of Nursing Research, 30*(1), 153–169.

Fitzgerald, T. E., Tennen, H., Affleck, G., & Pransky, G. S. (1993). The relative importance of dispositional optimism and control appraisals in the quality of life after coronary artery bypass surgery. *Journal of Behavioral Medicine, 16,* 25–43.

Fontaine, K. R., Manstead, A. S. R., & Wagner, H. (1993). Optimism, perceived control over stress, and coping. *European Journal of Psychology, 7,* 267–281.

Fordyce, M. W. (1977). Development of a program to increase personal happiness. *Journal of Counseling Psychology, 24,* 511–520.

Fordyce, M. W. (1983). A program to increase happiness: Further studies. *Journal of Counseling Psychology, 30,* 483–498.

Forgas, J. P., Bower, G. H., & Moylan, S. J. (1990). Praise or blame? Affective influences on attributions for achievement. *Journal of Personality and Social Psychology, 59,* 809–819.

Forsyth, D. R. (1999). *Group dynamics* (3rd ed.). Pacific Grove, CA: Brooks/Cole.

Forsyth, D. R., & Corazzini, J. G. (2000). Groups as change agents. In C. R. Snyder & R. E. Ingram (Eds.), *Handbook of psychological change: Psychotherapy processes and practices for the 21st century* (pp. 309–336). New York: Wiley.

Fouad, N. A. (2002). Cross-cultural differences in vocational interests: Between-group differences on the Strong Interest Inventory. *Journal of Counseling Psychology, 49,* 282–289.

Frank, J. D. (1968). The role of hope in psychotherapy. *International Journal of Psychiatry, 5,* 383–395.

Frank, J. D. (1973). *Persuasion and healing* (Rev. ed.). Baltimore: Johns Hopkins University Press.

Frank, J. D. (1975). The faith that heals. *The Johns Hopkins Medical Journal, 137,* 127–131.

Frank, J. D., & Frank, J. B. (1991). *Persuasion and healing: A comparative study of psychotherapy* (3rd ed.). Baltimore: Johns Hopkins University Press.

Frankl, V. (1959). *Man's search for meaning.* New York: Beacon Press.

Frankl, V. (1966). What is meant by meaning? *Journal of Existentialism, 7,* 21–28.

Frankl, V. (1992). *Man's search for meaning: An introduction to logotherapy* (I. Lasch, Trans.). Boston: Beacon Press.

Franz, C. E., McClelland, D. C., Weinberger, J., & Peterson, C. (1994). Parenting antecedents of adult adjustment: A longitudinal study. In C. Perris, W. A. Arrindell, & M. Eisemann (Eds.), *Parenting and psychopathology* (pp. 127–144). San Diego, CA: Academic Press.

Fredrickson, B. L. (1999). What good are positive emotions? *Review of General Psychology, 2,* 300–319.

Fredrickson, B. L. (2000). Cultivating positive emotions to optimize health and well-being. *Prevention and Treatment, 3.* Retrieved January 20, 2003, from http://journals.apa.org/prevention

Fredrickson, B. L. (2001). The role of positive emotions in positive psychology: The broaden-and-build theory of positive emotions. *American Psychologist, 56,* 218–226.

Fredrickson, B. L. (2002). Positive emotions. In C. R. Snyder & S. J. Lopez (Eds.), *The handbook of positive psychology* (pp. 120–134). New York: Oxford University Press.

Fredrickson, B. L., & Joiner, T. (2002). Positive emotions trigger upward spirals toward emotional well-being. *Psychological Science, 13,* 172–175.

Fredrickson, B. L., & Losada, M. F. (2005). Positive affect and the complex dynamics of human flourishing. *American Psychologist, 60,* 678–686.

Fredrickson, B. L., Mancuso, R. A., Branigan, C., & Tugade, M. M. (2000). The undoing effects of positive emotions. *Motivation and Emotion, 24,* 237–258.

Freedman, J. L., & Doob, A. N. (1968). *Deviancy: The psychology of being different.* New York: Academic Press.

Freeman, M. A., & Bordia, P. (2001). Assessing alternative models of individualism and collectivism: A confirmatory factor analysis. *European Journal of Personality, 15,* 105–121.

Freud, S. (1936). *The problem of anxiety.* (H. A. Bunker, Trans.). New York: Norton. (Original work published 1926)

Freud, S. (1957). Instincts and their vicissitudes. In J. Strachey (Ed.), *Standard edition of the complete psychological works of Sigmund Freud* (pp. 111–142). London: Hogarth. (Original work published 1915)

Friedman, T. L. (2005). *The world is flat: A brief history of the 21st century.* New York: Farrar, Straus & Giroux.

Frijda, N. H. (1994). Emotions are functional, most of the time. In P. Ekman & R. Davidson (Eds.), *The nature of emotion: Fundamental questions* (pp. 112–122). New York: Oxford University Press.

Frijda, N. H. (1999). Emotions and hedonic experience. In D. Kahneman, E. Diener, & N. Schwartz (Eds.), *Well-being: The foundations of hedonic psychology* (pp. 190–210). New York: Russell Sage.

Frisch, M. B., Cornell, J., Villanueva, M., & Retzlaff, P. J. (1992). Clinical validation of the Quality of Life Inventory: A measure of life satisfaction for use in treatment planning and outcome assessment. *Psychological Assessment, 4,* 92–101.

Fritzberg, G. J. (2001). Opportunities of substance: Reconceptualizing equality of educational opportunity. [First article in a two-part series]. *Journal of Thought, 36*(1).

Fritzberg, G. J. (2002). Freedom that counts: The historic underpinnings of positive liberty and equality of educational opportunity. [Second article in a two-part series]. *Journal of Thought, 37*(2).

Fromm, E. (1955). *The sane society.* New York: Holt, Rinehart & Winston.

Fromm, E. (1974). *The revolution of hope: Toward a humanized technology.* New York: Perennial Library, Harper & Row.

Gable, S. L., & Reis, H. T. (2001). Appetitive and aversive social interaction. In J. Harvey & A. Wenzel (Eds.), *Close romantic relationships: Maintenance and enhancement* (pp. 169–194). Mahwah, NJ: Lawrence Erlbaum.

Gable, S. L., Reis, H. T., & Elliot, A. J. (2003). Evidence for bivariate systems: An empirical test of appetition and aversion across domains. *Journal of Research in Personality, 37*(5), 349–372.

Gable, S. L., & Reis, H. T., Impett, E. A., & Asher, E. R. (2004). What do you do when things go right? The intrapersonal and interpersonal benefits of sharing positive events. *Journal of Personality and Social Psychology, 87,* 228–245.

Gallagher-Thompson, D., McKibbon, C., Koonce-Volwiler, D., Menendez, A., Stewart, D., & Thompson, L. W. (2000). Psychotherapy with older adults. In C. R. Snyder & R. E. Ingram (Eds.), *Handbook of psychological change: Psychotherapy processes and practices for the 21st century* (pp. 614–628). New York: Wiley.

Gallup, G. G. (1998). Self-awareness and the evolution of social intelligence. *Behavioral Processes, 42,* 238–247.

Gallup Organization. (1995). *Disciplining children in America: Survey of attitude and behavior of parents.* Project registration #104438. Princeton, NJ: Author.

Gallup Poll Monthly. (1996, November). Princeton, NJ: Gallup Organization.

Gardner, W. L., & Schermerhorn, J. R. (2004). Unleashing individual potential: Performance gains through positive organizational behavior and authentic leadership. *Organizational Dynamics, 33,* 270–281.

Garmezy, N. (1985). Stress-resistant children: The search for protective factors. In J. E. Stevenson (Ed.), *Recent research in developmental psychopathology:*

Journal of Child Psychology and Psychiatry Book Supplement 4 (pp. 213–233). Oxford, England: Pergamon Press.

Garmezy, N. (1993). Children in poverty: Resilience despite risk. *Psychiatry: Interpersonal and Biological Processes, 56*, 127–136.

Garmezy, N., Masten, A. S., & Tellegen, A. (1984). The study of stress and competence in children: A building block for developmental psychopathology. *Child Development, 55*, 97–111.

Gay, P. (1966). *Age of enlightenment.* New York: Time Life Books.

Gay, P. (1969). *The Enlightenment: An interpretation: Vol 2. The science of freedom.* New York: Norton.

Gentile, D. A., & Walsh, D. A. (2002). A normative study of family media habits. *Applied Developmental Psychology, 23*, 157–178.

George, B. (2003). *Authentic leadership: Rediscovering the secrets to creating lasting value.* San Francisco: Jossey-Bass.

George, C., Kaplan, N., & Main, M. (1985). *The Adult Attachment Interview.* Unpublished protocol, Department of Psychology, University of California at Berkeley.

Gergen, K. J. (1985). The social constructionist movement in modern psychology. *American Psychologist, 40*, 266–275.

Gergen, M. M., & Gergen, K. J. (1998). The relational rebirthing of wisdom and courage. In S. Srivastva & D. L. Cooperrider (Eds.), *Organizational wisdom and executive courage* (134–153). San Francisco: New Lexington Press.

Getzels, J. W., & Csikszentmihalyi, M. (1976). *The creative vision.* New York: Wiley.

Gillham, J. E. (Ed.) (2000). *The science of optimism and hope.* Philadephia: Templeton Foundation Press.

Gillham, J. E., & Reivich, K. J. (2004). Cultivating optimism in childhood and adolescence. *The Annals of the American Academy of Political and Social Science, 591*, 146–153.

Gillham, J. E., Reivich, K. J., Jaycox, L. H., & Seligman, M. E. P. (1995). Prevention of depressive symptoms in school children: Two year follow-up. *Psychological Science, 6*, 343–351.

Gilligan, C. (1982). *In a different voice: Psychological theory and women's development.* Cambridge, MA: Harvard University Press.

Given, C. W., Stommel, M., Given, B., Osuch, J., Kurtz, M. E., & Kurtz, J. C. (1993). The influence of cancer patients' symptoms and functional states on patients' depression and family caregivers' reaction and depression. *Health Psychology, 12*, 277–285.

Gladwell, M. (2005). *Blink: The power of thinking without thinking.* New York: Little, Brown.

Glass, T. A., Seeman, T. E., Herzog, A. R., Kahn, R., et al. (1995). Change in productive activity in late adulthood: MacArthur studies of successful aging. *Journal of Gerontology, 50*, 65–76.

Godfrey, J. J. (1987). *A philosophy of human hope.* Dordrecht, Germany: Martinus Nijhoff.

Godfrey, K. F., Bonds, A. S., Kraus, M. E., Wiener, M. R., & Toch, C. S. (1990). Freedom from stress: A meta-analytic view of treatment and intervention programs. *Applied H. R. M. Research, 1*, 67–80.

Goffman, I. (1963). *Stigma: Notes on the management of spoiled identity.* Englewood Cliffs, NJ: Prentice Hall.

Goldhaber, D. (2002). *The mystery of good teaching.* Retrieved January 14, 2005, from http://www.educationnext.org/20021/50.html

Goleman, D. (1995). *Emotional intelligence: Why it can matter more than IQ.* New York: Bantam Books.

Gordon, K. C., & Baucom, D. H. (1998). Understanding betrayals in marriage: A synthesized model of forgiveness. *Family Process, 37,* 425–450.

Gordon, K. C., Baucom, D. H., & Snyder, D. K. (2004). An integrative intervention for promoting recovery from extramarital affairs. *Journal of Marital and Family Therapy, 30,* 213–231.

Gordon, K. C., Baucom, D. H., & Snyder, D. K. (2005). Forgiveness in couples: Divorce, infidelity, and couples therapy. In E. Worthington (Ed.), *Handbook of forgiveness* (pp. 407–422). New York: Routledge.

Gottman, J. M. (1994). *Why marriages succeed or fail and how you can make yours last.* New York: Simon & Schuster.

Gottman, J. M. (1999). *The seven principles for making marriage work.* New York: Crown.

Gottman, J. M., Driver, J., & Tabares, A. (2002). Building the sound marital house: An empirically derived couple therapy. In N. S. Jacobsen & A. S. Gurman (Eds.), *Clinical handbook of couple therapy* (3rd ed., pp. 373–399). New York: Guilford Press.

Gottman, J. M., Murray, J. D., Swanson, C., Tyson, R., & Swanson, K. R. (2003). *The mathematics of marriage: Dynamic nonlinear models.* Cambridge: MIT Press.

Gottschalk, L. (1974). A hope scale applicable to verbal samples. *Archives of General Psychiatry, 30,* 779–785.

Gray, S. A., Emmons, R. A., & Morrison, A. (2001, August). *Distinguishing gratitude from indebtedness in affect and action tendencies.* Poster session presented at the annual meeting of the American Psychological Association, San Francisco.

Gray-Little, B., & Kaplan, D. (2000). Race and ethnicity in psychotherapy research. In C. R. Snyder & R. E. Ingram (Eds.), *Handbook of psychological change; Psychotherapy processes and practices for the 21st century* (pp. 591–613). New York: Wiley.

Green, D. P., Salovey, P., & Truax, K. M. (1999). Static, dynamic, and causative bipolarity of affect. *Journal of Personal and Social Psychology, 76,* 856–867.

Green, M. C., Strange, J. J., & Brock, T. C. (2002). *Narrative impact: Social and cognitive foundations.* Mahwah, NJ: Lawrence Erlbaum.

Groopman, J. (2004). *The anatomy of hope: How people prevail in the face of illness.* New York: Random House.

Grun, B. (1975). *The timetables of history.* New York: Simon & Schuster.

Gudykunst, W. B. (Ed.). (1993). *Communication in Japan and the United States.* Albany: State University of New York Press.

Guignon, C. (2002). Hermeneutics, authenticity and the aims of psychology. *Journal of Theoretical & Philosophical Psychology, 22,* 83–102.

Gurung, R. A. R., Taylor, S. E., & Seeman, T. E. (2003). Accounting for changes in social support among married older adults: Insights from the MacArthur Studies of Successful Aging. *Psychology and Aging, 18,* 487–496.

Haase, J. E. (1987). Components of courage in chronically ill adolescents: A phenomenological study. *Advances in Nursing Science, 9*(2), 64–80.

Haberman, D. L. (1998). Confucianism: The way of the sages. In L. Stevenson & D. L. Haberman, *Ten theories of human nature* (3rd ed., pp. 25–44). New York: Oxford University Press.

Hackman, J. R., & Oldham, G. R. (1980). *Work design.* Reading, MA: Addison-Wesley.

Haidt, J. (2000, January). *Awe and elevation.* Paper presented at the Akumal II: A Positive Psychology Summit, Akumal, Mexico.

Haidt, J. (2002). The positive emotion of elevation. In C. R. Snyder & S. J. Lopez (Eds.), *The handbook of positive psychology* (p. 753). New York: Oxford University Press.

Haidt, J. (2003). Elevation and the positive psychology of morality. In C. L. M. Keyes & J. Haidt (Eds.), *Flourishing: Positive psychology and the life well-lived* (pp. 275–289). Washington, DC: American Psychological Association.

Haidt, J. (2004). Untitled document. Retrieved September 20, 2005, from http://wsrv.clas.virginia.edu/~jdh6n/Positivepsych.html

Haitch, R. (1995). How Tillich and Kohut find courage in faith. *Pastoral Psychology, 44,* 83–97.

Hale, J. (1965). *Renaissance.* New York: Time Life Books.

Haley, J. (Producer), & Fleming, V. (Director). (1939). *The wizard of Oz* [Motion picture]. United States: MGM.

Hall, G. S. (1922). *Senescence: The last half of life.* New York: D. Appleton.

Hall, J. H., & Fincham, F. D. (2005). Self-forgiveness: The stepchild of forgiveness research. *Journal of Social and Clinical Psychology, 24,* 621–637.

Halperin, D., & Desrochers, S. (2005). Social psychology in the classroom: Applying what we teach as we teach it. *Journal of Social and Clinical Psychology, 24,* 51–61.

Halsall, P. (1997). *Immanuel Kant: What Is Enlightenment?1784.* Internet Modern History Sourcebook. Retrieved August 12, 2004, from halsall@murray.fordham.edu

Hamer, D. (2004). *The God gene: How faith is hardwired into our genes.* New York: Doubleday.

Hamilton, E. (1969). *Mythology: Timeless tales of gods and heroes.* New York: Mentor.

Hanushek, E. A. (1994). *Making schools work: Improving performance and controlling costs.* Washington, DC: Brookings Institution.

Hanushek, E. A., Kain, J. F., O'Brien, D. M., & Rivkin, S. G. (2004). *The market for teacher quality* (Working paper # 11154). Washington, DC: National Bureau of Economic Research.

Hanushek, E. A., & Rivkin, S. G. (2003). Does public school competition affect teacher quality? In C. M. Hoxby (Ed.), *The economics of school choice* (pp. 23–47). Chicago: University of Chicago Press.

Hanushek, E. A., & Rivkin, S. G. (2004). Why public schools lose teachers. *Journal of Human Resources, 39,* 326–354.

Harmon, L. W., Hansen, J. C., Borgen, F. H., & Hammer, A. L. (Eds.). (1994). *Strong Interest Inventory: Applications and technical guide.* Palo Alto, CA: Consulting Psychologists Press.

Hart, P. M. (1999). Predicting employee satisfaction: A coherent model of personality, work and nonwork experiences, and domain satisfaction. *Journal of Applied Psychology, 84,* 564–584.

Harter, J. K., & Schmidt, F. L. (2002). Employee engagement and business-unit performance. *Psychologist-Manager Journal, 4,* 215–224.

Harter, J. K., Schmidt, F. L., & Hayes, T. L. (2002). Business-unit-level relationship between employee satisfaction, employee engagement, and business outcomes: A meta-analysis. *Journal of Applied Psychology, 87,* 268–279.

Harvey, J., & Delfabbro, P. H. (2004). Resilience in disadvantaged youth: A critical overview. *Australian Psychologist, 39,* 3–13.

Harvey, J. H., & Ormarzu, J. (1997). Minding the close relationship. *Personality and Social Psychology Review, 1,* 223–239.

Harvey, J. H., Pauwels, B. G., & Zicklund, S. (2001). Relationship connection: The role of minding in the enhancement of closeness. In C. R. Snyder & S. J. Lopez (Eds.), *The handbook of positive psychology* (pp. 423–433). New York: Oxford University Press.

Hatfield, E. (1988). Passionate and companionate love. In R. J. Sternberg & M. L. Barnes (Eds.), *The psychology of love* (pp. 191–217). New Haven, CT: Yale University Press.

Hatfield, E., & Rapson, R. L. (1996). *Love and sex: Cross-cultural perspectives.* Boston: Allyn & Bacon.

Havighurst, R. J. (1961). Successful aging. *The Gerontologist, 1*(1), 8–13.

Haworth, J. T. (1997). *Work, leisure and well-being.* London: Routledge.

Hazan, C., & Shaver, P. (1987). Romantic love conceptualized as an attachment process. *Journal of Personality and Social Psychology, 52,* 511–524.

Hebl, J. H., & Enright, R. D. (1993). Forgiveness as a psychotherapeutic goal with elderly females. *Psychotherapy, 30,* 658–667.

Hecht, T. L., Marston, P. J., & Larkey, L. K. (1994). Love ways and relationship quality. *Journal of Social and Personal Relationships, 11,* 25–43.

Heine, C. (1996). *Flow and achievement in mathematics.* Unpublished doctoral dissertation, University of Chicago.

Hektner, J. (1996). *Exploring optimal personality development: A longitudinal study of adolescents.* Unpublished doctoral dissertation. University of Chicago.

Heller, K., Wyman, M. F., & Allen, S. M. (2000). Future directions for prevention science: From research to adoption. In C. R. Snyder & R. E. Ingram (Eds.), *Handbook of psychological change: Psychotherapy processes and practices for the 21st century* (pp. 660–680). New York: Wiley.

Heller, K. J. (1989). The return to community. *American Journal of Community Psychology, 17,* 1–16.

Helms, J. E., & Cook, D. A. (1999). *Using race and culture in counseling and psychotherapy: Theory and process.* Needham Heights, MA: Allyn & Bacon.

Hendrick, S. S., & Hendrick, C. (1992). *Romantic love.* Newbury Park, CA: Sage.

Hendrick, S. S., & Hendrick, C. (1993). Lovers as friends. *Journal of Social and Personal Relationships, 10,* 459–466.

Henry, J. (2004). Positive and creative organization. In P. A. Linley & S. Joseph (Eds.), *Positive psychology in practice* (pp. 269–285). Hoboken, NJ: Wiley.

Henry, O. (1945). *The best short stories of O. Henry.* New York: The Modern Library.

Hertzberg, F. (1966). *Work and the nature of man.* Chicago: World Publishing.

Hesse, E. (1999). The Adult Attachment Interview: Historical and current perspectives. In J. Cassidy & P. R. Shaver (Eds.), *Handbook of attachment: Theory, research, and clinical applications* (pp. 395–433). New York: Guilford Press.

Hill, G., & Swanson, H. L. (1985). Construct validity and reliability of the Ethical Behavior Rating Scale. *Educational and Psychological Measurement, 45,* 285–292.

Hill, P. C., Pargament, K. I., Hood, R. W., Jr., McCullough, M. E., Swyers, J. P., Larson, D. B., et al. (2000). Conceptualizing religion and spirituality: Points of communality, points of departure. *Journal for the Theory of Social Behavior, 30,* 51–77.

Hinton-Nelson, M. D., Roberts, M. C., & Snyder, C. R. (1996). Early adolescents exposed to violence: Hope and vulnerability to victimization. *American Journal of Orthopsychiatry, 66,* 346–353.

Hodges, T. D. (2003). *Results of the 2002 StrengthsFinder follow-up survey.* Princeton, NJ: Gallup Organization.

Hodges, T. D., & Clifton, D. O. (2004). Strengths-based development in practice. In P. A. Linley & S. Joseph (Eds.), *Positive psychology in practice* (pp. 256–268). Hoboken, NJ: Wiley.

Hodges, T. D., & Harter, J. K. (2005). A review of the theory and research underlying the StrengthsQuest Program for students. *Educational Horizons, 83,* 190–201.

Hofmann, D. A., & Tetrick, L. E. (Eds.). (2003). *Health and safety in organization: A multilevel perspective.* San Francisco: Jossey-Bass.

Hofstede, G. (1980). *Culture's consequences.* Beverly Hills, CA: Sage.

Hogan, R., & Kaiser, R. B. (2005). What we know about leadership. *Review of General Psychology, 9,* 169–180.

Hoge, D. R. (1996). Religion in America: The demographics of belief and affiliation. *Religion and the clinical practice of psychology* (pp. 21–42). Washington, DC: American Psychological Association.

Holden, E. W., & Black, M. M. (1999). Theory and concepts of prevention sciences as applied to clinical psychology. *Clinical Psychology Review, 19,* 391–401.

Holland, J. L. (1997). *Making vocational choices: A theory of vocational personalities and work environments* (3rd ed.). Odessa, FL: Psychological Assessment Resources.

Holliday, S. G., & Chandler, M. J. (1986). *Wisdom: Explorations in adult competence.* Basel, Switzerland: Karger.

Hollon, S. D., & Beck, A. T. (1994). Cognitive and cognitive-behavioral therapies. In A. E. Bergin & S. L. Garfield (Eds.), *Handbook of psychotherapy and behavior change* (4th ed., pp. 428–466). New York: Wiley.

Holmgren, M. R. (2002). Forgiveness and self-forgiveness in psychotherapy. In S. Lamb & J. G. Murphy (Eds.), *Before giving: Cautionary views of forgiveness in psychotherapy* (pp. 112–135). New York: Oxford University Press.

Holton, R. (2000). Globalization's cultural consequences. *Annals, American Academy of Political and Social Science, 570,* 140–152.

Hooker, K., Monahan, D., Shifren, K., & Hutchinson, C. (1992). Mental and physical health of spouse caregivers: The role of personality. *Psychology and Aging, 7,* 367–375.

Hothersall, D. (1995). *History of psychology.* New York: McGraw-Hill.

Houser, R. E. (2002). The virtue of courage. In S. J. Pope (Ed.), *The ethics of Aquinas* (pp. 304–320). Washington, DC: Georgetown University Press.

Houston, B. K., & Snyder, C. R. (Eds.). (1988). *Type A behavior pattern: Current trends and future directions.* New York: Wiley-Interscience.

Hudson, J. L., Flannery-Schroeder, E., & Kendall, P. C. (2004). Primary prevention of anxiety disorders. In D. J. A. Dozois & K. S. Dobson (Eds.), *The prevention of anxiety and depression* (pp. 101–130). Washington, DC: American Psychological Association.

Hui, C. H. (1988). Measurement of individualism–collectivism. *Journal of Research in Personality, 22,* 17–36.

Hume, D. (1888). *A treatise of human nature.* Oxford, England: Clarendon Press.

Hummer, R. A., Rogers, R. G., Nam, C. B., & Ellison, C. G. (1999). Religious involvement and U.S. adult mortality. *Demography, 36,* 273–285.

Huntington, S. P. (1993). The clash of civilizations. *Foreign Affairs, 72,* 22–49.

Hurlock, E. B. (1925). An evaluation of certain incentives in school work. *Journal of Educational Psychology, 16,* 145–159.

Icard, L. (1996). Assessing the psychosocial well-being of African American gays: A multidimensional perspective. In J. F. Longres (Ed.), *Men of color: A context for service to homosexually active men* (pp. 25–49). New York: Haworth Press.

Ilardi, S., & Karwoski, L. (2005). *The depression cure.* Unpublished book-length manuscript, University of Kansas, Lawrence.

Inclan, J. (1985). Variations in value orientations in mental health work with Puerto Ricans. *Psychotherapy: Theory, Research, and Practice, 22,* 324–334.

Inghilleri, P. (1999). *From subjective experience to cultural change.* Cambridge, England: Cambridge University Press.

Ingram, R. E., Hayes, A., & Scott, W. (2000). Empirically supported treatments: A critical analysis. In C. R. Snyder & R. E. Ingram (Eds.), *Handbook of psychological change: Psychotherapy processes and practices for the 21st century* (pp. 40–60). New York: Wiley.

Ingram, R. E., Kendall, P. C., & Chen, A. H. (1991). Cognitive-behavioral interventions. In C. R. Snyder & D. R. Forsyth (Eds.), *Handbook of social and clinical psychology: The health perspective* (pp. 509–522). New York: Pergamon.

Ingram, R. E., & Wisnicki, K. S. (1988). Assessment of positive automatic cognition. *Journal of Consulting and Clinical Psychology, 56,* 898–902.

Irving, L. M., Cheavens, J., Snyder, C. R., Gravel, L., Hanke, J., Hilberg, P., & Nelson, N. (2004). The relationships between hope and outcome at pre-treatment, beginning, and later phases of psychotherapy. *Journal of Psychotherapy Integration, 14,* 419–443.

Isen, A. M. (1970). Success, failure, attention, and reaction to others: The warm glow of success. *Journal of Personality and Social Psychology, 17,* 107–112.

Isen, A. M. (1987). Positive affect, cognitive processes, and social behavior. *Advances in Experimental Social Psychology, 20,* 203–253.

Isen, A. M., Daubman, K. A., & Nowicki, G. P. (1987). Positive affect facilitates creative problem solving. *Journal of Personality and Social Psychology, 21,* 384–388.

Isen, A. M., & Levin, P. F. (1972). The effect of feeling good on helping: Cookies and kindness. *Journal of Personality and Social Psychology, 17,* 107–112.

Ivey, A. E., & Ivey, M. B. (1998). Reframing *DSM-IV*: Positive strategies from developmental counseling and theory. *Journal of Counseling and Development, 76,* 334–350.

Ivey, A. E., & Ivey, M. B. (1999). Toward a developmental diagnostic and statistical manual: The vitality of a contextual framework. *Journal of Counseling and Development, 77,* 484–490.

Jackson, S., & Csikszentmihalyi, M. (1999). *Flow in sports.* Champaign, IL: Human Kinetics.

Jahoda, M. (1958). *Current concepts of positive mental health.* New York: Basic Books.

James, W. (1890). *Principles of psychology* (Vol. 1). New York: Holt.

Jamieson, K. H. (Ed.). (2005). *Treating and preventing adolescent mental health disorders: What we know and what we don't know.* New York: Oxford University Press.

Jaycox, L. H., Reivich, K. J., Gillham, J., & Seligman, M. E. P. (1994). Prevention of depressive symptoms in school children. *Behavior Research and Therapy, 32,* 801–816.

Jemmott, J. B., Jemmott, L. S., & Fong, G. T. (1992). Reductions in HIV risk-associated sexual behaviors among black male adolescents: Effect of an AIDS prevention intervention. *American Journal of Public Health, 82,* 372–377.

Johnson, D. L. (1988). Primary prevention of behavior problems in young children: The Houston Parent-Child Development Center. In R. H. Price, E. Cowen, R. Lorion, & J. Ramos-McKay (Eds.), *Fourteen ounces of prevention: A casebook for practitioners* (pp. 44–52). Washington, DC: American Psychological Association.

Johnson, F. (1988). Encounter group therapy. In S. Long (Ed.), *Six group therapies* (pp. 115–158). New York: Plenum.

Judge, T. A., & Watanabe, S. (1993). Another look at the job satisfaction–life satisfaction relationship. *Journal of Applied Psychology, 78,* 939–948.

Judge, T. A., Thoresen, C. J., Bono, J. E., & Patton, G. K. (2001). The job-satisfaction performance relationship: A qualitative and quantitative review. *Psychological Bulletin, 127,* 376–407.

Jung, C. (1953). *Two essays on analytical psychology.* New York: Pantheon Books.

Kabat-Zinn, J. (1982). An outpatient program in behavioral medicine for chronic pain patients based on the practice of mindfulness meditation: Theoretical considerations and preliminary results. *General Hospital Psychiatry, 4,* 33–47.

Kabat-Zinn, J. (1990). *Full catastrophe living.* New York: Delacorte Press.

Kabat-Zinn, J., & Skillings, A. (1989, March). *Sense of coherence and stress hardiness as predictors and measure of outcome of a stress reduction program.* Poster presented at the Society of Behavioral Medicine Conference, San Francisco.

Kabat-Zinn, J., & Skillings, A. (1992). *Sense of coherence and stress hardiness as outcome measures of a mindfulness-based stress reduction program: Three-year follow-up.* Unpublished raw data. University of Massachusetts Medical Center, Boston.

Kagitcibasi, C. (1994). A critical appraisal of individualism and collectivism: Toward a new formulation. In U. Kim, H. C. Triandis, C. Kagitcibasi, S.-C. Choi, & G. Yoon (Eds.), *Individualism and collectivism: Theory, method, and applications* (pp. 52–65). Thousand Oaks, CA: Sage.

Kahneman, D., Diener, E., & Schwartz, N. (1999). *Well-being: The foundations of hedonic psychology.* New York: Russell Sage.

Kaluza, G. (1997). Evaluation of stress management interventions in primary prevention—A meta-analysis of (quasi) experimental studies. *Zeitschrift für Gesundheitspsychologie, 5,* 149–169.

Kanekar, S., & Merchant, S. M. (1982). Aggression, retaliation, and religious affiliation. *Journal of Social Psychology, 117,* 295–296.

Kanfer, F. H. (1970). Self-regulation: Research, issues, and speculations. In C. Neuringer & J. L. Michael (Eds.), *Behavior modification in clinical psychology* (pp. 178–220). New York: Appleton-Century-Crofts.

Kaplan, J. S., & Sue, S. (1997). Ethnic psychology in the United States. In D. F. Halpern & A. E. Voiskounsky (Eds.), *States of mind: American and post-Soviet perspectives on contemporary issues in psychotherapy* (pp. 349–369). New York: Oxford University Press.

Kaplan, R. M. (2000). Two pathways to prevention. *American Psychologist, 55,* 382–396.

Kaplan, R. M., Alcaraz, J. E., Anderson, J. P., & Weisman, M. (1996). Quality-adjusted life years lost to arthritis: Effects of gender, race, and social class. *Arthritis Care and Research, 9,* 473–482.

Kaplan, R. M., & Anderson, J. P. (1996). The general health policy model: An integrated approach. In B. Spilker (Ed.), *Quality of life and pharmacoeconomics in clinical trials* (pp. 309–322). New York: Raven.

Kardiner, A., & Ovesey, L. (1951). *The mark of oppression: A psychological study of the American Negro.* New York: Norton.

Kasdin, A. E., Siegel, T. C., & Bass, D. (1990). Drawing on clinical practice to inform research on child and adolescent psychotherapy: Survey of practitioners. *Professional Psychology: Research and Practice, 21,* 189–198.

Kaslow, N. J., Tanenbaum, R. L., & Seligman, M. E. P. (1978). *The KASTAN-R: A children's attributional style questionnaire (KASTAN-R-CASQ).* Unpublished manuscript, University of Pennsylvania.

Katz, D., & Schanck, R. L. (1938). *Social psychology.* New York: Wiley.

Kazdin, A. E. (1979). Imagery elaboration and self-efficacy in the covert modeling treatment of unassertive behavior. *Journal of Consulting and Clinical Psychology, 47,* 725–733.

Kelloway, E. K., & Barling, J. (1991). Job characteristics, role stress, and mental health. *Journal of Occupational Psychology, 64,* 291–304.

Kennedy, J. F. (1956). *Profiles in courage.* New York: Harper.

Kennedy, Q., Fung, H. H., & Carstensen, L. L. (2001). Aging, time estimation, and emotion. In R. C. Atchley & S. H. McFadden (Eds.), *Aging and the meaning of time: A multidisciplinary exploration* (pp. 51–73). New York: Springer.

Kennedy, R. F. (1968, March 18). Address. University of Kansas, Lawrence.

Keohane, R. O. (1993). Sovereignty, interdependence and international institutions. In L. Miller & M. Smith (Eds.), *Ideas and ideals: Essays on politics in honor of Stanley Hoffman* (pp. 91–107). Boulder, CO: Westview.

Keough, K. A., Zimbardo, P. G., & Boyd, J. N. (1999). Who's smoking, drinking, and using drugs? Time perspective as a predictor of substance abuse. *Basic and Applied Social Psychology, 21,* 149–164.

Keyes, C., Shmotkin, D., & Ryff, C. (2000). Optimizing well-being: The empirical encounter of two traditions. *Journal of Personality and Social Psychology, 82,* 1007–1022.

Keyes, C. L. M. (1998). Social well-being. *Social Psychology Quarterly, 61,* 121–140.

Keyes, C. L. M., & Haidt, J. (Eds.). (2003). *Flourishing: Positive psychology and a life well lived.* Washington, DC: American Psychological Association.

Keyes, C. L. M., & Lopez, S. J. (2002). Toward a science of mental health: Positive directions in diagnosis and treatment. In C. R. Snyder & S. J. Lopez (Eds.), *The handbook of positive psychology* (pp. 45–59). New York: Oxford University Press.

Keyes, C. L. M., & Magyar-Moe, J. L. (2003). The measurement and utility of adult subjective well-being. *Positive psychological assessment: A handbook of models and measures* (pp. 411–426). Washington, DC: American Psychological Association.

Keyes, C. L. M., & Ryff, C. D. (2000). Subjective change and mental health: A self-concept theory. *Social Psychology Quarterly, 63,* 264–279.

Kim, M., & Markus, H. R. (1999). Deviance or uniqueness, harmony or conformity? A cultural analysis. *Journal of Personality and Social Psychology, 77,* 785–800.

Kim, M., Sharkey, W. F., & Singelis, T. M. (1994). Relationship between individuals' self-construals and perceived importance of interactive constraints. *International Journal of Intercultural Relations, 18,* 117–140.

Kim, U. (1994). Individualism and collectivism: Conceptual clarification and elaboration. In U. Kim, H. C. Triandis, C. Kagitcibasi, S.-C. Choi, & G. Yoon (Eds.), *Individualism and collectivism: Theory, method, and applications* (pp. 19–40). Thousand Oaks, CA: Sage.

Kim, U., Triandis, H. C., Kagitcibasi, C., Choi, S.-C., & Yoon, G. (1994). *Individualism and collectivism: Theory, method, and applications.* Newbury Park, CA: Sage.

King, L. A., Eells, J. E., & Burton, C. M. (2004). The good life, broadly and narrowly considered. In P. A. Linley & S. Joseph (Eds.), *Positive psychology in practice* (pp. 25–52). Hoboken, NJ: Wiley.

King, L. A., & Napa, C. K. (1998). What makes a good life? *Journal of Personality and Social Psychology, 75,* 156–165.

King, M. L., Jr. (1968). *The peaceful warrior.* New York: Pocket Books.

Kirk, S., & Koesk, G. (1995). The fate of optimism: A longitudinal study of managers' hopefulness and subsequent morale. *Research in Social Work Practice, 86,* 80–92.

Kitayama, S., Markus, H. R., Matsumoto, H., & Norasakkunkit, V. (1997). Individual and collective process in the construction of the self: Self-enhancement in the United States and self-criticism in Japan. *Journal of Personality and Social Psychology, 72,* 1245–1267.

Kitchener, K. S., & Brenner, H. G. (1990). Wisdom and reflective judgment: Knowing the face of uncertainty. In R. J. Sternberg (Ed.), *Wisdom: Its nature, origins, and development* (pp. 212–229). New York: Cambridge University Press.

Klausner, E., Snyder, C. R., & Cheavens, J. (2000). A hope-based group treatment for depressed older adult outpatients. In G. M. Williamson, D. R. Shaffer, & P. A. Parmelee (Eds.), *Physical illness and depression in older adults: A handbook of theory, research, and practice* (pp. 295–310). New York: Plenum.

Klausner, E. J., Clarkin, J. F., Spielman, L., Pupo, C., Abrams, R., & Alexopoulos, G. S. (1998). Late-life depression and functional disability: The role of goal-focused group psychotherapy. *International Journal of Geriatric Psychiatry, 13,* 707–716.

Klerman, G., Weissman, M. M., Rounsaville, B. J., & Chevron, E. S. (1984). *Interpersonal psychotherapy of depression.* Northvale, NJ: Jason Aronson.

Kobasa, S. C. O. (1990). Stress-resistant personality. In R. Ornstein & C. Swencionis (Eds.), *The healing brain: A scientific reader* (pp. 219–230). New York: Guilford Press.

Koenig, H. G. (Ed.). (1998). *Handbook of religion and mental health.* San Diego, CA: Academic Press.

Koestner, R., Franz, C., & Weinberger, J. (1990). The family origins of empathic concern: A 26-year longitudinal study. *Journal of Personality and Social Psychology, 58,* 709–717.

Kohlberg, L. (1983). *The psychology of moral development.* New York: Harper & Row.

Kohn, M. L. (1969). *Class and conformity.* Homewood, IL: Dorsey Press.

Kohut, H. (1979). *Self-psychology and the humanities: Reflections on a new psychoanalytic approach.* New York: Norton.

Koltko-Rivera, M. E. (2004). The psychology of worldviews. *Review of General Psychology, 8,* 3–58.

Komorita, S. S., Hilty, J. A., & Parks, C. D. (1991). Reciprocity and cooperation in social dilemmas. *Journal of Conflict Resolution, 35,* 494–518.

Krauss, H. H., & Krauss, B. J. (1968). Cross-cultural study of the thwarting-disorientation theory of suicide. *Journal of Abnormal Psychology, 73,* 352–357.

Krech, G. (2001). *Naikan: Gratitude, grace, and the Japanese art of self-reflection.* Berkeley, CA: Stone Bridge Press.

Kruglanski, A. W., & Webster, D. M. (1996). Motivated closing of the mind: "Seizing" and "freezing." *Psychological Review, 103,* 263–283.

Labouvie-Vief, G. (1990). Wisdom as integrated thought: Historical and developmental perspectives. In R. J. Sternberg (Ed.), *Wisdom: Its nature, origins, and development* (pp. 52–83). New York: Cambridge University Press.

Laird, S. P., Snyder, C. R., Rapoff, M. A., & Green, S. (2004). Measuring private prayer: The development and validation of the Multidimensional Prayer Inventory. *The International Journal for the Psychology of Religion, 14,* 251–272.

Lambert, M. J. (Ed.). (2004). *Handbook of psychotherapy and behavior change* (5th ed.). New York: Wiley.

Landman, J. T., & Dawes, R. M. (1982). Psychotherapy outcome: Smith and Glass' conclusions stand up under scrutiny. *American Psychologist, 37,* 504–516.

Lane, R. D., Reiman, E. M., Bradley, M. M., Lang, P. J., Ahern, G. L., Davidson, R. J., et al. (1997). Neuroanatomical correlates of pleasant and unpleasant emotion. *Neuropsychologia, 35,* 1437–1444.

Langer, E. (1989). *Mindfulness.* Reading, MA: Addison-Wesley.

Langer, E. (1997). *The power of mindful learning.* Reading, MA: Addison-Wesley.

Langer, E. (2002). Well-being: Mindfulness versus positive evaluation. In C. R Snyder and S. J. Lopez (Eds.), *The handbook of positive psychology* (pp. 214–230). New York: Oxford University Press.

Langer, E., Blank, A., & Chanowitz, B. (1978). The mindlessness of ostensibly thoughtful action: The role of placebic information on interpersonal interaction. *Journal of Personality and Social Psychology, 36,* 635–642.

Langer, E. J., & Rodin, J. (1976). The effects of enhanced personal responsibility for the aged: A field experiment in an institutional setting. *Journal of Personality and Social Psychology, 34,* 191–198.

Langston, C. A. (1994). Capitalizing on and coping with daily-life events: Expressive responses to positive events. *Journal of Personality and Social Psychology, 67,* 1112–1125.

Lao-Tzu. (1994). *Tao Te Ching* (D. C. Lau, Trans.). New York: Knopf.

Larsen, K. S., & Giles, H. (1976). Survival or courage as human motivation: Development of an attitude scale. *Psychological Reports, 39,* 299–302.

Latane, B., & Darley, J. M. (1970). *The unresponsive bystander: Why doesn't he help?* New York: Appleton-Century-Crofts.

Lawson, W. (2004, January/February). Praise: Encouraging signs. *Psychology Today.* Retrieved November 20, 2005, from http://www.psychologytoday.com/articles/pto-20040209-000003.html

Lazarus, R. S. (2003). The Lazarus Manifesto for positive psychology and psychology in general. *Psychological Inquiry, 14,* 173–189.

Leary, M. R., Tchividijian, L. R., & Kraxberger, B. E. (1994). Self-presentation can be hazardous to your health: Impression management and health risk. *Health Psychology, 13,* 461–470.

LeDoux, J. E. (1986). Sensory systems and emotion: A model of affective processing. *Integrative Psychiatry, 4,* 237–248.

LeDoux, J. E. (1995). Emotion: Clues from the brain. *Annual Review of Psychology, 46,* 209–235.

LeDoux, J. E. (1996). *The emotional brain: The mysterious underpinnings of emotional life.* New York: Simon & Schuster.

Lee, G. R., Seccombe, K., & Shehan, C. L. (1991). Marital status and personal happiness: An analysis of trend data. *Journal of Marriage and the Family, 53,* 839–844.

Lee, Y.-T., & Seligman, M. E. P. (1997). Are Americans more optimistic than the Chinese? *Personality and Social Psychology Bulletin, 23,* 32–40.

Leitner, L. M. (2003). *Honoring suffering, tragedy, and reverence: The fully human is more than positive.* Paper presented at the American Psychological Association Annual Convention, Toronto, Canada.

Lent, R. (2004). Toward a unifying theoretical and practical perspective on well-being and psychosocial adjustment. *Journal of Counseling Psychology, 51,* 482–509.

Leong, F. T. L., & Wong, P. T. P. (2003). Optimal human functioning from cross-cultural perspectives: Cultural competence as an organizing framework. In W. B. Walsh (Ed.), *Counseling psychology and optimal human functioning* (pp. 123–150). Mahwah, NJ: Lawrence Erlbaum.

Lerner, M. (1996). *The politics of meaning.* Reading, MA: Addison-Wesley.

Lewin, K. (1951). *Field theory in social science.* New York: Harper & Row.

Liddle, P. (2001). *Disordered mind and brain.* London: Gaskell.

Liebert, R. M., & Sprafkin, J. (1988). *The early window: Effects of television on children and youth* (3rd ed.). Elmsford, NY: Pergamon.

Linley, P. A., & Harrington, S. (2006). Playing to your strengths. *The Psychologist, 19, 85–89.*

Linley, P. A., & Joseph, S. (Eds.). (2004). *Positive psychology in practice.* Hoboken, NJ: Wiley.

Little, B. L., & Madigan, R. M. (1997). The relationship between collective self-efficacy and performance in manufacturing work teams. *Small Group Research, 28,* 517–534.

Liu, W. T. (1986). Culture and social support. *Research on Aging, 8,* 57–83.

Locke, E. A. (1976). The nature and causes of job satisfaction. In M. D. Dunnette (Ed.), *Handbook of industrial and organizational psychology* (pp. 1297–1347). Chicago: Rand McNally.

Locke, E., & Latham, G. P. (2002). Building a practically useful theory of goal setting and task motivation: A 35-year odyssey. *American Psychologist, 57,* 705–717.

Long, B. C. (1993). Coping strategies of male managers: A prospective analysis of predictors of psychosomatic symptoms and job satisfaction. *Journal of Vocational Behavior, 42,* 184–199.

Lopes, P. N., Brackett, M. A., Nezlek, J. B, Schutz, A., Sellin, I., & Salovey, P. (2004). Emotional intelligence and social interaction. *Personality and Social Psychology Bulletin, 30,* 1018–1034.

Lopes, P. N., Salovey, P., Cote, S., Beers, M., & Petty, R. E. (2005). Emotion regulation abilities and the quality of social interaction. *Emotion, 5,* 113–118.

Lopes, P. N., Salovey, P., & Straus, R. (2004). Emotional intelligence, personality, and the perceived quality of social relationships. *Personality and Individual Differences, 35,* 641–658.

Lopez, F. G. (2003). The assessment of adult attachment security. In S. J. Lopez & C. R. Snyder (Eds.), *Positive psychological assessment: A handbook of models and measures* (pp. 285–299). Washington, DC: American Psychological Association.

Lopez, F. G., & Brennan, K. A. (2000). Dynamic processes underlying adult attachment organization: Toward an attachment-theoretical perspective on the healthy and effective self. *Journal of Counseling Psychology, 47,* 283–300.

Lopez, S. J. (2000). *Positive psychology in the schools: Identifying and strengthening our hidden resources.* Unpublished manuscript, University of Kansas, Lawrence.

Lopez, S. J. (2005). *Head, heart, holy test of hope.* Unpublished document. University of Kansas, Lawrence.

Lopez, S. J., Edwards, L. M., Magyar-Moe, J. L., Pedrotti, J. T., & Ryder, J. A. (2003). Fulfilling its promise: Counseling psychology's efforts to understand and promote optimal human functioning. In B. Walsh (Ed.), *Optimal human functioning* (pp. 297–308). Mahwah, NJ: Lawrence Erlbaum.

Lopez, S. J., Floyd, R. K., Ulven, J. C., & Snyder, C. R. (2000). Hope therapy: Helping clients build a house of hope. In C. R. Snyder (Ed.), *Handbook of hope: Theory, measures, and applications* (pp. 123–150). San Diego, CA: Academic Press.

Lopez, S. J., Hodges, T. D., & Harter, J. K. (2005). *Clifton StrengthsFinder technical report: Development and validation.* Omaha, NE: Gallup Organization.

Lopez, S. J., Janowski, K. M., & Quinn, R. (2004). *KU Strengths Cardsort for Children.* Unpublished manuscript. University of Kansas, Lawrence.

Lopez, S. J., Janowski, K. M., & Wells, K. J. (2005). *Developing strengths in college students: Exploring programs, contents, theories, and research.* Unpublished manuscript, University of Kansas, Lawrence.

Lopez, S. J., & McKnight, C. (2002). Moving in a positive direction: Toward increasing the utility of positive youth development efforts. *Prevention and Treatment, 5,* http://journals.apa.org/prevention/volume5/pre0050019c.html

Lopez, S. J., & Snyder, C. R. (2003). *Positive psychological assessment: A handbook of models and measures.* Washington, DC: American Psychological Association.

Lopez, S. J., Snyder, C. R., Magyar-Moe, J. L., Edwards, L. M., Pedrotti, J. T., Janowski, K., et al. (2004). Strategies for accentuating hope. In P. A. Linley & S. Joseph (Eds.), *Positive psychology in practice* (pp. 388–404). Hoboken, NJ: Wiley.

Lopez, S. J., Snyder, C. R., & Rasmussen, H. N. (2003). Striking a vital balance: Developing a complementary focus on human weakness and strength through Positive Psychological Assessment. *Positive psychological assessment: A handbook of models and measures* (pp. 3–20). Washington, DC: American Psychological Association.

Lowman, J. (1995). *Mastering the techniques of teaching* (2nd ed.). San Francisco: Jossey-Bass.

Lucas, R. E., Diener, E., & Suh, E. (1996). Discriminant validity of well-being measures. *Journal of Personality and Social Psychology, 71,* 616–628.

Lucas, R. E., & Fujita, F. (2000). Factors influencing the relations between extraversion and pleasant affect. *Journal of Personality and Social Psychology, 79,* 1039–1056.

Lukes, S. (1973). *Individualism.* Oxford, England: Basil Blackwell.

Luthans, F., & Avolio, B. (2003). Authentic leadership: A positive development approach. In K. S. Cameron, J. E. Dutton, & R. E. Quinn (Eds.), *Positive organizational scholarship* (pp. 241–258). San Francisco: Berrett-Koehler.

Luthans, F., Avolio, B. J., Walumbwa, F. O, & Li, W. (In press). The psychological capital of Chinese workers: Exploring the relationship with performance. *Management and Organizational Review.*

Luthans, F., & Jensen, S. M. (2002). Hope: A new positive strength for human resource development. *Human Resource Development Review, 3,* 304–322.

Luthans, F., Luthans, K. W., & Luthans, B. C. (2004). Positive psychological capital: Beyond human and social capital. *Business Horizons, 47,* 45–50.

Luthans, F., & Youssef, C. M. (2004). Investing in people for competitive advantage. *Organizational Dynamics, 33,* 143–160.

Luthar, S. S., Cicchetti, D., & Becker, B. (2000). The construct of resilience: A critical evaluation and guidelines for future work. *Child Development, 71,* 543–562.

Lutsky, N. (1999, August). *Not on the exam: Teaching, psychology and the examined life.* Paper presented at the annual convention of the American Psychological Association, Boston, MA.

Lutz, S. (2000). Mapping the wellsprings of a positive life: The importance of measure to the movement. *Gallup Review, 3,* 8–11.

Lykken, D. (1999). *Happiness: The nature and nurture of joy and contentment.* New York: St. Martin's Press.

Lynn, M., & Harris, J. (1997a). The desire for unique consumer products: A new individual difference scale. *Psychology and Marketing, 14,* 601–616.

Lynn, M., & Harris, J. (1997b). Individual differences in the pursuit of self-uniqueness through consumption. *Journal of Applied Social Psychology, 27,* 1861–1883.

Lynn, M., & Snyder, C. R. (2002). Uniqueness. In C. R. Snyder & S. Lopez (Ed.), *The handbook of positive psychology* (pp. 395–410). New York: Oxford University Press.

Lyubomirsky, S., Sheldon, K. M., & Schkade, D. (2005). Pursuing happiness: The architecture of sustainable change. *Review of General Psychology, 9,* 111–131.

Maddux, J. E. (1991). Self-efficacy. In C. R. Snyder & D. R. Forsyth (Eds.), *Handbook of social and clinical psychology: The health perspective* (pp. 57–58). New York: Pergamon.

Maddux, J. E. (Ed.). (1995). *Self-efficacy, adaptation, and adjustment: Theory, research, and application.* New York: Plenum.

Maddux, J. E. (2002). Self-Efficacy: The power of believing you can. In C. R. Snyder & S. J. Lopez (Eds.), *The handbook of positive psychology* (pp. 277–287). New York: Oxford University Press.

Maddux, J. E. (2002). Stopping the "madness": Positive psychology and the deconstruction of the illness ideology and the *DSM*. In C. R. Snyder & S. J. Lopez (Eds.), *The handbook of positive psychology* (pp. 13–25). New York: Oxford Press.

Maddux, J. E., Brawley, L., & Boykin, A. (1995). Self-efficacy and healthy decision making: Protection, promotion, and detection. In J. E. Maddux (Ed.), *Self-efficacy, adaptation, and adjustment: Theory, research, and application* (pp. 173–202). New York: Plenum.

Maddux, J. E., & Lewis, J. (1995). Self-efficacy and adjustment: Basic principles and issues. In J. E. Maddux (Ed.), *Self-efficacy, adaptation, and adjustment: Theory, research, and application* (pp. 37–68). New York: Plenum.

Maddux, J. E., & Mundell, C. E. (1999). Disorders of personality: Diseases or individual differences? In V. J. Derlega, B. A. Winstead, & W. H. Jones (Eds.), *Personality: Contemporary theory and research* (pp. 541–571). Chicago: Nelson-Hall.

Maddux, J., Snyder, C. R., & Lopez, S. (2004). Toward a positive clinical psychology: Deconstructing the illness ideology and constructing an ideology of happiness and human strengths. In P. A. Linley & S. Joseph (Eds.), *Positive psychology in practice* (pp. 320–334). Hoboken, NJ: Wiley.

Mahan, B. B., Garrard, W. M., Lewis, S. E., & Newbrough, J. R. (2002). Sense of community in a university setting. In A. T. Fisher, C. C. Sonn, & B. J. Bishop (Eds.), *Psychological sense of community: Research, applications, and implications* (pp. 123–140). New York: Kluwer/Plenum.

Mahoney, A., Pargament, K. I., Cole, B., Jewell, T., Magyar, G. M., Tarakeshwar, N., et al. (2005). A higher purpose: The sanctification of strivings in a community sample. *International Journal for the Psychology of Religion, 15*, 239–262.

Mahoney, A., Pargament, K. I., Jewell, T., Swank, A. B., Scott, E., Emery, E., et al. (1999). Marriage and the spiritual realm: The role of proximal and distal religious constructs in marital functioning. *Journal of Family Psychology, 13*, 321–338.

Maier, S. F., Laudenslager, M. L., & Ryan, S. M. (1985). Stressor controllability, immune function, and endogenous opiates. In F. R. Brush & J. B. Overmier (Eds.), *Affect, conditioning, and cognition: Essays on the determinants of behavior* (pp. 183–201). Hillsdale, NJ: Lawrence Erlbaum.

Maier, S. F., & Watkins, P. R. (2000). The immune system as a sensory system: Implications for psychology. *Current Directions in Psychological Science, 9*, 98–102.

Main, M., & Goldwyn, R. (1984). *Adult attachment scoring and classification system.* Unpublished manuscript, University of California at Berkeley.

Main, M., & Goldwyn, R. (1998). *Adult attachment interview scoring and classification system.* Unpublished manuscript, University of California at Berkeley.

Malgady, R. G., Rogler, L. H., & Costantino, G. (1990). Culturally sensitive psychotherapy for Puerto Rican children and adolescents: A program of treatment outcome research. *Journal of Consulting and Clinical Psychology, 58*, 704–712.

Mandler, G. (1975). *Mind and emotion.* New York: Wiley.

Mansbridge, J. J. (Ed.). (1990). *Beyond self-interest.* Chicago: University of Chicago Press.

Marjoribanks, K. (1991). Sex composition of family sibships and family learning environments. *Psychological Reports, 69*, 97–98.

Markus, H. R., & Kitayama, S. (1991). Culture and self: Implications for cognition, emotion and motivation. *Psychological Review, 98,* 224–253.

Marston, P. J., Hecht, M. L., & Robers, T. (1987). "True love ways": The subjective experience and communication of romantic love. *Journal of Social and Personal Relationships, 4,* 387–407.

Martin, R. (2002, May 19). Columnist finds himself in awe. *Lawrence Journal-World,* p. D3.

Maslach, C. (1982). *Burnout—The cost of caring.* Englewood Cliffs, NJ: Prentice Hall.

Maslach, C. (1999). Progress in understanding teacher burnout. In R. Vandenberghe & A. M. Huberman (Eds.), *Understanding and preventing teacher burnout* (pp. 211–222). Cambridge, England: Cambridge University Press.

Maslach, C., & Jackson, S. E. (1981). The measurement of experienced burnout. *Journal of Occupational Behavior, 2,* 99–113.

Maslach, C., & Jackson, S. E. (1986). *Maslach burnout inventory manual* (2nd ed.). Palo Alto, CA: Consulting Psychologists Press.

Maslow, A. (1954). *Motivation and personality.* New York: Harper.

Maslow, A. (1970). *Motivation and personality.* New York: Harper & Row.

Massimini, F., & Carli, M. (1988). The systematic assessment of flow in daily experience. In M. Csikszentmihalyi & I. Csikszentmihalyi (Eds.), *Optimal experience* (pp. 266–287). Cambridge, England: Cambridge University Press.

Massimini, F., Csikszentmihalyi, M., & Carli, M. (1987). The monitoring of optimal experience: A tool for psychiatric rehabilitation. *Journal of Nervous and Mental Disease, 175*(9), 545–549.

Masten, A. S. (1999). Resilience comes of age: Reflections on the past and outlook for the next generation of research. In M. D. Glantz, J. Johnson, & L. Huffman (Eds.), *Resilience and development: Positive life adaptations* (pp. 282–296). New York: Plenum.

Masten, A. S. (2001). Ordinary magic: Resilience process in development. *American Psychologist, 56,* 227–239.

Masten, A. S., & Garmezy, N. (1985). Risk, vulnerability, and protective factors in the developmental psychopathology. In B. B. Lahey & A. E. Kazdin (Eds.), *Advances in clinical child psychology.* (Vol. 8, pp. 1–51). New York: Plenum.

Masten, A. S., & Reed, M. G. J. (2002). Resilience in development. In C. R. Snyder & S. J. Lopez (Eds.), *The handbook of positive psychology* (pp. 74–88). New York: Oxford University Press.

Masterson, J. (1981). *The narcissistic and borderline disorders.* New York: Brunner/Mazel.

Mathers, C. D., & Schofield, D. J. (1998). The health consequences of unemployment: The evidence. *Medical Journal of Australia, 168,* 178–182.

Matsumoto, D., Kudoh, T., & Takeuchi, S. (1996). Changing patterns of individualism and collectivism in the United States and Japan. *Culture and Psychology, 2,* 77–107.

Matthews, K. A., Batson, C. D., Horn, J., & Rosenman, R. H. (1981). "Principles in his nature which interest him in the fortune of others . . . ": The heritability of empathic concern for others. *Journal of Personality, 49,* 237–247.

Mayer, J. (2005). *Who is emotionally intelligent—And does it matter?* Retrieved September 5, 2005, from http://www.unh.edu/emotional_intelligence/

Mayer, J. D., DiPaolo, M. T., & Salovey, P. (1990). Perceiving affective content of ambiguous visual stimuli: A component of emotional intelligence. *Journal of Personality Assessment, 54,* 772–781.

Mayer, J. D., & Salovey, P. (1997). What is emotional intelligence? In P. Salovey & D. Sluyter (Eds.), *Emotional development and emotional intelligence: Implications for educators* (pp. 3–31). New York: Basic Books.

Mayer, J. D., Salovey, P., & Caruso, D. (2001). *The Mayer-Salovey-Caruso Emotional Intelligence Test (MSCEIT).* Toronto: Multi-Health Systems, Inc.

Mayer, J. D., Salovey, P., & Caruso, D. (2004). Emotional intelligence: Theory, findings, and implications. *Psychological Inquiry, 15,* 197–215.

Mayne, T. J., & Bonanno, G. A. (Eds.). (2001). *Emotions: Current issues and future directions.* New York: Guilford Press.

McClelland, D. C., Atkinson, J. W., Clark, R. W., & Lowell, E. L. (1953). *The achievement motive.* New York: Appleton-Century-Crofts.

McCrae, R. R., & Costa, P. T. (1987). Validation of the five-factor model of personality across instruments and observers. *Journal of Personality and Social Psychology, 52,* 81–90.

McCraty, R. (2002). Influence of cardiac afferent input on heart-brain synchronization and cognitive performance. *International Journal of Psychophysiology, 45,* 72–73.

McCraty, R., & Atkinson, M. (2003). *Psychophysiological coherence.* Boulder Creek, CA: HeartMath Research Center, Institute of HeartMath, Publication No. 03-016.

McCraty, R., & Childre, D. (2004). The grateful heart: The psychophysiology of appreciation. In R. A. Emmons & M. E. McCullough (Eds.), *The psychology of gratitude* (pp. 230–255). New York: Oxford University Press.

McCullough, M. E. (2000). Forgiveness as a human strength: Theory, measurement, and links to well-being. *Journal of Social and Clinical Psychology, 19,* 43–55.

McCullough, M. E., Emmons, R. A., & Tsang, J. (2002). The grateful disposition: A conceptual and empirical topography. *Journal of Personality and Social Psychology, 82,* 112–127.

McCullough, M. E., Kilpatrick, S., Emmons, R. A., & Larson, D. (2001). Is gratitude a moral affect? *Psychological Bulletin, 127,* 249–266.

McCullough, M. E., Pargament, K. I., & Thoresen, C. E. (2000b). The psychology of forgiveness: History, conceptual issues, and overview. In M. E. McCullough, K. I. Pargament, & C. E. Thoresen (Eds.), *Forgiveness: Theory, research, and practice* (pp. 1–14). New York: Guilford Press.

McCullough, M. E., Pargament, K. I., & Thoresen, C. E. (Eds.). (2000a). *Forgiveness: Theory, research, and practice.* New York: Guilford Press.

McCullough, M. E., Rachal, K. C., Sandage, S. J., Worthington, E. L., Jr., Brown, S. W., & Hight, T. L. (1998). Interpersonal forgiving in close relationships: II. Theoretical elaboration and measurement. *Journal of Personality and Social Psychology, 75,* 1586–1603.

McCullough, M. E., Tsang, J., & Emmons, R. A. (2004). Gratitude in intermediate affective terrain: Links of grateful moods to individual differences and daily emotional experience. *Journal of Personality and Social Psychology, 86,* 295–309.

McCullough, M. E., Worthington, E. L., Jr., & Rachal, K. C. (1997). Interpersonal forgiving in close relationships. *Journal of Personality and Social Psychology, 73*, 321–336.

McDermott, D., Hastings, S., Gariglietti, K. P., Gingerich, K., Callahan, B., & Diamond, K. (1996, April). *Fostering hope in the classroom.* Paper presented at the meeting of the Kansas Counseling Association, Salina, KS.

McDermott, D., & Snyder, C. R. (1999). *Making hope happen: A workbook for turning possibilities into realities.* Oakland, CA: New Harbinger.

McDermott, D., & Snyder, C. R. (2000). *The great big book of hope.* Oakland, CA: New Harbinger.

McDermott, P. A. (1980). Congruence and typology of diagnoses in school psychology: An empirical study. *Psychology in the Schools, 17*, 12–24.

McDougall, D., & Granby, C. (1996). How expectation of questioning method affects undergraduates' preparation for class. *Journal of Experimental Education, 65*, 43–54.

McKay, J., & Greengrass, M. (2003). People. *Monitor, 34*, 87.

McKeachie, W. J. (2002). Ebbs, flows, and progress in the teaching of psychology. In S. F. Davis & W. Buskist (Eds.), *The teaching of psychology: Essays in honor of Wilbert J. McKeachie and Charles L. Brewer* (pp. 487–498). Mahwah, NJ: Lawrence Erlbaum.

McLeish, K. (Ed). (1993). *Key ideas in human thought.* New York: Facts on File.

McMillan, D. W., & Chavis, D. M. (1986). Sense of community: A definition and theory. *Journal of Community Psychology, 14*, 6–23.

McMillan, L. H. W., O'Driscoll, M. P., Marsh, N. V., & Brady, E. C. (2001). Understanding workaholism: Data synthesis, theoretical critique, and future design strategies. *International Journal of Stress Management, 8*, 69–91.

McNeal, R. E. (1998). Pre and post-treatment hope in children and adolescents in residential treatment: A further analysis of the effects of the teaching family model. *Dissertation Abstracts International, 59 (5-B)*, 2425.

Meehl, P. (1975). Hedonic capacity: Some conjectures. *Bulletin of the Menninger Clinic, 39*, 295–307.

Meichenbaum, D. H. (1977). *Cognitive-behavior modification: An integrative approach.* New York: Plenum.

Meier, S. F., & Watkins, L. R. (1999). The neurobiology of stressor controllability. In J. E. Gillham (Ed.), *The science of optimism and hope* (pp. 41–56). Philadelphia: Templeton Press.

Menninger, K., Mayman, M., & Pruyser, P. W. (1963). *The vital balance.* New York: Viking Press.

Metalsky, G. I., Halberstadt, J., & Abramson, L. Y. (1987). Vulnerability to depressive mood reactions: Toward a more powerful test of the diathesis-stress and causal mediation components of the reformulated theory of depression. *Journal of Personality and Social Psychology, 52*, 386–393.

Michael, S. T., & Snyder, C. R. (In press). Hope, anxiety, and rumination. *Journal of Death Studies.*

Midlarsky, E., & Bryan, J. H. (1972). Affect expression and children's imitative altruism. *Journal of Experimental Research in Personality, 6*, 195–203.

Miller, D. R. (1963). The study of social relationships: Situation, identity, and social interaction. In S. Koch (Ed.), *Psychology: A study of science* (Vol. 5, pp. 639–737). New York: McGraw-Hill.

Miller, D. T. (1999). The norm of self-interest. *American Psychologist, 54,* 1053–1060.

Miller, J. G. (1994). Cultural diversity in the morality of caring: Individually-oriented versus duty-oriented interpersonal scales. *Cross-Cultural Research, 28,* 3–39.

Miller, N. E. (1944). Experimental studies of conflict. In J. M. Hunt (Ed.), *Personality and behavior disorders* (Vol. 1, pp. 431–465). New York: Ronald Press.

Miller, T. (1995). *How to want what you have: Discovering the magic and grandeur of ordinary existence.* New York: Avon Books.

Mischel, W. (1979). On the interface of cognition and personality: Beyond the person situation debate. *American Psychologist, 34,* 740–754.

Mitchell, N. (2003). Interview with Nobel Laureate Daniel Kahneman: Toward a science of well-being Retrieved September 13, 2005, from http://www.abc.net.au/rn/science/mind/s923773.htm

Monk, D. H., & King, J. A. (1994). Subject area preparation of secondary mathematics and science teachers and student achievement. *Economics of Education Review, 13,* 125–145.

Morris, M. W., & Peng, K. (1994). Culture and cause: American and Chinese attributions for social and physical events. *Journal of Personality and Social Psychology, 67,* 949–971.

Mowrer, O. H. (1960). *Learning theory and behavior.* New York: Wiley.

Mrazek, P. J., & Haggerty, R. J. (1994). *Reducing risks for mental disorders: Frontiers for preventive intervention research.* Washington, DC: National Academy Press.

Munoz, R. F., & Mendelson, T. (2004). Prevention of mental disorders. In W. E. Craighead & C. B. Neroff (Eds.), *The Corsini concise encyclopedia of psychology and behavioral science* (pp. 724–725). New York: Wiley.

Murray, B. (2002, December). Assessing educational success. *APA Monitor,* 33.

Mutrie, N., & Faulkner, G. (2004). Physical activity: Positive psychology in motion. In P. A. Linley & S. Joseph (Eds.), *Positive psychology in practice* (pp. 146–164). Hoboken, NJ: Wiley.

Myers, D. (1993). *The pursuit of happiness.* New York: Avon Books.

Myers, D. G. (1992). *The pursuit of happiness.* New York: Morrow.

Myers, D. G. (1993). *The pursuit of happiness.* New York: HarperCollins.

Myers, D. G. (2000). The funds, friends, and faith of happy people. *American Psychologist, 55,* 56–67.

Myers, D. G. (2004). Human connections and the good life: Balancing individuality and community in public policy. In P. A. Linley & S. Joseph (Eds.), *Positive psychology in practice* (pp. 641–657). Hoboken, NJ: Wiley.

Nakamura, J., & Csikszentmihalyi, M. (2002). The concept of flow. In C. R. Snyder & S. J. Lopez (Eds), *The handbook of positive psychology* (pp. 89–105). New York: Oxford University Press.

Nathan, P., & Gorman, J. (2002). *A guide to treatments that work* (2nd ed.). New York: Oxford University Press.

Naughtin, R., as told to Pam Grout. (2005, May). I had two heart transplants. *Teen People,* p. 115.

Newberg, A. B., d'Aquili, E. G., Newberg, S. K., & deMarici, V. (2000). The neuropsychological correlates of forgiveness. In M. E. McCullough,

K. I. Pargament, & C. E. Thoresen (Eds.), *Forgiveness: Theory, research, and practice* (pp. 91–110). New York: Guilford Press.

Newbrough, J. R. (1995). Toward community: A third position. *American Journal of Community Psychology, 23*, 9–31.

Newton, I. (2003). *Mathematical Principles of Natural Philosophy.* Kila, MT: Kessinger Publishing. (Original work published 1687)

Newton, N. A., Brauer, D., Gutmann, D. L., & Grunes, J. (1986). Psychodynamic therapy with the aged: A review. *Clinical Gerontologist, 5*, 205–229.

Ngai, S. S. (1993). Occupational stress and burnout among outreaching social workers in Hong Kong. *International Social Work, 36*, 101–117.

Nickell, G. S. (1998, August). *The Helping Attitude Scale.* Paper presented at the American Psychological Association Convention, San Francisco.

Niederhoffer, K. G., & Pennebaker, J. W. (2002). Sharing one's story: On the benefits of writing or talking about emotional experience. In C. R. Snyder & S. J. Lopez (Eds.), *The handbook of positive psychology* (pp. 573–583). New York: Oxford University Press.

Nisbet, R. (1980). *History of the idea of progress.* New York: Basic Books.

Nisbett, R. E. (2003). *The geography of thought: How Asians and Westerners think differently . . . and why.* New York: Free Press.

Nisbett, R. E., Caputo, C., Legant, P., & Maracek, J. (1973). Behavior as seen by the actor and as seen by the observer. *Journal of Personality and Social Psychology, 27*, 154–164.

Nolen-Hoeksema, S. (1987). Sex differences in depression: Theory and evidence. *Psychological Bulletin, 101*, 259–282.

Nolen-Hoeksema, S. (2000). Growth and resilience among bereaved people. In J. Gillham (Ed.), *The science of optimism and hope* (pp. 107–127). Philadelphia: Templeton Foundation Press.

Norcross, J. C., & Prochaska, J. O. (1986). The psychological distress and self-change of psychologists, counselors, and laypersons. *Psychotherapy, 23*, 102–114.

Noricks, J. S., Atgler, L. H., Bartholomew, M., Howard-Smith, S., Martin, D., Pyles, S., et al. (1987). Age, abstract thinking, and the American concept of person. *American Anthropologist, 89*, 667–675.

Nussbaum, M. (2001). *Upheavals of thought: The intelligence of emotions.* London: Cambridge University Press.

Oatley, K., & Jenkins, J. M. (1992). Human emotion: Function and dysfunction. *Annual Review of Psychology, 43*, 55–86.

Oatley, K., & Jenkins, J. M. (1996). *Understanding emotions.* Cambridge, MA: Basil Blackwell.

Obeysekere, G. (1995). Depression, Buddhism, and the work of culture in Sri Lanka. In A. Kleinman & B. Good (Eds.), *Culture and depression: Studies in the anthropology and cross-cultural psychiatry of affect and behavior* (pp. 134–152). Berkeley: University of California Press.

O'Brien, K. M. (2003). Measuring career self-efficacy: Promoting confidence and happiness at work. In S. J. Lopez & C. R. Snyder (Eds.), *Positive psychological assessment: A handbook of models and measures* (pp. 109–126). Washington, DC: American Psychological Association.

O'Brien, K. M., Heppner, M. J., Flores, L. Y., & Bikos, L. H. (1997). The Career Counseling Self-Efficacy Scale: Instrument development and training applications. *Journal of Counseling Psychology, 44*, 20–31.

O'Byrne, K. K., Lopez, S. J., & Petersen, S. (2000, August). *Building a theory of courage: A precursor to change?* Paper presented at the 108th Annual Convention of the American Psychological Association, Washington, DC.

O'Connor, R., Hallam, R., & Rachman, S. (1985). Fearlessness and courage: A replication experiment. *British Journal of Psychology, 76*, 187–197.

Oldham, J. M., & Morris, L. B. (1995). *New personality self-portrait: Why you think, work, love, and act the way you do.* New York: Bantam Books.

O'Leary, A., & Brown, S. (1995). Self-efficacy and the physiological stress response. In J. E. Maddux (Ed.), *Self-efficacy, adaptation, and adjustment: Theory, research, and application* (pp. 227–248). New York: Plenum.

Ontario Consultants on Religious Tolerance (2004). *Taoism.* Retrieved May 3, 2005, from http://www.religioustolerance.org/taoism.htm

Ortony, A., Clore, G. L., & Collins, A. (1988). *The cognitive structure of emotions.* New York: Cambridge University Press.

Ortony, A., & Turner, T. J. (1990). What's basic about the basic emotions. *Psychological Review, 97*, 315–331.

Orwoll, L. (1989). *Wisdom in later adulthood: Personality and life history correlates.* Dissertation Abstracts International, *49*, 5054.

Orwoll, L., & Achenbaum, W. A. (1993). Gender and the development of wisdom. *Human Development, 36*, 274–296.

Ory, M. G., & Cox, M. (1994). Forging ahead: Linking health and behavior to improve quality of life in older people. *Social Indicator Research, 33*, 89–120.

Oyserman, D. (1993). The lens of personhood: Viewing the self, others, and conflict in a multicultural society. *Journal of Personality and Social Psychology, 65*, 993–1009.

Oyserman, D., Coon, H. M., & Kemmelmeier, M. (2002). Rethinking individualism and collectivism: Evaluation of theoretical assumptions and meta-analyses. *Psychological Bulletin, 128*, 3–72.

Paez, D., Velasco, C., & Gonzales, J. L. (1999). Expressive writing and the role of alexithymia as a dispositional deficit in self-disclosure and psychological health. *Journal of Personality and Social Psychology, 77*, 630–641.

Palmer, A. (November 2003). In brief: Positive emotion styles linked to the common cold. *The Monitor in Psychology, 34*(10), p. 16.

Palmer, S. (1970). *Deviance and conformity: Roles, situations, and reciprocity.* New Haven, CT: College and University Press.

Panter-Brick, C., Rowley-Conwy, P., & Layton, R. H. (Eds.). (2001). *Hunter-gatherers: An interdisciplinary perspective.* New York: Cambridge University Press.

Pargament, K. I. (1997). *The psychology of religion and coping: Theory, research, practice.* New York: Guilford Press.

Pargament, K. I., & Mahoney, A. (2002). Spirituality: Discovering and conserving the sacred. In C. R. Snyder & S. J. Lopez (Eds.), *The handbook of positive psychology* (pp. 646–659). New York: Oxford University Press.

Parham, T. A., White, J. L., & Ajamu, A. (1999). *The psychology of Blacks: An African centered perspective* (3rd ed.). Englewood Cliffs, NJ: Prentice Hall.

Parker, D. (1929, November). Interview with Ernest Hemingway. *The New Yorker, 30*, n.p.

Pascual-Leone, J. (1990). An essay on wisdom: Toward organismic processes that make it possible. In R. J. Sternberg (Ed.), *Wisdom: Its nature, origins, and development* (pp. 244–278). New York: Cambridge University Press.

Pasupathi, M., Staudinger, U., & Baltes, P. B. (1999). *The emergence of wisdom-related knowledge and judgment during adolescence.* Berlin, Germany: Max Planck Institute for Human Development.

Payne, B. P. (1977). The older volunteer: Social role continuity and development. *The Gerontologist, 29,* 710–711.

Pei, M. L. (2005). *Old horse knows the way.* Retrieved August 12, 2005, from http://www.chinapage.com/story/oldhorse.html

Pennebaker, J. W. (1989). Confession, inhibition, and disease. In L. Berkowitz (Ed.), *Advances in experimental social psychology* (Vol. 22, pp. 211–244). New York: Academic Press.

Pennebaker, J. W. (1990). *Opening up: The healing power of confiding in others.* New York: Morrow.

Pennebaker, J. W. (1997). *Opening up: The healing power of expressing emotions* (Rev. ed.). New York: Guilford Press.

Perry, S. K. (1999). *Writing in flow.* Cincinnati, OH: Writer's Digest Books.

Peterson, C. (2000). Optimistic explanatory style and health. In J. Gillham (Ed.), *The science of optimism and hope* (pp. 145–162). Philadelphia: Templeton Foundation Press.

Peterson, C., & Barrett, L. (1987). Explanatory style and academic performance among university freshmen. *Journal of Personality and Social Psychology, 53,* 603–607.

Peterson, C., Bettes, B. A., & Seligman, M. E. P. (1985). Depressive symptoms and unprompted causal attributions: Content analysis. *Behavior Research and Therapy, 23,* 379–382.

Peterson, C., Maier, S. F., & Seligman, M. E. P. (1993). *Learned helplessness: A theory for the age of personal control.* New York: Oxford University Press.

Peterson, C., & Park, N. (2003, March). *Assessment of character strengths among youth: Progress report on the Values in Action Inventory for Youth.* Paper presented at the Child Trends Conference on Indicators of Positive Youth Development, Washington, DC.

Peterson, C., Schulman, P., Castellon, C., & Seligman, M. (1992). CAVE: Content Analysis of Verbal Explanations. In C. Smith (Ed.), *Motivation and personality: Handbook of thematic content analysis* (pp. 383–392). New York: Cambridge University Press.

Peterson, C., & Seligman, M. E. P. (2004). *Character strengths and virtues: A handbook and classification.* Washington, DC: American Psychological Association.

Peterson, C., Seligman, M. E. P., Yurko, K. H., Martin, L. R., & Friedman, H. S. (1998). Catastrophizing and untimely death. *Psychological Science, 9,* 127–130.

Peterson, C., Semmel, A., von Baeyer, C., Abramson, L. Y., Metalsky, G. I., & Seligman, M. E. P. (1982). The Attributional Style Questionnaire. *Cognitive Therapy and Research, 6,* 287–299.

Peterson, C., & Steen, T. A. (2002). Optimistic explanatory style. In C. R. Snyder & S. J. Lopez (Eds.), *The handbook of positive psychology* (pp. 244–256). New York: Oxford University Press.

Peterson, C., & Villanova, P. (1988). An expanded attributional style questionnaire. *Journal of Abnormal Psychology, 97,* 87–89.

Peterson, P. E., & West, M. R. (Eds.). (2003). *No child left behind? The politics and practice of accountability.* Washington, DC: Brookings Institution.

Peterson, S. J., & Luthans, F. (2003). The positive impact and development of hopeful leaders. *Leadership and Organizational Development Journal, 24,* 26–31.

Phillips, V. (1998). *Empowering discipline: An approach that works with at-risk students.* Carmel Valley, CA: Personal Development Publishing.

Piaget, J. (1932). *The moral judgment of the child.* London: Routledge and Kegan Paul.

Piccard, B. (1999). Around at last! *National Geographic, 196*(3), 30–51.

Pickering, A., & Gray, J. (1999). The neuroscience of personality. In L. Pervin & O. John (Eds.), *Handbook of personality* (2nd edition, pp. 277–299). New York: Guilford Press.

Piedmont, R. (2004, November). *Spirituality predicts psychosocial outcomes: A cross-cultural analysis.* International Society for Quality of Life Studies Conference, Philadelphia.

Pieper, J. (1966). *The four cardinal virtues.* Notre Dame, IN: Notre Dame Press.

Pieper, J. (1969). *Hope and history.* (R. Winston & C. Winston, Trans.). England: Burns and Oates. (Original work published 1967)

Piliavin, J. A., & Charng, H.-W. (1990). Altruism: A review of recent theory and research. *American Sociological Review, 16,* 27–65.

Pines, A. M., Aronson, E., & Kafry, D. (1981). *Burnout: From tedium to personal growth.* New York: Free Press.

Pinker, S. (1997). *How the mind works.* New York: Norton.

Piper, W. (1989). *The little engine that could.* New York: Platt and Monk. (Original work published 1930)

Pipher, M. B. (1995). *Reviving Ophelia: Saving the selves of adolescent girls.* New York: Ballantine Books.

Pipher, M. B. (2003). *Letters to a young therapist.* New York: Basic Books.

Pittman, K. J., & Fleming, W. E. (1991). *A new vision: Promoting youth development.* Washington, DC: Center for Youth Development and Policy Research.

Plante, T. G. (2005). *Contemporary clinical psychology* (2nd ed.). New York: Wiley.

Plato. (1953). *The dialogues of Plato, Volume 1: Laches.* (B. Jowett, Trans.). New York: Modern Library.

Plomin, R., Scheier, M. F., Bergeman, C. S., Pederson, N. L., Nesselroade, J. R., & McClearn, G. E. (1992). Optimism, pessimism, and mental health: A twin/adoption analysis. *Personality and Individual Differences, 13,* 921–930.

Pretzer, J. L., & Walsh, C. A. (2001). Optimism, pessimism, and psychotherapy: Implications for clinical practice. In E. C. Chang (Ed.), *Optimism & pessimism: Implications for theory, research, and practice* (pp. 321–346). Washington, DC: American Psychological Association.

Prigatano, G. P. (1992). Disordered mind, wounded soul: The emerging role of psychotherapy in rehabilitation after brain injury. *Journal of Head Trauma and Rehabilitation, 6,* 1–10.

Pruyser, P. W. (1976). *The minister as diagnostician: Personal problems in pastoral perspective.* Philadelphia: Westminster Press.

Putman, D. (1997). Psychological courage. *Philosophy, Psychiatry and Psychology, 4*(1), 1–11.

Quinn, R. (2004). *Development and initial validation of the KU Strengths Cardsort for Adolescents.* Unpublished Master's thesis, University of Kansas, Lawrence.

Rachman, S. J. (1978). Human fears: A three-systems analysis. *Scandinavian Journal of Behaviour Therapy, 7,* 237–245.

Rachman, S. J. (1984). Fear and courage. *Behavior Therapy, 15,* 109–120.

Ramey, C. T., & Ramey, S. L. (1998). Early intervention and early experience. *American Psychologist, 53,* 109–120.

Rashid, T. (2006). *Promoting well-being through character strengths.* Unpublished manuscript, University of Pennsylvania.

Raskin, J. D., & Lewandowski, A. M. (2000). The construction of disorder as human enterprise. In R. A. Neimeyer & J. D. Raskin (Eds.), *Constructions of disorder: Meaning making frameworks for psychotherapy* (pp. 15–40). Washington, DC: American Psychological Association.

Rath, T. (2002). *Measuring the impact of Gallup's strengths-based development program for students.* Princeton, NJ: Gallup Organization.

Rath, T. (2006). *Vital friends: The people you can't afford to live without.* Washington, DC: Gallup Organization.

Rath, T., & Clifton, D. O. (2004). *How full is your bucket? Positive strategies for work and life.* New York: Gallup Organization.

Reis, H. T., & Gable, S. L. (2003). Toward a positive psychology of relationships. In C. L. M. Keyes & J. Haidt (Eds.), *Flourishing: Positive psychology and the life well lived* (pp. 129–159). Washington, DC: American Psychological Association.

Reykowski, J. (1994). Collectivism and individualism as dimensions of social change. In U. Kim, H. C. Triandis, C. Kagitcibasi, S.-C. Choi, & G. Yoon (Eds.), *Individualism and collectivism: Theory, method, and applications* (pp. 276–292). Newbury Park, CA: Sage.

Rice, E. F. (1958). *The Renaissance idea of wisdom.* Cambridge, MA: Harvard University Press.

Rice, J. K. (2003). *Teacher quality: Understanding the effectiveness of teacher attributes.* Washington, DC: Economic Policy Institute.

Riegel, K. F. (1973). Dialectical operations: The final period of cognitive development. *Human Development, 16,* 346–370.

Rigazio-DiGilio, S. A. (2000). Reconstructing psychological distress from a relational perspective: A systemic coconstructive-developmental framework. In R. A. Neimeyer & J. D. Raskin (Eds.), *Constructions of disorder: Meaning making frameworks for psychotherapy* (pp. 309–332). Washington, DC: American Psychological Association.

Rigsby, L. C. (1994). The Americanization of resilience: Deconstructing research practice. In M. Wang & E. Gordon (Eds.), *Educational resilience in inner-city America: Challenges and prospects* (pp. 85–94). Hillsdale, NJ: Lawrence Erlbaum.

Rime, B. (1995). Mental rumination, social sharing, and the recovery from emotional exposure. In J. W. Pennebaker (Ed.), *Emotion, disclosure, and health* (pp. 271–291). Washington, DC: American Psychological Association.

Ripley, J. S., & Worthington, E. L., Jr. (2002). Hope-focused and forgiveness-based group interventions to promote marital enrichment. *Journal of Counseling and Development, 80,* 452–472.

Riskind, J. H., Sarampote, C. S., & Mercier, M. A. (1996). For every malady a sovereign cure: Optimism training. *Journal of Cognitive Psychotherapy: An International Quarterly, 10,* 105–117.

Ritschel, L. (2005). Lessons in teaching hope: An interview with C. R. Snyder. *Teaching of Psychology, 32,* 74–78.

Roberts, M., Vernberg, E. & Jackson, Y. (2000). Psychotherapy with children and families. In C. R. Snyder & R. E. Ingram (Eds.), *Handbook of psychological change: Psychotherapy processes and practices for the 21st century* (pp. 500–519). New York: Wiley.

Robey, D., Khoo, H. M., & Powers, C. (2000). Situated learning in cross-functional virtual teams. *Professional Communication,* March, 51–61.

Robinson, D. N. (1990). Wisdom through the ages. In R. J. Sternberg (Ed.), *Wisdom: Its nature, origins, and development* (pp. 13–24). New York: Cambridge University Press.

Rodin, J., & Langer, E. J. (1977). Long-term effects of a control-relevant intervention among the institutionalized aged. *Journal of Personality and Social Psychology, 35,* 275–282.

Rodriguez-Hanley, A., & Snyder, C. R. (2000). The demise of hope: On losing positive thinking. In C. R. Snyder (Ed.), *Handbook of hope: Theory, measures, and applications* (pp. 39–54). San Diego, CA: Academic Press.

Rogers, R. W., & Prentice-Dunn, S. (1997). Protection motivation theory. In D. Gochman (Ed.), *Handbook of health behavior research 1: Personal and social determinants* (pp. 113–132). New York: Plenum.

Rokke, P. D., & Rehm, L. P. (2001). Management therapies. In K. S. Dobson (Ed.), *Handbook of cognitive-behavioral therapies* (pp. 173–210). New York: Guilford Press.

Rorty, A. O. (1988). *Mind in action: Essays in the philosophy of mind.* Boston: Beacon Press.

Ross, K. L. (2003). *Confucius.* Retrieved May 3, 2005, from http://friesian.com/confuci.htm

Roth, A., & Fonagy, P. (Eds.). (1996). *What works for whom? A critical review of psychotherapy research.* New York: Guilford Press.

Roth, A., Fonagy, P., & Parry, G. (1996). Psychotherapy research, funding, and evidence-based practice. In A. Roth & P. Fonagy (Eds.), *What works for whom? A critical review of psychotherapy research* (pp. 37–56). New York: Guilford Press.

Rotter, J. B. (1966). Generalized expectancies for internal versus external control of reinforcement. *Psychological Monographs, 80*(1, whole no. 609).

Rowan, C., Chiang, B. F., & Miller, R. J. (1997). Using research on employee's performance to study the effects of teachers on students' achievement. *Sociology of Education, 70,* 256–284.

Rowe, J. W., & Kahn, R. L. (1998). *Successful aging.* New York: Pantheon Books.

Royal, M. A., & Rossi, R. J. (1996). Individual-level correlates of sense of community: Findings from the workplace and school. *Journal of Community Psychology, 24,* 395–416.

Rue, L. (1994). *By the grace of guile: The role of deception in natural history and human affairs.* New York: Oxford University Press.

Ruehlman, L. S., & Wolchik, S. A. (1988). Personal goals and interpersonal support and hindrance as factors in psychological distress and well-being. *Journal of Personality and Social Psychology, 55,* 293–301.

Rushton, J. P., Chrisjohn, R. D., & Fekken, G. C. (1981). The altruistic personality and the Self-Report Altruism Scale. *Personality and Individual Differences, 2,* 293–302.

Rushton, J. P., Fulker, D. W., Neale, M. C., Nias, D. K., & Eysenck, H. J. (1986). Altruism and aggression: The heritability of individual differences. *Journal of Personality and Social Psychology, 50,* 1192–1198.

Rutter, M. (1985). Resilience in the face of adversity: Protective factors and resistance to psychiatric disorder. *British Journal of Psychiatry, 147,* 598–611.

Ryan, R. M., & Deci, E. L. (2001). On happiness and human potentials: A review of research on hedonic and eudaemonic well-being. *Annual Review of Psychology, 52,* 141–166.

Ryff, C. D. (1989). Happiness is everything, or is it? Explorations on the meaning of psychological well-being. *Journal of Personality and Social Psychology, 57,* 1069–1081.

Ryff, C. D., & Keyes, C. L. M. (1995). The structure of psychological well-being revisited. *Journal of Personality and Social Psychology, 57,* 1069–1081.

Saccuzzo, D. P., & Ingram, R. E. (1993). *Growth through choice: The psychology of personal adjustment.* New York: Harcourt Brace Jovanovich.

Sakade, F. (1958). Momotaro. In F. Sakade (Ed.), *Japanese children's favorite stories.* Rutland, VT: Tuttle.

Salovey, P., & Mayer, J. D. (1990). Emotional intelligence. *Imagination, Cognition, and Personality, 9,* 185–211.

Salovey, P., Mayer, J. D., & Caruso, D. (2002). The positive psychology of emotional intelligence. In C. R. Snyder & S. J. Lopez (Eds.), *The handbook of positive psychology* (pp. 159–171). New York: Oxford University Press.

Sameroff, A. J., Lewis, M., & Miller, S. M. (2000). *Handbook of developmental psychopathology.* New York: Plenum.

Sandage, S., Hill, P. C, & Vang, H. C. (2003). Toward a multicultural positive psychology: Indigenous forgiveness and Hmong culture. *The Counseling Psychologist, 31, 564–592.*

Sanders, M. R., Markie-Dadds, C., & Turner, K. M. T. (2003). Theoretical, scientific and clinical foundations of the Triple P-Positive Parenting Program: A population approach to the promotion of parenting competence. *Parenting Research and Practice, 1,* 1–21.

Sanders, M. R., Mazzucchelli, T. G., & Studman, L. (2004). Stepping Stones Triple P–An evidence-based positive parenting program for families with a child who has a disability: Its theoretical basis and development. *Journal of Intellectual and Developmental Disability, 29,* 1–19.

Sanders, M. R., & Turner, K.M.T. (in press). Dissemination of an evidence-based, population-level parenting and family support strategy: Our experience with the Triple P-Positive Parenting Program. *Journal of Family Violence.*

Sanders, W. L., & Rivers, J. C. (1996). *Cumulative and residual effects of teachers on future student academic achievement.* (Research progress report). University of Tennessee–Knoxville, Value-Added Research Assessment Center.

Sangharakshita (1991). *The three jewels: An introduction to Buddhism.* Glasgow, UK: Windhorse.

Sarafino, E. (2002). *Health psychology* (4th ed.). New York: Wiley.

Sarason, S. B. (1974). *The psychological sense of community: Prospects for a community psychology.* San Francisco: Jossey-Bass.

Satterfield, J. (2000). Optimism, culture, and history: The roles of explanatory style, integrative complexity, and pessimistic rumination. In J. Gillham (Ed.),

The science of optimism and hope (pp. 349–378). Philadelphia: Templeton Foundation Press.

Sayle, M. (1998). Japan's social crisis. *Atlantic Monthly, 281,* 84–94.

Schachter, S. (1951). Deviation, rejection, and communication. *Journal of Abnormal and Social Psychology, 46,* 190–207.

Schauber, A. C. (2001). Effecting extension organizational change toward cultural diversity: A conceptual framework. *Journal of Extension, 39,* 12–15.

Scheier, M. F., & Carver, C. S. (1985). Optimism, coping, and health: Assessment and implications of generalized outcome expectancies. *Health Psychology, 4,* 219–247.

Scheier, M. F., & Carver, C. S. (2001). Adapting to cancer: The importance of hope and purpose. In A. Baum & B. L. Anderson (Eds.), *Psychosocial interventions for cancer* (pp. 15–36). Washington, DC: American Psychological Association.

Scheier, M. F., Carver, C. S., & Bridges, M. W. (1994). Distinguishing optimism from neuroticism (and trait anxiety, self-mastery, and self-esteem): A reevaluation of the Life Orientation Test. *Journal of Personality and Social Psychology, 67,* 1063–1078.

Scheier, M. F., Carver, C. S., & Bridges, M. W. (2001). Optimism, pessimism, and psychological well-being. In E. C. Chang (Ed.), *Optimism & pessimism: Implications for theory, research, and practice* (pp. 189–216). Washington, DC: American Psychological Association.

Scheier, M. F., Weintraub, J. K., & Carver, C. S. (1986). Coping with stress: Divergent strategies of optimists and pessimists. *Journal of Personality and Social Psychology, 51,* 1257–1264.

Schimmel, S. (2000). Vices, virtues, and sources of human strength in historical perspective. *Journal of Social and Clinical Psychology, 19,* 137–150.

Schmidt, F. L., & Rader, M. (1999). Exploring the boundary conditions for interview validity: Meta-analytic findings for a new interview type. *Personnel Psychology, 52,* 445–464.

Schmidt, N. B., & Koselka, M. (2000). Gender differences in patients with panic disorder: Evaluating cognitive mediation of phobic avoidance. *Cognitive Therapy and Research, 24,* 531–548.

Schneider, S. L. (2001). In search of realistic optimism: Meaning, knowledge, and warm fuzziness. *American Psychologist, 56,* 250–263.

Schor, J. B. (1991). *The overworked American: The unexpected decline of leisure.* New York: Basic Books.

Schore, A. N. (1994). *Affect regulation and the origin of the self: The neurobiology of emotional development.* Hillsdale, NJ: Lawrence Erlbaum.

Schore, A. N. (2003). *Affect regulation and the repair of the self.* New York: Norton.

Schulman, P., Keith, D., & Seligman, M. E. P. (1993). Is optimism heritable? A study of twins. *Behaviour Research and Therapy, 31,* 569–574.

Schumacher, B. (2003). *A philosophy of hope: Joseph Pieper and the contemporary debate on hope.* (D. Schindler, Trans.). New York: Fordham University Press. (Original work published 2000)

Schumann, H. W. (1974). *Buddhism.* Wheaton, IL: Theosophical.

Schur, E. M. (1969). Reactions to deviance: A critical assessment. *American Journal of Sociology, 75,* 309–322.

Schutte, N. S., Malouff, J. M., Hall, L. E., Haggerty, D. J., Copper, J. T., Golden, C. J., et al. (1998). Development and validation of emotional intelligence. *Personality and Individual Differences, 25,* 167–177.

Schwartz, S. H. (1994). Beyond individualism and collectivism; New cultural dimensions of values. In U. Kim, H. C. Triandis, C. Kagitcibasi, S.-C. Choi, & G. Yoon (Eds.), *Individualism and collectivism: Theory, method, and applications* (pp. 85–122). Newbury Park, CA: Sage.

Schwarzer, R., & Renner, B. (2000). Social-cognitive predictors of health behavior: Action self-efficacy and coping self-efficacy. *Health Psychology, 19,* 487–495.

Seeman, T. E. (1996). Social ties and health: The benefits of social integration. *Annals of Epidemiology, 6,* 442–451.

Seligman, M. E. P. (1991). *Learned optimism.* New York: Knopf.

Seligman, M. E. P. (1994). *What you can change and what you can't.* New York: Knopf.

Seligman, M. E. P. (1995). The effectiveness of psychotherapy: The *Consumer Reports* study. *American Psychologist, 50,* 965–974.

Seligman, M. E. P. (1998a). Building human strength: Psychology's forgotten mission. *APA Monitor, 29*(1).

Seligman, M. E. P. (1998b). *Learned optimism: How to change your mind and your life* (2nd edition). New York: Pocket Books.

Seligman, M. E. P. (1998c). Positive social science. *APA Monitor, 29*(4), 2, 5.

Seligman, M. E. P. (1998d). The gifted and the extraordinary. *APA Monitor, 29* (11), 2–3.

Seligman, M. E. P. (1998e). Work, love, and play. *APA Monitor, 29.* Retrieved August 14, 2004, from www.apa.org/monitor/aug98/pc.html

Seligman, M. E. P. (2002). *Authentic happiness: Using the new positive psychology to realize your potential for lasting fulfillment.* New York: Free Press.

Seligman, M. E. P., Abramson, L. Y., Semmel, A., & von Baeyer, C. (1979). Depressive attributional style. *Journal of Abnormal Psychology, 88,* 242–247.

Seligman, M. E. P., & Csikszentmihalyi, M. (2000). Positive psychology: An introduction. *American Psychologist, 55,* 5–14.

Seligman, M. E. P., Kaslow, N. J., Alloy, L. B., Peterson, C., Tanenbaum, R., & Abramson, L. Y. (1984). Attributional style and depressive symptoms among children. *Journal of Abnormal Psychology, 93,* 235–238.

Seligman, M. E. P., Nolen-Hoeksema, S., Thornton, N., & Thornton, K. M. (1990). Explanatory style as a mechanism of disappointing athletic performance. *Psychological Science, 1,* 143–146.

Seligman, M. E. P., Reivich, K., Jaycox, L., & Gillham, J. (1995). *The optimistic child.* New York: Houghton Mifflin.

Seligman, M. E. P., & Schulman, P. (1986). Explanatory style as a predictor of performance as a life insurance agent. *Journal of Personality and Social Psychology, 50,* 832–838.

Seligman, M. E. P., Steen, T. A., Park, N., & Peterson, C. (2005). Positive psychology progress: Empirical validation of interventions. *American Psychologist, 60,* 410–421.

Selye, H. (1936). A syndrome produced by diverse nocuous agents. *Nature, 138,* 32.

Seuss, Dr. (1961). *Sneetches and other stories.* New York: Random House Books for Young Readers.

Shafranske, E. P., & Malony, H. N. (1990). Clinical psychologists' religious and spiritual orientations and their practices of psychotherapy. *Psychotherapy: Theory, Research, Practice, Training, 27,* 72–78.

Shapiro, D. A., & Shapiro, D. (1982). Meta-analysis of comparative therapy outcome studies. *Psychological Bulletin, 92,* 581–604.

Shapiro, D. H. (1980). *Meditation: Self-regulation strategy and altered state of consciousness.* New York: Aldine.

Shapiro, S. L., & Schwartz, G. E. (2000). The role of intention in self-regulation: Toward intentional systemic mindfulness. In M. Boekaerts, P. R. Pintrich, & M. Zeidner (Eds.), *Handbook of self-regulation* (pp. 253–273). New York: Academic Press.

Shapiro, S. L., Schwartz, G. E. R., & Bonner, G. (1998). The effects of mindfulness-based stress reduction on medical and pre-medical students. *Journal of Behavioral Medicine, 21,* 581–599.

Shapiro, S. L., Schwartz, G. E. R., & Santerre, C. (2002). Meditation and positive psychology. In C. R. Snyder & S. J. Lopez (Eds.), *The handbook of positive psychology* (pp. 632–645). New York: Oxford University Press.

Shaver, P., Hazan, C., & Bradshaw, D. (1988). Love as attachment. In R. J. Sternberg & M. L. Barnes (Eds.), *The psychology of love* (pp. 68–99). New Haven, CT: Yale University Press.

Shaw, W. S., Patterson, T. L., Semple, S. J., Grant, I., Yu, E. S. H., Zhang, M. Y., et al. (1997). A cross-cultural validation of coping strategies and their associations with caregiving distress. *The Gerontologist, 37, 490–504.*

Sheldon, K. M., & Lyubomirsky, S. (2004). Achieving sustainable new happiness: Prospects, practices, and prescriptions. In P. A. Linley and S. Joseph (Eds.), *Positive psychology in practice* (pp. 127–145). Hoboken, NJ: Wiley.

Shelp, E. E. (1984). Courage: A neglected virtue in the patient-physician relationship. *Social Science and Medicine, 18*(4), 351–360.

Sherer, M., Maddux, J. E., Mercandante, B., Prentice-Dunn, S., Jacobs, B., & Rogers, R. (1982). The self-efficacy scale: Construction and validation. *Psychological Reports, 51,* 663–671.

Sherwin, E. D., Elliott, T. R., Rybarczyk, B. D., Frank, R. G., Hanson, S., & Hoffman, J. (1992). Negotiating the reality of caregiving: Hope, burnout, and nursing. *Journal of Social and Clinical Psychology, 11,* 129–139.

Shi, D. (2004). *Dr. Brewer has passion for art of teaching.* Retrieved (n.d.) from david.shi@furman.edu

Shmotkin, D. (1998). Declarative and differential aspects of subjective well-being and implications for mental health in later life. In J. Lomranz (Ed.), *Handbook of aging and mental health: An integrative approach* (pp. 15–43). New York: Plenum.

Shmotkin, D. (2005). Happiness in the face of adversity: Reformulating the dynamic and modular bases of subjective well-being. *General Psychology Review, 9,* 291-325.

Shorey, H. S., Snyder, C. R., Yang, X., & Lewin, M. R. (2003). The role of hope as a mediator in recollecting parenting, adult attachment, and mental health. *Journal of Social and Clinical Psychology, 22,* 685–715.

Shure, M. B. (1974). Training children to solve interpersonal problems: A preventive mental health program. In R. F. Munoz, L. R. Snowden, & J. G. Kelly (Eds.), *Social and psychological research in community settings* (pp. 30–68). San Francisco: Jossey-Bass.

Shure, M. B., & Spivak, G. (1988). Interpersonal cognitive problem solving. In R. H. Price, E. L. Cowen, R. P. Lorion, & J. Ramos-McKay (Eds.), *Fourteen ounces of prevention: A casebook for practitioners* (pp. 69–82). Washington, DC: American Psychological Association.

Siegel, D. J. (1999). *The developing mind: Toward a neurobiology of interpersonal experience.* New York: Guilford Press.

Silberman, S. W. (1995). The relationship among love, marital satisfaction, and duration of marriage. *Dissertation Abstracts, 56,* 2341.

Simmel, G. (1950). *The sociology of Georg Simmel.* Glencoe, IL: Free Press.

Simonton, D. K., & Baumeister, R. F. (2005). Positive psychology at the summit. *Review of General Psychology, 9,* 99–102.

Singer, I. (1984a). *The nature of love: Vol. 1. Plato to Luther* (2nd ed.). Chicago: University of Chicago Press.

Singer, I. (1984b). *The nature of love: Vol. 2. Courtly and romantic.* Chicago: University of Chicago Press.

Singer, I. (1987). *The nature of love: Vol. 3. The modern world.* Chicago: University of Chicago Press.

Skinner, E. A. (1995). *Perceived control, motivation, and coping.* Thousand Oaks, CA: Sage.

Smith, A. (1976). *The theory of moral sentiments* (6th ed.). Oxford, England: Clarendon Press. (Original work published 1790)

Smith, B., & Rutigliano, T. (2003). *Discover your sales strengths: How the world's greatest salespeople develop winning careers.* New York: Warner Books.

Smith, C. A. (1991). The self, appraisal, and coping. In C. R. Snyder & D. R. Forsyth (Eds.), *Handbook of social and clinical psychology: The health perspective* (pp. 116–137). New York: Pergamon Press.

Smith, J., & Baltes, P. B. (1990). Wisdom-related knowledge: Age/cohort in response to life planning problems. *Developmental Psychology, 26,* 494–505.

Smith, J., Staudinger, U., & Baltes, P. B. (1994). Occupational settings facilitating wisdom-related knowledge: The sample case of clinical psychologists. *Journal of Consulting and Clinical Psychology, 66,* 989–999.

Smith, K. D., Türk-Smith, S., & Christopher, J. C. (1998, August). *Prototypes of the ideal person in seven cultures.* Paper presented at the International Congress of the International Association for Cross-Cultural Psychologists, Bellingham, WA.

Smith, M. L., Glass, G. V., & Miller, T. I. (1980). *The benefits of psychotherapy.* Baltimore: Johns Hopkins University Press.

Smith, R. (1987). *Unemployment and health: A disaster and a challenge.* Oxford, England: Oxford University Press.

Smith, T. W., Pope, M. K., Rhodewalt, F., & Poulton, J. L. (1989). Optimism, neuroticism, coping, and symptom reports: An alternative interpretation of the Life Orientation Test. *Journal of Personality and Social Psychology, 56,* 640–648.

Smyth, J. M., & Pennebaker, J. W. (1999). Sharing one's story: Translating emotional experiences into words as a coping tool. In C. R. Snyder (Ed.), *Coping: The psychology of what works* (pp. 70–89). New York: Oxford University Press.

Snyder, C. R. (1989). Reality negotiation: From excuses to hope and beyond. *Journal of Social and Clinical Psychology, 8,* 130–157.

Snyder, C. R. (1992). Product scarcity by need for uniqueness interaction: A consumer catch-22? *Basic and Applied Social Psychology, 13,* 9–24.

Snyder, C. R. (1994/2000). *The psychology of hope: You can get there from here.* New York: Free Press.

Snyder, C. R. (1997). Unique invulnerability: A classroom demonstration in estimating personal mortality. *Teaching of Psychology, 24,* 197–199.

Snyder, C. R. (Ed.). (1999a). *Coping: The psychology of what works.* New York: Oxford University Press.

Snyder, C. R. (1999b). Unique invulnerability as applied to personal mortality: The reports of its demise are exaggerated. *Teaching of Psychology, 26*(3), 217–219.

Snyder, C. R. (2000a). Genesis: The birth and growth of hope. In C. R. Snyder (Ed.), *Handbook of hope: Theory, measures, and applications* (pp. 25–38). San Diego, CA: Academic Press.

Snyder, C. R. (Ed.). (2000b). *Handbook of hope: Theory, measures, and applications.* San Diego, CA: Academic Press.

Snyder, C. R. (2000c). The past and the possible futures of hope. *Journal of Social and Clinical Psychology, 19,* 11–28.

Snyder, C. R. (2002a). Hope theory: Rainbows of the mind. *Psychological Inquiry, 13,* 249–275.

Snyder, C. R. (2002b). Part 2—The application, interview, and negotiation stages of obtaining a position in clinical psychology. *The Clinical Psychologist, 56,* 19–25.

Snyder, C. R. (2003, November). *Forgiveness and hope.* Paper presented at the International Campaign for Forgiveness Conference, Atlanta, GA.

Snyder, C. R. (2004a). The challenge: College students seem to be getting younger. *Reflections, 16,* 17–19.

Snyder, C. R. (2004b). *Measuring hope in American businesses.* Unpublished manuscript, University of Kansas, Lawrence.

Snyder, C. R. (2004c, November). *Hope and spirituality.* International Society for Quality of Life Studies Conference, Philadelphia.

Snyder, C. R. (2004d, December 17). Graceful attitude eases adversity. *Lawrence Journal-World,* p. D4.

Snyder, C. R. (2005a). Teaching: The lessons of hope. *Journal of Social and Clinical Psychology, 24,* 72–83.

Snyder, C. R. (Ed.). (2005b). The interface and teaching: A match made in the classroom. *Journal of Social and Clinical Psychology, 24,* 1–127.

Snyder, C. R., & Elliott, T. R. (2005). 21st-century graduate education in clinical psychology: A four-level matrix model. *Journal of Clinical Psychology, 61,* 1033–1054.

Snyder, C. R., & Feldman, D. (2000). Hope for the many: An empowering social agenda. In C. R. Snyder (Ed.), *Handbook of hope: Theory, measures, and applications* (pp. 389–412). San Diego, CA: Academic Press.

Snyder, C. R., Feldman, D. B., Taylor, J. D., Schroeder, L. L., & Adams III, V. (2000). The roles of hopeful thinking in preventing problems and promoting strengths. *Applied & Preventive Psychology: Current Scientific Perspectives, 15,* 262–295.

Snyder, C. R., & Fromkin, H. L. (1977). Abnormality as a positive characteristic: The development and validation of a scale measuring need for uniqueness. *Journal of Abnormal Psychology, 86*(5), 518–527.

Snyder, C. R., & Fromkin, H. L. (1980). *Uniqueness: The human pursuit of difference.* New York: Plenum.

Snyder, C. R., Harris, C., Anderson, J. R., Holleran, S. A., Irving, L. M., Sigmon, S. T., et al. (1991). The will and the ways: Development and validation of an individual-differences measure of hope. *Journal of Personality and Social Psychology, 60,* 570–585.

Snyder, C. R., & Higgins, R. L. (1997). Reality negotiation: Governing one's self and being governed by others. *General Psychology Review, 4,* 336–350.

Snyder, C. R., Higgins, R. L., & Stucky, R. J. (1983/2005). *Excuses: Masquerades in search of grace.* New York: Wiley Interscience. Republished 2005 by Percheron Press, Clinton Corners, NY.

Snyder, C. R., Hoza, B., Pelham, W. E., Rapoff, M., Ware, L., Danovsky, M., et al. (1997). The development and validation of the Children's Hope Scale. *Journal of Pediatric Psychology, 22,* 399–421.

Snyder, C. R., Ilardi, S. S., Cheavens, J., Michael, S. T., Yamhure, L., & Sympson, S. (2000). The role of hope in cognitive behavior therapies. *Cognitive Therapy and Research, 24,* 747–762.

Snyder, C. R., Ilardi, S., Michael, S., & Cheavens, J. (2000). Hope theory: Updating a common process for psychological change. In C. R. Snyder & R. E. Ingram (Eds.), *Handbook of psychological change: Psychotherapy processes and practices for the 21st century* (pp. 128–153). New York: Wiley.

Snyder, C. R., & Ingram, R. E. (1983). "Company motivates the miserable": The impact of consensus upon help-seeking for psychological problems. *Journal of Personality and Social Psychology, 45,* 1118–1126.

Snyder, C. R., & Ingram, R. E. (Eds.). (2000a). *Handbook of psychological change: Psychotherapy processes and practices for the 21st century.* New York: Wiley.

Snyder, C. R., & Ingram, R. E. (2000b). Psychotherapy: Questions for an evolving field. In C. R. Snyder & R. E. Ingram (Eds.), *Handbook of psychological change: Psychotherapy processes and practices for the 21st century* (pp. 707–726). New York: Wiley.

Snyder, C. R., LaPointe, A. B., Crowson Jr., J. J., & Early, S. (1998). Preferences of high- and low-hope people for self-referential input. *Cognition & Emotion, 12,* 807–823.

Snyder, C. R., & Lopez, S. J. (Eds). (2002). *The handbook of positive psychology.* New York: Oxford University Press.

Snyder, C. R., Lopez, S. J., Edwards, L. M., Pedrotti, J. T., Prosser, E. C., Larue-Walton, S., et al. (2003). Measuring and labeling the positive and the negative. *Positive psychological assessment: A handbook of models and measures* (pp. 21–40). Washington, DC: American Psychological Association.

Snyder, C. R., McDermott, D., Cook, W., & Rapoff, M. (2002). *Hope for the journey: Helping children through the good times and the bad* (Rev. ed.). Clinton Corners, NY: Percheron Press.

Snyder, C. R., McDermott, D. S., Leibowitz, R. Q., & Cheavens, J. (2000). The roles of female clinical psychologists in changing the field of psychotherapy. In C. R. Snyder & R. E. Ingram (Eds.), *Handbook of psychological change: Psychotherapy processes and practices for the 21st century* (pp. 640–659). New York: Wiley.

Snyder, C. R., Omens, A. E., & Bloom, L. J. (1977, April). *Signature size and personality: Some truth in graphology?* Paper presented at the Southwestern Psychological Association Convention, Dallas, TX.

Snyder, C. R., Parenteau, S., Shorey, H. S., Kahle, K. E., & Berg, C. (2002). Hope as the underlying process in Gestalt and other psychotherapy approaches. *International Gestalt Therapy Journal, 25,* 11–29.

Snyder, C. R., & Pulvers, K. (2001). Dr. Seuss, the coping machine, and "Oh, the places you will go." In Snyder, C. R. (Ed.), *Coping and copers: Adaptive processes and people* (pp. 3–19). New York: Oxford University Press.

Snyder, C. R., Rand, K., King, E., Feldman, D., & Taylor, J. (2002). "False" hope. *Journal of Clinical Psychology, 58,* 1003–1022.

Snyder, C. R., Ritschel, L. A., Rand, K. L., & Berg, C. J. (2006). Balancing psychological assessments: Including strengths and hope in client reports. *Journal of Clinical Psychology, 62,* 33–46.

Snyder, C. R., & Shorey, H. (2002). Hope in the classroom: The role of positive psychology in academic achievement and psychology curriculum. *Psychology Teacher Network, 12,* 1–9.

Snyder, C. R., & Shorey, H. (2004). Hope and leadership. In G. Goethals, G. J. Sorenson, & J. M. Burns (Eds.), *Encyclopedia of leadership* (pp. 673–675). Thousand Oaks, CA: Sage.

Snyder, C. R., Shorey, H., Cheavens, J., Pulvers, K. M., Adams III, V. H., & Wiklund, C. (2002). Hope and academic success in college. *Journal of Educational Psychology, 94,* 820–826.

Snyder, C. R., Sympson, S. C., Ybasco, F. C., Borders, T. F., Babyak, M. A., & Higgins, R. L. (1996). Development and validation of the State Hope Scale. *Journal of Personality and Social Psychology, 2,* 321–335.

Snyder, C. R., Tennen, H., Affleck, G., & Cheavens, J. (2000). Social, personality, clinical, and health psychology tributaries: The merging of a scholarly "river of dreams." *Personality and Social Psychology Review, 4,* 16–29.

Snyder, C. R., Thompson, L. Y., & Heinze, L. (2003). The hopeful ones. In G. Keinan (Eds.), *Between stress and hope* (pp. 57–80). Westport, CT: Greenwood.

Soldier, L. L. (1992). *Working with Native American children.* Unpublished ms., College of Education, Texas Tech University, Lubbock (National Association for the Education of Young Children at http://www.enc.org/features/focus/archive/multi/document.shtm?input=ACQ-111362–1362).

Soothill, W. E. (1968). *The analects of Confucius.* New York: Paragon.

Spera, S. P., Buhrfeind, E. D., & Pennebaker, J. W. (1994). Expressive writing and coping with job loss. *Academy of Management Journal, 37,* 722–733.

Spivak, G., & Shure, M. B. (1974). *Social adjustment of young children.* San Francisco: Jossey-Bass.

Staats, S. R. (1989). Hope: A comparison of two self-report measures for adults. *Journal of Personality Assessment, 53,* 366–375.

Stahl, J. M. (2005). Research is for everyone: Perspectives from teaching at historically Black colleges and universities. *Journal of Social and Clinical Psychology, 24,* 84–95.

Stajkovic, A. D., & Luthans, F. (1998). Self-efficacy and work-related performance: A meta-analysis. *Psychological Bulletin, 124,* 240–261.

Stanton, A. L., Danoff-Burg, S., Cameron, C. L., Bishop, M., Collins, C. A., Kirk, S. B., et al. (2000). Emotionally expressive coping predicts psychological and physical adjustment to breast cancer. *Journal of Consulting and Clinical Psychology, 68*(5), 875–882.

Stanton, A. L., Danoff-Burg, S., Cameron, C. L., & Ellis, A. P. (1994). Coping through emotional approach: Problems of conceptualizaton and confounding. *Journal of Personality and Social Psychology, 66*(2), 350–362.

Stanton, A. L., Danoff-Burg, S., & Huggins, M. E. (2002). The first year after breast cancer diagnosis: Hope and coping strategies as predictors of adjustment. *Psycho Oncology, 11*(2), 93–102.

Stanton, A. L., Kirk, S. B., Cameron, C. L., & Danoff-Burg, S. (2000). Coping through emotional approach: Scale construction and validation. *Journal of Personality and Social Psychology, 78*(6), 1150–1169.

Stanton, A. L., Parsa, A., & Austenfeld, J. L. (2002). The adaptive potential of coping through emotional approach. In C. R. Snyder & S. J. Lopez (Eds.), *The handbook of positive psychology* (pp. 148–158). New York: Oxford University Press.

Staudinger, U. (1999). Older and wiser? Integrating results from a psychological approach to study of wisdom. *International Journal of Behavioral Development, 23,* 641–664.

Staudinger, U., & Baltes, P. B. (1994). Psychology of wisdom. In R. J. Sternberg (Ed.), *Encyclopedia of human intelligence* (Vol. 2, pp. 143–152). New York: Macmillan.

Staudinger, U., & Baltes, P. B. (1996). Interactive minds: A facilitative setting for wisdom-related performance? *Journal of Personality and Social Psychology, 71,* 746–762.

Staudinger, U., & Leipold, B. (2003). The assessment of wisdom-related performance. In S. J. Lopez & C. R. Snyder (Eds.), *Positive psychological assessment: A handbook of models and measures* (pp. 171–184). Washington, DC: American Psychological Association.

Staudinger, U., Smith, J., & Baltes, P. B. (1992). Wisdom-related knowledge in a life-review task: Age differences and the role of professional specialization. *Psychology and Aging, 7,* 271–281.

Stein, M. (1989). Gratitude and attitude: A note on emotional welfare. *Social Psychology Quarterly, 52,* 242–248.

Sternberg, R. (1985). Implicit theories of intelligence, creativity, and wisdom. *Journal of Personality and Social Psychology, 49,* 607–627.

Sternberg, R. (1990). *Wisdom: Its nature, origins, and development.* New York: Cambridge University Press.

Sternberg, R. (1998). A balance theory of wisdom. *Review of General Psychology, 2,* 347–365.

Sternberg, R. J. (1986). A triangular theory of love. *Psychological Review, 93,* 119–135.

Sternberg, R. J. (1998). *Love is a story: A new theory of relationships.* New York: Oxford University Press.

Sternberg, R. J., & Hojjat, M. (1997). *Satisfaction in close relationships.* New York: Guilford Press.

Stevens, V., Hornbrook, M., Wingfield, D., Hollis, J., Greenlick, M., & Ory, M. (1992). Design and implementation of a falls prevention intervention for community-dwelling older persons. *Behavior, Health and Aging, 2,* 57–73.

Stevenson, L., & Haberman, D. L. (1998). *Ten theories of human nature.* New York: Oxford University Press.

Stewart, E. C. (1972). *American cultural patterns: A cross-cultural perspective.* Yarmouth, ME: Intercultural Press.

Stotland, E. (1969). *The psychology of hope.* San Francisco: Jossey-Bass.

Strecher, V. J., Champion, V. L., & Rosenstock, I. M. (1997). The health belief model and health behavior. In D. Gochman (Ed.), *Handbook of health behavior research 1: Personal and social determinants* (pp. 71–92). New York: Plenum.

Stuss, D. T., & Benson, D. S. (1984). Neuropsychological studies of frontal lobes. *Psychological Bulletin, 95,* 3-28.

Subkoviak, M. J., Enright, R. D., Wu, C. R., Gassin, E. A., Freedman, S., Olson, L. M., et al. (1995). Measuring interpersonal forgiveness in late adolescence and middle childhood. *Journal of Adolescence, 18,* 641–655.

Sue, D. W., & Constantine, M. G. (2003). Optimal human functioning in people of color in the United States. In W. B. Walsh (Ed.), *Counseling psychology and optimal human functioning* (pp. 151–169). Mahwah, NJ: Lawrence Erlbaum.

Sue, D. W., & Sue, D. (2003). *Counseling the culturally diverse: Theory and practice* (4th ed.). New York: Wiley.

Super, D. E., & Knasel, E. G. (1981). Career development in adulthood: Some theoretical problems and a possible solution. *British Journal of Guidance and Counselling, 9,* 194–201.

Swanson, J. L., & Gore, P. A., Jr. (2000). Advances in vocational psychology theory and research. In S. D. Brown & R. W. Lent (Eds.), *Handbook of counseling psychology* (3rd edition, pp. 233–269). New York: Wiley.

Szagun, G. (1992). Age-related changes in children's understanding of courage. *Journal of Genetic Psychology, 153,* 405–420.

Szagun, G., & Schauble, M. (1997). Children's and adults' understanding of the feeling experience of courage. *Cognition and Emotion, 11*(3), 291–306.

Szapocnik, J., Scopetta, M. A., & King, O. E. (1978). Theory and practice in matching treatment to the special characteristics and problems of Cuban immigrants. *Journal of Community Psychology, 6,* 112–122.

Szendre, E. N., & Jose, J. E. (1996). Telephone support by elderly volunteers to inner-city children. *Journal of Community Psychology, 24,* 87–96.

Tangney, J. P., Boone, A. L., & Dearing, R. (2005). Forgiving the self: Conceptual issues and empirical findings. In E. Worthington (Ed.), *Handbook of forgiveness* (pp. 143–158). New York: Routledge.

Tangney, J. P., Fee, R., Reinsmith, C., Boone, A. L., & Lee, N. (1999, August). *Assessing individual differences in the propensity to forgive.* Paper presented at the American Psychological Association Convention, Boston.

Taylor, S. E., Dickerson, S. S., & Klein, L. C. (2002). Toward a biology of social support. In C. R. Snyder & S. J. Lopez (Eds.), *The handbook of positive psychology* (pp. 556–572). New York: Oxford University Press.

Taylor, S. E., Kemeny, M. E., Aspinwall, L. G., Schneider, S. G., Rodriguez, R., & Herbert, M. (1992). Optimism, coping, psychological distress, and high-risk sexual behavior among men at risk for acquired immunodeficiency syndrome (AIDS). *Journal of Personality and Social Psychology, 63*, 460–473.

Tellegen, A., Lykken, D. T., Bouchard, T. J., Wilcox, K. J., Segal, N. L., & Rich, S. (1988). Personality similarity in twins reared apart and together. *Journal of Personality and Social Psychology, 54*, 1031–1039.

Teresa, J. S. (1991). *Increasing self-efficacy for careers in young adults from migrant farmworker backgrounds.* Unpublished doctoral dissertation, Washington State University, Pullman.

Terman, L. M., & Oden, M. H. (1947). *The gifted child grows up: Twenty five years' follow-up of a superior group.* Stanford, CA: Stanford University Press.

Thompson, L. W. (1996). Cognitive-behavioral therapy and treatment for late-life depression. *Journal of Clinical Psychiatry, 57*(Suppl. 5), 29–37.

Thompson, L. W., Gallagher, D., & Lovett, S. (1992). *Increasing life satisfaction: Class leaders' and participant manuals* (rev.). Palo Alto, CA: Dept. of Veterans Affairs Medical Center and Stanford University.

Thompson, L. Y., Snyder, C. R., Hoffman, L., Michael, S. T., Rasmussen, H. N., Billings, L. S., et al. (2005). Dispositional forgiveness of self, others, and situations: The Heartland Forgiveness Scale. *Journal of Personality, 73*, 313–359.

Thompson, M. G., & Heller, K. (1990). Facets of support related to well-being: Quantitative social isolation and perceived family support in a sample of elderly women. *Psychology and Aging, 5*, 535–544.

Thoresen, C. E., Harris, A. H. S., & Oman, D. (2001). Spirituality, religion, and health: Evidence, issues, and concerns. In T. G. Plante & A. C. Sherman (Eds.), *Faith and health: Psychological perspectives* (pp. 15–52). New York: Guilford Press.

Tian, K. T., Bearden, W. O., & Hunter, G. L. (2001). Consumers' need for uniqueness: Scale development and validation. *Journal of Consumer Research, 28*, 50–66.

Tian, K. T., & McKenzie, K. (2001). The long-term predictive validity of the Consumers' Need for Uniqueness Scale. *Journal of Consumer Psychology, 10*, 171–193.

Tierney, J. P., & Grossman, J. B. (2000). *Making a difference: An impact study of Big Brothers/Big Sisters.* Philadelphia: Public/Private Ventures.

Tiller, W. A., McCraty, R., & Atkinson, M. (1996). Cardiac coherence: A new, non-invasive measure of autonomic nervous system order. *Alternative Therapies in Health and Medicine, 2*, 52–65.

Tillich, P. (1980). *The courage to be.* New Haven & London: Yale University Press.

Ting-Toomey, S. (1994). Managing intercultural conflict in intercultural personal relationships. In D. D. Cahn (Ed.), *Intimate conflict in personal relationships.* Hillsdale, NJ: Lawrence Erlbaum.

Tipton, R. M., & Worthington, E. L. (1984). The measurement of generalized self-efficacy: A study of construct validity. *Journal of Personality Assessment, 48*, 545–548.

Triandis, H. C. (1988). Collectivism v. individualism: A reconceptualization of a basic concept in cross-cultural social psychology. In G. K. Verma & C. Bagley (Eds.), *Cross-cultural studies of personality, attitudes and cognition* (pp. 6–95). London: MacMillan.

Triandis, H. C. (1990). Cross-cultural studies of individualism and collectivism. In J. Berman (Ed.), *Nebraska Symposium on Motivation* (pp. 41–133). Lincoln: University of Nebraska Press.

Triandis, H. C. (1995). *Individualism and collectivism.* Boulder, CO: Westview Press.

Triandis, H. C., Brislin, R., & Hui, C. H. (1988). Cross-cultural training across the individualism-collectivism divide. *International Journal of Intercultural Relations, 12,* 269–289.

Trimble, J. E. (1976). Value differences among American Indians: Concerns for the concerned counselor. In P. Pederson, W. J. Lonner, & J. G. Graguns (Eds.), *Counseling across cultures* (pp. 65–81). Honolulu: University of Hawaii Press.

Trivers, R. L. (1971). The evolution of reciprocal altruism. *Quarterly Review of Biology, 46,* 35–57.

Trump, M. R. (1997). The impact of hopeful narratives on state hope, state self-esteem, and state positive and negative affect for adult female survivors of incest. *Dissertation Abstracts International, 58* (4A):1211.

Twenge, J., & King, L. A. (2003). *A good life is a good personal life: Relationship fulfillment and work fulfillment in judgments of life quality.* Unpublished manuscript, University of Missouri, Columbia.

Unger, J. B., McAvay, G., Bruce, M. L., Berkman, L., & Seeman, T. (1999). Variation in the impact of social network characteristics on physical functioning in elderly persons: MacArthur Studies of Successful Aging. *Journals of Gerontology, 54,* 245–251.

Urry, H. L., Nitschke, J. B., Dolski, I., Jackson, D. C., Dalton, K. M., Mueller, C. J., et al. (2004). Making a life worth living: Neural correlates of well-being. *Psychological Science, 15,* 367–372.

U.S. Department of Health and Human Services. (1998). *Suicide: A report of the surgeon general.* Rockville, MD: Author.

U.S. Department of Health and Human Services. (1999). *Mental Health: A report of the surgeon general.* Rockville, MD: Author.

U.S. Department of Health and Human Services. (2001). *Mental health: Culture, race, ethnicity,* supplement to *Mental health: Report of the surgeon general* (Inventory number SMA 01-3613). Rockville, MD: Author.

Vaillant, G. (1994). "Successful aging" and psychosocial well-being: Evidence from a 45-year study. In E. H. Thompson (Ed.), *Older men's lives: Research on men and masculinities series* (pp. 22–41). Thousand Oaks, CA: Sage.

Vaillant, G. E. (1977). *Adaptation to life.* New York: Little, Brown.

Vaillant, G. E. (2002). *Aging well: Surprising guideposts to a happier life from the landmark Harvard Study of Adult Development.* New York: Little, Brown.

Vandello, J. A., & Cohen, D. (1999). Patterns of individualism and collectivism across the United States. *Journal of Personality and Social Psychology, 77,* 279–292.

Veroff, J. B., Douvan, E., & Kulka, R. A. (1981). *The inner American: A self-portrait from 1957 to 1976.* New York: Basic Books.

Vessey, G. N. A. (1967). Volition. In P. Edwards (Ed.), *Encyclopedia of philosophy* (Vol. 8). New York: McMillan.

Vessey, J. T., & Howard, K. I. (1993). Who seeks psychotherapy? *Psychotherapy, 30,* 546–553.

Voss, M., Nylen, L., Floderus, B., Diderichsen, F., & Terry, P. (2004). Unemployment and early causee-specific mortality: A study based on the Swedish twin registry. *American Journal of Public Health, 94,* 2155–2161.

Walker, L. J., & Hennig, K. H. (2004). Differing conceptions of moral exemplarity: Just, brave, and caring. *Journal of Personality and Social Psychology, 86,* 629–647.

Walker, L. J., & Pitts, R. C. (1998). Naturalistic conceptions of moral maturity. *Developmental Psychology, 34,* 403–419.

Wallach, M. A., & Wallach, L. (1983). *Psychology's sanction for selfishness: The error of egoism in theory and therapy.* San Francisco: Freeman.

Walsh, R. N. (1983). Meditation practice and research. *Journal of Humanistic Psychology, 23,* 18–50.

Walster, E., Walster, G. W., Piliavin, J., & Schmidt, L. (1973). "Playing hard to get": Understanding an elusive phenomenon. *Journal of Personality and Social Psychology, 26,* 113–121.

Wang, M., & Gordon, E. (Eds.). (1994). *Risk and resilience in inner-city America: Challenges and prospects.* Hillsdale, NJ: Lawrence Erlbaum.

Warr, P. (1987). *Work, unemployment and mental health.* Oxford, England: Clarendon Press.

Warr, P. (1999). Well-being and the workplace. In D. Kahneman, E. Diener, & N. Schwartz (Eds.), *Well-being: The foundations of hedonic psychology* (pp. 393–412). New York: Russell Sage.

Waterman, A. S. (1993). Two conceptions of happiness: Contrasts of personal expressiveness (eudaemonia) and hedonic enjoyment. *Journal of Personality and Social Psychology, 64,* 678–691.

Watkins, P. C., Grimm, D. L., & Hailu, L. (1998, June). *Counting your blessings: Grateful individuals recall more positive memories.* Paper presented at the American Psychological Society Convention, Denver, CO.

Watson, D. (1988). The vicissitudes of mood measurement: Effects of varying descriptors, time frames, and response formats on measures of positive and negative affect. *Journal of Personality and Social Psychology, 55,* 128–141.

Watson, D. (2000). *Mood and temperament.* New York: Guilford Press.

Watson, D. (2002). Positive affectivity: The disposition to experience pleasurable emotional states. In C. R. Snyder & S. J. Lopez (Eds.), *The handbook of positive psychology* (pp. 106–119). New York: Oxford University Press.

Watson, D., & Clark, L. A. (1994). *The PANAS-X: Manual for the Positive and Negative Affect Schedule–Expanded Form.* Unpublished manuscript, University of Iowa, Iowa City.

Watson, D., Clark, L., & Tellegen, A. (1988). Development and validation of brief measures of positive and negative affect: The PANAS scales. *Journal of Personality and Social Psychology, 54,* 1063–1070.

Watson, M., & Ecken, L. (2003). *Learning to trust: Transforming difficult elementary classrooms through developmental discipline.* San Francisco: Jossey-Bass.

Weinberger, J., McLeod, C., McClelland, D., Santorelli, S. F., & Kabat-Zinn, J. (1990). *Motivational change following a meditation-based stress reduction program for medical outpatients.* Poster presented at the 1st International Congress of Behavioral Medicine, Uppsala, Sweden.

Weir, H. B. (1971). *Deprivation of the need for uniqueness and some variables moderating its effects.* Unpublished doctoral dissertation, University of Georgia, Athens.

Weir, K., & Duveen, G. (1981). Further development and validation of the Prosocial Behavior Questionnaire for use by teachers. *Journal of Child Psychology and Psychiatry, 22,* 357–374.

Weissberg, R. P., Barton, H. A., & Shriver, T. P. (1997). The social-competence promotion program for young adolescents. In G. W. Albee & T. P. Gullotta (Eds.), *Primary prevention works* (pp. 268–290). Thousand Oaks, CA: Sage.

Weisz, J. R., Rothbaum, R. M., & Blackburn, T. C. (1984). Standing out and standing in: The psychology of control in America and Japan. *American Psychologist, 39,* 955–969.

Weisz, J. R., Weiss, B., Alicke, M. D., & Klotz, M. L. (1987). Effectiveness of psychotherapy with children and adolescents: Meta-analytic findings for clinicians. *Journal of Consulting and Clinical Psychology, 55,* 542–549.

Wenar, C., & Kerig, P. (1999). *Developmental psychopathology.* New York: McGraw-Hill.

Werner, E. E. (1984). Resilient children. *Young Children, 40,* 68–72.

Werner, E. E., & Smith, R. S. (1982). *Vulnerable but invincible: A study of resilient children.* New York: McGraw-Hill.

Werner, E. E., & Smith, R. S. (1992). *Overcoming the odds: High-risk children from birth to adulthood.* Ithaca, NY: Cornell University Press.

Westburg, N. G. (2001). Hope in older women: The importance of past and current relationships. *Journal of Social and Clinical Psychology, 20,* 354–365.

Western Reform Taoism. (2003). *Our beliefs.* Retrieved May 3, 2005, from http://wrt.org

Whalen, S. (1999). Challenging play and the cultivation of talent: Lessons from the Key School's flow activities room. In N. Colangelo & S. Assouline (Eds.), *Talent development III* (pp. 409–411). Scottsdale, AZ: Gifted Psychology Press.

White, R. W. (1959). Motivation reconsidered: The concept of competence. *Psychological Review, 66,* 297–333.

Williams, S. L. (1995). Self-efficacy, anxiety, and phobic disorders. In J. E. Maddux (Ed.), *Self-efficacy, adaptation, and adjustment: Theory, research, and application* (pp. 69–107). New York: Plenum.

Williamson, G. M. (2002). Aging well: Outlook for the 21st century. In C. R. Snyder & S. J. Lopez (Eds.), *The handbook of positive psychology* (pp. 676–686). New York: Oxford University Press.

Williamson, G. M., Shaffer, D. R., & Parmalee, P. A. (Eds.). (2000). *Physical illness and depression in older adults: A handbook of theory, research, and practice.* New York: Plenum.

Wills, T. A., & DePaulo, B. M. (1991). Interpersonal analyses of the help-seeking process. In C. R. Snyder & D. R. Forsyth (Eds.), *Handbook of social and clinical psychology: The health perspective* (pp. 350–375). Elmsford, NY: Pergamon.

Winerman, L. (2005). Mirror neurons: The mind's mirror. *Monitor, 36,* 49–50.

Winseman, A. L. (2003). Doing what they do best. *Gallup Management Journal, 2,* 1–4.

Winseman, A. L., Clifton, D. O., & Liesveld, C. (2003). *Living your strengths: Discover your God-given talents, and inspire your congregation and community.* Washington, DC: Gallup Organization.

Woodard, C. (2004). *Hardiness and the concept of courage.* Unpublished manuscript, The Groden Center, Providence, RI.

Woods, R., & Roth, A. (1996). Effectiveness of psychological interventions with older people. In A. Roth & P. Fonagy (Eds.), *What works for whom? A critical review of psychotherapy research* (pp. 321–340). New York: Guilford Press.

Woolfolk, R. L. (2002). The power of negative thinking: Truth, melancholia, and the tragic sense of life. *Journal of Theoretical & Philosophical Psychology, 22,* 19–27.

World Health Organization. (1992). *ICD 10: International statistical classification of diseases and related health problems.* Washington, DC: American Psychiatric Association.

Worley, D. W. (2001). Central states outstanding teaching award winners: A philosophy for teaching. *Communication Studies, 52,* 278–283.

Worthington, E. L., Jr. (1998). An empathy-humility-commitment model of forgiveness applied within family dyads. *Journal of Family Therapy, 20,* 59–71.

Worthington, E. L., Jr. (Ed.). (2005). *Handbook of forgiveness.* New York: Routledge.

Worthington, E. L., Jr., & Drinkard, D. T. (2000). Promoting reconciliation through psycho-educational and therapeutic interventions. *Journal of Marital and Family Therapy, 26,* 93–101.

Worthington, E. L., Jr., Hight, T. L., Ripley, J. S., Perrone, K. M., Kurusu, T. A., & Jones, D. R. (1997). Strategic hope-focused relationship-enrichment counseling with individuals. *Journal of Counseling Psychology, 44,* 381–389.

Wright, B. A. (1988). Attitudes and fundamental negative bias. In H. E. Yuker (Ed.), *Attitudes toward persons with disabilities* (pp. 3–21). New York: Springer.

Wright, B. A. (1991). Labeling: The need for greater person-environment individuation. In C. R. Snyder & D. R. Forsyth (Eds.), *The handbook of social and clinical psychology: A health perspective* (pp. 469–487). New York: Pergamon.

Wright, B. A., & Lopez, S. J. (2002). Widening the diagnostic focus: A case for including human strengths and environmental resources. In C. R. Snyder & S. J. Lopez (Eds.), *The handbook of positive psychology* (pp. 26–44). New York: Oxford University Press.

Wright, R. (1994). *The moral animal: The new sciences of evolutionary psychology.* New York: Pantheon.

Wrzesniewski, A., McCauley, C. R., Rozin, P., & Schwartz, B. (1997). Jobs, careers, and callings: People's relations to their work. *Journal of Research in Personality, 31,* 21–33.

Wrzesniewski, A., Rozin, P., & Bennett, G. (2001). Working, playing, and eating: Making the most of most moments. In C. Keyes & J. Haidt (Eds.), *Flourishing: The positive person and the good life* (pp. 185–204). Washington, DC: American Psychological Association.

Yamaguchi, S., Kuhlman, D. M., & Sugimori, S. (1995). Personality correlates of allocentric tendencies in individualist and collectivist cultures. *Journal of Cross-Cultural Psychology, 26,* 658–672.

Yang, S. (2001). Conceptions of wisdom among Taiwanese Chinese. *Journal of Cross-Cultural Psychology, 32,* 662–680.

Yoshikawa, H. (1994). Prevention as cumulative protection: Effects of early family support and education on chronic delinquency and its risks. *Psychological Bulletin, 115,* 28–54.

Zahn-Wexler, C., Robinson, J., & Emde, R. N. (1992). The development of empathy in twins. *Developmental Psychology, 28,* 1038–1047.

Zautra, A. J., Potter, P. T., & Reich, J. W. (1997). The independence of affect is context dependent: An integrative model of the relationship between positive and negative affect. In K. W. Schaie & M. P. Lawton (Eds.), *Annual review of gerontology and geriatrics* (Vol. 17, pp. 75–103). New York: Springer.

Zeidner, M., & Hammer, A. L. (1992). Coping with missile attack: Resources, strategies, and outcomes. *Journal of Personality, 60,* 184–199.

Zillman, D. (1979). *Hostility and aggression.* Hillsdale, NJ: Lawrence Erlbaum.

Zimbardo, P. G. (1999). A generalist looks at his career in teaching: An interview with Dr. Phil Zimbardo. *North American Journal of Psychology, 1,* 1–16.

Zimbardo, P. G. (2005). Optimizing the power and magic of teaching. *Journal of Social and Clinical Psychology, 24,* 11–21.

Zimbardo, P. G., & Boyd, J. N. (1999). Putting time in perspective: A valid, reliable individual-differences metric. *Journal of Personality and Social Psychology, 77,* 1271–1288.

Zimmerman, F. J., Glew, G. M., Christakis, D. A., & Katon, W. (2005). Early cognitive stimulation, emotional support, and television watching as predictors of subsequent bullying among grade-school children. *Archives of Pediatric Adolescent Medicine, 159,* 384–388.

Zinnbauer, G. J., Pargament, K. I., Cole, B. C., Rye, M. S., Butter, E. M., Belavich, T. G., et al. (1997). Religion and spirituality: Unfuzzying the fuzzy. *Journal for the Scientific Study of Religion, 36,* 549–564.